Réserve
Ψ 144 g

Q

4° L.550.
   D

Double V₂
754

L'ORIGINE
DE
L'IMPRIMERIE
DE PARIS.
DISSERTATION HISTORIQUE, ET CRITIQUE.

DIVISE'E EN QUATRE PARTIES.

Dans la I. on voit son Etablissement qui fut fait par des Gens de l'Université, c'est-à-dire, par les soins de la Société de Sorbonne ; avec l'Histoire d'Ulric Gering le premier Imprimeur de Paris.

La II. contient des Reflexions sur les Livres imprimez par Gering, & quelques Remarques curieuses touchant les Imprimeurs, & sur la matiere d'Imprimerie.

La III. découvre l'Origine de l'Impression Grecque & Hébraïque, qui fut établie à Paris par le soin des Professeurs de l'Université.

Dans la IV. on fait voir les Droits que l'Université a eûs sur la Librairie de Paris, devant & après la découverte de l'Imprimerie.

Par le Sieur ANDRE' CHEVILLIER, Docteur & Bibliothecaire de la Maison & Societé de Sorbonne.

A PARIS,

Chez JEAN DE LAULNE, ruë de la Harpe, proche le College d'Harcour, à l'Image de Saint Jean-Baptiste.

M. DC. XCIV.

AVEC PRIVILEGE DU ROY.

ELOGE DE L'IMPRIMERIE.

O Felix nostris memoranda Impressio sæclis!
Desierat quasi totum quod fundis in orbem.
Omnes te summis igitur nunc laudibus ornent.
Inventore nitet utraque Lingua tuo.
Nunc parvo Doctus quilibet esse potest
Te duce, quando Ars hæc mira reperta fuit.

Ex Chronico Hirsaug. Trithemii ad an. 1450.
Chronico Jacob. Bergom. ad an. 1458.

PREFACE.

ON a été assez long-tems sans sçavoir certainement comment l'Imprimerie avoit été établie à Paris, par qui elle y avoit été apportée, & en quelle année. Ce fut M. Naudé, qui en donna la premiere idée dans son Addition à l'Histoire de Louis XI. Quoiqu'il ait rencontré assez juste pour le tems; neanmoins il n'a pas eu la connoissance de toutes les circonstances de ce fait. M. le Maire ayant pris le dessein d'écrire sur les Antiquitez de Paris, & d'enrichir son Livre de quelques particularitez, que ceux qui en avoient écrit avant lui n'avoient pas touchées, vint en Sorbonne pour en apprendre quelques-unes touchant cette Maison. Je lui parlai de l'Imprimerie, & lui montrai les premiers Livres imprimez dans cette Ville. Il copia quelque Lettre, & quelque Epigramme, qu'on voit dans son *Paris Ancien & Nouveau*. Quelques années aprés M. de la Caille Libraire, eut charge des Magistrats, à ce qu'il me dit, d'écrire sur la Librairie. Comme il avoit lû ce que M. le Maire avoit dit des premieres Impressions qu'on gardoit dans la Bibliotheque de Sorbonne, il y vint aussi pour en être instruit par lui-même, & vit ces premiers Livres. Je lui communiquai encore le Catalogue de cette Bibliotheque, où j'ai marqué à chaque Edition le nom de l'Imprimeur; ce qui lui abbregea beaucoup de chemin pour la composition de son Livre, dans lequel il entreprend de donner la Liste de tous les Maîtres de cette Ville. Depuis on a ajoûté un troisiéme Tome au Dictionnaire de M. Moreri, où au mot *Imprimerie*, on a donné un précis de l'Ouvrage de ce Libraire; & on a rapporté en bref ce qu'il a dit de l'Origine de celle de Paris.

a ij

PREFACE.

Mais parce que j'ai remarqué dans tous ces endroits qu'il y manquoit plusieurs faits, & les preuves qui peuvent établir solidement ce point d'Histoire qui ne regarde que la Ville de Paris, je me suis déterminé à les écrire, & à donner tout l'éclaircissement qu'on peut desirer sur ce sujet. A quoi je me suis porté d'autant plus volontiers, que l'Auteur de l'Imprimerie de Paris est un des grands Bienfaiteurs de la Maison de Sorbonne ; dont les liberalitez, quoiqu'elles ne soient pas si éclatantes, ni si connuës du Public, ne laissent pas neanmoins d'être tres-considerables. J'ai voulu faire comme une petite Histoire de ce premier Imprimeur; afin que sa memoire fût en honneur dans cette Ville, & qu'elle ne fût point tout-à-fait ensevelie en Sorbonne sous les bâtimens magnifiques, & les bienfaits tous recens du grand Cardinal de Richelieu, qui a relevé cette maison, que son ancienneté avoit renduë caduque.

Mon dessein étoit de ne faire que trois Parties de cet Ouvrage ; je l'ai augmenté dans la suite d'une quatriéme par cette raison. Quelques Libraires de Paris ont sollicité un nouveau Reglement de la Librairie, & ont obtenu des Lettres Patentes du Roi, données en forme d'Edit à Versailles au mois d'Aoust 1686. pour le faire verifier au Parlement. Comme dans ce Reglement ils ont fait mettre quelques Articles contraires aux anciens Statuts, aux Usages, & aux Coûtumes observées depuis long-tems, quelques-uns des autres Libraires, Relieurs, Compagnons & Ouvriers de ce Corps, se sont opposez à l'Enregistrement; & il s'est élevé parmi eux de grands differens sur ce sujet. Mais principalement l'Université de Paris a crû qu'on ne lui a point fait justice. La Librairie de Paris tire son Origine de l'Université ; & c'est elle qui sous la faveur du Prince, l'a établie en forme de Communauté de Maîtres : elle la gouvernoit seule dans le commencement, lui donnoit des Regles & des Statuts, & c'étoit elle qui créoit les Libraires. Depuis ce tems ils ont toujours été regardez comme Officiers, Suppôts, & Membres de l'Université ; sur qui elle a eu l'inspection, & a exercé son autorité en plusieurs occasions. Aussi-tôt qu'elle a reconnu qu'ils avoient fait faire un nou-

PREFACE.

veau Reglement sans lui en parler, & que c'étoit des Enfans qui vouloient se soustraire aux yeux de leur Mere ; qui même avoient affecté d'y faire passer sous silence ses plus beaux droits, elle est intervenuë dans cette Cause : M. le Recteur est allé se plaindre au Roi, & implorer sa Justice : Sa Majesté a eu la bonté de l'écouter, & de rendre l'Arrest suivant.

" [Sur ce qui a été representé au Roi étant en son Conseil
" par le Recteur, Docteurs & Regens de l'Université de Pa-
" ris, que les Reglemens du mois d'Aoust 1686, tant pour
" les Libraires & Imprimeurs, que pour les Relieurs, ont été
" faits sans la participation desdits Recteur, Docteurs & Re-
" gens, ni des vingt-quatre Libraires Jurez de ladite Uni-
" versité ; & que dans lesdits Reglemens il y a plusieurs cho-
" ses contraires à leurs droits, & à l'avantage des Sujets de Sa
" Majesté, par la séparation qui a été faite du Corps des Re-
" lieurs d'avec les Libraires & Imprimeurs, qui n'ont ci-de-
" vant fait qu'un même Corps & Communauté, ils auroient
" tres-humblement supplié Sa Majesté de nommer tels
" Commissaires qu'il lui plaira, pour entendre leurs griefs
" sur lesdits Reglemens, & lui en rendre compte. A quoi
" ayant égard, Sa Majesté étant en son Conseil a ordonné &
" ordonne, que lesdits Recteur, Docteurs & Regens de l'U-
" niversité, fourniront les Memoires concernans leurs griefs
" & prétentions au sujet desdits Reglemens faits pour les Li-
" braires, Imprimeurs & Relieurs, pardevant les Sieurs Pus-
" sort, Courtin, de Fieubet, de Marillac, & de Harlay, Con-
" seillers d'Etat, que Sa Majesté a commis & commet, pour
" en être par eux dressé Procés verbal, & donner leur avis
" à Sa Majesté, & être ensuite par elle ordonné ce qu'il ap-
" partiendra. Et seront cependant lesdits Reglemens exe-
" cutez selon leur forme & teneur. Fait au Conseil d'Etat
" du Roi, Sa Majesté y étant, tenu à Versailles le 6. Juin
" 1689. Signé Colbert.]

J'ai crû, qu'écrivant de l'Origine de l'Imprimerie de Paris, je devois rapporter ce que j'avois remarqué des anciens droits de l'Université, qui m'a élevé dans les Etudes ; & je me persuade que personne ne me blâmera, si je lui témoigne ma reconnoissance en tâchant de la défendre. Je ne touche point à la décision de la Cause, elle appartient aux Juges; je me retranche seulement dans quelques faits, desquels même je ne prétens rien conclure contre la Police qu'on voudra établir aujourd'hui; le Roi étant le maître de faire observer dans son Royaume celle qu'il jugera à propos pour le bien de ses Sujets. C'est aux Avocats de l'Université à prendre leurs conclusions dans les Requêtes qu'ils presenteront.

Quelqu'un trouvera peut-être qu'il y a trop de passages dans ce Livre: je n'ai point pû faire autrement; ils servent ordinairement de preuves aux faits qu'on y avance. J'ai consideré que le Lecteur d'un Livre nouveau en devient le Juge. Les Juges ne doivent rien croire que ce qu'ils voyent prouvé dans les Procedures; & ils forment leurs idées plus fortes ou plus foibles, à proportion de la force des preuves. Dans un siécle d'érudition, comme celui où nous sommes, & qui a l'abondance des Livres, personne ne doit être crû sur sa simple parole. Il faut avoir en main la preuve de ce qu'on avance. Les seules Citations des Auteurs mises en marge sont quelque chose: mais, à mon avis, ce n'est pas assez; elles laissent au Lecteur la peine d'aller chercher le passage, ce qui n'est pas souvent aisé, & toûjours la crainte qu'on n'ait pas bien pris le sens de l'Auteur. Les passages mis devant les yeux levent toute difficulté: celui qui les lit en tire lui-même les conséquences, & y exerce sa Critique, comme il a droit de le faire. J'avoüe qu'en cela, comme en toute autre chose, il faut agir avec jugement, & avec modération. Je les ai rapportez presque toûjours en leur langue: par ce moyen on n'aura aucun soupçon que j'aie imposé par une Traduction alterée, ou trop affectée. D'ailleurs je ne prétens écrire que pour ceux qui ont de l'érudition.

L'Orthographe qui est observée dans cette Dissertation, ne plaira point aux Gens de Letres: les Imprimeurs en ont été les maîtres. De mon propre choix j'aurois voulu qu'on eût observé l'ancienne: elle vient d'être autorisée par Messieurs de l'Académie Françoise, dans la Préface de leur Dictionnaire.

Il me reste à dire touchant ce petit Ouvrage, que j'ai pris un grand soin de le rendre exact, & de ne rien avancer qui ne fût conforme à la verité. On y voit plusieurs Livres, & beaucoup d'anciens Imprimez citez; je puis assûrer qu'il n'y en a aucun que je n'aye vû, ou dans la Bibliotheque de Sorbonne, ou en d'autres de cette Ville, ou qui ne soit rapporté par de bons Auteurs, que j'ai presque toûjours nommez. Quelque soin que j'aye pris de ne rien écrire avec précipitation, & sans y avoir bien pensé, je n'ose pas néanmoins me flatter que je ne me sois point trompé en quelque chose : je ne puis pas aussi avoir tout vû. Il y a des Bibliotheques, où on n'entre pas si librement, qui ont des thrésors cachez; & d'autres où on ne peut pas aisément ou chercher, ou sçavoir ce qu'on y garde de rare & de curieux; dans lesquelles si j'avois eu la même liberté que dans celle de Sorbonne, j'aurois peut-être beaucoup profité, & aurois pû donner plus d'éclaircissement sur les matieres que j'ai traittées. Ceux qui auront de nouvelles lumieres les communiqueront au Public, & avertiront des fautes qu'ils auront remarquées dans cet Ouvrage; le tout pour l'avantage de la verité : quand on écrit on ne doit point avoir d'autre but que de la developper, & de la faire connoître. Je n'en ay point eu d'autre en composant ce Livre : si peu de chose que c'est, je le soûmets à la Critique & à la Censure des hommes Doctes, dont je respecte le jugement, & reçois les Décisions. Et je le rapporte à la gloire du Createur des Arts & des Sciences, qui est le Pere de toutes les lumieres.

PARTITION DE CET OUVRAGE.

Nous l'avons divisé en quatre Parties.

Dans la premiere, nous parlons d'abord de la découverte de l'Imprimerie, & des premiers Livres imprimez. Ensuite, nous faisons voir que l'Imprimerie fut établie à Paris par des Gens de l'Université, c'est-à-dire, par les soins de la Société de Sorbonne. Nous y faisons l'Histoire d'Ulric Gering le premier Imprimeur de cette Ville, & donnons trois Listes des Livres qu'il a imprimez. Il y a quelques Remarques sur la premiere, & sur la seconde. Nous y rapportons les plus anciennes Bibles imprimées.

La seconde Partie contient des Reflexions sur la troisiéme

PREFACE.

Liſte des Livres imprimez par Gering, & nous prenons occaſion de quelques-uns, pour faire des Remarques curieuſes touchant l'Imprimerie, les Imprimeurs, & les fautes d'Impreſſion qu'ils font : on y voit ſur ce ſujet pluſieurs petites Hiſtoires.

La troiſiéme traite l'Origine de l'Imprimerie Grecque & Hébraïque dans l'Europe, & montre comme elle fut établie à Paris par le ſoin des Profeſſeurs de l'Univerſité. On y fait voir auſſi que l'Imprimerie a été pratiquée hors de l'Europe. Et nous y traitons la queſtion de la Chine, & de l'Impreſſion qui ſe fait par Tables gravées : ſi c'eſt à Harlem qu'elle a commencé.

Dans la quatriéme Partie, nous faiſons voir les Droits que l'Univerſité a eûs ſur la Librairie de Paris devant & après la découverte de l'Imprimerie. On y parle de la taxe & du prix des Livres ; de l'Approbation qu'il faut prendre pour les Livres de Theologie ; de l'établiſſement des quatre Cenſeurs de Livres, & de quelques Queſtions qui regardent la Maiſon de Sorbonne.

Nous ne mettons point ici de Table de Chapitres. Il n'y a qu'à lire au commencement de chacun, l'abbregé qu'on en a fait. Mais en récompenſe nous avons mis à la fin une Table Alphabetique, où on voit ce qu'il y a de plus remarquable dans cette Diſſertation.

EXTRAIT DU PRIVILEGE DU ROY.

PAr grace & Privilege du Roy datté du 8. Avril 1694. il eſt permis au Sieur CHEVILLIER de faire imprimer le Livre intitulé, *L'Origine de l'Imprimerie de Paris, &c.* & défenſes ſont faites à tous Imprimeurs & Libraires de l'Imprimer & le vendre, pendant l'eſpace de dix ans ſans ſon conſentement, ſur peine de quinze cens livres d'amende.

L'ORIGINE

L'ORIGINE
DE L'IMPRIMERIE
DE PARIS.

PREMIERE PARTIE.

CHAPITRE PREMIER.

Trois Villes s'attribuent l'honneur d'avoir inventé l'Imprimerie. Nouveau passage de Trithemé, où l'on apprend la verité & quelques particularitez. La sculpture & la gravûre des lettres n'est pas une invention nouvelle. Quelques exemples de son antiquité. C'est la sainte Bible qui fut le premier ouvrage d'Imprimerie. Livres imprimez avec d'anciennes dattes, mais fausses. Les cinq plus anciennes Impressions qui paroissent aujourd'huy avec dattes certaines. S'il est vrai qu'on n'a mis des dattes aux Imprimez, que depuis l'année 1466. Défi de montrer une impression plus ancienne que 1459. trop précipité. Jean Faust apporte à Paris sa Bible de 1462. qui est prise pour un manuscrit. On lui fait un procés, & est obligé de s'enfuir. Critique sur quelques anciens Livres qu'on produit pour premieres impressions. Jalousie de Nation fait qu'on charge injustement de crimes les Inventeurs de l'Imprimerie. Le Roy d'Angleterre envoye le Maître de sa Garderobe avec une grande somme d'argent, pour débaucher un Ouvrier de Jean Guttemberg, qui vient établir l'Imprimerie dans l'Université d'Oxfort. Critique sur cette Histoire.

N'AYANT à traitter que d'un fait particulier à la Ville de Paris, comment l'Imprimerie y a commencé, & par qui elle y a été apportée; il semble que je dois être dispensé d'entrer dans un autre fait plus general, comment l'Imprimerie a été découverte,

A

& qui font ceux à qui on en a l'obligation. Mais quand je confidere que la premiere chofe où fe porte l'efprit dans cette matiere, c'eft d'être inftruit de ce fait ; je me fens obligé d'en parler d'abord, & d'en donner quelque idée à ceux qui liront ce Livre. C'eft à quoi nous ferons occupez dans ce Chapitre, où nous rapporterons : Premierement les differens fentimens fur la découverte de l'Imprimerie, & nous en dirons nôtre avis. Enfuite nous parlerons du premier Livre imprimé. En troifiéme lieu nous rechercherons les plus anciens ouvrages de l'Art, qui font aujourd'huy gardez dans les Bibliotheques, avec quelque marque de l'année de leur impreffion. La difcuffion de ces trois Queftions fuffira pour laiffer quelque idée de l'Origine de l'Imprimerie.

Pour commencer par la premiere. Il y a trois principales opinions touchant la découverte de l'Imprimerie dans l'Europe, & trois Villes difputent l'honneur de l'avoir inventée. La plus ancienne & la plus commune, c'eft-à-dire, qui eft reçuë du plus grand nombre d'Autheurs & d'Ecrivains, eft qu'elle fut inventée à Mayence pendant tout ce tems, depuis 1440. jufqu'à 1450. par Jean Guttemberg, par Jean Fuft, qu'on nomme communément Fauft, & par Pierre Opilio, en langue Allemande *Schoeffer de Gernsheim*. Cette opinion eft foutenuë par Nicolas Serarius au Livre premier chap. 38. de fon Hiftoire Latine de la Ville de Mayence, & par Bernard de Malincrot Doyen de Munfter, dans une Differtation qu'il a faite exprés, intitulée : *De ortu Artis Typographicæ*, imprimée *in* 4°. à Cologne l'année 1640. Adrian Junius avance un autre fentiment. François Raphelenge imprima en l'année 1587. à Leyden *in* 4°. fon Hiftoire de la Hollande, intitulée *Batavia*, où il dit au chap. 17. page 255. qu'elle fut découverte dans la Ville de Harlem environ l'année 1442. par Laurens Jean, que quelques-uns appellent Laurens Janffon, d'autres Jean Cofter. Junius dit qu'il s'appelloit en fon furnom *Ædituus, Cuftofve*, à qui un Domeftique (il foupçonne que c'eft Jean Fauft) emporta à Noël pendant la Meffe de minuit les Caracteres qu'il avoit fabriquez, avec tous les inftrumens d'Imprimerie, & s'enfuit à Amfterdam, de là à Cologne, de Cologne à Mayence, où il établit enfin fa demeure. Plusieurs Ecrivains Hollandois sont de cette opinion, dont quelques-uns ont fait des Dissertations pour la défendre, particulierement Pierre Scriverius, & aprés luy Marc Boxhornius. Ce dernier a écrit contre M. de Malincrot. Son Livre est intitulé, *De Artis Typographica inventione & inventoribus*, & a été imprimé *in* 4°. à Leyden en 1640.

Il y a une troisiéme opinion de quelques Autheurs d'Alsace, qui est suivie du Pere Jacob Carme, dans son Traité des Bibliotheques page 531. & soûtenuë avec chaleur par M. Mentel Medecin de la Faculté de Paris, dans son Livre qu'il a écrit contre M. de Malincrot, sous ce titre, *De vera Typographia origine*, imprimé *in* 4°. à Paris en l'année 1650. Ils prétendent que l'Imprimerie fut inventée à Strasbourg par Jean Mentel, qui eut le malheur d'être trahi par son Domestique appellé Jean Gensfleich. Celui-cy sçachant le secret de son Maître, alla le communiquer à Jean Guttemberg Orfévre, avec qui il se retira à Mayence, où étant aidez de Jean Faust & de Pierre Schoeffer, ils pratiquerent cet Art. On ajoûte que Gensfleich perdit la vûë, & fut puni de son infidelité; que Jean Mentel au contraire, fut recompensé de l'Empereur Frederic III. qui luy donna des Armes de gueules, au Lyon couronné d'or, accolé d'un ruban voltigeant d'azur, comme dit la Colombiere chapitre 17. de sa *Science Heroique*.

C'est la Ville de Mayence qui a donné la naissance à cet Art incomparable de l'Imprimerie, & c'est elle qui doit remporter l'honneur. Je ne prétens point faire une Dissertation de cette seule question, mais en dire simplement mon avis. J'étois déja déterminé à ce sentiment, lorsqu'on fit paroître la seconde partie du *Chronicon Hirsaugiense* de Tritheme, que les Peres Benedictins du Monastere de Saint Gal en Suisse, ont fait imprimer sur les manuscrits l'année 1690. en deux volumes *in fol.* On n'avoit vû jusques-là que la premiere partie de cette Chronique; & je fus encore plus affermi dans mon opinion, quand j'eus lû dans ce second tome en l'année 1450. ce qu'a écrit cet Abbé sur la fin de sa vie, touchant la découverte de l'Imprimerie, beaucoup plus au long & plus en détail qu'il n'avoit fait auparavant,

4 L'ORIGINE DE L'IMPRIMERIE

dans le *Chronicon Spanheimense*. Il avoit été instruit par Pierre Schoeffer, dont on voit le nom sur les plus anciennes Impressions de Mayence, un des trois Inventeurs de l'Imprimerie, domestique de Jean Faust, & ensuite son gendre, aprés qu'il eut découvert la maniere de faire les matrices & de fondre les lettres; ce qui fut l'accomplissement de tout l'Art. Tritheme rapporte que Jean Guttemberg Bourgeois de Mayence, qui le premier imagina le grand dessein de l'Imprimerie, aprés avoir presque tout dépensé son bien, sans pouvoir réussir, s'associa avec Jean Faust, aussi Bourgeois de la même Ville, homme riche, & aidé de son domestique Schoeffer, fort adroit & tres-ingenieux. D'abord ils taillerent des lettres sur des tables de bois, & commencerent par imprimer un Vocabulaire Latin intitulé * *Catholicon*. Mais comme cette maniere n'étoit pas de grand usage, à cause que chaque table de bois ainsi taillée, demeuroit inutile pour tout autre ouvrage, ils inventerent les lettres mobiles & separées les unes des autres, qu'ils firent de bois, les taillant & polissant de leurs mains: & puis Pierre Schoeffer s'avisa de tailler des poinçons, & fraper des matrices pour avoir des lettres de métail fondu. Tous les essais qu'ils firent leur coûterent beaucoup d'argent. Schoeffer dit à Tritheme, que lorsqu'ils mirent la sainte Bible sous la Presse, il avoit déja coûté plus de quatre mille florins, c'est-à-dire, plus de quatre mille francs, avant que les trois premiers cahiers fussent imprimez. Ces trois premiers Imprimeurs demeuroient dans une maison de Mayence, qui fut appellée *l'Imprimerie*; & l'Abbé dit que de son tems elle portoit encore ce nom. Comme le passage de cette Chronique n'a point encore été cité, nous le rapporterons ici quoiqu'il soit un peu long.

His temporibus in Civitate Moguntina Germaniæ prope Rhenum, & non in Italia, ut quidam falsò scripserunt, inventa & excogitata est Ars illa mirabilis, & prius inaudita imprimendi & characterisandi Libros per Joann. Guttenber Civem Moguntinum; qui cum omnem penè substantiam suam pro inventione hujus artis exposuisset, & nimia difficultate laborans jam in isto jam in alio deficeret, jamque prope esset ut desperatus negotium intermitteret, consilio tandem & impensis Joannis Fust æquè Civis Moguntini

* Je crois que c'étoit le Livre intitulé, *Summa quæ Catholicon appellatur Joannis Januensis Ord. FF. Præd.* dont on voit plusieurs Impressions tres-anciennes dans les Bibliotheques.

rem perfecit incœptam. *Imprimis igitur characteribus literarum in tabulis ligneis per ordinem scriptis, formisque compositis, Vocabularium, Catholicon nuncupatum, impresserunt: sed cum iisdem formis nihil aliud potuerunt imprimere, eo quod characteres non fuerunt amovibiles de tabulis sed insculpti, sicut diximus; post hæc inventis successerunt subtiliora, inveneruntque modum fundendi formas omnium Latini Aphabeti literarum, quas ipsi matrices nominabant, ex quibus rursum æneos, sive stanneos characteres fundebant ad omnem pressuram sufficientes quos prius manibus sculpebant: & revera, sicuti ante triginta fermè annos ex ore Petri Opilionis de Gernsheim Civis Moguntini, qui gener erat primi artis inventoris, audivi, magnam à primo inventionis suæ hæc Ars impressoria habuit difficultatem. Impressuri namque Bibliam priusquam tertium complessent in opere quaternionem plusquam 4000. florenorum exposuerunt. Petrus autem memoratus Opilio tunc famulus, postea gener, sicut diximus, inventoris primi Joannis Fust, homo ingeniosus, & prudens faciliorem modum fundendi characteres & artem, ut nunc est, complevit. Et hi tres imprimendi modum aliquandiu tenuerunt occultum, quo usque per famulos, sine quorum ministerio artem ipsam exercere non poterant, divulgatus fuit in Argentinenses primò, & paulatim in omnes nationes....... Et hæc de impressoria mira subtilitate dicta sufficiant, cujus inventores primi Cives Moguntini fuerunt. Habitabant autem primi tres artis Impressoriæ Inventores, Joannes videlicet Guttenber, Joannes Fust, & Petrus Opilio gener ejus Moguntiæ in domo Zum-Jungen dicta, quæ deinceps usque in præsens Impressoria nuncupatur.* On remarquera que du tems de l'Abbé Tritheme, qui acheva cette Chronique en l'année 1514. deux ans avant sa mort, personne ne disputoit à la Ville de Mayence l'honneur d'avoir inventé l'Imprimerie. Il est vrai que quelqu'un avoit écrit que cette belle invention venoit d'Italie ; mais c'étoit bien legerement, & sans aucun fondement. Aussi l'Abbé traitte cette opinion de fausse. Ce ne fut que vers la fin du dernier siécle, plus de 130 ans aprés que l'Art fut connu, qu'on commença à publier des Ecrits en faveur de la Ville de Harlem ; & depuis dans le siécle present, il en a paru d'autres en faveur de celle de Strasbourg. Nous n'en dirons point davantage sur la premiere question.

Pour la seconde. Ce que nous avons rapporté de Tritheme, est un témoignage décisif sur cette matiere, par la raison que ce qu'il a dit, il le sçavoit d'original, l'ayant appris de Pierre Schoeffer un des Inventeurs de l'Art. Plusieurs Autheurs ont parlé de l'Origine de l'Imprimerie, & en ont écrit selon les Memoires qu'on leur avoit fournis, vrais ou faux. Tritheme est le seul qui a puisé dans la source, c'est-à-dire, qui a écrit les choses comme elles luy avoient été expliquées par ceux mêmes qui les avoient faites: *Ex ore Petri Opilionis audivi.* Or Tritheme parle de deux Livres qui furent imprimez les premiers, l'un intitulé *Catholicon*; c'étoit un Vocabulaire ou Dictionnaire Latin: l'autre étoit la sainte Bible latine. Mais il fait voir une grande difference entre ces deux impressions. Le Vocabulaire n'avoit été imprimé que par des tables de bois, dont les lettres avoient été taillées à la main, selon la maniere dont on grave aujourd'huy les planches pour tirer des Estampes. Quant à la sainte Bible, elle avoit été imprimée par des caracteres mobiles & separez, fondus dans des matrices, & qui pouvoient servir à plusieurs impressions, selon la maniere qu'on pratique à present dans toutes les Imprimeries. Pour m'expliquer nettement, je ne donne aucun rang à ce Vocabulaire, parce qu'il n'étoit point l'ouvrage d'une veritable Imprimerie; c'étoit une production de l'art de gravûre & de sculpture, qui n'est pas, comme tout le monde sçait, une invention nouvelle, puisqu'on voit des lettres, des mots, des discours taillez & gravez de toute antiquité, sur le marbre, & sur des corps beaucoup plus durs & plus difficiles à tailler que le bois. On a qu'à consulter les Inscriptions anciennes recueillies par Fugger, par Gruter, par Reinesius, par Boissard, par M. Spon, & quelques autres, pour en être convaincu. Et même la gravûre de l'écriture sur le cuivre, n'est pas une chose si récente que quelques-uns s'imaginent. Sans parler des exemples qu'on en voit chez ces Antiquaires, Hygin un des Autheurs *De re Agraria*, qui écrivoit du tems de Trajan, appelloit *Livres d'airain* les tables où étoient gravées les limites des Terres que les Romains assignoient aux Soldats de leurs Colonies. *Libros æris,* pag. 193. de l'édition d'Amsterdam 1674. *in* 4°. Il y a de l'apparence qu'on les gardoit dans le Capitole, & que ce sont ces tables de cuivre, qui furent consumées jusqu'au nombre de trois mille, quand le feu y prit du regne de Vitellius. *Æneárum tabularum tria millia*, dit Suetone chap. 8. de la Vie de Vespasian. On sçait par l'Ecriture sainte, que Judas Machabée envoya à Rome des Ambassadeurs, qui en apporterent un Traité d'alliance entre les Juifs & les Romains, gravé sur une table de cuivre. Et on lit dans le Dialogue de Platon, intitulé *Minos*, que ce Roi de l'Isle de Candie, qui vivoit plus de douze cens ans avant la naissance de N. S. Jesus-Christ, envoya Talus dans les Provinces, pour y faire observer les Loix du Royaume, que cet Intendant faisoit porter avec luy gravées sur des lames d'airain, & qu'on luy donna par cette raison le nom de χαλκȣ́ς, c'est-à-dire, Talus d'airain. Il est donc certain que c'est une pratique tres-ancienne que la sculpture & la gravûre des lettres & des mots. Que si on s'est avisé dans la suite des tems de la faire d'une certaine maniere, qu'en appliquant l'encre, & pressant le papier sur une table de bois, ou de cuivre, taillée & gravée, on multiplie les copies, on peut dire qu'alors on a perfectionné cet Art, duquel on a tiré de grands avantages, quoiqu'ils ne soient pas comparables à ceux qu'on tire de l'Imprimerie : mais on ne dira point par cette raison, que ce fut un Art nouvellement inventé, comme on ne le dit point de la Peinture, quand on commença il y a plus de deux cens ans à peindre avec l'huile. Cela ne doit point être appellé une nouvelle découverte, pour laquelle il ait fallu un grand effort d'esprit, ou vaincre de grandes difficultez ; c'est seulement l'embellissement & l'enrichissement d'un ancien Art. Aussi ne le voit-on point dans le *Nova reperta* de Guido Pancirolus. Je dirai encore ceci : Le Roy de Sparte Agesilas, voulant animer ses Soldats au combat par une finesse, imagina aisément la maniere d'imprimer des lettres, comme on fait par des tables gravées. Il écrivit dans sa main le nom de la Victoire νίκη, & ayant pressé de cette main le foye d'un animal, que le Devin avoit égorgé, montra ce nom imprimé dessus, comme une prédiction certaine qu'il seroit le Vainqueur, ἐτυπώθησαν οἱ τῶν γραμμάτων χαρακτῆρες. Plutarque dans ses Apophthegmes Laconiques.

Partant c'est la sainte Bible qui est le premier ouvrage fabriqué par la divine Invention de l'Imprimerie. Tritheme fait assez entendre que c'est ce saint Livre qui fut le premier imprimé, quand il dit que la découverte de cet Art, qui ne fut faite que par degrez, étant achevée dans la speculation, lorsqu'il fallut venir à l'effet, & réduire la speculation en pratique, il s'y trouva de grandes difficultez. Que la dépense montoit déja à plus de quatre mille francs devant qu'on eût imprimé trois cahiers de la Bible. N'est-ce pas dire assez clairement par une semblable narration, que c'est la Bible qui fut choisie par la pieté des Inventeurs de l'Art, pour être le premier fruit de l'Imprimerie? Si l'on veut faire attention à ces mots: *A primo inventionis suæ. Impressuri namque Bibliam*; on verra qu'ils ne tendent qu'à persuader cette verité. Et c'est Pierre Schoeffer, qui fait ce narré à Tritheme, c'est-à-dire, un des trois Autheurs de l'Imprimerie. C'est donc luy qui nous dit que la Bible fut le premier Livre imprimé. Qui peut en douter après ce témoignage?

Mais en quelle année fut faite cette premiere impression? Une ancienne Chronique de la Ville de Cologne manuscrite, a déterminé le tems à l'année du Jubilé 1450. & a marqué qu'elle étoit imprimée en gros caracteres, semblables à ceux dont on se sert pour l'impression des Messels. Cette Chronique fut composée en Allemand l'an 1499. Celui qui en est l'Autheur dit, qu'il a appris ces particularitez d'un Libraire de Cologne appellé Ulric Zel. Marc Boxhornius a rapporté les paroles Allemandes dans son Theatre de la Hollande imprimé en latin à Leyden 1632. page 139. & M. le Doyen de Munster les a traduites en latin dans sa Dissertation *De Arte Typographica*, pag. 37. *Ars inventa primùm in Germaniâ Urbe Moguntiâ est ad Rhenum, circa annum* 1440. *& ab eo anno donec scriberetur* 1450. *inventioni ejus eorumque quæ ad illam pertinent opera impensa fuit, eoque anno qui Jubilæus fuit cœptum fuit libros imprimere, primúsque qui excuderetur liber Biblia fuere latina, impressíque ea sunt* *funt scriptura grandiori, quali hodie Missalia solent imprimi....... initium & progressum sæpius memorati artificii ex honorabilis Magistri Ulrici Zel Hannoviensis narrantis ore cognovi, qui etiam nunc hoc anno 1499. Coloniæ Typographum agit.* Ulric Zel n'assûra point qu'il eût vû cette Bible, ni qu'il y eût lû pour datte de l'Impression l'année du Jubilé 1450. c'est pourquoi son témoignage ne nous rend point certains de cette année-là. Tritheme n'a point marqué précisément l'année: il falloit qu'il ne l'eût point apprise de Schoeffer. Il est vrai qu'écrivant ce qui arriva en l'année 1450. il use de ces termes: *His temporibus excogitata est Ars mirabilis imprimendi Libros.* Mais ces paroles si generales *his temporibus*, portent avec elles quelque étenduë, & donnent lieu de croire qu'il n'a pas voulu fixer cette découverte à l'année 1450. car il auroit écrit *eodem anno*, ou bien *anno prænotato*, comme il fait de tous les autres évenemens dont il parle en cette même année. Il est fort exact dans sa Chronique à dire l'année, quand il la sçait certainement; & quand il ne la sçait point il dit, *his temporibus.* Il s'étoit encore servi auparavant dans le *Chronicon Spanheimense* des mêmes termes, *His quoque temporibus Ars imprimendi Libros à novo reperta est;* & on voit bien qu'il est de necessité qu'on donne quelque étenduë à ces paroles: autrement il faudroit dire que le Vocabulaire & la Bible furent achevez en même année. Ce qu'on ne peut soûtenir, l'Imprimerie n'étant point encore inventée quand ce Dictionnaire parut, qui n'étoit qu'un pur effet de sculpture & de gravûre. Je laisse au Lecteur à juger de cette année-là, & je ne disputerai point de celle qu'il déterminera, pourvû qu'on tombe d'accord que l'impression de la sainte Bible fut le premier ouvrage de l'Art qui parut au jour parfait & accompli, aprés quelques maculatures & quelques essais, & qu'on lui donne le rang au-dessus du plus ancien qui paroîtra avec une datte certaine. M.Beughem * dans la liste qu'il a donnée des anciennes Im-

---

* Page 54. d'un *in* 12. intitulé, *Incunabula Typographiæ sive Catalogus Librorum proximis ab inventione Typographiæ annis usque ad ann. 1500. inclusivè editorum, accurante Cornelio A Beughem Embric. Amstelodami apud Jo. Volters* 1688.

pressions faites avant l'année 1500. parle d'un Donat de Harlem, duquel il dit, qu'on le tient communément pour le premier Livre imprimé. *Donatus non Authoris, sed Libri cujusdam titulus. Estque institutio Grammatices Harlemi ligno foliatim incisa, ibidemque circa annum 1440. edita, & sic conglutinata teste. P. Scriverio. Vulgò Artis Typographicæ primum specimen habetur.* Cela doit s'entendre, qu'on l'estime ainsi en Hollande & parmi les Hollandois. Mais on voit par le récit que vient de faire l'Abbé Tritheme, ce qu'on doit penser de cette opinion. Nous parlerons de ce Donat de Harlem sur la fin de ce Chapitre.

Pour resoudre la troisiéme question, on remarquera que nous cherchons seulement les premieres Impressions qui se trouvent aujourd'hui dans quelque Bibliotheque de l'Europe, avec des marques certaines de l'année qu'elles ont été faites. Quant à celles qui n'en ont aucunes, nous les laissons, attendu qu'il est tres-facile de se tromper sur l'année à laquelle on voudroit les fixer. Par exemple, le Roy a dans sa Bibliotheque un Livre *in* 4°. appellé, *Regula Pastoralis Gregorii Papæ*, sur lequel on a écrit que c'est un essai d'Imprimerie de Jean Faust, *Tentamentum Fausti*, fait en l'année 1459. Comme on n'a point vû sur ce Livre aucune marque de l'année de son Impression, on a deviné celle de 1459. & on s'est trompé; car en cette année-là Jean Faust ne faisoit plus d'essais, mais des ouvrages parfaits d'Imprimerie; & comment auroit-il retourné aux essais, après avoir fait quelques années auparavant des Editions fort accomplies, entr'autres celle de la Bible?

On voit dans la Bibliotheque de Sorbonne deux Imprimez *in fol.* d'une datte extraordinaire, mais fausse. L'une finit par ces termes, *Flores de diversis Sermonibus & Epistolis B. Bernardi per me Joann. Koelhof de Lubech Coloniensem Civem impressi an. M.CCCC. feliciter finiut.* Il y a erreur manifeste dans cette datte : premierement, parce que le dessein de l'Imprimerie n'a esté formé qu'environ l'année 1440. & n'a été réduit en pratique, que vers l'année 1450. Secondement, parce que cet Imprimeur Jean Koelhof n'étoit point encore né en l'année 1400. Il imprima à Cologne l'année 1483. le Gerson *in fol.* en quatre volumes, qui sont de même fabrique que ce *Flores.* Sans doute l'erreur vient d'une omission de cet autre chiffre lxxxij. qui devoit être ajoûté aprés M. CCCC. L'autre est le *Præceptorium divinum* de Gotschal Hollen Religieux Augustin, où on lit à la fin, *Impressum per me Joan. Guldenschaef Civem Coloniens. ipso die S. Kuberti Episcopi anni Domini octogesimi quarti.* Il y a ici une omission de ces mots qui doivent précéder *millesimi quadringentesimi.* J'ai vû dans la Bibliotheque Mazarine un *Manipulus Curatorum,* que Guy de Mont-Rocher composa l'année 1333. c'est une Edition faite à Paris *in* 4°. où on lit ces termes écrits en cette maniere, *Completus Parisius anno Domini millesimo CCCC. vicesimo tertio. amen.* L'erreur dans la datte est bien certaine, puisque l'Imprimerie n'a commencé à Paris qu'en l'année 1470. comme nous ferons voir dans la suite. Il faut que le cinquiéme C, qui faisoit l'année 1523. soit échapé des Formes. Par ces exemples & ceux que rapporte M. Naudé dans son Addition à l'Histoire de Louïs XI. page 244. de l'impression de Paris 1630. *in* 8°. & quelques autres encore qu'on lit en la page 210. de l'Histoire de la Bibliotheque de Nuremberg, dont nous parlerons plus bas, il doit être constant que toute Impression qui marquera quelque année avant celle de 1440. contient certainement erreur dans la datte.

De toutes les Impressions qui se trouvent dans quelque Bibliotheque, la plus ancienne est celle des Sermons *De Sanctis* de Leonard de Udine: elle fut faite l'année 1446. Jean Godefroy Olearius Ministre Lutherien dans l'Eglise de sainte Marie de Hal en Saxe, rend témoignage qu'on garde cette ancienne Impression dans la Bibliotheque de cette Eglise-là. Voici les paroles qui se lisent à la page 291. de son Livre *De Scriptoribus Ecclesiasticis,* qu'il fit imprimer sous ce titre *Abacus Patrologicus,* l'année 1673. à Jena *in* 8°. *Leonardus de Utino Ord. Præd. .... Ejus Sermonum de Sanctis Liber sub ipsa Typographicæ artis incunabula anno 1446. impressus, absque tamen loci mentione, habetur in Bibliotheca Templi Mariani nostri Hall. Confer. dn. parentis Halygraph. Appendice T t t. I. B. Sermones ejusdem Quadragesimales & Dominicales anno 1479. prodierunt.* Cet Autheur a écrit son Livre dans la même Ville où on garde cette Edition. *Scribebam & vovebam Halæ Saxonum die* 14. *Augufti* 1673. ce font fes termes dans l'Epître Dédicatoire au Prince George Duc de Saxe. On voit qu'il produit encore pour témoin fon pere Godefroy Olearius, qui fit l'Hiftoire de la Ville de Hal, intitulée, *Halygraphia Topochronologica*, imprimée, dit Lipenius dans fa Bibliotheque Philofophique page 630. à Lipfic l'année 1667. *in* 4°. Olearius ne marque point en quelle forme eft le Livre, fi c'eft *in fol.* ou *in* 4°. ni quel eft l'Imprimeur. Quelques Autheurs fous fon témoignage, ont cité cette Edition, comme Hallevordius dans fon Livre *Bibliotheca Curiofa*, imprimé *in* 4°. à Francfort 1676. page 139. George Konig dans *Bibliotheca vetus nova. Altdorfii, in fol.* 1678. page 467. M. Beughem dans fa Lifte qu'il appelle, *Incunabula Typographiæ*, page 146.

Une Edition fi remarquable par fon antiquité, merite bien que quelque Curieux d'Allemagne la voie, & nous en donne une nouvelle affûrance, en la décrivant plus en particulier que n'a fait Olearius ; d'autant plus que fi la datte en eft indubitable, elle détruit certainement l'opinion des Autheurs qui ont écrit que l'Imprimerie ne fut inventée qu'en l'année 1450. ou du moins qu'elle n'a point été pratiquée avant cette année-là. Comme Jean Aventin, la Chronique de Cologne citée ci-deffus, Nicolas Serarius, & quelques autres, qui ont fixé fon origine à des années pofterieures. Et pour ne rien diffimuler, il me refte un doute touchant cette Impreffion. Leonard de Udine vivoit en Italie en l'année 1445. au rapport d'Antoine Poffevin dans fon Apparat ; auroit-il eu affez de credit en Allemagne pour y faire imprimer fes Sermons par un nouvel Art qui étoit encore caché, & connu tout au plus de cinq ou fix perfonnes ? Il faudroit fçavoir fi ce n'eft point un manufcrit copié en l'année 1446. Il eft aifé de s'y tromper ; les écritures à la main & les premieres Impreffions, étoient beaucoup femblables ; ou fi Olearius n'a point deviné l'année de cette Impreffion par des conjectures feulement. Peutêtre que l'année qui eft marquée fur le Livre, eft celle en laquelle l'Auteur acheva la compofition de fes Sermons, & non point celle de l'Impreffion.

Il y a dans les Bibliotheques cinq Impreſſions qui ont été faites certainement juſqu'en l'année 1466. & qui ſont les plus anciennes de celles qui paroiſſent avec quelque datte. La premiere, que je n'ai point encore vû citée par aucun de ceux qui ont donné des Liſtes d'anciens Imprimez ; c'eſt le Livre duquel diſoit S. Chriſoſtome (a), qu'il vaudroit mieux que le Soleil ceſſât de répandre ſes lumieres ſur la terre , que de ceſſer de le chanter chaque jour dans l'Egliſe ; c'eſt le Pſeautier, qui fut mis ſous la Preſſe *in* 4°. ſur velin, dans la Ville de Mayence l'année 1457. par Jean Fauſt & Pierre Schoeffer. Il eſt dans la Bibliotheque de l'Empereur à Vienne, où il fut apporté avec un grand nombre d'autres Volumes imprimez *ex Archiducali arce Ambroſiana.* Pierre Lambec, qui en étoit le Bibliothecaire, rend témoignage qu'il l'a vû dans cette Bibliotheque, & rapporte ce qu'il a lû à la fin du Livre : *Reperi inter ea unum impreſſum in membrana. In cujus fine de Origine Artis Typographicæ hoc legitur notabile teſtimonium. Præſens Pſalmorum Codex venuſtate capitalium decoratus , rubricationibuſque ſufficienter diſtinctus , adinventione artificioſa imprimendi ac characteriſandi, abſque calami exaratione ſic effigiatus , ad Euſebiam Dei induſtriè eſt conſummatus per Joannem Fuſt Civem Maguntinum , & Petrum Schoeffer de Gernszheim anno Domini milleſimo cccclvij. in Vigilia Aſſumptionis.* (b)

La ſeconde Impreſſion , eſt le *Rationale divinorum Officiorum* de Guillaume Durand, qui fut imprimé *in fol.* ſur velin à Mayence l'année 1459. par Jean Fauſt & Pierre de Gernsheim ou Schoeffer. M. le Doyen de Munſter Bernard de Malincrot dans ſa Diſſertation de l'Art d'Imprimerie, page 67. dit qu'il a ce Livre dans ſa Bibliotheque ; qu'il appartenoit auparavant aux Religieux de S. François du Couvent de Galilée proche Zutphen, détruit par les Guerres civiles : il en rapporte la datte en ces termes, qui ſont preſque tous les mêmes que ceux du Pſeautier : *Præſens Rationalis divinorum Codex Officiorum venuſtate capitalium decoratus , Rubricationibuſque diſtinctus , artificioſa adinventione imprimendi & characteriſandi abſque calami exaratione ſic effigiatus , & ad Euſebiam Dei induſtria eſt conſummatus per Joannem Fuſt Ci-*

(a) Juſtin Decadyus dans ſa Préface au Pſeautier imprimé *in* 4. par Alde Manuce pour l'uſage de l'Egliſe Grecque : περὶ ἧς φησιν ὁ θεῖος Χρυσόστομος· μᾶλλον συμφέρει τῷ κόσμῳ σβεσθῆναι τὸν ἥλιον, ἤπερ τῇ ἐκκλησίᾳ ταύτην ὁσημέραι μὴ ψάλλεσθαι.

(b) *Lib.* 2. *Bibliot. Vindobon.* p. ag. 989.

vem Mogunt. & Petr. Gernsheim Clericum Diæcesis ejusdem an. 1459. *die* 6. *Octob.* Jacques Hofman dans son *Lexicon Universale* imprimé à Basle *in fol.* en deux volumes l'année 1677. dit au Tome second, qu'on voit dans la Bibliotheque de l'Université de cette Ville-là, un Exemplaire de cette Edition de 1459. qu'il appelle *Officiale Durandi.* Ce sont ses paroles page 508. *Cujus exemplar in Academia Basileensi asservatum hanc inscriptionem habet, &c.*

De tous les differens jugemens que l'on a portez touchant le premier Livre imprimé avec quelque datte certaine, celui-là paroissoit le plus juste qui donnoit la préférence à ce *Rationale* de Durand. Sans doute elle lui étoit dûë, après le témoignage rendu par M. le Doyen de Munster, qui assûroit le Public que ce Livre de cette datte étoit dans sa Bibliotheque. C'est pour cette raison que ce celebre Jesuite (*a*) qui a donné un Catalogue des anciens Imprimez qu'on garde dans la Bibliotheque du Roy, dit dans sa Préface, que cette Liste contient des Impressions faites depuis l'année 1459. jusqu'en l'année 1500. Et que le Supplement (*b*) des Ecrivains Ecclesiastiques, omis par le Card. Bellarmin, fondé sur cette même raison, fait cette remarque : *Anno* 1459. *Joannes Faustus Arte Impressoria inventa edidit primò Moguntiæ Libros Guill. Durandi de Officiis Ecclesiasticis, &c.* Mais depuis l'Impression de toute la Chronique de Tritheme, & du second Tome de la Bibliotheque Imperiale, on voit qu'il est de necessité de remonter plus haut, & qu'il faut changer d'avis sur ce point.

La troisiéme Impression est le Vocabulaire Latin, appellé *Catholicon*, qui fut imprimé *in fol.* à Mayence l'année 1460. Il est dans la Bibliotheque des RR. PP. Feuillans de Paris ruë S. Honoré, où sont ces paroles : *Altissimi præsidio, cujus nutu infantium linguæ fiunt disertæ, quique nimio sæpe parvulis revelat, quod sapientibus celat : hic Liber egregius Catholicon, Dominicæ Incarnationis annis* M.CCCCLX. *alma in Urbe Maguntina, nationis inclytæ Germanicæ (quam Dei clementia tam alto ingenii lumine, donoque gratuito, cæteris terrarum nationibus præferre illustrareque dignatus est) non calami styli aut pennæ suffragio, sed mira patronarum, formarum-*

(a) *Phil. Labbe nova Biblioth. mss. Libb. editæ Parisiis in* 4. *an.* 1653. *Supplemento* 9. *pag.* 337.

(b) *Casim. Oudin. in supplem. de Script. Eccl. Paris.* 1686. *in* 8. *p.* 506.

que concordia, proportione & modulo impreſſus atque confectus eſt.

Hinc tibi ſancte Pater, nato cum flamine ſacro
Laus & honor Domino Trino tribuatur & uno,
Eccleſiæ laude Libro hoc Catholice plaude;
Qui laudare piam ſemper non linque Mariam
   Deo gratias.

 Les Imprimeurs ne ſont point ici nommez. Mais il eſt bien certain que ce Dictionnaire eſt un ouvrage de Jean Fauſt & de Pierre Schoeffer. Il n'y avoit point encore d'autre Imprimerie à Mayence que la premiere de toute l'Europe qu'ils avoient établie dans cette Ville-là. Ce *Catholicon* eſt un Livre de Grammaire compoſé par Jean de la Ville de Genes (*a*) de l'Ordre de S. Dominique, l'année 1286. qui eſt diviſé en quatre parties, dont la quatrième contient un Dictionnaire de mots Latins par l'ordre de l'Alphabet. On en a fait encore pluſieurs autres Impreſſions *in fol.* J'en ai vû une tres-ancienne ſans datte, & une autre faite à Paris par Joſſe Bade l'année 1506. Il y en a une de Lyon revûë & augmentée par Pierre Gilles, & imprimée par Antoine du Ry en 1520. C'eſt vrai-ſemblablement ce même Vocabulaire qui fut d'abord imprimé par des Tables de bois taillées à la main, comme a rapporté Tritheme, & qu'on voit enfin imprimé par la ſeule & unique maniere qu'on doit appeller l'Art d'Imprimerie.

 Le Pere Jacob de l'Ordre des Carmes, dans ſon Traité des Bibliotheques (*b*), parle d'une Impreſſion qui fut faite à Mayence par Jean Fauſt & Pierre Schoeffer; & dit pag. 532. *ils commencerent d'imprimer le Durandus de Ritibus Eccleſiæ* l'an 1461. Mais perſonne n'a fait mention de cette Edition avant luy. C'eſt *Durantus* qui a fait *De Ritibus Eccleſiæ*, & non point *Durandus*. Ce dernier s'appelloit Guillaume Durand, & fut Evêque de Mende; le premier ſe nommoit Jean Etienne Duranti, & fut Premier Préſident à Toulouſe. C'eſt le *Rationale divinorum Officiorum* qu'ils imprimerent, comme on a vû ci-deſſus, & non pas *De Ritibus Eccleſiæ*; ouvrage qui n'étoit point encore fait en 1461. & ce fut en l'année 1459. qu'il fut imprimé, & non point en l'année 1461. M. l'Abbé

(*a*) *Joannes Januenſis vel de Janua.* Caſimir Oudin, p. 560. citée ci-deſſus, croit que *Jacobus Januenſis de Voragine,* qui a fait la Legende dorée, & ce *Joannes Januenſis*, ne ſont qu'un même Auteur.

(*b*) Imprimé *in* 8. à Paris l'année 1644.

de Furretiere, dans ce qu'il a rapporté de l'Origine de l'Imprimerie, s'en est trop fié à M. Mentel, & au Pere Jacob ; il s'est trompé sûrement quand il a écrit dans son Dictionnaire: *Les premiers Livres imprimez qu'on ait vû en Europe, sont un* Durandus *de* Ritibus Ecclesiæ, *de l'année* 1461. *& une Bible de l'année* 1462. *la Cité de Dieu de S. Augustin, & les Offices de Ciceron :* au mot *, Imprimerie.*

La quatriéme Impression, c'est la sainte Bible, qui fut imprimée une seconde fois en Latin *in fol.* par les mêmes Imprimeurs Jean Faust & Pierre Schoeffer en la Ville de Mayence l'année 1462. où on lit à la fin : *Præsens hoc opusculum finitum, ac completum, & ad Eusebiam Dei industriâ in Civitate Moguntina per Joannem Fust Civem, & Petrum Schoeffer de Gernsheim Clericum Diœcesis ejusdem est consummatum anno Incarnationis Dominicæ* M.CCCCLXIJ. *In Vigilia Assumptionis gloriosæ Virginis Mariæ.* Je l'ai vûë en deux volumes dans la Bibliotheque de S. Victor, & dans celle du College de Navarre. Il y a une Histoire sur cette Bible que nous ne devons pas omettre : elle est rapportée par Vvalchius dans son Livre, *Decas fabularum generis humani,* imprimé à Strasbourg 1609. *in* 4°. page 181. où il dit que Jean Faust en apporta plusieurs exemplaires à Paris, dont il vendit les premiers *sexaginta coronatis,* c'est-à-dire, soixante écus ; les autres, cinquante ; les derniers, quarante, & même à plus bas prix. Que ceux qui les avoient achettez admirerent d'abord que toutes ces copies étoient si fort semblables, qu'il n'y avoit pas un point ni une virgule dans l'une, qui ne fussent de même dans l'autre. Qu'aiant enfin reconnu que ces Bibles n'étoient point écrites à la main, mais fabriquées par une nouvelle maniere, qui coûtoit moins de peine, moins de tems, & moins de dépense ; & croiant que Faust les avoit vendües trop cher, ils lui firent un procès, pour lequel il fut obligé de s'enfuïr. Voilà tout ce que dit Vvalchius, qui n'ajoûte point cette circonstance, comme font quelques-uns, qu'on accusa Faust de s'être servi de l'Art Magique pour écrire toutes ces Bibles. Si M. le Gallois eût eu connoissance de quelques-unes des Impressions précedentes, il n'eût pas assûré si certainement, comme il fait dans son

Traité

Traité *des plus belles Bibliotheques*, * que rien n'a été imprimé « avant la Bible de 1462. page 160. [Quoiqu'il en soit, il est » certain qu'on ne voit rien d'imprimé avant cette Bible, que » Fauſt aporta lui-même à Paris.] *Et à la p.* 161. [L'inſcription » de cette Bible fait voir que c'eſt le chef-d'œuvre de Fauſt, » que rien n'a éte imprimé avant cette Bible.] Et je m'étonne que le Pere Feüillant Dom Pierre de S. Romuald ait écrit dans le troiſiéme Tome de ſon *Tréſor Chronologique in fol.* page 324. *Nous n'avons point de Livre imprimé avant l'année* 1462. il avoit dans le Monaſtére même où il écrivoit, le Dictionnaire *Catholicon* imprimé l'an 1460.

* Imprimé à Paris *in* 12. l'année 1680.

Je ne puis dire autre choſe pour ces Autheurs, ſinon qu'ils ont crû devoir s'en rapporter à ce ſçavant homme M. Naudé, qui avoit vû, comme il dit dans ſon Livre intitulé, *Addition à l'Hiſtoire de Loüis XI.* page 234. plus de quinze mille vieux Livres en vingt ou trente des plus fameuſes Bibliotheques de Paris, & qui traite expreſſément cette matiere dans ce Livre chap. 7. page 258. où il écrit : » [Mais encore pourquoi n'avons-nous aucun Livre imprimé » auparavant 1462?] *Et à la page* 289. [Il eſt bien à croire qu'- » ils firent (*les premiers Imprimeurs*) une infinité d'épreuves & » maculatures, auparavant que d'avoir tout juſtifié & aſſem- » blé leurs inſtrumens, aprés quoi ils commencerent enfin » d'en compoſer, non les Offices de Ciceron, &c. mais la » grande Bible *in fol.* qui fut achevée l'an 1462.]

La cinquiéme Impreſſion eſt le Volume des Offices de Ciceron, de Mayence 1465. le Chevalier Anglois Thomas Bodley l'avoit dans ſa Bibliotheque qu'il légua à l'Univerſité d'Oxfort, où on le garde. Thomas James fit imprimer *in* 4°. à Oxfort l'année 1605. le Catalogue de tous les Livres de ce Chevalier ſous ce titre, *Catalogus Bibliothecæ Bodleianæ*; on y voit à la page 297. ces Offices de Ciceron avec cette datte, *Ejuſdem liber de Officiis, &c. ann.* 1465. Et plus de ſoixante ans aprés, Thomas Hyde entreprit de donner le Catalogue general de tous les Livres qui compoſent la Bibliotheque d'Oxfort, il fut imprimé en cette Ville-là *in fol.* l'année 1674. il y rapporte la même datte de ce Livre page 162. *Officia (Ciceronis) Moguntiæ* 1465. Antoine Wood donna l'Hiſtoire de l'Univerſité d'Oxfort en la même année 1674. Il confirme la verité de cette datte à la page 228. *immo anno Domini* 1465. *ut fert aliud exemplar in Bodleiana* (*Bibliotheca.*) M. Beughem rapporte auſſi à la page 46. de ſa Liſte cette Edition des Offices de Ciceron , avec l'année 1465. *Moguntiæ* 1465. *in* 4°. *quæ poſtmodum ſunt recuſa ibidem* 1467. *in* 4°. *& Romæ* 1468. *&c.* Il y a dans la Bibliotheque du Roi, un Exemplaire en velin de ces Offices de Ciceron datté de 1466. Le Pere Labbe en parle page 353. *Novæ Biblioth. mſſ. Libb. ſupplem.* 9. J'en ai vû un autre Exemplaire de la forme d'un petit *in fol.* ou d'un grand *in* 4°. dans la Bibliotheque du College Mazarin : on y lit ces mots en lettres rouges : *Præſens M. Tullii Clariſſimum opus Joann. Fuſt Moguntinus Civis non atramento , plumali canna neque ærea, ſed arte quadam perpulchra manu Petri de Gernsheim pueri mei feliciter effeci. Finitum an.* M. CCCCLXVJ. *quarta die menſis Februarii.* Pierre de la Ramée Profeſſeur Royal des Mathematiques en l'Univerſité de Paris, avoit dans ſa Bibliotheque cette Edition. Il a écrit que c'étoit le premier ouvrage ſorti de la belle invention de l'Imprimerie : *Cum primum Typographiæ exemplum Moguntiæ editum ſit anno* 1466..... *ut conſtat è Ciceronis Officiis, quæ prima omnium Librorum typis æneis impreſſa ſunt. Exemplar Officiorum iſtorum habeo in membrana impreſſorum.**

* Schol. Mathem. Lib. 2.

Son témoignage a fait tomber dans la même erreur quelques Autheurs, comme Paſquier dans ſes Recherches de la France, l. 4. ch. 24. & Antoine Vvood dans la page citée ci-deſſus. Il eſt bien probable que le Volume datté 1465. & celui de 1466. ſont d'une même Impreſſion ; mais pour en être certain , il faudroit les avoir comparez enſemble.

Jean Saubert Miniſtre de Nuremberg , fit en l'année 1643. l'Hiſtoire de la Bibliotheque publique de cette Ville-là , où elle fut imprimée *in* 12. Elle conſiſte en deux Diſcours, dont le ſecond contient les raretez de cette Bibliotheque, avec une Liſte des anciennes Impreſſions qui s'y trouvent, & qui ont été faites avant l'année 1500. Le Pere Labbe l'imita dix ans aprés, & donna, comme nous avons déja dit, un Catalogue des Livres rares, & imprimez juſqu'en l'année 1500. qu'il avoit vûs dans la Bibliotheque de sa Majesté. Le Ministre rend justice à la Ville de Mayence sur l'Origine de l'Imprimerie. Mais il avance deux choses qui sont également éloignées de la verité. Il dit que toutes les Impressions qui ont été faites à Mayence avant l'année 1466. ne marquoient ni le nom de l'Imprimeur, ni l'année, ni le lieu de l'Impression : que la coûtume qui s'est introduite de les marquer, n'a commencé que depuis cette année-là. *Nam ex collatione vetustissimorum Codicum colligimus ante annum 66. in Typographia Moguntina nondum moris fuisse, sive Authoris sive loci temporisve notam sub finem apponere, postea demum consuetudinem eam invaluisse.** Les Impressions que nous venons de citer, montrent évidemment que sa remarque critique n'a aucune solidité. Il soûtient encore fortement, qu'on n'a point imprimé avant l'année 1459. & fait un défi de montrer aucun Livre imprimé certainement avant cette année-là. Aprés avoir donné sa Liste, il conclud ainsi page 209. *Atque sic habet syllabus ex Bibliotheca Reipub. hujus confectus. Hunc legisse magnoperè juvabit, si quis nobiscum negat ante annum æræ Christianæ 1459. Voluminum aliquid typis excusum ; qui vetustiora jactant monstrent nobis, &c.* Pierre Schoeffer lui auroit dit, ainsi qu'il dît à Tritheme, qu'il avoit imprimé une Bible vers l'année 1450. de plus le Pseautier Latin imprimé en 1457. qui se garde aujourd'huy à Vienne dans la Bibliotheque de l'Empereur, est un témoin qui prouve certainement qu'on voit quelque Livre imprimé avant l'année 1459. & que le défi qu'il fait étoit trop précipité.

* Histor. Biblioth. Noriberg. pag. 114.

 Voilà les plus anciennes Impressions que je sçache qui se trouvent dans les Bibliotheques, & qui sont marquées de quelqu'année, le tems en fera peut-être découvrir quelqu'autres, comme il a fait le Pseautier, qui n'est connu que depuis l'Edition du second Livre de la Bibliotheque Imperiale, c'est-à-dire, depuis l'année 1669. Il est vrai qu'on voit dans quelques Catalogues des Livres d'une datte plus ancienne, ou de mêmes années, particulierement dans celui de M. Beughem, *Incunabula Typographiæ*, où il cite page 54. *Donatus*, à Harlem 1440. & page 165. *Speculum sa-*

lutis, à Harlem 1441. & page 150. *Sabellicus. Historiæ Enneades septem*, à Mayence 1442.& page 156. *Conf ssionale & Donatus*, à Mayence 1450. & page 159. *Historia de B. Mariæ Virginis Assumptione*, à Deventer 1457. *in* 4°.

Je répond, I. qu'on dise où sont toutes ces Editions, en quelle Bibliotheque on les garde ; qui sont les Possesseurs de ces rares fruits d'Imprimerie ; si la datte de l'année y est expressément marquée ; & en quels termes l'Imprimeur s'en explique. II. Les Livres de Harlem ne touchent point nôtre question. Ils ne portent aucune datte, & de plus nous parlons de la divine Invention de l'Imprimerie, qui se fait par des caracteres de métail fondu, mobiles & separez, desquels on peut se servir pour imprimer plusieurs ouvrages. Et ces Livres sont seulement des productions de l'Art de sculpture & de gravûre : ce sont des Empreintes tirées des tables de bois taillées à la main. *Harlemi in ligno foliatim incisa*, dit M. Beughem de la Grammaire de Donat, & Boxhornius en tombe d'accord page 138. de son Théatre de la Hollande sur le témoignage de Mariange Accurse. Pour le *Speculum salutis* on le peut voir dans la Bibliotheque des RR. PP. Celestins de Paris. C'est un pur ouvrage de l'Art de gravûre avec des Estampes taillées sur bois, où on ne voit aucune datte. Boxhornius ne le conteste point. Il dit dans sa Dissertation *De Typographia*, page 41. *Nam præter Donatos istos Hollandiæ, quibus nihil opponi potest, insuper Speculum salutis ostentamus venerandæ Librum antiquitatis, & aversis tantum in paginis & ex tabulis incisis, quæ plurima sunt, excusum*. Et Pierre Bertius qui l'avoit vû dans la Bibliotheque de Scriverius, en rend le même témoignage, *Cujus paginæ glutine commissæ fuerunt ut videri possint opistographa ; sed attentius consideranti facilè apparuit, non collectas fuisse literas singulas, digestasque in voces, voces in versum, versus plures in paginam : sed singulas paginas singulis tabellis ligneis expressas fuisse.* *En un mot, ce que nous avons dit du Vocabulaire *Catholicon*, dont a parlé Tritheme, qui fut l'Avant-coureur du premier ouvrage de l'Imprimerie, nous l'appliquons à ces Livres de Harlem : comme aussi ce que nous remarquerons dans la troisiéme Partie de cette Dis-

* Lib. 3. Comm. rer. German. page 613. Edit. Amstelod. 1632.

fertation au Chapitre 3. touchant l'Imprimerie de la Chine, où l'on verra que cette maniere d'imprimer par des tables de bois gravées, a été premierement inventée par les Chinois, & eſt en uſage chez ces Peuples depuis pluſieurs ſiécles long-tems avant le *Donatus*, le *Speculum ſalutis* de Harlem, & le *Catholicon* de Mayence. Et ſi c'eſt dans cette invention que conſiſte le veritable Art d'Imprimerie, ce n'eſt ni Harlem, ni Mayence qui en doivent remporter la gloire; c'eſt au Royaume de la Chine à qui elle eſt dûë. III. M. Beughem doute du Sabellicus. *Qua de re dubito*; mais il n'en faut pas ſeulement douter: car Sabellicus en 1442. n'avoit pas encore ſept ans; & lorſqu'il fit imprimer ces 63. Livres de ſon Hiſtoire, il les dédia au Doge de Veniſe Auguſtin Barbadigo, qui ne fut élevé à cette dignité que l'année 1486. IV. A l'égard des Livres de Mayence 1450. voici le fait tiré du Livre d'Ange Roccha*, *De Bibliotheca Vaticana*, page 411. qui eſt la ſource où ont puiſé tous ceux qui citent ces Editions. Alde Manuce le Jeune montra à Roccha une Grammaire de Donat imprimée ſur velin, où étoit écrit au premier feuillet de la main, à ce qu'il croioit, de Mariange Accurſe, qui vivoit en l'an 1500. que ce Donat, avec un autre Livre intitulé *Confeſſionalia*, étoient les premiers Livres imprimez; & que Jean Fauſt Bourgeois de Mayence Inventeur de l'Art, les avoit mis ſous la Preſſe l'année 1450. Par ce récit il eſt clair que le Donat ne marquoit ni le nom de l'Imprimeur, ni la Ville, ni l'année de l'Impreſſion: autrement il eût été inutile à Mariange Accurſe, qui devinoit à peu prés l'année, de l'ajoûter de ſa main, s'il eſt vrai que c'eſt lui qui avoit écrit ſur ce Donat. Ainſi nous ne donnons à ces Editions aucun rang, non plus qu'à toutes celles qui n'ont point de dattes, quoiqu'on voie bien par la fabrique & les caracteres, qu'elles ſont des premieres productions de l'Art naiſſant. V. Si dans la ſeconde Impreſſion que M. Beughem ſemble promettre de ſa Liſte, il veut bien marquer la Bibliotheque où eſt l'Edition de Deventer 1457. & rapporter les propres termes de la ſouſcription de l'Imprimeur, ſans doute cette Edition doit tenir ſon rang d'antiquité parmi celles que nous avons citées.

* Imprimé à Rome *in* 4. l'année 1591.

Enfin, Adrian Junius au chap. 17. de fon Hiftoire d'Hollande, rapporte que Jean Fauft, aprés avoir enlevé à Harlem les Caracteres d'Imprimerie de Laurens Jean fon Maître, *ut fert fufpicio*, dit-il page 255. vint à Mayence où il imprima l'année 1442. la Grammaire d'Alexandre de Ville-Dieu, qu'on enfeignoit dans les Echoles avant que Jean Defpautere eût écrit ; & quelques Traitez de Pierre Efpagnol : *Ad annum à nato Chrifto 1442. iis ipfis Typis, quibus Harlemi Laurentius ufus fuerat, prodiiffe in lucem certum eft Alexandri Galli Doctrinale, &c. Cum Petri Hifpani tractatibus.* M. Naudé dans fon Addition à l'Hiftoire de Louïs XI. page 257. a montré que cet Auteur fe contredit fur le tems ; & je ne fçais fi ce n'eft point pour cette raifon que M. Beughem à la page 5. de fa Lifte intitulée, *Incunabula Typographiæ*, a changé 1442. en 1462. *Idem Doctrinale (Alexandri) cum Petri Hifpani tractatibus excufum eft Moguntiæ 1462*. On répond que tout le narré de cet Autheur a été inventé à Harlem, & n'a aucun fondement dans les anciens Hiftoriens qui ont écrit avant lui, c'eft-à-dire, avant l'année 1587. en laquelle fon Livre fut publié. Pour ne rien dire davantage, comment Jean Fauft auroit-il pû s'enfuir fans être arrêté, portant avec lui, ou faifant porter au moins plus d'un mille pefant en inftrumens d'Imprimerie & en lettres de métal ? N'eût-il pas été facile de faire mettre en prifon ce Voleur à Amfterdam, où l'on dit qu'il fe retira d'abord, ou à Cologne, ou même à Mayence ? On voit ici ce que fait la jaloufie des Peuples & l'amour trop grand pour fa Nation. Il n'y a perfonne qui ne doive honorer la memoire de Jean Guttenberg & de Jean Fauft, pour avoir mis au jour avec grande peine & grande dépenfe un des plus beaux de tous les Arts : au contraire, on la noircit, & on les charge de crime, de larcin & de trahifon. On accufe l'un d'avoir volé fon maître à Harlem ; on accufe l'autre de s'être enfui de Strafbourg avec le fecret de Jean Mentel trahi par fon domeftique.

Je crois qu'on eft prefentement bien perfuadé que le premier Livre imprimé n'eft point ni le S. Auguftin de la Cité de Dieu, ni le Lactance, ni les Epîtres de S. Jerôme, ni le

Jules César, ni le Lucain, ni le Suetone, ni le Quintilien, ni les Epîtres de Ciceron. Tous ces Livres se voyent dans les Bibliotheques de Paris. Les Epîtres de Ciceron sont dans la Bibliotheque du Roy (a) imprimées à Rome 1467. Le Lactance, le S. Jerôme, le S. Augustin sont dans la même Bibliotheque imprimez à Rome 1468. Le Jules César est dans la Bibliotheque Mazarine imprimé à Rome 1469. Le Lucain, le Suetone, le Quintilien, sont dans la Bibliotheque du Roi: le premier est de Rome 1469. le second 1470. le troisiéme de Venise 1471. On trouve encore plusieurs autres Livres imprimez ces mêmes années dans ces deux Bibliotheques. Chacun voit bien aussi qu'on ne doit point avoir grand égard à ce qu'a avancé Joseph Scaliger : [Le premier Livre qui fut imprimé, fut un Breviaire, ou *Manuale*, on eust dit qu'il étoit écrit à la main (Madame la fille du Comte de Lodron grand'mere de M. de l'Escalle l'avoit; une Levrette le rongea, de quoi J. César étoit bien fâché) parce que les lettres étoient conjointes les unes aux autres, & avoient été imprimées sur un ais de bois où les lettres étoient gravées, tellement que l'ais ne pouvoit servir qu'à ce Livre, & non à d'autres, comme depuis on a trouvé de mettre les Lettres à part (b).] Ce Breviaire n'étoit qu'un Pseautier, ainsi qu'on apprend au mot de *Dordrec* page 93. où on lit : ¶Ma grand'- mere avoit un Pseautier de cette Impression, & la couverture étoit épaisse de deux doigts ; au dedans de cette couverture étoit une petite armoire où il y avoit un petit Crucifix d'argent, & au derriere du Crucifix, *Berenica Lodronia de la Scala*.] Ce Pseautier n'ayant vû le jour que par le moyen de quelques Planches de bois taillées & gravées, ce n'étoit point une production du veritable Art d'Imprimerie, mais un ouvrage dû à l'Art de sculpture & de gravûre. D'ailleurs, comment auroit prouvé Scaliger que le *Catholicon* de Mayence cité par Tritheme, le *Speculum salutis*, & le Donat, alleguez par les Hollandois, s'il est vrai ce qu'ils en disent, qui sont aussi des productions de l'Art de gravûre, n'ont paru qu'après ce Pseautier qu'avoit sa grand'mere ?

L'idée que nous laissons ici sur la découverte de l'Imprimerie est celle de Tritheme, que Guttenberg, Faust &

(a) Voyez la Liste des anciennes Impressions qui sont dans la Bibliotheque du Roi faite par le Pere Labbe, page 338. & suivantes. *Nova Biblioth. mss. Ll. Supplem.* 9.

(b) *Scaligeriana*, edition de la Haye 1666. *in* 8. page 173.

Schoeffer en furent les Inventeurs, & que c'est à Mayence où parut environ l'an 1450. le premier ouvrage d'Imprimerie, qui fut la sainte Bible. L'histoire que nous venons de citer d'Antoine Wood en donne une autre. Cet Autheur voulant faire connoître comment l'Imprimerie a été établie en Angleterre, dit à la page 226. que cet Art fut découvert en l'année 1459. par le nommé Toussaints, autrement Jean Guttemberg, & fait entendre à la page 227. que c'étoit à Harlem où il travailloit : *Harlemiam, ubi scilicet prædictus Cuthenbergus artem hanc novam exercebat.* Voici comme il fut apporté en Angleterre, selon le récit qu'il fait : Le Chancelier de l'Université d'Oxfort Thomas Bourchier Archevêque de Cantorberi, ayant pris le dessein de procurer ce grand bien au Royaume, sollicita Henri VI. d'entrer dans la dépense necessaire pour y réussir. Cet Archevêque donna trois cens marcs d'argent, & le Roi douze cens, à Robert Tournour le Maître de sa Garde-robe, qui prit avec lui Guillaume Caxton Marchand de Londres, & arriverent à Amsterdam, de-là à Leyden, sous prétexte de quelque trafic, n'osant aller à Harlem, parce qu'on y mettoit en prison les Etrangers, qui étoient soupçonnez de n'y venir que pour apprendre l'Art d'Imprimerie. Ils conduisirent si bien leur intrigue, que par argent ils débaucherent un des Ouvriers de Guttemberg, nommé Frédéric Corselle, & l'emmenerent à Londres, où aussi-tôt on lui donna des Gardes, de crainte qu'il ne voulût s'échaper. De Londres il arriva à Oxfort, & commença d'y pratiquer son Art. Le plus ancien Livre qu'il produit de cet Imprimeur, est un *in* 4°. datté de l'année 1468. qui contient l'Explication du Symbole des Apôtres par S. Jerôme. Et il prétend que l'Imprimerie fut connuë en Angleterre dix ans plutôt que dans aucun autre Royaume. *Decem prius annis Artem Typographicam Oxonienses exercuimus, quam in quocunque alio loco Europæ innotesceret.*

Je ne sçai point où cet Historien a pris tout ce qu'il avance : car il ne cite aucune Chronique, ni manuscrite ni imprimée. Si c'est dans les Archives de l'Université d'Oxfort, je dirai que celui qui y a laissé ce Memoire s'est éloigné de la verité dans plusieurs points. Il n'est point vrai que l'année 1459. soit celle où se fit la découverte de l'Imprimerie, puisqu'on voit encore aujourd'huy des Ouvrages de cet Art achevez dés l'année 1457. Ce n'est point aussi à Harlem que Guttenberg travailla d'Imprimerie, ce fut à Mayence. On pourroit le prouver, s'il étoit necessaire, par un bon nombre d'anciens Ecrivains; & Vvood le reconnoît ensuite quand il dit à la page 228. *Moguntiæ, ubi primum Typographicum institutum est prælum.* Si le premier Livre imprimé à Oxfort est celui qui porte la datte de 1468. il ne sera point vrai que l'Imprimerie fût connuë en Angleterre plûtôt que dans tous les autres Etats; puisqu'il y a dans la Bibliotheque du Roi des Impressions faites à Rome l'année 1467. par exemple, les Epîtres Familieres de Ciceron, ainsi que le témoigne le Pere Labbe dans le Livre cité ci-dessus page 350. Et il ne sera point vrai encore que la Ville d'Oxfort ait pratiqué l'Imprimerie dix ans avant toute autre Ville que Mayence & Harlem, puisqu'on a des Impressions de Venise & de Paris faites les années 1470. & 1471. Si toutes les circonstances de cette Histoire sont certaines, j'admire qu'elles ayent été ignorées des Hollandois, & qu'Adrian Junius, qui a recueilli tous les faux bruits de Harlem touchant la découverte de l'Imprimerie, n'en ait rien appris. Tout ce qu'on peut faire pour rectifier ce Memoire d'Oxfort, c'est de dire, que ce fut à Mayence où vinrent les Anglois, & d'où ils emmenerent l'Ouvrier de Guttenberg; aussi Antoine Vvood n'est-il pas si seur de Harlem, qu'il ne dise sous un doute page 226. *Utcunque eamdem (Artem) vel Moguntiaci vel Harlemi invenit Tossanus quidam, Joann. Cuthenbergus aliter appellatus, anno* 1459. *&c.*

CHAPITRE II.

Gens de l'Université prennent soin de faire établir l'Imprimerie à Paris. Guillaume Fichet & Jean de Lapierre concertent dans la Maison de Sorbonne le dessein de faire venir des Imprimeurs. Ulric Gering, Martin Crants & Michel Friburger sont appellez à Paris par Jean de Lapierre Prieur de Sorbonne, & sont reçûs dans ce College. Eloges de ces deux Promoteurs de l'Imprimerie de Paris, ou abregé de leur vie. La premiere Imprimerie de France est dressée dans la Maison de Sorbonne. Liste des Livres qui y furent imprimez les années 1470. 1471. & 1472. Description de ces premieres Impressions. L'Usage des Reclames a commencé en Italie: on ne l'a reçû à Paris que vers l'année 1520. Ce que c'est que le Regiſtrum Chartarum: *Pourquoi inventé, pourquoi supprimé. A quoi il faut prendre garde pour collationner un Livre. Lettre de Fichet à Lapierre. Epigramme mise au premier Livre imprimé.*

SI on a vû l'Imprimerie passer de l'Allemagne en France, c'est par les soins de l'Université de Paris ; c'est un effet du sage dessein qui fut concerté dans le premier College de cette fameuse Echole ; c'est la Societé de Sorbonne qui a appellé les Allemands à Paris pour y pratiquer ce bel Art ; & c'est dans sa Maison où ont été dressées les premieres Presses, & d'où sont sortis les premiers Livres imprimez dans cette grande Ville. L'Imprimerie de Paris, qui est maintenant une des plus fleurissantes de l'Europe, doit regarder l'Université, & le College de Sorbonne comme son illustre Berceau ; & c'est le lieu de sa naissance, que le grand Cardinal de Richelieu a fait rebâtir aussi magnifique qu'on le voit presentement. Ce fut en l'année 1470. la dixiéme du Regne de Loüis XI. que l'on imprima à Paris pour la premiere fois. Ulric Gering en est le premier Imprimeur. Il étoit Allemand de la Ville de Constance, & vint à Paris avec deux Associez Martin Crants, & Michel Friburger, par les solicitations de Guillaume Fichet & de Jean de Lapierre, qui les reçûrent dans la Maison de Sorbonne, où on leur donna un lieu pour faire les épreuves de cette belle découverte que l'Allemagne avoit faite depuis quelques années. On n'avoit point encore imprimé avant ce tems dans aucune Ville de France. C'est Paris la mere & la nourrice des Arts qui a commencé & tracé le chemin à toutes les autres : de sorte qu'Ulric Gering, & ses deux Associez, doivent être appellez avec raison les premiers Imprimeurs, non-seulement de cette Ville, mais aussi de tout ce grand Royaume. Avant que d'entrer dans les preuves de tous ces faits, nous ferons connoître qui sont ces deux Théologiens de la Societé de Sorbonne Guillaume Fichet & Jean de Lapierre, qui prirent soin de faire venir les Allemands à Paris, pour pratiquer dans l'Université l'Art de l'Imprimerie ; & nous donnerons ici un abregé de leur vie.

Guillaume Fichet Savoyard, avoit été élevé dans l'Université de Paris, dans un tems où l'étude des Lettres humaines étoit negligée, la pureté de la langue Latine inconnuë, & presqu'éteinte, par les termes barbares de la Philosophie. Comme il étoit homme de grand courage, de grande lecture, & fort éloquent, *Magni vir animi, doctrina & dicendi Arte potens*, dit Gaguin dans son Histoire de France, Livre 10. chap. 7. il entreprit d'y faire revivre les belles Lettres, & d'y remettre l'Eloquence dans son éclat. Pour venir à bout de ce dessein, outre les leçons de l'Ecriture sainte, & celles de Philosophie qu'il donnoit le matin dans les Echoles de Sorbonne, il se chargea encore d'y faire une autre leçon de Rhetorique aprés midy, & continua cet exercice pendant dix-huit ans *, même aprés avoir pris le Bon-

---

* Guill. Fichet. In Præf. Rhet. *Qui duodeviginti annos ante meridianis quidem temporibus aliàs Philosophiam, & quas artes liberas dicunt, non indiligenter edocuit : atque identidem in dicendi ratione, quæ prioribus sæculis Parisios ferè latuerat, annos penè totidem pomeridianis horis factitavit.* Et in Epist. ad Guill. Quadrigar. Episcop. Parif. *Susceptis Doctoralibus insignibus Parisii remorandi mihi tuo beneficio causa fuisti. Qua quidem in Civitate, si quid interea studiosis hominibus contulimus, sive Theologiam manè, sive Rhetoricam postmeridiem pluribus annis quotidie docendo, velo sit eorum Judicium, qui, &c.* Et in Epist. ad Bessarion. Card. *Petenti Theologo veniam dabunt facillimè, qui cum aliena Provincia amantitate allectus, tum sui miseratus nationis, inopiam illam hujus causa gerendam suscepit incautior. Præsertim qui manum interea vix à docendis sacris Literis nequaquam abstraxit.*

net de Docteur. Il réussit, & depuis son tems on a toûjours vû l'Eloquence fleurir à Paris, où elle fut cultivée avec soin, & enseignée methodiquement par cette Mere des Universitez. Il fit plusieurs Echoliers fort habiles, du nombre desquels fut Robert Gaguin, qui enseigna dans les Echoles des Mathurins l'Art de Rhetorique qu'il avoit appris de lui. Il fut élû Recteur en l'année 1467. Il arriva en ce tems une affaire, où il acquit de l'honneur & de la reputation. Quelqu'un avoit donné avis au Roi de prendre les plus forts Echoliers, & d'en faire des Compagnies reglées de Soldats, dont il se serviroit dans le besoin. Fichet assembla toutes les Facultez, & fit sur ce sujet une Harangue fort éloquente. On députa à sa Majesté, qui écouta les raisons de l'Université, & n'executa rien de ce projet. Il n'encourut point pour cela les disgraces du Roi ; au contraire, étant connu à la Cour pour homme d'esprit & grand Orateur, il fut employé dans les Traitez & les Conferences qui se firent avec les gens du Duc de Bourgogne. C'est ce qu'il entend par ces paroles : *Post gestam à me regiam legationem.* (a) Jean Rolin Cardinal d'Authun lui donnoit une pension. Aussi Fichet dans une Lettre qu'il lui écrit, l'appelle *Parens alitorque ingenii mei.* Et Guillaume Chartier Evêque de Paris le gratifia d'un Benefice.

(a) *In perorat. libb.Rhetoris.*

Sa reputation vola jusqu'à Rome, & lui acquit l'estime & l'amitié du Cardinal Bessarion (b) le plus éloquent homme de son siécle. Ce Cardinal écrivit deux Lettres à Fichet, & lui envoya de ses Harangues, avec quelques Traductions de celles de Demosthene. Il le prioit d'exciter Louïs XI. à tourner ses Armes contre les Turcs, & de recommander l'interest des Chrétiens aux prieres des saintes Communautez de France. Ce que Fichet executa. On a encore en Sorbonne une Lettre manuscrite, qu'il écrivit au General des Chartreux, & à tous les Religieux de cet Ordre sur ce sujet. Et j'ai vû dans la Bibliotheque des Pe-

(b) *Reverendo & Doctissimo Patri Guillelmo Ficheti S. Theologiæ Professori in Collegio Sorbonæ Parisii amico nostro carissimo Bessario. Episc. Sabin. Cardin. Nicenus, Patriarcha Constantinopolitanus* Reverende & Doctissime Pator, amice noster carissime, audimus non solùm in Philosophia & sacrarum literarum cognitione vos elaborasse, sed etiam in eloquentiæ studiis, dicendique ratione diu versatos, &c.

res Celestins de cette Ville, sa Lettre écrite pour la même raison au Prieur de cette Maison, à qui il envoye les Harangues & les Traductions du Cardinal, qu'il avoit fait imprimer dans le College de Sorbonne par Ulric Gering. Sixte IV. (*a*) le fit venir à Rome sur la fin du mois d'Octobre de 1471. & le prit pour son Camerier, après lui avoir donné un Benefice de cinq cens livres. Ce que Fichet ayant mandé à Paris au Recteur, *ad Cubiculatus tanti Patris dignitatem & onus pervenisse*. Celui-ci assembla aussi-tôt l'Université aux Mathurins le 5. Decembre de la même année, où il fut resolu qu'on écriroit au Pape pour l'en remercier : comme on peut voir par l'Acte imprimé dans le Livre bleu (*b*) à la page 12. Son mérite fut bien-tôt connu à Rome par les Discours éloquens & les Sermons qu'il faisoit devant le Sacré College. Le Pape lui donna la dignité de Grand Pénitencier. Parmi les Lettres imprimées de Gaguin, je n'en trouve que cinq qu'il lui écrivit à Rome : ce qui me fait juger que Fichet n'y vêcut pas long-tems, particulierement la derniere faisant mention d'une grande maladie qu'il avoit à Viterbe, étant à la suite du Pape. Dans une de ces cinq, qui est la dix-neufiéme, il lui écrit que M. Gombert Conseiller au Parlement, & ses autres Amis, étoient persuadez qu'il seroit élevé encore à une plus haute dignité, c'est-à-dire, à celle de Cardinal. Il l'exhorte dans une autre, à conserver son affection pour les habiles gens de l'Université, (*c*) & à leur procurer les faveurs de la Cour de Rome, dans un tems, où les ignorans emportoient facilement au-dessus d'eux, les Benefices de l'Eglise. On voit par une autre, que Fichet étoit regretté à Paris & aimé, parce qu'il avoit rétabli dans cette

---

(*a*) *Non vana est ratio cur Sixtus in Urbe receptum Fichetum voluit &c.* Gaguin. in Epigramm.

(*b*) C'est un *in* 4. qui contient plusieurs Actes tirez des Registres de l'Université, imprimé par Jean Julien l'année 1653. à l'occasion des differends survenus entre les trois Facultez supérieures, & la Faculté des Arts : il est intitulé, *Partie des Pieces & Actes qui concernent l'état present & ancien de l'Université de Paris.* On l'appelle le Livre bleu, à cause qu'on le distribua cousu en papier bleu.

(*c*) *Itaut cum tibi abundè profueris, studeas in alios esse beneficus, in Alumnos maximè Academiæ Parisi. quæ te doctrinis aluit suis, est enim filiis ferè destituta, propterea quod Ecclesiæ beneficia ignorantissimus quisque faciliùs quam eruditus assequatur.* Gaguin. Epist. XI.

premiere Ville l'Eloquence, non-seulement dans la langue Latine, mais même dans la langue Françoise. *Miro prorsus modo insidet in animis Parisiorum amor tui, quod Eloquentiæ facem tenebris Gallicanæ orationis attuleris.* Ep. xi.

Ce qu'on a de lui imprimé, sont quelques Lettres, & une Rhetorique divisée en trois Livres, de laquelle parle " M. Naudé en ces termes, page 195. [qui mérite d'être " curieusement conservée en toutes les Bibliotheques, " comme la premiere qui ait paru après une si longue bar- " barie, pour rétablir en France, & pendant le Regne de " Louis XI. les bonnes Lettres & Humanitez.] Il la composa suivant la méthode & la doctrine des Grecs, de Platon, d'Aristote, d'Isocrate, de Théophraste, joignant ensemble les preceptes de l'Art, & les définitions de Philosophie; maniere inconnuë auparavant, comme il dit lui-même dans la Préface (a). Il va plus loin dans sa Lettre au Cardinal Bessarion : car il dit que dans l'Université de Paris on ne s'appliquoit point à l'étude de l'Eloquence, & qu'on ne se souvenoit point que personne avant lui (b) eût enseigné ou écrit de cette Science, à cause de la grande difficulté qu'il y a de le bien faire. Ce fut donc là, selon sa pensée, le premier Cours de Rhetorique qui y fut enseigné méthodiquement. Il y eut un grand nombre d'Ecoliers qui vinrent en Sorbonne, prendre les Leçons de ce Théologien & Orateur tout ensemble. On en prit des copies dans le monde ; mais comme elles n'étoient point écrites assez fidellement, Ulric Gering étant nouvellement arrivé pour commencer l'Imprimerie, Fichet retoucha son Ouvrage,

---

(a) In Præf. Rhet. *Quo fit ut tametsi Parisiorum Lutetia locum in de mortuis Athenis nulla parte laudis inferiorem sit studio reliquarum Artium assecuta ; nemo tamen ad hanc usque memoriam Parisii emerserit qui ut Plato, ut Aristoteles, ut Isocrates, ut Theophrastus, ut Attici quidem alii quamplurimi Rhetoricam cum omni Philosophia tandem aliquando sciret ac doceret.*

(b) Et in Ep. ad Bessar. Cardin. *Ac mihi Rhetoricula scribenda tibique mittenda fecit audaciam amor eloquentiæ, quam & mirabar & dolebam Gallos nostros adhoc tempus latuisse. Nam de Philosophia quidem illa quæ de moribus aut rerum natura est, deque sacris Literis, disputare disputata nudis verbis perscribere, plerisque Nostratibus commune, idque feci facioque ut cæteri. At vero dicendi scientiam non dico literis mandare, sed ne propensius quidem cognoscere nostrorum nemo conatus ad hunc diem est.*

le mit sous la Presse de ce premier Imprimeur, & fit des presens de ce nouveau Fruit aux grands Seigneurs, au Pape, aux Cardinaux, aux premieres personnes de la Cour. Ainsi cette premiere Rhetorique de l'Université, fut composée, dictée & imprimée en Sorbonne. Voilà pourquoi il mit à la fin de son Traité : *In Parisiorum Sorbona condita Fichetea Rhetorica finis.*

Aprés ce travail si utile, où il se distingua beaucoup, il joignit à la qualité de Docteur en Theologie, celle de Docteur és Arts, en ces termes : *Guillelmi Ficheti Alnetani Artium & Theologiæ Parisiensis Doctoris Rhetoricorum Librorum præfatio.* Son Disciple Gaguin, qui avoit pressé l'Edition, fit une Epigramme à la loüange de son Maître. *Patri & Præceptori suo. Guill. Ficheto Paris. Theologo Doctori Rob. Gaguinus.* Elle est de 28. vers, & a été inconnuë à ceux qui ont recueilli les Epigrammes de cet Autheur. En voici quelques-uns.

Quos luteos homines finxit natura deauras,
 Et facis eloquio clare Fichete deos.
Te dignè extulerit præclara Lutetia cœlo,
 Cui tua rectiloquos lingua diserta parit.
Quæ fuit obscura sterili ruditate loquendi,
 Fulgida nunc radiis arte polita micat....
Theologi exurgent, quos tot docuisse probaris,
 Qui se Hieronymis assimilasse velint.
Ergo eris in nostris quod Achivis ille Prometheus,
 Qui terræ obstrictos igniit arte viros.....
Felix illa quidem tali Sabaudia alumno,
 Cujus erit Gallis perpetuatus honos.

Si Guillaume Fichet inspira dans les esprits l'amour de l'Eloquence & des belles Lettres, Jean Heynlin de Lapierre Allemand, fut un de ceux qui l'aiderent dans ce dessein. Il avoit étudié parfaitement la langue Latine, & commença de l'enseigner dans sa pureté. Il eut d'illustres Disciples. On remarque entre les autres Frederic Marquis de Bade, qui fut depuis Evêque d'Utrecht ; & le Restaurateur de la langue Hebraïque Jean Reuchlin, qui se faisoit un honneur de se dire Echolier de l'Université de Paris, &

Disciple du Docteur de Sorbonne Jean de Lapierre. Ce fut principalement à la priere de son Maître que Reuchlin composa ses trois Livres, *De verbo mirifico ;* ainsi qu'il dit au commencement du premier. Lapierre se mit aussi en peine de donner cours à quelques Livres, où on pouvoit apprendre le Latin purement. C'est à quoi il s'appliqua quand il eut fait venir les Imprimeurs. Non-seulement il leur choisit de bons Autheurs, sur lesquels il travailla lui-même, mais il excita aussi des gens de Lettres à le faire. Il avoit un Ami auprés du Roi, appellé *Petrus Paulus Senilis*, Secretaire de sa Majesté, homme fort habile dans les Humanitez. Comme il sçût qu'il s'étoit échapé de la Cour pour quelque affaire qu'il avoit à Paris, il alla le soliciter de donner au Public les Elegances Latines de Laurens Valle. Celui-ci voulut s'en excuser*, tant sur son peu de capacité, qui n'étoit pas augmentée à la Cour, comme il disoit, que sur le tems de Guerre, & le peu de jours qu'il avoit pour rester à Paris : mais Lapierre obtint ce qu'il avoit souhaitté. Le Laurent Valle fut revû en peu de tems par ce docte Courtisan, qui laissa à Lapierre le soin d'achever & corriger son Ouvrage, & de faire imprimer cet Autheur. On l'élût Recteur de l'Université en l'année 1468. & Prieur de Sorbonne en 1467. pour la premiere fois; en 1470. pour la seconde.

La Philosophie des Nominaux faisant alors quelque progrés, il crut qu'il étoit du bien public de l'empêcher, & enseigna pour cette raison plusieurs Cours de la Philosophie d'Aristote, comme de celle qu'il estimoit la plus propre, pour expliquer les Mysteres de la Religion. Et quand le Roi

---

* P. Senilis Præf. in Laur. Vallam ad Joan. de Lapide. *Est profecto res ista digna & pernecessaria, sed quæ doctum virum & otiosum postulat, quorum mihi neutrum adesse tu optimus testis es. Nam & magnorum principum Aula non ex imperitis Literatos, sed ex Literatis imperitos facere consueverunt. Et hac procellosa tempora non chartam aut calamum, sed equos sibi gladiumque deposcunt. Accidit etiam ad has difficultates quod ego in hanc urbem me furtim, ut ita dixerim, ob comparanda quædam necessaria surripui, Regem versus illico rediturus..... tuum igitur nunc officium est, ut postquam ego te jubente hoc negotium, quod supra meas vires esse intelligo, aggressus sum, tu optima lima tua, tuoque gravissimo judicio prosequaris plurima, quæ adhuc corrigenda supersunt, ut ego agellum hunc spinis, lapidibus, lolioque mundasse, ac sæculo coluisse, tu verò plantis & variorum florum genere exornasse judiceris. Postulat hoc à te studiosorum juvenum cœtus, &c.*

Louïs

Louis XI. fit assembler les quatre Facultez pour avoir leur avis sur cette Philosophie qui faisoit bruit, & pour qui plusieurs esprits commençoient à s'échauffer, étant alors Docteur il donna son suffrage avec tout le Corps de l'Université pour la Philosophie, qu'on appelloit Réelle, contre celle des Nominaux, qui fut proscrite & bannie par un Edit du Roi, que M. Naudé a fait imprimer page 203. de l'Edition citée ci-dessus, sur un Original manuscrit de l'Université que lui prêta M. Padet. Mais Lapierre s'appliqua plus à l'étude de la Theologie & des saintes Ecritures, qu'à aucune autre Science. C'est pourquoi Fichet écrit, *Non tantùm sacris Literis, quæ tua Provincia est, magnopere studes, sed &c.* aussi y devint-il fort sçavant. Et c'est sur quoi l'Abbé Tritheme lui donne plus de loüange dans l'Eloge * qu'il a fait de ce Docteur. Il donna des Leçons publiques des saintes Lettres dans les Echoles de Sorbonne ; & il retint toute sa vie sa qualité de Professeur de l'Ecriture sainte dans l'Université de Paris, quoiqu'il n'y demeurât plus ; ainsi qu'on voit par la Lettre qu'il écrit à Jean d'Amerbach dans son Edition du S. Ambroise : *Sacrarum Literarum humilis & indignus studii Parisiensis Professor.*

On fonda de son tems deux Universitez, celle de Basle en l'année 1460. & celle de Tubinge en 1477. Il fut appellé à cette derniere avec Gabriel Biel & Jean Naucler, pour en faire l'établissement : & dans celle de Basle il enseigna la Philosophie Réelle contre les Nominaux, où il donna par ses Leçons de la réputation & de l'éclat à cette Echole naissante. L'Evêque de Basle connoissant son grand merite, & le talent qu'il avoit pour la Prédication, le fit Chanoine Théologal de son Eglise ; ce qu'il ne voulut accepter, dit Tritheme, qu'après avoir quitté les Benefices dont il étoit déja revêtu. *Post liberam plurium Beneficiorum dimissionem ad Canonicatum, & prædicationis Officium insignis*

---

* Trithem. de Scriptor. Ecclef. in Joan. de Lapide. *Vir in divinis Scripturis eruditissimus, & sæcularis Literatura non ignarus, ingenio excellens, eloquio disertus, vita & conversatione præclarus, qui olim in Gymnasio Parisi. Magisterium in Artium Facultate assecutus pluribus annis vixit in eodem, studiumque sacrarum Literarum docendo, legendo, ac disputando diligenter prosequens Doctorali dignitate in Schola Theologorum decorari meruit, &c.*

Ecclefiæ Bafileenfis vocatus fuit. Mais enfin il préfera la pauvreté Evangelique à toutes les fortunes du fiécle, il fe dépouilla encore de celui-ci, & fe fit Chartreux, non point à Paris, comme on a dit dans la Préface du S. Ambroife de 1686. mais dans la Maifon de Bafle.

Jean d'Amerbach Imprimeur de cette Ville-là, qui avoit étudié à Paris fous Jean de Lapierre, & y avoit pris le degré de Maître és Arts, confultoit fon fçavant Maître, & alloit jufques dans fa Solitude pour avoir fon avis fur le chois des Livres qu'il devoit imprimer. On le voit par une Réponfe que lui fit ce docte Religieux, qui eft imprimée à la tête du Livre de Tritheme, *De Scriptor. Ecclefiaft.* édition de Paris 1512. *in* 4°. L'Impreffion des Epîtres de faint Auguftin qu'entreprit cet habile Imprimeur en l'année 1493. fe fit par fon confeil, comme auffi celle qu'il avoit faite l'année précedente des Ouvrages de S. Ambroife, dont il revit les manufcrits, les mit en ordre, diftingua les Livres & les Chapitres, y mit des Titres, en fit les Sommaires & la Préface. Ce qu'il a fait auffi à quelques autres Livres, dont parle Tritheme, qui a donné le Catalogue des Ouvrages qu'il a compofez fur la Grammaire, fur la Philofophie & fur la Théologie, parmi lefquels il s'en trouve un intitulé, *Refolutiones dubiorum circa Miffarum celebrationem occurrentium.* Ce petit Traité fut fi bien reçû des Ecclefiaftiques, pour qui il étoit fait, & on le trouva fi utile, qu'il fut réimprimé en differentes Villes, & en differentes formes *in* 12. *in* 8°. *in* 4°. à Paris trois fois, à Conftance deux fois, à Bafle, à Deventer, à Cologne, à Strafbourg, à Leipfic, à Anvers, à Venife, & à Padoüe, où on lui donna ce Titre, *Decifiones aureæ cafuum circa Miffarum celebrationem occurrentium.* Ses Ouvrages de Philofophie furent imprimées à Bafle par fon Difciple Jean d'Amerbach. Un Allemand nommé Sebaftien Brant mit à la tête d'un Traité de Logique une Elegie, dont voici quelques Vers.

Hanc Lapidane Pater, dum felix Parifiorum
　Gymnafium incoleres, Doctor amate paras.
Tempora multa bonis illic ftudiifque probatis
　Trivifti, infigni præfueráfque Scholæ :

*Sed tibi plus placuit Christi Schola, dogma salutis
Sectatus, linquis dogmata vana Scholæ.
Sprevisti & pompas quas sæpe Theologus alter
Quærit, & in crassis pinguia multa malis.
Quas tibi Præbendas plures fortuna secunda
Obtulit, has temnis & bona cuncta soli, &c.*

Genebrard a écrit dans sa Chronologie, parlant de l'année 1523. que Reuchlin apprit de lui à Paris la langue Hébraïque. Et je voi que de sçavans (a) Autheurs le mettent au nombre de ceux qui ont enseigné dans l'Université cette Langue sainte. Mais il ne faut point se flatter, c'est la langue Latine, avec les Lettres humaines qu'il enseigna à Reuchlin. *Joann. Lapidanum Theologiæ Doctorem in Grammaticis apud Sorbonam ..... audivi*, dit ce dernier dans sa Lettre à Jacques Fabry d'Etaples, rapportée dans l'*Epistolæ Illustrium ad Reuchlin.* au livre second. Et dans la Préface de son Livre *De Verbo mirifico*, il parle en ces termes: *Cujus ferula manus subdiderim in exercitationibus humanioribus instituendis.* On sçait d'ailleurs que Reuchlin n'apprit l'Hébreu que long-tems aprés son retour de Paris étant marié, & que ce fut un Medecin Juif, nommé Jacques Iehiel Loans, qui lui en donna les premieres leçons, comme il étoit à la Cour de l'Empereur. *Is me supra quam dici queat fideliter literas Hebraicas primus edocuit* (b). D'où vient que dans une Lettre qu'il écrivit à ce Rabbin, qui est rapportée dans le Livre premier *Epistol. Illustr. ad Reuchl.* il l'appelle son Maître dans le titre: *Joannes Reuchlin præceptori suo Jacobo Iehiel Loans Judæo.* Deux Maîtres qu'il reconnoît, Lapierre pour le Latin, Loans pour l'Hébreu.

Ce sont-là les illustres Autheurs de l'Imprimerie de Paris, dont le premier établissement est dû au sage dessein qui en fut projetté, & concerté dans la Maison de Sorbonne entre ces deux sçavans Hommes, les premiers & les plus considerables de ce College, dans la vûë d'un grand avantage pour les gens de Lettres, & pour les Echoliers de l'Université. L'execution de ce dessein parut facile par les habitudes & les connoissances que Lapierre avoit en Allemagne. Il y a même des conjectures assez fortes pour croire

(a) Le College Royal de France, ou le Catalogue des Professeurs Royaux imprimé à Paris 1644. in 4. p. xj. P. Colomesii *Gallia Orientalis*, à la Haye 1665. in 4. page 3. Konig. *Bibliot. vet. nov.* pag. 458.

(b) *Reuchlin. lib. 1. Rudim. Hebraic.*

qu'il étoit ou de même Ville ou de même Diocése qu'Ulric Gering ; & je ne doute point que ce ne fut un puissant motif à ces premiers Imprimeurs pour se resoudre à venir à Paris, s'y voyant invitez & attendus par un habile homme de leur Nation, qui parloit le même langage, qui leur offroit le College de Sorbonne pour y exercer leur Art, ses soins pour leur préparer des Copies, voir les Epreuves, & les aider dans leurs Editions ; outre le gain & le profit qui paroissoit seur dans une grande & riche Ville comme Paris. Ulric & ses Associez ayant dressé leurs Presses dans une salle de la Maison de Sorbonne au commencement de l'année 1470. les premiers Livres qu'ils imprimerent cette année-là, & les suivantes, furent ceux que l'on voit dans cette Liste.

Premiere Liste des Livres imprimez à Paris dans la Maison de Sorbonne par les premiers Imprimeurs Ulric Gering, Martin Crants, & Michel Friburger en l'année 1470. 1471. & 1472. que l'on garde dans la Bibliotheque de cette Maison.

" Gasparini Pergamensis Epistolarum Liber. *Un Volume*
" in 4°. *on en a deux copies.*
" Lucii Annæi Flori de tota Historia Titi Livii Epitome
" in quatuor Libros divisa. *Un Volume* in 4°.
" Caii Crispi Sallustii de Lucii Catilinæ Conjuratione
" Liber. Ejusdem Sallustii Liber de Bello Jugurthæ contra
" populum Romanum. *Un Volume* in 4°. *sur velin.*
" Guillelmi Ficheti Alnetani Rhetoricorum Libri tres.
" *Un Volume* in 4°. *sur velin.*
" Gasparini Pergamensis Orthographiæ pars prima & se-
" cunda. Item Guarini Veronensis Libellus de Diphthongis.
" *Un Volume* in 4°.
" Epistolæ Cynicæ, hoc est, Phalaridis Epistolæ à Franc.
" Aretino è Græco Latinè redditæ. Marci Bruti Epistolæ,
" cum Mithridatis ad eas rescripto, à Raimitio in Latinum
" translatæ. Cratis Cynici Epistolæ Latinæ è Græcis factæ
" ab Athanasio Constantinopolitano Archiensi Abbate.
" *Un Volume* in 4°.
" Roderici Zamorensis Episcopi Speculum humanæ Vitæ

in duos Libros divisum. *Un Volume* in fol.

Bessarionis Cardinalis Epistola ad Guilielmum Fichetum S. Theologiæ Professorem in Collegio Sorbonæ. Ejusdem altera Epist. ad Italiæ Principes. Ejusdem tertia Epist. ad Bessarionem Monachum & Abbatem. Ejusdem Oratio ad Italos de periculis imminentibus. Ejusdem Oratio de Discordiis sedandis & bello in Turcam decernendo. Ejusdem persuasio ad Italiæ Principes ex auctoritate Demosthenis in Oratione pro ferenda ope Olynthiis adversùs Philippum Regem Macedonum.... *C'est l'Olynthiaca I. de Demosthene que Bessarion traduit en Latin avec des petites Notes qu'il fait, pour exciter les Princes Chrétiens à prendre les armes contre les Turcs.* Un Volume *in* 4°.

Guilielmi Ficheti Doctoris Theologi Paris. Epistolæ. I. ad Bessarionem Cardinalem. II. ad Sixtum IV. Pontificem Max. III. ad Renatum Regem Siciliæ. IV. ad Joannem Rolinum Episc. Edüensem & Cardinalem sub titulo S. Stephani in Celio monte. V. ad Guilielmum Quadrigarium Parisiens. Episcopum. *Avec trois autres Lettres qui ne sont que manuscrites. La premiere,* Illustriss. Principi Carolo Aquitano Duci, Caroli VII. Francorum Regis filio. *La seconde,* Sereniss. Principi Francisco Duci Britanniæ. *La troisiéme,* Sereniss. ac Magnificentiss. Principi Carolo Cenomaniæ Comiti. *Le sujet de toutes ces Lettres à de si grands Seigneurs, est le present qu'il leur fait de ses trois Livres de Rhetorique.* Un Volume *in* 4°.

Laurentii Vallæ Elegantiarum linguæ Latinæ Libri sex. Ejusdem Tractatus de reciprocatione Sui & Suus. Ejusdem Liber in Errores Antonii Rudensis. Cum Præfatione Petri Pauli Senilis Regis Francorum Secretarii ad Joannem de Lapide, & gratulatoria Epistola Joannis de Lapide ad P. Paulum Senilem, de Laurentio Valla ab ipso recognito. *Un Volume* in fol.

Jacobi Magni Ord. Eremitar. S. Augustini Sophologium. *Un Volume* in fol. *Il y a dix Vers à la loüange de l'Ouvrage, dont voici les deux derniers.*

Quidquid enim veterum tetigit præceptio digna
Mille Voluminibus, clauditur hoc Opere.

" *Ce Livre est dans la Bibliotheque du College de Navarre.*

Tous ces Livres sont imprimez de mêmes Lettres, fonduës dans les mêmes Matrices. C'est un Caractere rond, de gros Romain. Comme l'Impression ne faisoit que de naître à Paris, & que ces premiers Livres sont comme des essais de l'Art, il se trouve en quelques-unes des Lettres à demi formées, & des mots à moitié imprimez, qu'on a achevez avec la main. Il y a même quelques Epîtres imprimées, dont l'inscription n'est que manuscrite. Il n'y a point de Lettres capitales. Les premieres Lettres des Livres & des Chapitres sont omises, on y a laissé de la place pour y peindre une premiere lettre en or ou en azur. Il y a plusieurs mots abregez. Toutes les anciennes Impressions ont ce defaut. Le papier n'est pas bien blanc, mais il est fort, & bien collé. L'Encre est d'un beau noir. Ils imprimerent aussi quelques lignes en lettres rouges & sur velin. Il y a quelqu'Ouvrages qui commencent par le *folio verso*, comme le *Florus*. Ils sont tous sans titre, sans chiffre, & sans signature. Ils ne commencerent à mettre des signatures, c'est-à-dire, des Lettres alphabetiques au bas des feuillets, qu'en l'année 1476. au *Platea de Usuris*. Antoine Zarot Imprimeur à Milan, aprés avoir bien commencé de placer les signatures au-dessous de la derniere ligne, voulut corriger cette bonne maniere en les mettant mal-à-propos au bout de cette même ligne, pour les faire servir de dernier mot; comme il paroît par son Edition du Jean Simoneta de *Gestis Francisci Sfortiæ Ducis Mediol.* de l'année 1486. Ils mirent des titres & des chiffres en 1477. aux Sermons de Leonard de Udine. On verra ces Editions dans la seconde Liste que nous donnerons dans le Chap. 5. Ils placerent ces chiffres au haut des pages, & non point au bas, comme s'avisa de faire Thomas Anshelme Libraire d'Haguenau dans l'Edition qu'il donna *in fol.* l'année 1514. du Dictionnaire Grec d'Hesychius. Il n'y a point de Reclames dans ces premieres Editions. Les Imprimeurs de Paris ne les ont employées que fort tard, vers l'année 1520. L'Italie avoit commencé de les mettre en usage, puisqu'on en voit dans le Corneille Tacite imprimé *in fol.* à Venise par

Jean de Spire vers l'année 1468. duquel il fera parlé au Chap. 4. & dans le *Lilium Medicinæ* de Bernard de Gordonio imprimé *in fol.* à Ferrare l'année 1486.

Le *Regiſtrum Chartarum* trouvé pour la commodité des Relieurs, n'eſt point dans les Livres de cette premiere Liſte, ni dans ceux de la ſeconde que nous ferons ci-après. Gering l'a mis dans quelques-uns qu'on verra dans la troiſiéme, comme dans les Sermons de S. Auguſtin, dans le Beda ſur S. Paul de 1499. dans les Volumes de Droit. Il fut inventé en Italie. Il eſt dans la Somme d'Alexandre de Ales imprimée à Veniſe en 1475. par Jean de Cologne. Autrefois on le faiſoit en cette maniere : On raſſembloit à la fin du Volume les Lettres alphabetiques qui ſervent de ſignature, & les premiers mots des quatre premiers feüillets compris ſous chaque Lettre. Jean Froben & Jean de Langendorf mirent en titre ſur le *Regiſtrum* de la Gloſe ordinaire qu'ils imprimerent à Baſle en ſix Volumes *in fol.* l'année 1508. ces deux Vers.

Præſentis chartas operis ſi colligere optas,
 Aſpice principium, Litterulaſque ſuas.

Mais comme cela faiſoit une page d'impreſſion, on l'abregea, ainſi que fit Gering, qui le mit en deux ou trois lignes, marquant ſeulement toutes les Signatures, ou Lettres alphabetiques, & combien chacune étoit multipliée de fois en cette façon, *omnes ſunt terniones,* ou *quaterniones.* Le *Regiſtrum* eſt preſentement ſupprimé dans les Imprimeries, & on a aſſez pourvû à la facilité de la Relieure par l'aſſemblage de trois choſes, de la ſignature au bas des pages, des chiffres au haut de chaque feüillet, & des Reclames, auſquelles les Relieurs doivent avoir recours, & particulierement ceux qui collationnent les Livres, s'ils veulent ne les point avoir defectueux Mais pour être tout-à-fait ſeur, il faut encore lire quelquefois les deux dernieres lignes d'un feüillet, & les deux premieres du ſuivant avec réfléxion, s'il y a de la ſuite & du ſens.

On remarquera que cette premiere Liſte ne contient pas certainement tous les Livres qui furent imprimez en Sorbonne : on en a perdu quelques-uns, & il y a des raiſons pour croire que tout n'y a pas été conservé, ainsi qu'on voit par le *Sophologium*.

* *Histor. Biblioth. Noriberg. pag. 119.*

Jean Saubert * nomme parmi les anciennes Editions qui font à Nuremberg, un Quintilien de l'Impression de Paris 1471. Si cela est ainsi, elle aura été faite par Ulric Gering. J'ai vû le Quintilien imprimé à Venise, qui est dans la Bibliotheque du Roi, en velin. On lit à la fin : *M. Nicolaus Jenson Gallicus viventibus posterisque miro impressit artificio annis* M CCCCLXXJ. *mens. Maii die* XXI. J'ai quelque soupçon que Saubert lisant pour Imprimeur de ce Livre le nom d'un François, & ne voyant point marqué où il avoit été imprimé, a jugé, sans examiner davantage, que c'étoit à Paris.

Nous ferons maintenant quelques Réfléxions sur ces premiers Livres imprimez, pour en tirer les preuves de tout ce que nous avons dit ci-dessus touchant l'Origine de l'Imprimerie de Paris. Gasparin de Bergame habile Grammairien, qui vivoit en l'année 1420. fut un de ceux qui travaillerent à rétablir la pureté de la langue Latine dans l'Italie, où elle étoit presque morte, ainsi que parle Tritheme dans son Livre des Ecrivains Ecclesiastiques : *Latini Sermonis elegantiam semimortuam resuscitavit.* Comme Fichet & Lapierre entreprirent aussi de faire revivre la beauté de cette Langue dans l'Université de Paris, ils donnerent aux Imprimeurs les Epîtres de cet Autheur, qu'ils jugerent d'un Latin pur & facile. Fichet voulut mettre à la tête du Livre une Lettre adressée à Lapierre, en maniere de Préface, pour le remercier du grand avantage qu'il avoit procuré pour l'étude des Sciences, par le moyen des Allemands qu'il avoit fait venir. Et les Imprimeurs ajoûterent à la fin une Epigramme de huit Vers. Comme cette Lettre & ces Vers contiennent une partie des faits que nous avons avancez, nous les rapporterons ici tout au long. Ils ont déja été imprimez dans le *Paris ancien & nouveau* sur la Copie que nous en avions donnée.

" *Guillermus Fichetus Parisiensis Theologus Doctor Joanni*
" *Lapidano Sorbonensis Scholæ Priori, Salutem.*

" Misisti nuper ad me suavissimas Gasparini Pergamensis

" mensis Epistolas, non à te modo diligenter emendatas:
" sed à tuis quoque Germanis Impressoribus nitidè & tersè
" transcriptas. Magnam tibi gratiam Gasparinus debeat:
" quem pluribus tuis Vigiliis ex corrupto integrum fe-
" cisti. Majorem vero coetus doctorum hominum: quod
" non tam sacris Literis, quæ tua Provincia est, magno-
" pere studes; sed redintegrandis etiam Latinis Scriptori-
" bus insignem operam navas. Res sanè te Viro doctissi-
" mo & optimo digna. Ut, qui cum laude & gloria Sor-
" bonico certamini Dux præfuisti, tum Latinis quoque
" Literis, quas ætatis nostræ ignoratio tenebris obumbra-
" vit, tua lumen effundas industria. Nam præter alias
" complures Literarum graviores jacturas hanc etiam ac-
" ceperunt, ut Librariorum vitiis effectæ penè barbaræ
" videantur. At vero maxime lætor hanc pestem tua pro-
" videntia tandem eliminari procul à Parisiorum Lutetia.
" Etenim quos ad hanc urbem è tua Germania Librarios
" ascivisti, quam emendatos Libros ad exemplaria red-
" dunt! Idque tute macto studio conaris, ut ne ullum
" quidem opus ab illis prius exprimatur, quàm sit à te
" coactis exemplaribus multis castigatum liturâ multâ.
" Quare tibi quæ carminum Censori Quintilio laus apud
" Flaccum Horatium merito debeatur, cum à Gasparinæa
" suavi facundia, tum à plerisque nobilibus hujus civitatis
" ingeniis, quæ desputa barbaria lacteum fontem elo-
" quentiæ melle dulciorem degustant, & in dies quidem
" avidius. Ego verò, quod in Aristotelis laudem dicebat
" Plato, tuum domicilium Lectoris studiosissimi sedem
" sine ulla quidem assentatione dici velim. Vale. Et me
" dilige te amantem. Scriptum apud Sorbonam velocis-
" sima Fichetea manu.

*A la fin du Volume on lit ces huit Vers par maniere d'Apo-
strophe à la Ville de Paris.*

"   Ut Sol lumen sic doctrinam fundis in orbem
"   Musarum nutrix regia Parisius.
"   Hinc prope divinam tu, quam Germania novit
"   Artem scribendi, suscipe promerita.

» Primos ecce Libros, quos hæc induſtria finxit
» Francorum in terris, ædibus atque tuis.
» Michael, Udalricus, Martinuſque Magiſtri
» Hos impreſſerunt, ac facient alios.

CHAPITRE III.

Preuves de l'Origine de l'Imprimerie de Paris, tirées en partie de cette Lettre & de cette Epigramme. Ce n'est point Nicolas Jenſon qui a apporté l'Imprimerie en France. Le droit qu'a le Prieur de Sorbonne de préſider à l'Acte de Sorbonique, ancien de plus de trois cens ans. Attribué au Prieur dans l'Univerſité de Vienne en Allemagne, à l'exemple de celui de Sorbonne. Les Epîtres de Crates ne furent point imprimées à Strasbourg, mais à Paris. Les premieres Editions qui ont été faites en France, n'ont point été faites en Gothique, mais en belles lettres Romaines.

NOus ferons remarquer pluſieurs choſes dans cette Lettre & dans cette Epigramme. La premiere, ſont ces paroles: *A tuis Germanis Impreſſoribus. Quos è tua Germania in hanc Urbem Librarios aſciviſti*; qui nous font entendre, que c'eſt Jean de Lapierre qui prit ſoin d'écrire en Allemagne pour mander les Imprimeurs, & que dans le deſſein qu'on projetta en Sorbonne d'établir l'Imprimerie dans l'Univerſité, ce fut lui qui ſe chargea, par les habitudes & les connoiſſances qu'il avoit en ſon Païs, de les faire venir à Paris.

La ſeconde, ſont ces autres paroles, *Michael, Udalricus, Martinuſque Magiſtri hos Impreſſerunt*, où on voit les noms des Imprimeurs, qui ſont Martin Crants, Ulric Gering, & Michel Friburger, autrement *de Columbaria*, c'eſt-à-dire, de la Ville de Colmar. M. Naudé dans ſon Addition à l'Hiſtoire de Louis XI. page 310. de ces trois n'en fait que deux, & a crû que ce nom *Ulric*, étoit le ſurnom de Martin & de Michel. *Cette invention*, dit-il, *y fut apportée pendant le Regne de Louis XI. par deux Allemands nommez Martin & Michel Ulri-*

ques. En quoi il a été suivi par M. le Gallois, dans son Traité *des plus belles Bibliotheques de l'Europe*, cité ci-dessus, page 162. Mais on verra plus bas dans le *Manipulus Curatorum* de 1473. dans le *Rodericus Zamorensis* 1475. de la seconde Liste, & quelques autres, leurs trois noms & surnoms distinguez nettement comme nous les venons de donner.

La troisiéme sont ces termes : *Primos ecce Libros quos hac industria finxit Francorum in terris.* Ils nous apprennent que ces Livres de la premiere Liste, & particulierement les Epitres de Gasparin, sont les premieres Impressions qui furent faites en France : par conséquent que ce sont ces trois Allemands qui apporterent l'Imprimerie dans ce Royaume, & qu'on en doit appeller les premiers Imprimeurs. Ce témoignage détruit entierement tous les bruits qui ont couru parmi quelques Autheurs, que ce fut Nicolas Jenson qui donna la premiere connoissance de cet Art aux François. Ange Roccha écrit en l'année 1620. *Sunt qui velint* ... *à Nicolao Jensone Gallo in Galliam asportatam* (*a*). M. le Doyen de Munster le croioit en l'année 1640. puisqu'il dit à la page 90. de sa Dissertation : *Nec puto Gensonium cum Typos in Galliam primus deferret, alibi quam in has regni Metropoli sedem elegisse.* Et Jacques Hofman suit encore ce sentiment en l'année 1677. en laquelle il fit paroître à Basle son Dictionnaire Universel, où il écrit page 507. *In Galliam impressoria Ars à retrò memorato Gensone primitus transplantata fuit.* Je ne puis deviner pourquoi ces Ecrivains ont été de cette opinion ; & je ne sçaurois dire autre chose sinon, que Nicolas Jenson ayant acquis de la reputation dans l'Art de l'Imprimerie, ils ont crû que ce n'a pû être qu'en France, parce qu'il étoit François. Mais jusqu'ici je n'ai vû aucun Livre imprimé de lui autre part qu'à Venise. Je sçai bien qu'il y a quelques Historiens qui ne s'engagent pas à soutenir que Jenson fut le premier Imprimeur de France, mais qui prétendent que c'est dans ce Royaume-là où il avoit son Imprimerie. Melchior Adam l'assûre de la Vie des premiers Imprimeurs Jean Guttenberg & Jean Faust : *In Gallia Nicolaus Jenson Librariam istam Artem excoluit.* (*b*) Et Henry Pantaleon l'avoit dit avant lui dans son second Tome

(*a*) *De Biblioth. Vatic. pag.* 412.

(*b*) *Vitæ German. Philosoph. Heidelberga* 1615. *in* 8. *pag.* 2.

des Illustres Allemands : *Nicolaus vero Jenson eam in Gallia exercuit .* * Je ne serai point persuadé que Jenson ait jamais travaillé en France, que quand j'aurai vû quelques-unes de ses Editions où cela soit ainsi marqué. Et tout ce que nous dirons dans le Chapitre suivant, prouve clairement que c'étoit à Venise où il demeuroit & imprimoit.

Prosopogr. Illustr. Germ. Basileæ in fol. 1565. pag. 398.

La quatriéme, sont ces mots : *Francorum in terris ædibus atque tuis*, parce qu'ils sont adressez à la Ville de Paris, il est évident que c'est dans cette Capitale du Royaume, où les premiers Livres ont été imprimez. Ainsi il est vrai de dire, que la Ville de Paris a pratiqué l'Art d'Imprimerie avant toute autre Ville de France.

La cinquiéme, c'est cette Inscription de la Lettre : *Guillermus Fichetus Parisiensis Theologus Doctor Joanni Lapidano Sorbonensis Scholæ Priori.* Elle nous fait connoître en quel tems ces Allemands établirent à Paris l'Imprimerie, & que c'étoit l'année 1470. en laquelle Jean de Lapierre étoit Prieur de Sorbonne. On lit dans les Registres de la Faculté de Théologie, qu'il fut Prieur deux fois & de deux années interrompuës : la premiere fois en l'année 1467. la seconde fois en l'année 1470. Il est bien certain que ces premieres Impressions ne furent point faites en l'année 1467. parce que la Lettre que Fichet met au premier Livre imprimé de Gasparin, marque dans le titre, qu'il étoit alors Docteur en Théologie, qualité que Fichet n'avoit point encore l'année 1467. il étoit Recteur de l'Université cette année-là. C'est donc en l'année 1470. du tems du second Priorat de Lapierre, qu'elles ont été faites. Nous avons encore une autre démonstration de l'année en laquelle ces Livres ont été imprimez par ces huit Vers, que les Imprimeurs ont mis à la fin du Volume de Crispe Salluste, qu'on voit dans la Liste. Ils sont adressez aux Parisiens.

Nunc parat arma virosque simul rex Maximus orbis,
 Hostibus antiquis exitium minitans.
Nunc igitur bello studeas gens Parisiorum,
 Cui Martis quondam gloria magna fuit.
Exemplo tibi sint nunc fortia facta Virorum,
 Quæ dignè memorat Crispus in hoc opere.

Armigerifque tuis Alemannos annumeres, qui
Hos preſſere Libros, arma futura tibi.

Ces Vers parlent de la Guerre que Louis XI. declara à Charles Duc de Bourgogne, qui avoit pris la Jarretiere & la Croix rouge d'Edoüard Comte de la Marche, Uſurpateur de la Couronne d'Angleterre, ennemi de la France. Philippes de Comines rapporte dans ſes Memoires livre 3. chap. 1. que Louis XI. fit aſſembler pour ce ſujet les trois Etats à Tours aux mois d'Avril & de May de l'an 1470. & qu'il y fut reſolu qu'on citeroit Charles de comparoître en perſonne au Parlement de Paris, Juge des Pairs de France; qu'auſſi-tôt un Huiſſier fut dépêché à Gand, où il rencontra ce Duc allant à la Meſſe, & lui fit cette citation, pour laquelle il fut retenu priſonnier quelque tems. Parmi es preuves de l'Hiſtoire de Comines, M. Godefroy y a rapporté l'Acte de Declaration de Guerre contre Charles Duc de Bourgogne, qui eſt datté d'Amboiſe le 3. Decembre 1470. Nous pouvons ajoûter une troiſiéme démonſtration de cette année, tirée des Lettres de Fichet. Il écrit au Pape, au Cardinal Beſſarion, au Cardinal Rolin Evêque d'Autun, à Guillaume Chartier Evêque de Paris, à René Roi de Sicile, & leur envoye ſes Livres de Rhetorique. Toutes ces Lettres ſont imprimées & dattées de l'année 1471. à l'exception de celle qu'il a écrite au Cardinal Rolin, qui eſt dattée de 1470. en cette maniere : *Ædibus Sorbonæ. Idibus Julii ſcriptum anno ſeptuageſimo & quadringenteſimo ſupra milleſimum.* Sa Rhetorique étoit donc déja imprimée cette année-là.

Ce n'eſt point pour cela nôtre penſée que tous ces Livres ayent été mis ſous la Preſſe en cette même année 1470. je crois que le Laurent Valle n'a été imprimé que l'année ſuivante 1471. à cauſe que la Lettre de Lapierre à P. Paul *Senilis*, qui y eſt imprimée, eſt dattée de cette même année. J'en juge ainſi des Lettres de Fichet au Pape, au Cardinal Beſſarion, & au Roi de Sicile par la même raiſon. Et le Beſſarion eſt auſſi de cette année 1471. parce que la Lettre qui accompagne ſes Harangues qu'il envoye en France, eſt dattée de Rome au mois de Decembre 1470. & il eſt bien vrai-semblable qu'elles ne furent imprimées que quelque tems aprés. Ce sera environ aprés Pâques, qui étoit alors le commencement de l'année en France. Quelques-uns, où on ne découvre aucune marque de l'année, peuvent être de 1472.

La sixiéme & derniere chose que nous ferons remarquer, touche le droit qu'a nôtre Prieur de Sorbonne de présider à ce fameux Acte de Sorbonique, qui commence à six heures du matin, & ne finit qu'à six heures du soir. Quoiqu'elle ne soit point de nôtre sujet, nous ne devons point passer cette ancienne preuve d'un si beau droit, qui a été confirmé dans ce siécle par plusieurs Arrests de la Cour. Ces paroles de la Lettre de Fichet à Lapierre Prieur de Sorbonne, *Sorbonico certamini, cui Dux præfuisti*, montrent que le Prieur de la Maison de Sorbonne étoit en possession de ce droit dés l'année 1470. il y a plus de deux cens ans. Et nous pouvons encore remonter plus haut jusqu'en l'année 1389. qui fut celle où furent faits les Statuts de la Faculté de Théologie de l'Université de Vienne en Autriche. On les dressa en partie sur ceux de la Faculté de Théologie de Paris, & sur les Usages & Coûtumes qu'on y observoit alors. Pierre Lambec Bibliotequaire de l'Empereur, les a donnez au Public dans son second Livre de la Bibliotheque Imperiale. Il est ordonné dans ces Statuts, que chaque Bachelier soutiendra un Acte dans le College Ducal, c'est celui qui répond à la Sorbonique de Paris. On y fit le Reglement que le Prieur présidera à cet Acte Ducal en la même maniere que le Prieur présidoit à l'Acte de Sorbonique qui se faisoit à Paris dans le College de Sorbonne. Voici les propres termes qu'on lit à la page 134. *Priore præsidente secundum ritum Collegii Sorbonæ Parisiis* *.

* Biblioth. Vindobon. lib. 2.

Il ne se peut rien de plus formel pour faire voir de quelle antiquité est ce droit du Prieur de Sorbonne, qui étoit connu dans les Universitez Etrangeres il y a plus de trois cens ans, & qui leur servit d'exemple pour établir aussi un Prieur avec une semblable prérogative. Deux de ceux qui furent Prieurs de Sorbonne au commencement du dernier siécle, firent bien connoitre qu'ils avoient joüi paisiblement de ce droit si ancien, lorsqu'il fallut declarer (a) devant les Notaires en quels termes les Répondans en Théologie avoient coûtume de prêter le Serment au commencement de leurs Actes. C'est Gilles Delf & Guillaume Duchesne, qui déposerent conjointement avec plusieurs autres Docteurs & Bacheliers, ce qui suit : [Disent lesdits Docteurs, que toutes fois qu'ils ont présidé, leurs Répondans ont toûjours fait semblables protestations que dessus : disent avec ce lesdits Delf & Duchesne, qu'ils ont été Prieurs de Sorbonne, c'est à sçavoir, ledit Delf un an, & ledit Duchesne deux ans (b) durant lesquels il a présidé à vingt-six Sorboniques, & ont toûjours vû faire semblables protestations à tous Répondans ausdites Sorboniques.] Nous dirons néanmoins, que cette présidence du Prieur de Sorbonne, n'est point tout-à-fait semblable à celle des Docteurs : elle ne se fait point avec pompe & avec éclat, ni dans une Chaire élevée, où on voye pendant tout l'Acte ce Président, assis sous un dais, décider de toutes les Disputes. C'est pour cette raison que Ramus a écrit que la Sorbonique se faisoit, *nulla adhibito Judice præter pedum strepitum, & manuum plausum, quo quæstiones altercantium disceptarentur. In Proœm. Reform. Acad. Paris.* Et Genebrard : *sine Præside, sine Socio, sine prandio & pastu, sine ulla emigratione. In Chron. ad ann. 1315.* Elle consiste seulement dans certains honneurs, & certaines prérogatives, dont il joüit depuis l'établissement de cet Acte (c) par une possession, qui lui a été confirmée par les anciennes Conclusions de la Faculté, & les Arrêts du Parlement ; qu'on voit dans un Ecrit, imprimé l'année 1673. *in 4°.* sous ce titre : *Pieces touchant les Droits du Prieur de Sorbonne.*

Pour achever la preuve des faits que nous avons eu dessein d'établir, il reste à montrer que ce fut dans le College de Sorbonne où ces premiers Livres ont été imprimez. On l'a toûjours crû dans cette Maison ; & la verité de ce fait, s'y est conservée par Tradition des anciens Docteurs qui y ont demeuré successivement. De plus, les premieres Impressions qui y ont resté, & qu'on y garde, en sont aussi un témoignage. Mais on en a encore une preuve par écrit. Les Lettres de Fichet au Pape Sixte IV. au Card. Rolin, & à René Roi de Si-

(a) Cette Declaration fut reçüe par Guy Rigaudeau & Jean Crozon au mois de Juillet 1508. Elle est rapportée page 20. d'un Écrit qui fut imprimé *in 8.* l'année 1629. sous ce titre : *Memoire touchât la Protestation des Répondans en Théologie fait en l'année 1629.* On le garde dans la Bibliotheque de Sorbonne.

(b) C'est vers la fin du quinziéme siécle qu'ils furent Prieurs ; Delf en 1490. Duchesne en 1494. & 1495.

(c) Ramus dit, & après lui M. Menage dans ses *Origines de la Langue Françoise,* qu'il fut établi, aprés l'an 1452 depuis la Reformation du Cardinal de Touteville. Ce que nous avons dit ci-dessus prouve qu'il étoit déja établi en 1389.

cile, ont à la fin ces mots : *Parisiis in Ædibus Sorbonæ scriptum anno uno & septuagesimo quadringentesimoque supra millesimum.* Et celle de Lapierre à Paul Senilis, qui est imprimée à la fin du Laurent Valle, les mêmes paroles : *Ædibus Sorbonæ scriptum anno* 1471. Il semble qu'on pourroit seulement conclure de là que Fichet & Lapierre, qui demeuroient dans la Maison de Sorbonne, en ont datté leurs Lettres, qu'on a pû ensuite imprimer ailleurs, n'étoit que celle de Fichet au Cardinal Bessarion, imprimée avec les trois premieres, finit par ces termes : *Ædibus Sorbonæ scriptum impressumque anno uno & septuagesimo quadringentesimoque supra millesimum.* Ces deux mots qui paroissent dans la datte de cette Lettre, *Impressumque*, nous donnent sujet de juger que les autres Lettres qui sont tout de suite dans le Volume, ont été écrites & imprimées pareillement dans le même lieu. Et s'il est vrai que les Lettres ont été imprimées en Sorbonne, il sera vrai aussi que les Livres marquez dans la précedente Liste, étant tous du même caractére, de la même encre, du même papier, de la même fabrique que les Lettres, viennent aussi du même lieu, & sont sortis des mêmes Presses.

Ce fut dans le même endroit du College de Sorbonne, où nos trois premiers Imprimeurs avoient travaillé, que Gerard Morrhy Allemand, établit son Imprimerie, & dressa des Presses soixante ans aprés. Il y imprima parfaitement bien un Lexicon Grec-Latin *in fol.* Il en datte la Préface au Lecteur, en ces termes : *Vale. Parisiis apud Sorbonam* 1530. *mense Februario.* Et met ces autres à la fin du Volume : *Imprimi curabat Gerardus Morrhius Campensis apud Collegium Sorbonæ anno* 1530. Il y imprima encore l'année suivante le Commentaire d'*Agathius Guidacerius* sur le Cantique des Cantiques *in* 4°. & un autre Volume encore *in* 4°. c'est le Commentaire de Galien sur le Traité d'Hippocrate *De Salubri Diæta*, on lit sur ces deux Volumes : *Parisiis in Officina Gerardi Morrhii Campensis apud Collegium Sorbonæ* 1531. On garde toutes ces Editions en Sorbonne.

Au reste, l'ordre que nous avons mis entre les Livres de la premiere Liste, n'est point si absolument necessaire, qu'il ne puisse être changé. Quand nous mettons les Epitres

tres de Gafparin au premier lieu, nous ne fommes pas fi fort attachez à lui donner cette place, que nous ne confentions qu'on y mette le Florus, ou le Sallufte, ou quelqu'autre de la Lifte. Il eft bien probable que plufieurs de ces Livres ont été imprimez tout de fuite, & qu'on ne les a fait paroitre dans le Public que tout enfemble. La Lettre de Fichet donne fujet de le penfer, quand il dit à Lapierre, que les Allemands rendoient tres-fidellement par leurs Impreffions les copies qu'on leur donnoit, *quàm emendatos Libros ad exemplaria reddunt.* Ce qui femble infinuer qu'avant ces Epîtres de Gafparin, Fichet avoit déja remarqué d'autres Livres tres-correctement imprimez. Mais étant de neceffité d'en placer quelqu'un le premier, dans le doute nous y avons mis ces Epîtres, à caufe de l'Epigramme où il eft dit, *Primos ecce Libros.* D'ailleurs, le Caractére de ce Volume paroît neuf, & n'avoir point encore fervi : aux autres Livres il paroît un peu ufé.

M. Naudé dit que c'eft le *Roderici Zamorenfis fpeculum* qui fut le premier imprimé. Voici fes paroles, page 310. " [Cette invention fut apportée pendant le Regne de Louis " XI. par deux Allemands nommez Martin & Michel Ul- " riques, qui fe logerent au Soleil d'or ruë S. Jacques, & " mirent premierement fous la Preffe le *Speculum vitæ* " *humanæ Roderici Zamorenfis Epifcopi*, qu'ils dédierent " audit Louis XI. comme un premier & affûré témoi- " gnage de leur induftrie, fans toutefois y mettre au- " cune marque, qui pût dénoter le tems & l'année de " cette Impreffion. Mais néanmoins nous pouvons affez " probablement conjecturer, que ce fut pour le plus tard " l'an 1470.] J'aurois bien voulu voir cette Epître Dédicatoire à Louis XI. il faut qu'elle n'ait été mife qu'à l'Exemplaire qu'ils prefenterent au Roy, & qui ne fe trouve plus. Elle n'eft point dans les deux que j'ai vûs, dans celui qui eft en Sorbonne, ni dans celui qui eft aux Celeftins de Paris. J'accorderois volontiers que le *Zamorenfis* fut imprimé le premier, n'étoit que le Caractére me paroît avoir déja beaucoup fervi, & bien plus ufé qu'aux Epîtres de Gafparin. Quant à ce qu'il dit que cette Im-

G

preſſion fut faite dans la ruë S. Jacques au Soleil d'or, je ne m'étonne point qu'il l'ait crû. Il n'avoit point vû les Livres qu'on gardoit en Sorbonne, ni ſçû que ces premiers Maîtres avoient été appellez d'Allemagne par Jean de Lapierre Prieur de cette Maiſon, qu'ils avoient été reçûs dans ce College où ils dreſſerent leurs Preſſes, & firent les premieres épreuves de leur Art. Et parce qu'il avoit vû quelques-unes de leurs anciennes Impreſſions, où il étoit marqué qu'elles avoient été faites dans la ruë S. Jacques au Soleil d'or, comme celles que nous rapporterons dans la ſeconde Liſte, il a jugé qu'ils y allerent d'abord, & que ce *Zamorenſis* y avoit auſſi été imprimé.

Nous avons encore deux faits à examiner dans ce Chapitre; & c'eſt avec deux ſçavans Auteurs que nous avons à les démêler; l'un avec M. Mentel, de qui nous avons déja parlé au premier Chapitre : l'autre avec le Pere du Moulinet, qui étoit Bibliotequaire de ſainte Geneviéve, & à qui le Public a l'obligation d'avoir relevé cette ancienne Bibliotheque, où l'on voit aujourd'hui tant de raretez. M. Mentel croit que le Volume qui eſt intitulé dans nôtre premiere Liſte, *Epiſtolæ Cynicæ*, où ſont contenuës les Epîtres de Phalaris, de Brutus, & de Crates, a été imprimé à Strasbourg. Il prétend que c'eſt Jean Mentel, un de ſes Anceſtres, qui a inventé l'Art d'Imprimerie dans cette Villelà, & que c'eſt dans ſon école où ont été inſtruits les premiers Imprimeurs qui ont paru à Rome, à Veniſe, à Naples, & à Paris; comme à Rome Ulric Han, à Veniſe Jean de Spire, à Naples Sixte Ruſſinger, à Paris Ulric Gering, Martin Crants, & Michel Friburger. Pour montrer que cet honneur appartient à la Ville de Strasbourg, il cite une Epigramme de huit Vers qu'un nommé Erard Vvindsberg mit à la fin des Epîtres Cyniques de Crates, qui furent imprimées à Strasbourg, ſelon ſa penſée, par Martin Crants, Ulric Gering, & Michel Friburger, avant qu'ils vinſſent à Paris établir l'Imprimerie. Il dit dans ſa Diſſertation *De vera Ty-*
" *pographia Origine*, page 15. [Ut ita conſentaneum ſit aſſe-
" verare ab Argentorato velut à capite hoc artificium pri-
" mò fluxiſſe atque dimanaſſe. Hinc ad eam ſuoſque ma-

» gnam partem Typographos primores illos, quorum me-
» minit Vvimphelingius, Erhardi Vvindsberg cujusdam
» Epigramma, quod habetur in calce Epistolarum Cratetis
» ubi ubivis gentium, nam locus non ponitur, quamvis
» putem Strasburgi : at certe novellis & artis infantiam
» redolentibus Literarum characteribus, impressarum.
»   *Plura licet summe dederis Tu Argentina laudi,*
»   *At reor hoc magis te genuisse nihil,*
»   *Quod prope divinam clara ex industria fingis*
»   *Scribendi hanc artem, multiplicans studia, &c.*

Je n'examine point les raisons qui ont porté M. Mentel à soûtenir que l'Imprimerie a été inventée à Strasbourg: mais la vérité & le sujet que je traite m'obligent à dire, que ces Epîtres de Crates, qui sont dans nôtre Liste, ne sont point un Ouvrage de Strasbourg, mais de Paris. On en sera persuadé à la seule inspection, en les comparant avec les autres Volumes de la Liste, comme le Gasparin, le Florus, le Salluste, le Fichet, qui ont toûjours été gardez avec ces Epîtres de Crates dans la Maison de Sorbonne depuis le tems qu'ils y ont été imprimez. Et on y verra par tout la même fabrique, le même papier, la même encre, les mêmes Caractéres, qui tiennent encore quelque chose de l'enfance de l'Art, pour parler comme M. Mentel, d'où l'on jugera aisément, qu'ils sont tous sortis du même lieu & des mêmes Presses. De plus, on ne peut point dire certainement en quelle école nos trois Imprimeurs ont été instruits. On voit bien par la Lettre de Fichet, qui sert de Préface aux Epîtres de Gasparin, que c'est Lapierre qui a fait venir à Paris ces Imprimeurs de son Païs d'Allemagne: mais on n'y lit point précisément qu'il les ait fait venir ou de Mayence, ou de Strasbourg. Je crois pourtant que c'est à Mayence où ils ont appris leur Art, parce que je vois dans leurs Impressions des Caractéres qui reviennent fort à ceux de Pierre Schoeffer de Mayence : comme le *Speculum Zamorensis* de la seconde Edition, qu'ils mirent sous la Presse en 1475. ruë S. Jacques, qui sera dans la seconde Liste, a du rapport avec les Epîtres de S. Jérôme de Mayence 1470. le *Rationale Durandi* de 1475. avec le Henri Herp

Speculum præceptorum Decalogi de Mayence 1474. les Sermons du Carême de Leonard de Udine de 1477. avec le *Scrutinium Scripturarum Pauli Burgenſis* de Mayence 1478.

Je réponds à l'Epigramme, que l'Exemplaire des Epîtres Cyniques de Cratès, qui étoit dans la Bibliotheque de M. Mentel, avoit été falſifié par quelqu'un, qui vouloit donner l'honneur à la Ville de Strasbourg, d'avoir mis au jour l'Art d'Imprimerie ; & que dans le premier Vers de l'Epigramme, on avoit ajoûté ces deux mots, *tu Argentina*, qui ne ſont point d'Erard Vvindsberg. Nous rapporterons cette Epigramme comme elle eſt dans l'Exemplaire de Sorbonne, qu'on a toûjours conſervé dans cette Maiſon depuis le tems qu'il y fut mis ſous la Preſſe. Ce que je penſe de cet Erard, eſt que c'étoit un Allemand, étudiant en Medecine, Ami de Lapierre & de nos Imprimeurs, qui les aidoit à corriger leurs Editions, & y mettoit quelquefois des Epigrammes. Il retourna en Allemagne, & je trouve dans le premier Livre des Epîtres, *Illuſtrium ad Reuchlinum*, une Lettre qu'il écrivit de Saxe à Reuchlin, l'année 1486. où l'on apprend qu'il étoit Docteur en Medecine. Voici les propres termes ainſi qu'ils ſe liſent en Sorbonne.

" Erhardi Vvindsberg Epigramma ad Germanos Librarios
" egregios, Michaelem, Martinum, atque Udalricum.

"   *Plura licet ſummæ dederis Alemannia laudi,*
"   *At reor hoc majus te genuiſſe nihil,*
"   *Quod prope divinam ſumma ex induſtria fingis*
"   *Scribendi hanc artem, multiplicans ſtudia.*
"   *Felices igitur Michael, Martineque ſemper*
"   *Vivite, & Ulrice, hoc queis opus imprimitur*
"   *Erhardum veſtro & non dedignemini amore*
"   *Cui fido ſemper pectore clauſi eritis.*

Il y a grande différence entre ces mots, *tu Argentina laudi*, comme les cite M. Mentel, & ces autres *Alemannia laudi*, comme les repreſente l'Exemplaire de Sorbonne. Par les premiers, Erard ſe declareroit pour Strasbourg, & lui donneroit la gloire d'avoir découvert l'Imprimerie. Par les derniers, il attribuë seulement l'honneur de l'avoir inventée, à la Nation Allemande en general : ce que personne ne lui peut disputer avec raison. D'où vient que Laurent Valle, qui vivoit dans le tems que cet Art fut inventé, a fait ces quatre Vers, qu'on voit dans l'Edition de ses Ouvrages après la Table des Traitez.

Abstulerat Latio multos Germania Libros.
Nunc multo plures reddidit ingenio.
Et quod vix toto quisquam perscriberet anno,
Munere Germano conficit una dies.

Le Pere du Moulinet a fait l'Histoire de la Fortune des Lettres Romaines, qui occupe presqu'entierement le troisiéme Journal des Sçavans de l'année 1684. où il nous fait entendre, que les Allemands, qui apporterent en France l'Imprimerie, ne firent point leurs Editions en Lettres Romaines, mais seulement en Lettres Gothiques. Que ce fut Josse Bade qui apporta d'Italie en ce Royaume les beaux Caractéres ronds environ l'année 1500. Voici comme il
" s'explique page 33. [Et comme cette rare & curieuse in-
" vention (de l'Imprimerie) nous vint premierement en
" France de ces quartiers (d'Allemagne) il ne faut pas s'é-
" tonner, si les plus anciennes Editions de Livres, qui se
" trouvent avoir été faites en ce Royaume, sont en Lettres
" Gothiques.] *Et dans la page 35. parlant des Caractéres*
" *ronds.* [C'est de là (d'Italie) qu'ils sont venus en France,
" où ils ont été apportez par Jodocus Badius. Cet Illustre
" vint d'Italie en ce Royaume environ l'an 1500. tant pour
" y enseigner le Grec à Paris, que pour y établir une fort
" belle Imprimerie, qu'il appella, *Prælum Ascensianum*, dans
" laquelle il donna au public plusieurs bons Livres en ces
" Caractéres ronds, qui n'en avoient eu jusqu'alors que de
" Gothiques.]

Je n'examine point tout ce qu'on dit ici de Josse Bade; mais je dirai que si ce grand Antiquaire avoit vû les Impressions en Lettres Romaines, qui ont été faites à Paris avant l'année 1500. il n'auroit pas avancé si facilement que les plus anciennes Editions faites en France, sont en Lettres Gothiques. Sans doute les premieres & les plus anciennes, sont celles d'Ulric Goring, & de ses doux Associez Martin Crants & Michel Friburger, qui furent faites les années 1470. 1471. & 1472. On les voit dans la Liste rapportée ci-dessus. Tous ces Livres ne sont aucunement Gothiques. Ils sont imprimez de cette belle Lettre, qui étoit en usage du tems d'Auguste. On y voit ces beaux Caractéres que le Pere du Moulinet nous represente au-tour de la Medaille de cet Empereur, DIVUS AUGUSTUS. Et nous dirons par avance touchant les deux autres Listes, qui se verront ci-aprés, que Gering fit quelques Editions d'un Caractére si net & si beau, qu'il approche de bien prés des plus belles Lettres rondes dont on se sert aujourd'hui. Il n'est pas le seul qui fit des Impressions en Lettres Romaines avant l'année 1500. George Vvolf, qui demeuroit dans la ruë de Sorbonne au Soleil d'or, imprima de ces belles Lettres rondes les Proverbes de Salomon, l'Ecclesiaste, le Cantique, la Sagesse & l'Ecclesiastique *in* 4°. l'année 1491. & cette même année encore d'une Lettre Romaine plus grosse, les quarante Homélies de Saint Grégoire le Grand, *De diversis Evangelii Lectionibus* in 4°. & en même forme l'année 1499. le *Dionysius de situ orbis*. Volfang Hopyl, qui demeuroit ruë S. Jacques à l'Image S. Georges, imprima en Lettres Romaines le Traité *De Temperantia* du Docteur Martin de Magistris l'année 1490. *in fol*. & l'année 1489. le livre *De Fortitudine* du même Auteur, aussi *in fol*. & la même année 1489. il imprima *in fol*. les Questions de Buridan sur la Morale d'Aristote; & environ la même année, les Questions du même Autheur sur la Politique de ce Philosophe *in fol*. & l'année 1488. on imprima en Lettres rondes au Clos Bruneau, la Logique d'Oxam *in fol*. Toutes ces Editions sont dans la Bibliotheque de Sorbonne. C'en est assez pour montrer que l'Imprimerie de France n'a point commencé par le Gothique, & qu'on y a fait des Impressions en Lettres Romaines avant le tems de Josse Bade.

CHAPITRE IV.

Deux autres Allemands instruits par Gering, sçavoir Pierre Cæsaris & Jean Stol, établissent à Paris en 1473. une seconde Imprimerie. Quelques-unes de leurs Impressions. Livre imprimé qui contient la Liste de tous les Maîtres Libraires de Paris. Les François n'ont point commencé l'Imprimerie, mais ils l'ont portée jusqu'à sa derniere perfection. Les plus beaux Ouvrages de l'Art ont été faits par des François. Exemples. Chef-d'œuvre d'Imprimerie fait ruë S. Jacques au Soleil d'or. Les premiers Imprimeurs de Venise. Il s'y est fait dans les premiers tems de belles Editions, & en grand nombre. L'Auteur du Manipulus Florum, *étoit Docteur de la Société de Sorbonne. Nicolas Jenson imprimoit à Venise dés l'année* 1470. *Ses Editions. Son Eloge fait par plusieurs Ecrivains. Jacques des Rouges autre François, ancien Imprimeur de Venise. Ses Editions. Un troisiéme François Pierre Maufer, établit une Imprimerie à Padouë, & une autre à Verone.*

LEs plus anciens que je trouve qui ayent travaillé d'Imprimerie à Paris, aprés qu'elle y eut été établie par Ulric Gering & ses Associez, sont Pierre Cæsaris & Jean Stol. C'étoit deux Allemands qui étudioient dans l'Université; & Cæsaris y avoit pris le degré de Maître és Arts. Ils furent instruits par Gering : & ce sont eux qui établirent la seconde Imprimerie. Le *Manipulus Curatorum* de Guy de Montrocher est un de leurs premiers Ouvrages. Il fut imprimé l'année 1473. ainsi que rapporte M. Naudé dans son Addition à l'Histoire de Louis XI. page 311. Et l'Université dans ses Repliques aux Réponses des Libraires, imprimées
" in 4°. l'année 1652. dit à la page 4. [Nous apprenons par
" des Livres, que ceux qui les ont imprimez étoient
" Maîtres és Arts, comme dans le Livre intitulé : *Manipu-*
" *lus Curatorum Guidonis de Monte-Rocherii*, qui fut imprimé

" en l'année 1473. Il y a , *Per Venerab. Virum Petrum Cæsaris*
" *in Artibus Magistrum, ac hujus Artis industriosum artificem.*]
Gering imprima auſſi cette même année-là ce même Livre,
ainſi qu'il paroîtra par la ſeconde Liſte. Si c'eſt la même Impreſſion, comme il eſt probable, on doit dire que ces Ap-
prentifs, aprés avoir levé une Imprimerie, s'aſſociérent auſſi-tôt avec leurs Maîtres.

Antoine du Verdier dans ſa Bibliotheque Françoiſe, édition de Lyon *in fol.* 1585. page 103. fait mention d'un Roman, qui fut imprimé cette même année-là ſous ce titre :
L'Amant rendu Cordelier en l'Obſervance d'Amour, en rime, imprimé en l'an 1473. comme il ne nomme point les Imprimeurs,
on le peut attribuer probablement à ces ſeconds. Cæſaris
& Stol imprimerent le *Speculum Vitæ humanæ* de Zamora,
qui eſt *in fol.* dans la Bibliotheque des Celeſtins de Paris,
où on lit

perfinxit Regia Pariſius.
Preſſerunt Petrus Cæſaris, ſimul atque Joannes
Stol, quibus ars quod habet omne retulit eis.

Un Recueil *in quarto* de pluſieurs petits Opuſcules, comme *Tractatus de Origine Nobilium. Epiſtola Poggii Florent. De*
infelicitate principum. Æneas Sylvius de miſeriis Curialium. Se-
neca de Remediis fortuitorum, qui eſt dans la même Bibliotheque. Le *Caſus Breves Joannis Andreæ* in 4°. qui eſt dans la
Biblioth. de Sorbonne. Les Epîtres de Seneque *in* 4°. où eſt
la datte *Pariſius anno Domini* 1475. qui ſont dans la Bibliotheque des RR. Peres Benedictins de S. Germain des Prez.
Le Valere Maxime *in fol.* qui eſt dans la Bibliotheque du
College de Navarre datté, *Pariſius anno Domini* 1475. *feli-*
citer eſt impreſſum.

Tous ces Livres ſont de même fabrique & de même caractére. Ceux qui n'ont point de datte peuvent être de l'année 1474. c'eſt auſſi de leurs Preſſes qu'eſt ſortie la belle
Edition du Dialogue d'Ocham, que l'on voit dans la Bibliotheque de Sorbonne en deux Volumes *in fol.* où on lit
à la fin *Pariſii anno* 1476. M. Naudé l'attribuë aux premiers
Imprimeurs Ulric Gering & ſes Aſſociez. Il eſt plus probable
qu'elle eſt de Cæſaris & de Stol. J'ai comparé les Impreſſions

sions des uns & des autres : je n'ai point trouvé que Gering ait jamais eu de Lettres semblables à celles que l'on voit dans ce Dialogue, au lieu que j'ai remarqué que les Majuscules A, B, E, F, G, H, I, &c. que l'on y voit, sont aussi les mêmes dans le Zamora, & le *Casus breves* de ces derniers. Tous ces Livres ne sont point Gothiques, ils sont en Lettres Romaines ; mais beaucoup moins belles que celles des premieres Editions d'Ulric Gering rapportées cy-dessus dans la premiere Liste. Pierre Cæsaris logeoit sur la fin de sa vie ruë S. Jacques à l'Enseigne du Cygne & du Soldat. C'est la maison où est aujourd'hui l'Hermine, vis-à-vis la petite ruë Frementel. Les Docteurs de la Societé de Sorbonne, à qui cette maison appartient, lui en firent un bail à vie en l'année 1486. & cet Imprimeur l'a tenuë jusqu'en l'année 1509. ainsi qu'on voit dans les Registres des Procureurs de cette Compagnie.

Voilà donc l'Origine de l'Imprimerie de Paris qui paroît certaine & évidente. Ulric Gering, & ses deux Associez, appellez par les Docteurs de la Societé de Sorbonne, viennent d'Allemagne dresser la premiere Imprimerie dans leur College en l'année 1470. Ils instruisent Cæsaris & Stol, qui établissent à Paris la seconde Imprimerie en l'année 1473. Ces cinq Imprimeurs formerent plusieurs autres Maîtres qui travaillerent de cet Art les années suivantes, comme Pierre Caron qui fit des Editions en l'année 1474. Pasquier Bonhomme en l'année 1476. Antoine Gerard en l'année 1480. Nicolas Philippi & Marc Reinhardi en l'année 1482. Antoine Caillaut en l'année 1483. Louis Martineau en l'année 1484. Denys Janot en la même année. Robinet Macé en l'année 1486. Pierre Levet, Jean Carcain & Pierre le Rouge en l'année 1487. Antoine Verard en l'année 1488. Michel le Noir, Jean Dupré & George Mittelhus en l'année 1489. Guy Marchand & Volfang Hopyl en l'année 1490. Ceux qui seront Curieux de voir le Catalogue des Maîtres Libraires, Imprimeurs & Relieurs de la Ville de Paris, depuis l'établissement de l'Imprimerie jusqu'en l'année 1689. avec la Liste des principales Impressions qu'ils ont faites, satisferont leur curiosité dans un Livre qui a été donné au Public sur ce sujet par M. de la Caille Libraire, sous ce titre: *Histoire de l'Imprimerie & de la Librairie, où l'on voit son Origine & son progrés jusqu'en* 1689. imprimé à Paris *in* 4°. par Pierre le Mercier aux dépens de l'Auteur. Ce Livre qui a été fait avec soin & beaucoup de travail, pouroit être encore plus parfait si on marquoit les Bibliotheques où sont gardées les Editions qu'on rapporte, quand elles ne sont pas communes, ou les bons Auteurs qui les citent, afin que le Public fût certain qu'on n'y a rien avancé que de vrai. Et je crois que c'est aussi le dessein de l'Auteur de rendre son Livre plus exact, en corrigeant les fautes qui s'y sont glissées, & de l'enrichir de beaucoup dans une seconde Edition.

Nous ferons ici cette remarque: Que si les Allemands ont eu la gloire d'avoir inventé l'Imprimerie, & de l'avoir pratiquée les premiers, les François ont eu celle de s'être distinguez dans cet Art, & de l'avoir porté jusqu'au point de sa derniere perfection. Un sçavant Allemand Henry Meibomius, qui écrivit l'année 1604. le *Chronicon Riddaghusense*, en tombe d'accord quand il dit: *Quod scribendi genus ut Moguntiæ in Germania inventum, ita apud Italos excultum, & in Galliis demùm perfectum est.* (a) Ce sont les François qui ont fait les plus beaux Ouvrages de l'Imprimerie. Quand on eut imprimé à Anvers la sainte Bible en langues Orientales, qu'on appelle ordinairement la Bible de Philippe Second Roi d'Espagne, chacun regarda cet Ouvrage comme le plus beau & le plus accompli que l'Art eût fait paroître jusque-là. Charles Scribanius l'appella, la huitiéme Merveille du Monde. *Octavum Orbi miraculum hic est.* (b) Christophe Plantin l'imprima l'année 1571. il étoit François, né du Diocése de Tours. Et cette fameuse Imprimerie d'Anvers, où Guicciardin dit qu'il en coutoit pour payer les Ouvrages plus de cent écus d'or chaque jour, *supra centenos aureos nostros in singulos dies,* (c) & où M. de Thou a vû rouler dix-sept Presses tout à la fois, *In cujus ædibus licet rebus accisis tunc adhuc septemdecim pralis opera fervebant,* (d) doit son Origine à un François.

Depuis, on imprima aussi en France une Bible en ces

(a) *Tom. 3. rer. Germanic. pag. 380. edit.* 1688.

(b) *In Antuerpia, pag.* 45. *edit.* 1610.

(c) *In Belgio. de Antuerp.*

(d) *Lib. 1. de vita sua.*

mêmes Langues, & enfuite une en Angleterre. Je ne touche point à l'érudition, ni à la capacité de ceux qui ont travaillé à ces Bibles, & qui ont dirigé l'Impreffion, les Sçavans dans ces Langues fçavent quel jugement on en doit faire: mais je parle de l'Ouvrage d'Imprimerie feulement, & de l'induftrie des Ouvriers. Il eft conftant que la Bible imprimée à Paris aux dépens de M. le Jay par Antoine Vitré en l'année 1645. emporte le prix, & doit avoir la gloire de la richeffe & de l'éclat de l'Impreffion, au-deffus de la Polyglotte d'Angleterre, que Thomas Roycroft imprima à Londres en 1657. tant par la beauté des Caracteres, & la bonne manufacture du papier, que par la grande dépenfe & la magnificence qui regne dans tout l'Ouvrage. En un mot la Fabrique d'Imprimerie, qu'on voit dans la Polyglotte des Anglois, n'approche que de bien loin de celle que l'adreffe & l'habileté des François ont fait paroître dans cette grande Bible de M. le Jay.

Les Ouvrages de S. Thomas de l'Edition de Rome 1570. en dix-huit Tomes. Le *Tractatus Juris Univerfi* de vingt-huit Volumes, qui fut imprimé à Venife en 1584. aprés trois Editions qui en avoient été faites en France par les Imprimeurs de Lyon, font de grands Ouvrages de l'Art: mais ils ne font point comparables à ceux qui font fortis de l'Imprimerie du Louvre. Cette grande Collection des Conciles, de trente-fept Volumes, imprimée en 1644. qui eft d'une magnificence Royale. Les belles & nettes Impreffions Latines & Grecques du corps de l'Hiftoire Byfantine, qui y ont été faites, font beaucoup au-deffus de tout ce qu'ont produit les Etrangers. Sans parler des Impreffions Grecques-Latines des faints Peres de l'Eglife, & d'autres Auteurs, que les Maîtres de Paris ont mis au jour, qui font des Ouvrages achevez, & qui ne cedent en rien à tout ce qu'on a vû fortir des autres Royaumes. Celles que Robert Etienne fit en Hébreu, en Grec & en Latin, ne font-elles pas de la derniere perfection? Et quoique cette Epitaphe foit d'Henry fon fils, elle ne perd rien pour cela ni de fon prix ni de la verité.

H ij

> * *Ars inventa quidem, verùm imperfecta manebat*
> *Et rudis, ut multa ars artis egeret adhuc.*
> *Roberti sed in arte rudi solertia fecit*
> *Lambendo fœtus quod facit Ursa suos.*
> *Sic decus huic tulit ars, sed & hic decus attulit arti.*
> *Jamque uter utri plus dedit ambiguum est.*

* Henr. Stephanus in querimonia de illiteratis quibusdam Typographis edita 1659. in 4. inter Epitaphia Doctor. Typographor.

A-t-on rien de plus beau que le Corps du Droit Civil avec les Commentaires d'Accurse imprimé à Paris en l'année 1576. en cinq gros Volumes *in fol.*? Livre où l'on voit dans une même page un tres-grand travail, toutes sortes de bons Caracteres gros & menus, une bonne encre, le rouge mêlé agréablement avec le noir, le Grec bien formé, cinq ou six colonnes d'impression, les lignes bien droites, les mots bien assemblez, une bonne correction, enfin une feüille chargée de differens Caracteres, & le tout sans confusion. C'est à mon avis un chef-d'œuvre de l'Art, & ce que j'ai vû en matiere d'Imprimerie de plus accompli, & de plus agreable aux yeux. On ne se lasse point de regarder ce Livre quand on l'a en grand papier ; ainsi qu'il est dans la Bibliotheque de Sorbonne, légué par M. Chesnart Advocat, à la charge d'une Messe *de Beata* tous les ans. Il fut imprimé aux dépens de Sebastien Nivelle par deux des plus excellens Imprimeurs de Paris, Olivier de Harsy, & Henry Thierry. Ce dernier demeuroit au Soleil d'or ruë S. Jacques vis à vis la ruë Frementel, qui fut la maison de Rembolt l'Associé d'Ulric Gering. Cet Henry est le bisayeul de Denys Thierry, qui est aujourd'hui un des premiers Libraires de Paris, ancien Juge Consul de cette Ville.

Dés le tems même de la naissance de l'Imprimerie, les François se sont signalez dans ce bel Art, & y ont acquis de la reputation. Venise est une des Villes où fut portée l'Imprimerie presqu'aussi-tôt qu'on la vit sortir d'Allemagne, & où se firent les plus belles Editions de ce premier tems. Celles que les Inventeurs de l'Art mirent au jour à Mayence, étoient d'un Caractere qui tient le milieu entre les belles Lettres & les Gothiques, au-lieu que ces premieres de Venise sont d'un tres-beau caractere rond, net,

& bien formé. C'est de cette belle Lettre dont se servirent les deux freres Jean & Vendelin de Spire, qui porterent les premiers l'Imprimerie à Venise. On voit dans la Bibliotheque de Sorbonne le Corneille Tacite de ce Jean de Spire d'une tres-belle Impression, où se lit à la fin :

Insigni quem laude feret gens postera pressit
Spira premens, gentis gloria prima suæ.

Il n'y a point d'année marquée, mais c'est un de ses premiers Ouvrages, qui fut fait environ l'année 1468. J'ai vû dans celle du College Mazarin le S. Cyprien d'un tres-beau Caractere imprimé par Vendelin son frere, où on lit ces mots : *Vindelinum Spirensem artificem, qui Epistolas B. Cypriani reddit in lucem* 1471. Ces paroles ont imposé à Jean Saubert, (a) qui a fait la Liste des anciennes Impressions qu'on garde dans la Biblioth. de Nuremberg ; à l'Auteur (b) de l'Edition d'Oxfort des Ouvrages de ce Saint ; à M. Beughem (c) & à d'autres, qui ont crû que Vendelin l'avoit imprimé dans la Ville de Spire. Mais ce S. Cyprien est de Venise, où Vendelin demeura encore aprés la mort de Jean son frere, ainsi qu'on l'apprend des Editions qu'il fit depuis dans cette Ville-là, comme de la Bible traduite en Italien par Nicolas de Malherbis, qu'on voit au College Mazarin imprimée en 1471. du Plaute qui est dans la Biblioth. du Roi, où on lit : *Operâ Joan. de Colonia atque Vindelini de Spira Venetiis* 1472. du Pierre Lombard sur les Sentences, qui est dans la Biblioth. de M. l'Archevêque de Reims. Son Catalogue imprimé porte page 38. *Venetiis per Vindelinum de Spira* 1477. *fol.* & il avoit promis, son frere étant mort, qu'il ne quitteroit point cette Ville-là, comme on apprend par ces Vers, qui sont au S. Augustin de la Cité de Dieu imprimé à Venise l'année 1470. Il est dans la Biblioth. des RR. Peres Benedictins de S. Germain des Prez.

Vindelinus adest ejusdem frater & arte
Non minor, Hadriacaque morabitur urbe.

Les deux Associez Jean de Cologne & Jean Menthen, imprimerent aussi de cette belle Lettre en 1474. les Commentaires de Georges Merula sur le Juvenal. Octavien Scoti en 1484. le Jules César, & en 1483. les Decades de

(a) Joan. Saubert. Histor. Biblioth. Noriberg. pag. 119. Spira 1471. Epistola Cypriani.

(b) Præf. ad Opera S. Cypriani edita Oxoniæ 1682. *Ad manum habui vetustissimas Editiones : Spirensem anni 1471. Innominatam cui nec patria, nec ætas affigitur, &c.*

(c) Beuhem incunabula Typograph. pag. 51. *D. Cypriani Epistola Spiræ* 1471. *fol.*

Blondus. Barthelemi d'Alexandrie, avec son Associé André d'Ascoli en 1485. le Ciceron *De Oratore*. André de Bonettis cette meme année *Arbor vitæ Crucifixæ* d'Ubertin de Casal. Les deux freres de Forlivio en 1487. la Somme Angloise d'Astrologie Judiciaire de Jean Eschüid. Philippe Pinzi en 1492. le *Priscianus* & les Harangues de Philelphe. Jean le Rouge de Verseilles en 1493. la Medecine de Celse, & auparavant le *Manipulus Florum*, Livre de lieux communs tant de fois imprimé, de Thomas Palmeran appellé *Thomas Hibernicus*, que cet Imprimeur fait passer pour Religieux de S. Dominique, comme aussi Altamura dans la Bibliotheque des Ecrivains de cet Ordre; au contraire de Vaddingus dans celle des Ecrivains de S. François, qui le met au nombre des siens, quoiqu'il n'ait jamais été ni de l'un ni de l'autre Ordre; mais simplement Docteur Seculier de la Maison & Societé de Sorbonne, ainsi qu'il paroît par les anciens Registres * de cette Compagnie. Toutes ces Impressions en bonnes Lettres, & plusieurs autres, donnerent de la reputation aux Editions de Venise. C'étoit pour cette raison qu'elles étoient les plus estimées, & que les Libraires des autres Villes, qui vouloient relever le prix de leurs Editions, avoient soin d'avertir qu'elles étoient faites avec des Caractéres de Venise; comme fit un Libraire de Pavie, qui fit imprimer *in fol.* par Antoine Lambilion, les Oeuvres de Virgile, avec les Commentaires de Servius en 1492. Et Euchar Silber, qui imprima à Rome les Ouvrages d'Antoine Campanus en 1495. tous deux mirent à la fin de ces Editions : *Impressum Characteribus Venetis.*

Or les François étoient de ceux qui faisoient de ces belles Editions de Venise, & qui doivent être mis au rang des premiers de cette Liste que nous venons de faire. Ce fut Nicolas Jenson, qui vint s'établir dans cette Ville-là, presque dans le même tems que les deux freres Jean & Vendelin de Spire y commencerent l'Imprimerie. C'est pourquoy Polydore Vergile au 7. chap. de son Livre *De Inventoribus rerum*, écrit que ce fut le premier qui mit l'Impression dans son lustre: *Quam deinde Nicolaus Jenson Gallicus primus mirum in modum illustravit.* Et Sabellicus dit que Nicolas Jenson & Jean

* Dans l'ancien Necrologe de la Societé de Sorbone. *Obiit, M. Thomas Hibernicus quondam Socius hujus domus qui compilavit Manipulum florum & tres parvos tractatus . . . . quos & misit nobis & multos alios libros legavit, & sex libras pro emendis reditibus, &c.*

de Cologne emporterent la gloire au-dessus des autres, par la richesse & la beauté de leurs Impressions: *Sed omnium maximè opibus & eleganti Literarum forma multùm cæteros antecelluërunt Nicolaus Jenson & Joannes Coloniensis.* * On doit écouter sur ce sujet un sçavant homme de ce tems-là, qui fit voir le jour à plusieurs Livres, *Omnibonus Leonicenus*. Il étoit un de ceux qui préparoient des copies pour l'Impression, & que Jenson avoit prié de travailler sur les bons Auteurs. Il parle en cette maniere des beaux Caracteres que Jenson inventa, & fit graver pour son Imprimerie, dans la Lettre à l'Evêque de Belluno, qui sert de Préface au Quintilien imprimé *in fol.* 1471. par ce François: *Accedebant Justæ preces Magistri Nicolai Jenson Gallici alterius ut verè dicam Dædali, qui Librariæ artis mirabilis inventor, non ut scribantur calamo Libri, sed veluti gemma Imprimantur ac prope sigillo, primus omnium ingeniosè monstravit: ut huic Viro, qui de re Literaria tam benè meruit, nemo sit qui non favere summopere debeat. Idcirco non difficulter impetravit ut non solum hoc opus, verum etiam utramque Ciceronis artem corrigerem.*

* *Ennead. 10. Lib. 6.*

On voit dans les Bibliotheques plusieurs Editions faites par cet illustre François. M. Naudé dans son Addition à l'Histoire de Louis XI. écrit page 261. [Je me puis vanter
" en avoir vû plus de trente qui ne cedent en rien aux meil-
" leurs & plus beaux (Livres) que nous ayons à present.]
Et à la page 301. il en cite quelques-unes dont la plus grande partie se voit dans la Bibliotheque Mazarine: [Re-
" cours, *dit-il*, à ses Epîtres de Ciceron *in fol.* de l'année
" 1471. à son Macrobe de la même année, à son Justin de
" 70. César de 71. Aulugelle de 72. Solin de 73. Diogene
" de 76. & à ses Vies de Plutarque de 78. qui sont des vrais
" chefs-d'œuvres d'Imprimerie.] Le Quintilien dont nous venons de parler, & le Suetone de la même année, avec quelques autres, sont dans la Bibliotheque du Roy. Il y en a deux dans la Bibliotheque de Sorbonne, qui sont d'une tres-belle Lettre & d'un bon papier. La premiere, c'est le Pline *in fol.* où on lit: *Venetiis per Nicol. Jenson Gallicum* 1471. *Nicolao Trono inclyto Venetiarum Duce.* Jenson l'imprima encore quatre années aprés traduit en Italien. On voit cette

traduction dans la Bibliotheque du Roi. La seconde, ce sont les Vies des Hommes Illustres traduites en Latin du Grec de Plutarque, qu'il imprima *in fol.* 1478. de la même Lettre, & de la même beauté que le Pline. Les RR. PP. Feuillans de la ruë S. Honoré ont le Decret de Gratien qu'il imprima *in fol.* avec la Glose, l'année 1478. on est charmé de voir ce Livre.

L'Imprimerie de Jenson étoit une de celles qui avoient le plus de reputation à Venise. On lit à la fin de la quatriéme partie de la Somme de S. Antonin qu'il imprima *in fol.* 1480. *Actum hoc opus Venetiis ex inclyta atque famosa Officina Domini Nicolai Jenson Gallici.* Et je trouve que l'année suivante il imprima en Societé avec Jean de Cologne, le S. Thomas sur le quatriéme Livre des Sentences : quoique ces deux dernieres Editions eussent dégeneré dans le Gothique, qui étoit déja en usage à Venise depuis quelques années. Ces deux Imprimez sont dans la Bibliotheque de Sorbonne. J'en ai vû encore deux autres dans la Bibliotheque des RR. PP. Celestins de Paris, le S. Augustin de la Cité de Dieu *in fol.* de l'année 1475. la sainte Bible *in fol.* de l'année suivante 1476. & une troisiéme dans la Bibliotheque Mazarine. C'est ce même Livre de la Bible qu'il fit réimprimer en l'année 1479. *in fol.* Trois Editions Gothiques qui font voir, que ce qui a été dit dans l'Histoire de l'Imprimerie page 21. *que ce fut lui qui rétablit dans la perfection le Caractere qui étoit devenu Gothique,* a besoin de quelque explication. La verité est, qu'au tems que Jenson arriva à Venise, on n'y avoit point encore imprimé en Gothique, & que les premieres Impressions qu'il y fit, étoient d'une tres-belle Lettre ronde. Mais il est vrai aussi, que ses dernieres ont suivi le sort des autres Imprimeries, qui s'étant beaucoup multipliées en peu de tems dans cette Ville-là, introduisirent la Lettre Gothique. On n'oublie point à Venise le merite de Jenson dans l'Art de l'Imprimerie. Et Pierre Justiniani, qui a écrit l'Histoire de cette Republique, lui a rendu l'honneur qui luy étoit dû, lorsqu'il a dit dans son huitiéme Livre : *Cui multum Veneta Civitas debet in instituendis Musarum alumnis nobilissimo commento.*

Un

Un autre François vint encore à Venise, peu de tems après Jenson, y travailler du nouvel Art, qui commençoit à se faire connoître, & à se faire admirer dans les plus grandes Villes. Il s'appelloit Jacques des Rouges, par les Italiens De Rossi, & en Latin *De Rubeis*: on a de lui de tres-belles Impressions. Il y en a quelques-unes dans la Bibliotheque de Sorbonne, comme les Satyres de Juvenal, qu'il imprima *in fol.* avec les Commentaires de Calderin ; l'année & le nom y sont marquez en ces termes : *Impressi Venetiis diligentissimè arte & ingenio Jacobi De Rubeis natione Gallici* 1475. L'Histoire de Florence de Leonard de Arezzo, traduite du Latin en Italien par Donat Acciaioli, où sont ces mots : *Impresso à Vinegia per lo diligente huomo mæstro Jacomo de Rossi di natione Gallo, nell' anno* 1476. Et une autre Histoire de Florence par Poggius traduite aussi du Latin en Italien par son fils, & imprimée la même année : *à Vinegia per l'huomo di optimo ingegnio mæstro Jacopo de Rossi natione Gallo neli anni di Cristo* 1476. Ces deux Histoires Italiennes sont de la derniere beauté, imprimées *in fol.* sur un tres-beau papier. La Lecture de Dominique de *S. Geminiano* sur le texte des Decretales, est *in fol.* dans la Bibliotheque du College de Navarre, avec cette datte: *per Jacobum de Rubeis Gallicum Venetiis* 1476. M. Naudé page 301. de son Addition à l'Histoire de Loüis XI. rapporte l'Edition de Denis d'Halicarnasse qu'il fit à Venise en 1474. L'Auteur de l'Histoire de l'Imprimerie cite encore ces Impressions page 21. l'Ovide de 1474. & le Virgile de 1475. l'un & l'autre le nomment Jean, mais son nom est Jacques, comme on voit par les Editions qui sont en Sorbonne & à Navarre. Ce François se retira depuis à Pigneroles, où il remit sous la Presse l'année 1479. les Satyres de Juvenal, qui sont encore *in fol.* dans la Bibliotheque de Sorbonne.

On trouve dans ces premiers temps un troisiéme François appellé Pierre Maufer, qui établit une Imprimerie dans quelqu'autres Villes de l'Italie. Voici ce qu'écrit M. Naudé à
» la page 305. [Il y eut encore un Pierre Maufer, François de
» nation, & Citoyen de Roüen, qui la porta à Padoüe,
» où il imprima l'an 1474. la Physionomie du Concilia-

» tor Pierre d'Apono, laquelle est gardée en la Bibliothe-
» que de M. Moreau; & l'an 1476. les Commentaires de
» Caietanus, de Thyenis sur les quatre Livres des Meteo-
» res, & le Traité des Mineraux d'Albert le Grand en grand
» *in fol.* avec les marges, le fonds & l'entre-deux des co-
» lonnes, de grandeur extraordinaire, que je conserve cu-
» rieusement en la mienne.] On ajoûte dans l'Histoire de
l'Imprimerie & de la Librairie pages 30. & 31. qu'il imprima encore en cette même Ville le *Digestum Novum in fol.* l'année 1479. & qu'étant passé à Veronne, il y imprima l'année 1480. le Joseph *de Bello Judaïco in fol.* sur velin, à la fin duquel on lit ces mots: *Impressum in inclyta Civitate Veronæ per M. Petrum Maufer Gallicum 1480. 8. Januarii Pontifice maximo Sixto IV. & illustriss. Venetorum Duce Joan. Mocenigo.*

CHAPITRE V.

Ulric Gering leve ses Presses du College de Sorbonne, & les place ruë S. Jacques au Soleil d'or. Quelle étoit cette Maison. Reuchlin y demeuroit. Il écrit à la Faculté de Theologie pour son Livre Oculare Speculum, *& l'appelle sa Mere. La Faculté censure le Livre. Il l'appelle Marâtre. Seconde Liste des Livres imprimez par Gering ruë S. Jacques. Description de ces Impressions. Ulric imprima la sainte Bible l'année* 1475. *C'est la premiere Bible imprimée en France. Recherche des plus anciennes Bibles imprimées dans l'Europe avec quelque datte certaine. De la Bible Allemande citée par Hottinger. Si c'est une Impression de* 1448. *Premieres Bibles imprimées en Hebreu. Ce sont les Juifs qui ont fait ces premieres Impressions. Quand on a imprimé pour la premiere fois la sainte Bible en Grec. Les plus anciennes Impressions Grecques du seul Nouveau Testament.*

Les deux Docteurs amis de nos Imprimeurs, quitterent Paris quelque temps aprés avoir procuré à cette premiere Ville l'établissement de l'Imprimerie. Fichet se rendit à Rome, appellé par Sixto IV. & Lapierre meditoit son retour en Allemagne, lorsqu'Ulric Gering & ses Associez leverent leurs Presses du College de Sorbonne, & les allerent placer dans une maison de la ruë S. Jacques à l'enseigne du Soleil d'or; ce fut en l'année 1473. On ne peut point dire certainement quelle étoit cette maison: Quelques-uns ont crû que c'étoit celle où est encore presentement cette même enseigne, vis-à-vis la petite ruë Frementel, de l'autre côté du College du Plessis, autrefois occupée par les Martins, connus des gens de lettres pour avoir été des meilleurs Imprimeurs de cette Ville. Je ne puis être de ce sentiment, aprés avoir lû les Regiſtres des Procureurs de la Societé de Sorbonne, à qui cette maison appartient. On voit par ces Regiſtres qu'elle a toûjours euë pour Enseigne le Coq & la Pie, jusqu'en l'année 1511. en laquelle on commença de l'appeller la Maison du Soleil d'or en cette maniere: *Domus olim ad Gallum & Picam, nunc ad Solem aureum.* Ce fut Bertholde Rembolt, qui y porta cette Enseigne l'année 1509. & commença cette même année, d'y faire des Impressions sous son nom seul, comme celle du S. Bruno sur les Epîtres de S. Paul *in fol.* & celle de Ludolfe de Saxe, *De vita Christi. in fol.* D'ailleurs, on voit par ces mêmes Regiſtres, que cette maison a été habitée depuis l'année 1470. jusqu'à celle de 1504. par Cardin Clouët & sa Veuve, à qui elle fut loüée huit livres parisis chaque année par un Bail à vie qui leur en fut fait. Ce n'est donc point cette Maison où Gering porta son Imprimerie.

Nous dirons la conjecture que nous avons. Dans le different que Reuchlin eut avec les Docteurs de Cologne touchant son Livre intitulé, *Oculare speculum*, qui fut accusé d'hérésie & de Judaïsme, & condamné par les Facultez de Théologie de Mayence, de Cologne, d'Erphord, de Louvain, ces Docteurs ayant sollicité plusieurs fois la Faculté de Paris, de censurer aussi ce Livre; Reuchlin lui écrivit, & envoya à Paris toutes les Pieces qui pouvoient servir à sa justification. Pour s'attirer la bienveillance de ces Théologiens, il leur dit dans sa Lettre,* qu'il a été Ecolier dans

* La Faculté de Paris jugea que son Livre contenoit des hérésies, & meritoit d'être jetté au feu; ainsi qu'on voit par sa Censure en datte du 2. d'Aoust 1514. qui est dans son Regiſtre au feuillet 166. alors il changea de notte, & l'appella marâtre. *Est enim injuſta noverca*, dit-il dans sa Lettre à Copus Medecin de Paris. *lib.* 2. *Ep. III. ad Reuchl.*

l'Université de Paris, qu'elle est sa bonne mere, qu'il a étudié en Sorbonne dans l'Ecole de Jean de Lapierre, & qu'il demeuroit dans la ruë S. Jacques à l'Enseigne du Soleil: *Sum enim Scholaris Universitatis Parisiensis egregii quondam Theologiæ Doctoris D. Joannis de Lapide discipulus in Sorbona, & postea Marchionis Badensis nunc Episcopi Trajectensis condiscipulus, quondam ad Solem habitans in vico S. Jacobi. Lib.* 2. *Epist. Illustr. ad Reuchlin.* Et dans une autre Lettre qu'il écrivit pour le même sujet à Jacques Fabry d'Etaples, il dit, que c'étoit en l'année 1473. qu'il étudioit à Paris. *Anno Domini* 1473. *quo in tempore illic & Joannem Lapidanum Theologiæ Doctorem in Grammaticis ad Sorbonam, & Guillem. Tardivum Aniciensem in vico S. Genovefæ, & Robert. Gaguinum apud Mathurinos in Rhetoricis præceptores habui.* Il y a bien de l'apparence que ce fut dans cette maison du Soleil habitée par Reuchlin, où nos Allemands placerent leurs Presses. Mais soit que ce fût là, soit que ce fût dans quelqu'autre, où ils prirent de leur propre choix pour Enseigne le Soleil d'or, il est certain que cette maison étoit proche de l'Eglise de S. Benoist, *propè sanctum Benedictum*; comme il est imprimé à la fin des Sermons de Leonard de Udine, qu'on verra dans la seconde Liste que nous allons donner des Livres qu'ils ont imprimez dans la ruë S. Jacques, au moins de ceux qui sont venus à nôtre connoissance; car je crois bien qu'elle ne comprend pas tout. Nous rapporterons fidellement les noms & les dattes qui sont à la fin de chaque Volume, quand il y en aura quelqu'unes.

Seconde Liste des Livres imprimez dans la ruë S. Jacques au Soleil d'or, par les premiers Imprimeurs de Paris, Ulric Gering & ses Associez.

" GUIDONIS de Monte Rocherii Manipulus Cura-
" torum *in fol.* Completus est Parisiis per industriosos im-
" pressoriæ artis Librarios atque Magistros Michaëlem de
" Columbaria, Udalricum Gering, & Martinum Chrants
" anno Dominicæ Incarnationis 1473. mensis Maii die 21.
" *Il est dans la Bibliotheque de M. l'Archevêque de Reims.*

DE PARIS. PART. I. Chap. V. 69

» Bartholomæi Pisani ex Ordine Præd. Summa de Casi-
» bus conscientiæ in fol. *On y lit ces Vers.*

  » Quam nitidè pressam Martinus reddidit, atque
  » Michael, Ulricus, moribus unanimes.
  » Hos genuit Germania, nunc Lutetia pascit,
  » Orbis miratur totus eorum opera.

Elle est dans la Bibliotheque de M. Pinsson celebre Avocat de cette Ville.

» Guillelmi Durandi Episcopi Mimatensis Rationale Di-
» vinorum Officiorum *in fol.* Parisius per Martinum, Ulri-
» cum & Michaëlem an. 1475. die 13. Aprilis. *Il est dans la Bibliotheqne de Sorbonne.*

» Roderici Zamorensis Episcopi Speculum vitæ humanæ.
» *in fol.* Parisius an. 1475. die 1. Augusti per Martinum
» Crants, Ulricum Gering, & Michaëlem Friburger. *Dans la Bibliotheque de Sorbonne.*

» Biblia Sacra, *in fol. On y lit ces Vers.*

  » Jam tribus undecimus lustris Francos Ludovicus
  » Rexerat ; Ulricus, Martinus, itemque Michaël
  » Orti Teutonia hanc mihi composuêre figuram
  » Parisii arte sua : me correctam vigilanter
  » Vænalem in vico Jacobi Sol aureus offert.

Cette Bible est dans la Bibliotheque des PP. Celestins de Paris.

» S. Gregorii Magni Homiliæ 40. De Diversis Evangelii
» Lectionibus *in fol.* Parisius per Michaëlem, Udalricum, &
» Martinum anno Domini 1475. die 1. mensis Octob. sub
» Rege Ludovico. *Dans la Bibliotheque du College de Navarre.*

» Leonardi de Utino ex Ord. Præd. Sermones de Sanctis.
» *in fol.* 1476. ultima Martii. *Dans la Biblioth. des Celestins.*

» Angeli de Aretio Tractatus de Criminibus *in fol.* Pari-
» sius per Martinum, Udalricum, & Michaelem anno à Nati-
» vitate Domini 1476. die 7. Septemb. *Dans la Bibliotheque de Navarre.*

» Legenda aurea Jacobi Janüensis ex Ord. Præd. *in fol.*
» Pulchrè transcripta Parisius per Martinum Crants, Udal-
» ricum Gering, & Michaelem Friburger impressoriæ artis
» Magistros. *Dans la Biblioth. de Navarre.*

» Francisci de Platea ex Ord. Min. Tractatus de Usura,

» & alius Tractatus de Excommunicationibus *in fol.* Pari-
» fius in Sole aureo per Martinum, Udalricum, & Michae-
» lem an. 1476. die 4. Januarii. *Dans la Biblioth. de Sorbonne.*
»   Jacobi Magni Ord. Eremit. S. Auguftini Sophologium
» *in fol.* Anno Domini 1477. die 1. Junii impreffum fuit
» iftud Sophologium Parifius per Martinum Crantz, Udal-
» ricum Gering, & Michaelem Friburger. *Il eft dans la*
  Biblioth. du College de Navarre.
»   Leonardi de Utino ex Ord. Præd. Sermones Quadra-
» gefimales de Legibus *in fol.* Parifius in Sole aureo in vico
» S. Jacobi prope S. Benedictum per honorabiles viros Mar-
» tinum, Udalricum, & Michaelem anno 17. Domini no-
» ftri Regis Ludovici Undecimi die ultima menfis Octobris.
  Dans la Bibliotheque de Sorbonne.
»   Ariftotelis Opera quædam Logica *in fol.* Parifius per
» Magiftrum Udalricum Gering. *Dans la Biblioth. de Sorbonne.*
»   Guidonis de Monte-Rocherii Manipulus Curatorum.
» *in* 4°. Parifius per Magiftrum Udalricum Gering an. Dom.
» 1478. die vero 4. menfis Junii. *Dans la Biblioth. du College*
  Mazarin & du Cardinal le Moyne.
»   Alberti Eyb Margarita Poetica de Arte dictandi ac
» practicandi Epiftolas. *in fol.* Parifius per M. Ulricum
» Gering an. 1478. die vero penultima Novemb. *Dans la*
  Biblioth. de Sorbonne.
»   Joannis Nider ex Ord. Præd. Confolatorium timoratæ
» confcientiæ in 4°. Parifius per Magiftrum Ulricum co-
» gnomento Gering. an. 1478. die 16. Decembris. *Dans la*
  Bibliotheque de Sorbonne.
»   Guidonis de Monte-Rocherii Manipulus Curatorum
» *in* 4°. Parifius per Udalr. Gering, & G. Maynyal die 22.
» Aprilis. *Dans la Bibilioth. Mazarine.*
»   Hugonis Cardinalis ex Ord. Præd. Speculum Eccle-
» fiæ. Speculum Sacerdotum. Modus conficiendi Epifto-
» las Guillelmi Saphonenfis. Speculum aureum animæ
» peccatricis. Parifius impreffum per Magiftrum Udalric.
» Gering & G. Maynyal an. 1480. 29. Aprilis in 4°. *Dans*
  la Bibliotheque des Celeftins de Paris.
»   Summa in Virtutes Cardinales, & vitia illis contra-

" ria, eorumque remedia, ad partem tertiam Libri de
" Naturalibus exemplis *in fol.* Exaratum eſt hoc opus ſtu-
" dioſiſſimè in urbe Pariſiana celeberrima per Magiſtrum
" Ulricum Gering & G. Maynyal an. 1480. die 16. Auguſti.
Dans la Bibliotheque de Sorbonne.

" Joannis Nider ex Ord. Præd. Præceptorium divinæ
" Legis in 4°. *Dans la Bibliotheque de Sorbonne.*

" S. Gregorii Papæ Homiliæ in Ezechielem in 4°. *Dans
la Bibliotheque de Sorbonne.*

" Nicolaï de Lyra ex Ord. Min. Poſtilla in Pſalterium
" in 4°. Impreſſum in vico S. Jacobi ad interſignium Solis
" aurei per Mag. Udalr. Gering an. 1483. die 5. Novemb.
Dans la Biblioth. des Celeſtins.

Les Livres de cette ſeconde Liſte ne ſont pas du même Caractére que ceux de la premiere. Ces Editions de la ruë S. Jacques, ſont toutes nouvelles Lettres, fonduës dans de nouvelles Matrices. On ne voit plus dans leurs autres Impreſſions ces Caractéres de Sorbonne, qui ont été les premiers Eſſais de l'Imprimerie de Paris ; & il ſemble qu'en retirant leurs Preſſes de cette Maiſon, ils rompirent tous les inſtrumens qui n'avoient ſervi qu'à faire voir le nouvel Art dans ſon enfance. Je trouve dans ces Imprimez principalement trois ou quatre ſortes de Caractéres. Le Guy de Mont-Rocher de l'année 1473. le Barthelemy de Piſe, le Durand, le Platea, l'*Angelus de Aretio*, la Legende, le Leonard de Udine, ſont d'une Lettre qui n'a pas la même beauté que celle qu'ils employerent en Sorbonne. Elle revient aſſez à celle dont on écrivoit le plus communément dans ce tems-là : c'eſt comme une écriture à la main ; mais *ſtannea manu*, ainſi qu'Alde Manuce parle à la fin de la Phyſique Grecque d'Ariſtote, qu'il imprima à Veniſe en 1497 : elle n'eſt pas néanmoins Gothique: elle reſſemble aux Impreſſions de Mayence faites par Pierre Schoeffer, qu'on voit dans les Bibliotheques. Le Zamora, le S. Gregoire de 1475. *in fol.* le *Sophologium*, & la ſainte Bible, ſont à peu prés du même Caractére, mais plus gros. Le *Summa de Virtutibus*, le Nider *Præceptorium*, les Homelies de S. Gregoire ſur Ezechiel, le Nicolas de Lyra, font d'un bon Caractére Romain, c'eſt-à-dire, d'une autre Lettre plus ronde & mieux formée : mais le Eyb, le Guy de Mont-Rocher de l'année 1478. l'Ariſtote, le Nider *Conſolatorium*, le Hugues Cardinal, avec les Opuſcules qui y ſont joints, ſont d'une groſſe Lettre Romaine, bien nette, & bien formée. Les belles Editions de Veniſe, dont nous avons parlé ci-deſſus, faites par les premiers Imprimeurs Jean & Vendelin de Spire, Nicolas Jenſon, Jean de Cologne, Jacques de Rubeis, Octavien Scoti, Jean & Gregoire de Forlivio, & autres, n'ont rien au-deſſus de celles-ci. Et quand nous dirons que les Caractéres en ſont preſqu'auſſi beaux que ceux qui ont paru depuis en France, nous ne nous tromperons pas de beaucoup. De ſorte que c'eſt une loüange dûë avec juſtice à Ulric Gering, qu'il eſt non-ſeulement le premier Imprimeur de Paris & de France, mais qu'il eſt celui qui a porté cet Art dans un haut degré de perfection en ce Royaume, & qui a imprimé de la plus belle Lettre qui ait paru en ſon tems.

On remarquera qu'Ulric Gering étoit ſeul quand il a imprimé ces Volumes. Il eſt probable qu'aprés l'impreſſion des Sermons du Carême de Leonard de Udine en 1477. ſes deux Aſſociez Martin Crants & Michel Friburger, retournerent en Allemagne ; car depuis cette année-là, il n'eſt plus parlé d'eux nulle part : au-lieu qu'on voit Gering paſſer le reſte de ſes jours à Paris, y faire de nouveaux Aſſociez, avec qui il fait beaucoup d'Editions. Et c'eſt pour cette raiſon que nous lui donnons la qualité de premier Imprimeur, & le premier rang des trois, quoiqu'il n'ait ſur quelques Livres que le ſecond, & ſur quelques-autres que le troiſiéme.

On voit dans cette ſeconde Liſte le Barthelemy de Piſe. Les Vers que nous avons rapportez, ne marquent point l'année de l'Impreſſion ; néanmoins étant de même Lettre & de même Fabrique que le Durand, qui eſt imprimé en 1475. nous jugeons probablement qu'il a été imprimé l'année 1474. M. Mentel a écrit que c'étoit-là le premier Livre imprimé à Paris ; *quam primùm hoc loci vulgarunt pag*. 16. Mais tout ce que nous avons dit touchant les Livres de la premiere

miere Liste, que M. Mentel n'avoit point vûë, prouvent le contraire. C'est tout au plus le second, ou si on veut le premier qui est sorti de leurs secondes Presses dans la ruë S. Jacques.

On y voit encore le *Speculum Vitæ humanæ* de l'Evêque de Zamora. Aprés l'avoir imprimé pour la premiere fois dans la Maison de Sorbonne, ils le réimprimerent une seconde fois dans la ruë S. Jacques. Et nous avons parlé ci-dessus d'une autre Edition de ce même Livre, que firent environ ce tems-là Cæsaris & Stol. Voilà en cinq ou six ans trois Editions de ce Livre faites à Paris. Le Docteur Pierre Farget de l'Ordre de S. Augustin, le tourna de Latin en François, & fut imprimé *in fol.* à Paris par Nicolas Philippi & Marc Reinhardi Destrabourc l'année 1482. comme il paroît par la Bibliotheque Françoise d'Antoine du Verdier page 1008. ce qui montre que ce Livre étoit alors fort recherché, & qu'on n'en faisoit à chaque impression que fort peu de copies. Ainsi Jean de Spire n'imprima à Venise que cent Exemplaires du Pline & du Ciceron ; on le conjecture assez probablement de ces Vers, qui sont au S. Augustin de la Cité de Dieu, imprimé en cette Ville-là l'an 1470. par son frere Vendelin.

Qui docuit Venetos exscribi posse Joannes
Mense ferè trino centena Volumina Plini,
Et totidem magni Ciceronis Spira libellos,
Ceperat Aureli, subita sed morte peremptus
Non potuit cæptum Venetis finire Volumen.
Vindelinus adest ejusdem frater, &c.

C'est pourquoi Jenson remit le Pline sous la Presse deux ou trois ans aprés en 1472. & c'est aussi une des raisons pourquoi ces premieres Editions sont rares. Il est pourtant vrai que les premiers Imprimeurs de Rome ne suivirent point cette méthode, & tirerent beaucoup d'Exemplaires de leurs Editions. Aussi furent-ils ruinez, comme on verra dans la seconde Partie chap. 7.

Les Sermons *De Sanctis* de Leonard de Udine, marquent l'année 1475. & ne nomment point les Imprimeurs. Ceux *De Legibus* du même Auteur, nomment les Imprimeurs, &

marquent pour année la dix-septiéme du Regne de Louis XI. qui revient à celle de 1477. ces deux Ouvrages sont de même lettre & de même fabrique, il est certain qu'ils sont aussi sortis des mêmes Presses. Ulric Gering ayant resté quelques années seul, associa avec lui G. Maynyal : ils imprimerent ensemble l'année 1480. le Hugues Cardinal, le *Summa de Virtutibus*, & le Guy de Mont-Rocher. Je crois que cet Associé a aussi eü part à l'Impression des Homelies de S. Gregoire sur Ezechiel, & du Nider *Præceptorium* ; parce que ce sont les mêmes lettres & la même fabrique. Ils auront été imprimez vrai-semblablement en 1481. ou 1482.

Il nous reste à parler de la sainte Bible. Elle est dattée en cette maniere *aprés trois lustres passez du Regne de Louis XI.* qui commença de regner le 25. Juillet 1460. on sçait que trois lustres font quinze ans. Ainsi il faut que la Bible ait été imprimée après le 25. Juillet de 1475. peut-être vers la fin du mois d'Octobre ou de Novembre. On remarquera que c'est la premiere fois que la sainte Bible a été imprimée à Paris, & dans tout le Royaume de France. Il étoit de la pieté de ces premiers Imprimeurs, qui ont enseigné la pratique de ce bel Art dans cette premiere Ville, d'y mettre aussi sous la Presse le premier & le plus ancien de tous les Livres. Mais on sera peut-être curieux de sçavoir quelle est la premiere Bible imprimée en France, & generalement quelles sont les premieres imprimées dans toute l'Europe. Sur-quoi nous tâcherons de satisfaire à la curiosité du Lecteur ; & nous ne ferons point d'autres remarques sur la seconde Liste.

Premieres Bibles imprimées.

Il y en a de tres-anciennes qui n'ont aucune marque, ni du lieu, ni de l'année de leur impression. J'en ai vû une de cette sorte dans la Bibliotheque du College du Cardinal le Moyne en deux Volumes *in fol.* Il y en a une autre en quatre Volumes *in fol.* avec les Gloses dans la Biblioth. de Sorbonne. Nous rapporterons seulement celles à qui on peut donner quelque rang par l'année qui y sera marquée exprés, ou dont on aura quelque preuve.

1. La Bible Latine qui fut le premier Ouvrage d'Imprimerie, dont a parlé Trithème & la Chronique de Cologne.

DE PARIS. Part. I. Chap. V.

Les Caractéres de cette Bible étoient de la même grosseur que ceux qui servent ordinairement à l'Impression des Messels. Nous avons rapporté ce qu'en ont dit ces Auteurs dans le premier Chapitre. *Quoiqu'il n'y ait plus aucun Exemplaire de cette Bible, & que l'année de son impression n'y soit point marquée, elle doit pourtant ici avoir par honneur le premier rang; ainsi qu'André Schot lui donne dans son Catalogue des Interpretes de l'Ecriture sainte, imprimé *in* 4°. à Cologne 1618. où il écrit Chap. I. des Bibles Catholiques: *Biblia Moguntinensia primæ Impressionis Moguntiæ an.* 1450. 1462. 1472. Et Lipenius a crû qu'elle devoit avoir place dans sa Bibliotheque Théologique, où il écrit à la page 153. *Biblia Latina prima Typis exscripta Moguntiæ* 1450.

    * p. 5. & 8.

On peut faire quelque difficulté pour une Bible Allemande, qui est gardée dans la Bibliotheque publique d'Ausbourg, où on dit qu'elle fut imprimée en l'année 1448. Jean Henry Hottinger assure dans son Livre intitulé *Bibliothecarius*, imprimé *in* 4°. à Zurich 1664. qu'il l'a vûë étant en cette Ville-là en l'année 1657. Voici ses paroles à la page 150. *Antiquissimam Typis excusam editionem (Bibliorum Germanicè) & quæ non multò post inventum subsidium Chalcographicum prodiit, vidi anno hujus sæculi 57. in Bibliotheca Augustana publica: adscriptam, ni fallor, epocham habet* 1448. *quæ in aliis rarò observatur exemplaribus. Successit Norimbergensis prior* 1477. *& posterior* 1483. Cette précaution qu'il prend *nisi fallor,* n'est pas sans raison : car Hallevordius dans son Livre *Bibliotheca Curiosa* pag. 36. parle de cette même Bible, & lui donne pour datte l'année 1449. citant pour témoin un Medecin d'Ausbourg George Henry Velschius dans son Livre *De Vena Medinensi* imprimé, disent Vander-Linden & Lipenius, *in* 4°. à Ausbourg en 1674. *Bibliorum Germanicè ante Lutherum versorum editiones sunt plures. Nobis sequentes observare hactenus licuit..... Augustæ Vindelicorum, cujus interpres vulgatam secutus est, anno* 1449. *mentionem ejus facit Velschius de Vena Medinensi, pag.* 65. Aucun de ces Auteurs n'a expliqué nettement où cette Bible a été imprimée, si elle est *in fol.* ou *in* 4°. qui sont les Imprimeurs, quels sont les termes qui expriment l'année de l'Impression. Je doute si c'est un Ouvrage d'Imprimerie ; parce que Martin Zeiler a rapporté que c'étoit le Manuscrit d'une Version faite en l'année 1449. c'est M. le Doyen de Munster qui le dit page 88. de sa Dissertation par ces paroles : *Auctor etiam est Martinus Zeilerus in Itinerario suo Germaniæ in Bibliotheca Augustana extare Biblia Germanica manuscripta, quæ ad annum Christi 1449. vel circiter traducta fuerint.* M. Beughem parle de cette Bible, & dit qu'elle a été imprimée en 1494. *Biblia Germanica, cujus Interpres Vulgatam secutus est. Augustæ Vindelicorum 1494. pro quo alii scripsere 1449. sed meo judicio male.* * Quand on aura plus de lumiere & de certitude sur cette Bible, on lui donnera son rang.

* Incunab. Typog. in discurs. præliminari.

Je ne m'arrête point à ce qu'on lit dans la page 153. de Lipenius citée ci-dessus : *Biblia impressa Parisiis 1443. Lugduni 1446.* il est visible que l'on a mis un chiffre pour un autre, l'Imprimerie n'ayant commencé en France qu'en l'année 1470. ni à ce qui est écrit dans le Catalogue de Jean Rodolphe & de Louis Konig Libraires de la Ville de Basle imprimé l'année 1678. *in* 4°. page 5. *Biblia ...... in* 8°. *Basileæ* 1378. Et dans celui de Jean Antoine & de Samuel de Tournes Libraires de Geneve imprimé *in* 8°. vers l'année 1668. page 10. *Biblia ..... fol. Caract. Gotticis Basileæ* 1459. il y a faute d'Impression dans ces dattes. Cette derniere Bible ne peut être que l'Edition citée par Lipenius page 154. en ces termes : *S. Hieronymi Biblia Basileæ fol.* 1487. parce que l'Imprimerie n'étoit point encore établie à Basle en l'année 1459.

Je laisse aussi ce qu'a écrit Henry Salmuth sur le 12. titre du *Nova reperta* de Pancirolus page 313. de l'Edition *in* 4°. de Francfort 1660. dans l'Appendix, où il dit qu'il fut imprimé une Bible à Mayence par Jean Fauft & Pierre Schoëffer de Gernsheim l'année 1459. & que cette Bible étoit dans la Bibliotheque de l'Electeur Palatin : *In Bibliotheca Electorali Palatina extiterunt Biblia, è quibus sequentia in fine apposita descripta sunt.* Il rapporte la souscription que les Imprimeurs ont mise à ce Livre, par laquelle on voit clairement qu'il s'est trompé : que ce n'étoit point une Bible, mais le *Rationale* de Guillaume Durand, qu'il a pris pour une Bible.

DE PARIS. Part. I. Chap. V.

Voici cette soufcription : *Præfens Rationalis divinorum Codex Officiorum venuſtate Capitalium decoratus, rubricationibuſque ſufficienter diſtinctus, artificioſa adinventione imprimendi & characteriſandi abſque calami exaratione ſic effigiatus, & ad Euſebiam Dei induſtriè eſt conſummatus per Joan. Fuſt Civem Mogunt. & Petrum Gernsheim Clericum Diœceſis ejuſdem*, anno 1459. *ſexto die Octob.* C'est la même année 1459. c'est le même jour ſixiéme d'Octobre; c'est le même titre du Livre *Rationale*, qui ſe liſent à l'Edition du Guillaume Durand, dont nous avons parlé à la page 13. & c'est peut-être là un troiſiéme Exemplaire de cette rare Impreſſion.

2. La Bible Latine imprimée à Mayence l'année 1462. *in fol.* C'est la plus ancienne de toutes celles qui paroiſſent aujourd'hui dans les Bibliotheques. Nous en avons parlé ci-deſſus au Chapitre I. page 16. où nous renvoyons le Lecteur.

3. La Bible Latine imprimée à Auſbourg par Jean Bemler l'année 1466. Melchior Adam en parle *In Vitis Germanorum Philoſophorum* dans la Vie des Inventeurs de l'Imprimerie Jean Guttenberg & Jean Fauſt. Et M. le Doyen de Munſter dans ſa Diſſertation page 88. dit : *In hac ipſa autem Vindelicorum Auguſta Joann. Bemler primus videtur Librorum impreſſor fuiſſe, qui ibi anno 1466. excudit Latina Biblia, uti Martinus Cruſius & Melchior Adamus teſtantur.* Mais pour aſſûrer la verité d'une ſi ancienne Impreſſion ſans laiſſer aucun doute, je voudrois voir des témoignages plus authentiques.

4. La Bible Latine imprimée à Reutlingen l'an 1469. Elle est dans la Bibliotheque de Nuremberg. Jean Saubert, qui a donné la Liſte des anciennes Impreſſions qui ſe gardent dans cette Bibliotheque, écrit : *Reutlingæ 1469. Biblia Latina per Joann. de Averbach.** Hallevordius en fait mention dans ſa Bibliotheque Curieuſe page 37. Lipenius dans ſa Bibliotheque Théologique page 152. & quelques autres.

* Hiſtor. Biblioth. Noriberg. pag. 117.

5. La Bible Latine, avec l'Opuſcule d'Ariſteas imprimée *in fol.* à Rome par les deux premiers Imprimeurs de cette Ville-là, Conrard Svvenheym, & Arnoul Pannarts l'année 1471. ou environ ; comme on voit par la Liſte de leurs Impreſſions, qu'ils donnerent au Pape Sixte IV. dans laquelle ils aſſûrent le S. Pere qu'ils en avoient imprimé cinq cens ſoixante &

quinze Exemplaires : *Biblia cum Opuſculo Ariſtea. Voll.* D. lxxv. Cette Liſte eſt au cinquiéme Tome du Nicolas de Lyra qu'ils imprimerent l'année 1472. Je crois que c'eſt cette Bible dont parle M. de Sponde, quand il dit en l'année 1440. de la continuation de Baronius : *Habemus nos Biblia duobus ingentibus Voluminibus Romæ excuſa an.* 1471. *in ædibus Maximorum à duobus Teutonibus, quibus nomen Conradus Svvenheym & Arnoldus Pannarts.*

6. La Bible traduite en Italien par Nicolas de Malherbis, ou Malermi Venitien de l'Ordre des Camaldules, Abbé de ſaint Michel de Lemo, imprimée *in fol.* à Veniſe. Je l'ai vûë en deux Volumes au College Mazarin. On lit à la fin : *Impreſſo fu queſto volume nel alma patria de Venetia ne gl'anni di la ſalutifera Incarnatione del Figluolo di l'Eterno & omnipotente Dio* 1471. *in Kalende de Auguſto.* Elle eſt ſortie des Preſſes de Vendelin de Spire, comme il paroîtra à ceux qui liront les vers Italiens que Jerôme Squarzafica a mis ſur cette Edition.

7. La Bible Latine imprimée à Mayence *in fol.* par Pierre Schoeffer : *Anno Dominicæ Incarnationis* 1472. *In Vigilia Mathiæ Apoſtoli.* Elle eſt à Paris dans la Bibliotheque du College Mazarin. Vvalton n'avoit point vû cette Bible : mais il la cite ſous l'autorité de Lucas de Bruges. Il dit à la fin du quatriéme Prolegomene de la Polyglotte de Londres : *Prima Bibliorum editio impreſſa erat Moguntiæ anno* 1472. *teſte Luca Brugenſi in Præf. de Variantibus Scripturæ locis. Aliam tamen illa priorem quidam ſe vidiſſe dicunt.* Les précedentes Impreſſions que nous venons de rapporter font voir, que ceux qui ſoutenoient que ce n'étoit point là la premiere Edition de la Bible, & qu'ils en avoient vû de plus anciennes, avoient raiſon.

8. La Bible Latine imprimée à Paris *in fol.* par Ulric Gering le premier Imprimeur de France & ſes Aſſociez l'année 1475. Nous en venons de parler, & nous avons dit qu'elle eſt chez les RR. PP. Celeſtins de Paris.

9. La Bible Latine imprimée *in fol.* à Nuremberg l'année 1475. Elle eſt dans la Bibliotheque d'Oxfort en Angleterre, ainſi qu'on voit par le Catalogue de Thomas Hyde page 88. Elle eſt encore dans la Bibliotheque de Nuremberg. Jean

Saubert à la page 134. de sa Liste des anciennes Editions qui sont dans cette Bibliotheque, dit : *Noribergæ* 1475. *Biblia sacra per Anton. Coburger.*

10. La Bible Latine imprimée à Venise par Nicolas Jenson *in fol.* l'année 1476. que j'ai vûë dans la Bibliotheque des RR. PP. Celestins de Paris. Il y a dans la Bibliotheque de M. Colbert une Bible imprimée in fol. *Venetiis per Franc. de Hailbrun & Nicol. de Francfordia Socios* 1476. Je n'ai point confronté ces Bibles : je ne sçai si ce n'est point une même Edition, faite par plusieurs Associez. Elle est aussi dans la Bibliotheque du Roy. Phil. Labbe page 351. *Nov. Bibl. mss. ll.*

11. La Bible Latine imprimée *in fol.* à Naples l'année 1476. Elle est à Paris dans la Bibliotheque de M. Meridat Conseiller au Grand Conseil ; comme on voit par la page 24. du Catalogue de ses Livres qu'il fit imprimer *in* 12. par André Cramoisy en 1687. *Biblia Latina Neapoli* 1476.

12. La Bible en Italien de Venise 1477. Elle est dans la Bibliotheque du Roi avec celle de 1471. Le Pere Labbe aprés avoir rapporté cette derniere, dans sa Liste des anciennes Impressions faites avant l'année 1500. qu'il avoit trouvées dans la Bibliotheque de sa Majesté, ajoûte : *Item l'an* 1477. *à Venise num.* 67. 68. & 458. * M. Simon dans son Histoire Critique du N. Test. 2. part. chap. 2. rapporte les paroles qui sont à la fin de cette Bible : *Fu impresso questo Volume nel alma patria de Venetia per Mäestro Gabriel de Piero Trevisano ne gli anni de la Salutifera Incarnatione* 1477.

* *Nov. Bibliot. Mss. ll. pag.* 339.

13. La Bible en Allemand. Hottinger dans son Livre intitulé *Bibliothecarius*, la cite page 150. il l'avoit vûë dans la Bibliotheque d'Ausbourg. Elle est imprimée à Nuremberg l'année 1477. *Successit Norimbergensis prior* 1477. &c. Il en rapporte le cinquante-troisiéme Chapitre d'Isaïe. Lipenius en fait aussi mention page 148.

14. La Bible en Flamand, qui est dans la Bibliotheque de Leyden *in fol.* Voici les paroles du Catalogue imprimé de cette Bibliotheque page 7. *Biblia Belgica antiquissimæ editionis. Delphis* 1477. *num.* 11. Hallevordius à la page 36. de sa Bibliotheque Curieuse dit, qu'il en a vû un Tome dans la Bibliotheque de Konisberg dans la Prusse Ducale.

15. La Bible Latine imprimée *in fol.* à Nuremberg par Antoine Coburger l'année 1478. On garde cette Edition dans la Bibliotheque de Sorbonne. Elle est aussi dans la Bibliotheque de M. Colbert.

16. La Bible Latine imprimée à Venise par Leonard Vvild *in fol.* la même année 1478. elle est dans la Bibliotheque du College Mazarin.

Nous en demeurerons-là. J'ai vû autrefois entre les mains du Pere Jacob Carme, qui donnoit le Catalogue des Livres que faisoient imprimer les Libraires de Paris, sous ce titre: *Bibliographia Parisina*, & puis aprés de tous ceux generalement qu'on imprimoit en France sous cet autre titre: *Bibliographia Gallica universalis*, le projet d'une Liste, qu'il vouloit aussi donner au Public, de toutes les Bibles imprimées avant l'année 1500. Sa mort a fait perir, comme je crois, ce petit ouvrage curieux.

Nous dirons aussi quelles sont les premieres Bibles imprimées en Hébreu & en Grec. Ce fut en l'année 1488. qu'on imprima la sainte Bible en la langue Hébraïque pour la premiere fois. Au moins il ne paroît jusqu'à present aucune Edition qui porte quelque datte plus ancienne. Jules Bartolocci dans le premier Tome de sa Bibliotheque Rabbinique page 433. dit, qu'il a cette Bible; qu'elle est imprimée *in fol.* à Soncino dans le Duché de Milan, par le Rabbin Josuë fils d'Israel Nathan: *In Codice Sacrorum Bibliorum, quem penes me habeo in folio Impressum Soncini, anno mundi* 5248. *Christi* 1488. *per eumdem Rabbi Josue filium Rabbi Israel Nathan, &c.* Il y a encore une Bible Hébraïque imprimée *in fol.* la même année à Boulogne en Italie: elle est dans la Bibliotheque Barberine. Le Catalogue imprimé en fait mention page 147. *Biblia Hebraica Bononiæ ab Impressoribus Soncinensibus apud Abraamum Jarziam Pisaurensem* 1488. *in fol.* Je ne sçai si ce n'est point la même Edition que la précedente. Les Juifs firent en l'année 1494. trois Editions de la Bible Hébraïque à Pesaro dans le Duché d'Urbin. Une *in fol.* une autre *in* 4°. une troisiéme *in octavo.* Voici ce que dit Buxtorfe dans sa Bibliotheque Rabbinique edition de 1613. *in octavo* page 268. *Biblia Hebraica nuda, in folio, & quarto impressa Pisauri,*

ſauri, anno 1494. *correctiſſimè*. *Ibidem quoque in octavo excuſa typo minuſculo eleganti cum punctis*, *quale exemplar ſemel tantùm apud Judæos vidi*. Geſner dés l'année 1548. avoit cité ces Editions de Peſaro dans ſes Pandectes, au Titre 21. *De Grammatica*. Et Hottinger dans ſon *Bibliothecarius*, aſſûre qu'il a vû l'Edition *in* 8°. à Zuric dans la Bibliotheque Caroline; qu'elle appartenoit autrefois à Conrar Pellican, qui l'avoit achettée un Florin & demi d'un Libraire de Tubinge: *Editio Piſaurenſis in* 8°. *anno Chriſti* 1494. *quam nuper demum inſpicere mihi contigit: aſſervatur enim in Bibliotheca noſtra Carolina, &c. pag.* 125. Voilà les premieres Impreſſions de la Bible en Hébreu, faites par les Juifs.

La Bible fut imprimée en Grec pour la premiere fois dans la Polyglotte du Cardinal Ximenez. On commença par le Nouveau Teſtament, qui fut achevé le 10. jour de Janvier 1514. & l'Ancien fut achevé l'année 1517. le 10. jour de Juillet. Ce fut en Eſpagne à Alcala de Henares que cette Impreſſion fut faite en ſix Tomes *in fol.* par Arnauld Guillaume de Brocario. L'année 1518. on imprima *in fol.* à Veniſe la Bible Grecque des Septante avec le Nouveau Teſtament. Cet Ouvrage ſortit de la fameuſe Imprimerie d'Alde Manuce deux ans aprés ſa mort. André d'Aſolo ſon beau-pere en fut l'Imprimeur. On la voit dans la Bibliotheque de Sorbonne, & dans pluſieurs autres de cette Ville. Il ſe fit encore l'année 1526. une Impreſſion de la Bible en Grec à Strasbourg. Elle eſt en trois Volumes *in* 8°. inſcrite au Catalogue imprimé de la Bibliotheque Barberine page 148. en cette maniere: *Scriptura divinæ Veteris & novæ omnia Gracè*, *à Joanne Lonicero edita Argentorati apud Vvolphium Cephal.* 1526. Elle eſt à Paris dans la Bibliotheque de M. Colbert, & dans celle' de M. l'Archevêque de Reims. Geſner dans le dernier Livre de ſes Pandectes intitulé: *Partitiones Theologicæ*, imprimé à Zurich 1549. *in fol.* n'eſtime pas beaucoup ces deux dernieres Editions Grecques de la Bible, il dit au feuillet 9. *Biblia Graca excuſa olim Venetiis apud Aldum in fol. corruptiſſimè: deinde Argentorati apud Vvolphium Cephalæum nihilo emendatiùs anno* 1526. *in octavo*. Je ne ſçai point d'autres Impreſſions de toute la Bible en Grec plus anciennes que ces trois.

L.

En l'année 1505. Joſſe Bade imprima à Paris *in fol.* les Annotations de Laurens Valle ſur le Nouveau Teſtament, dont pluſieurs paſſages ſont rapportez en Grec. Eraſme en avoit découvert le manuſcrit dans la Bibliotheque d'un Monaſtere. Je ne ſçai point s'il s'en fit quelqu'autre Edition avec tout le Texte Grec : mais je ſçai qu'Eraſme voulut quelques années aprés encherir ſur ce travail de Laurens Valle, & donna le Nouveau Teſtament en Grec, avec une Verſion Latine & des Nottes, qui fut imprimé à Baſle *in fol.* par Jean Froben l'année 1516. & réimprimé l'année 1519. dans la même Ville. Nicolas Gerbel fit imprimer *in* 4°. par Thomas Anſelme le Nouveau Teſtament tout Grec à Haguenau l'année 1521. On trouve ces Impreſſions dans la Bibliotheque de Sorbonne, & dans pluſieurs autres de Paris. Ce ſont-là les premieres Editions Grecques faites ſéparement de cette belle partie de la Bible qui contient les Myſteres de la Religion Chrétienne.

Nous eſperons que cette recherche des plus anciennes Impreſſions que nous avons pû apprendre, excitera les Curieux à faire part au Public des nouvelles découvertes qu'ils auront faites, & à donner connoiſſance de ce qu'ils auront trouvé de plus caché dans les Bibliotheques. Nous revenons à nôtre premier Imprimeur Ulric Gering.

CHAPITRE VI.

Gering vient de la ruë S. Jacques dans la ruë de Sorbonne, où il s'associe avec Bertholde Rembolt. S'unit d'amitié avec les Docteurs de Sorbonne. Devient leur Bienfaicteur. Lettres du Proviseur qui lui accorde le droit d'hospitalité. Acte de Ratification de ces Lettres par la Société de Sorbonne, qui lui permet de demeurer dans la Maison, & d'avoir trois Domestiques. Droit d'hospitalité accordé par cet exemple à M. Des-Roches aussi Bienfaicteur de cette Compagnie. Gering pendant sa vie donnoit de ses biens aux pauvres Ecoliers, & veut qu'après sa mort ils soient partagez entre deux Communautez, celle de Sorbonne & celle de Montaigu. Grand legs de Gering pour Montaigu, duquel on a bâti les Classes. Grand legs pour Sorbonne, qui sert à fonder deux Chaires pour enseigner la sainte Bible. Sorbonne rétablit la lecture de l'Ecriture sainte dans une de ses Chaires ; Donne une heure commode au Professeur de Gering. Ancien Usage de la Faculté qui avoit des Professeurs appellez Biblici. Arrest de la Cour sur ce sujet. Ecoliers de Théologie obligez à prendre les Leçons des Professeurs de la sainte Ecriture. Mort d'Ulric Gering. Conjecture qu'il est enterré à Saint Cosme. Son Associé Rembolt porte l'Enseigne du Soleil d'Or dans la ruë S. Jacques vis-à-vis la ruë Frementel. Imprimeurs qui ont habité cette maison. Troisiéme & derniere Liste des Livres imprimez par Gering ruë de Sorbonne.

APRE's l'Impression des Livres de cette seconde Liste, Ulric Gering quitta la ruë S. Jacques, vint établir son Imprimerie, & faire sa derniere demeure dans la ruë de Sorbonne. Ce fut sur la fin de l'année 1483. qu'il loüa des Docteurs ses anciens amis une maison dans cette ruë où pendoit l'enseigne du Buis. Elle lui fut donnée par un Bail à vie, à la charge de payer neuf livres chaque année ; ainsi qu'on voit par les Registres des Procureurs de cette Compagnie. Cette maison, appellée dans ces Registres, *Domus ad Buxum*, qu'occupa Ulric Gering, & où il porta son Enseigne du Soleil d'or, tenoit aux grandes Ecoles de Théologie. Elle étoit où est presentement la porte qui separe la ruë de Sorbonne d'avec la Place, & les grandes Ecoles étoient où est aujourd'hui cette Place. Il associa avec lui dans cette maison un Allemand du Diocése de Strasbourg, appellé Bertholde Rembolt. Nous donnerons la Liste des Impressions qu'ils ont faites en cette maison-là, aprés que nous aurons ici achevé l'Histoire de ce premier Imprimeur, en faisant connoître les grands biens qu'il a faits à la Maison de Sorbonne.

Gering étant ainsi revenu prés des Docteurs, s'unit avec eux d'une si étroite amitié, qu'elle dura toute sa vie. Comme il n'étoit point engagé dans le Mariage, il les visitoit souvent, se faisant un plaisir de converser avec eux, & un honneur d'être à leur compagnie. Il leur communiquoit ses desseins, & les consultoit sur les Ouvrages d'Imprimerie qu'il entreprenoit, dont il faisoit present à leur Bibliotheque. Ce fut un avantage pour cette Societé, qui ayant toûjours été pauvre, (Titre qui lui fut donné dés les commencemens par son Fondateur Robert de Sorbonne, de qui elle fut nommée, *Congregatio pauperum Magistrorum Parisiùs in Theologica facultate studentium*; & qu'on lit presque sur tous ses Livres manuscrits : *Hic liber est pauperum Magistrorum de Sorbona*) a eu besoin en tout tems de trouver des Amis, qui eussent le pouvoir & la volonté de la secourir dans ses necessitez. Elle en trouva un de cette qualité dans la personne de cet Imprimeur Allemand. L'estime & l'affection qu'il avoit pour la Communauté de Sorbonne, lui faisoit ouvrir sa bourse pour lui prêter de l'argent toutes les fois qu'elle lui en demandoit. On en voit des preuves par les Registres des Procureurs. Un corps de logis où étoit anciennement la Bibliotheque étant tombé par caducité l'année 1493. & la Communauté n'ayant point d'argent pour le faire rebâtir, Gering donna cinquante francs. C'étoit alors un present si considerable, qu'il merita par là d'obtenir ce qu'il avoit toûjours souhaité, d'être reçû au nombre des Hôtes de la Maison, c'est-à-dire, d'y pouvoir loger, & d'avoir une place à la table des Docteurs. En effet, M. le Proviseur Jean

Luillier, alors Evêque de Meaux, lui fit expedier des Lettres d'Hospitalité, aprés qu'il eut témoigné à ce Prelat, qu'il donneroit encore une pareille somme pour achever le bâtiment, & que c'étoit son dessein de faire de plus grands biens dans la suite. Nous rapporterons ici ces Lettres.

Copie des Lettres d'Hospitalité dans la Maison de Sorbonne, données à Ulric Gering premier Imprimeur de Paris, par M. le Proviseur de cette Maison.

» JOANNES Luillier sacræ Theologiæ Professor, mi-
» seratione divina Meldensis Episcopus, Provisor Domus
» seu Collegii de Sorbona Parisiùs fundati, dilectis nobis
» in Christo Priori, & Collegiatis dictæ Domus, Salutem
» in Domino & sinceram charitatem. De vitæ ac morum
» honestate providi viri Ulrici Guerin Impressoris Librorum
» Constantiensis Diœcesis sufficienter informati, eoque
» specialiter moti, quod idem Ulricus pro ædificatione
» camerarum loci dictæ domus, in quo erat antiqua Li-
» braria prædicti Collegii, eidem Collegio liberaliter de-
» dit & concessit summam quinquaginta librarum Turo-
» nensium pro una vice, sperantes eumdem Ulricum am-
» pliora dicto Collegio bona facturum, ipsum Ulricum
» id instanter requirentem, in hospitem dictæ Domus
» admittendum duximus, eidemque mansionem, hospi-
» tium, & cameram in ipsa Domo, quandiu vixerit in
» humanis, & ibidem habitare voluerit, decernimus fo-
» re assignandas, prout assignavimus, assignamus & con-
» cedimus per præsentes : itaut sibi liceat in dicta Domo
» Sorbonæ residere, nec-non cum cæteris sociis, sicut eo-
» rum alter se habere, ac liberè hospitari, hospitioque
» hujusmodi exinde in futurum ejus vita comite uti, &
» gaudere, absque eo quodà camera eidem pro sua habita-
» tione in dicto Collegio concessa disturbari,& à quoquam
» etiam Socio dictæ Domus expelli, aut ad transportandum
» de ea sua mobilia bona cogi valeat, & absque eo quod
» locagium, seu aliquam ratione dicti hospitii & habita-
» tionis dictæ cameræ pensionem nobis, seu dicto Colle-

" gio imposterùm solvere teneatur. Nos enim ab hujus-
" modi locagio & pensione præstandis, mediante præ-
" tacta quinquaginta librarum Turonensium summa, per
" eum, ut præmittitur, pro una vice præstita & data, qui-
" ctum, liberum & immunem esse voluimus, volumusque
" ac nos voluisse declaramus.
"   Quocirca vobis Priori, & Collegiatis antedictis ea-
" rumdem mandamus serie Literarum, quatenus dictum
" Ulricum in Hospitem dictæ Domus recipere, & admit-
" tere cum suis mobilibus bonis, cameramque in ipsa Domo
" eidem distribuere, & realiter assignare, nec-non ipsum
" à præstatione locagii & pensionis supradictæ liberum &
" immunem tenere, seu ea omnia & singula fieri facere
" curetis. Datum apud Germiniacum Episcopi, Meldensis
" Diœcesis, sub sigillo Cameræ nostræ, anno Domini 1493.
" die Sabbathi post Ascensionem Domini 18. mensis Maii.
" D E J O C I, de mandato Domini.

Ces Lettres furent apportées dans l'Assemblée, où ayant été lûës & approuvées, il fut passé un Acte pardevant Notaires, par lequel la Société accorde à Gering, premierement le droit d'hospitalité ; en second lieu pour une seule chambre que lui avoit donné le Proviseur, elle lui accorde un bûcher, deux étages, le second & le troisiéme, avec le grenier. De plus, elle lui permet de tenir chez lui un Ecolier, avec deux autres Domestiques, & de les loger dans son appartement, même dans le tems de son absence. Voici un Extrait de cet Acte fait par deux Notaires, & reçû par Jacques de Touteville Garde de la Prévôté de Paris.

Extrait de l'Acte par lequel la Societé de Sorbonne confirme à Ulric Gering le droit d'hospitalité.

"   F U R E N T presens en leurs personnes venerables &
" scientifiques Personnes, Maîtres Guillaume de Quer-
" quu Compagnon & Prieur, Jean Cordier, Jean Jacque-
" lin, Pierre Voleau, Gilbert Fournier, tous Compagnons
" Boursiers & Maîtres en Théologie. Charles Guerin, Pier-
" re de Fontenay, Claude Rongnart, François de Sagonge

» Procureur, & Jean Boyan, tous Bacheliers en Théologie,
» Compagnons & Boursiers dudit College de Sorbonne,
» fondé à Paris, faisans & representans la plus grande &
» saine partie des Compagnons & Boursiers d'icelui College,
» d'une part : & Ulry Guerin Imprimeur de Livres, &
» Ecolier étudiant en l'Université de Paris, demeurant à
» Paris en la ruë de Sorbonne en son nom, & pour lui,
» d'autre part. Disant lesdites Parties, &c. Et finablement
» pour consideration de ce que dit est, & aussi en faveur
» des grands biens que ledit Ulry Guerin a eu propos &
» volonté de faire, & qu'il a faits audit College, & qu'il
» esperoit que plus fera au temps avenir, & moyennant la
» somme de cinquante livres tournois par lui de nouvel
» baillée & délivrée audit College, se tiendroient & tien-
» nent pour contens, & en quitteroient & quittent ledit
» Ulry, &c. Iceux Prieur & Compagnons Boursiers d'ice-
» luy College de Sorbonne de leur bon gré, bonne vo-
» lonté, propre mouvement, & certaine science, sans
» force, fraude, erreur, seduction, contrainte, ou déce-
» vance aucune, sur ce bien conseillez, pourvûs, avisez &
» déliberez, comme ils disoient, reconnurent, & confes-
» serent és Presentes, & pardevant lesdits Notaires, &c.
» iceux don, & Bail (du Proviseur) dessusdits, avoir ra-
» tifiez, confirmez & approuvez, & par la teneur de ces
» presentes Lettres, ratifient, confirment, approuvent, &
» ont pour bien agréables, voulans & consentans qu'ils
» vaillent, tiennent & sortissent leur plein & entier effet,
» force & vertu, en tous leurs points & articles. Et d'a-
» bondant, au lieu d'icelle chambre ainsi à lui indistincte-
» ment baillée par ledit Proviseur, iceux Prieur & Compa-
» gnons Boursiers dudit College, baillerent & donnerent,
» baillent & donnent par ces Presentes audit Ulry Guerin
» ladite Hospitalité, avec un bûcher par bas, deux cham-
» bres faisant les second & tiers étages, & tout le dessus,
» le tout ayant vûë sur ruë, & étant des appartenances du-
» dit College, &c. avec faculté de pouvoir faire par
» ledit Ulry, tenir audit bûcher toutesfois que bon lui sem-
» blera, & de pouvoir mettre esdits lieux, ainsi à lui bail-

» lez, un homme étudiant, & un Clerc ou deux, de bon-
» ne vie & renommée, & honnête converſation, pendant
» le temps qu'il ne ſe tiendra pas eſdits lieux, ſans & que
» ores ne pour le temps avenir ledit Ulry ſoit tenu ſa vie
» durant en payer autre choſe audit College que ladite
» ſomme de cent livres tournois ainſi par lui baillée à deux
» fois audit College, ne qu'on le puiſſe mettre hors deſdits
» lieux ſa vie durant, non plus que l'un deſdits Compa-
» gnons Bourſiers dudit College. Leſquelles ratification,
» confirmation, approbation, conſentement, bail, don,
» & toutes & chacune les autres choſes deſſuſdites, & en
» ces Lettres contenuës & écrites, leſdits Prieur, Compa-
» gnons & Bourſiers deſſus nommez, promirent & jurerent
» par la foi & ſerment de leurs, la main miſe au pix, en
» paroles de Prêtres, avoir agréables, tenir fermes & ſta-
» bles à toûjours, ſans aller, venir, faire ou dire con-
» tre par eux, &c. Furent faites & paſſées doubles, &c.
» c'eſt à ſçavoir par leſdits Cordier, Jaquelin, Voleau,
» Guerin, Sagonge, Fontenay & Rongnart, le Vendredy
» neuſiéme; par ledit Fournier le Samedy dix-ſeptiéme; &
» par ledit Querquu le Mercredy vingt & uniéme jour de
» May l'an 1494. Signé, Lorage & Lauteault.

Ce qui fut fait alors en faveur d'Ulric Gering, a été ſuivi dans nôtre ſiécle ; & les Docteurs, à l'exemple de leurs Prédeceſſeurs, ſe ſont ſervis de ce moyen, pour témoigner leur reconnoiſſance à M. Des-Roches, qui leur fit l'année 1646. un bien tres-conſiderable. Il eſt vrai que Sorbonne ne ſçauroit aſſez publier les obligations qu'elle a à ſon illuſtre Proviſeur, Armand Jean du Pleſſis Cardinal de Richelieu ; qui eſt ſans doute aprés le Fondateur Robert, ſon plus grand Bienfaicteur. Auſſi ne fait-on point de Harangue dans ce College qu'on n'y entende ſon Eloge, & où les Docteurs & Bacheliers de cette Maiſon, n'y témoignent publiquement combien ils lui ſont redevables. Sa magnificence éclatte tout de nouveau par les riches Autels qui viennent d'être achevez ; mais nous dirons ici que ce grand Cardinal vivoit encore, s'il faut ainſi dire, aprés ſa mort ; & qu'il continuoit ſes bienfaits à la Maiſon de Sorbonne,

par

par le moyen de ceux qu'il avoit élevez, & à qui il avoit inspiré de l'estime & de l'amour pour Elle. Son Secretaire Michel le Masle Prieur Des-Roches, donna une grande Bibliotheque à cette Société, avec une rente sur l'Hôtel de Ville pour doter le Bibliothequaire, & achetter des Livres nouveaux ; & cette Compagnie, pour reconnoître son Bienfaiteur, lui accorda le droit d'Hospitalité, ou de Société honoraire, par lequel il avoit une chambre dans la maison qu'il a gardée jusqu'à la fin de sa vie.

L'affection qu'avoit Gering pour Sorbonne, & le dessein qu'il avoit formé de lui faire de grands biens, parut dans son Testament qu'il fit en l'année 1504. il faisoit durant sa vie de grandes aumônes aux pauvres, & particulierement aux Ecoliers, étant persuadé qu'en les aidant dans leurs études, & leur donnant moyen de devenir de sçavans Ecclesiastiques, c'étoit un bien general qu'il procuroit à l'Eglise. Le College de Sorbonne, & celui de Montaigu y avoient la meilleure part. Il aima tant ces deux Communautez, qu'il les fit heritieres de tous ses biens. Celle de Montaigu achetta du legs qu'elle reçût la Terre d'Annet sur la riviere de Marne, & acquit plusieurs maisons voisines, où furent bâties les Classes des Grammairiens, dont le College fut agrandi considerablement ; ainsi qu'on apprend par ces paroles qui sont peintes au bas d'un Portrait antique, qu'on voit dans la Chapelle haute du College de Montaigu.

" Udelricus Gueringg natione Germanus, unus ex pri-
" mis Typographis, qui adhuc vivus multas eleemosynas
" hujus domus pauperibus erogaverat, tandem suo Testa-
" mento legavit ipsi Pauperum communitati, anno Do-
" mini 1510. mediam suorum bonorum partem, & debi-
" torum tertiam ; ex qua pecunia empta est Villa d'Annet
" sita juxta fluvium Matronam. Emptæ sunt quoque do-
" mus de Veseley, quæ pars est hujus Collegii protensa à
" media Areæ parte ad Collegium Divi Michaelis usque,
" & ædificatæ sunt Grammaticorum Classes.

Sorbonne, qui fut la plus favorisée, n'employa pas moins utilement le legs qu'elle reçût. Il se montoit d'argent content à plus de huit mille cinq cens livres, qui étoit alors une somme tres-grande, sans compter ce qu'elle toucha de la vente des meubles d'une grande Imprimerie, & d'un riche fond de Livres en feüilles, & sans y comprendre ce qu'elle reçût des dettes. Ce legs se trouva si considerable, que Gering l'ayant fait à l'intention d'en augmenter les Bourses du College, son Executeur Testamentaire demanda que le nombre des Boursiers fût augmenté d'une fois autant qu'il y en avoit de fondez par Robert de Sorbonne. Sur-quoi il y eut quelque contestation, qui fut terminée par une Transaction du 15. May 1532. homologuée en Parlement le 13. May 1545. par laquelle il est reglé, qu'il y aura à perpetuité dans le College de Sorbonne huit Bourses d'augmentation, de même revenu que celles du Fondateur Robert, dont quatre seront partagées par moitié entre deux Professeurs de Théologie, à la charge qu'ils enseigneront publiquement dans les Ecoles de la Maison, l'un, le Vieux Testament le matin; l'autre, le Nouveau aprés midi; & refuteront les héresies Lutheriennes. Ce fut un sage conseil que donnerent Robert Senaut, autrement *Cenalis*, Docteur de la Société de Sorbonne, Evêque d'Avranches, Noël Beda, Syndic de la Faculté de Théologie, & Jean Mainardeau Abbé de S. Exupere de Corbeil, amis communs des Parties, qui par ce bon avis firent servir le legs de Gering à un bien public, & à un grand avantage pour la Religion Catholique. L'abregé de cette Transaction a été gravé sur une table de cuivre, qui fut attachée dans la Chapelle de Sorbonne. On l'a placée dans la nouvelle Eglise sur la petite porte du côté de la Cour. Voici ce qu'elle contient.

„ Ce College de Sorbonne pour le grand Legs Testa-
„ mentaire qu'il a accepté & reçû, a lui fait par feu de
„ bonne memoire Maître Ulric Gering, en son vivant Im-
„ primeur de Livres en cette Ville de Paris, où il trépassa
„ le 23. Aoust 1510. est tenu & obligé de mettre & entre-
„ tenir audit College aux dépens d'iceluy par chacun an à
„ toûjours, quatre Bourses & Boursiers, de la qualité d'au-
„ tres jadis fondez par Maître Robert de Sorbonne, &
„ outre le nombre d'iceluy. Item, plus de mettre & en-

" tretenir audit College, deux Docteurs ou Licentiez en
" Théologie, qui feront tenus chacun jour ordinairement
" à toûjours, lire publiquement és Ecoles dudit College
" la fainte Bible, l'un le matin du vieil Teftament, l'autre
" aprés midi du nouvel. Lefquels Lecteurs auront pour ce
" dudit College, le falaire & profit chacun par moitié de
" quatre autres Bourfes. Le tout felon qu'il eft plus à plein
" contenu en l'Accord & Contract fur ce fait & paffé, mul-
" tiplié audit College pardevant deux Notaires du Châte-
" let de Paris le dixiéme jour de Mars 1532. entre les Prieur,
" Compagnons & Bourfiers dudit College, d'une part; &
" Maître Jean Coignet Prêtre, feul furvivant Executeur
" dudit Teftament, d'autre.
" *Laus Deo. Pax vivis. Requies defunctis. Amen.*

Aprés que les Rois Henry IV. & Louis XIII. eurent fait leurs Fondations de trois Profeffeurs pour enfeigner la Théologie Scholaftique, la Pofitive, & les Controverfes : aprés que Meffieurs Peliay & Roën en eurent fondé deux autres, l'un pour enfeigner l'Ecriture fainte, l'autre pour traiter des Cas de confcience, il ne reftoit plus qu'une heure commode dans la journée ; c'eft pourquoi on réünit * les deux fondez du Legs de Gering en un feul, qui fut encore doté dans la fuite par trois Docteurs de la Societé de Sorbonne, par M. Aubry l'année 1616. par M. de Gamaches, un des Profeffeurs Royaux, l'année 1625. & par M. Sachot Curé de S. Gervais l'année 1660. Ce Profeffeur eft le premier, c'eft-à-dire le plus ancien de tous, qui eft appellé, *Lector Domus Sorbonicæ*; nom qu'il retient de l'Antiquité, & qu'on donnoit à ceux qui enfeignoient dans les Ecoles de la Maifon de Sorbonne, pour les diftinguer de ceux qui faifoient cette fonction en d'autres Maifons. La fuite des années avoit apporté quelque changement à la matiere qui doit être traitée dans la Chaire de ce Lecteur. Il y a eu un tems, où on n'y donnoit que des Traitez de Scolaftique. Mais la Societé de Sorbonne arrêta cet ufage, qui s'étoit introduit contre la Tranfaction. La Chaire étant vuide en l'année 1679. on délibera de quelle matiere feroient les Leçons de ce Profeffeur. Aprés plufieurs Affemblées tenuë fur ce fujet,

* Joann. Filefac. lib. 1. Select. pag. 386.
Attamen cum quinque Profeffores creatos inftitutofque animadverterent Sorbonici, nec fatis temporis pro feptem Profefforum docendi fpatio relictum effe confpicerent, uno duntaxat Profeffore pro fui Collegii officio contenti effe voluerunt.

il fut conclu dans celle du 31. Juillet de la même année, sous le Priorat de Maître Antoine Symon de Magny, qu'on l'obligeroit à donner des Leçons du vieux & du nouveau Testament, conformément à la Fondation: *Conclusum est Lectori Sorbonico id munus incumbere, ut legat vetus & novum Testamentum*, dit le Registre du Prieur. Et quinze jours après dans l'Assemblée du 14. Aoust, la place vacante fut remplie par l'élection qu'on fit de Maître Michel Antoine Vincent, qui depuis ce tems-là execute cette sage conclusion, & donne de solides & de profonds Ecrits sur l'Ecriture sainte.

Dix ans après en 1689. ce Professeur eut une affaire, dans laquelle s'il ne s'étoit défendu, cette premiere des Chaires qui merite toute la faveur possible, tant pour son ancienneté, que pour la memoire du Fondateur de l'Imprimerie de Paris, couroit risque de perdre un droit qu'elle a commun avec les autres. Il s'agissoit de l'heure en laquelle il devoit enseigner la sainte Ecriture. Depuis que les deux Professeurs furent réünis en un seul par la raison qu'a dite M. de Filesac, il est arrivé que ce Lecteur avoit toûjours donné ses Leçons à l'heure la moins commode de la journée pour cette fonction, à une heure après midy. On prétendoit que cette heure lui étoit tellement propre, qu'il ne la pouvoit changer, quoique par de longues années de travail & de profession, il fût devenu le plus Ancien: que ce droit d'Ancien, reçû & observé si religieusement en Sorbonne & dans la Faculté de Théologie, ne devoit point avoir de lieu pour sa Chaire. Sans doute cette prétention ne favorisoit guére la Fondation de Gering ; au contraire elle l'abaissoit au-dessous des autres par une servitude qu'elle lui imposoit. Une autre heure plus commode étant devenuë vacante, M. Vincent l'opta au-dessus d'un nouveau Professeur, qui venoit d'être élû. Ce dernier voulut lui disputer ce choix. Le differend fut porté devant la Société de Sorbonne, qui s'assembla plusieurs fois pour le juger. M. Vincent fit imprimer plusieurs Ecrits, avec un Factum qui contenoit ses raisons, & les Réponses aux Objections qu'on faisoit. Mais enfin le dernier élû, après avoir voulu contester pendant quelque-tems touchant cette affaire, donna un exemple de justice & d'humilité : & ceda de lui-même à son Ancien le droit d'opter. *Sponte detulit optionem horâ S^i. M^i. N^i. Vincent ut Antiquiori Professori.* Et aussi-tôt la Société fit cette conclusion, qu'on voit écrite au 17. Novembre 1689. dans le Livre du Prieur, c'étoit alors Maître Charles Vuitasse : *Relinquendum esse arbitrio S^i. M^i. N^i. Vincent ut Antiquioris Professoris, ut è prima pomeridiana & decima ante meridiem eligeret horam quam vellet.* Il choisit celle de dix heures. Par ce jugement plein de raison & d'équité, Sorbonne confirma un des points capitaux de ses mœurs, je veux dire, la Prérogative des Anciens : & ne permettant point qu'on diminuât rien du droit, ni de l'honneur dû à la Chaire de Gering, qui est un reste précieux de son Bienfaicteur, montra par sa conduite qu'elle n'oublioit point les grands biens que lui a fait cet illustre Imprimeur.

On voit que de six Chaires de Théologie, Sorbonne en a deux, où elle donne des Leçons de l'Ecriture sainte. Cette Maison retient en cela les anciens Usages de la Faculté, qui a toûjours eu deux sorte de Professeurs, les uns pour lire & expliquer la Bible ; les autres pour lire les quatre Livres des Sentences de Pierre Lombard, & qui observoit autrefois fort exactement cette discipline, qu'aucun de ses Bacheliers ne pouvoit être Docteur, qu'il n'eût passé par ces deux Exercices ; où ils étoient appellez *Biblici*, lorsqu'ils s'acquittoient du premier ; & *Sententiarii* en faisant le second, comme a montré M. de Filesac pages 370. & 371. du Livre cité ci-dessus. Sorbonne se conforme aussi en ce point aux Arrests de la Cour, & particulierement à celui du 17. Janvier 1535. * qui ordonna, [Qu'il y aura quatre Lectures ordinaires du Vieil & du Nouveau Testament tous les jours, depuis le lendemain de S. Martin jusqu'au dernier jour d'Aoust.... deux desquelles Lectures seront faites le matin au College de Navarre, & commencera la premiere à sept heures jusqu'à huit, & la seconde depuis huit jusqu'à neuf. Et l'apresdînée autres deux Lectures ordinaires au College de Sorbonne, depuis une heure aprés midy jusqu'à trois.... & sera la premiere Lecture du matin des Epîtres des Apôtres, en commençant à cel-

* Imprimé en partie au Livre Bleu page 9. & tout entier ailleurs. C'est ce fameux Arrest donné sur les differends survenus entre M. le Chancelier de l'Université, & la Faculté de Théologie.

» les de S. Paul, en continuant jufqu'à la fin, en y compre-
» nant l'Apocalypfe ; & la feconde fera de l'un des Prophe-
» tes, ainfi qu'il fera avifé par ladite Faculté. Et la pre-
» miere des deux Leçons d'aprefdînée fera des Evangiles,
» en continuant jufqu'à la fin des Evangiles, & la deuxié-
» me de l'un des Livres du Pentateuque, ou des Agiogra-
» phes, ainfi qu'il fera avifé par ladite Faculté..... Et afin
» que plus librement chacun puiffe ouïr lefdites Lectures
» de l'Ecriture fainte, ordonne ladite Cour que les autres
» Lectures du Maître des Sentences, ou Docteurs Que-
» ftionnaires, qui ont accoûtumé d'être faites en la Facul-
» té, ne fe feront efdites heures que l'on fera lefdites qua-
» tre Lectures ; mais pourvoira ladite Faculté qu'elles
» foient faites à autres heures.... Auffi pour acquerir par
» ceux qui prétendent au degré de Licence en laditeFaculté,
» le principal fondement de la Science de Théologie, qui eft
» le Vieil & le Nouveau Teftament, & que les Lectures des
» Docteurs qui feront députez par ladite faculté, foient fré-
» quentées; ladite Cour a ordonné & ordonne, que tous
» ceux qui prétendront ci-après audit degré de Licence, fe-
» ront tenus avant qu'entrer au Cours, ou après qu'ils y
» feront entrez, ouïr par trois ans lefdites Lectures de la
» fainte Ecriture, tant du Nouveau que du Vieil Teftament
» avant qu'ils foient reçûs audit degré de Licence, & au-
» quel ils ne feront autrement reçûs ; & apporteront au
» tems que les Rôles doivent être prefentez audit Chan-
» celier, Certification defdits Docteurs lifans pour chacune
» année, & pour le tems qu'ils les ont ouïs.... Et davan-
» tage feront tenus lefdits Licentiez jurer & affirmer en-
» tre les mains dudit Chancelier, avoir ouï & frequenté
» lefdites quatre Lectures de la fainte Ecriture continuel-
» lement, à tout le moins le plus fouvent, par ledit tems
» & efpace de trois ans.] Si on donne aujourd'hui en Sorbonne une Leçon de l'Écriture fainte le matin, c'eft en
vertu de cette Tranfaction dont nous avons parlé, qui
depuis cet Arreft a été approuvée par la Cour, & homologuée en Parlement le 13. May 1545.

Nous dirons fur ce fujet, que la Faculté de Théologie a

montré dans le siécle present, qu'elle ne prétendoit rien relâcher de son ancienne Discipline, quand elle a reçû la proposition que lui fit son Syndic d'obliger les Aspirans au degré de Bachelier, à prendre des Attestations d'études faites sous les Professeurs publics de la sainte Ecriture. On lit dans ses Registres ce que remontra Georges Froger dans l'Assemblée du 1. Octobre de l'année 1626. *Providendum esse ut in posterum Theologiæ candidati non tantùm Scholasticæ, sed etiam Positivæ studeant, & sacræ Scripturæ interpretes, qui in publicis Scholis docent, æquè ac alios audiant, illorumque scripta testimonia, cum pro primo cursu supplicabunt, adferant juxta morem Majorum.* La Faculté ayant déliberé sur cette Requisition, trouva la proposition faite par le Syndic tres-juste, & l'approuva. *Censuit Facultas æquissimam esse postulationem Domini Syndici.* On remarque bien ces paroles qu'il ajoûte, *juxta morem Majorum*. Ce Docteur étoit bien instruit de l'Antiquité. Il sçavoit bien les anciens Usages de sa Compagnie; & il avoit lû ce qui est écrit dans les Statuts donnez en l'année 1452. par le Cardinal de Touteville Légat du S. Siége: *Priusquam admittantur Scholares in Theologia ad Baccalaureatum, fidem faciant in Facultate, quod per tempus statutum frequentaverint Lectiones Biblicorum, & Baccalariorum sub quibus Bibliam & Sententias audiverint, unâ cum juramento & testibus, prout est de more Facultatis.*

Ulric Gering mourut l'année 1510. le 23. jour d'Aoust en sa maison du Soleil d'or, autrefois appellée du Buis *ad Buxum*, ruë de Sorbonne, aprés avoir travaillé d'Imprimerie à Paris pendant quarante années, & y avoir vû ce bel Art, qu'il avoit apporté d'Allemagne, parfaitement établi, & pratiqué par un grand nombre de Maîtres. Il fut secouru dans sa maladie par les Docteurs de Sorbonne, avec qui il avoit demeuré plus de treize ans en qualité d'Hôte & de Bienfaiteur; & ils lui rendirent en cette occasion importante, tous les services qu'ils étoient capables de lui rendre. On ne convient pas du lieu où il a été inhumé. M. du Boulay dans son Histoire de l'Université de Paris au Tome 5. page 918. prétend que c'est dans la Chapelle du College de Montaigu. M. Mentel l'avoit écrit avant lui dans sa Dissertation page 17.

Ils ne peuvent avoir d'autre raison pour le dire que cette Inscription ci-dessus rapportée, qui se lit au bas de la peinture de Gering dans un ancien Tableau de ce College. Mais il est aisé de voir, que ce n'est point une Epitaphe, & qu'il n'y est fait aucune mention de Sepulture. La chambre qui est au-dessus de la Chapelle, est appellée la Chapelle haute, à cause qu'on y a élevé un Autel. Dans cette chambre est attaché contre un mur un tableau qui a plus de huit pieds de largeur & presqu'autant de hauteur, où sont peints sur une même toile, mais d'une peinture fort usée, les anciens Bienfaicteurs du College. Ulric Gering s'y trouve au milieu de plus de vingt. Si c'est-là une raison pour assûrer qu'il y est enterré, il faudra donc aussi le dire de tous les autres, & en particulier du Docteur Noël Beda, qui néanmoins a sa Sepulture au Mont S. Michel. De plus, il ne reste dans ce College aucune Tradition de ce fait. Feu M. Marlier, qui en a été long-tems Principal, m'a dit plusieurs fois qu'il ne le croyoit point vrai. Il auroit été bien plûtôt enterré dans l'Eglise de Sorbonne, où il venoit souvent, qui étoit vis-à-vis de sa maison du Soleil d'or, & où il avoit droit de Sepulture en qualité de Bienfaicteur, joüissant de l'Hospitalité, & conservant un logement dans le College. Cependant on ne sçait point en Sorbonne que Gering y soit inhumé, & on n'a de cela aucune idée.

S'il m'est permis de faire quelque conjecture, je dirai qu'il est enterré à saint Cosme sa Paroisse. Premierement, parce que Messieurs les Marguilliers de saint Benoist, qu'on a consultez, ont dit qu'ils trouvoient par leurs Registres que la maison du Soleil d'or ruë de Sorbonne, où il est mort, n'étoit point alors de la Paroisse de S. Benoist, mais de celle de S. Cosme. En second lieu, on lit dans un ancien Livre du Prieur de Sorbonne au 9. Juin de l'année 1540. que l'Executeur du Testament de Gering, demanda que la memoire de son grand Legs fût gravée sur trois tables de cuivre, dont l'une seroit attachée dans la Chapelle de Sorbonne; elle y est encore aujourd'hui: l'autre dans l'Eglise des Mathurins; & la troisiéme dans celle de S. Cosme. *Deliberatum est & conclusum quod.... ponerentur tres tabulæ æreæ, una in sacello*

Sacello nostro : altera apud Mathurinenses : tertia apud divum Cosmam, quibus inscriberetur legatum dicti Gering. Il en demandoit une pour l'Eglise des Mathurins, à cause que l'Université s'y assembloit, de qui il vouloit que la Fondation de Gering fût connuë, & une pour l'Eglise de S. Cosme, vrai-semblablement parce qu'il y est enterré. Comme on n'a en Sorbonne qu'un simple extrait de son Testament, & que je n'ai pû trouver chez les Notaires la piece entiere, on ne peut point ici donner plus d'éclaircissement de ce fait.

La Société de Sorbonne conserve toûjours précieusement la memoire de ce premier Imprimeur, & le souvenir de ses bienfaits. On prie pour lui chaque année par un Anniversaire que l'on celebre dans la Chapelle, qui consiste à chanter les Vespres des Morts, les Matines à neuf Pseaumes & neuf Leçons & les Laudes, la Messe haute, avec deux autres Messes basses des Défunts. On a depuis quelque tems renouvellé le Necrologe, qui est exposé dans la Sacristie, où on lit au 23. Aoust : *Obitus Ulrici Gering, Civis ac Typographi Parisiensis insignis Benefactoris hujus Domus, pro quo Missa solemnis & duæ privatæ de Defunctis. Die præcedenti Vigiliæ.*

Trois ans avant la mort de Gering, son Associé Rembolt, qui s'étoit marié avec Charlotte Guillard, loüa des Docteurs de la Société de Sorbonne une maison dans la ruë S. Jacques vis-à-vis la petite ruë Frementel, où pendoient pour enseigne le Coq & la Pie. Le Bail lui en fut fait l'année 1507. pour sa vie & celle de sa femme, à la charge de payer tous les ans douze livres, & d'y faire un bâtiment de six cens livres; ce qui fut executé. Il porta avec lui l'Enseigne du Soleil d'or, qu'il avoit euë commune dans la ruë de Sorbonne avec Ulric Gering, & commença l'année 1509. à imprimer en son nom seul sous cette Enseigne le S. Bruno sur les Epîtres de S. Paul, & le Ludolphe de Saxe *De Vita Christi*, & y fit plusieurs autres Impressions jusqu'en l'année 1518. en laquelle il mourut. Sa Veuve épousa l'année 1520. en secondes nôces Claude Chevalon, qui vint de la Place de Cambray demeurer avec elle au Soleil d'or, où il fit toutes ces belles Impressions des SS. Peres de l'Eglise, que les

Sçavans recherchent. Et aprés sa mort, qui arriva en 1542. Charlotte Guillard soûtint l'Imprimerie. Depuis Charlotte Guillard, qui mourut en l'année 1556. cette maison du Soleil d'or a toûjours été occupée par quelque Imprimeur. Les Heritiers de Simon de Colines, Guillaume Desbois & sa veuve Michelle Guillard, l'ont tenuë douze ans. Cette Veuve travailloit ordinairement pour Sebastien Nivelle de l'Art d'Imprimerie qu'elle avoit appris de sa sœur Charlotte Guillard. Nicolas Bruslé six ans ; Henry Thierry quinze ans; Leger de Las douze ans ; Rolin Thierry, neveu de Henry, vingt-deux ans ; Joseph Cottereau trois ans. Depuis l'année 1627. elle a été habitée par les Martins, qui ont été des plus habiles Imprimeurs de leur tems.

C'est ici la troisiéme Liste des Livres qu'Ulric Gering imprima avec son Associé au Soleil d'or ruë de Sorbonne, sur laquelle nous ferons quelques remarques ; & les Livres qu'elle contient, nous donneront occasion de nous étendre un peu au long, pour faire quelques recherches curieuses sur la matiere d'Imprimerie. Ce sera le sujet de la seconde Partie de cette Dissertation.

Troisiéme & derniere Liste des Livres imprimez par Ulric Gering & son Associé Bertholde Rembolt dans la ruë de Sorbonne au Soleil d'or.

„ Rob. Holcot in Librum Sapientiæ *in* 4°. Im-
„ press. anno Incarnat. Domin. 1489. 21. Octob. *Dans la Biblioth. de Sorbonne.*

„ Albertus Magnus de arte vivendi, loquendi, & ta-
„ cendi *in* 4°. Parisiis in ædibus Sorbonæ Solis aurei 1491.
„ Aprilis 7. *Bibl. de Sorbon.*

„ Guidonis Juvenalis Cenomani Interpretatio in Latinæ
„ Linguæ Elegantias Laur. Vallæ. *in* 4°. Parisiùs in vico
„ Sorbonico ad intersignium Solis aurei per Udal. Gering
„ & Berthold. Rembolt Socios, anno 1494. 18. Augusti.
Biblioth. de Sorbonne.

„ Psalterium ad usum Parisiens. cum cantu, *in* 4°. Im-
„ press. Parisiùs in Sole aureo vici Sorbon. operâ M. Udal-

DE PARIS. PART. I. Chap. VI. 99

" rici Gering, & M. Berthold. Rembolt Sociorum, an.
" 1494. die 18. Januar. *Il y en a dans la Biblioth. de Sor-*
bonne deux copies sur velin.

" S. Gregorii Papæ Opus Moralium in Job. *fol.* Parisiis
" per Udalr. Gering Constantiensem, & Berthold. Rembolt
" Argentinensem Socios in Sole aureo vici Sorbon. com-
" morantes, an. 1495. die ultima Octob. *Biblioth. de Sorbon.*

" Diurnale Ecclesiæ Parisiensis, *in* 8°. Impressum Pari-
" siùs in Sole aureo vici Sorbonici expensis Udalrici Gering,
" & M. Bertholdi Rembolt Sociorum, anno Domini 1496.
" die vero nona mensis Augusti. *Dans la Bibliotheque de M.*
l'Archevêque de Reims.

" Breviarium Ecclesiæ Cameracensis, *in* 8°. Parisiùs Opera
" Udalrici Gering & M. Bertholdi Rembolt, anno Domini
" 1497. ultima verò die mensis Martii. *Dans la Bibliotheque*
de M. l'Archevêque de Reims.

" Missale ad usum insignis Ecclesiæ Parisiensis nuper Pa-
" risiùs in Sole aureo vici Sorbon. correctè impressum, &c.
" *in fol.* per Udalr. Gering & M. Berthold. Rembolt in vico
" Sorbon. commorantes, expensis Simonis Vostre, an. 1497.
" die 24. Decemb. *Biblioth. de Sorbon. sur velin, & une au-*
tre copie en papier.

" P. Virgilii Maronis Opus per Paulum Malleolum ite-
" rùm recognitum, &c. *in fol.* per Udalr. Gering & M.
" Berthold. Rembolt Socios Parisiis in vico Sorbon. quàm
" tersissimè impressum. 9. Calend. Julii 1498. *Biblioth. de*
Sorbonne.

" S. Gregorii Papæ Expositio super Cantica, *in* 4°. Pa-
" risiis in Sole aureo vici Sorbon. per Udalr. Gering & M.
" Berthold. Rembolt Socios 1498. *Dans la Biblioth. des RR.*
PP. Celestins de Paris.

" Horæ B. Mariæ Virginis ad usum Parisi. totaliter ad
" longum sine *require*, &c. *in* 8°. Parisiis in Sole aureo vici
" Sorbon. Opera Udalr. Gering & Bertholdi Rembolt So-
" ciorum, ann. 1498. die 7. Martii. *Biblioth. de Sorbonne.*

" S. Augustini Sermones, nuper cura & diligentia Udal-
" rici Gering & Mag. Berchtoldi Rembolt Sociorum
" quàm emendatissimè impressi, apud Solem aureum in vico

Sorbon. venales Parif. in fol. *Il n'y a point d'année. Bibliotheque de Sorbonne.*

Guillelmi Peraldi Lugdunenfis Sermones de Tempore & de Sanctis *in* 8°. Parifiis apud Udalr. Gering & Berthold. Rembolt 1498. *Cafimir Oudin dans le Supplement de Bellarmin De Scriptoribus Ecclef. dit que ce font les Sermons de Guillaume de Paris.*

Vener. Bedæ Expofitio in Epiftolas Pauli ex S. Auguftino Collecta, *in fol.* Impreff. opera & impenfa Udalrici Gering & Mag. Berchtoldi Rembolt Sociorum. Parrhifiis in Sole aureo vici Sorbon. an. 1499. die 28. Novemb. *Biblioth. de Sorbon.*

Nicolai Perotti Pontificis Sipontini Cornucopiæ linguæ Latinæ, five Commentarii in Martialis Epigrammata, *in fol.* Parifiis per Udalr. Gering & Mag. Berchtold. Rembolt Socios an. 1500. die ultima Aprilis. *Biblioth. de Sorbon.*

Corpus Juris Canonici cum Gloffis, in fol. *trois Vol.* Decretum Gratiani, 1501. Decretales 1504. Sextus Decretalium, *à la fin duquel on lit*, Anno gratiæ 1500. die 15. Octob. expenfis Udalr. Gering & Berchtoldi Rembolt Sociorum in Regali Academia Parifienfi commorantium ad Solis aurei fignum vici Sorbon. *Bibliotheque de Sorbonne.*

Ludolphi de Saxonia Carthufiani Vita Chrifti, *in fol.* Parifiis in regione Sorbonica fub Sole aureo coimpreffa ab Udalr. Gering & B. Rembolt Sociis, anno 1502. *Biblioth. des Celeftins.*

Decretum Gratiani cum Gloffis, in fol. *On lit à la fin:* Finem accepit in Alma Parif. Academia expenfis & opera Udalr. Gering & M. Berth. Rembolt Sociorum in Sole aureo vici Sorb. commorantium anno falutis 1505. die vero 5. Januarii. *Biblioth. de Sorbonne.*

Codex Juftiniani Imp. cum Gloffis, *in fol.* Impreff. opera & impenfis Udalrici Gering & Berchtoldi Rembolt Sociorum, an. 1505. die 18. Augufti. *Bibliotheque de Sorbonne.*

Ludolphi Carthufiani expofitio in Pfalterium, *in fol.*

DE PARIS. PART. I. Chap. VI.

" Parisiùs in Sole aureo vici Sorbon. per Udalr. Gering
" & Berchtol. Rembolt Socios, an 1506. penultima Januar.
Biblioth. de Sorbonne.

" Decretum Gratiani cum Glossis, in fol. *Il y a à la fin*,
" In alma Parif. Academia, expensis & opera Udalrici Ge-
" ring & M. Bertholdi Rembolt Sociorum, in Sole aureo
" vici Sorbon. commorantium, an. salutis 1507. die vero
" 10. Decemb. *Biblioth. de Navarre.*

" Hugonis de S. Charo. Cardin. Postilla in quatuor E-
" vangelia *in fol.* Parrhisii, expensis Udalrici Gering & M.
" Berthol. Rembolt Sociorum in Sole aureo vici Sorbon.
" an. Dom. 1508. die 20. Octob. *Bibliotheque de Sorbonne.*

" Joannis Franc. de Pavinis Baculus Pastoralis, seu Tra-
" ctatus de Visitationibus, *in 4°.* Parisiis opera Udalrici
" Gering & Mag. Berthol. Rembolt Sociorum, an. 1508.
" die 20. Januarii. *Biblioth. de Sorbonne.*

" Petri Suberti Episcopi S. Papuli Liber de Cultu Vineæ
" Domini, seu De Visitatione Episcopali *in 4°.* Impresse-
" runt Udalricus Gering & Mag. Bertholdus Rembolt
" Parisiis in Sole aureo vici Sorbon. an. 1508. die 8. Martii.
Biblioth. de Sorbonne.

On a vû par cette troisiéme & derniere Liste des Livres imprimez par Gering, que Bertholde Rembolt étoit son Associé & les a aussi imprimez avec lui. Nous avons recherché par curiosité le reste des Impressions que cet Associé a faites en son nom seul, peu auparavant & depuis la mort de Gering. Voici ce que nous en avons pû découvrir.

Livres imprimez par Bertholde Rembolt aprés la mort de Gering.

" S. BRUNO in Epistolas Pauli 1509. *fol. Il est dans la*
Biblioth. de Sorbonne.

" Ludolfus de Vita Christi 1509. *fol. En Sorbonne.*

" Michaëlis Lochmayer Parochiale Curatorum 1509.
" *in 4°. page* 52. *du Catalogue de M. l'Archêv. de Reims.*

" Sextus Decretalium cum Glossis 1510. *fol. En Sorbonne.*

L'ORIGINE DE L'IMPRIMERIE

» Nicolai Perotti Cornucopiæ in Martialem *fol.* 1510. *Est aux Celestins de Paris.*

» Justiniani Imp. Institutiones *in* 4°. 1511. *Aux Celestins.*

» Trithemius de Scriptoribus Ecclesiasticis 1512. *in* 4°. *En Sorbonne.*

» Leo Albertus de Re ædificatoria. 1512. *in* 4°. *En Sorbon.*

» S. Cypriani Opera 1512. fol. *Cité par Pamelius, & dans l'Edition d'Oxfort. Je l'ai vû en belles Lettres rondes chez M. Dubois Docteur de la Faculté de Théologie de Paris, & Bibliothecaire de M. l'Archevêque de Reims.*

» Joannis de Vanquel Breviarium Sexti & Clementinarum. 1514. *in* 8°. *Je l'ai vû dans la Bibliotheque de M. l'Archevêque de Reims.*

» Hieronymus Hangestus de Causis 1515. *fol. En Sorbon.*

» Bonifacii de Ceva Viaticæ Excursiones de nonnullis
» hominum vitiis. 1515. *in* 4°. *page* 58. *du Catalogue de M. l'Archevêque de Reims.*

» Infortiatum. Libris 14. *fol.* 1515. *En Sorbonne.*

» Digestum novum Libris 12. *fol.* 1516. *En Sorbonne.*

» Volumen Authenticorum *fol.* 1516. *En Sorbonne.*

» S. Augustini Sermones *fol.* 1516. *Aux Celestins.*

» Gregoriana in Novum Testam. 1516. *in* 4°. *En Sorbonne.*

» Nicolai Ploüe Tractatus de Sacramentis & divinis Officiis, cum Confessionali S. Thomæ 1516. *in* 4°. *En Sorbonne.*

» S. Bernardi Opera *fol.* 1517. *En Sorbonne.*

» S. Gregorii Magni Opera *fol.* 1518. *En Sorbonne.*

» Codex Justiniani *fol.* 1518. *Cité dans l'Histoire de l'Imprimerie & de la Librairie page* 59.

» Decretum Gratiani cum Glossis *fol.* 1518. *En Sorbonne.*

Decretales cum Glossis *fol.* 1519. *Il mourut, ce Livre étant commencé. Sa Veuve Charlotte Guillard l'acheva. Il est en Sorbonne.*

Voilà ce que nous avons pû recueillir des Editions faites par Ulric Gering. Nous en avons fait trois Listes selon les lieux differens où son Imprimerie fut placée. Je ne doute point qu'il n'y en ait encore quelques-unes qui doivent entrer dans ces Listes, & que nous n'avons pas connuës.

L'ORIGINE
DE L'IMPRIMERIE
DE PARIS.

SECONDE PARTIE.

CHAPITRE PREMIER.

Ulric Gering imprime quelques Livres en Gothique. Imprimeurs de Gothique à Paris, à Venise, à Lyon. Les plus fortes Impreſſions Gothiques. Quand a commencé & fini le Gothique. Il eſt beaucoup loüé par quelques Libraires. Ouvrages mêlez mal-à-propos de bonnes Lettres & de Gothique. Joſſe Bade a perſeveré longtems dans le Gothique. Qui ſont ceux qui l'ont bani des Imprimeries de Paris. Un Auteur s'attribuë le Livre de Nicolas Hanaps. Trop frequentes abreviations dans les anciens Imprimez. Exemple. Premiers Imprimeurs ont mêlé le rouge avec le noir. Gering l'a fait. Uſages doivent être en noir & en rouge. Qui fut le premier Imprimeur des Meſſels. Anciennes Impreſſions des Meſſels & Breviaires de Paris. Lettre Italique inventée par Alde Manuce, & quand. Trois Brefs en forme de Privilege qu'il obtient des Papes. Elle n'eſt point propre pour les grands Ouvrages. Corps du Droit Canonique avec les Gloſes imprimé à Paris par Gering. Deux Juriſconſultes travaillent à en faire l'Edition, qui en fut faite en rouge & en noir. C'eſt le plus fort Ouvrage qu'imprima Gering; a été réimprimé pluſieurs fois, & a péri, parce qu'il étoit Gothique.

DANS cette troiſiéme Liſte, l'Holkot, l'Albert le Grand, le Guy Juvenal, le Saint Gregoire le Grand ſur les Cantiques, le Nicolas Perot, ſont de Lettres Romaines, & du même Caractére que les quatre derniers Livres de la ſeconde Liſte. Le reſte, à l'exception du Virgile, est en Lettres Gothiques, que Gering employa dans l'Impression des Livres, qui servent à l'usage de l'Eglise & de quelques autres. Quand il commença l'Imprimerie à Paris, il ne donna que de bons Caractéres, & tint ferme long-tems contre le torrent des autres Imprimeries, qui introduisoient la Lettre Gothique. Mais enfin il se laissa entraîner lui-même. Il est le premier qui a donné les plus belles Lettres: mais il n'est pas le premier qui s'est relâché, & qui s'est servi des Gothiques. Car on voit dans la Bibliotheque de Sorbonne le Gregoire de Rimini sur le premier des Sentences imprimé de ce Caractére dés l'année 1482. Et Louis Martineau fit imprimer à Paris en Gothique l'année 1484. & celle de 1485. *Le Bacho in 3. & 4. Sentent.* & Pierre le Rouge en 1487. *Quod libeta* de Guillaume Holran; & la même année Jean Carcain la Dialectique de Buridan, avec les Expositions de Jean Dorp. Et Pierre Levet la même année le *Manipulus Curatorum* de Guy de Mont-Rocher. Et Antoine Verard en 1488. & 1489. les deux Volumes des Morales & Politiques d'Aristote, de la Traduction Françoise, qu'en fit Nicolas Oresme par l'ordre du Roi Charles V. Et Guillaume le Caron & Jean Belin 1489. le Messel de Paris. Et Guy Marchand en 1490. le Martyrologe d'Usvard. Et Jacques Maillet en 1491. le songe du Vergier. Et Jean Dupré en 1492. le gros Volume *in fol.* du Breviaire de Paris. Et la même année George Vvolf ce même Breviaire *in* 8°. Et en 1493. George Mittelhus la Sphére de Jean de Sacrobosco. Et en 1494. furent imprimez de cette Liste *in* 4°, les deux Volumes des Sermons de S. Bernard.

Nous ne prétendons point pour cela accuser ces Imprimeurs de Paris. Ils ont leurs défenses & leurs excuses sur les Impressions Gothiques, qui se faisoient alors dans les meilleures Imprimeries des païs Etrangers, qu'on apportoit en grand nombre dans le Royaume. Ce ne sont point ceux de France, qui sont les Auteurs de la Lettre Gothique. Dés l'année 1471. on s'en étoit servi en Allemagne. Un des plus anciens Livres de ce Caractére que j'aye vû, est le gros Volume du Decret de Gratien, qui est dans la Biblioth. de Sorbonne imprimé par Henry Eggesteyn à Strasbourg cette

année-

année-là. Car je ne mets point de ce nombre les demi-Gothiques qui reprefentoient les Ecritures à la main, que Pierre Schoeffer avoit imprimées avant ce tems à Mayence. Mais fur tout Venife, qui avoit eu la gloire d'avoir employé les plus belles Lettres, comme nous avons dit dans la premiere Partie, l'a beaucoup diminuée par une foule de ces Impreffions Gothiques qu'elle fit dans ces premiers tems, & qui donnerent par tout le mauvais exemple. Dés l'année 1475. Jean de Cologne & fon affocié Jean Manthen, aprés avoir imprimé de tres-belles Lettres en 1474. le Calderin fur Martial, imprimerent de Gothique en cette Ville-là, la troifiéme Partie de la Somme Théologique d'Alexandre de Ales. Et puis en 1477. & 78. le premier & le fecond Livre de Scot fur les Sentences. Et Antoine Barthelemy en 1476. les Epîtres de S. Hierôme en deux Volumes. Et Leonard Vvild en 1478. le Quatriéme des Sentences de S. Thomas. Et *Rainaldus Novimagius* en 1479. les Ouvrages de Medecine de Mefua. Et Nicolas Jenfon en 1476. la fainte Bible; & en 1480. la Quatriéme Partie de la Somme de S. Antonin, & les autres dont nous avons parlé dans le Chap. 3. de la premiere Partie. Et Pierre de Caftiliono en 1481. les deux Volumes de Mathieu de Gradi fur la Medecine de Rafis. Et François Renner en 1482. les trois gros Volumes de Nicolas de Lyra fur la Bible. Et Antoine de Strata en 1483. la petite fomme de S. Antonin. Et Raphael de Torris en 1484. les Inftitutions de Juftinien, & plufieurs autres.

Tous ces Imprimeurs de Gothique fervirent d'exemple à un grand nombre d'autres, qui employerent ces feconds & chetifs Caractéres de Venife, laiffant les premiers incomparablement plus beaux. Venife fut auffi-tôt fuivie de Padoüe, où l'on imprima en 1476. les Ouvrages d'Avicenne; de Rome, où fut imprimée en 1479. de ce Gothique, la Somme de la Puiffance Ecclefiaftique faite par Auguftin d'Ancone; de Pavie, où l'on imprima en 1480. quelques Traitez de Logique de Martin *De Magiftris*. Et de plufieurs autres Villes, en Italie, en Allemagne, & en France. Comme, de Milan, Ferrare, Boulogne, Bafle, Cologne, Spire, Nuremberg, Lyon, Paris. C'eft Lyon & Venife, qui ont fourni le plus grand nombre d'Impreſſions Gothiques. Les principaux Imprimeurs qui les firent à Lyon ſont, Jean & Gaſpar Threchſel, Jean Cleym, Jacques Sachon, Jean Jonvelle, Jacques Myt, Jean Moylin, Nicolas de Benedictis, Jacques & Jean Maréchal, Jean Marion, Jean Creſpin, François & Pierre Fradin, & autres. Les plus forts Ouvrages que j'ai vûs de cette Lettre, & qui ſont dans la Bibliotheque de Sorbonne, c'eſt la Collection intitulée, *Tractatus Juris Univerſi*, qui fut imprimée en quinze Volumes *in fol.* l'année 1549. par trois Imprimeurs de Lyon, Pierre Fradin, George Regnault, & Thomas Berteau. Aprés celui-ci, c'eſt le Toſtat en treize Volumes, que les Imprimeurs de Veniſe acheverent *in fol.* l'année 1530. où ils firent graver le Portrait de cet Evêque, & ſon Eloge contenu dans ce Vers,

Hic ſtupor eſt mundi, qui ſcibile diſcutit omne.

Ce Caractére Gothique a été fort long-tems en uſage dans les Imprimeries, & pendant plus d'un ſiécle. Car je trouve encore imprimé de cette Lettre en 1561. à Veniſe, l'*Alvarus Pelagius de Planctu Eccleſiæ*; à Valladolid en 1563. le Traité Eſpagnol de l'Agriculture de Gabriel Herrera; à Paris en 1574. le *Manuale Sacerdotum* du Dioceſe de Paris, ſorti des Preſſes de Jacques Kerver. Et nous pouvons dire qu'il n'eſt pas encore tout-à-fait tombé, puiſqu'on voit les Allemands & les Anglois imprimer de ce Caractére des Livres en leurs Langues. Il fut autrefois beaucoup eſtimé de pluſieurs Libraires, dont quelques-uns ſe ſont flattez de leurs Editions Gothiques, & en ont voulu tirer des loüanges, dans le tems même qu'on employoit les plus belles Lettres. Du nombre deſquels ſont à Veniſe Jean de Cologne & Jean Manthen dans l'Impreſſion du Scot citée ci-deſſus; dont ils diſent qu'elle eſt faite *ſublimi Literarum effigie*. Et Jean Herbort qui imprima l'Apono *Conciliator Medicinæ* en 1483. avec cet Eloge qu'il ſe donne, & qu'on lit à la fin du Livre: *Charactere jucundiſſimo M. Joann. Herbort Alemanni, cujus vis & ingenium facilè ſupereminet omnes*. Et à Lyon Jean de Jonvelle, qui imprima en 1523. le Barthelemi Chaſſeneuz ſur les Coûtumes de Bourgogne; *Elegantiſſimis typis*, ſi on le veut croire. Et à Paris Nicolas Prevoſt qui imprima *in fol.* en 1525. le Pſautier à l'uſage de ce Dioceſe, dont on ſe ſert encore dans la Chapelle du College de Navarre; il loüë ſon Ouvrage en ces termes: *Opus pulchro Literarum charactere politiſſimum.* J'accorderai volontiers à l'Auteur de l'Epigramme, qui eſt au Sexte des Decretales, que Chevalon imprima en 1520. ce qu'il dit ſur le beau rouge & ſur le beau noir de ce Livre:

Certante minio purpuræ rubedine,
Superante corvos nigriores ſepia.

Mais qui voudra dire comme lui d'un Livre Gothique, qu'il eſt commode

Politioribus characterum typis?

Cet Eloge convient mieux aux belles Editions des Ouvrages de S. Ambroiſe, de S. Jerôme, de S. Auguſtin, de Saint Chryſoſtome & autres, que fit Chevalon dans les années ſuivantes.

Il s'eſt trouvé des Imprimeurs à qui le mélange des deux Caractéres a plû, & qui ont employé la belle Lettre & le Gothique dans un même Livre. Ainſi fit à Alcala de Henarés Guillaume de Brocario qui imprima la Bible du Cardinal Ximenez l'année 1517. où il ſe ſervit auſſi fort mal-à-propos de faux Caractéres qui ne ſignifient rien, pour ne point laiſſer de vuide dans les lignes. L'Edition des Ouvrages de S. Ambroiſe, que fit à Baſle en trois Tomes Jean d'Amerbach en 1492. eſt de cette maniere. Dans le premier Tome les trois Livres des Offices de ce Saint, & dans le troiſiéme les dix Livres de ſes Epîtres, ſont d'un tres-beau Caractere Romain, tout le reſte eſt Gothique. Lucas Junta imprima à Veniſe l'année 1530. les Commentaires de Cajetan ſur les quatre Evangeliſtes. Et Antoine Bladus imprima à Rome en 1532. ce même Auteur ſur le vieux Teſtament: rien n'eſt plus déſagreable à voir que cette Edition. Aprés trois ou quatre lignes du Texte ſacré en Gothique, ſuivent cinq ou ſix lignes du Commentaire en lettres rondes: & le mélange des deux Caracteres y eſt fait d'une maniere, que la vûë ſouffre en liſant. Auſſi Junta s'en corrigea auſſi-tôt dans l'Impreſſion qu'il acheva du reſte des Commentaires ſur le Nouveau Teſtament, où il employa uniquement la belle Lettre. Je ne fçai dequoi s'avifa Robert Etienne dans la feconde Edition de 1543. de fon Dictionnaire Latin en deux gros Volumes ; où n'ayant rien mis de Gothique dans le premier Tome, il commence le fecond par la lettre L : & il imprime en Gothique tous les premiers mots Alphabetiques de ce Tome & ceux aufquels il renvoye, tout le refte étant de bonnes Lettres. Je ne puis rien dire pour l'excufer, finon qu'il voulut fuivre en cela l'exemple de fon beau-pere Simon de Colines, qui avoit fait la même chofe l'année 1520. dans l'Impreffion du gros Dictionnaire de Droit en deux Volumes *in fol.* de Jean de Montholon, intitulé, *Promptuarium divini & humani Juris*.

Selon l'idée que donne le Pere du Moulinet dans fon Ecrit de la Fortune des Lettres Romaines cité 1. Part. chap. 3. p. 53. il femble que ce foit Joffe Bade qui ait arrêté le cours de la Lettre Gothique. Et on dit nettement de lui dans l'Hiftoire de l'Imprimerie page 73. qu'il étoit venu de Lyon à Paris, *pour y rétablir l'Art de l'Imprimerie, qui commençoit à décliner, & qui étoit tombé dans le Gothique . . . . . il le rétablit donc, & imprima en tres-beaux Caractéres*; c'eft de quoi nous ne fommes point d'accord. L'Imprimerie de Paris, qui a été la premiere fondée en France, a toûjours été en état d'enfeigner l'art de bien imprimer aux autres Villes, plûtôt que d'en recevoir d'elles des préceptes. Elle n'a jamais eu befoin qu'il vint un homme de Lyon pour la redreffer, puifqu'elle a toûjours eu des Maîtres affez ingenieux & affez habiles pour le faire. Et quand Joffe Bade vint à Paris, ce qui fut environ l'année 1500. Ulric Gering y vivoit encore: c'étoit le premier Maître de France, qui imprima cette même année-là, le Nicolas Perot qu'on voit dans la troifiéme Lifte, d'une tres-belle Lettre ronde. Quoique Joffe Bade étant venu à Paris, y ait fait un grand nombre d'Editions en bonnes Lettres, il eft pourtant vrai qu'il en a fait auffi plufieurs en Gothique, & qu'il n'a pas tout-à-fait banni ce méchant Caractére de fon Imprimerie. Il a perfeveré long-tems dans ce defaut, & prefque jufqu'à la fin de fa vie ; tant s'en faut qu'il fût venu pour en corriger les autres. On voit qu'il a imprimé de cette lettre Gothique en 1506. le Jacques Perez de Valence fur les Pfeaumes *in fol.* Et la même année le Vocabulaire *Catholicon Joannis Januenfis* in fol. En 1507. le *Navis Stultifera* in 4°. En 1508. le Durand fur les Sentences *in fol.* En 1510. le Traité *De Oppofitis* de Robert Caubraith Ecoſſois *in fol.* En 1513. le *Biblia Aurea* in 4°. d'Antoine *Ampigollus* Religieux Augustin Italien, ou peut-être *Rampegolus*, qui affiſta au Concile de Conſtance, & donna *Figuræ Bibliorum*. Nous dirons ceci en paſſant, que quiconque ſoit l'Auteur de ce *Biblia aurea*, il a dû rendre quelqu'honneur à Nicolas Hanaps Religieux Dominiquain François, qui compoſa pour les Prédicateurs vers l'année 1280. l'*Exempla virtutum & vitiorum ex univerſa Scriptura*, que l'on a mis parmi les Opuſcules de S. Bonaventure ſous le titre de *Biblia Pauperum*; puiſque c'eſt ſeulement ce Livre à qui il donne un nouvel habit, diviſant & rangeant les matieres ſous un autre ordre. En 1516. la Phyſique d'Albert de Saxe. En 1517. le Traité des Syllogiſmes d'Antoine Coronel Eſpagnol. En 1518. le *Guillel. de Rubione* fur les Sentences. En 1519. le Scot fur les Sentences, & le François Mayron fur le Decalogue. En 1520. la Phyſique & Metaphyſique de Paul Venitien. En 1521. le Tome 2. *Doctrinalis fidei Thomæ Vvaldenſis*. En 1530. le Jean Major fur le premier des Sentences. Tous Livres *in fol.* qu'on peut voir dans la Bibliotheque de Sorbonne. Et c'eſt particulierement de Joſſe Bade, comme je crois, que ſe plaint le nommé *Aſtenſis* dans ſa Préface au Gregoire de Rimini de Chevalon, quand il dit, qu'il y avoit des Imprimeurs qui n'employoient que de méchans Caractéres pour les Livres de Théologie ; au-lieu que pour les Livres d'Humanitez, & l'Impreſſion des Poëtes, ils n'épargnoient rien : *Lynceis utuntur oculis & Herculeo labore, ſi quando Ethnicorum aliquis, aut nugax Poëta, aut verboſus Orator eſt imprimendus ; ſacris quoſvis typos quamvis tritos & confuſaneos adhibent.* Cet honneur d'avoir rétabli le beau Caractére dans les Imprimeries de Paris, appartient plûtôt à Simon de Colines, à Robert Etienne, à Michel Vaſcoſan, à Jean de Roigny, & autres de leur tems, qui n'ont fait que de belles Editions.

Mais c'eſt trop parler du Gothique, qui fut un defaut des Imprimeries dans les premiers tems ; auſſi-bien que le grand nombre des abbreviations qui y fut introduit au commencement, & qui multiplia si fort dans la suite, qu'il se trouve des Livres imprimez dans l'une & l'autre Lettre, c'est-à-dire, dans le Gothique & le bon Caractére, qui font autant de peine à lire que l'écriture des Sergens. Il me souvient particulierement de la Logique d'Oxam, imprimée à Paris en 1488. *in fol.* au Clos Bruneau, d'une belle Lettre, où il n'y a point presque de mot qui n'ait quelque abbreviation. Voici par curiosité deux lignes au *folio verso* chiffre 121. *Sic hic e fal sm qd ad simplr a e pducibile a Deo g a e & silr hic a n e g a n e pducibile a Do.* qui signifient *Sicut hic est fallacia secundum quid ad simpliciter. A est producibile à Deo. Ergo A est. Et similiter hic. A non est. Ergo A non est producibile à Deo.* On mit tant de ces abbreviations dans les Volumes de Droit, dans les Manuscrits & dans les Imprimez, qu'on fut obligé de faire un Livre pour enseigner à les lire, intitulé : *Modus legendi Abbreviaturas in utroque Jure*, qui est dans la Bibliotheque de Sorbonne imprimé *in* 8°. à Paris par Jean Petit l'année 1498. C'est la raison pourquoi on a tant perdu de ces anciennes Editions. La difficulté de les lire à cause du Caractére, ou des abbreviations, a fait qu'on en a donné beaucoup pour faire des fusées. Le Jurisconsulte Chappuis, qui travailla à l'Edition du Code Justinien que l'on voit dans la Liste, devoit le faire imprimer de belles Lettres & sans abbreviations, s'il vouloit que les vœux, qu'il fait pour la durée de son Ouvrage, fussent accomplis quand il dit :

Iste recens duret nullo violabilis ævo,
Nec ruat in cineres aut cava busta Liber.
Et licet omne rogus vel Templa sacrata prophanet,
Non rapiat tamen hoc flamma vorális opus.

Et il est arrivé de son Edition Gothique du Gratien tout le contraire de ce qu'il s'étoit flatté, lorsqu'il écrit en sa maniere ; qu'on ne la sçauroit payer de l'or ; que son Livre demeurera toûjours, & que l'or prendra fin.

Non posset Liber hic fulvo mercarier auro.
Hoc pitis, hic nunquam deperiturus erit.

Car les copies de son Edition ont été presque toutes la matiere des flammes, & il en reste peu aujourd'hui dans les Bibliotheques, pendant que l'or demeure toûjours fort précieux & tres-bien conservé.

Je reviens à nostre Liste dans laquelle le Psautier, le Diurnal, le Breviaire, le Messel, les Heures à l'usage du Diocese de Paris, & les Volumes de Droit qui s'y trouvent, sont imprimez rouge & noir. Ce mélange des deux couleurs donne un agrément à l'Impression, & réjoüit la vûë qui se plaît dans cette diversité. Aussi les Auteurs de l'Art les ont mêlées dans les premieres Editions qu'ils ont faites, comme on aprend par ces termes qu'ils ont mis à la fin du Psautier de Mayence 1457. & du *Rationale divinorum Officiorum* de 1459. *Præsens Codex venustate capitalium decoratus, Rubricationibusque sufficienter distinctus, &c.* & on lit en lettres rouges tous les mots qu'ils employent à la souscription de leur Bible de 1462. & de plusieurs autres Impressions.

Ulric Gering instruit vrai-semblablement à Mayence, avoit aussi imprimé en rouge dés l'année 1470. le titre de la Lettre de Fichet au Cardinal Rolin. Mais il employe ici cette couleur dans toute sa beauté & son éclat, à chaque page du Livre. Il fit en cela beaucoup mieux que Guillaume le Caron, Jean Belin, & Jean Dupré, qui avoient imprimé le Messel de Paris *in fol.* l'année 1489. & le Breviaire de ce même Diocese en 1491. où ils mirent les Rubriques en Lettres noires. Ulric mêla les deux couleurs dans le Psautier & le Messel; & ce qu'on appelle *Rubriques* porte ce nom avec verité dans ces Editions. Ce qui fit que Thielman Kerver réimprimant ce même Breviaire *in* 8°. l'année 1500. suivit l'exemple de Gering, & de quelques autres, plûtôt que celui de Dupré, & mit les Rubriques, comme elles doivent être, distinguées par le rouge. Ce qui s'est pratiqué ordinairement pour les Breviaires jusqu'à nos jours, où l'on a vû quelques Libraires de Cologne (ou plûtôt d'Hollande) de Lyon & de Paris, faire imprimer des Breviaires Romains, & quelques autres en rubriques noires : travail où ils ne meritent autre loüange, que celle que l'on doit à un homme, qui ne se soucie pas que son Ouvrage soit plus beau & plus commode, pourvû qu'il coûte moins d'argent.

Je remarquerai en cet endroit à l'occasion du Meſſel de Gering, que ce fut un Imprimeur d'Italie nommé Antoine Zarot, qui commença à mettre les Meſſels ſous la Preſſe, pour la commodité des Prêtres qui celebrent la ſainte Meſſe. J'ai lû ſur un ancien Meſſel Romain de la Bibliotheque de S. Germain des Prez qu'il avoit imprimé à Milan en rubriques rouges l'année 1478. *in fol.* ces quatre Vers.

Antoni Patria Parmenſis gente Zarote,
Primus Miſſales imprimis arte libros.
Nemo repertorem nimiùm ſe jactet. In arte
Addere plus tantum quàm peperiſſe valet.

On avoit déja commencé d'imprimer les Breviaires Romains; car on en voit deux dans la Biblioth. de M. l'Arch. de Reims, l'un de l'Impreſſion de Turin l'année 1474. l'autre de l'Impreſſion de Veniſe 1477. tous deux *in* 8°. *Catal. Bibl. Teller. pag.* 211. Meſſieurs de l'Egliſe de Paris firent imprimer leur Meſſel à Veniſe l'année 1487. il y a de l'apparence que c'eſt la premiere Impreſſion qui en fut faite. Veniſe en ce tems-là avoit la reputation de poſſeder les plus excellens Imprimeurs, ainſi que nous avons dit dans la I. Partie chap. 4. page 61. Ils ſuivirent en cela l'exemple de Meſſieurs de Bourges, qui avoient fait imprimer leur Breviaire *in* 8°. dans cette Ville-là en l'année 1481. par Pierre de Piaſiis. M. l'Arch. de Reims a ce Livre, comme on voit par la page 211. de ſon Catal. imprimé. Je n'ai point pû découvrir où on gardoit cette ancienne Impreſſion du Meſſel de Paris; mais il eſt bien certain qu'elle eſt dans cette Ville, puiſque l'Univerſité dans le Recueil d'Actes imprimé *in* 4°. l'année 1652. dont nous parlerons dans les Chapitres premier & cinquiéme de la quatriéme Partie, cite cette Edition, & rapporte ces termes du commencement & de la fin. * [Incipit Miſſale ſecundum uſum Eccleſiæ Pariſienſis.... Ad laudem Dei omnipotentis ejuſque intemeratæ genitricis & Virginis, in cujus honorem fundata eſt ſacra Eccleſia Pariſienſis, totiuſque Curiæ cœleſtis, &c. Actum & completum extat arte Impreſſoria in Venetiarum præclara Urbe, &c. Impreſſoribus quidem Jo. Hammani de Landoia

* Dans les Repliques à la page 34.

" doia & Jo. Emerich de Udenhem anno Domini 1487.
" die 10. menfis Novemb.] Deux années aprés il fut réimprimé à Paris par les trois Libraires que nous avons nommez. Cette Edition est dans la Bibliotheque des RR. PP.
Mathurins : & Gering en fit une plus belle Impreſſion en rubriques rouges l'année 1497.

Quant au Breviaire de Paris, le plus ancien que j'aye vû
eſt imprimé *in* 8°. en rubriques noires. Il eſt dans la Bibliotheque de M. l'Archevêque de Reims. Voici ce qu'on lit à
" la fin : [Ad laudem Dei omnipotentis, ejuſque intemera-
" tæ genitricis & Virginis, totiuſque Curiæ cœleſtis, actum
" atque perfectum extitit præſens Ordinarium ſeu Brevia-
" rium, Pariſienſi Eccleſiæ accommodum, in ipſa præclara
" Pariſiorum Urbe; adjunctis diligenter ipſius Eccleſiæ Con-
" ſtitutionibus ſeu Ordinationibus, quibus facillimè quæ
" ſingulis Horis pſallere debeas poteris agnoſcere. Quod
" quidem opus præclarum quàm plurimorum hortatu Ec-
" cleſiaſticorum Virorum id impigrè atque ſollicitè de-
" poſcentium incœptum, tandem Deo duce extitit ritè ac
" feliciter conſummatum anno Domini 1479. in Vigilia
" Annunciationis Dominicæ ante Paſcha. Deo gratias.]
Comme on ne peut point dire certainement qui en fut l'Imprimeur, auſſi n'eſt-il point clair par ces paroles que l'année
1479. ſoit plûtôt celle de l'Impreſſion, que celle où la com-
poſition du Breviaire fut achevée. On le réimprima deux
fois en l'année 1492. l'une *in fol.* en rubriques noires, comme nous avons déja dit ; l'autre en plus petite forme
in 8°. en rubriques rouges. George Vvolf Allemand en fit
l'Impreſſion : il ſe ſervit des Caractéres de Gering & de ſon
Imprimerie, qui étoit alors ruë de Sorbonne au Soleil d'or.
J'ai vû cette Edition à S. Germain des Prez ; on y lit ces paroles : *Impreſſum Pariſiis ad Solem auratum vici Sorbonici opera
M. Georgii Vvolf. v. Id. Maii. an.* 1492. Et puis Thielman
Kerver le remit ſous la Preſſe en 1500. cette Impreſſion eſt
en Sorbonne.

L'Impreſſion du *Cornucopia* de Nicolas Perot Archevêque
de Manfredonia au Royaume de Naples, faite l'année 1500.
par Gering, eſt d'un beau Caractére, mêlé de Lettres ron-

P

des, grosses & moyennes. C'est une belle Edition ; mais les abbreviations y sont trop frequentes. Alde Manuce réimprima ce même Livre à Venise treize ans après : & pour ne point faire d'abbreviations, ni le Volume trop gros, il le mit en Lettres Italiques. Il usa en cela de son droit ; car c'est ce sçavant Imprimeur qui est l'Auteur de ce Caractére couché, qu'on appelloit anciennement dans les Imprimeries, *Lettre Aldine*, * & en Latin, *Characteres cursivos seu cancellarios*; qui fut d'abord bien reçu, parce qu'il occupe peu de place, & approche fort de l'écriture à la main. *Ut calamo conscripta esse videantur*, dit le Bref de Jules II. ce fut environ au commencement du dernier siécle qu'il l'employa dans ses Editions. L'Epître Dédicatoire qui est au George Valla *in fol.* 1501. est de cette Lettre, comme aussi le Catulle, le Tibulle, le Properce qui sont en Sorbonne, imprimez *in* 8°. au mois de Janvier 1502. & le Lucain au mois d'Avril suivant. Dans sa Lettre à Reuchlin dattée du 18. Avril 1502. qu'on voit dans les Epîtres, *Illustrium ad Reuchlinum*, il lui marque les Livres qu'il avoit imprimez de cette Lettre: *Impressi sunt literis parvis Virgilius, Horatius, Juvenalis, Persius, Martialis, Lucanus, Catullus, Tibullus, Propertius, Epistolæ familiares Marci Tullii. Iisdem Characteribus imprimuntur Ovidii Opera, Statius, Valerius Maximus*. Il paroît par cette Liste, qu'il donne lui-même, que c'est le Virgile & l'Horace qui furent les premiers imprimez de cette Lettre Italique, & en forme d'*in* 8°. mais il s'en sert ici pleinement, & en grande forme d'*in fol.* dans ce *Cornucopiæ*, qui est un assez gros Volume, uniquement imprimé de cette Lettre fort menuë.

Quand il eut inventé ce Caractére, il obtint du Pape Alexandre VI. un Privilege pour empêcher qu'aucun autre que lui ne s'en servît. Le Bref de ce Souverain Pontife est
» datté du 17. Septembre 1502. [Quoniam dilectus Filius
» noster Aldus Manucius Romanus ad communem Docto-
» rum utilitatem, novis excogitatis Characterum formis,
» assiduam operam libris emendandis Imprimendisque im-
» pendit, magnosque in ea re labores sumptusque facit,
» vereturque ne insurgente invidia, æmulationeque exci-

* *Geofroy Tory Libraire de Paris dans le Livre qu'il fit de la proportion des Lettres, intitulé,* Champfleury, *imprimé in* 4. *l'année* 1529. *feuillet* 72. *Lettre Aldine, qui est dite Aldine, parceque Alde le noble Imprimeur Romain demeurant & imprimant n'a guéres à Venise, l'a mis en usage. Elle est gracieuse, parce qu'elle est maigre comme est la lettre Grecque courante, & non majuscule.*

" tata, aliqui fumpto de ejus Characteribus exemplo ad
" eamdem formam Libros imprimant, deque alterius in-
" vento novum sibi lucrum quærant, idcirco nobis fecit
" humiliter fupplicari, &c.] *Il demanda au Pape Jules II.*
un femblable Privilege, qui lui fut accordé par un Bref du
" *27. Janvier* 1513. [Cum tu.... Græcorum & Latinorum
" Auctorum Volumina fumma cura & diligentia caftigata, à
" paucis annis ad communem omnium Literatorum utilita-
" tem Characteribus, quos vulgus curfivos feu cancellarios
" appellat, imprimi tam diligenter & pulchrè curaveris, ut
" calamo confcripta effe videantur.] *Et dix mois après, il*
follicita un troifiéme Bref du Pape Leon X. qui défend aux
" *Libraires* : [Ne per fpatium quindecim annorum iis
" Characteribus, quos ipfe invenit vel edidit primus, im-
" primere..... neve Characteres eos, quos curfivos five
" cancellarios appellant, imitari præfumant.] Ces trois
Brefs font imprimez dans cette Edition du Nicolas Perot
1513. Cependant ce Caractére Italique, pour qui il obtint
tant de Brefs, n'eft point bon pour les gros ouvrages d'Imprimerie. Que l'on compare l'Edition du *Cornucopia* de Gering en Lettres rondes, avec celle-ci de Manuce en Italique, l'Edition de Gering eft plus belle, & fatigue bien moins
la vûë. Le Livre *De Harmonia mundi* de Georges Venitien
fut imprimé à Paris en 1544. par André Berthelin d'une
lettre Italique, mais groffe, & des plus belles qui ayent paru.
Celui qui voit cette Edition de Paris, & la compare avec
celle qui fut faite auparavant à Venife l'année 1515. par Ber-
nardin *De Vitalibus* en belles lettres rondes, s'il eft de bon
goût, fe declare auffi-tôt pour l'Edition de Venife.

L'avantage que l'Imprimerie tire du Caractére Italique,
c'eft qu'il eft propre à faire diftinguer dans les Imprimez
les Titres des Chapitres, les Citations, les Paffages, les E-
pîtres & les petites Pieces qu'on y rapporte. On les détache
par ce moyen de la Lettre courante de l'Ouvrage ; auffi ne
l'employe-t-on guére prefentement que pour cet effet : &
on ne voit plus d'Editions confiderables faites purement de
lettre Italique. Encore y a-t-il des Auteurs qui même pour
ces petites Pieces qu'on infere dans les Traitez, & pour les-

P ij

Paſſages un peu longs, ne veulent point s'en ſervir ; parce qu'elle fait toûjours plus de peine à lire ; & n'employent pour les diſtinguer que la lettre courante marquée de Guillemets, c'eſt-à-dire, de deux Virgules à côté de chaque ligne. On l'a ainſi pratiqué dans le Tome poſthume de Raynaldus, ajoûté aux Annales du Cardinal Baronius, & imprimé à Rome en l'année 1686. où on a changé de methode, & reformé preſqu'entierement la lettre Italique : ce qu'on imprimoit de ce Caractére dans les Tomes précedens, on le voit en Lettres rondes dans ce dernier.

Le Corps du Droit Canonique, avec les Gloſes, en trois Vol. *in fol.* eſt le plus gros Ouvrage d'Imprimerie que fit Gering avec ſon Aſſocié : il eſt d'une grande dépenſe ; chaque page étant chargée de Lettres rangées ſur cinq ou ſix colonnes, & mêlée de rouge & de noir. Il entreprit cette Impreſſion à la ſollicitation des Canoniſtes, & des Eccleſiaſtiques qui preſſoient l'Edition de ces Volumes depuis longtems. *Quæ res per tot annos frequentiſſimis omnium votis deſiderabatur*, dit la Lettre de Chappüis : *Iſtud ſiquidem ſacræ Theologiæ Profeſſores, iſtud Juris utriuſque ſtudioſi, iſtud ſacratiſſimi Flamines, iſtud denique voce una caterva ſtudentium univerſa poſtulat.* Ils avoient déja été imprimez en Allemagne & en Italie, comme à Strasbourg, à Rome, à Padouë, à Veniſe, & premierement à Mayence, dés le tems de la naiſſance de l'Imprimerie, comme nous en aſſûre *Beatus Rhenanus* au Decret de Gratien imprimé 1511. à Baſle: *Quamobrem ad antiqua Exemplaria, & illud maximè quod Moguntiæ olim procuſum eſt, cum Impreſſoria Ars id loci feliciſſimis Germanorum auſpiciis primùm exerceri cepiſſet, confugere opus fuit.* Mais toutes ces Editions étoient fort rares en France ; & les Copies que quelques Imprimeurs en avoient faites à Paris, n'étoient pas bien exactes ni bien correctes. Les Canoniſtes François vouloient avoir ces Livres plus accomplis, revûs & corrigez par d'habiles gens, & ſortis des mains de bons Imprimeurs, comme étoient par une approbation generale Gering & Rembolt. Deux Juriſconſultes entreprirent de travailler pour ce deſſein. Jean Chappuis Licentié en Droit, & Vital de Thebes Profeſſeur de cette Science dans

DE PARIS. Part. II. Chap. I. 117

les Ecoles publiques de la Faculté de Droit, qui firent quelque Notes, ajoûterent des Tables, & autres petites commoditez au Livre. Un Bachelier de la Maison de Sorbonne, qui depuis fut Professeur en Théologie, ami des Imprimeurs, appellé Jean Gaisser, écrivit une Lettre à la loüange de l'Ouvrage. Elle est imprimée dans le Sexte. [Joan. Gaisser Socius Sorbon. & in sacra pagina Baccalaur. formatus, Clarissimis Solertissimisque viris Udalrico Gering & Bertholdo Rembolt, artis Impressoriæ Architectis primariis felicitatem. *Il dit dans cette Epître* : Ego verò cum Volumen Decretalium Superiore anno à vobis impressum diligenter revoluerem, eximia illius pulchritudine, rectissimo ordine, & totius operis integerrima veritate mirificè delectatus, arbitrabar nullum unquam opus consummatius imprimi posse. Sed vicistis, fateor, Amantissimi Viri, judicium meum hujus Sexti & Clementinarum diligentissima Impressione. *Et conclud sa Lettre par ces termes* : Simul ut Literati intelligant omnes, quantum vobis debeant, quorum gratia præclarissimum illud opus, nec laboribus, nec impensis parcentes, absolutissimè impressistis. Valete felices. Ex famosissimo Collegio Sorbonæ 13. Calend. Decemb. anno 1500.] Jean Chappüis qui avoit eu la plus grande part à l'Edition, & qui avoit le plus travaillé pour l'enrichir, & la rendre correcte, n'oublia point à la bien recommander. Il fit des Vers, il composa des Elegies, il mit des Epigrammes en divers endroits de ces Volumes, où il se joüe en differentes manieres. En voici quelques-unes de sa façon. On lit dans le Decret de 1501.

Ante hæc tam nitidum Pressorum sæcula nullum
 Hoc ut opus cernis expoliere manus.
Præclarum torva non spectes fronte volumen,
 Lumina ne tollat sanguinolenta Deus.

On lit dans les Decretales de 1504.

Hellespontiacis mergi deberet in undis
 Ausus tam nitidum carpere livor opus.
Nil facit ad tersos cumulata pecunia libros.
 Nulla tenet similes Bibliotheca notas.

On lit dans le Sexte de 1500.

> *Exuet antè suos Juris studiosus amictus*
> *Quàm tam præclarum non sibi quærat opus.*
> *En age rumpe moras primævo flore Juventus,*
> *Vertice cum cano turba senilis ades.*

Cet Ouvrage ne fut pas plûtôt imprimé que toutes les Copies en furent débitées. Il fallut le remettre auſſi-tôt ſous les Preſſes : mais parce que Gering & Rembolt étoient occupées à Imprimer le Code de Juſtinien & à reimprimer le Decret de Gratien *in fol.* Jean Chappüis donna l'Ouvrage à Thielman Kerver qui l'imprima en plus petite forme *in* 4°. Ce qui ſe fit en 1505. & les deux année ſuivantes par ce Kerver, en tiers de dépenſe avec Jean Petit, & un Libraire de Lyon nommé Jean Cabiller. Il falut même aprés la mort de Gering que Rembolt ſon aſſocié l'imprima encore, qui mourut travaillant à cet Ouvrage, & aux Volumes de Droit Civil. Chevalon l'acheva, ayant eu ſa maiſon & ſon Imprimerie par le mariage qu'il contracta avec ſa Veuve. Mais enfin tous ces Livres de l'un & de l'autre Droit, qui furent imprimez avec tant d'éclat, recherchez avec tant d'empreſſement, ont péri, comme nous avons déja remarqué, ou ſont demeurez dans les endroits les plus obſcurs des Bibliotheques, peu regardez, parce qu'ils ſont Gothiques.

CHAPITRE II.

Le Virgile de Gering, & quelques autres Editions vantées pour être sans faute. Si cela peut être. Erasme entreprend de donner une Edition du Nouveau Testament Grec avec une nouvelle Version Latine. Il entretenoit luy seul trois Presses. Anciens Maîtres corrects dans leurs Impressions. Particularitez sur quelques-uns. Bonet Locatel Imprimeur correct. Il étoit Prêtre. Pierre Jacobi Prêtre étoit Imprimeur du Duc de Lorraine. Un Prêtre porte l'Imprimerie à Naples, & y refuse des Abbayes & des Evêchez. Alde Manuce imprimoit correctement. Il auroit voulu rachetter chaque faute d'un écu d'or. Il donnoit chaque mois un bon Auteur. Il fit quelques Editions qui sont accusées d'être corrompuës. Jean d'Amerbach loüé pour la correction de ses Impressions. Il fait apprendre l'Hébreu & le Grec à ses trois fils exprés pour donner le S. Hierôme. Jean Froben imprime correctement les chiffres dans la Concordance de la Bible. Dialogue curieux entre un Libraire qui vend son Livre, & celuy qui l'achette. Particules indéclinables ajoûtées à la Concordance de la Bible. Ouvrage fait à Constantinople. La Concordance de la Bible a éte faite à Paris dans le Couvent des Jacobins de la ruë S. Jacques. Froben blâme ceux qui achettent des Livres peu corrects sous prétexte de bon marché. Il ne souhaite vivre que pour voir l'Edition du S. Augustin achevée. C'est l'Edition d'Erasme, estimée si correcte. Il meurt aprés l'Impression des deux premiers Tomes.

Nous parlerons maintenant du Virgile de cette troisiéme Liste. Il nous servira de sujet pour faire plusieurs Remarques, qui occuperont le reste des Chapitres de cette seconde Partie. Il est de ce beau Caractére Romain, dont est imprimé l'Aristote de la seconde Liste. Paul Maillet Regent dans l'Université de Paris, & Professeur en Eloquence, entreprit de le donner au Public. Il en avoit déja fait paroître une Edition, qui fut aussi-tôt contrefaite, d'un méchant Caractére, défigurée & remplie de plusieurs fautes : en sorte qu'il fut obligé de la defavoüer. C'eſt ce qui lui donna lieu de revoir encore ce Livre, afin de donner ce grand Auteur fort correct & d'une belle Lettre. Il choiſit pour l'imprimer Gering & Rembolt ſon aſſocié, qui executerent ſon deſſein dans la perfection. Auſſi voulut-il en rendre témoignage à la fin du Volume, où il mit : *Opus quam terſiſſimè Impreſſum.* En effet, c'eſt une tres-belle Edition : & M. Mentel, qui l'avoit vûë dans la Bibliotheque de M. Patin, en a ainſi jugé page 16. de ſa Diſſertation. Un ami de Maillet appellé Jean Auber, fit une Epigramme de huit Vers, où il va juſques-là, que de ſoûtenir qu'il n'y a aucune faute dans le Livre. Voici les quatre derniers.

Quodque ſub innumeris erroribus ante latebat,
 Ingenuum prima fronte refulget opus.
Hoc eme quiſquis amas terſum ſine labe Volumen.
 Nulla equidem toto corpore menda latet.

Jean Gaiſſer de la Maiſon de Sorbonne, oſa bien aſſûrer la même choſe du Droit Canonique imprimé par Gering : il mit au Decret un Quadrain, qui eſt ſans nom dans les premieres Impreſſions : mais dans celle de 1518. il eſt avec le nom de ſon Auteur.

Quod nuſquam in pulchro divini Corpore Juris
 Fæda ſedet menda, aut lubricus error obeſt :
Contulit hoc ſolers Bertholdi dextra ſagacis,
 Quæ benè Pontificum nobile preſſit opus.

Un Docteur de la Maiſon de Sorbonne nommé Guillaume Militis corrigea l'Edition de Gregoire de Rimini faite à Paris *in fol.* l'année 1482. Dominique Mancini dit de ce Livre :

Integer eſt, omni ſublata è corpore menda,
 Vuilelmi eximio Militis officio.

Un Libraire de Paris appellé Felix Baligaut, a fait quelques Impreſſions, où il ſe vantoit qu'elles n'avoient aucune faute. On lit ſur la Logique du Docteur Raulin de l'année 1500. *in fol.*

Felici monumenta die felicia Felix
 Preſſit, & hæc vitiis dant retinentve nihil.

Mais comment concevoir que de grands Ouvrages puiſſent être exemps de la moindre faute d'Impreſſion, vû
que

que de tres-habiles gens ont fait quelquefois tout ce qu'on peut humainement pour rendre des Editions sans faute, & n'ont pû y réüssir ? S'il s'en trouve quelques-unes sans aucune tache, elles sont en petit nombre. *Benedictus Thyrrenus* corrigea le Strabon Grec imprimé *in fol.* à Venise l'année 1516. par André d'Asolo beau-pere d'Alde. Il mit au commencement du Livre une page de fautes & de corrections, avec ces paroles : *Emendavimus quæ corruperunt Librarii, homines consilii præcipites. Quis posset unquam vitare hanc communem tempestatem ac calamitatem Librorum ?* Il le dédia au Comte de Carpi Albert Pie, grand ami & bienfaicteur des gens de Lettres. Dans son Épître Dédicatoire il assûre, qu'il est impossible qu'une Impression se trouve sans aucune faute, quelqu'habile & diligent que soit le Correcteur, eût-il fait cét office toute sa vie. *Nunc illud silentio præteriri non potuit, mihi dubium non esse quin in emendando potuerim errare. Res sic est, ut sine aliquo mendo scriptura esse non possit, quamvis accuratè ageretur ab exquisitissimis judiciis, & à viro prudenti, ac qui se exercuerit in hac arte omne ætatis suæ tempus, propter immensum laborem, ac artem lubricam . . . . . hujusmodi sunt isti Librarii, qui interturbant omnia ac commiscent, nihilque faciunt ut omnia nimis maturè conficiant.*

Quand Erasme eut communiqué à Jean Froben en l'année 1515. le dessein qu'il avoit pris de faire un Ouvrage d'éclat & de réputation dans l'Eglise, en donnant le Nouveau Testament Grec, avec une nouvelle Version Latine, expliquée par des Notes bien plus amplement que n'avoit fait ci-devant Laurent Valle ; travail qui attira enfin sur lui la Censure de la Faculté de Théologie de Paris : cet Imprimeur se mit en peine principalement d'avoir plusieurs Correcteurs habiles pour faire cette Edition tres-exacte, & sans faute, s'il se pouvoit. Jean OEcolampade fut un de ceux qu'il fit venir. Il n'étoit pas alors Hérésiarque ; & Luther n'avoit pas encore commencé à diviser l'Eglise. Froben marque dans sa Préface tous les soins qu'il prit en cette occasion. *Conor ut emendatos emittam in manus hominum (Auctores) tum id nusquam acriori diligentia sum adnisus, quàm in hoc Volumine . . . . . nec meis laboribus peperci, nec pecuniis ; quin &*

precibus & præmiis egi ut castigatores adessent complures, haud vulgari doctrinâ præditi, & imprimis Joannes OEcolampadius... trium Linguarum peritissimus. L'Impression fut achevée l'année 1516. & le Livre dédié au Pape Leon X. Avec toutes ces précautions on fit plus d'une page & demie de fautes, quoiqu'Erasme lui-même eût vû les feuilles, & eût aussi donné sa correction. *Ipso quoque Erasmo in hanc partem advigilante,* ajoûte Froben. Sur-quoi OEcolampade, dans l'Epître qu'il mit à la fin du Livre, dit qu'il ne pouvoit assez admirer, qu'Erasme, qui entretenoit lui seul trois Presses, qui lisoit les manuscrits Grecs & Latins, consultoit les Ecrits des anciens & des modernes, ne laissoit pas de donner encore de son tems pour corriger les Epreuves, & avouë que son exemple l'avoit beaucoup encouragé à faire cet emploi pénible de Correcteur. *Admirabile spectaculum mihi erat, imò spectandum miraculum, dictantem recognoscentemque quantum tria præla exciperent videre, ac nihilo secius interim Græca Latinaque exemplaria, eaque varia & vetustissima, consulentem, Græcos Latinosque interpretes conferentem, priscos ac recentiores primæ simul ac infimæ classis scriptores perpendentem.... nimirùm Erasmicum imitati exemplum, qui & ipse hic, cæteris rebus omissis, bonam temporis partem in hoc collocavit negotium.*

Et le Docteur Josse Clictou, Auteur d'un grand nombre de Livres, dans une Epître qui est au commencement de ses Sermons imprimez *in fol.* à Paris l'année 1534. assûre, que lorsqu'il avoit quelqu'Ouvrage sous la Presse, il étoit souvent dans l'Imprimerie pour veiller sur les Ouvriers, & prendre soin lui-même de la correction des feuilles, qu'aprés toutes les peines qu'il a prises, il n'a jamais pû éviter les fautes d'Impression. Il dit qu'il faudroit avoir des yeux en aussi grand nombre qu'en avoit Argus, pour rendre une Edition sans aucune faute. *Præteritis annis, cum Librum aliquem curavi emittendum in Chalcographorum officina, ipse semper affui operariis præsens castigator operis quod edebatur, & quantumlibet adhibuerim diligentiam ut castigatum prodiret, nihilo secius deprehensa sunt adhuc inter legendum nonnulla errata in eo Libro jam consummato. Lynceis enim opus foret oculis, aut centum Argi luminibus ad eam rem elimatè peragendam, ut citra mendam liber emitteretur.*

Ange Roccha dans son Livre de la Bibliotheque Vaticane, n'hésite point: il tranche net, & dit comme *Benedictus Tyrrhenus*, qu'il est impossible qu'un Imprimé soit sans aucune faute. Il se fonde sur l'experience. *Cum fieri haud quaquam possit ut Liber ullus absque iis (mendis) in lucem prodeat, sicut experientia docet* : & en rapporte les raisons, qu'il tire des Copies que les Auteurs donnent souvent fort peu correctes : des Compositeurs qui ont des Lettres brouïllées dans les cassetins, & composent autrement qu'il n'y a dans la Copie : des Correcteurs qui ne peuvent tout voir : de l'Ouvrier qui est obligé de retoucher aux Formes pour reparer le mal, où quelquefois il en fait un plus grand : de ceux qui gouvernent les Presses: enfin il dit, qu'il y a cent autres causes ; & conclud : *Typographica igitur Ars nimis est erroribus obnoxia. Sexcentæ enim aliæ sunt causæ quibus facilè admittuntur errores, & evitari vix unquam possunt*, page 423. C'est par quelqu'une de ces raisons alleguées par Ange Roccha qu'on voit des fautes dans cette Dissertation, quelque soin que j'aye pris. Par exemple à la page 19. ligne 32. on lit, *quelqu'autres* pour *quelqu'autre* : à la page 38. ligne 6. on lit, *quelques-unes* pour *quelques-uns* : à la page 43. ligne 35. on lit, *de la vie* pour *dans la vie* : page 60. à la marge 1659. pour 1569. page 65. ligne 35. *quelqu'autres* pour *quelques autres*: page 68. ligne 27. *quelqu'unes* pour *quelqu'une* : page 74. ligne 23. on a mis d'une autre maniere les paroles que j'avois ainsi écrites: *On sera peut-être curieux de sçavoir non-seulement quelle est, &c. mais generalement quelles sont, &c.* à la page 104. ligne 27. *imprimez de cette Liste*, pour *de cette Lettre*.

J'aime donc mieux croire que ce qu'on avance si facilement dans ces Quadrains & ces Distiques, n'est qu'un jeu de Vers, & une licence Poëtique, qui ne signifie autre chose, sinon que l'Edition est correcte, c'est-à-dire, qu'elle n'a pas beaucoup de fautes ; à peu prés dans le sens de ces paroles du Libraire de Paris Jean Petit, qui sont au titre de son *Grapaldus de Partibus Ædium* 1517. in 4°. *Ea fide eaque diligentiâ excusum, ut vix erratum offendas*. En quelque maniere qu'on les prenne, ce sont toûjours des témoignages que ces anciens Imprimeurs, & sur tout Ulric Gering & son associé Rembolt, étoient fort corrects.

En effet, il faut tomber d'accord, que la pluspart des anciens Maîtres de l'Art étoient exacts sur la correction des Imprimez ; & que ceux qui ont eu de la reputation dans l'Antiquité, l'ont acquise principalement par ce moyen. Ils étoient bien persuadez qu'elle est comme l'ame de l'Impression : & que c'est ce qui lui donne l'estre & la vie :

Namque quod humano mens est in corpore,....
Hoc opere in nostro præstat correctio....

* Dans son Livre *Artis Typograph. querim. de Illiterat. Typogr.* 1569. à Paris in 4.

disoit Henry Etienne. * Un Livre peu correct, c'est un Ouvrage plein de tenebres. C'est une nuit où on ne fait point de pas sans craindre. La Correction, c'est la lumiere avec laquelle on marche sûrement. Le plus grand ennemi de l'Imprimerie, sont les fautes. Il est d'autant plus dangereux, qu'il renaît de ses propres cendres. Souvent il en croît plus qu'on n'en a ôté. Un Imprimeur se doit regarder comme un Hercule qui a toûjours des Monstres à combattre. Henry Etienne continuë :

Hæc fugat à scriptis tenebras, lucemque reducit.
Una hæc cum mendis aspera bella gerit.

C'est sur cette matiere de la correction des Imprimez que nous allons nous étendre dans plusieurs Chapitres de cette seconde Partie. Nous parlerons dans celui-ci, & dans le suivant, de quelques Imprimeurs qui ont été corrects parmi les Anciens, & nous en dirons les particularitez que nous avons pû remarquer.

Bonet Locatel exerça l'Imprimerie à Venise prés de vingt ans. Il étoit bon Imprimeur, & travailloit pour Octavien Scoti Noble de l'Etat de Milan, Libraire de Venise. Il imprimoit ordinairement en Lettres Gothiques ; mais il ne laissoit pas de faire ses Editions bien correctes. Il imprima *in fol.* l'année 1504. le Gilles de Rome, le Marsile Inghen, l'Albert de Saxe *in Libb. de Gener. & Corrupt.* & dit qu'il a fait, pour rendre cette Impression fidelle & correcte, tout ce que l'Art est capable de faire sur ce sujet. *Omnia accuratissimè revisa atque castigata, ac quantum Ars inniti potuit fideliter impressa....per Bonetum Locatellum Presbyterum*

DE PARIS. Part. II. Chap. II. 115

Bergomenſem. Il étoit Prêtre, comme on voit, & il prend cette qualité dans toutes les Editions que j'ai vûës de lui depuis 1502. juſqu'à 1509. comme dans l'Impreſſion des Ouvrages de François Mayron, le premier Auteur, au rapport de Genebrard, (*a*) de l'Acte ſi connu de Sorbonique. La Théologie de ce Docteur de Paris de l'Ordre de S. François, a cela de particulier qu'elle a eu un Prêtre pour Imprimeur, & un Archevêque pour Directeur & Correcteur de l'Ouvrage ; ainſi qu'on lit à la fin du Quatriéme Livre ſur les Sentences : & à la fin des Queſtions Quodlibetaires. *Correctæ atque decoratæ, ſummâ curâ ac ſolertiâ Patris Fratris Mauritii de Hibernia, ejuſdem Religionis digniſſimi Archiepiſcopi Tumamenſis.... Venetiis per Bonetum Locatellum Presbyterum Bergom.* 1507.

(*a*) Genebr. in Chronol. ad ann. Chriſti 1304.

Sixte Ruſſinger Prêtre de Straſbourg, avoit auſſi exercé l'Imprimerie. Ce fut lui qui la porta le premier à Naples l'année 1471. Il y fut ſi bien reçu, ſi aimé & ſi conſideré de la Nobleſſe du Royaume, & particulierement du Roi Ferdinand, que ce Prince pour l'arrêter dans ſes Etats, lui offrit pluſieurs fois des Evêchez & des Abbayes : mais il préfera la douceur de ſon Païs, où il voulut retourner, à toutes ces grandes fortunes ; homme, dit Vvimphelingius, venerable pour la dignité du Sacerdoce, & celle de ſon grand âge : (*b*) *Sixtus Ruſſinger Argentinas Neapoli anno* 1471. *Libros quomodo Imprimi poſſint primus monſtravit : ob quod factum Ferdinando Regi & Neapolitanæ Nobilitati chariſſimus extitit. Huic ſæpe ab ipſo Rege Epiſcopatus & ampliſſimæ dignitates oblatæ ſunt. His omnibus Patriam Argentinam præferens ad nos conceſſit, eſt que hodie vita ſuperſtes. Vir ob dignitatem Sacerdotalem & ſenium venerandus.*

(*b*) Epitom. rer Germanic. cap. 65.

Et Pierre Jacobi Prêtre, étoit Imprimeur du Duc de Lorraine. Il imprima l'année 1518. *in fol.* à Saint-Nicolas du Port, le Poëme de Pierre de Blarru ſur la Guerre de Nancy, où fut tué Charles de Bourgogne l'année 1476. intitulé *Nanceidos opus,* par l'ordre que lui en donna le Duc, en ces termes : *Avons donné charge à venerable nôtre tres-cher & bien aimé Imprimeur Meſſire Pierre Jacobi Prêtre, demeurant à Saint-Nicolas, le mettre, rédiger en bonne & correcte Impreſſion, pour le diſtribuer & mettre en vente.* Et à Toul ce même Jacobi imprima *in fol.*

l'année 1521. en Latin & en François le Livre intitulé, *Compendium de Perspectiva*, où on lit à la fin, *solerti operâ Petri Jacobi Presbyteri, incola pagi S. Nicolai*. Mais quelque noble que soit l'Art de l'Imprimerie, il ne doit point être exercé par un Prêtre, qui a d'autres fonctions plus relevées, dont il se doit occuper : & ce sont là des exemples qui n'ont pas eu beaucoup de suite.

Alde Manuce fut si curieux de la réputation d'être connu non-seulement pour sçavant homme, comme il étoit dans la verité, mais aussi pour excellent Imprimeur, & tres-correct dans ses Impressions ; que pour mieux s'aquiter de la Profession qu'il exerçoit, & avoir le tems de bien examiner toutes choses, il n'imprimoit chaque semaine que deux feüilles : c'est Ange Roccha, Bibliothecaire du Vatican, qui l'écrit : * *Audivi ab iis qui cum eo versati sunt..... duo ad summum folia singulâ quâque hebdomadâ imprimi solere, cum hodie totidem ferè in singulo quoque prælo quotidie cudantur*. Il est difficile d'accorder ce fait avec le grand nombre d'Impressions qui sont sorties des Presses de cet illustre Imprimeur, & particulierement avec ce qu'il dit dans la Preface à l'Euripide Grec de 1503. *in* 8°. où il assure *Demetrius Chalcondylas*, à qui il dédie ce Livre, qu'il imprimoit chaque mois un bon Auteur, dont il donnoit plus de mille Exemplaires, *quandoquidem mille & amplius boni alicujus auctoris volumina singulo quoque mense emittimus*. Ce qui donna sujet à Erasme d'écrire dans ses Proverbes, qu'Alde faisoit une plus vaste Bibliotheque que celle du Roi Ptolemée-Philadelphe, dont toute l'étendüe, si grande qu'elle fut, étoit bornée par les murailles du Palais d'Alexandrie ; au lieu que celle de Manuce n'avoit point de bornes, & s'étendoit jusqu'au bout du monde. *Aldus Bibliothecam molitur, cujus non alia septa sunt quàm ipsius orbis. Chil. 2. Centur. 1. Prov. 1.* Sans nous arrêter à ce que dit Roccha, l'exactitude de ce docte Imprimeur de Venise, & la correction de ses Impressions, est connuë de tous les Sçavans. Il dit lui-même dans sa Supplique au Pape Leon X. qui est au Platon Grec de 1513. que sa plus grande passion étoit d'imprimer les Auteurs tres-corrects, & de ne mettre entre les mains des gens de lettres, que de beaux Livres

* De Biblioth. Vaticana. pag. 412.

qu'il avoit un si grand regret quand il voyoit des fautes dans ses Editions, que s'il avoit pû, il les auroit rachetées d'autant d'écus d'or, qu'il y en restoit ; *sic doleo, ut si possem mutarem singula errata numo aureo.* Et dans sa Préface sur la Logique de son Aristote Grec, il assure qu'il avoit avec lui plusieurs gens de lettres tres-habiles, pour l'aider à rendre ses Editions fort correctes. Dans celle qui est aux Livres de Physique de ce même Philosophe, il ajoûte qu'il pouvoit se vanter, que ses Impressions étoient plus correctes que les Originaux sur qui elles étoient faites : *Dicere queo, quidquid meo labore formis excuditur, ipsis Exemplaribus longè correctius ac magis perfectum exire ex ædibus nostris.*

Mais c'est de ce dernier fait dont il n'est pas loüé universellement de tous les gens de lettres. Par où il a prétendu relever quelques-unes de ses Editions, c'est par cela même qu'il les a renduës suspectes & moins estimables ; ou en ne les rendant point conformes aux bons Manuscrits, & les corrigeant selon ses propres conjectures ; ou en copiant trop scrupuleusement ceux qui étoient fautifs. C'est pourquoi Erasme dans sa Lettre à Goclenius se plaignoit de Michel Bentius, qu'il avoit fait imprimer ses Proverbes avec les Citations d'Homere & de Ciceron, prises des Editions corrompuës d'Alde : *Nam Michaël Bentius contulit quædam loca à me citata ex Græco Homero ab Aldo excuso, item ex Cicerone Aldino, cum Aldina sint depravatissima.* Et dans la Lettre qu'il écrit au Chanoine de Constance Jean Betzemius, en lui envoyant le Catalogue de ses Ouvrages, il parle de quelques Livres de Plutarque, dont il dit : *Hoc unum erat incommodi, quod Aldus hoc opus excudit sequutus exemplar multis locis depravatum. To. 1. Oper. Eras.* Neanmoins dans une autre Lettre à la page 148. de l'Edition citée de Leyden, il excuse Alde, & fait tomber tout le blâme sur quelques Precepteurs, dont il dit qu'il se servoit le plus souvent pour donner au Public les anciens Auteurs : *Officina Veneta dedit nobis Festum Pompejum egregiè depravatum : non insimulo Aldum, solet ille tales operas alicui Pædagogo committere.* C'est peut-être pour cette raison que ce grand homme, à qui la République des Lettres a tant d'obligation, a témoigné quelquefois du chagrin sur ses Editions, & qu'il

* Vita Erasm. Lugd. Batav. 1642. in 16. pag. 173.

a fait paroître qu'il n'en étoit pas tout-à-fait content. Il écrit dans sa Supplique au Pape, que nous avons citée, qu'il n'écoutoit point les flatteries qu'on lui disoit sur ses Impressions : *Sed ego non credulus illis , nullum enim adhuc dedi librum in quo mihi satisfecerim.* Nous aurons sujet de parler encore de ce sçavant Imprimeur, dans la troisiéme Partie de cette Dissertation au Chapitre premier.

Jean d'Amerbach, Maître és Arts de l'Université de Paris, dont Reuchlin fait l'éloge dans la Preface de son Livre *De Verbo mirifico*, en l'appellant *Arte ingenio præstantem, miro characterum artificio nobilem, & variis disciplinis eruditum*, imprima en l'année 1491. à Bâle , les Ouvrages de S. Ambroise. Le Docteur Jean de Lapierre , à qui l'Imprimerie de Paris a l'obligation de son établissement, mit à cette Edition une Lettre, où il voulut rendre témoignage au Public de l'exacte correction des Impressions de ce Libraire : ce sçavant Chartreux assura qu'il n'avoit point encore lû de Livres plus fidellement imprimez, que ceux de cet Imprimeur: *Istud ego non favoris, sed veritatis gratiâ, ausim dicere, quod non legerim Libros hac arte effictos , quos tuis emendatiores exactiorique stilo consummatos probaverim.* Ce Libraire avoit de la pieté & de la Religion; ce fut l'unique motif qui le porta à prendre le dessein d'imprimer les Ouvrages des SS. Peres de l'Eglise, & particulierement tous ceux de saint Augustin ; à quoi aucun Imprimeur jusqu'à lui n'avoit osé seulement penser : *Non invitavit virum quæstus amor, sed sincera pietas, quam omnes ejus Præfationes spirant.* Il l'acheva l'année 1506. en Gothique , après y avoir apporté tout le soin & toute la diligence possible pour rendre une Edition correcte ; mais il n'eut pas les meilleurs Manuscrits , & ne fut pas assez secouru pour en faire un juste discernement,& une parfaite critique : *Tantum adhibitum est ab illo curæ studii & vigilantiæ, quantum illa tum ferebat ætas rudior adhuc, & perpaucos habens in hoc genere literarum exercitatos.* Ce qu'il eut le plus à cœur, ce fut le Saint Jerôme : il sçavoit qu'on n'en pouvoit faire l'Impression sans le secours des Langues Grecque & Hébraïque : il avoit trois fils ; il les fit étudier tous, & apprendre ces Langues, exprés pour parvenir à donner une Edition de ce Pere : & comme il se vit prés de finir ses jours, il leur fit promettre avant que de mourir, qu'ils entreprendroient cette Impression; ce qu'ils executerent : *Per quos non minore studio quàm fide peractum est quod optimus pater voluit.* On apprend ces particularitez dans la Préface du S. Augustin d'Erasme. Ce S. Jerôme fut imprimé à Bâle l'année 1516. Erasme travailla à cette Edition, & la dédia à l'Archevêque de Cantorbery. Il ne peut retenir ses loüanges sur les Amerbachs : il loüe le pere d'avoir pris un si grand soin de ses enfans : il loüe les enfans de s'être rendus si habiles dans les trois Langues, & d'avoir satisfait si heureusement au desir de leur pere, par une Edition qui leur avoit coûté tant de peine & d'argent. Il avoüe ingénuëment qu'il a eu besoin de secours pour l'Hébreu; qu'il en a trouvé principalement dans ces trois sçavans Freres : ** Quod idem fecimus in Hebraicis. Verùm hac sanè in parte, quod minùs nostro Marte poteramus, aliorum suppetiis præstitimus, præcipuè fratrum Amerbachiorum Brunonis, Basilii, & Bonifacii, quos optimus pater Joannes Amerbachius velut instaurandis bonis Auctoribus genitos, trium Linguarum peritia curavit instruendos. Atque hi sanè paternum animum & expectationem vicerunt, nihil antiquius ducentes Hieronymi gloriâ & hac gratiâ nec impendio parcentes, nec valetudini.* Josse Bade dans la Lettre qu'il écrivit l'année 1499. à Antoine Coburger, celebre Imprimeur de Nuremberg, qui est au commencement des Ouvrages d'Ange Politien de 1519. donne premierement à celui-ci la loüange qu'il meritoit : *Quod literatos omnes & colis & foves, pugilemque curam ad bonos codices verè, tersè, & sine mendis imprimendos adhibes.* Ensuite il fait l'éloge de Jean d'Amerbach, qu'il appelle *Indefatigabili virum diligentiâ, & solertissimâ vitiorum expungendorum peritiâ.* Il ajoûte que si tous les Libraires avoient les bonnes qualitez de Jean d'Amerbach, ils seroient beaucoup plus honorez qu'ils ne sont, & beaucoup plus estimez des gens de lettres : *Cujus viri si omnes similes essemus..... longe pluris apud Literatos haberemur.*

* Præf. ad S. Hieron. opera.

Jean Froben imprima dans la même Ville de Bâle, la Concordance de la sainte Bible : il en fit une Edition *in fol.* l'année 1496. & une autre en 1525. au lieu de Préface, il mit au premier feüillet de cette derniere un Dialogue, où il dit, que quoiqu'il soit tres-difficile de ne point se tromper dans l'Impression des Chiffres, lorsqu'il y en a beaucoup à imprimer ; neanmoins il y a pris garde de si prés, qu'il n'y a point fait de faute. Comme cette maniere de faire des Préfaces n'a pas été commune parmi les Imprimeurs, & que ce Dialogue est un témoignage de la capacité de Froben, nous le rapporterons ici tout au long. Jean Maréchal Imprimeur de Lyon, qui remit cette Concordance sous la Presse l'année suivante, trouva ce Dialogue si fort à son goût, qu'il voulut bien le mettre dans son Edition.

Emptoris & Joannis Frobenii Dialogus.

" EMPTOR. Quid apportas Librorum parens Frobeni ?
" FROBEN. Quod tu quidem emptum, Ego vero ven-
" ditum velim. EMP. Est igitur aliquod opus novum ?
" FROB. Neque novum, neque vetus, sed vetus novum.
" EMP. Tu quidem nunc Oedipodem agis respondens &
" non respondens. FROB. Sed non diu torqueberis æni-
" gmate. Vides elenchum divinorum Voluminum, aut si
" magis delectat te titulus receptus quam Latinus, Concor-
" dantiam Bibliæ. EMP. Quoties hoc opus nobis renasci-
" tur ? FROB. Renascitur, sed vestro bono. Sol quotidie
" renascitur sed idem. Hoc opus toties redit, sed usque me-
" lius. EMP. Fateor, Frobeni, pulcherrimum esse victoriæ
" genus, si quis in rebus honestis vincat seipsum. FROB. At-
" qui in hoc opere sic ipse mecum certavi, ut ipse mihi ul-
" terioris victoriæ spem præripuerim. EMP. Solent quidem
" istud egregii Artifices opere quopiam relicto, in quo quid-
" quid Ars, quidquid industria posset consumerent, nec sibi
" spem ullam majoris gloriæ reliquam facerent. FROB. Ve-
" rum ; sed Appelles suam Anadyomenem non absolvit : Ego
" meum opus perfeci. EMP. Nihil igitur hic quod deside-
" retur ? FROB. Scis esse naturam hujus operis, ut difficilli-
" mum sit præstare ne quid erroris sit in numeris. Hìc sic
" advigilatum est, ut hanc omnium difficillimam difficulta-
" tem indefatigabili curâ vicerim. Et non pauca sunt adjecta,
" quæ in prioribus Editionibus non habebantur. EMP. Gra-

" tulor equidem studiis. Cæterùm ex hoc laboris genere
" non multum est gloriæ. FROB. Fateor, sed hòc plus à vo-
" bis debetur gratiæ. EMP. Intereà non vereris ne tibi per-
" petuis istis Laboribus contrahas Senium? FROB. Quid
" facias, huc natus sum, & si quid Senii contractum fuerit,
" vobis in manu est depellere. EMP. Quonam pacto?
" FROB. Si promptè & alacriter emeritis quod damus.
" EMP. An non metuis crimen impietatis, qui prostituas
" Liberos tuos? FROB. Nequaquam, nam hos Liberos
" vobis genero, non mihi. EMP. Expecto indicaturam.
" FROB. Admove aurem. EMP. Hui! percharè. FROB. Au-
" fer, inspice. Si pœnitebit contractûs referto mercem, ac
" recipito pretium. EMP. Benignè tu quidem dicis.
" FROB. Vulgaris laus est benignè dicere. Frobenianum
" est plus præstare factis quàm dictis. EMP. Accipe mone-
" tam probatam. FROB. Accipe mercem æquè probatam;
" quod utrique nostrum vertat benè.

Nous arrêterons un peu ici pour parler de ces Concordances de Froben, où il imprima les Chiffres si fidellement. Cet Imprimeur y ajoûta une seconde Partie, qui contient les particules indéclinables de la Bible : l'Ouvrage fut commencé à Constantinople par un Docteur de Paris de l'Ordre de S. Dominique Jean de Raguse, un des Ambassadeurs du Concile de Bâle auprés de l'Empereur Jean Paleologue environ l'année 1436. il y fit peu de chose par lui-même ; son Chapelain Gautier Jonau Ecossois fit presque tout en trois ans; & deux autres Chapelains qu'il eut aprés celui-ci, l'acheverent entierement. Il fut réduit à l'ordre Alphabétique au Concile de Basle par un Espagnol Jean *de Secubia*, c'est-à-dire de la Ville de Segovie, Archidiacre d'Oujedo, celui qui fit en ce même Concile *Allegationes & Avisamenta septem*, imprimez *in fol.* à Doüay en 1664. pour prouver la Conception immaculée de la sainte Vierge ; & le même qui vint à Bourges avec Thomas de Courcelles, pour défendre la cause de ce Concile devant Charles VII. L'occasion qui donna lieu à ce travail fut, que Jean de Raguse étant arrivé à Constantinople, trouva qu'on ne s'y entretenoit que de la question, si le S. Esprit tiroit son origine du Fils, ainsi que du

Pere; qu'on y disputoit fort de ces deux particules *Ex*, *Per*, s'il falloit dire, *Ex Filio*, comme les Latins; ou, *Per Filium*, comme les Grecs: Que le * Sultan avec toute la Cour Mahometane, ayant appris que Paleologue méditoit un voyage pour faire l'accommodement entre les Grecs & les Latins sur cette Question, avoit fait de grandes railleries, & s'étoit mocqué des Chrétiens, qui étoient si divisez pour deux particules. Cet Ambassadeur manda aussi-tôt ces nouvelles au Concile, qui ordonna à Secubia de se tenir prêt pour répondre à toutes les difficultez des Grecs, quand ils seroient arrivez à Bâle. Il y eut encore une autre occasion: Les Envoyez des Hussites du Royaume de Boheme étoient venus à Bâle, & fondoient leur erreur de l'obligation indispensable pour tous les Chrétiens de communier sous les deux especes, sur ce passage de l'Evangile: *Nisi manducaveritis & biberitis*. Pour sçavoir donc les significations des particules *Ex*, *Per*, *Nisi*, *Et*, en combien de manieres elles étoient employées dans l'Ecriture sainte, Jean de Raguse forma le dessein de faire travailler à une Concordance des mots indéclinables de la Bible. Secubia y fit une Préface, & rendit l'Ouvrage public. Sebastien Brant Allemand, le fit imprimer l'année 1496. par Froben: & l'année 1525. ce même Imprimeur le remit sous la Presse, avec la Préface, de laquelle nous avons tiré cette Histoire. Gaspard Zamora dans la Concordance imprimée à Rome en 1627. a nommé Secubia comme Auteur de cet Ouvrage: mais il n'est que celui qui l'a publié, & qui tout au plus l'a mis par Alphabet. Cet Auteur se trompe aussi quand il l'appelle Docteur de Paris; il étoit Docteur en Theologie de Salamanque, comme on voit par la Session 2. du Concile de Bâle.

Par ce récit on sçait qui a fait la seconde Partie de la Concordance, qui comprend les mots indéclinables: on ne sçait pas si seurement qui a fait la premiere, qui contient les mots déclinables; neanmoins je croi que c'est Hugues de Saint-Cher, Docteur de la Faculté de Paris, de l'Ordre de saint Dominique, qui fut Cardinal en l'année 1245. Il est vrai que tous les Ecrivains n'en sont pas d'accord, & particulierement Gaspard Zamora. Ce qui m'a déterminé à

* *Joann. de Secubia in Prologo ad Concordant. Biblior. Edit. Basil. 1525.* Die autem 8. Februar. an. 1437. ut operosius intenderem non mediocris occasio præstita est, perlectis ex Constantinopoli destinatis Literis Joannis de Ragusio, per illas notificantis, quemadmodum exposito magno Turco suisque consiliariis Græcos venturos esse in Occidentem, pro sedandis differentiis, illa præcipuè de processione Spiritus sancti, quod fiebat per illos grandis irrisio pro tam minima re, putà duarum minorum dictionum *Ex & Per*, tam maximam esse pugnam inter omnes Christianos, Orientales & Occidentales.

suivre ce sentiment, que je trouve d'ailleurs le mieux fondé, est cette remarque. Il est certain que l'Ouvrage parut la premiere fois sous le nom, *De Sancto Jacobo*, & qu'on l'appella les Concordances de S. Jacques. On en a dans la Bibliotheque de Sorbonne un Manuscrit en parchemin, où on lit à la fin, *Expliciunt Concordantiæ de Sancto Jacobo*; il est de la forme d'un gros *in* 4°, par ordre Alphabétique, sur cinq colonnes: il divise chaque Chapitre de la Bible en sept petites parties, où il renvoye par les sept premieres Lettres de l'Alphabet. On l'augmenta quelque tems après, & on y mit une Préface d'environ quinze lignes, qui commence par ces mots: *Cuilibet volenti*; par laquelle on avertit, que quand les Chapitres de la Bible sont courts, on ne les divise plus qu'en quatre Parties: le premier Ouvrage y est appellé, *Les Concordances de S. Jacques*. Voici les paroles: *Cuilibet volenti Concordantias in hoc Libro requirere, unum est primitùs attendendum, videlicet quod cum in primis Concordantiis, quæ dicuntur Concordantiæ S. Jacobi, quodlibet Capitulum in septem particulas distinguatur secundùm septem primas Literas Alphabeti, in isto opere*, &c. Il y a dans la Bibliotheque de Sorbonne quatre Manuscrits en parchemin de la forme d'un gros *in fol.* de ce second Ouvrage, appellé *Magnæ Concordantiæ*: c'est celui-ci qui fut mis sous la Presse après la découverte de l'Imprimerie; ce qui fait qu'on voit dans les anciennes Impressions la petite Préface *Cuilibet volenti*, qui parle de cette Concordance de S. Jacques. Elle est dans l'Impression de Nuremberg par Antoine Coburger 1485. dans les deux de Bâle par Froben 1496. & 1525. dans celle de Jean Maréchal à Lyon 1526. & même François Arola, qui retoucha la Concordance, & la fit imprimer à Lyon par Gryphe l'année 1551. n'en retrancha point la petite Préface des Manuscrits. Toutes ces Impressions se gardent en Sorbonne. On ne peut donc point douter que le premier Auteur de la Concordance ne s'appellât *De Sancto Jacobo*. Comme on ne doute point, quand on trouve sur les Manuscrits, *Explicit summâ de Gandavo. Explicit de Aquino*, que ce ne soit le nom de l'Auteur du Livre. Or je trouve que Hugues de Saint-Cher s'apelloit aussi *Hugo de Sancto Jacobo*. Vincent Justiniani, qui a fait l'Abregé de sa Vie, qu'on trouve au premier Volume des Ouvrages de Hugues dans l'Edition de Cologne 1621. dit qu'il avoit tous ces noms: *Hugo de S. Theodorico*, *Hugo de Celidorio*, *Hugo de S. Jacobo*, & prouve ce dernier nom par la Chronique de Bernard de Luxembourg. J'ai quelque pensée qu'on l'appella *De Sancto Jacobo*, parce qu'il demeura long-tems à Paris au Couvent de S. Jacques, où il donnoit des Leçons de l'Ecriture sainte, & assista en qualité de Docteur à la condamnation de la pluralité des Benefices, dont il est parlé dans *Thomas Cantipratanus. Apum lib.* 1. *cap.* 19. faite par la Faculté de Theologie dans le Couvent de S. Jacques l'année 1238. Ainsi appella-t-on Vincent de Beauvais, parce qu'il demeura dans le Couvent de Beauvais, & ce Thomas, *Cantipratunus*, parce qu'il étoit du Couvent de Cantimpré, comme remarque Valere André dans sa Bibliotheque Belgique. Jean Mariana* dans son Histoire d'Espagne, & quelques Auteurs, disent qu'Hugues fit travailler cinq cens Religieux de differens Couvents à cette Concordance: j'ai de la peine à le croire. Ce Livre fut composé à Paris dans le Couvent de la ruë S. Jacques, où il y a toûjours eu, & il y a encore aujourd'hui, des Religieux tres-sçavans & tres-laborieux: il n'a pas eu besoin, à mon avis, de chercher du secours ailleurs. De plus, on voit par les Manuscrits, que la Concordance dans son origine ne contenoit pas la quatriéme partie des mots dont elle se trouve chargée aujourd'hui. C'est un Dictionnaire que les années ont enrichi, comme le Calepin, qui dans les Editions de ce siecle est incomparablement plus riche qu'il n'étoit au commencement du siecle passé, lorsqu'il parut pour la premiere fois, & qu'il n'étoit encore en l'année 1516. en laquelle Josse Bade y fit une augmentation. Ainsi il ne faut point se figurer qu'Hugues de Saint-Cher ait eu besoin d'un si grand nombre d'Ouvriers pour l'aider à mettre son Livre au jour.

Pour revenir à Jean Froben, cet Imprimeur si exact & si correct, dans sa petite Préface sur *Cælius Rhodiginus* de l'année 1517. blâma fort quelques Libraires de son tems, qui abandonnoient tout-à-fait la correction de leurs Impressions, & ne se mettoient point en peine qu'elles fussent pleines de

* Lib. 13. cap. 1. Et Altamura in Biblioth. Dominic.

fautes, pouveû qu'elles leur coûtaſſent peu, & qu'ils les debitaſſent plus promptement, en les donnant à meilleur marché: en un mot qui cherchoient uniquement le gain & le profit dans le noble exercice de la Librairie, même par la ruine des bonnes études. Il s'en prend auſſi à ceux qui ont aſſez peu de jugement pour acheter ces Editions corrompuës & défigurées, ſous prétexte qu'elles coûtent peu. Il prétend qu'ils ſe trompent, qu'ils les achetent tres-cherement, qu'on n'a jamais bon marché d'un méchant Ouvrage d'Imprimerie rempli d'un grand nombre de fautes, à quelque prix qu'on l'achete : *Parvo emit, quiſquis Librum emendatum etiam magno emit. Magno emit quiſquis Codicem mendoſum etiam minimo emit.* Et dans l'Edition Grecque Latine du nouveau Teſtament d'Eraſme, qu'il avoit faite l'année précedente, il dit fort ingenieuſement, que celui qui achete une Edition pleine de fautes n'achete point un Livre, mais une peine & un tourment : *Qui Librum mendis undique ſcatentem habet, certè non habet Librum, ſed moleſtiam.* Le chef-d'œuvre de Jean Froben fut l'entrepriſe qu'il fit d'imprimer le S. Auguſtin fort correct. Il avoit un ſi grand deſir de réüſſir dans ſon deſſein, & ce travail lui paroiſſoit ſi glorieux, qu'il ſouhaitoit n'avoir point plus de vie, qu'autant qu'il en falloit pour le voir achevé. Sept * Preſſes tout à la fois étoient occupées à cette Edition ; mais il mourut auſſi-tôt aprés l'Impreſſion des deux premiers Tomes. C'eſt le S. Auguſtin d'Eraſme de l'année 1529. en dix Tomes, appellé ordinairement à longues lignes, qu'on tira autrefois de la Bibliotheque de Sorbonne, pour convaincre les Miniſtres au Colloque de Poiſſy par une Edition qui ne leur fût point ſuſpecte. Eraſme écrivant à un Chartreux touchant la mort de Froben, dit au Tome 3. de ſes Ouvrages imprimez à Bâle 1540. page 902. dans la Lettre à Emſtedius, *ut inter familiares ſubinde dicere ſolitus ſit, ſe non optare longius vitæ ſpatium, quàm quod abſolvendo ſufficeret Auguſtino.*

* Eraſm. in Epiſt. ad Ammonium. To. 3. Oper. pa. 759.

CHAPITRE III.

Particularitez de quelques autres Imprimeurs corrects. Abregé de la vie de Josse Bade. Claude Chevalon succede à Rembolt. Ses Editions préferées à celles des autres pour la correction. Il entreprend l'Edition des Saints Peres. Il fit en son tems le plus fort Ouvrage d'Imprimerie. Simon de Colines avoit une belle Lettre Italique. Il a fait des Editions où l'Errata n'est que de deux fautes. Robert Etienne instruit de l'Imprimerie par Simon de Colines. Est scrupuleux pour la correction jusqu'à un iota souscrit. Imprime un nouveau Testament Grec qu'on dit être sans faute. Commencement des Versets dans les Bibles imprimées, & quelques particularitez sur ce sujet. On ne parloit que Latin chez Robert Etienne. Vascosan loué par Scaliger. Reproche d'un Espagnol à Vascosan. Sepulveda auteur glorieux. Henry II. loué Vascosan. Charlotte Guillard a remporté la gloire de l'Imprimerie au dessus de celles de son sexe. Son éloge. Un Evêque Italien vient du Concile de Trente pour lui donner son Ouvrage à imprimer. Sebastien Gryphe Imprimeur de Lyon, imprime la Bible du plus gros caractère qui eut paru. Deux sçavans Auteurs lui dédient des Livres. Plantin merita d'être le premier Imprimeur du Roi d'Espagne. La correction de sa Bible Polyglotte. Son Imprimerie choisie pour imprimer la Vulgate. On a dit qu'il se servoit de caractéres d'argent.

JOSSE Bade d'Asc étoit le plus sçavant Libraire de Paris au commencement du siecle passé: il s'addonna à l'Imprimerie presqu'en même tems qu'Alde Manuce; celui-ci étoit Romain, & vint exercer ce noble Art à Venise; le premier étoit Flamand, & l'exerça plus de trente ans à Paris; tous deux hommes de lettres & de grande érudition: l'un s'appliqua particulierement à imprimer les Auteurs Grecs, l'autre donna un aussi grand nombre d'Auteurs Latins, & fit des Notes & des Commentaires sur quelques-uns. Je fais le parallele de ces deux celebres Imprimeurs, après l'Auteur de l'Epigramme adressée au Chancelier de l'Université, qu'on voit

dans

dans le Durand sur les Sentences 1508. où on dit de Bade:
Hic est Parisiis Venetis quod doctior Aldus,
Plurima temporibus reddit uterque suis.

Il ne faut donc pas s'étonner s'il remporta la gloire de l'Imprimerie, & si dans le Guillaume *De Rubione* sur les Sentences 1518. celui qui fit l'Epître dédicatoire au Comte d'Aguilar Amirante de Castille, parle en ces termes: *Omni genere disciplinarum eruditissimo Ascensio, Impressoriæ artis primati.* Il avoit été Professeur des belles Lettres dans l'Université de Paris, & ensuite dans la Ville de Lyon, où il lisoit publiquement les Poëtes. Il n'avoit encore que trente-deux ans, quand Tritheme lui donna place dans son Livre *De Scriptoribus Ecclesiasticis,* & fit son éloge & le Catalogue de ses Livres: *Vir in sæcularibus Literis eruditissimus, & divinarum Scripturarum non ignarus, Philosophus, Rhetor, & Poëta clarissimus, ingenio excellens & disertus eloquio,* &c. Erasme parle aussi de lui dans son Dialogue *Ciceronianus.* Il préfére son stile à celui d'Apulée, & le loüe de sa facilité d'écrire. Il dit dans sa Lettre *ad German. Brixium,* au Tome 3. page 844. *Ego illum habui semper in eorum numero, quorum nec eruditionem, nec ingenium, nec eloquentiam possis contemnere.* Il commença par faire l'office de Correcteur à Lyon dans l'Imprimerie de Jean Trechsel Allemand: *Cujus stipendiis alebatur,* dit Robert Gaguin dans sa Lettre à Durand Gerlier; & en cette qualité il fit plusieurs Editions, comme celle du Dialogue d'Ocham *in fol.* 1494. celle du Commentaire de ce même Auteur sur les Sentences *in fol.* 1495. celle de Jean *de Turrecremata. Summa de Ecclesiâ* in fol. 1496. celle de l'Holcot sur les Sentences *in fol.* 1497. Il mit à cette derniere un Quadrain adressé au Pere Marc de Benevent, sçavant Religieux Celestin, à qui le Livre fut dédié.

Jam portum optatum per inhospita saxa secuti
Prendimus, ex alto prospiciente Deo.
Si qua tamen lacera portent inculta carina,
Humanè ignosces Marce diserte. Vale.

C'est une maniere élégante de demander excuse des fautes qui sont restées dans une Impression. Il étoit tres-habile Correcteur des Manuscrits & des Imprimez, & encore plus diligent Imprimeur : *Librorum Imprimendorum diligentiſſimus admodum caſtigator*, dit Gaguin dans la même Lettre. Aprés la mort de Trechſel, dont il épouſa la fille, il vint à Paris, où il imprima *in* 4° l'année 1500. un Livre que lui envoya le Confeſſeur du Roi Laurent Bureau Docteur de l'Ordre des Carmes, & Evêque de Ciſteron : c'étoit le *Philobiblion* de ce grand amateur de Livres, Fondateur de la Bibliotheque d'Oxfort, Richard de Bury, qui fut Chancelier d'Angleterre & Evêque de Durham, vers le milieu du quatorziéme ſiecle. Il y fit un tres-grand nombre d'Impreſſions, qu'il ornoit ſouvent de Préfaces, & d'Epîtres dédicatoires adreſſées à quelque perſonne illuſtre par ſa naiſſance, par ſa pieté, ou par ſa doctrine. Il en fit une au Pape Clement VII. à qui il dédia l'année 1532. le 1. Tome de *Thomas Vvaldenſis.* Il imprima ſi correctement en 1516. le Jean Major, *in quartum Sentent.* que l'Errata n'eſt que de cinq fautes. Il remit l'année 1519. ſous la Preſſe cette Edition revûë par l'Auteur, & dit, *qua rursùs erratulis terſa eſt.* Dans l'Impreſſion qu'il fit cette même année de l'*Angelus Politianus*, il aſſure qu'il a pris ſoin qu'elle ne différa preſqu'en rien du Manuſcrit ; & que ſon deſſein avoit toûjours été d'imiter ce grand homme Alde Manuce, en imprimant auſſi correctement que lui : *Curavimus ..... ut quàm minimùm ejus ſcripta quaſi degenerent ab origine, imitantes ſanè non tacendi imò ſemper laudandi hominis Aldi M.R. diligentiam.* On a en Sorbonne ſes deux dernieres Editions, par où on apprend l'année de ſa mort, ſçavoir l'*Alphonſus à Caſtro contra hereſes*, qu'il imprima *in fol.* l'année 1534. & le Pierre Lombard *in Epiſtolas Pauli in fol.* où (Joſſe Bade étant mort avant que le Livre fût en état d'être diſtribué) on mit à la premiere page : *Pro hæredibus Jodoci Badii* 1535. *menſe Decembri.* Il arriva à l'Imprimerie de Bade, comme à celle de Manuce, que ſa réputation la ſoûtint quelque tems, & qu'elle ne périt point par la mort de ſon Auteur. Robert Etienne, Michel Vaſcoſan, Jean de Roigny étoient ſes gendres. Ce dernier prit la marque de ſon beaupere, & arbora à ſes Editions le *Prelum Aſcenſianum* pendant plus de 25. ans. Il ſe ſervoit ordinairement de Jean-Loüis Tiletan, homme habile en Grec & en Latin, qui prétendoit imprimer si correctement, que dans l'Edition de Denis le Chartreux *In quatuor Evangelia sub Prelo Ascensiano fol.* 1542. il voulut bien mettre ces mots ; qu'il étoit imprimé *extremâ & infallibili diligentiâ.*

 L'Imprimerie de Claude Chevalon fut une des premiéres & des plus estimées de Paris, pour le nombre des bonnes Editions qu'elle mit au jour. Bertholde Rembolt fut beaucoup regretté dans l'Université; parce qu'il étoit tres-bon Imprimeur, qu'il aimoit les gens de lettres, & qu'il étoit l'Associé de Gering, qui avoit apporté l'Imprimerie d'Allemagne. Mais quand on apprit que Chevalon succedoit à Rembolt en épousant sa veuve, on fut consolé de la perte qu'on avoit faite, sur tout les Jurisconsultes, lorsqu'ils virent que ce Libraire continuoit le travail commencé, pour perfectionner les Livres de l'un & l'autre Droit. Un des Professeurs de la Faculté de Droit Jacques Fontaine, parle de ces deux Imprimeurs en ces termes : * *Mortuus est Bertholdus magno cum luctu Scholæ Parisiensis, & ingenti jacturâ rei Literariæ : sed publicam calamitatem ulteriùs non ferens Christus Deus Opt. Max. surrogavit Bertholdo suo Claudium Chevallonium, virum qui diligentiâ suâ rei labenti succurreret, qui nihil tàm magis curat, quàm ut istos Juris Libros auctos & castigatos reddat.* Et Jean Hemer, dans son Epître à l'Abbé de S. Victor Jean Bordier, qu'on voit au premier Tome du S. Augustin de 1531. parle de Chevalon comme d'un homme incomparable pour la diligence qu'il apportoit dans ses Editions : *Est enim vir mirum quàm incomparabili diligentiâ in excudendis semper divini & humani Juris Auctoribus.* Le nommé *Asensis* dans sa petite Préface au Gregoire de Rimini imprimé *in fol.* par Chevalon vers l'année 1520. releve cette Edition en la comparant avec celle qu'on voyoit du *Petrus de Palude*, celle de l'*Armachanus*, & celle de *Dionysius Cisterciensis*, & de quelques autres Auteurs ; *Qui infinitis*, dit-il, *penè scatent mendis.* Chevalon demeura depuis l'année 1520. au Soleil d'or ruë S. Jacques dans la maison de Rembolt. Voilà pourquoi Jacques Fontaine, qui connoissoit la bonne correction des Editions de Chevalon, ne fait point de difficulté d'avancer, qu'on devoit préférer les Impressions du Soleil d'or à celles qui sortoient des autres Im-

* Dans l'Epître au Lecteur à la fin du Sexte des Decretales de 1520.

S ij

primeries : *Confer ex aureo Sole allatos Codices cùm aliunde importatis, tùm intelliges quanti referat ab hoc vel illo Librum mercari.* Dans le Sexte que nous venons de citer, cet Imprimeur publia son exactitude avec tant d'assurance, que quoique la correction du Livre fût difficile, à cause de la multitude des Caractéres gros & petits, rouges & noirs, dont chaque page est chargée, il dit qu'il ne craindroit rien, quand même il auroit son ennemi pour Juge : *Vel inimico Judice.* Au commencement il faisoit ses Editions en Gothique : mais il se défit de ce méchant Caractére, avec lequel il ne laissoit pas d'être correct. Jean d'Amerbach & Jean Froben entreprirent à Basle l'Impression des Ouvrages des SS. Peres de l'Eglise. C'est ce que Chevalon entreprit aussi à Paris. On a dans la Bibliotheque de Sorbonne le S. Ambroise, le S. Jerôme, le S. Chrysostome, le S. Augustin, & le S. Gregoire, qu'il imprima parfaitement bien en bonnes Lettres Romaines, à l'exception du S. Gregoire, qu'il donna, lorsqu'il travailloit encore en Gothique. Ayant sçû qu'Erasme voyoit les Manuscrits de S. Augustin, il lui écrivit, que s'il vouloit envoyer ses Remarques & ses Corrections, il les imprimeroit fidellement. Cet Auteur lui fit réponse, qu'il étoit engagé à Froben. Il attendit que l'Edition de Basle fut achevée pour profiter des Remarques de ce sçavant Critique, & la fit revoir sur les Manuscrits de l'Abbaye de Saint Victor par Jean Hemer, qui reconnut que l'Edition d'Erasme n'étoit pas sans defaut, ni ses Manuscrits les meilleurs, ainsi qu'il dit dans son Epître à l'Abbé. Pendant le premier siécle de l'Imprimerie de Paris, c'est-à-dire, depuis 1470. jusqu'à 1570. il est sorti des Presses des Imprimeurs un grand nombre d'Editions ; c'est une loüange dûë à Chevalon, d'avoir fait les plus forts Ouvrages de l'Art, qui ont coûté le plus de travail, & le plus de dépense. Les Livres de Droit Civil imprimez rouge & noir avec les Commentaires en quatre ou cinq Volumes, le Saint Hierôme en cinq, le Saint Chrysostome en cinq, le Saint Augustin en huit, sont des Ouvrages, desquels on peut dire qu'aucun de ceux qui l'ont précedé dans l'Université, n'en ont fait de plus grands.

Simon de Colines imprimoit en bon papier, en belles

Lettres & correctement: il commença l'année 1519. en laquelle il imprima *in* 4°. le Traité *De Regis Officio* du Docteur Josse Clictou; & l'année suivante trois autres Opuscules du même Auteur: le premier, *De Doctrinâ moriendi*, le second, *De vera nobilitate*, le troisiéme, *De Moribus Sacerdotum*, en même forme. Il imprima encore l'année 1520. un Ouvrage en deux Volumes *in fol.* le *Promptuarium Utriusque Juris* de Jean de Montholon, pour lequel il avoit pris un Privilege de François I. en datte du 11. Octobre 1520. Il épousa la Veuve de Henry le Pere des Etiennes, & eut son Imprimerie. On lit sur la Logique d'Aristote imprimée avec les Commentaires de Jacques Fabry d'Etaples, *Ex Officinâ Henrici Stephani & Successoris ejus Simonis Colinæi 1520.* Sur la reputation qu'il acquit de tres-bon Imprimeur & tres-correct, on lui donna les Actes du Concile de la Province de Sens, que le Chancelier du Prat Archevêque de cette Metropole, assembla à Paris, où furent condamnées les Héréfies Lutheriennes l'année 1528. c'est une des plus belles Editions *in fol.* de ce tems-là, & des plus correctes. Il avoit aussi une tres-belle Lettre Italique, comme on voit par le Jean d'Abres, en Latin *Arboreus*, sur l'Ecclesiaste & le Cantique *fol.* 1537. par le *Rabanus* sur l'Ecclesiastique *fol.* 1544. par les Livres d'Anatomie de Charles Etienne *fol.* 1546. qui sont des Editions achevées & d'une grande beauté. Il a fait des Ouvrages avec si peu de fautes, que dans l'Impression du *Sphæra mundi* de cet habile Professeur Royal & Recteur de l'Université de Paris Oronce Finée, qui fut faire l'année 1542. *in fol.* l'Errata n'est que de cinq fautes, quoique le Livre contienne 224. pages, & plusieurs Tables de chiffres. Il avoit imprimé l'année 1536. les six premiers Livres des Elemens d'Euclide en Grec & en Latin, avec les Démonstrations de ce même Professeur: l'Ouvrage est de 174. pages *in fol.* où l'Errata n'est que de deux fautes, encore ne sont-elles qu'à quelques Exemplaires, ainsi qu'on apprend par ces paroles: *Errata quæ in paucis admodùm exemplaribus excidere, &c.* c'est le plus petit que j'aye vû à des *in folio* de ce tems-là; avec celui de cet autre correct Imprimeur de Paris Chrétien Vvechel, qui n'est aussi que de deux fautes, au Commentaire de François Burana de Verone sur l'Ariftote *In priora refolutoria* 1539. L'Imprimerie de Simon de Colines fut jufqu'en l'année 1525. dans la ruë de S. Jean de Beauvais vis-à-vis les Ecoles de Droit. Il defcendit plus bas les années fuivantes, & demeura vis-à-vis le College de Beauvais à l'enfeigne du Soleil d'or. On apprend par la Lettre 76. de Jean Genes Sepulveda à Vafcofan, que Colines étoit mort en l'année 1550.

Robert Etienne avoit été inftruit dans l'Art d'Imprimerie par Simon de Colines fon beau-pere. Il y étoit déja fi habile à l'âge de 18. ans, qu'il conduifoit lui feul tous les Ouvrages. C'eft pourquoi il dit dans la Préface de fa Réponfe aux Cenfures de la Faculté de Théologie, que quand fon beau-pere imprima l'année 1522. le Nouveau Teftament en Latin, il avoit *la charge de l'Imprimerie*. Thomas Anfelme Libraire d'Haguenau avoit imprimé ce Livre en Grec l'année précedente; où Nicolas Gerbel habile Correcteur, négligea de corriger quelques fautes touchant les points, les efprits, & les accens, comme trop petites chofes : *Mendas minimi momenti nos in caftigando non tam feveri ac religiofi, pio Lectori ad emendandum reliquimus.* Robert Etienne fut fi exact, qu'il ne crût pas devoir les négliger dans fon Eufebe Grec *in fol.* de l'année 1544. on trouve qu'il y corrige jufqu'à un iota foufcrit, qui manquoit à ce mot κόσμω. Il imprima en l'année 1549. le Nouveau Teftament Grec en la forme d'*in* 16. les Libraires appellent ordinairement cette Edition, *ô mirificam !* à caufe que Robert Etienne voulant faire connoître l'obligation qu'on avoit au Roi François I. d'avoir fait fabriquer des Poinçons & des Matrices, pour faire de belles Impreffions Grecques en petit caractére, commença la Préface par ces termes : *ô mirificam Regis noftri optimi . . . . . . liberalitatem !* * M. de Colomiés dans fa Bibliotheque choifie page 199. dit de ce Nouveau Teftament : *L'Edition de Robert Etienne eft recom-*

---

* On remarquera que Robert Etienne a imprimé deux Nouveaux Teftamens Grecs *in* 16. avec cette même Préface ; l'un en 1546. où il y a quelques fautes en petit nombre, qui font corrigées par un Errata qu'on voit à la fin ; l'autre en 1549. qui eft le meilleur & le plus rare. Les Libraires vendent quelquefois l'un pour l'autre à ceux qui ne fçavent point cette différence.

mandable par la beauté de son caractére, & pour n'avoir pas une seule faute. Je crois que cet Auteur ne parle que du Texte Grec; car dans si peu qu'il y a de Latin, qui consiste dans la Préface d'une page & demie, l'Exemplaire de Sorbonne montre une faute. Et, ce qui est suprenant, dans les paroles mêmes, par où cet habile Imprimeur veut qu'on sçache qu'il n'y a au Grec de son Edition aucune transposition de lettres, il en fait une en cette maniere : *Ex iis (Codicibus) ità hunc nostrum recensuimus, ut nullam omninò literam secùs esse pateremur quàm pulres, iique meliores Libri tamquam testes comprobarent.* Chacun remarque *pulres* au lieu de *plures*. Deux ans aprés en l'année 1551. il réimprima le Nouveau Testament d'une forme un peu plus grande en deux Volumes, où il plaça le Grec entre la Vulgate & la Version d'Erasme, & divisa les Chapitres par Versets, ainsi qu'il avoit vû pratiqué dans les plus anciens Manuscrits Grecs & Latins : *Quod autem per quosdam, ut vocant, versiculos opus distinximus, vetustissima Græca Latinaque novi Testamenti Exemplaria secuti sumus;* & mit un chiffre à chaque verset pour une plus grande commodité.

Theodore Janson d'Almeloue dit dans son Livre *De Vitis Stephanorum* imprimé *in* 8°. à Amsterdam 1683. que cet Imprimeur imagina le dessein de mettre des chiffres, & de distinguer ainsi les Versets du Nouveau Testament, étant à cheval dans un voyage qu'il faisoit de Paris à Lyon : *Ipsum equitando Lutetiâ Lugdunum dùm peteret, tmemata illa seu incisa, vel, ut nostri vocant, versus per Novum Testamentum invenisse. pag.* 48. Ce qu'il pratiqua ensuite dans l'Impression de l'Ancien Testament l'année 1557. en laquelle il imprima toute la Bible en trois Volumes *in fol.* chaque Chapitre y est divisé par Versets, conformément aux Manuscrits Hébreux, *Versibusque ut in Hebraïcis Codicibus distinctum.* Et chaque Verset est marqué par un chiffre.

C'est-là le plus ancien Nouveau Testament, & c'est la plus ancienne Bible Latine, où j'ai vû les Versets distinguez par chiffres : cet exemple fut bien-tôt suivi. Les Ministres firent imprimer de cette maniere leurs Bibles Françoises & leurs Nouveaux Testamens en differentes Villes, comme à Geneve, à Lyon, à Caën, à Orleans. En. 1556. par Philbert Hamelin. En 1560. & 62. par Antoine Rebul. En 1563. par Barthelemy Molin : & la même année par Jean Crespin, & par Pierre Philippe. En 1566. par Sebastien Honorati. En 1567. par Louis Rabier ; & par plusieurs autres. Les années suivantes Nicolas Barbier & Thomas Courteau imprimerent aussi en cette façon l'année 1564. à Basle la Bible Latine selon les Traductions de Pagnin & de Vatable. René Benoist fit ainsi paroître à Paris la Bible Françoise *in fol.* l'année 1566. Christophe Plantin à Anvers acheva le Tome du Pentateuque de sa grande Polyglotte l'année 1569. & les autres Tomes les années 1570. 71. & 72. où se voit la distinction des Versets par chiffres. A Rome la Bible de Sixte V. 1590. & celle de Clement VIII. 1592. furent données au Public en cette même maniere. Et depuis Clement VIII. la Vulgate a été imprimée ordinairement par Versets chiffrez ; avec cette difference que dans les Bibles & Nouveaux Testamens de Robert Etienne, des Ministres de Geneve & de Basle, tous les Versets commencent la ligne : ce qui ne se trouve point observé dans celles de Sixte V. & de Clement VIII. si on en excepte le Livre de Job, les Pseaumes, & les Paraboles de Salomon. Ordinairement les Protestans ont suivi dans leurs Editions la Methode de Robert Etienne, quelques-uns parmi les Catholiques, l'ont aussi tenuë, comme Laurent Beyerlinck dans sa Bible *Variarum Translationum* d'Anvers 1616. Pierre Frizon dans sa Bible Françoise de Paris 1621. Thomas Malvenda Jacobin Espagnol dans sa Bible Latine à deux colonnes, dont l'une contient la Vulgate, l'autre la Version sur l'Hébreu imprimée à Lyon 1650 : mais le plus grand nombre a copié en tout la Bible de Clement VIII. En l'année 1652. Antoine Vitré imprima par l'ordre du Clergé de France, cette belle Bible *in* 12. en huit Volumes. C'est un des plus excellens Ouvrages d'Imprimerie qui ait paru en ce siécle. Et cet habile Imprimeur a raison de dire dans son Epître Dédicatoire au Clergé, que l'Art s'est épuisé dans ce Livre ; *Offero vobis exhaustam artem, consumptam peritiam.* Il y garde la méthode de Robert Etienne, & ce qu'il avoit déja fait

en

en l'année 1644. pour le seul Nouveau Testament, il le fait ici sur toute la Bible, les Versets y sont à la ligne: ce qu'il pratique encore dans quelques autres Impressions comme dans sa Bible *in fol.* de l'année 1662. *Cum ad utilitatem legentium, tum ad operis decus*, dit l'Auteur de la Préface. François Coustelier l'imita dans sa Bible imprimée *in* 8°. à Paris 1664. & ensuite les Libraires de Lyon dans leurs Editions de 1679. & 1684. *in fol.* 1680. *in* 4°. 1686. *in* 8°. & autres années.

On voit que depuis le tems de Robert Etienne l'usage a été d'imprimer la sainte Bible avec des chiffres Arabes à tous les Versets. Jacques Fabry d'Estaples les avoit déja introduits dans son *Psalterium quincuplex* qu'il fit imprimer *in fol.* les années 1509. & 1513. par Henry pere de Robert. Et Richard du Mans Docteur de Paris de l'Ordre de Saint François, avoit fait aussi la même chose l'année 1541. en laquelle il donna le Livre des Pseaumes, avec le Commentaire de Pierre Lombard, qui fut imprimé *in fol.* à Paris par Poncet le Preux. Sans doute Robert Etienne avoit vû ces Impressions, & il est bien probable qu'il forma son idée de mettre des chiffres aux Versets de son Nouveau Testament & de sa Bible sur ces exemples. Mais il n'imita pas en tout Jacques Fabry, qui fit imprimer la premiere Lettre de chaque Verset en couleur rouge; maniere qui plût à Genebrard dans son Pseautier imprimé *in* 8°. à Paris 1581. ce que ne fit point Robert Etienne.

Il ne faut pas s'étonner que les Editions de cet Imprimeur soient si correctes, s'il est vrai, ce que quelques-uns assûrent, qu'il faisoit afficher les Tierces, c'est-à-dire, les dernieres Epreuves dans des places publiques, & qu'il recompensoit ceux qui y trouvoient des fautes. Theodore Janson d'Almelouël a écrit page 41. *Quidam narrant, ipsum solitum fuisse, singula folia perlegenda hic illic per plateas locis certis affixisse, adjuncto pretio illi, qui vitia quaedam detexisset.* Au moins il est certain que Robert Etienne a eu quelquefois chez lui jusqu'à dix hommes de Lettres de différentes Nations, dont quelques-uns servoient de Correcteurs dans son Imprimerie. Tous ces habiles Etrangers, ne sçachant point la Langue

Françoise, ne parloient entr'eux que Latin. Ce qui fit que ses enfans, sa femme, sa fille, jusqu'aux servantes, apprirent cette Langue par l'usage, & la parloient avec eux par necessité. Henry Etienne le dit dans la Lettre qu'il écrivit à son fils Paul, & qu'il imprima dans son Aulu-Gelle de 1585. *in* 8°. page 13. *Fuit tempus quum avus tuus Robertus Stephanus decemviratum quemdam Literarium domi haberet...... decem hi partim Literati partim Literatissimi Viri, quorum quidam Correctorio munere fungebantur...... quum sicut ex diversis oriundi erant Gentibus, sic etiam diversum sermonem vernaculum haberent, linguâ Latinâ tamquam communi interprete inter se utebantur; & quum ex his decem modò hos modò illos famuli pariter & famulæ de rebus, quas ipsi ipsæque vel noverant, vel saltem conjectare poterant, colloquentes, quin etiam in mensâ quotidie cùm de aliis, tùm verò de iis, quarum illa solet argumentum suggerere, sermonem habentes audirent, suas paulatim aures verbis illorum assuefaciebant....jam verò & hoc totam familiam Latinitati assuefaciebat.* On voit trois de ces sçavans Correcteurs qui mettent des Epigrammes Grecques & Latines à la seconde Edition de son Dictionnaire fait en deux Volumes *in fol.* l'année 1543. Cette fameuse Imprimerie, une des plus belles & des plus correctes de toute l'Europe, étoit dans la ruë de S. Jean de Beauvais vis-à-vis les Ecoles de Droit. Nous aurons lieu de parler encore de Robert Etienne dans la troisiéme Partie de cet Ouvrage au Chapitre 2.

Les belles Editions que celles de Vascosan ! Elles sont universellement admirées de tout le monde. On peut juger combien elles sont fidelles & correctes, de ce que dit Joseph Scaliger du Livre, *De Subtilitate*, que son pere écrivit contre Cardan. *Mon pere*, dit-il, *a répondu à la sixiéme Edition de Cardan* De Subtilitate. *Le Livre a été fort bien imprimé: il n'y a point de fautes. La seconde Edition en Allemagne m'a été dédiée.* * Il ne nomme point l'Imprimeur. Mais ce fut Michel Vascosan, qui fit cette premiere Edition *in* 4°. l'année 1557. où l'on voit au second feuillet une Lettre de remerciment que fait Scaliger le pere à Vascosan; à qui il écrit, qu'il se tient fort honoré que ses Ouvrages ayent passé

* Scaligeriana 1666. *in* 8. page 316.

sous les Presses d'un si habile Imprimeur : *Quid enim mihi potuit honorificentiùs evenire, quàm meas videre lucubrationes à doctissimo Viro summis impensis adeò celebratas ?* Cette loüange n'est point une flatterie : ce Libraire fait voir sa capacité dans l'Epître Latine au Roy François I. à qui il dédia l'Histoire de France de Paul Emyle. Scaliger traita Vascosan bien plus civilement que ne fit un sçavant Auteur, mais Espagnol, nommé Jean Genes Sepulveda. Cet admirable Imprimeur avoit mis sous la Presse la Traduction latine de la Republique d'Aristote, qu'il avoit envoyée d'Espagne avec quelques Notes. Et parce qu'il étoit resté dans l'Impression quelque peu de fautes, qui apparemment venoient en partie de la copie mal écrite, il lui en fait des reproches, & le taxe de négligence. Mais en quoi on reconnoît le génie de sa Nation, c'est qu'il écrit à ce Libraire, Que si dans la seconde Edition qu'il veut faire, il ne repare ces fautes, & qu'il lui arrive encore d'en faire d'autres, il verra tout ensemble & ses biens & sa reputation diminüer : *Nec tuam vigilantiam magnopere desiderarem, nisi inter initia nonnihil dormitasses. Itaque menda, quæ non pauca Librum percurrendo videre contigit, adnotavi..... quæ nisi fuerint emendata, & nova, ut fieri assolet, accesserint, rationibus tuis & opinioni nonnihil decidat necesse est.* (a) Cet Espagnol se trompoit. La reputation de Vascosan étoit trop bien établie par le nombre de ses bonnes Editions, pour courir quelque risque par l'Impression de sa Traduction. Aussi Erasme a dit de Sepulveda, que c'étoit un Auteur glorieux : *Omnium Hispanorum gloriosissimus.* (b)

Henry II. reconnoissant le merite de Vascosan, lui donna un Privilege général pour dix ans. Il est au Justin Martyr, & au Zonare, traduits en François par Jean de Maumont en datte du 11. Février 1553. où le Roi parle de lui en ces termes : [Nous bien avertis des grands labeurs, peines, & travaux que nôtre bien-amé Michel Vascosan, Imprimeur & Libraire Juré en nôtre Université de Paris, a pris depuis vingt-deux ans à imprimer continuellement en toutes Langues & Disciplines, tous les meilleurs Livres & les plus utiles, & que de tout son pouvoir, il a

(a) Lib. 5. Epist. 75.

(b) In Vita Eras. Leyden 1642. page 355.

T ij

» toûjours aidé à fournir nôtre Royaume de tous les bons
» Livres qui ont été imprimez & s'impriment tous les jours
» dans les autres Pays & Nations étrangeres ; avertis auſſi
» de la grande diligence, frais & dépens qu'il fait à re-
» couvrer pluſieurs bons & anciens Livres, & iceux faire
» traduire de Langue en autre, & les illuſtrer de Portraits
» & Figures quand beſoin le requiert ; & auſſi qu'il fait
» ordinairement conferer avec pluſieurs & divers Exem-
» plaires tant écrits à la main qu'imprimez, par les hom-
» mes Doctes de nôtre Royaume, tous les Livres, leſquels
» il prétend admettre en Impreſſion & lumiere. Pour ces
» cauſes, &c.] Il imprima *in fol.* ſi fidellement le Livre de
Guillaume Budé *De Aſſe*, que l'Errata n'eſt que de trois fautes, aprés lequel on lit : *Imprimebat Michaël Vaſcoſanus ſibi,*
Roberto Stephano, & Joanni de Roigny affinibus ſuis 1542. Il
appelle Robert Etienne & Jean de Roigny ſes Alliez, parce qu'ils étoient tous beaux-freres & gendres de Joſſe Bade.
Vaſcoſan étoit d'Amiens. Il avoit ſon Imprimerie dans la
ruë S. Jacques à l'Enſeigne de la Fontaine. Il imprimoit
encore en l'année 1572. Le docte Imprimeur & Interprete
du Roy Federic Morel étoit ſon gendre, avec qui il eſt enterré ſous le Charnier de la Paroiſſe de Saint Benoiſt dans
le Tombeau de Joſſe Bade ſon beau-pere.

Nous donnons place parmi les Imprimeurs corrects à
Charlotte Guillard, femme celebre dans l'Imprimerie, qui
a ſurpaſſé toutes celles de ſon ſexe dans la pratique de ce
grand Art, s'étant ſignalée par un nombre conſiderable de
bonnes Impreſſions fort eſtimées, qu'on garde curieuſe-
ment dans les Bibliotheques. Elle avoit été inſtruite par
l'Aſſocié de Gering Bertholde Rembolt ſon premier mari,
avec qui elle demeura ſeize ans juſqu'en l'année 1518.
Chevalon l'épouſa en 1520. & la laiſſa veuve l'an 1542.
Elle écrit en l'année 1552. qu'elle ſoûtenoit les fati-
gues & les grandes dépenſes de l'Imprimerie depuis cinquante ans: *Quæ hoſce quinquaginta annos continuos hoc im-*
primendi munus adminiſtro, id eſt graviſſimum & impenſarum &
curarum pondus volvo moveoque. * ce qui montre que cette ge-
nereuſe femme partageoit auſſi le poids de cette Profeſſion

* Præf. ad Lexic. Tuſani.

dans le Mariage. Digne Veuve, à qui on peut avec verité appliquer ces paroles de l'Ecriture : *Panem otiosa non comedit.* On la louë de sa diligence dans le Commentaire de Saint Chrysostome sur les huit premiers Chapitres d'Isaïe, qu'elle imprima en Latin *in fol.* l'année 1555. après l'avoir fait traduire du Grec par ce sçavant Chartreux de Paris Godefroy Tilman sur un Manuscrit tiré de la Bibliotheque Royale de Fontainebleau, & on l'appelle avec grande raison, Femme illustre : *Dum studio & diligentiâ Carola Guillard fœmina illustris, ne quidquam ab officio discedat, aliquid, ut solet, Reipublicæ & Literarum nomine moliretur, &c.* Elle fit quelques Editions l'année 1519. la premiere fois qu'elle fut Veuve, particulierement celles du *Petrus Tateretus* & des Decretales, avec les Gloses en rouge & noir. On assure dans cette derniere, qu'elle n'avoit épargné ni la peine ni l'argent, pour rendre cette Edition accomplie, & considerablement augmentée au-dessus des précedentes : *Quæ neque nummis neque laboribus quoquo pacto pepercit, ut opus ipsum diligenter, & non sinè epaphroditâ epauxi imprimendum curaret.* Et on y rend témoignage de la correction de l'Ouvrage par ce jeu de petits Vers, qu'on voit à la premiere page,

Imprimuntur mirificè,   *Corriguntur fidelissimè,*
Et optima cum papyro.   *In Solis aurei signo.*

Mais ses beaux Ouvrages sont ceux qu'elle fit étant devenuë veuve une seconde fois, depuis 1542. jusqu'à l'année de sa mort 1556. Elle imprima la sainte Bible en Latin, avec les Notes du Docteur Jean Benedicti ; & mit sous la Presse les Saints Peres, l'Origene, le Saint Hierôme, le Saint Hilaire, le Saint Chrysostome, le Saint Basile, le Saint Augustin. Elle commença par le Saint Gregoire en deux Volumes, & l'imprima l'année 1542. si correctement, que l'Errata n'est que de trois fautes. L'Evêque de Verone Louis Lippoman acheva en Portugal son Livre intitulé, *Catena SS. Patrum in Genesim.* Il le fit imprimer à Paris *in fol.* par Charlotte Guillard l'année 1546. c'est une tres-bonne Impression. Il en fut si content, qu'étant au Concile de Trente, il vint à Paris trouver la Veuve, & l'obligea à faire cesser un grand Ouvrage, que l'Université attendoit avec impatience, pour travailler à l'impression du second Volume, *Catena in Exodum*, qui fut achevée l'année 1555. elle esten la même forme, & de la même beauté que la précedente. Ces Editions sont mêlées d'Hébreu, de Grec, & de toute sorte de bons Caractéres. Et on voit encore par le premier & le septiéme Tome du Saint Hierôme, que cette laborieuse femme s'appliquoit aussi à l'impression de ces Langues. Elle reprit son Ouvrage interrompu par celui de l'Evêque. C'étoit le Lexicon Grec d'un celebre Professeur Royal Jacques *Tusanus*. Il y eut une fatalité sur ce Livre, s'il est permis de se servir de ce mot; on ne l'eût pas plûtôt commencé, que l'Auteur *Tusanus*, que Jacques Bogard l'Imprimeur, que sa femme & son fils moururent. Ce Dictionnaire perissoit sans Charlotte Guillard, qui eut la generosité de s'en charger. Elle l'imprima l'année 1552. c'est un gros *in fol.* & fort correct. Federic Morel Champenois, qui fut Imprimeur & Interprete du Roy, étoit Correcteur dans son Imprimerie. C'est lui qui corrigea l'Ouvrage de l'Evêque de Verone, & le Lexicon de *Tusanus*. Il dédia ce dernier au Président de la Cour des Aydes Louis *Stella*, par reconnoissance de ce qu'il l'avoit choisi pour Précepteur de son fils. La Préface que la Veuve fit mettre en son nom à ce Dictionnaire, nous instruit de toutes ces particularitez ; *Ea in re Federicus noster, quem huic operi curando ac repurgando præfeceramus, totum annum occupatus fuit, inde confestim ad institutum opus (Tusani) pedem retulimus, &c.* Toutes ces Editions des SS. Peres faites par Charlotte Guillard, & auparavant par Chevalon, sont sorties du Soleil d'or ruë S. Jacques vis-à-vis la ruë Frementel. C'est aussi cette celebre maison où a été fait le chef-d'œuvre d'Impression Latine, le Corps de Droit Civil avec les Notes d'Accurse ; dont nous avons parlé dans la premiere Partie, page 60.

Et Sebastien Gryphe Allemand, l'honneur de l'Imprimerie de Lyon, donna l'année 1550. cette belle Bible Latine en deux Volumes *in fol.* qui fut imprimée du plus gros Caractére qu'on eût encore vû jusqu'alors, *majoribus & augustioribus typis* ; comme il dit dans l'Epître dédicatoire à

Jean du Bellay Evêque de Paris. Elle ne cede en beauté qu'à la seule Bible imprimée au Louvre l'année 1642. en neuf Volumes *in fol.* Pour marquer que sa Bible étoit correcte, & faire paroître en même-tems sa bonne-foi, il fit une chose remarquable. On mettoit ordinairement l'Errata dans l'endroit le plus caché du Livre. Gryphe le mit à la plus belle place, où on ne manque jamais de jetter les yeux. La premiere page c'est le titre du Livre, la marque de l'Imprimeur, & l'année de l'Impression. La seconde, c'est l'Errata; & la troisiéme c'est l'Epître dédicatoire. Les Editions de Gryphe, qu'il a faites en grand nombre, sont estimées de tous ceux qui sçavent en quoi consiste l'Art & la perfection de l'Imprimerie. Il en fit une l'année 1536. en Lettres Italiques, ce sont les Commentaires sur la langue Latine d'Etienne Dolet en deux Volumes *in fol.* où il dit: *Erratis & mendis in opere tam vario tamque spisso carere omnino non potuimus, tametsi omni diligentiâ & curâ, quanta maxima potuit, adhibitâ:* & fait son Errata, qui n'est que de huit fautes. Il a eu d'habiles Correcteurs; du nombre desquels a été un Medecin de Cologne appellé Adam Knouf; ainsi qu'on apprend de Jacques Zuinger dans l'augmentation du *Theatrum vitæ humanæ*, de son pere Theodore, Edition de Basle 1604. page 1712. Gryphe imprimoit aussi parfaitement bien l'Hébreu. On a de lui dans la Bibliotheque de Sorbonne le Trésor de la Langue sainte par Pagnin, qui est une tres-belle Edition, faite *in fol.* l'année 1529. Deux sçavans Hommes ont fait l'honneur à ce Libraire de lui dédier des Livres, Conrar Gesner, & Jules César Scaliger: le premier lui dédia le Douziéme Livre de ses Pandectes, où il rapporte le Catalogue de ses Impressions, & lui parle en ces termes: *In Galliâ, innumeris optimis libris optimâ fide summâque diligentiâ elegantiâque procusis, maximam tibi gloriam peperisti.* Le second lui dédia son Traité *De Causis Linguæ Latinæ*, imprimé en 1540. *in* 4°. où il lui fait ce compliment, que si ses Ouvrages ont été bien reçûs des Sçavans, c'est autant par la richesse & l'agrément de la belle Impression qu'il a donnée, que par leur propre merite: *Cum plerique Librorum meorum.... tuis opibus atque apparatibus eâ gratiâ effecti sint, ut non minùs tuum ob beneficium, quàm propter suum meritum eos doctissimus quisque exceperit & probarit, &c.*

Peut-on voir des Impressions plus correctes que celles de Christophe Plantin ? De cet illustre François Fondateur de la fameuse Imprimerie d'Anvers, qui est encore aujourd'hui en reputation, & qui subsiste toûjours sous son nom, quoiqu'il y ait plus de cent ans qu'il soit mort. Il merita par son habileté, par la beauté, par la fidelité de ses Impressions, d'être le premier Imprimeur du Roi d'Espagne. Il a cette qualité sur plusieurs Editions, où il est appelé *Prototypographus Regius*. Nous avons parlé dans la premiere Partie Chap. 4. page 58. de sa Bible Polyglotte qu'il acheva l'année 1572. *Arias Montanus* signe à chaque Volume qu'il est imprimé *summâ diligentiâ* ; & rend témoignage dans la seconde Préface du premier Tome, de la correction de ce grand Ouvrage, *Correctissimum in lucem prodiisse*. Il en donne la principale loüange au gendre de Plantin, François *Raphelengius*, qui en fut le Correcteur, homme tres-habile dans les Langues. Quand on eut imprimé à Rome l'année 1592. la sainte Bible selon la Version Vulgate, revûë & corrigée sur les Manuscrits, ce fut l'Imprimerie de Plantin qui fut choisie pour copier fidelement cette premiere Edition originale, & pour multiplier les Exemplaires en deçà des Alpes, conformément au Decret du saint Concile de Trente, qui ordonna dans la Session quatriéme : *Ut hæc ipsa vetus & vulgata Editio quàm emendatissimè imprimeretur* ; c'est pourquoi le Pape Clement VIII. accorda son Bref* le 11. Mars 1597. en faveur de Jean Moret second gendre de Plantin, qui soûtenoit son Imprimerie. *Tibi soli trans Alpes, ut durante decennio proximo Biblia Vulgatæ Editionis hujusmodi juxta Exemplar in dictâ Typographia (Vaticana) impressum, & tibi traditum, quàm emendatissimè tamen, & summâ cum fide, nullâque factâ additione aut imminutione, imprimere valeas, licentiam facimus.*

Monsieur le Doyen de Munster a rapporté deux choses de Plantin : la premiere, que je ne crois point, qu'il s'étoit servi de Caractéres d'argent dans quelques-unes de ses Impressions ; la seconde, qu'il affichoit les Tierces aux portes de

* Il est rapporté dans les Bibles de l'Imprimerie de Plantin comme dans celle de 1603. *in fol.*

de son Imprimerie, promettant recompense à ceux qui remarqueroient quelque faute, comme nous avons dit de Robert Etienne; & fonde ces deux faits sur le bruit qui en couroit : *Etiam argenteis fusilibus literis usus fuisse traditur, &c. referunt quod ..... publicè exponere solitus fuerit revisa privatim exemplaria, priusquam illa præli pressurâ multiplicarentur, & transeuntium de illis experiri Judicia Appellis exemplo voluerit, proposito etiam præmio, ut pro numero errorum, quos quisque observasset, muneratus discederet.* * Il dit une troisiéme chose qui est plus certaine, sçavoir que la Liste des Livres sortis de l'Imprimerie de Plantin fut imprimée, où on donnoit avis, que celui qui voudroit remettre sous la Presse quelque Livre de cette Liste, étoit sûr qu'ayant l'Edition de Plantin, il avoit un Exemplaire tres-correct, par lequel il pouroit reparer les defauts des autres Editions moins exactes .... *ut, si quando Typographi alicujus incuria eos ipsos recudendo depravaverit, ad Plantinianæ Editionis exempla (absit invidia uti abest jactantia) velut optima nota Archetypa in ordinem redigas atque emendes.* Nous demeurerons à Christophe Plantin, & nous ne dirons rien de quelques autres Imprimeurs qui meritent d'avoir rang parmi ceux que l'on doit appeller corrects : parce que M. Baillet a traité ce même sujet, & s'est étendu sur plusieurs autres Libraires dans son second Tome des Jugemens des Sçavans. Ceux qui voudront être plus instruits, consulteront ce Livre.

* *Malincrot De Arte Typograph. cap. 16. pag. 101.*

CHAPITRE IV.

Les anciens Maîtres ont aussi fait des fautes dans leurs Editions. Comment a commencé l'Errata. Un des premiers qui se voit. Erasme approuve qu'on fasse quelques petites Notes dans les marges des Livres. Chagrin de Michel Fernus pour les fautes laissées dans les Ouvrages de Campanus. Robert Gaguin desire qu'on jette au feu toutes les copies de son Histoire à cause des fautes. Errata de quinze pages in fol. à un assez petit Volume. Pierre Galatin se met en colere contre les Imprimeurs de son Livre. Jean Ravisius Textor traite les Imprimeurs avec trop d'aigreur : Et décrit comme il se comportent avec les Auteurs. Gesner dédie autant qu'il y a de Livres dans ses Pandectes à autant d'Imprimeurs. Il blâme ceux d'Allemagne, & Scaliger ceux de Geneve. Ce que ce dernier disoit du Lexicon de Robert Constantin. Le Cardinal Bellarmin est trompé par son Imprimeur. Il fait un Errata de 88. pages in 8°. Livre où sont marquées les fautes laissées dans la Somme de Saint Thomas. Sincerité de quelques anciens Imprimeurs. Errata fait malicieusement. Il y en a qui suppriment l'Errata, & pourquoi. Censeur établi en Espagne pour le faire. Quelques Correcteurs ont mis leurs noms aux Imprimez. Le Roi s'est plaint autrefois du peu de correction des Editions. Ce qu'il ordonna sur ce sujet. Le Cardinal du Perron se plaint d'une faute laissée par son Imprimeur.

CE n'est pas neanmoins nôtre pensée, que les anciens Maîtres n'ayent point fait de fautes dans leurs Impressions. Si nous avions cette prétention, on feroit voir aisément nôtre illusion, par autant qu'il y a d'anciens Auteurs, qui ont fait imprimer des Livres, & ont eu soin d'y faire marquer les fautes que les Imprimeurs avoient faites. Les premiers Ouvrages d'Imprimerie avoient fort peu de fautes, quoiqu'ils n'eussent pas tout l'agrément de l'Art, qui n'étoit point encore dans toute sa perfection. On ne sçavoit point ce que c'étoit que l'Errata, & on ne le mettoit point à ces premieres Impressions, ainsi qu'il n'étoit point aux Manuscrits. On corrigeoit seulement avec la plume les fautes dans chaque copie imprimée. On voit dans les premieres Editions d'Ulric Gering qui sont en Sorbonne, la preuve de ce que nous disons ; où l'Imprimerie a manqué, la plume a suppléé. Louis Lasseré Proviseur du College de Navarre, fit imprimer l'année 1534. les Sermons de Josse Clictou son ami, pendant le tems que ce Docteur s'acquittoit à Chartres des fonctions de sa Charge de Théologal. Il ne fit point d'Errata, mais suivant la plus ancienne maniere, il corrigea avec la plume les fautes d'Impression par tous les Exemplaires. Il le dit dans la seconde Lettre au Lecteur : *Illos itaque (errores) potuissem quidem, idque modico labore, in unum congestos huic extremæ parti adjungere : Verùm existimavi multò commodiùs ac expeditiùs unicuique vestrum fore, licet nobis onerosius impensiorisque opera, si singuli suis locis calami cuspide transfodiantur : quod perfecimus.* Cette maniere ne déplaisoit point à Erasme. Il approuve qu'on repare avec la plume les fautes d'Impression, qui se trouvent dans les Imprimez. Il est même d'avis qu'on écrive dans les marges, & qu'on y laisse quelques petites Notes, prétendant que sallir les Livres, & les user en les faisant servir la nuit & le jour, c'est les bien traiter. Au contraire, il blâme ceux qui les tiennent si reserrez dans leurs armoires, qu'ils ne veulent ni s'en servir eux-mêmes, ni permettre que les autres s'en servent. Il écrit à un de ses amis. * *Neque hi mihi Libros amare videntur, qui eos intactos ac scriniis abditos servant, sed qui nocturnâ juxtà ac diurnâ contrectatione sordidant, corrugant, conterunt, qui margines passim notulis, hisque variis oblinunt, qui mendi rasi vestigium, quàm mendosam compositionem malunt ; idque cum in cæteris tum in hoc Terentio factitandum censeo ei qui, &c.* Ce premier usage pratiqué par les Inventeurs de l'Art, de corriger avec la plume les fautes d'Impression, fut de peu de durée ; parce que les Editions n'étant plus si correctes, c'étoit les défigurer entierement que de passer la plume sur tous les endroits où il y avoit des fautes. Pour éviter ce mal on introduisit un autre usage, d'assembler toutes les fautes, &

* In Vita Erasmi Lugduni Batav. 1607. in 4. pag. 199.

V ij

de les imprimer avec les corrections à la fin du Volume, sous le titre d'*Errata*. Il est vrai que cette seconde maniere est aussi tres-ancienne. L'Errata que j'ai trouvé sur les Livres de Sorbonne le plus ancien, est celui qui est au Juvenal, avec les Notes de Merula imprimé à Venise *in fol.* par Gabriel Pierre l'année 1478. il est de deux pages. On y excuse l'Imprimeur en ces termes : *Lector ne te offendant Errata, quæ operariorum indiligentia fecit, neque enim omnibus horis diligentes esse possumus. Recognito Volumine ea corrigere placuit.*

Nous allons maintenant faire quelques Remarques dans les Chapitres suivans sur le sujet des fautes que les Imprimeurs laissent dans leurs Editions. On imprima en six mois de tems deux fois, les Ouvrages d'Antoine Campanus Evêque de Teramo. La premiere à Venise en 1495. la seconde à Rome la même année. Ce fut Michel Fernus homme docte qui fit faire ces Editions *in fol.* & prit soin d'assembler les Manuscrits de cet Auteur après sa mort, de les mettre en ordre, & d'en fournir des copies aux Imprimeurs, qui laisserent beaucoup de fautes dans ce Livre. Il mit dans l'Edition de Rome un Errata. On sera surpris du titre qu'il lui donna. Il étoit chagrin de la grande peine qu'il avoit euë à faire paroître cet Auteur en public, & de voir cependant tant de fautes. Le voici : *Vis ex stulto demens, idemque ex demente insanus fieri ? Libros Romæ primus imprime. Corruptorum recognitio.* Ensuite il fait son Errata, qui est de quatre pages. Il le commence par des paroles d'humilité, avoüant de bonne-foi qu'il est la cause de quelques fautes, & tâchant d'excuser les Imprimeurs sur les autres : *Lector, homo sum ego, non Deus, atque is homo qui binoculus non Argus, & quem multa prætereant, ipse per me plurima ignorem. Egi enixè quod potui, ut castigata esset impressio. Litum exemplar, stigmatosum, inconditum, & quod undique contractum esset, summum attulit mihi laborem . . . . . adhibui tamen maximam diligentiam. Verùm ex periculo compertum mihi est, nihil tam ocu-lariter despici, in quo mendum omne possis evadere, & Impressores ipsi partem efficiunt, quibus jam longâ compositione fessis, gravis subindè est correctionis labor, & sæpe ipsi quæ annotaveris non corrigant, interdùm non advertant, sapissimè negligant, & pro factis infecta tegunt. Tu neque semper, ubi semel atque iterum, intendere potes ; quarè ne mireris si minùs rectè impressa quæpiam deprehenderis, nam occurri quantùm potui.*

 Robert Gaguin voyant le grand nombre de fautes, que son Imprimeur de Paris avoit laissées dans la premiere Edition de son Histoire de France, envoya aussi-tôt son Ouvrage à Lyon, pour en avoir une seconde Impression plus correcte ; & écrivit à l'Evêque de Mascon son ami, qu'il se défit de la premiere. Il faut entendre ce qu'il dit dans son Epître 52. à la loüange de l'Imprimerie, & comme il assûre, que le grand nombre de ceux qui veulent se mêler de ce bel Art, est la cause du grand nombre de fautes qui sont dans les Livres : *Nullum in rebus humanis est beneficium, quod hominum vel incuria vel iniquitas ferè non depravet. Protulerat Germania inventum suum de Arte Impressoriâ ; quo uno magnum Literis lumen, & veritatis studiosis auxilium allatum est. Nam quæ in tenebris volumina diu jacuerant, luci sunt indè restituta, atque itâ emendata, ut nihil purgatius desiderari potuisset. Jam verò, multiplicatis ejus operis artificibus, omnia redundant mendis atque erroribus. Quod vitium cùm in multis, tùm in compendio, quod de Francorum Annalibus edideram, suprà quàm vellem compertum habeo. Idque imprimis ex eo, quod Parisiis impressum extitit, volumine pervidere potuit Lector eruditus. Ea propter secundò imprimendum curavi, idque Lugduni, ut illuminatius acriusque opus haberetur. Ex iis igitur quæ Lugduni meo jussu impressa sunt, unum tuæ dignationi volumen mitto, ut illud primum multis obscurum mendis abjicias.* Il auroit souhaitté avoir dans sa chambre les cinq cens copies de cette premiere Impression, pour les jetter au feu, ou les supprimer toutes, tant elles étoient remplies de fautes. Il le dit dans une autre Edition qui en fut faite à Paris l'année 1497. *Tam multis vitiatam mendis offendi, ut quæ jam emissa erant 500. Volumina, domum si fieri potuisset revocata esse optarem, delenda prorsus, & sempiternâ oblivione premenda.* Voilà de quelle maniere, si l'on suivoit le sentiment de cet ancien Auteur, on devroit traiter aujourd'hui ces avortons d'Imprimerie, qui viennent tout défectueux, déguisez sous un masque, imposer au public, ravir le prix des Editions correctes, & leur disputer la place dans les Bibliotheques. Il se resouvenoit encore du chagrin que lui avoit donné l'Imprimeur de son Histoire, quand il mit en l'année 1498. entre les mains de Durand Gerlier Libraire de Paris, ses Lettres & ses Opuscules pour les imprimer ; car dans l'Epître qu'il écrit à ce Libraire, il fait paroître encore de l'indignation contre les Imprimeurs, qui n'ont point assez de soin de la correction de leurs Editions : *Quâ sollicitudine qui carent Impressores, tùm sibi, tùm literis impudenter officiunt ; sibi quidem, quia pro veris & sinceris mercibus adulteratas & mendosas exhibent ; literis verò, quia tenebris errorum eas obducunt, fallentes studiosos veritatis.*

Les Ouvrages de Jean François Pic Comte de la Mirande, furent mis sous la Presse pour la premiere fois à Strasbourg par un Imprimeur nommé Jean Knoblouch, aux dépens de Mathias Schurer l'année 1507. On laissa tant de fautes dans cette Edition, que l'Auteur se trouva obligé d'y faire ajoûter l'Errata, qui occupe jusqu'à quinze pages *in fol.* Je ne me souviens point d'en avoir vû un plus fort pour un seul volume assez petit.

Et Pierre Galatin se mit dans une si grande colere contre son Imprimeur Hierôme Soncin, quand il vit qu'il avoit laissé trois pages de fautes dans son Traité *De Arcanis Catholica veritatis* imprimé *in fol.* à Ortona en Italie l'année 1518. qu'il ne la pût retenir, & s'en prit à tous les Imprimeurs, qu'il accuse assez generalement ; *Solent enim,* dit-il à la fin du 12. Livre, *sæpenumerò hujus generis viri cuncta ferè congruenter scripta usque adeò pervertere, vitiare, corrumpere, ut vix omninò eorum mendæ castigari queant.* Mais quelqu'un dira peut-être qu'il auroit mieux fait d'écrire avec un peu plus de retenuë, & d'épargner davantage les Imprimeurs : qu'il devoit prévoir qu'un jour arriveroit où ils auroient leur revanche contre lui, en imprimant (ainsi qu'ont fait les deux Hainaults à Paris l'année 1651.) le Livre *Pugio Fidei*, que Raimond Martin Religieux de Saint Dominique, fit vers l'an 1280. contre les Juifs, dans lequel on accuse Galatin à son tour, d'avoir pris presque toute la matiere de son Livre *De Arcanis* de celui de Raimond Martin sans en rien dire, & sans l'avoir nommé une seule fois.

Jean Ravisius Textor ménagea encore moins les Imprimeurs que Pierre Galatin. C'étoit un Regent de Rhétorique au College de Navarre, & Recteur de l'Université, qui fit le Livre des Epithetes, dont l'Abregé est entre les mains de tous les Ecoliers. Comme il vit que cet Ouvrage avoit été bien reçû dans le Public, il travailla à l'enrichir & l'augmenter. Il en fût fait une nouvelle Impression *in fol.* l'année 1524. par Pierre Vidove aux dépens de Reginald Chaudiere, sous ce titre *Epitheta ab auctore suo recognita in novam formam redacta*. Mais elle ne fut point sans fautes, puisqu'on y voit plus d'une page de corrections. Cela le mit de mauvaise humeur. On avoit critiqué sa premiere Edition. Il prévoyoit qu'on n'en feroit pas moins de celle-ci, & que ses Emulateurs ne manqueroient point de lui imputer les fautes, dont la seule negligence & le seul caprice des Imprimeurs étoit la cause. Voilà pourquoi il parle contre eux, mais avec trop d'aigreur, & fait une peinture vive de leur maniere bizarre d'agir avec les Auteurs. Il décrit à la fin de son Epître au Lecteur comme ils font les difficiles, quand on veut corriger quelque faute, ou changer quelque lettre; comme par l'argent & le vin qu'on leur donne, ils se rendent un peu plus dociles; & enfin comme aprés tout cela ils deviennent encore intraittables. Il faut écouter ce qu'il dit: *Improperabit aliquis, aut meum exemplar fuisse mendosum, aut à castigato maculas, errataque oriri non potuisse. Hoc, scio, nemo mihi objiciet, nisi fortasse qui Chalcographorum mores nesciunt: quos si cognosceret, miraretur universa quotquot imprimuntur Volumina, non tot scatere mendis, quot abundant vocabulis. Nam præter insitiam quam habent sibi genuinam, homines sunt cerebrosi, & inexorabiles; maximè dum exhaustâ jam crumenâ sitiunt, neque est qui vitium suppeditet. Quò furoris si venerint, & literam vel crassam nimis, vel indispositam jusseris commutari, non solùm verbis tuis non obedient, sed & te, quantuscunque fueris, vel afficient probro, vel quòd priùs rectum fuerat, obliquum facient: habent tamen quandoque lucida rationis intervalla, & ut Comitiales ad se nonnumquam redeunt. Neque tunc omninò quidem sunt indociles, atque etiam instar equi sternacis frenum volentes capiunt, & plura quàm jusseris tunc emendabunt volentes. Sed hoc ipsum quod resipiscunt breve est momentum. Nam ut canis ad vomitum, sic ad solitam phrenesim paulò post revertuntur; atquè ita revertuntur, ut vel ab agrestibus Centauris, vel immansuetis Vulcani Cyclopibus ortum duxisse videantur.* Cet Auteur mourut, son Livre étant prêt d'être debité, à qui il ne manquoit plus qu'une Epître Dédicatoire. Son frere la fit & dédia l'Ouvrage à Louis de Lasseré Procureur du College de Navarre.

 Conrar Gesner, sçavant Medecin, fit imprimer *in fol.* à Zurich l'année 1548. ses Pandectes, ou Lieux Communs des Arts & des Sciences, qu'il divisa en 21. Livres. Il se proposa de les dédier à autant d'Imprimeurs, & non à d'autres qu'à ceux d'Allemagne. En effet, chaque Livre est addressé à quelque Libraire, dont il fait l'Eloge, & souvent le Catalogue de ses Impressions. Il ne fut pourtant point si arrêté à ne les dédier qu'à des Allemands, qu'il n'interrompît son dessein pour un François, & pour un Italien. Pour Robert Etienne, à qui il dédia le cinquiéme Livre, & pour Paul Manuce fils d'Alde, à qui il dédia le onziéme. Mais quand il eut achevé le douziéme, indigné de voir que plusieurs Libraires d'Allemagne, mettoient sous la Presse sans aucun discernement, toutes sortes de Livres bons & méchans; où que s'ils imprimoient quelques bons Ouvrages, ils étoient peu corrects, & remplis d'un grand nombre de fautes, il changea de resolution, se défit de l'entêtement qu'il avoit trop grand pour les Imprimeurs qui demeuroient en Allemagne, & alla chercher en France Sebastien Gryphe, Imprimeur établi à Lyon, pour lui dédier ce douziéme Livre. Il dit dans la Lettre qu'il lui écrivit, qu'ils se sont rendus indignes qu'on leur fasse de l'honneur, que les Editions des Livres qu'ils réimprimoient étoient plus défectueuses & plus corrompuës que celles qui avoient été faites auparavant. Il les accuse d'être avares & vilains, & dit generalement qu'on ne doit donner aucune loüange aux Libraires; si riches qu'ils puissent être, quand par un esprit d'interêt ils negligent leurs Impressions, & ne prennent

nent aucun soin de les rendre correctes : qu'il estime plus dans une Edition la fidelité & la bonne correction, que le bon papier & le beau caractére, quoique ces deux derniers donnent un grand éclat à l'Art d'Imprimerie : *Statüeram ego ab initio Germanis tantùm nostris Typographis singulas hujus operis partes dedicare. Sed cum reputarem multos ex nostris sordidos & illaudatos esse, qui vel quorumvis Auctorum Libros in publicum edant, vel si bonos interdùm, nullâ tamen diligentiæ laude, sed plerùmque depravatiores quàm anteà essent; (nam characterum & chartæ bonitatem, aut pulchritudinem minoris æstimo, quamquàm ab illis etiam non parùm artis decus pendeat) malüi externos etiam aliquot claros, & benemeritos de communibus studiis Typographos, quàm Germanos indignos, uni genti parùm liberaliter adstrictus, concelebrare. Sic enim sentio neque divites omnes vestri ordinis laudandos esse, cum multi eorum avaritiâ capti, mendosos prorsùs Libros excudere, quàm sumptus etiam mediocres facere malint.*

Gesner, comme on voit, ne donne pas ici une grande idée de quelques Imprimeurs d'Allemagne. Joseph Scaliger n'est guére plus favorable à ceux de Geneve, quoiqu'il semble que c'est plûtôt pour le méchant papier qu'il blâme leurs Editions, que pour le defaut de correction. On lit à la page 174. du Livre *Scaligeriana*, édition de 1666. in 8°. *Ceux de Geneve ont été les premiers à gaster une si belle invention de l'Imprimerie, ils impriment en si méchant papier . . . . .* Et si on veut croire ce même Auteur, il y avoit tant de fautes dans le Lexicon Grec de Robert Constantin, qu'il gageoit que dans l'Impression, qu'il avoit parmi ses Livres, il en trouveroit une dans l'endroit où par hasard il poseroit sa main. Chacun pense aussi-tôt, qu'il y a de l'exaggeration dans son discours. Aussi on remarquera qu'il parle de ce qu'il fit & de ce qu'il dit dans sa jeunesse, qui est l'âge où on est souvent plein de vanité, & dans une trop grande estime de soi-même. Il dit page 144. *R. Constantin qui fit son Lexicon, me pria de les lui laisser : (les Glossaires Grecs.) Il étoit encore jeune quand mon pere écrivoit de lui. Lorsque j'étois jeune je gageois qu'à l'ouverture du Livre, là où je mettrois la main, à l'œil clos, j'y trouverois faute,* quod feci, *cependant on en fait état*. Mais il ne faut pas diffimuler, que c'eſt autant des fautes faites par l'Auteur, dont parle Scaliger, que de celles de l'Imprimeur.

Le Cardinal Bellarmin, voyant qu'on imprimoit ſes Controverſes en divers endroits, & qu'on y laiſſoit beaucoup de fautes, crût qu'il devoit apporter quelque remede à ce mal. Il fit une Copie de ſes Livres ſi exacte & ſi bien corrigée, qu'il ne reſtoit pas dans le manuſcrit une ſeule faute, & la donna ainſi à un Libraire de Veniſe, pour en avoir une Impreſſion tres-accomplie. Mais il arriva tout le contraire de ce qu'il avoit eſperé. L'Imprimeur négligea ſi fort l'Edition, que cette derniere étoit la plus défectueuſe & la plus corrompuë de toutes celles qui avoient paru. Ce celebre Auteur touché de cet évenement, mit la main à la plume pour en avertir le Public, aprés avoir vû que cette Impreſſion, paſſant pour originale, avoit porté le mal dans une ſeconde, & même avoit beaucoup infecté la belle Edition d'Ingolſtad, à qui elle ſervit de modéle. Il fit paroître ſon Livre intitulé : *Recognitio Librorum omnium Roberti Bellarmini*, où il mit un *Correctorium*, qui marque toutes les fautes de cette Edition de Veniſe, & fut imprimé *in* 8°. à Ingolſtad l'année 1608. Il ſe plaint dans la Préface page 125. qu'il y a plus de quarante endroits où l'Imprimeur lui fait donner une réponſe negative pour une affirmative, ou une affirmative pour une negative. Et l'Errata qu'il fait, remplit quatre-vingt huit pages. *Et quod graviſſimum eſt (animadverti) ſuprà quadraginta locos ita eſſe corruptos, additis vel detractis negantibus particulis, vel alio modo immutatis, ut contrarium omninò ſenſum contineant; quod certè ſummo me dolore affecit..... tamen quoniam animadverti non paucos errores editionis primæ Venetæ in Editionem ſecundam Venetam, & in Ingolſtadienſem ex Venetâ expreſſam tranſiiſſe, ideò in Correctorio notavi Libros, Capita, Paragraphos, Columnas, Literas, & Verſus.*

Un Auteur s'eſt donné la peine de remarquer les fautes que les Imprimeurs avoient faites dans le grand Ouvrage de la Somme de Saint Thomas. Il en a fait un Livre intitulé : *Emendatio Erratorum quæ in Summâ Theologicâ S. Thomæ Typo-*

graphorum incuriâ facta reperiuntur. C'est François Garcia Religieux de l'Ordre S. Dominique qui l'a composé, & l'a fait imprimer à Tarragone dans la Catalogne, par Philippe Mei l'année 1578. *in* 4°. Je l'ai vû dans la Bibliotheque de M. l'Archevêque de Reims, il contient cent onze pages, & il est inscrit dans son Catalogue page 48. *Biblioth. Teller.* Quoique le Titre du Livre semble dire qu'on n'y corrige que les fautes des Imprimeurs, il est pourtant vrai que l'Auteur y remarque aussi celles, qu'il prétend avoir été laissées par ceux qui ont eu soin de l'Impression de cette Somme.

Il paroît par ces Remarques, que les anciens Maîtres ont aussi fait des fautes dans leurs Impressions. Et on voit que l'on a pratiqué anciennement deux moyens pour les reparer, l'un en les corrigeant avec la plume, qui fut en usage les premieres années de l'Imprimerie ; l'autre en imprimant l'Errata à la fin du Livre. J'ai trouvé tant de sincerité dans quelques Anciens, qu'il y en a parmi eux qui ont avoué publiquement leur négligence. Henri Etienne le pere, (à qui est dû cette loüange, qu'aprés avoir fait par son industrie pendant prés de vingt ans un grand nombre de tres-bonnes Impressions, il a encore laissé aprés lui de ses fils, qui ont porté l'Art à un point, où il ne restoit plus rien de considerable à y ajoûter, pour le perfectionner) imprima l'année 1519. *in* 4°. l'Apologie d'Erasme contre *Latomus*, & contre Jean d'Ath. Il confesse ingenûment qu'il a fait quelques fautes dans cette Edition ; & il n'en charge personne que lui-même, avoüant sa propre faute, & disant sincerement : *Locis aliquot incuriâ nostrâ aberratum est*: & fait son Errata de vingt fautes. Ce même Imprimeur corrigea agréablement une faute d'impression sur le mot de la fiévre. On sçait que la premiere syllabe du Latin *febris* peut être faite ou longue ou bréve. Dans l'Edition qu'il fit en 1512. *in* 4°. du Traité d'Hyppocrate *De præsagiis in morbis acutis*, il imprima cette syllabe par un *æ*, & par là il ôtoit la liberté de la rendre bréve. Il dit avec esprit, que par une erreur il avoit choisi la longueur dans la fiévre, que pour se corriger, il y préferoit la briéveté comme moins dangereuse.

Fabrem longam sibi Chalcographus delegit, tametsi febris correpta, sit minùs periculosa. Cette maniere de corriger une faute d'impression est plus recevable, que celle dont on se servit pour faire insulte à un célebre Docteur, qu'on appella exprés *Docte* *, & puis on mit un Errata pour retracter cette epithete, en faisant remarquer que c'étoit une faute, & qu'au lieu de ce mot *Docte*, il faloit lire *Docteur*. C'étoit abuser de l'Errata, & en faire une médisance fine & malicieuse.

* Lisez le Livre, *Menagiana.* premiere Edition de l'année 1693. page 69.

Simon de Colines fit voir aussi sa bonne-foi dans la belle Impression qu'il fit l'année 1535. de la Chronique de Philippe de Bergame. C'est un gros *in fol.* où il fit 65. fautes, dont il s'attribuë une partie, & l'autre à ceux qui ont conduit l'Impression : *Partim Librariorum culpâ, partim eorum negligentiâ qui Prælo præfuerunt, ut nemini faveamus.* Mais je n'ai rien lû de plus humble, ni de plus sincere que ce qu'a écrit Mathias Schurer Imprimeur de Strasbourg, qui n'étoit pas ignorant, puisqu'il prend la qualité de *Doctor Artium*, & qu'Erasme dans sa derniere Lettre du 28. Livre, le louë de son érudition. Il imprima l'année 1510. *in* 4°. le Traité *De Patientiâ*, composé par Baptiste de Mantoüe. Et parce qu'il avoit abandonné à quelqu'un qui fut peu soigneux, la correction de ce Livre, il y resta une page & demie de fautes : il les remarque aprés avoir dit, *Malüimus potiùs pudore nostro fatendo plecti, quàm tacendo, Respublica literaria suo damno nostra peccata lüat.* C'est lui à qui il étoit encore arrivé en l'année 1507. de voir un grand nombre de fautes dans l'impression des Ouvrages de Jean Pic Comte de la Mirande, pour les avoir fait imprimer par Jean Knoblouch, comme nous avons remarqué ci-dessus. Il en fit reparation publique à l'Auteur, dans une Epître qu'il adresse au Lecteur à la fin du Volume : *Errores......chalcographis non authori adscribito. Fatemur ingenuè culpam nostram.* Ainsi l'Errata qui se met pour reparer en quelque façon un mal, fait aussi ce bien qu'il oblige les Imprimeurs à veiller sur leurs Ouvrages, & qu'on voit par là une preuve, ou du peu de soin qu'ils ont eu, ou de la diligence qu'ils ont apportée. *Errata proptereà adjecimus*, disoit Pierre Quentel Libraire de Cologne, *ut huic operi non parvam credas diligentiam esse adhibitam* dans son Edition du Livre de l'Evêque de Rochestre contre OEcolampade *De Eucharistiâ* fol. 1527.

Quelques Imprimeurs de nôtre siécle ont trouvé une maniere bien aisée, par où ils prétendent se tirer d'affaire sans tant de façons. Ils suppriment tout-à-fait l'Errata; ou s'ils en impriment quelqu'un, ils ne le font que de la moindre partie des fautes. Par cet artifice ils cachent la corruption de leurs Impressions, qui les couvriroit de honte & de confusion si elle paroissoit en public, & épargnent aussi leur bourse. Car s'il leur falloit imprimer entierement cet Errata, il seroit si fort, que la dépense augmenteroit de beaucoup, outre qu'il ne se trouveroit plus personne qui voulût acheter leurs miserables Editions; dont le Jurisconsulte Jacques Fontaine diroit peut-être avec moins d'exaggeration, qu'il n'a fait quand il a écrit de quelques-unes de son tems. (a) *Quibus hoc debemus studiosi, quòd prò unâquâque literâ invenimus plagam, prò syllabâ crucem, prò Libro tormentum.* Et qu'Erasme (b) appelle aussi: *Meras cruces & ingenii tormina.* Un fort habile Docteur me pria un jour de lui acheter un certain Livre. Je ne lui conseillai point à cause du grand nombre de fautes dont cette Edition étoit remplie. Il me répondit qu'il ne se soucioit point des fautes d'impression. Je l'achetai pour le contenter; & il me dit quelque-tems après, que j'avois eu grande raison de le détourner de cet achat; qu'il étoit obligé de s'arrêter en lisant, pour deviner ce que vouloit dire l'Auteur, à qui on faisoit dire quelquefois l'affirmative pour la negative; qu'il faloit être aussi capable qu'un Docteur pour pouvoir se servir de ce Livre. Cependant ce sont de ces Editions où on ne voit point d'Errata. Vascosan se crût obligé de demander pardon au Lecteur, *nobis veniam dabis*, pour n'avoir point mis d'Errata à son Edition Grecque du *Thomas Magister, Orbicius, &c.* qu'il fit *in* 8°. l'année 1532. il dit que le papier lui a manqué. Quoique cette excuse ne fût point recevable, elle confond aujourd'hui ceux qui n'en mettent point à leurs Impressions, parce qu'ils y ont trop laissé de fautes.

Ils ont en Espagne depuis long-tems une police pour la

(a) A la fin du Sexte des Decretales de Chevalon *fol.* 1520.
(b) *Eras. Proverb. Chil.* 2. *Centur.* 1. *Prov.* 1.

Correction des Livres, par où ils ont prétendu obliger les Imprimeurs à être vigilans, & à faire moins de fautes. Avant que de permettre la vente d'un Livre, on l'envoye à un Censeur qui confére l'imprimé avec le manuscrit, & marque toutes les fautes de l'Impression. On met au premier feüillet l'Errata qu'il a fait; & signe au dessous, que le Livre, excepté les fautes marquées, est fidellement imprimé, quelquefois avec ce titre, *Fè de Erratas*: & en cette maniere: *Esta este libro bien Impresso y correcto conforme à su Original de mano. En Madrid 31. Mayo 1577. Juan Vasquez de Marmol*. Cela est ainsi sur le Livre d'Ambroise Morales, des Antiquitez d'Espagne, imprimé en Espagnol *in fol.* à Alcala l'année 1577. & sur le *Pentateuchus fidei* d'Antoine Perez Benedictin imprimé *in fol.* à Madrid en 1620. l'Errata contient presqu'une page, aprés lequel le Censeur qui l'a fait dit: *Librum hunc vidi & cum suo Archetypo contuli, omniaque in eo sunt adeò verè impressa, ut præter ea quæ à me proximè sunt emendata, nullà unquam in re ab exemplari suo discedant. Datum Madriti 14. Octobr. 1620. Licentiatus Franc. Murcia de la Llaña*. Il y en a dans la Bibliotheque de Sorbonne d'imprimez à Madrid en 1674. & à Salamanque en 1683. avec de semblables témoignages des Censeurs.

Le Professeur de Rhetorique du College de Navarre Jean Ravis. Textor, voulut en cela imiter ces Censeurs d'Espagne; car il donna son attestation, qu'il avoit corrigé les fautes d'Impression dans le Dialogue d'Ulric Hutten intitulé, *Aula*, imprimé à Paris *in* 4°. l'année 1519. par Antoine Aussurd. Et ce Libraire mit au bas de la premiere page du Livre, *Textor emaculavit*, pour asûrer le Public par l'autorité de cet habile homme, que l'Imprimé étoit correct. Sur le *Pimander* attribué à Mercure Trismegiste, que Jacques Fabry d'Estaples fit imprimer par Henry le pere des Etiennes, (Edition que j'ai vûë *in* 4°. dans la Bibliotheque de Saint Germain des Prez) on lit les noms de deux Correcteurs de cet Ouvrage en ces termes: *Parisiis in Officinâ Henrici Stephani, recognitoribus mendasque ex officinâ eluëntibus Jacobo Solido Cracoviensi & Volgatio Pratensi ann.* 1505. *Calend. April.* Oronce Finé Mathematicien, fut le Correcteur du Livre de

George Purbach, *Theorica Planetarum*, imprimé *in fol.* avec des Commentaires à Paris, aux dépens de Jean Petit, où il traça quelques figures de Mathematique. Il mit à la fin de cette Impression des Vers dont les premieres Lettres assemblées composent son nom, & ajoûta ce Distique.

Si petis hoc mendis quis terserit ; arte figuris
   Hinc decorarit opus, prima Elementa dabunt.

Le Jurisconsulte Jean Chappüis avoit fait la même chose l'année 1500. au Sexte des Decretales, & aux Extravagantes de Jean XXII. imprimées par Gering ; où ayant marqué son nom par les premieres lettres de quelques Vers, il écrit sur le premier feüillet des Extravagantes :

Si quid purgatum, si quid legis utile, fundas
   Pro Correctore supplicat ipse preces.

Peut-être seroit-ce là le moyen de rendre les Impressions plus correctes, si on obligeoit les Correcteurs à mettre leurs noms aux premieres pages des Imprimez, comme ont fait ici ces trois hommes de Lettres. Car je doute qu'on trouvât facilement des Correcteurs, qui eussent assez peu d'honneur pour abandonner leurs Editions, & passer ensuite dans le Public ou pour ignorans, ou pour ouvriers fort négligens.

En l'année 1649. le Roi fit des plaintes de l'Imprimerie de Paris ; qu'elle s'étoit beaucoup relâchée de son ancien éclat ; que ce n'étoit plus comme au siécle passé, où *des plus grands & des plus sçavans personnages tenoient à grand honneur de servir le Public dans cette occupation.* Entre les relâchemens où elle étoit tombée, il marque celui du peu de correction qu'on voyoit dans quelques Imprimez. Voici comme sa Majesté parle dans ses Lettres Patentes, par lesquelles elle donna aux Libraires trente-six articles par maniere de Reglement. *On imprime à Paris si peu de bons Livres, & ce qui s'en imprime paroît si manifestement négligé, pour le mauvais papier que l'on y employe, & pour le peu de correction que l'on y apporte, que nous pouvons dire que c'est une espece de honte, & reconnoître que c'est un grand dommage à nôtre Etat. Et davantage ceux de nos Sujets qui embrassent la Profession des Lettres, n'en ressentent pas un petit préjudice, quand ils sont obligez de rechercher les anciennes Impressions avec une dé-*

pense tres-notable. Le Roi fit l'Article 26. où il jugea necessaire que les Libraires prissent un Certificat de correction pour certains Livres, comme pour les Catechismes, les Vies des Saints, les Messels Romains, Breviaires, Diurnaux, & autres Livres d'Eglise & de Prieres, pour lesquels il ordonne, *qu'ils prendront Approbation à chacune Impression qu'ils en feront, avec Certificat comme il n'y aura point de faute importante, & qui puisse gâter le sens & intention de l'Eglise.* Il ordonne la même chose dans cet Article pour les Dictionnaires, Despautaires, Grammaires, & Livres de basse Classe : & veut que ce soit le Recteur de l'Université, ou quelqu'un commis de sa part, qui donne ce Certificat : *Faute de laquelle Approbation pour les uns, & Certificat pour les autres, inserez dans lesdits Livres, nous les avons dés-à-present declarez confisquez au profit des Pauvres de leur Communauté.* Mais les Libraires négligerent cette Police, & elle est demeurée sans execution.

Je ne puis dire de quel moyen le Cardinal du Perron auroit voulu qu'on se fût servi : mais il disoit qu'il étoit necessaire d'apporter quelque remede en France au desordre de l'Imprimerie, que c'étoit une pitié de voir combien il y avoit de fautes dans les Impressions qu'on y faisoit. * [Il faut mettre ordre aux Imprimeurs : ils font tant de fautes que c'est une pitié. Ils ont fait la plus grande faute en cette derniere Edition de Ronsard. Et en ma Harangue ils m'ont fait dire une chose, à laquelle je ne pensai jamais, ni ne l'ai pû penser. Ils ont imprimé les Barbares *Grecs*, au lieu des Barbares *Getes*. Ils appellent Barbares la plus polie Nation qui ait jamais été. Il faut un jour remedier au desordre qui se commet en Imprimerie; car indifferemment tous les Livres s'impriment, & plus de mauvais que bons, qui tombent entre les mains des Ecoliers, & il leur en demeure de mauvaises impressions.] Ce Cardinal, comme on voit, se plaint d'un mot que les Imprimeurs lui attribüerent pour un autre. Mais quelque grossiere que fût cette faute, elle ne lui fit aucune affaire. Une seule lettre retranchée d'un mot par la négligence de l'Imprimeur, donna bien d'autre chagrin à M. de Flavigny, Docteur de la Societé de Sorbonne, sçavant

* *Perroniana.* pag. 166. de la 2. Édition.

vant Professeur Royal en la Langue Hébraïque. Nous allons rapporter cette Histoire dans le Chapitre suivant.

CHAPITRE V.

Dispute de M. de Flavigny avec Abraam Echellensis. Une étrange faute d'impression, qui est relevée avec aigreur & mal-à-propos par Eckellensis. M. de Flavigny s'en purge par serment. Proposition d'Erasme où étoit une faute d'impression censurée par la Faculté de Théologie de Paris. Pourquoi la Faculté differa pendant quatre ans à publier sa Censure contre Erasme. Noel Beda arrêté prisonnier pour avoir écrit contre les Paraphrases d'Erasme. Son Livre saisi. La Faculté est accusée par Loüis Berquin ami d'Erasme, d'avoir approuvé des impietez & des blasphêmes. Le Roi veut que les quatre Facultez assemblées en jugent. L'Histoire de ce grand ennemi de la Faculté de Théologie, qui fut brûlé en Gréve. François I. irrité contre la Faculté. Elle n'ose faire paroître sa Censure, de crainte qu'elle ne fût supprimée. Le Roi est desabusé, & permet enfin qu'elle soit imprimée. Erasme meurt Catholique, auroit préféré d'être Chartreux au plus grand Evêché. Jugement porté sur ce qu'il a écrit touchant la Religion.

ON sçait que M. de Flavigny écrivit deux Lettres contre ce magnifique Ouvrage de la Bible en sept Langues de M. le Jay. Un habile Maronite Professeur Royal en Langue Syriaque & Arabe, nommé Abraam Echellensis venu de Rome à Paris, avoit eu quelque part à cette Bible. C'étoit lui qui avoit donné le Texte Arabe & Syriaque du Livre de Ruth, avec la Version Latine. M. de Flavigny écrivit l'année 1647. sa troisiéme Lettre contre Echellensis, & son Livre de Ruth, prétendant qu'il étoit rempli de fautes. Au milieu de la seconde page du premier feuillet il mit ces passages seuls, qui sont tirez du septiéme chapitre de Saint Matthieu. Au vers. 3. *Quid vides festucam in oculo fratris tui, & trabem in oculo tuo non vides ? Au vers. 5. Ejice primùm trabem de oculo tuo, & tunc videbis ejicere festucam de oculo fratris* qui. Il vouloit faire entendre à Echellensis par ces paroles, qu'ayant laissé beaucoup de fautes dans le Livre de Ruth, il reprochoit mal-à-propos à son Confrere Maronite Gabriel Sionita, Professeur Royal comme lui, d'en avoir laissé quelques-unes dans les Livres Arabes & Syriaques, qu'il avoit fait imprimer dans la Bible de M. le Jay. Le Maronite se trouvant obligé de répondre, commença par accuser le Docteur d'un crime énorme commis sur ce passage; d'avoir voulu par une impieté sans exemple, corriger le Texte sacré de l'Evangile, & en retrancher un mot honnête pour donner place à un autre qui ne l'étoit point. Il exagere ce prétendu crime d'un style picquant & outrageant. Voici comme il s'y prend dans sa premiere Lettre, qu'il intitule, *Epistola Apologetica prima*, imprimée *in* 8°. en l'année 1647. page onziéme: *Ad primùm quòd attinet, tua Judaïca modestia ac pietas, humanissime Flavignane, summoperè elucescit, ut alia cætera loca omittam, ex iis verbis quæ in me retulisti ex cap. 7. divi Matthæi v. 3. & 5. quomodo autem Sacro-sancti Evangelii verba depravasti, & illusisti in hoc loco, ac sacra immicuisti profanis, ne expectes à me ut illa secundùm sacrilegam emendationem tuam hic referam, solùm enim meminisse animus horret, luctuque refugit. Quamobrem non in meis, sed in tuis scriptis id legatur. ô acerrimum Hebraïcæ veritatis propugnatorem! Hebraïcus Textus, ubi verbum aliquod inhonestum occurrit, honestis velat verbis: Tu verò Hebraïcæ Linguæ Professor, illiusque Textus importunè ad stomachum usque defensor ac rabulâ, Sacro-sancti Evangelii Sacrosancta verba impietate inauditâ turpas, fædas, & spurcè illis abuteris. Ex quo liquidò apparet, quos mirabiles progressus in pietate & Lectione sacrarum Scripturarum, quas crepas semper, feceris. Ex verbis tuis, Flavignane, quisnam sis optimè cognoscimus, quia qualis homo est talis etiam ejus erit oratio, orationi autem facta simillima, factis vita, ut ex Socrate refert Cicero lib. 5. Quæst. Tuscul.* & le reste, qui va jusqu'à six pages. Voilà de grands mots. Voilà une accusation atroce. Voilà bien du bruit qu'on fait, & bien des injures qu'on dit à un Docteur. C'est une impieté qu'on lui attribuë, c'est un sacrilege dont on l'accuse, c'est un soupçon qu'on fait naître contre ses mœurs. Qui croiroit que ces reproches si sanglans, ne sont fondez que sur une faute d'Impression ? Qui croiroit que c'est une seule lettre omise par hasard dans un mot, que c'est une simple voyelle échappée fortuitement des Formes, qui cause tout ce grand bruit du Maronite, & qui lui fait imaginer des chimeres ? Cependant cela est ainsi, & son accusation n'a point d'autre fondement. L'Imprimeur toucha à une ligne mal dressée, à celle où étoit l'onziéme mot du troisiéme Verset. Ce mot contenoit cinq lettres. La premiere glissa, & sortit de sa place. C'étoit un *o*. Il s'en fit par là un autre qui n'en contenoit plus que quatre. Voilà le plus grand mal qu'avoit fait le Docteur. Il est vrai que dans le cinquiéme Verset, la premiere lettre du cinquiéme & même mot, finissoit la ligne; c'étoit encore un *o*, le reste du mot, c'est-à-dire, les quatre autres lettres ainsi separées de cet *o*, commençant la ligne suivante. Mais cela n'est point extraordinaire : souvent les mots sont ainsi coupez, tant dans les Manuscrits que dans les Imprimez. Et si le Maronite voyoit en cela quelque mal, c'est que la passion lui faisoit paroître comme un dessein medité, ce qui n'étoit qu'un effet du pur hasard dans l'Imprimerie.

Le Docteur frappé d'étonnement à la premiere nouvelle qu'il apprit de ce reproche, & de cette faute qui étoit restée dans le passage, ne la pouvoit trouver dans son Imprimé : il fallut que son ami M. d'Auvergne, Professeur Royal en Arabe, lui montrât de son doigt, avant qu'il la reconnût. Il écrivit aussi-tôt sa quatriéme Lettre. Mais que pouvoit répondre l'innocence autre chose que la verité ? Que pouvoit-il dire pour se défendre, sinon que c'étoit seulement une faute d'Impression ? Il le dit, asûrant qu'il avoit encore la derniere épreuve de la feuille, où cette faute n'étoit point. *Dicerem lubens hic esse mendum Typographicum, etiam contrà fidem ultimi mei, quod ego repræsentare possem, speciminis Typographici, in quo omnia ritè habent, casu aliquo introductum*, page 24. Le fait étoit trop énorme. Il se crût obligé d'aller plus loin, & de jurer publiquement son innocence en termes de l'Ecriture : *Sed Deus testis est, ante cujus conspectum animam meam effundo, & cujus, ut ait Apostolus*, *ira revelatur de cælo super omnem impietatem, & injustitiam hominum illorum, qui veritatem in injustitiâ detinent, me nunquam vel tantillùm de tam impiâ, horrendâ, sacrilegâ, ut dicis, emendatione cogitasse.* Enfin, il n'est pas content : il ne se croit pas assez justifié, s'il ne fait paroître de la colere contre son Imprimeur. Il dit qu'il falloit que la fiévre chaude lui eût fait perdre l'esprit, & qu'il fût devenu phrénétique, quand il imprima le mot avec cette faute. *Aut à meo Typographo, dum hac mihi excuderet, multâ febre phrenetico, ac planè quid ageret inscio.* Il me souvient, que parlant à M. de Flavigny quelque-tems avant sa mort, de cette querelle que j'avois apprise dans la Bibliotheque de Sorbonne, par la lecture des Lettres citées ci-dessus, sa colere n'étoit pas tout-à-fait éteinte. Il s'emportoit encore contre son Imprimeur, quoiqu'il y eût prés de trente ans passez depuis l'impression de sa Lettre ; tant il est vrai qu'une seule faute qui reste dans une Edition, peut beaucoup chagriner un Auteur, & que la correction est de la derniere importance dans un Ouvrage d'Imprimerie, comme on voit par cette Histoire.

C'est une seule lettre échappée fortuitement d'un mot qui fit cette affaire à M. de Flavigny. Une lettre ajoûtée à un mot par le même hasard de l'Imprimerie, a été cause qu'une des propositions d'Erasme a été censurée. Dans sa Paraphrase sur ces paroles de S. Pierre au chapitre 16. de S. Matthieu : *Tu es Christus Filius Dei vivi.* Il avoit écrit : *Non suspicione proferens, sed certâ & indubitatâ scientiâ profitens, illum esse Messiam à Prophetis promissum, singulari more Filium Dei.* Mais il arriva que dans l'Edition qui fut faite *in fol.* à Basle par Jean Froben l'année 1524. & qui fut débitée en France avec éclat, à la page 113. la lettre *a* se trouva ajoûtée à ce mot *more*, & fit cet autre mot *amore*. Noël Beda, habile Docteur de la Faculté, qui écrivit contre les Commentaires de Jaeques Fabry d'Estaples sur le Nouveau Testament & les Paraphrases d'Erasme, ne manqua point de relever cet endroit, ni de dire dans ses Annotations imprimées *in fol.* par Josse Bade l'année 1526. page 191. que Jesus-Christ étoit veritablement Fils de Dieu, de même nature & de même substance que le Pere Eternel, & non point seulement son Fils adopté par un amour particulier. Et la Faculté de Théologie de Paris, dans sa Censure dattée du 17. Decembre 1527. nota la proposition en cette maniere titre 29. *Hæc propositio perperam explicat sententiam Evangelicam, præbens occasionem malè sentiendi de divinitate Filii Dei cum Nestorio; non enim singulari quodam amore Dei in ipsum, Christus est Filius Dei, neque adoptione & gratiâ, sed origine & naturâ.* Erasme répondit que c'étoit une faute d'impression; que dans l'Edition de 1522. faite en petite forme, il y avoit *more* & non point *amore*; qu'il n'avoit prétendu autre chose, sinon que Jesus-Christ étoit Fils de Dieu d'une maniere singuliere, & qui ne lui étoit point commune avec les hommes. * *In primâ editione anni 1522. in minusculis, cui adfui, comperies excusum,* singulari more, *Filium Dei. Singulare voco, quod in unum tantùm competit, & , more, dixi pro modo, sive ratione; sentiens Christum non communi sensu dici Filium Dei; sed peculiari quadam ratione, qua nullus alius dici potest Filius Dei.* Singulari amore, *Typographorum error est, non meus.* On voit encore par cet exemple ce qui peut arriver à un Auteur, pour une seule faute qui n'aura point été corrigée dans une Edition.

* Oper. Erasm. Edit. Basil. 1540. Tom. 9. pag. 742.

Si dans tous les endroits que la Faculté censura, il n'y avoit point eu d'autres fautes que celles de l'impression, tout le blâme seroit tombé uniquement sur l'Imprimeur, & on ne pouroit reprocher à Erasme tout au plus qu'un manque de soin à faire bien corriger les Tierces d'Imprimerie : mais il voulut faire le Reformateur, il débita beaucoup de nouveautez tant dans la doctrine que dans la discipline de l'Eglise, & donna sujet à cette premiere Faculté de l'Europe de faire une Censure de ses Ouvrages. Elle ne parut que quatre ans aprés qu'elle eut été concluë. Ce qui lui servit de prétexte pour dissimuler que ce fût un ouvrage de toute la Faculté en Corps. *Si placuisset Facultati has censuras edere, cur post annos quatuor nunc demùm prodeunt?* Tom. 9. pa. 656. Il en sçavoit bien la raison. Nous l'expliquerons ici en faveur de cette illustre Compagnie, qui a tant rendu de services à la Religion. Ce sont des faits qui ne sont pas connus de tout le monde. Nous employerons le reste de ce Chapitre à faire ce narré, quoi qu'un peu long. La Cour n'étoit point favorable à la Faculté de Théologie : elle n'approuvoit point le grand zéle qu'elle faisoit paroître pour l'ancienne Doctrine : & tout ce que les Docteurs écrivoient pour la défendre contre les Esprits remüans & entreprenans, y étoit fort mal reçû. Voilà pourquoi elle n'osoit faire imprimer sa Censure. On sera convaincu de la disposition où la Cour étoit alors par les faits que nous allons rapporter. Le Roi François, ami de tous les Sçavans, prévenu par cette raison pour Erasme, sollicité aussi par ses Lettres, excité d'un autre côté par les intrigues des Lutheriens qui avoient de puissans amis à la Cour, (comme Erasme lui-même le reconnoît dans sa Lettre à Goclenius, écrite l'année 1523. *subodoror Regiam aulam ὑπολυθερίζειν* *) étoit tellement irrité contre le Docteur Noël Beda, qui avoit refuté les Paraphrases & les Annotations de cet Auteur, & contre la Faculté qui avoit approuvé & fait imprimer son Livre; que le premier étant allé à la Cour pour quelque affaire de sa Compagnie, y fut arrêté prisonnier pendant un jour, n'ayant eu la liberté, qu'à condition de se representer quand on le demanderoit : & on envoya une Lettre de Cachet au Parlement, dattée d'Amboise le 9. Avril 1526. par laquelle il lui étoit ordonné d'empêcher que le Livre de Beda ne fût vendu. J'ai lû dans une copie des Regîtres de cette Cour, une Lettre Latine de Josse Bade, où il dit, qu'il en avoit imprimé 650. exemplaires, dont plusieurs avoient été envoyez en Espagne, en Italie, en Allemagne, & en Angleterre, qu'il ne lui en restoit plus qu'environ cinquante copies completes, & promet qu'il ne les distribüera point. C'étoit une suite de ce qui étoit arrivé les années précedentes, dans lesquelles il fut fait défense à la Faculté d'examiner les Livres de Jacques Fabry d'Etaples. Et un de ses Docteurs ayant écrit l'année 1523. contre Luther, on saisit son Livre. La Faculté s'en plaignit quelque tems aprés à la Reine Mere Regente, pendant que le Roi étoit en Espagne, dans les Articles qu'elle envoya à cette Princesse, qui l'avoit consultée sur les moyens *d'extirper la doctrine de Luther en France, & de découvrir les personnes qui en*

* In Vita Eras. Leyden. 1642. in 16. pag. 174.

étoient suspectes. Elle dit dans le feüillet 221. de son Registre : *Item, ce qui est moult scandaleux, puis n'a guieres ont été sous le nom & authorité du Roi, prins & emportez certaine grande quantité de Volumes d'un Traité composé par Maître Jerosme de Angests contre les Erreurs de Luther, &c.* De plus, le nommé Loüis de Berquin Lutherien caché, ami d'Erasme, avec qui il avoit quelque commerce de Lettres, presenta douze Propositions du Livre de Beda ; prétendant qu'elles contenoient des impietez & des blasphêmes, & demanda que la Faculté fût obligée de les condamner, ou de les prouver par l'Ecriture sainte. Le Roi écouta cet Accusateur favorablement, & le 10. Juillet 1527. envoya par M. l'Evêque de Bazas les Propositions au Recteur, à qui il donna ordre de les faire examiner par les quatre Facultez assemblées, & non point seulement par les Docteurs en Théologie, *quos in hac materiâ suspectos habebat,* comme dit le Registre de la Faculté, rapporté par Hilarion de la Coste dans la Vie du Docteur François Picart imprimée *in* 8°. 1658. page 323. & & celui de l'Université, rapporté dans le Livre bleu page 7. Je ne trouve point écrit quel fut le Jugement des quatre Facultez. S'il y en a eu quelqu'un, il n'a point été different de celui des Théologiens, à qui l'Université a coûtume de se rapporter pour la décision des matieres de Théologie. On sera curieux de sçavoir qui étoit ce Berquin, qui osa accuser d'impieté la Faculté de Théologie de Paris, & prétendit l'obliger à retracter l'Approbation qu'elle avoit donnée au Livre de Beda. Voici son Histoire. Que le Lecteur se donne un peu de patience ; il verra que de tous ces faits Historiques, nous conclurons que la Faculté se conduisoit sagement en differant la publication de sa Censure contre Erasme.

* C'étoit un Gentilhomme d'Artois de quelque Litterature, Lutherien secret, bien venu auprés du Roi, qui l'ap-

---

* On trouvera les preuves de tous les faits qui sont ici avancez, dans le Regiftre de la Faculté de Théologie au feüillet 197. dans les Regiftres du Parlement aux années 1523. 1525. 1526. dans les Lettres d'Erasme au Tome 3. pages 618. 661. 708. 916. 1084. dans celles qui sont *In Vita Eras.* Leyden 1642. *in* 16. pages 270. 311. 316. dans l'Histoire des Martyrs imprimée à Geneve 1619. feüillet 103.

pelloit son Conseiller, *Consiliarium suum.* Il se mêloit de faire des Traductions & des petits Livres pour le peuple. Il tourna en François quelques Ouvrages d'Erasme, mêlant toûjours dans ses Versions quelque point des hérésies Luthériennes. On les imprimoit & distribuoit secretement. Il devint l'ennemi de la Faculté, & de tout ce qui portoit le nom de Docteur en Théologie, aussi-tôt que la Censure contre Luther fut publiée. Mais il se déclara sa partie & son accusateur public, par la raison que l'on va voir. En l'année 1523. le 13. May, le Parlement fit saisir ses Livres, & ordonna qu'ils seroient communiquez à la Faculté de Théologie pour en avoir son avis. On lui trouva le Livre *De abrogandâ Missâ,* avec quelques autres de Luther & de Melancton ; & sept ou huit Traitez dont il étoit auteur, quelques-uns sous ces titres : *Speculum Theologastrorum. De Usu & Officio Missa, &c. Rationes Lutheri, quibus omnes Christianos esse Sacerdotes molitur suadere.* Le *Debat de pieté & superstition.* On trouva aussi quelques Livres qu'il avoit traduits en François, comme : *Raisons pour lesquelles Luther a fait brûler publiquement les Decretales, & tous les Livres de Droit Canonique. La Triade Romaine, & autres.* La Faculté, aprés avoir examiné ces Livres, jugea qu'ils contenoient expressément les hérésies & les blasphémes de Luther. Son Avis est datté du Vendredy 26. Juillet 1523. & adressé à la Cour du Parlement. Aprés avoir porté sa Censure sur chaque Livre en particulier, elle conclut qu'on les doit tous jetter au feu; que Berquin s'étant fait le Défenseur des hérésies Luthériennes, on doit l'obliger à une abjuration publique, & lui défendre de composer à l'avenir aucun Livre, ni faire aucune Traduction préjudiciable à la Foi. *Ipsum verò Lud. de Berquin, quoniam Lutheranæ impietatis acerrimus est propugnator, & quantùm in se est, in destructionem & enervationem totius Hierarchiæ Ecclesiæ simul propagator, ad publicam abjurationem eorum, quæ composuit & transtulit, viâ Juridicâ compellendum ; eidemquè auctoritate Senatoriâ prohibendum itidem censemus, ne posthac attentet componere, aut è Latinâ in vernaculum sermonem transferre quidquam, quod in Lutheranâ vesaniâ defensionem tendat, aut vergat in præjudicium Fidei Catholicæ, tholica, &c.* Le Parlement ordonna que cet Avis lui feroit signifié. Il y répondit par écrit & de vive voix en préfence des Juges. Sur fes réponfes il fut arrêté prifonnier le premier jour d'Aouft, & quatre jours après on lui lut fon Arreft, qui le renvoyoit au Tribunal de l'Evêque de Paris, pour être jugé par lui fur les Cas refultans du procés. Le huitiéme d'Aouft le Roi le fit tirer des prifons de l'Officialité par le Capitaine Federic, & évoqua la caufe à fon Confeil, où il fut jugé par M. le Chancelier, *& condamné à abjurer quelques propofitions hérétiques; ce qu'il fit.* Ce font les termes des Regiftres du Parlement. Il ne fut pas fi-tôt forti de ce danger, qu'il recommença à débiter des hérefies dans fes Livres & dans fes difcours. Pour n'être plus fi obfervé, il fe retira dans le Diocéfe d'Amiens; où il fcandalifa tellement le Peuple & le Clergé, que l'Evêque fut obligé de venir à Paris fe plaindre au Parlement, qui le fit prendre, & fut déclaré Hérétique & Relaps, par Sentence de deux Confeillers de la Cour, choifis pour connoître du fait d'Héréfie, & revêtus de l'autorité du faint Siége, par un Bref du Pape Clement VII. datté du 20. May 1525. regiftré en la Cour; que la Reine Regente avoit obtenu de Rome en l'abfence du Roi fon fils. Il fut abandonné par ces Juges d'Eglife au Parlement comme au bras feculier. Son procès avoit été diftribué à un Confeiller. Le matin qu'il devoit être rapporté, le Parlement reçût une Lettre du Roy, qui revenoit d'Efpagne, dattée du premier d'Avril 1526. où il ordonnoit qu'on arrêtât la procedure. Et enfin, après plufieurs Lettres écrites, il envoya un Lieutenant de fes Gardes avec le Prévôt de Paris, qui le tirerent de la Conciergerie, le garderent quelque-tems au Louvre, & lui donnerent la liberté. Environ ce tems-là Simon de Colines, efperant faire un grand gain fur les Ecoliers, imprima vingt-quatre mille copies du Livre des Colloques d'Erafme. *Excuderat, ut aiunt, ad viginti-quatuor millia Colloquiorum in modum Enchiridii. Tom. 3. Oper. Eraf. pa. 618.* La Faculté, pour prévenir le mal que ce Livre pouvoit faire à la Religion, le cenfura, marquant les endroits en particulier où il y avoit du venin & du poifon. L'Univerfité enfuite défendit de le lire & de l'enfeigner dans les Colleges. Alors Berquin fit écrire à Erasme, qu'il ne falloit plus tarder, qu'il devoit se joindre à lui, qu'il étoit tems de faire perdre aux Docteurs toute l'autorité qu'ils avoient dans l'Eglise, & de les décrier tout-à-fait, l'occasion étant favorable. *Nunc tempus esse ut Theologis omnis in posterum detraheretur auctoritas.* Sa cause étoit demeurée en suspens. Elle consistoit dans une Sentence portée contre lui par deux Conseillers Juges déleguez du Pape, (laquelle Erasme attribuë au Prieur des Chartreux, à celui des Celestins, & à un troisiéme qu'il ne nomme point.) Elle consistoit aussi dans un reproche qu'il faisoit à la Faculté de Théologie d'avoir approuvé la Doctrine impie, comme il disoit faussement, du Docteur Beda; prétendant aussi, mais ridiculement, avoir découvert dans les Registres de cette Compagnie, des secrets importans à l'Etat qu'elle tenoit cachez. *Nam deprehenderat quædam arcana in illorum Actis.* Enflé par la protection qu'il avoit euë de la Cour, flatté d'une vaine esperance d'abbatre la Faculté, débitant toûjours des erreurs, il voulut poursuivre son absolution contre l'avis d'Erasme, qui lui conseilloit fort sagement de quitter cette entreprise, & de sortir du Royaume. *Causam agere cœpit adversùs tres Priores, qui suâ sententiâ illum damnarant hæreseos, adversùs Facultatem sacratissimam.* Et dans un autre endroit: *Is, quem destinarant mactationi, nunc apud Judices à Rege delegatos reos peragit, Bedam hujus sceleris satellitem, & Priores ad hoc facinus subornatos, & ipsam denique sacratissimam Facultatem, quæ clam, ut rumor, inservivit huic negotio.* Douze Commissaires furent députez pour le juger, qui l'ayant trouvé convaincu d'hérésie, le firent prendre prisonnier. Ils étoient convenus ensemble qu'on brûleroit ses Livres, qu'on lui perceroit la langue, & qu'il ne seroit condamné qu'à la prison perpetuelle, pourvû qu'il voulût abjurer ses hérésies. Le sçavant Guillaume Budé, qui fut un de ses Juges, fit tout ce qu'il pût pendant trois jours pour lui persuader de sauver sa vie par la retractation de ses erreurs: mais n'ayant pû vaincre son opiniâtreté, son Arrest lui fut prononcé. Il fut brûlé en Gréve au mois d'Avril 1529. Erasme, qui rapporte sur cette Histoire plusieurs faits peu conformes à la verité, ne s'attendoit point à une fin si tragique. Il ne sçait s'il doit l'accuser, ou l'excuser. Il doute s'il étoit coupable, ou innocent. Il le décharge néanmoins plus qu'il ne le charge. Il dit dans la Lettre *ad Bilibaldum* écrite au mois de May 1529. *Vitæ Erasmi*, page 311. *Nec enim mihi causæ ratio sat cognita est.* Et ensuite dans la même Lettre page 312. *Etiamsi causam haberet non omninò malam.* Et dans celle *ad Carol. Utenhovium*, écrite le premier Juillet de la même année, *To. 3. Oper. Eras.* page 916. *De causâ, quoniam mihi prorsus ignota est, non habeo quod pronunciem. Si non commeruit supplicium, doleo: si commeruit, bis doleo.... non dubito quin sibi persuaserit esse pia quæ defendebat.* Dans celle qu'il écrivit en 1533. *ad Colsterum*, il dit, qu'il étoit homme de bonnes-mœurs ; quant à sa doctrine, qu'il ne la connoissoit point ; qu'il est la cause que la Faculté de Théologie a fait une Censure de ses Ouvrages. *Vir incorruptissimis moribus. De dogmatibus mihi non liquet.... nunquam Theologi Censuras in me edidissent, nisi ab illo fuissent lacessiti, Tom. 3. Oper. Eras. p.* 1084. Il a donc grand tort d'avoir tant blâmé la Faculté, & tant excusé Berquin, s'il ne sçavoit pas qu'il étoit Lutherien de sentimens, & qu'il avoit composé & traduit en François les Livres pernicieux qu'on saisit chez lui. Beze, qui se trompe sur le tems de cette execution, fait cet Eloge de Berquin, que s'il eût trouvé dans François I. un Federic Duc de Saxe, il auroit pû être le Luther de la France.(*a*) *Gallia fortassis alterum esset Lutherum nacta.* Ainsi Dieu délivra ce Royaume d'une grande peste, dit M. de Sponde, *à quâ igitur peste atque incendio liberavit tunc Deus Galliam ?* (*b*)

(*a*) Beza in Iconib.

(*b*) Ad ann. 1529. num. 14.

Pour revenir à la Censure d'Erasme, les Docteurs de Paris, si injustement décriez à la Cour en l'année 1527. par les pratiques des Lutheriens secrets & des amis d'Erasme, n'avoient garde de faire paroître la Censure qu'ils avoient faite des Ouvrages de cet Auteur. Elle auroit été aussi-tôt supprimée. On peut juger comme elle auroit été reçûë, par ces paroles de la Lettre du Roi au Parlement, écrite d'Amboise le 9. Avril 1526. *Et parce que nous sommes deuëment acertenez, qu'indifferemment ladite Faculté, & leurs Suppôts, écrivent contre un chacun, en dénigrant leur honneur, état, & renommée, comme on fait contre Erasme, & pourroient s'efforcer*

Z ij

à faire le semblable contre autres, nous vous commandons... que vous mandiez incontinent ceux de ladite Faculté, ou leurs Députez : & leur défendiez..... qu'ils n'ayent en général ni en particulier, à écrire, ni composer, & imprimer choses quelconques, qu'elles n'ayent premierement été veuës & approuvées par vous, ou vos commis, & en pleine Cour déliberées. Mais le bon Roi François fut desabusé dans la suite. Il vit bien qu'on avoit été trop facile & trop indulgent, & que la trop grande douceur, dont on avoit usé à l'égard des personnes suspectes d'héresie, n'avoit servi qu'à augmenter le mal. Il dit lui-même dans une autre Lettre au Parlement, dattée de Lyon le 10. Decembre 1533. *Dautant qu'attendu icelui délit (d'héresie Lutherienne) pullule, à faute d'avoir eu le soin & cure de l'extirper dés le commencement, est besoin que promptement par gens d'autorité, & nos Officiers, cela soit executé.* Il reconnut enfin l'innocence de la Faculté, & le juste procedé de cette Compagnie si Catholique, chargée alors du poids de la Religion, & qui n'étoit devenuë si odieuse, que parce qu'elle s'opposoit fortement à tous ceux qui vouloient innover dans la créance de l'Eglise. Il se défit de sa prévention pour Erasme, instruit, comme celui-ci soupçonne, par Jean Eccius & Hierôme Aleandre, nouvellement arrivez à Paris, grands adversaires des Lutheriens. Josse Bade obtint de lui un Privilege pour imprimer l'Ouvrage du Comte de Carpi Albert Pie, qui consiste en vingt-quatre livres contre Erasme. Il l'imprima *in fol.* l'année 1531. *Adstipulante nobis, & quasi manum è sublimi porrigente Christianissimo Francorum Rege Francisco Primo*, dit ce Libraire. On remarque bien ces mots, *quasi è sublimi*. En effet, c'étoit comme un miracle que le Roi, prévenu comme il étoit, permît la publication de ce Livre. Il imprima aussi cette même année en même forme la Censure concluë par les Docteurs il y avoit quatre ans. On garde en Sorbonne ces curieuses Editions. Ce fut un coup porté contre Erasme qui l'atterra. Car quoiqu'il ait écrit contre quelques erreurs de Luther, quoiqu'il n'ait point quitté la Communion de l'Eglise, & qu'il soit mort Catholique, cependant il a donné lieu de tenir sa foi pour suspecte. Et M. l'Evêque de Pamiers Henry de Sponde a fait ce jugement de lui dans ses Annales de l'année 1526. nombre 17. *Sed maluit semper Catholicus videri, quàm verè esse.* Il est vrai que vers la fin de sa vie il eut un grand regret d'avoir favorisé dans ses Ecrits la liberté en matiere de Religion, & qu'il écrivit à un Chartreux, qui vouloit quitter son habit, *ut vehementer doleam, me quondam in Libris meis prædicasse libertatem spiritus : quamquam id bono animo feci.... quanam hæc est libertas, ubi non licet dicere preces, non licet sacrificare, non licet jejunare, non licet abstinere à carnibus ?* Il est vrai, que pour l'affermir davantage dans l'observation de sa Regle, il asûre que s'il n'étoit point si proche de sa fin, & qu'il eût encore quelque peu de force, il prefereroit au plus bel Evêché le bien de vivre Chartreux avec lui. *Emoriar, si vel tantillum roboris haberet adhuc hoc corpusculum, ut saltèm vivere posset, ni malim istic tecum esse, quàm in Palatio Cæsaris esse primus Episcopus. Tom.3.Oper.Eras.pa. 715.* Il est vrai encore que Florimond de Raymond dans son 5. Livre de la Naissance de l'Hérésie chap. 1. dit de lui : *Il ne pût pourtant, prévenu de la mort, publier son Livre de Retractations, souvent interpellé de ce faire par Thomas Morus...... Voici la Protestation qu'il fit aux yeux de toute la Chrétienté, pour effacer cette tache Lutherienne, qu'on lui vouloit imprimer sur le front. Je reconnois Jesus-Christ. Je ne connois Luther. Je reconnois l'Eglise. Sois certain, Lecteur, qui que tu sois, que tout ce qui repugne au Siége Romain, quelque titre qu'il porte, n'est point parti d'Erasme.* Mais avec tout cela, cette Censure des Théologiens de Paris, de cette sçavante Assemblée, de laquelle Erasme même a écrit, *Cujus Oraculis prima semper tributa est auctoritas. To. 3. pa. 829*; ce jugement porté contre sa doctrine, que l'*Index* * appelle du Concile de Trente donne en partie pour Regle à ceux qui liront les Ouvrages de Théologie de cet Auteur, ternira toûjours sa memoire : & tout le fruit qu'il a remporté de tant d'Ecrits sur la Religion, de tant de Réponses & d'Apologies ; tout ce qui lui reste de cette grande reputation, qui fit que les Têtes couronnées, & les Papes mêmes, tâchant de le gagner, lui écrivirent des Lettres de compliment, c'est qu'il ne passera jamais dans l'Eglise pour un Auteur fort orthodoxe, & que son autorité ne fait pas grande impression sur l'esprit des Catholiques.

* *Cætera verò opera ipsius, in quibus de Religione tractat, tandiu prohibita sint, quamdiu à Facultate Theologicâ Parisiensi, vel Lovaniensi expurgata non fuerint. Index Trident. in Defid. Erasmo.*

CHAPITRE VI.

L'ignorance des Imprimeurs est cause des fautes d'Impression. Plainte contre eux sur ce sujet. Ignorance grossiere d'un Imprimeur de Paris. Pourquoi l'on imprima Paulina de Paschate. *Ce Livre excita à faire une reformation du Calendrier. Imprimeur qui par ignorance imprime des injures qu'on lui disoit. Le Correcteur d'Imprimerie doit être tres-sçavant. Imprimeurs qui n'ont point de Correcteurs, blâmez. Fautes laissées manque d'un bon Correcteur. Ce que dit Henry Etienne des Correcteurs ignorans. Exemples qu'il apporte. Le Pline, Livre où il y a eu le plus de fautes. On a manqué à Paris quelquefois de Compositeurs & de Correcteurs en Grec. Loix que M. Chartier Medecin souhaittoit qu'on fît touchant les Imprimeurs & les Correcteurs.*

LA raison pour laquelle on voit tant de fautes d'impression dans quelques Livres, c'est qu'il y a des Imprimeurs tout-à-fait ignorans, & sans aucune étude, qui à grande peine peuvent lire. Alde Manuce imprima *in fol.* l'année 1515. le Livre de Nicolas Perrot intitulé *Cornucopiæ*. Il y fait une plainte du peu de capacité de quelques Libraires de son tems ; qui nonobstant leur ignorance connuë de tout le monde, avoient la temerité de vouloir travailler sur toute sorte de Livres. Il pousse sa plainte plus loin ; car il joint à ces Imprimeurs ignorans certains Auteurs d'une érudition fort legere, qui cependant entreprenoient de donner au Public les anciens Livres, d'y faire des Notes, des Commentaires & des Corrections. Deux sortes de gens qu'il dit être capables de faire perdre tout l'avantage qu'on peut tirer du don que Dieu a fait de l'Imprimerie. On sera bien aise d'entendre parler ce grand Homme en sa maniere polie & élegante. Voici comment la Préface qu'il a mise à ce *Cornucopiæ* commence : *Omne inventum, quamvis ingeniosum & conducibile, adulterari longâ die ac potiùs malitiâ hominum, qui se sibi solùm natos arbitrati, student semper ex alienis incommodis sua ut comparent commoda, converti in malum con-*

ſtat. Quemadmodum temporibus noſtris accidiſſe videmus in miro hoc & quàm laborioſiſſimo modo ſcribendorum Librorum. Nam quantum quiſque commodi ex eâ re futurum ſperabat, nemo eſt qui non perſpiciat. Quantum item incommodi, quanta bonorum Librorum pernicies, quanta ruina & jam ſit & futura, niſi Deus prohibeat, videatur, non queo dicere. Primum enim in quorum Artificum manus pervenerint ſacra Literarum monimenta videmus. Deinde quâ Literaturâ præditi quidam Libros omnes enarrare, commentari, corrigere audeant,ſcimus. Quamobrem periculum non mediocre eſt ne beneficium hoc imprimendi Libros à Deo immortali hominibus datum, ipſi cum liceat vel infantiſſimo cuique pro animi ſui libidine temerè in quem vult Librum graſſari, in maximum maleficium convertamus & interitum Literarum. Jacques Fontaine Profeſſeur en Droit dans l'Univerſité de Paris, fit l'Eloge de l'Aſſocié de Gering Bertholde Rembolt, aprés ſa mort: on le lit au Sexte des Decretales imprimé par Chevalon l'année 1520. Aprés avoir rendu l'honneur dû à cet Imprimeur, il s'étend ſur le deſordre qu'il voyoit dans l'Imprimerie, & principalement ſur l'ignorance qui regnoit parmi pluſieurs Maîtres de cet Art. Il y paroît fort touché. Sa douleur & ſon indignation le fait parler de cette maniere: *Cogor, neque me continere poſſum, nunc alta ſilentia rumpere, & obductum verbis evulgare dolorem. Non eſt, non eſt hic ignorantiam Artis aut incuriam facile deprehendere. Quæ, proh dolor! multorum Libros fœdo, & numquam ferendo dominatu hodie occupat, propagaturque malum in dies latiùs.* Il approuve fort le conſeil que Nicolas Beraud donna aux Souverains d'apporter quelque remede à ce mal, & de faire des Edits pour éloigner de ce bel Art tous ceux qui par le manque d'érudition & de ſcience, ſeroient jugez incapables de l'exercer. *Quarè prudentiſſimè in Præfatione operis ſui Pliniani admonet longè eruditiſſimus Nicolaus Beraldus, ut aliquo publico decreto inſolentiſſima iſta ignorantum Impreſſorum audacia reprimatur; quibus hoc debemus ſtudioſi, quòd pro unâquâque literâ invenimus plagam, pro ſyllabâ crucem, pro libro tormentum. Sed rei indignitas, quæ loqui compulit, etiam tacere cogit.* C'eſt ce que le Roi a fait en nos jours dans quelques-unes de ſes Ordonnances & de ſes Arreſts, où il défend qu'on reçoive aucun

Libraire, *s'il n'est congru en la Langue Latine, & ne sçache au moins lire le Grec*; ainsi que nous dirons dans la quatriéme Partie de cet Ouvrage.

Ce Jurisconsulte avoit vû, sans doute, le Livre qu'un Libraire de Paris avoit imprimé *in* 8°. où il publia son ignorance par le titre même, qu'il mit en ces termes : *Elegantiarum viginta præcepta*, qu'on lit encore au second feüillet, & une troisiéme fois à la fin du Volume, *Finiunt Elegantiarum viginta præcepta. Parisiis per Guidonem Mercatorem* 1493. Il est dans la Bibliotheque de Sorbonne. Erasme, travaillant à la quatriéme Edition de ses Proverbes l'année 1525. fit une grande plainte contre l'ignorance des Imprimeurs, & les abus qu'ils commettoient souvent dans l'Imprimerie. Il déclame particulierement contre ceux de Venise & d'Allemagne. Il dit qu'il y en avoit quelques-uns parmi eux qui ne sçavoient pas seulement lire. Il faut l'écouter. * *Venetorum Urbs, multis quidem nominibus celeberrima, per Aldinam tamen officinam celebrior est ; adeò ut quidquid Librorum istinc affertur ad exteras nationes, ob civitatis tantùm titulum ilicò sit vendibilius. At qui ejus nominis lenocinio sordidi quidam Typographi sic abutuntur, ut vix ab ullâ Civitate nobis veniant Autores impudentiùs depravati ; nec ii sanè quilibet, sed omnium primi, velut Aristoteles, M. Tullius, & Quintilianus : ne quid querar de sacris Voluminibus. Curatum est Legibus ne quis consuat calceum, ne quis faciat scrinium, nisi fuerit ab opificii Sodalitio comprobatus ; & tantos Autores, quorum monimentis etiam Religio debetur, emittunt in vulgus adeò Literarum ignari, ut ne legere quidem possint ; adeò ignavi, ut nec relegere libeat quod excuditur, adeò sordidi, ut citiùs patiantur sex millibus mendarum oppleri bonum librum, quàm paucis aureolis velint conducere qui præsit castigationi. Nec ulli magnificentiùs pollicentur in Titulis, quàm qui impudentissimè depravant omnia..... punitur qui vendit pannum apud Britannos tinctum pro tincto apud Venetos, & audaciâ suâ fruitur, qui meras cruces & ingenii tormina vendit pro bonis auctoribus..... jam Typographorum innumerabilis turba confundit omnia, præsertim apud Germanos. Non licet cuivis pistorem esse : Typographiæ quæstus est nulli mortalium interdictus. Nec tutum est quidvis pingere vel loqui : at quamvis materiam excudere fas est.* Erasme est éloquent, comme on voit

* In Adagiis Chiliad. 1. Centur. 1. Prov. 1.

voit, à décrire les desordres qu'il avoit remarquez dans l'Imprimerie. Il avoit déja dit en l'année 1514. (c'est dans la Lettre qu'il écrivit de Basle à Mathias Schurer Libraire de la Ville de Strasbourg, à qui il envoyoit le manuscrit de son Livre *De Copiâ Sermonis* pour le faire imprimer) qu'on reconnoissoit une grande ignorance dans une bonne partie des Libraires; & un defaut de jugement : qu'ils ne sçavoient pas discerner un bon d'avec un méchant Auteur : que le desir déreglé d'amasser des biens les aveugloit tellement, qu'un méchant Livre passoit dans leur esprit pour être bon, lorsqu'ils gagnoient beaucoup à le débiter. *Bona pars istorum qui formulis excudunt libros vel inscitiâ Literarum, inopiâque judicii pessimos Auctores pro optimis suscipiunt, vel aviditate quastus eum Librum optimum esse ducunt, undè plurimùm emolumenti rediturum sperant*, au Tome 3. de ses Ouvrages, page 1213. Il joint ceux de Rome avec ceux de Venise dans sa Lettre *Ad Imstedium*, page 902. de ce même Tome. *Nimis notum est quos Auctores, quàm mendosè, quàm sordidè excusos, nobis Typographi quidam è Venetiâ Româque miserint.*

Paul de Middelbourg Hollandois, élevé dans l'Université de Louvain, qui devint par son merite Evêque de Fossombrone en Italie, fit un Traité de la Feste de Pasques, qu'il intitula de son nom *Paulina*. Il fut imprimé l'année 1513. *in fol.* dans sa Ville Episcopale par Octavien Petruce, d'une belle Lettre & d'un beau papier. Mais outre que cet Imprimeur n'avoit pas grande capacité, il avoit pour apprenti un jeune garçon Ethiopien, tout-à-fait ignorant, à qui il abandonna cet Ouvrage. Celui-ci en fit son coup d'essai d'Imprimerie, & y laissa des fautes malgré Hierôme Posthume, qui en fut le Correcteur : de quoi Hierôme se plaint dans la Préface à l'Errata, où il décrit la maniere dont les Imprimeurs, qui n'ont aucune étude, font les fautes dans leurs Impressions; & marque comme ils y renversent les lettres, changent les syllabes, transportent celles qui sont à la fin d'un mot, au commencement ou à la fin d'un autre, & font entrer un mot pour l'autre dans le Texte ; il devoit ajoûter, qu'ils omettent quelquefois des mots, des lignes, & des chapitres entiers, & qu'ils les placent aussi hors de leur rang. *Si qua, Lector, in hoc opere errata offendes, ea Correctori non adscribas velim, sed Chalcographis, qui cum docti non sint, sæpenumerò literas evertant, dictiones pro dictionibus, & subsultantes syllabas reponant necesse est, &c.* Ainsi le Correcteur s'excusa sur l'ignorance de l'Imprimeur. Ce fut ce *Paulina* qui donna lieu de corriger l'abus, que la revolution des années avoit apporté dans le Calendrier ; & l'Evêque de Middelbourg en poursuivit des premiers la reformation. Il commença auprés de Jules II. il continua auprés de Leon X. à qui il dédia son Ouvrage, qu'il fit paroître dans le tems qu'on étoit au Concile de Latran, où il assista. On y voit plusieurs Lettres, qui sont des Exhortations fortes au Pape, à l'Empereur, au College des Cardinaux, au Gouverneur de Rome, au Concile même de Latran. Il avoit été picqué dans une dispute par un Juif ; à qui ayant appliqué ces paroles de S. Paul aux Romains, chapitre 11. *Cæcitas ex parte contigit in Israël, donec plenitudo Gentium intraret.* Le Juif lui renvoya le passage d'une si grande force, qu'il se trouva embarassé. Il repliqua, mais avec plus de contention & d'aigreur que de verité, que c'étoit plûtôt les Chrétiens qui étoient tombez dans l'aveuglement, en faisant la Fête de Pasques au second mois, & quelquefois trente-cinq jours aprés le tems fixé par la Loi & par leurs propres Conciles : que celui de Nicée avoit ordonné de ne celebrer cette grande Fête que dans la pleine Lune, & qu'ils la faisoient souvent dans le tems de la nouvelle : qu'on les entendoit annoncer tout haut dans leur Office, le premier jour de la Lune, *Lunâ primâ*, quoique tout le monde la regardât au ciel depuis plus de six jours : qu'ils étoient bien aveuglez eux-mêmes de ne pas voir ces déreglemens parmi eux. Il fit encore quelques autres reproches sans fondement sur la Passion de Nôtre-Seigneur, qui donnerent sujet à cet Evêque de faire cet Ouvrage, qui comprend trente-trois Livres ; par lesquels il s'acquitte du vœu qu'il avoit fait d'en écrire autant pour la défense de l'Eglise, que Jesus-Christ avoit vêcu d'années sur la terre, ces années se montant au nombre de trente-trois selon son opinion. Mais il ne vit point de ses jours le Calendrier reformé : il ne le fut qu'en 1582. comme on sçait.

Jean de Savigny fit imprimer à Paris *in fol.* l'année 1520. le docte Ouvrage *De Institutione Reipublicæ* de l'Evêque de Gajette, François Patrizio, sur un Manuscrit que Jean Prévost, Conseiller au Parlement, avoit apporté d'Italie. Quoique l'impression fût faite en bonnes lettres, il n'en parut point content. Il avertit le Lecteur, que si on trouvoit des fautes dans l'Imprimé, après la grande peine qu'il avoit prise pour corriger celles qui étoient dans le Manuscrit, on ne devoit point s'en prendre à lui, mais aux Imprimeurs, qu'il ne fait point difficulté d'appeller ignorans. Il leur dit même une injure plus grossiére, car il les traite d'yvrognes. Et afin qu'ils ne pussent aisément s'appercevoir du mauvais traitement qu'il leur faisoit, il se sert d'une maniere de parler toute figurée, où ce qu'il leur dit de plus dur est exprimé en termes Grecs. *In istos haud abstemios* οἰνόφλυγας ἀμυσυς τι βιβλιογράφυς *à Clitorio fonte remotissimos cudatur faba.* Ainsi l'Imprimeur travailla de son Art contre lui-même sans le sçavoir, & manque de science, soit en lui, soit en ses Ouvriers. Il rendit public ce qu'un Auteur mécontent disoit contre lui de plus choquant.

Henry Etienne, celui qui fit ce grand Ouvrage du Dictionnaire Grec en quatre Tomes, composa un Poëme, où il fait parler l'Art de l'Imprimerie, qui se plaint de l'ignorance des Libraires. C'est une Elegie de plus de cent cinquante Vers, qu'il imprima *in* 4°. l'année 1569. avec une Préface en Prose sous ce titre : *Querimonia Artis Typographicæ de illiteratis quibusdam Typographis propter quos in contemptum venit.* Il mit à la fin de ce petit Ouvrage des Epitaphes Grecques & Latines, en l'honneur des plus sçavans Imprimeurs qui avoient paru jusqu'alors. Il dit dans cette Elegie, que la corruption des Livres, qu'on voyoit remplis de fautes, ne venoit que de l'ignorance grossiére des Imprimeurs, & rend ce témoignage, qu'il y en avoit de son tems plusieurs qui n'auroient pas pû nommer les lettres de leur nom.

Proh pudor! haud rarus numero reperitur in illo,
Nominis ignorans prima elementa sui.

*I nunc, & veterum fœdata volumina multis
Mirare, ac multis contaminata modis.*

Il s'exprime dans la Préface d'une maniere plus forte : car il assûre qu'il y en avoit qui ne sçavoient rien davantage dans les Livres que de pouvoir dire si une feüille étoit imprimée, ou si elle ne l'étoit pas : *Quomodo alba pagina discernenda sit à nigrâ.* Cependant, dit ce Docte Imprimeur, on voit des Epîtres dédicatoires, on voit des Préfaces sous leurs noms à la tête des Imprimez. Chose ridicule, ils y parlent en Latin, ils y parlent en Grec, & non-seulement ils ne pourroient expliquer une ligne de leur Préface, mais même ils n'en sçauroient pas lire un seul mot : *Quod verò omnium maximè ridiculum est, videmus passim Typographorum Epistolas latinas interdùm & Græcas, quorum plurimi ne primum quidem earum verbum intelligere, nonnulli ne legere quidem illas possunt.*

Les fautes qui restent dans les Imprimez, ne viennent pas seulement de l'incapacité des Libraires & Imprimeurs, elles y sont le plus souvent par l'ignorance de leurs Correcteurs. Henry Alstedius, qui a fait en deux Volumes *in fol.* l'Abregé des Arts & des Sciences, sous ce titre *Encyclopædia*, dit dans la premiere Section du 30. Livre, que l'Imprimeur, (il veut dire celui qui conduit la Presse,) doit avoir quelque science ; que celle du Compositeur doit être au moins mediocre ; pour le Correcteur, qu'il doit être éclairé d'une érudition tres-grande : & ajoûte, qu'il est si necessaire que cette regle soit observée, que faute d'une semblable capacité dans ces Ouvriers, ce qui sortira de leurs mains ne sera point des Livres, mais des cadavres ou des phantômes de Livres ; quand bien même leurs Ouvrages seroient d'un beau papier, d'une belle encre, & d'un tres-beau caractére. *Eruditionis alia est ratio, quæ debet esse maxima in Correctore, mediocris in Compositore, qualiscunque in Impressore. Quæ gradatio nisi observetur, cadavera potiùs Librorum, quàm Libros imprimi videas, ut ut charta, atramentum, & Characteres sint præstabiles.*

* De Biblioth. Vatic. pag. 413.

Il y en a qui ne se servent d'aucun Correcteur. Ce qui fut blâmé autrefois par Ange Roccha, & traité de crime en matiere d'Imprimerie. * *Quin etiam*, dit-il, *proh scelestum &*

nefarium facinus! posthabito Correctore. On vient d'entendre Erasme se plaindre de certains Imprimeurs qui étoient avares jusqu'à ce point, qu'ils aimoient mieux voir un bon Livre rempli de plus de six mille fautes, que de dépenser un peu d'argent pour avoir un Correcteur : ou, s'ils en employoient quelques-uns, ils se servoient, pour épargner la dépense, de ceux qui n'avoient pas la capacité ni l'érudition necessaire, rejettant les autres qui avoient de bons yeux, comme parle Vital de Thebes dans les Decretales de Gering : *Verùm dum impensis abstinent, peritiâ Artis carent, aut oculatos Correctores, qui unicè in hac facultate sunt necessarii, adhibere negligunt, tam ineptè tamque mendosè imprimunt, ut praclaris Lectorum ingeniis longè plus caecitatis, quàm luminis afferre videantur.* Jean Chappüis fit de grandes plaintes de ce desordre dans le Sexte imprimé par Rembolt 1510. où ayant trouvé dans la Glose sur le mot *præsertim* de l'Extravagante, *rem non novam*, au titre *De Dolo & Contumaciâ*, ces termes inintelligibles, que les Correcteurs y avoient laissez, & qui sont un exemple de la transposition des syllabes que font les Imprimeurs, de laquelle a parlé ci-dessus Hierôme Posthume : *Et nuntio ella cum creditur ex. de appiurato parati;* au lieu qu'il y falloit mettre, comme il fit dans ses Editions : *Et nuntio Jurato creditur. Ex. De Apella. cum parati.* Il s'en prend aux Imprimeurs, qui par avarice ne se servent que de Correcteurs fort peu éclairez : *ô perniciosam Impressorum tenacitatem! qui, ne nimiùm expendant, oculatos Correctores dignâ mercede donandos conquirere formidant, bonaque in Reipublicæ detrimentum irreparabile depravari sinunt opera.*

Henry Etienne dans la Préface qu'il a faite à sa plainte *De Illiteratis Typographis*, dont nous avons déja parlé, dit qu'il a connu un Correcteur d'Imprimerie si ignorant, que par tout où il trouvoit *procos*, il le corrigeoit, & mettoit *Porcos :* & où il lisoit le verbe *exanimare*, il le changeoit en celui d'*examinare*. Comme dans cette Ode 17. du Livre d'Horace, *Cur me querelis exanimas tuis?* il mettoit, *examinas tuis*. Qu'il y en avoit d'autres plus habiles, mais qui corrigeoient un mot quand ils le trouvoient un peu extraordinaire, & au-dessus du commun. Il rapporte fort ingenieufement l'exemple d'une faute de cette forte, que ces derniers commettoient fur ce même Poëte, & qu'il avoit vûë dans plus de trente Editions, n'ayant jamais pû venir à bout d'en détromper aucun Correcteur qu'un feul de la Ville de Lyon. Il y a dans Horace à la feconde Epître du premier Livre, *Nunc adbibe puro pectore verba puer*; ces Correcteurs ôtoient *adbibe*, & le changeoient en celui d'*adhibe* Il faut l'écouter parler lui-même : *Exemplum ex multis unum, fed valdè infigne proferam. Cum dixiffet Horatius, Nunc adbibe puro pectore verba puer. Ad verbum hoc adbibe, attonita frequens hujufmodi Correctorum turba in adhibe, mutavit, non unum unâ in voce, fed multiplex erratum admittens, ut cuilibet qui modò illorum fimilis non fit, manifeftum effe poteft. Et tamen in pluribus quàm triginta diverfis Editionibus præclaram illam emendationem me videre memini. Ac certè vix tandem Lugdunenfi cuipiam Correctori perfuafi, ut pofthac inemendatum Horatium eo in verfu effe fineret ; id eft fuum adbibe, quod mendofum ille putabat, ei relinqueret.* Ce fçavant Imprimeur feroit bien étonné de voir encore aujourd'hui cet *adhibe* dans la belle Edition du Louvre. Il parle enfuite d'un autre Correcteur, qui voulant exprimer à la premiere page d'une Edition Grecque, la diligence qu'il avoit apportée pour la rendre correcte, fit dans un feul mot trois lourdes fautes, dont l'unique caufe étoit fon ignorance dans la langue Grecque Il a voulu épargner & l'Imprimeur & le Correcteur ; car il ne nomme ni le Livre, ni la Ville où il fut imprimé. Il fe contente de dire, que ce fut de fon tems & dans l'Allemagne. *In eo ipfo verbo, quo emendatum fignificare voluit, tribus fædiffimis erravit modis . . . . ex merâ linguæ Græcæ ignorantiâ proficifcentibus.* Mais voici un exemple prefque femblable.

De tous les Livres celui qui a été le plus défiguré par les fautes, tant dans les Manufcrits que dans les Imprimez c'eft l'Hiftoire Naturelle de Pline. Jean André Evêque d'Aleria dans fon Epître dédicatoire au Pape Paul II. que j'ai lûë dans le Pline de Venife 1472. dit qu'il avoit travaillé neuf ans pour corriger cet Auteur, que l'Edition n'en feroit point parfaite, quand on auroit encore employé quatre-vingt-dix ans pour la perfectionner : *In nonum annum premi non potuit emendatio, ne futura quidem exacta post nonagesimum.* Le sçavant Patriarche de Venise *Hermolaüs Barbarus*, commença le premier à défricher ce champ, & en ôta prés de cinq mille fautes : *Quinque millia in eo ferè vulnera Librariorum sanavimus.* (a) Aprés lui, de tres-habiles gens y ont exercé leur Critique. Sigismond Gelenius le corrigea jusqu'à trois fois. Enfin il le donna sur la foi d'un Manuscrit de quelque demi-sçavant fort hardi, qui avoit changé & ajoûté à cet Auteur tout ce que son caprice luy avoit suggeré. On l'en avoit averti auparavant, & on lui avoit dit de ne point trop se fonder sur ce Manuscrit. C'étoit presqu'un nouveau Pline. Il crût avoir bien réüssi : mais c'étoit un crime, dit Erasme dans la Lettre qu'il écrivit l'an 1535. à Damien de Goës : *Gelenius se putat rem mirificam præstitisse, ego censeo crimen esse inexpiabile.* (b) Jean Cæsarius dans l'Edition qu'il en fit faire à Cologne l'année 1524. par *Eucharius Cervicornus*, compte quatre mille fautes qu'il avoit encore ôtées. Mais c'est sur quoi l'Imprimeur, ou plûtôt son Correcteur, fit une grande bévûë pour vanter son Edition ; il mit au frontispice du Livre : *Nemo velim hoc temerè nimium, atque arrogantius æquo dictum existimet, erunt enim fortassis qui id cavillabuntur.... Verùm facilè nobis ignoscet æquus Lector, si id quod res est ingenuè fatemur. Opus hoc locis non paucioribus quadringentis millibus emaculatius atquè olim, nunc demùm in lucem prodire.* On est surpris de lire, que depuis la derniere Edition un Livre a été corrigé de quatre cent mille fautes. Et on va aussi-tôt chercher la Préface, pour sçavoir si cela est vrai, où l'on voit que c'est seulement de quatre mille, *repurgatum mendis non paucioribus quatüor millibus.* Par là on apprend l'ignorance du Correcteur, qui pour exprimer en Latin quatre mille, a dit ridiculement & a écrit, non par chiffre, mais tout au long, *quadringentis millibus.* Depuis neuf ou dix ans le Pline a été réimprimé à Paris en l'année 1685. *in* 4°. & a été revû avec un grand travail sur les Manuscrits. J'ai été étonné quand j'ai vû qu'on n'y avoit rien dit de Jean Cæsarius, & qu'il n'y étoit fait aucune mention de son Ouvrage ni dans la Préface, ni dans la Liste des principales Editions de ce fameux Auteur, qui a été mise au premier Tome.

(a) Castig. ad Plin. Edit. Vener. 1491. in Epist. ad Alexandr. 6.

(b) In Vita Erasm. Edit. 1611. pag. 379.

Il s'est fait à Paris quelques Editions, où on a laissé en blanc des lignes, qui devoient être en Grec, par la raison qu'il n'y avoit point de Compositeurs, ni par conséquent de Correcteurs d'Imprimerie assez habiles pour travailler sur le Grec. Jean Petit l'a asûré de son Edition de l'*Adagia* de Polydore Vergile, qu'il fit *in* 4°. l'année 1517. où quelques Proverbes n'ont point été rapportez en la langue Grecque. *Fidelium penuriâ Compositorum*, dit ce Libraire.

M. Chartier Docteur & Professeur en Medecine de cette Université, entreprit de revoir les Ouvrages d'Hippocrate & de Galien, & d'en donner une Edition Grecque-Latine sur deux colonnes ; au-lieu que celles qui avoient paru auparavant, étoient ou toutes Latines, ou toutes Grecques. Il s'engagea à ce travail par les sollicitations de la sçavante & illustre Faculté de Paris, & executa son dessein en 1637. excité par le Cardinal de Richelieu, à qui l'Edition fut aussi dédiée. Il avoit besoin pour y réüssir d'habiles Correcteurs d'Imprimerie. Il dit dans sa Harangue à la Faculté, qu'il en avoit trouvé tres-peu, ou plûtôt qu'il n'y en avoit aucun à Paris qui fût digne de cet emploi ; que cette raison l'avoit obligé à prier quelques personnes d'érudition de l'aider à corriger les feüilles. Ce docte Medecin, aprés avoir eu l'experience du penible exercice où l'on s'engage quand on devient Auteur, & qu'on fait imprimer des Livres, aprés avoir connu par lui-même la véritable cause des méchantes impressions, des corruptions, & des infidelitez qu'on y voit, marque le remede dont on pouroit se servir pour empêcher ce desordre. Il auroit souhaité qu'on eût fait une Ordondonnance, où il eût été reglé : 1. Que toute Impression, qui contiendroit certain nombre de fautes, seroit supprimée; 2. Qu'aucun Maître ne tiendroit Imprimerie qui ne sçût la langue Grecque & la langue Latine : 3. Que les appointemens des Correcteurs seroient fixez à un prix plus haut, & qu'on n'en prendroit que de tres-habiles : 4. Qu'il y auroit toûjours trois Correcteurs qui verroient chaque Epreuve une fois l'un aprés l'autre. *Noscant itaquè Lutetiæ hisce temporibus characteres Græcos & Latinos omnium esse præstantissimos; sed Emendatores paucissimos, aut nullos eo dignos titulo, qui Typica*

pica folia erroribus liberent. Utinam lege cautum esset, solos Libros amputatis priùs erroribus solutos in lucem prodire ; solosque Grecæ & Latinæ locutionis peritissimos Typographicam Provinciam suscipere ; & eruditissimis Emendatoribus stipendia consüetis ampliora statui ; & cuique folio emendando tres Emendatores præfici, qui seorsim ac vicissim folium semel tantùm inspicerent, legerent, emendarent. Nos verò excusa prælo folia præter consüetudinem Literatis viris emendanda tradidimus.

CHAPITRE VII.

Noms de quelques anciens Correcteurs habiles. De Marc Musurus & de Jean Lascaris. On reproche à Erasme de l'avoir été. Il s'en défend. Scaliger lui dit des injures. Si Jean André Evêque d'Aleria a été Correcteur d'Imprimerie. Deux Allemands établissent la premiere Imprimerie à Rome. Liste des Livres qu'ils imprimerent, avec le nombre des Exemplaires. On n'acheta point leurs Editions, & ils furent ruinez. Si le saint Augustin de la Cité de Dieu fut imprimé le premier ? Seconde Imprimerie établie à Rome. Si Antoine Campanus Evêque de Teramo en fut le Correcteur ? Epigramme de cet Evêque sur l'Imprimerie. Elle est recherchée par un Turc amateur de l'Eloquence, qui vint à Rome, se fit Chrétien, & r'assembla ce qu'il pût des Ouvrages de Campanus. On montre qu'Ulric Han ne fut point le premier Imprimeur de Rome. Correcteur qui se vante d'avoir corrigé trente mille volumes de Droit. Apologie des Correcteurs contre les Auteurs ignorans. Deux exemples de l'ignorance de quelques Auteurs. Conseil du Cardinal du Perron sur ce sujet.

QUELQUES plaintes qu'on ait fait contre les Correcteurs d'Imprimerie, il faut pourtant tomber d'accord, que s'il s'en est trouvé parmi eux quelques-uns peu dignes de cet emploi, on en a vû plusieurs qui étoient fort capables de s'en acquitter ; & d'autres qui ont même fait l'honneur à l'Imprimerie de vouloir bien l'exercer. Henry Etienne nous apprend que ces deux sçavans Grecs Marc Musurus & Jean Lascaris, ont été de ce nombre. * *Cum* * In Quæsimon. de illiter. Typogr.

ipsi tantùm honoris Arti Typographicæ detulerint, ut non indignum existimarint, cui suam operam navarent, fungentes munere Correctorum. Le premier étoit de l'Isle de Candie, & devint Archevêque de Raguse, aprés avoir expliqué long-tems à Padoüe les Auteurs Grecs avec reputation. Beatus Rhenanus a écrit qu'il étoit homme de grande lecture, & d'une profonde érudition; qu'il n'y avoit rien de si obscur qu'il ne rendît clair par son éloquence: *Nihil erat tam reconditum quod non aperiret, nec tam involutum, quod non expediret. Omnia legerat, excusserat omnia.* (a) Et auparavant lui Alde Manuce, avec qui il travailloit à corriger les Manuscrits Grecs, & revoyoit les feüilles des Impressions, fit son Eloge en ces termes sur le Platon Grec de 1513. *Musurus Cretensis, magno Vir judicio, magnâ doctrinâ, qui hos Platonis Libros accuratè recognovit, cum antiquissimis conferens Exemplaribus, ut unà mecum; quod semper facit, multum adjumenti afferret & Græcis & nostris hominibus.* Ce fut lui qui corrigea le grand *Etymologicon* qui fut imprimé à Venise *in fol.* l'année 1499. par Zacharie Calliergus aux dépens de Nicolas Blastus.

(a) In Vita Erasmi tom. 1. Oper. ejusdem.

Le second étoit sorti de l'illustre Famille, qui donna trois Souverains à l'Empire Grec. Il se retira en Italie aprés la prise de Constantinople, & vint en France, d'où il fut envoyé par Loüis XII. Ambassadeur à Venise. Il avoit fort étudié les anciens Auteurs de sa Nation, dont il rechercha les Manuscrits, & corrigea les fautes pour les rendre plus faciles à traduire. Genebrard dit (b) que ce fut par son conseil & celui de Guillaume Budé, que le Roi François I. forma le dessein de dresser une Bibliotheque dans sa maison royale de Fontainebleau, & de fonder à Paris le College des Professeurs Royaux pour les Langues: *Lascari & Budæo Auctoribus Franciscus I. Bibliothecam Fontanablæam instruxit, indeque anno 1530. Linguarum & Mathematum Professores.* Je crois que ce fut Lascaris qui servit de Correcteur à l'Avicenne imprimé à Lyon en trois Volumes *in fol.* avec les Commentaires de Jacques *De Partibus*, par Jean Trechsel & Jean Cleym l'année 1498. comme je conjecture de l'Epître dédicatoire addressée au Medecin du Roi Jean Ponceau, qu'il mit à la tête de ce Livre. Ces deux sçavans Grecs étoient aussi fort habiles dans la langue Latine. Erasme dit dans

(b) Genebr. in Chron. ad an. 1523.

ses Epîtres: *Latinæ linguæ ad miraculum doctus* (Musurus): *quod vix ulli Græco contigit, præter Theodorum Gazam & Joannem Lascarem.* Tom. 3. pa. 879.

 Benedictus Tyrrhenus fit la fonction de Correcteur dans l'Imprimerie d'Alde, comme on voit par le Strabon Grec de 1516. Jean Chappüis, Licentié en Droit, étoit Correcteur chez Ulric Gering & Beltholde Rembolt pour l'impression des Volumes de Droit. Il en prît la qualité dans les Vers qu'il mit au Decret de Gratien 1501. & Jean Hucher corrigea le S. Chrysostome Latin imprimé par Chevalon 1536. qu'il dédia à Gabriel le Veneur Evêque d'Evreux. Il fit l'Epître dédicatoire en six pages, où il rendit raison en particulier de l'Ouvrage, & fit voir sa capacité. La qualité d'honneur qu'il prît dans sa Préface au Lecteur, fut celle de Correcteur dans l'Imprimerie de Chevalon: *Joannes Hucherius Vernoliensis in Chevalloniâ Officinâ ἐπανορθώτης, Correctorem vocant, optimo Lectori S.* Robert Etienne se servit de sçavans Correcteurs. On apprend de son fils Henri dans l'Aulu-Gelle de 1585. *in* 8°. qu'André Guntlerus, Gerard le Clerc, & Adam Nodius (qui mirent des Epigrammes en Grec & en Latin dans la seconde Edition du Dictionnaire de Robert, faite en l'année 1543.) avoient cette charge dans son Imprimerie. Nous avons dit, en parlant de Charlotte Guillard, que Federic Morel fut Correcteur de quelques Ouvrages chez cette illustre Veuve. Sebastien Gryphe avoit pour cette fonction un Docteur en Medecine, appellé Adam Knouf. Nous l'avons remarqué au Chap. 3. pag. 151. dans lequel on a vû aussi, que le celebre Josse Bade fut Correcteur dans l'Imprimerie de Jean Trechsel Imprimeur à Lyon, & devint son gendre. Philippe d'Acquin, qui a fait le Dictionnaire Hébraïque & Rabbinique, imprimé *in fol.* 1629. fut Correcteur chez Vitré de la Bible Polyglotte de M. le Jay: comme on apprend de la premiere Lettre de M. Flavigny contre cette Bible, & de Gabriel Sionita, qui a écrit de M. le Jay, que * *pour la seule correction du Vieux Testament en deux Langues Hébraïque & Chaldaïque, il a payé à d'Acquin la somme de quatre mille livres.* Plantin eut plusieurs sçavans Correcteurs; particulierement Corneille Kilian, Antoine Gisdal, Victor

* Dans son Placet contre M. le Jay au Volume cotté 11865. de la Biblioth. Mazarine.

Giselin, Theodore Pulman, & François Raphelenge. L'Epitaphe du premier a été faite par Pierre *Suvertius* dans l'Athenes Belgiques ; où il le louë d'avoir été cinquante ans Correcteur: *Quinquaginta annos Plantinianæ Typographiæ Correctorem gessit, quàm fideliter, peritè, doctè, ipsos rogate Libros.* Le dernier sçavoit les langues Grecque, Chaldaïque, Hébraïque, Arabe, & fut Professeur à Cantbrige en Angleterre, & à Leyden en Hollande. *Correcturâ Typographicâ ipsi arridente operam suam Christophoro Plantino addixit*, dit le Livre intitulé *Academia Leydensis*, édition de 1614. in 4°. page 20. Ce fameux Imprimeur lui donna sa fille aînée en mariage. Frideric *Sylburgius* fit cette même fonction à Francfort chez les Vvechels. Sigismond *Gelenius* à Basle chez les Frobens. OEcolampade l'avoit été chez Froben le pere. *Ortuinus Gratius*, l'Auteur du Livre intitulé *Fasciculus rerum expetendarum*, à Cologne chez les Quentels. Nicolas Gerbel à Strasbourg chez Mathias Schurer. Jean Hiltebrandus chez Thomas Anselme à Tubinge : dans sa Lettre à Reuchlin il prend cette qualité, *Castigator Chalcographiæ Anselmitanæ*: & Reuchlin dans sa Réponse lui donne le même titre d'honneur, *Castigatori Anselmitano*: au second Livre des Epîtres, *Illustrium ad Reuchl*. Philippe Melancton, qui fut depuis Hérésiarque, avoit été Correcteur dans cette même Imprimerie auparavant lui en l'année 1517 ; n'ayant que vingt ans, il corrigeoit la Chronique de *Nauclerus*, & conduisoit toute l'Imprimerie d'Anselme, ainsi que rapporte Melchior Adam dans la Vie de Melancton : *Præfuit Tubingæ Typographicæ Officinæ Anselmi aliquandiù.* (a)

(a) In Vitis Germanor. Philosoph. pa. 186.

M. le Doyen de Munster à la page 96. de sa Dissertation met Erasme au nombre de ceux qui ont été Correcteurs d'Imprimerie, & dit sur le témoignage de Pierre Opmer, qu'il fit cette fonction à Louvain chez Theodore Martin. Mais il y a raison de douter qu'il ait jamais fait cet office pour d'autres Livres que pour les siens. Albert Pie Comte de Carpi lui reprocha qu'il avoit servi quelque-tems à Venise dans l'Imprimerie d'Alde : *Cùm illius Officinæ ministrares.* (b) & que ce noble Imprimeur ayant été son Maître, *Velis, Nolis, herum tuum*, il n'avoit point dû le railler, comme il avoit

(b) Coǹtrà Eras. pa. 74.

fait dans son Livre intitulé, *Encomium Moriæ*. Scaliger le pere lui fit le même reproche, mais avec tant d'aigreur, qu'il y mêla des injures. On sçait qu'Erasme ayant fait son Dialogue intitulé *Ciceronianus*, où il ne veut pas qu'on soit idolâtre de Ciceron, Scaliger entreprit la défense de ce grand Maître de l'Eloquence, par deux Harangues qu'il écrivit. Il apostrophe Erasme dans la seconde : *Non tu in Aldi Officinâ quæstum fecisti corrigendis Exemplaribus ? Nonne errores eos, qui tum in Libris illis legebantur, haud tam erant Librariorum atramento, quàm tuo confecti vino ? Haud tam illorum somnum olebant, quàm tuam halabant crapulam ?* Et rapporte qu'un jour étant à Mantouë il y trouva Alde, de qui il apprit, qu'Erasme achevoit en moins d'un jour ce que les autres Correcteurs ne faisoient qu'en deux, employant le reste du tems à boire du bon vin de Malvoisie : *Id temporis, quod ab onere superesset, excubantibus aliis in opere, te Monembatici vini pretiosi indulgentiâ reponere solitum.* Mais Erasme n'est jamais tombé d'accord de ce fait. Il s'en explique assez au long dans sa Réponse au Comte de Carpi ; où il dit, qu'il alla à Venise dans le dessein d'étudier pour enrichir son Livre des Proverbes, & de le faire remettre sous la Presse ; qu'il demeura environ huit mois dans cette Ville-là chez André d'Azolo beau-pere d'Alde ; qu'il fut à sa table dans les premiers mois, où Alde n'avoit place qu'au-dessous de lui ; que la maniere de vivre à l'Italienne lui ayant causé la pierre, il se trouva obligé de s'en retirer, & refusa même celle de Jean Lascaris, pour vivre en son particulier ; qu'il n'auroit eu garde de prendre Alde pour son Maître, aprés avoir refusé de s'engager avec des Cardinaux ; qu'il corrigeoit à la verité les dernieres Epreuves, mais que c'étoit seulement celles de son Livre ; qu'Alde les corrigeoit aussi ; & comme il le pria un jour de ne point prendre cette peine, il lui répondit obligeamment, que ce n'étoit point perdre son tems de le faire, que c'étoit étudier, *interim studeo* ; qu'il y avoit même un Correcteur d'office pour son Ouvrage nommé Seraphim. Aprés quoi il ajoûte. * *An ille minister est Officinæ qui proprio adest operi ? Neque enim aliam operam Aldo addixeram. Officina mihi potiùs erat ministra.* Il me semble que

* Tom. 9. Oper. Erasm. pa. 929.

sur un fait de cette nature on en doit plûtôt croire Erasme : qui d'ailleurs, avant qu'il eût aucun differend avec Scaliger, avoit écrit dans sa Lettre à *Servatius*, Prieur de la Maison des Chanoines Reguliers de Saint Augustin, où il avoit autrefois fait Profession. (*a*) *Crapulam, Ebrietatem, semper horrui, fugique.* Il ne faut pourtant point dissimuler ce que Paul Merula, Professeur à Leyden, a remarqué de cette seconde Oraison de Scaliger : qu'elle chagrina si fort Erasme, que ne la pouvant souffrir, il fit acheter à Paris chez l'Imprimeur, toutes les copies qu'on pût trouver, & les fit brûler. (*b*) *Sed Erasmus per Emissarios suos omnia exemplaria colligi & cremari curavit. Itaque nusquam ea oratio reperiri potest.* Si Erasme avoit été Correcteur d'Imprimerie à Louvain, le Comte de Carpi & Scaliger, qui lui ont reproché d'avoir fait cette fonction à Venise, n'auroient pas manqué de dire qu'il l'avoit encore exercée dans cette autre Ville-là : mais aussi Erasme, qui découvre la verité, & assûre qu'il ne corrigeoit chez Alde que ses propres Ouvrages, donne lieu de croire qu'il ne faisoit que cette même chose chez Théodore Martin. Et c'est en ce sens qu'on doit entendre la Chronique d'Opmer.

M. Mentel a écrit que deux Evêques étoient en même-tems Correcteurs d'Imprimerie à Rome : Jean André Evêque d'Aleria, & Antoine Campanus Evêque de Teramo. (*c*) *Joannes Andreas præsul Aleriensis, qui in ipsorum Librariâ tabernâ ἐπανορθώτης esse non dedignatus est, ut nec Campanus in Udalrici.* M. Naudé assûre la même chose de Campanus dans son Addition à l'Histoire de Loüis XI. page 297. *Rome fut une des premieres où la Presse roula par le moyen d'un Udalricus Gallus, qui donna sujet à l'Evêque Jo. Campanus, lequel se rendit Correcteur de son Imprimerie, de composer cette Epigramme à sa loüange, que rapporte Faërnus, &c.* Et après lui Dom Pierre de S. Romüald dans le 3. Tome de son Thrésor Chronologique pag. 324. le dit aussi. Mais, à mon avis, on les doit plûtôt appeller Auteurs que Correcteurs, comme on jugera aisément par ce narré. Sous le Pontificat de Paul II. environ l'année 1466. deux Allemands, Conrard Sweynhem & Arnoul Pannarts, vinrent à Rome établir la premiere Imprimerie

(*a*) Vitæ Eras. Lugd. Batav. 1607. *in* 4. pa. 17.

(*b*) Ibid. pag. 104.

(*c*) De vera Typogr. Orig. pa. 12.

dans la maison de Pierre *de Maximis*. Voici l'ordre des Impressions qu'ils firent jusqu'au mois de Mars 1472. avec le nombre des Exemplaires qu'ils tirerent de chaque Auteur. Ce sont toutes Editions rares. Ils commencerent par le Donat, 300 Exemplaires : ensuite le Lactance, 825 Exemplaires. Les Epîtres Familieres de Ciceron, 550 Exemplaires. Les Epîtres *Ad Atticum* du même Auteur, 275. Le *Rodericus Zamorensis* 300. Le S. Augustin de la Cité de Dieu, 825. Les Epîtres de S. Hierôme, 1100. Ciceron *De Oratore*, 550. Les Ouvrages de Philosophie de ce même Auteur, 550. Apulée, 275. Aulu-Gelle, 275. Jules César, 275. La Défense de Platon, 300. Virgile, 550. Tite-Live, 275. Strabon, 275. Lucain, 275. Pline, 300. Suetone, 275. Les Sermons de Saint Leon, 275. Quintilien, 275. La Chaîne d'or de Saint Thomas, 550. Les Epîtres de Saint Cyprien, 275. La Sainte Bible, 575. *Silius Italicus*, 275. Les Oraisons de Ciceron, 275. Ovide, 550. Nicolas de Lyra, ou la Glose Ordinaire, 1100. On conclut de cette Liste, qui fut donnée par ces Imprimeurs, que ce n'est point le S. Augustin qu'ils imprimerent le premier, comme a écrit Raphaël Volaterranus, & comme on a dit dans l'Histoire de l'Imprimerie, page 16 : mais que ce fut le Donat, & ensuite le Lactance. Je crois aussi que le même Volaterranus se trompe quand il dit, que ce sont deux freres (a) qui apporterent à Rome les premiers l'Imprimerie. J'ai quelque soupçon qu'il attribuë à la Ville de Rome ce qu'il avoit appris de celle de Venise; qui eut pour premiers Imprimeurs deux freres Allemands, Jean & Vendelin de Spire. Ce fut l'Evêque d'Aleria, Bibliothecaire du Pape, qui prépara les Manuscrits de la plûpart de ces Auteurs, qui fit les Epîtres dédicatoires ou Préfaces à quelques Editions, & qui avoit le soin de la Correction. Cela paroît par le Ciceron, le Saint Hierôme, le Tite-Live, le Lucain, le Saint Leon, l'Ovide, le Nicolas de Lyra, & quelques autres qui sont dans la (b) Bibliotheque du Roi. Ces Livres, qui se montoient à plus de douze mille Volumes, ne se débiterent point, & les Imprimeurs furent ruïnez. N'ayant plus le necessaire pour vivre, ils s'adresserent au Pape Sixte IV. & l'Evêque d'Aleria dressa leur Requête, qui est dattée du 20. Mars 1472. où

(a) Volaterran. lib. 33. *Auctores duo è Germaniâ Fratres. Roma cœperunt anno 1465. primique omnium Augustinus de Civitate Dei & Lactantius prodiere.*

(b) Phil. Labbe novæ Biblioth. mss. Libb. Supplem. 9.

d'abord ce Prélat prie lui-même le S. Pere de les assister: *Conradus Svveynhem & Arnoldus Pannarts Impressores nostri, ac utilissimæ hujus Fictoria Artis primi in Italia opifices implorant, &c.* Et fait ensuite parler ces Allemands pour eux, qui representent au Pape le nombre & la suite des Editions qu'ils ont faites depuis leur arrivée dans Rome, telle que nous l'avons rapportée ci-dessus. *Impressi sunt, Beatissime Pater, nostro studio Libri, qui in subjectis suo ordine tibi recensebuntur. Donati pro püerulis, ut inde principium dicendi sumamus, undè Imprimendi initium sumpsimus, numero trecenti. Lactantii Firmiani Volumina* 825. *Epistolarum Familiarium Ciceronis Volumina* 550. *&c. ingens sumptus ad victum necessarius, cessantibus emptoribus, ferri amplius à nobis nequit, & ementes non esse nullum est gravius testimonium, quàm quod domus nostra satis magna plena est quinternionum....tua incredibilis mansuetudo subveniat nobis de aliquo officio, unde possimus nos & nostros alere. Impensa facta est a nobis in solius Nicolai de Lyrâ Voluminibus tanta, ut amplius nobis nihil superfit ad vivendum.* Ils imprimerent cette Requête dans le Nicolas de Lyra : je l'ai lûë au commencement du cinquiéme Tome de l'Exemplaire qui est dans la Bibliotheque des RR. PP. Celestins de Paris.

Un autre Imprimeur nommé *Udalricus*, vint presque en même-tems à Rome établir une seconde Imprimerie. L'Evêque de Teramo fit dans celle-ci tout ce que faisoit l'Evêque d'Aleria dans la premiere. Udalricus imprimoit avec tant de diligence, que Campanus, qui s'étoit engagé d'entretenir les Presses, en fournissant les Copies, & corrigeant les Epreuves, ne pouvoit prendre aucun repos: *Cum interquiescere illum assiduis emendationibus non permitteret*, dit Michel Fernus dans la Vie de Campanus. Ce Prélat voyant que son Imprimeur souscrivoit à quelques Editions en cette maniere: *Ego Udalricus Gallus sine calamo aut pennis eumdem Librum impressi*: ainsi qu'on lit sur l'Histoire de Rodericus Santius dans la Bibliotheque du Roi, prit de là occasion de faire une Epigramme sur la découverte de l'Imprimerie ; dont la pointe est, que les Gaulois voulant autrefois surprendre de nuit la Forteresse du Capitole, des Oyes par leur cri & battement d'aîles, furent cause qu'on les découvrit; qu'un homme de cette Nation

tion s'étoit vangé de ces Oiseaux, ayant enseigné le moyen de se passer de leurs plumes pour écrire les Livres.

Anser Tarpeii Custos Jovis, inde quod alis
    Constreperes, Gallus decidit. Ultor adest
Ulricus Gallus. ne quem poscantur in usum
    Edocüit pennis nil opus esse tuis.

J'ai vû ces quatre Vers sur un Tite-Live du College Mazarin; ils sont aussi rapportez par quelques Auteurs. Michel Fernus dit dans la Vie de Campanus, qu'étant un jour en voyage sur les Terres du Pape, il rencontra un Turc par le chemin, qui lui apprit cette Epigramme; & lui conta, comme en sa jeunesse étant amateur de l'Eloquence, sur la reputation qu'avoit en Turquie le Pape Pie II. & son Orateur Campanus, il vint à Rome pour voir ces grands Personnages; où s'étant fait Chrétien, il avoit recüeilli comme un thrésor, ce qu'il avoit pû trouver des Ouvrages de Campanus; & lui en récita quelques-uns, entr'autres l'Epigramme sur l'Imprimerie. Mais Jacques *Vvimphelingius*, qui écrivoit son Abregé de l'Histoire d'Allemagne en l'année 1502. a remarqué au chapitre 65, que Campanus s'étoit trompé, en supposant qu'Udalricus étoit Gaulois de Nation; qu'il étoit Allemand, & se nommoit en langue Allemande, Vuldric Han, c'est-à-dire en François, *Ulric le Coq*, & en Latin, *Udalricus Gallus.* Ce qui lui donne sujet de dire sous l'autorité d'*Hermoläus Barbarus*, qu'on ne doit point tourner en Latin les surnoms, qu'il les faut toûjours laisser en leur propre langue. *Is tamen error ideò emanavit, quod cognomen familiæ traductum fuit in Latinum, quod, Hermolao Barbaro auctore, numquam fieri debet.* Je ne disputerai point de la verité de cette Remarque, & je retrancherai volontiers avec M. Naudé, cet Ulric de nôtre Nation Françoise: mais je dirai seulement, que si l'Evêque de Teramo, qui pouvoit bien discerner de quel païs étoit Udalricus à son seul langage, s'est bien voulu tromper pour faire la pointe de son Epigramme, Michel Fernus, qui écrivoit la Vie de Campanus en l'année 1491. a été trompé tout de bon, quand il a nommé cet Imprimeur *Udalricus Gallicus.*

On comprend assez par les Récits que nous venons de

faire, que ces deux Evêques furent les Auteurs des premieres Editions, qui furent faites à Rome par ces Allemands; & qu'ils corrigeoient seulement leurs propres Ouvrages. J'ai dit dans un de ces récits, qu'Ulric Han n'a établi à Rome que la seconde Imprimerie. Je sçai bien que cet ancien Ecrivain Allemand Jacques Vvimphelingius (*a*), & après lui Mrs Naudé (*b*) & Mentel (*c*) ne sont point de nôtre avis. Mais j'ai crû que le témoignage de l'Evêque d'Aleria, Auteur des premieres Impressions de Rome, étoit décisif en cette matiere. Ce Prélat donne l'honneur d'avoir fondé la premiere Imprimerie Romaine à Conrar Svveinhem & à Arnoul Pannarts. Ils sont appellez de lui, *Impressores nostri, utilissima hujus Fictoriæ Artis primi in Italiâ opifices*. Il fait parler ces deux Imprimeurs au Pape Sixte IV. en cette maniere dans la Requête citée ci-dessus : *Nos de Germaniis primi, tanti commodi Artem in Romanam Curiam tuam multo sudore & impensâ, decessoris tui tempestate deveximus. Nos opifices Librarios cæteros, ut idem auderent, exemplo nostro invitavimus, &c.* Ces termes sont bien précis. Le Prédecesseur de Sixte IV. c'est Paul II. qui fut élevé au Pontificat au mois d'Août de l'année 1464; & c'est de son tems que ces premiers Imprimeurs arriverent à Rome. La troisiéme Impression qu'ils y firent, comme il paroît par leur Liste, c'est les Epîtres de Ciceron *Ad Familiares*, qui sont dattées de l'année 1467. dans la Bibliotheque du Roi, au rapport du Pere Labbe page 350. de sa Liste. C'est sur cela que je fonde ce que j'ai avancé, que la premiere Imprimerie de Rome fut établie environ l'année 1466.

Un de ceux qui ont le plus travaillé à corriger des Imprimez, c'est le Jurisconsulte Pierre *Trecius*; il vivoit dans le siécle, où l'Art de l'Imprimerie fut découvert, & demeuroit à Venise. Il se vantoit ordinairement, qu'il étoit sorti des Presses plus de trente mille copies de plusieurs Ouvrages de Droit, dont il avoit vû les feüilles pour y donner sa correction. C'est *Sabellicus* qui le rapporte : *Quem audio gloriari solitum 30. Voluminum millia ex formulâ suæ recognitionis Librariis Officinis impressa. Ennead. 10. lib. 6.*

Nous ne chargerons pas neanmoins les Imprimeurs, ni les Correcteurs, de toutes les fautes qui sont dans les Im-

---

(*a*) Vvimphel. Epit. rer. German. cap. 65. Udaltricus, cognométo Han, sub idem ferè tempus formas Librarias, rem inauditam & numquam Romanis visam, Romam attulit.

(*b*) Naudé. pa. 299. *Conradus Svveinhem & Arnoldus Pannarts y arriverent, qui firent bien rouller la Presse d'autre façon que n'avoit fait cet Ulric Han.*

(*c*) Mentel Dissert. pa. 11. *Illuc vestigia pressere istius (Ulrici Han) Conradus Svveynhem & Arnoldus Pannarts.*

primez. Ils ont leur excuse sur les Auteurs. Elles restent quelquefois dans une Edition par l'ignorance, ou par la négligence de celui qui a composé l'Ouvrage, ou qui a entrepris de le faire imprimer. Il a donné une Copie peu correcte, qui a été imprimée fidélement, par conséquent avec les fautes du Manuscrit: mais il arrive que les Doctes, qui jugent sans flatter, venant à censurer ce qui merite de l'être; alors on accuse celui qui n'est point coupable, tout le mal ayant été fait uniquement par l'Auteur. Un fort habile Correcteur dans l'Imprimerie de Plantin appellé Corneille Kilian, a fait l'Apologie des Correcteurs contre les Auteurs, qui aprés s'être trompez, faute de science & de lumiere, & aprés avoir donné des Copies peu correctes, ne laissent pas de s'en prendre aux Innocens. On trouve son Epigramme de dix-huit Vers dans le *Theatrum Vitæ humanæ* de Laurent Beyerlinch au tome 7. page 327. en ces termes.

CORRECTOR TYPOGRAPHICUS.

Officii est nostri mendosa errata Librorum
   Corrigere, atque suis prava notare locis.
Ast quem scribendi cacoëthes vexat, ineptus
   Ardelio vitiis barbarieque rudis,
Plurima conglomerat, distinguit pauca, lituris
   Deformat chartas, scriptaque commaculat.
Non annum premit in nonum, non expolit arte;
   Sed vulgat properis somnia vana typis.
Quæ postquàm Docti Musis & Apolline nullo
   Composita exclamant, ringitur Ardelio;
Et quâcunque potest sese ratione tuetur,
   Dum Correctorem carpit agitque reum.
Heus! cessa immeritum culpam transferre deinceps
   In Correctorem Barde Typographicum.
Ille quod est rectum non depravavit. at audin?
   Posthàc lambe tuos Ardelio Catulos.
Errata alterius quisquis correxerit, illum
   Plus satis invidiæ, gloria nulla manet.

Erasme a marqué dans sa Lettre à *Goclenius*, que l'Auteur, qui entreprit de donner une Edition parfaite de son *Adagia*, fit une faute dans ce Livre. C'est que par-tout où étoit le mot ὅιος, qui signifie *solus*, étant écrit avec un esprit doux, il le fit imprimer avec un esprit âpre, qui alors signifie *qualis*, ignorant que la signification de ce mot dépendoit de l'esprit, duquel il étoit marqué: *Michaël Bentius multa depravavit suâ diligentiâ. Ex ὅιῳ foli, femper fecit ὅιῳ. Vit. Eraf. Leyd.* 1607. *in* 4°. *pa.* 16. Et dans sa Préface au S. Hierôme il parle de quelques demi-sçavans, qui faisoient imprimer les anciens Auteurs, & laissoient dans leurs Livres des fautes; soit par négligence; soit par la liberté qu'ils se donnoient de les corriger mal-à-propos dans des endroits, où une correction précipitée faisoit paroître leur ignorance. Personnages dangereux & pernicieux, comme il dit, aux bons Livres: *Quod nulla fit acerbior bonorum Voluminum peftis, quàm femi-doctus, aut ofcitabundus, aut praeceps, aut infelici ftudio caftigator.*

Dans quelques Impressions que j'ai vûës *du grand Apparat François*, (Livre qui passe par les mains de tant d'Ecoliers,) faites avec des Augmentations & des Supplémens; l'une à Paris *in* 4°. par Jean Hainault l'anne 1669; l'autre à Roüen dix ans après par Richard Lallemant & Eustache Viret l'année 1679 en la même forme, on laissa une faute grossière qui ne peut être attribuée qu'à l'Auteur. On lit à la Lettre N. page 570. *Nice Ville & Evêché de Provence sur la mer,* Hæc Nicæa. *Nice Ville de Piedmont,* Hæc Nicæa. *Elle eft renommée par le premier Concile OEcumenique, où affifta l'Empereur Conftantin.* Il n'y a point de Ville appellée Nice en Piedmond; & quand il y en auroit une, différente de celle qui est en Provence, ce n'est point en cette Ville-là que fut assemblé le premier Concile Général, qui condamna l'Hérésie d'*Arius*, & où assista Constantin. On a mis *Nice*, au-lieu de *Nicée*: & *Ville de Piedmond*, au-lieu de *Ville de Bithinie*. Je crois que cette faute aura été corrigée dans les dernieres Impressions. Nous ne rapporterons que ces deux exemples.

Le Cardinal du Perron s'est plaint en ce siécle du peu de capacité de quelques Auteurs. Il auroit désiré qu'on empêchât le mal que cause leur ignorance, & auroit voulu pour cela qu'on ôta la liberté de faire imprimer des Livres

à ceux qui n'auroient pas assez d'érudition pour écrire docte-
" ment : [La quantité de gens qui écrivent nous ruïne, en
" écrivant si mal, que c'est une honte, & il y a tant d'i-
" gnorance. C'est mettre des armes en main à nos enne-
" mis pour nous combattre. Il n'y a si petit Converti qui ne
" pense être obligé d'écrire quelques Livres ; & il y a tant
" de fautes . . . . . il sera besoin d'établir un nombre d'hon-
" nêtes gens & doctes, qui seuls pourront écrire, & voir
" aussi tous les Livres qui se voudront imprimer, pour ju-
" ger s'ils sont dignes de l'être ou non. *Perroniana page 66.*]

CHAPITRE VIII.

Plainte faite dans le Virgile de Gering contre certains abus de l'Imprimerie. Quelques Imprimeurs contrefont les Editions des autres. On a recours aux Privileges. On accuse quelques-uns d'être faussaires. Ils prennent des marques. On contrefait la marque d'Alde Manuce. Pourquoi il prit l'Ancre entortillée du Dauphin. Quelques Libraires mettent de nouvelles dattes à leurs anciennes Editions, pour les vendre plûtôt. Ce qui est arrivé au Daufquius *imprimé à Tournay, & débité à Paris. Paul Maillet se plaint que les Libraires ont attribué de méchans Livres à de bons Auteurs. Un Imprimeur Allemand, aidé d'un Ministre Lutherien, imprima le Paschase* De Corpore & Sanguine Domini *contre la foi de son Manuscrit. C'est la plus grande fausseté qui ait été faite par l'Imprimerie. Un petit détail de ces falsifications. Des Compagnons & Ouvriers d'Imprimerie Calvinistes trompent René Benoist. Histoire de l'Impression de sa Bible Françoise, & des suites qui en arriverent. Il y avoit en Sorbonne un Tableau sur la porte de la salle, où il étoit marqué que René Benoist étoit exclus de la Faculté. Loüange de la Faculté de Théologie sur cette affaire. Fausseté commise par des Ouvriers Huguenots dans l'Impression d'un passage de Cajetan.*

LE Virgile qu'on voit dans la troisiéme Liste, imprimé par Gering, nous a servi de sujet pour faire les Remarques qui sont contenuës dans les Chapitres précedens. Nous en ferons encore quelques-unes à l'occasion de ce même Livre, qui occuperont les deux derniers Chapitres de cette seconde Partie. Nous ne pouvons point dissimuler les plaintes que Paul Maillet fait dans ce Virgile contre quelques Libraires de son tems. Il le dédia à Laurens Boille Précepteur du Duc d'Alençon. Il employe la plus grande partie de son Epître dédicatoire à décrire quelques abus qui se commettoient dans l'Imprimerie. Il y paroît fort échauffé, & sa Lettre est écrite d'un style aigre & dur. Voici comme il commence : *Consideranti mihi Reipublicæ Literariæ & calamitatem, & ruinam cominùs ingruentem ob Impressorum incuriam, ignorantiam, vecordiam, atque execrabilem congerendi & accumulandi libidinem, non satis constare videbatur an magis gaudendum nobis fuerit divinam illam imprimendi Artem nostrâ tempestate fuisse repertam, an dolendum potiùs eam ipsam labefactantiùm artificum livore & invidentiâ, tam subitâ, ni fallat augurium, profligatione interituram.* Il se plaint d'abord de l'envie & de la jalousie de quelques-uns d'entr'eux, qui voyant un bon Livre imprimé par un autre Maître, parfaitement bien, & avec grande dépense, le contrefaisoient aussi-tôt par une autre Impression fort négligée, & remplie d'un grand nombre de fautes, qui coutoit peu d'argent ; faisant perdre au premier par cette malice, le gain legitime qu'il pouvoit esperer, & trompant le Public par une tres-méchante Edition: *Ii mox arrepto Exemplari, non tam spe quæstus, quàm æmulatione ducti, ab Archetypo usque adeò exorbitantes, inconcinnè ac miserè illud opus imprimunt, imò opprimunt.*

C'est ce desordre qui a été une des causes pourquoi on a eu recours à l'autorité des Souverains, & qu'on a obtenu d'eux des Privileges d'Impression, qui étoient inconnus aux premiers Imprimeurs, ainsi qu'aux Ecrivains, avant la découverte de l'Imprimerie. Erasme se servit de ce moyen en faveur de Jean Froben. Il n'en trouvoit point de plus seur pour le mettre à couvert de l'injustice qu'on lui faisoit. Aussi-tôt qu'il étoit sorti de ses Presses quelque bon Auteur, on le réimprimoit d'une maniere qui faisoit qu'on le donnoit à beaucoup meilleur marché que lui, qui avoit fait grande dépense pour en donner l'Edition sur les Manuscrits. Ainsi il débitoit difficilement son Ouvrage, & se voyoit tout d'un coup déchû de l'esperance de tirer quelque profit de son travail, & quelquefois aussi condamné à ne pouvoir retrouver les deniers qu'il avoit avancez. Voici comme Erasme écrit à *Bilibaldus Parcheimerus* qui étoit à la Cour de l'Empereur. La Lettre est dans *Vita Eras.* impression de Leyden 1642. in 16. page 226. dattée de Basle le 28. Janvier 1522. *Plerique insidiantur homini, propemodùm conjurati ut illum perdant. Ubi quid novi operis prodit, quod putent fore vendibile, mox unus atque alter suffuratus ex ipsius officinâ exemplar, excudit ac venditat minimò. Interim Frobenius immensam pecuniam impendit in Castigatores, frequenter & in Exemplaria. Huic iniquitati facilè succurretur, si fiat Imperatorium Edictum, ne quis Librum primùm à Frobenio excusum, aut cui sit aliquid ab Auctore additum, excudat intra biennium. Tempus longum non est. Officina Frobeniana vel ob hoc favore digna est, quod nihil ex eâ prodit ineptum aut seditiosum.*

Maillet en accuse d'autres d'être Faussaires, & de mettre à leurs Editions fort miserables, le nom d'une Ville de grande reputation, afin de les vendre plus cher: *Quid de temerariis quibusdam, ne dicam falsariis, qui audent aliquid brevibus Gyaris & carcere dignum? &c.* Il apporte l'exemple d'une Impression des Decretales, dont la plus grande partie des Exemplaires coutoient beaucoup plus que les autres, sous une fausse souscription qu'on y mettoit, qu'elles étoient imprimées à Venise. Benoist Hector bon Imprimeur de la Ville de Boulogne en Italie, & qui faisoit de tres-belles Editions, voyant qu'on mettoit son nom à des Impressions fort imparfaites & peu correctes, pour les mieux vendre aux dépens de sa reputation, qu'on lui faisoit perdre par cette fausseté, fut contraint de prendre un chiffre par où l'on pût connoître certainement ses Editions. Il le dit dans celle qu'il fit *in fol.* du *Justin* & du *Florus* l'année 1505. *Emptor attende quando vis emere Libros formatos in Officinâ meâ excussoriâ. Inspice signum, quod in Liminari paginâ est, ità numquam falleris. Nam quidam malevoli impressores Libris suis inemendatis & maculosis apponunt nomen meum, ut fiant vendibiliores. Quo pacto*

& mihi, & nomini doctissimi Philippi Beroaldi derogant, vel potiùs derogare intendunt. Le Docte Imprimeur de Paris Josse Bade, fit en l'année 1516. quelques Corrections, & quelques Augmentations au Calepin. Il donne avis dans le titre du Livre, qu'on prenne garde à l'Estampe qui contient sa Marque, si on veut n'être point trompé ; que par un mensonge public on mettoit son nom à des Editions, qui n'étoient jamais sorties de son Imprimerie : *Oratum faciens Lectorem, ut signum inspiciat. Nam sunt qui titulum nomenque Badianum mentiantur, & laborem suffurentur.* M. Baillet a donné une Liste des Marques ou Enseignes des principaux Imprimeurs & Libraires, qui ont paru jusqu'au milieu de nôtre siécle. Ceux qui seront curieux de les sçavoir, consulteront son second Tome des Jugemens des Sçavans, page 92.

Mais les Faussaires contrefaisoient aussi les Marques des bons Imprimeurs. Alde Manuce mettoit ordinairement à ses Impressions une Ancre entortillée & morduë d'un Dauphin. C'étoit pour signifier qu'il travailloit sans relâche, & pourtant avec poids & jugement ; ainsi qu'il dit lui-même au Prince de Carpi dans la Préface à la Sphere de *Proclus* imprimée en 1499. *Sum ipse mihi optimus testis me semper habere comites, ut oportere aiunt, Delphinum & Anchoram. Nam & dedimus multa cunctando, & damus assiduè.* Il avoit emprunté ce Hieroglyphe de l'Empereur *Titus*, dont Pierre Bembe, qui fut depuis Cardinal, lui donna la Medaille d'argent, frappée d'un côté du Portrait de ce Prince, & de l'autre du Dauphin, entortillant une Ancre. C'étoit au sentiment de quelques Auteurs la Devise de l'Empereur Auguste, σπεῦδε βραδέως, *Hâtez-vous lentement*, que Titus vouloit signifier par ce Hieroglyphe, le Dauphin marquant la vîtesse, & l'Ancre, qui arrête le navire, signifiant le retardement ; au-lieu qu'Auguste avoit exprimé dans une de ses Medailles le repos * par un Terme, & la vîtesse par un Foudre qu'il y joignit, ainsi que quelques-uns expliquent cette Medaille. Quelques Libraires de Florence, voyant qu'ils ne pouvoient rien faire qui approchât de la beauté & de l'exactitude des Impressions d'Alde, se resolurent de les contrefaire, aussi-bien que la Marque de son Imprimerie : mais ils firent une faute

* On trouvera une autre explication de ces Medailles dans le Duc de Croi. *Numism. Impp. Roman.* edit. *Antuerp.* 1654. in fol. pa. 25. & 48.

par où on reconnut la fraude. Il tournerent la tête du Dauphin au côté gauche de l'Ancre, au-lieu que dans les Livres d'Alde elle est tournée au côté droit. François d'Azolo découvrit leur tromperie, & en avertit dans la Préface qu'il mit au Tite-Live *in* 8°. de 1518. où il dit : *Extremum est, ut admoneamus Florentinos quosdam Impressores, cum viderint diligentiam nostram in castigando & imprimendo non posse assequi, ad artes confugisse solitas ; hoc est Grammaticis Institutionibus Aldi in suâ Officinâ formatis, notam Delphini Anchoræ involuti nostram apposuisse : sed ita egerunt, ut quivis mediocriter versatus in Libris impressionis nostræ animadvertat illos imprudenter fecisse. Nam rostrum Delphini in partem sinistram vergit, cum tamen nostrum in dexteram totam demittatur.*

On voit des faussetez commises touchant le lieu des Impressions & le nom des Imprimeurs, dont un Auteur se plaignit en son tems. Il y a sujet dans le nôtre de se plaindre aussi de quelques Libraires, qui n'ont point fait de difficulté de tromper touchant le tems des Editions, & qui ont supposé trop facilement de fausses années pour de véritables. C'est le desir ardent du gain qui suggere cet artifice. Comme ils sçavent qu'on est ordinairement curieux de la nouveauté : sur tout que dans le tems des Etrennes il y en a qui cherchent les Livres nouveaux pour en faire des presens ; ils changent les anciennes dattes de leurs Impressions qui sont dures à la vente, font réimprimer une premiere feüille où ils en mettent de plus recentes, & les font passer pour nouveaux fruits d'Imprimerie aux simples qui viennent dans leurs Boutiques. Si ce n'est pas là violer la bonne-foi, qu'on dise ce que c'est que la fidelité & la verité. On devroit empêcher ce desordre : Et le noble Art d'Imprimerie, qui sert à faire connoître les tromperies qu'on commet dans les autres Arts, ne doit pas lui-même être trompeur. L'Edit d'Henri II. * donné à Châteaubriant le 27. Juin 1551. porte expressément qu'outre le nom de l'Imprimeur & de la Ville, on marquera dans les Editions *le tems de l'Impression*. Ce Prince sans doute entend par ces paroles, l'année en laquelle l'Edition aura été faite selon la verité ; & non une année trompeuse & déguisée.

* Rapporté dans les Ordonnances recueillies par Rebuffe au T. 2. page 192.

On se donne trop de liberté, & on se joüe comme on veut des Ouvrages d'Imprimerie, sans garder la sincerité. Quoique dise le Libraire qui vend depuis l'année 1677. le Livre de Dausquius, intitulé *Antiqui novique Latii Orthographica*, il n'a point dû supprimer la belle Estampe où sont gravez dix personnages Auteurs de la Latinité, & où on lit que c'est à Tournay où le Livre a été imprimé par Adrian Quinqué l'année 1632; il n'a point dû encore retrancher d'autres feüillets, où l'on pouvoit apprendre le tems de l'Impression. Et ce n'est point une bonne raison de dire, que le Roi ayant pris Tournay, le Dausquius qu'on y gardoit étoit devenu François : *De Hispano factus jam Gallus*. Il se donne par là le droit de substituer une premiere feüille où il met son Chiffre & son Enseigne, avec cette souscription, *Parisiis apud, &c.*1677. Comme si la Victoire exerçoit aussi son empire sur la difference des tems & sur la distance des lieux ; ou qu'elle eût le pouvoir de faire que l'année 1632. fût celle de 1677. & la Ville de Tournay dans le Comté de Flandres, fût celle de Paris dans l'Isle de France. Je défie ceux qui ont acheté son Dausquius, & n'ont vû que cet Exemplaire, de dire qui en est l'Imprimeur, & de quelle Imprimerie il est sorti. C'est pourtant ce que nos Rois veulent qu'on sçache. * Ce sont les termes de leurs Ordonnances, *en maniere que les acheteurs des Livres puissent facilement connoître en quelle Officine les Livres ont été imprimez*. Tout ce qu'il pouvoit faire étant devenu le Maître des Copies qui restoient de cet Auteur, étoit de les débiter avec un feüillet chargé de ces paroles, *Veneunt Parisiis apud*, *&c.* mais sans rien changer ni retrancher du Livre ; laissant voir au Lecteur qu'il étoit imprimé à Tournay par Adrian Quinqué l'année 1632. Les plus habiles Bibliothecaires ont de la peine à se démêler de toutes ces finesses des Libraires : il est difficile de n'y pas être trompé. Celui de M. l'Archevêque de Reims ne s'est pas laissé surprendre au Dausquius : il en écrit la datte dans son Catalogue imprimé en ces termes, qui sont un reproche à ce Libraire. *Parisiis 1677. vel potiùs Tornaci 1632. in fol.*

Paul Maillet ajoûte, qu'on lui presenta à corriger le Virgile avec cinq Commentaires, dont il y en avoit quatre

* Edits de François I. de Fontainebleau le 18. Decemb. 1541. & de Charles IX. de Gaillon, au mois de May 1571. rapportez aux Ordonnances de Fontanon, pa. 468. & 474. To. 4. Edit. de 1611.

tronquez & mutilez. Ce qui fe faifoit pour épargner le papier & la dépenfe, & en même tems donner grande réputation à l'Ouvrage; que fi-tôt qu'il l'eût reconnu, il défifta de fon entreprife, & rejetta le Virgile avec ces Commentaires imparfaits. *In quo me herclè prævaricatores ifti Chalcographi, imò veriùs κακόγραφοι, ut numerum augerent Interpretum, nec tamen plus affumerent papyri, Ant. Mancinellum in Bucolica Georgicaque adjicientes, & Servium, & Donatum, & Landinum probatiffimos Interpretes per univerfum opus laceros, mancos, & exanimes reddiderunt.* Il paroît par ces paroles que cet Auteur n'auroit point approuvé ce qu'on appelle les *Variorum* d'Hollande. Enfin il dit, que le defir defordonné du gain a été jufqu'à ce point dans quelques-uns, qu'ils ont attribué de fort méchans Livres à de bons Auteurs, & des Commentaires fort impertinens à des gens doctes & habiles, pour les mieux vendre fous un nom de réputation; *Quorumdam prætereà eò malignitatis & impudentiæ proceffit avaritia, ut dum fuæ utilitati confulant, aliorum & dignitati & famæ infidiari non vereantur, qui, ut imprimenda per eos venaliora pretiofioraque efficiantur, ineptiffimos quofque Libellos, & Commentaria eloquentiffimorum nominibus titulifque infigniunt.* Il apporte l'exemple des Commentaires qu'ils mirent au Sallufte fous le nom de Laurent Valle: au Valere Maxime, & au Ciceron *de Amicitiâ*, fous le nom de *Omnibonus Leonicenus*; qu'il appelle *Commentarios nugaciffimos falsò infcriptos.* Il n'oublie point de dire ce qu'on a fait à lui-même, & qu'on a mis fous fon nom une fort méchante Edition du Virgile. Et puis il fe récrie: *Proh Jupiter! ita-ne invertemus Horatianum illud. Preffcribus atque Poëtis quodlibet audendi femper manet æqua poteftas.*

On voit dans ces paroles de Maillet un Auteur fort ému, & fort irrité contre quelques Libraires, qu'il traite de Prévaricateurs & de Fauffaires. Que n'auroit-il point dit, s'il eût fçû la fauffeté & l'impofture que fit trente ans aprés un Libraire Allemand? Dans quelle colere n'eût-il point entré? Le fait eft connu des Théologiens. C'eft fur le Livre de l'Abbé Pafchafe *De Corpore & Sanguine Domini.* Il eft vrai qu'il n'y a que l'entêtement pour une nouvelle Secte, qui fût capable de suggerer une action si noire ; parce que c'est la plus grande malice & la plus grande fourberie qu'on ait jamais faite, que je sçache, par l'Imprimerie, & que c'est un fait, où l'on a abusé honteusement de ce bel Art, nous en ferons le narré tout au long. Jean Secer, Imprimeur de la Ville d'Haguenau, avoit dans son Imprimerie un Manuscrit de ce Traité. Job Gast Ministre Lutherien vint par hasard dans cette Ville-là, & se logea chez Secer son ami, qui lui montra aussi-tôt ce Traité manuscrit, qu'il souhaitoit voir depuis long-tems ; croyant bien y trouver de quoi satisfaire sa passion. *Incido*, dit-il, *subitò in prædam mihi longè exoptatissimam*. Mais quand il y eut lû la condamnation expresse des héresies Lutheriennes, il se laissa aller à l'Esprit de tenebres & de mensonge, & se resolut de corrompre le Manuscrit ; par une fausse idée, qu'il eut apparemment, que cet Exemplaire étoit unique dans l'Europe. Il trouva l'Imprimeur disposé à un coup si hardi. *Adminiculante*, comme il dit dans l'Epilogue, *Joanne Secerio viro haud certè mediocriter erudito*. Ils dépoüillerent cet Abbé du neufiéme siécle de ses vieux habits à la Catholique, & lui en donnerent de nouveaux à la Lutherienne. Le Livre fut imprimé *in* 4°. au mois de Janvier de l'année 1528. avec une Epître dédicatoire à Jean *Brentius*, grand Auteur Lutherien, & un Epilogue au Lecteur fort aigre contre ceux qui ne sont pas de la Secte Lutherienne. J'ai eu la curiosité de confronter cette Edition d'Haguenau, avec un ancien Manuscrit de la Bibliotheque de Sorbonne, dont se servit Marguerin de la Bigne Docteur & Bibliothecaire de cette Maison, quand il fit imprimer pour la premiere fois la Bibliotheque des Peres l'année 1575. où il mit Paschase au quatriéme Tome. Je n'aurois pas crû qu'un Auteur eut eu si peu de front, & un Libraire si peu d'honneur & de conscience, que de pouvoir se resoudre à faire servir le noble Art de l'Imprimerie à une si grande imposture. On peut se figurer quelques endroits en petit nombre alterez par peu de paroles ; c'est plus que tout cela : ce sont des mots, ce sont des lignes, ce sont des periodes, ce sont des pages entieres changées, ou retranchées du Texte de Paschase, & en leurs places, des mots des lignes, des periodes, des pages substituées & fabriquées à plaisir. Nicolas Mameran est le premier qui a donné le détail de ces Falsifications énormes. Ceux qui n'ont pas le Paschase, qu'il fit imprimer *in* 8°. à Cologne l'année 1550. où est la Préface addressée à Adolphe Archevêque de ce lieu, qui contient ce détail, pouront la voir dans la Bibliotheque des Peres, que nous venons de citer ; où la Bigne la rapporte à la fin du huitiéme Tome. Aprés Mameran le Cardinal du Perron, dans son Traité de l'Eucharistie au Chapitre de Gelase page 569, & suivantes de l'Edition de 1622, s'est étendu fort au long sur le même sujet, quoique ni l'un ni l'autre n'ayent pû tout remarquer.

Voici par exemple quelques-unes de ces Falsifications. Paschase dit à la page 1561. de ses Ouvrages *in fol.* que le Pere Sirmond fit imprimer à Paris sur d'anciens Manuscrits l'année 1618. *Sunt autem Sacramenta in Ecclesiâ Baptismus, & Chrisma, Corpus quoque Domini & Sanguis.* L'Imprimeur d'Haguenau, aidé de son Ministre, retranche le Sacrement de Confirmation. On lit dans le Chapitre 3. de son Imprimé: *Sunt autem Sacramenta Christi in Ecclesiâ Catholicâ Baptismus, Corpus quoque Domini & Sanguis.* Et en la marge on y voit cette notte: *Duo tantùm sunt Sacramenta.* Paschase dit à la page 1591: *Et super aquam Baptismi, & super oleum, & super Eucharistiam, & super capita eorum, quibus manus imponitur in Sacramento, hæc omnia celebrantur & fiunt.* L'Imprimeur d'Haguenau supprime les paroles qui marquent le Sacrement de Confirmation & de Penitence, & met en leur place celles-ci dans son Chapitre 12: *Et sub aquâ Baptismi & sub Eucharistiâ, Sacramenta ipse est qui operatur, qui hæc omnia agit & perficit.* Paschase écrit page 1590, que l'on ne réitere point le Sacrement de l'Ordre, non plus que celui du Baptême: *Et ideò revertentes, qui Baptisati sunt priùs, sicut non rebaptisantur, ita utiquè qui priùs ordinati sunt rursùs non reordinantur.* L'Imprimeur d'Haguenau ne veut point du Sacrement d'Ordre: pour cela il fait violence à Paschase, & lui fait faire une comparaison non du Sacrement de l'Ordre, mais du Sacrement de l'Eucharistie avec le Baptême. Au même Chap. 12: *Et ideò sicut qui Baptisati sunt non rebaptisantur, tametsi à malis sint Baptisati, ita hoc Sacramentum non propterea readsumatur, quod à parùm bonis istud acceperis.* Et puis il retranche ces paroles qui sont ensuite ; *Sacramentum tamen suæ ordinationis gerunt.* Paschase écrit page 1578 : *Et ideò quia quotidie labimur, quotidie pro nobis Christus mysticè immolatur, & Passio Christi in mysterio traditur.* Voici comme l'Imprimeur d'Haguenau corrompt ce texte Chap. 9. de son Imprimé, dans le dessein d'effacer toute idée du Sacrifice de la sainte Messe: *Et ideò quia quotidie labimur quotidie Christi intercessione opus est, ac Passio ejus in Sacramento Corporis & Sanguinis sui credentibus tradenda.* Il change dans son Chapitre 12. le mot de *sacrificant*, qui est dans la page 1591, en ces paroles : *Mensæ Dominicæ administrant.* Paschase citant les paroles du Canon de la Messe, écrit page 1588 : *Unde Sacerdos ; jube, inquit, hæc perferri per manus sancti Angeli tui in sublime altare tuum, in conspectu divinæ Majestatis tuæ. Ut quid perferenda illuc ea deposcit, nisi ut intelligatur, quod in ejus Sacerdotio ista fiant ?* Ici l'Imprimeur d'Haguenau, qui ne veut pas souffrir qu'on voye des marques de l'antiquité du Canon de la Messe, fait exprés un Passage pour la réalité contre les Sacramentaires sans necessité, Paschase étant d'ailleurs assez déclaré contre eux ; & de ce Passage fabriqué à plaisir, il insulte aux Catholiques qui croyent la Transsubstantiation : au-lieu de ces paroles, il met dans son Chap. 12; *Unde nihil hæsitandum, sed firmiter credendum manu Christi ipsius, hoc nobis mysterium veri Corporis & Sanguinis sui extra omnem rationis conjecturam, realiter mediante manu Ministri porrigi.* Et ajoute à la marge cette notte : *Valeat vana imaginatio de Transsubstantiatione.*

Ce n'est là qu'un petit crayon que nous donnons. Il y a un tres-grand nombre de semblables faussetez ; aprés lesquelles celui qui les a faites, ose se vanter dans son Epître à *Brentius*, qu'il a mis au jour Paschase tres-correctement, & avec une grande fidelité : *Nihil æquè nobis erat in votis, atque ut non tam emendatissimus, quàm etiam integerrimus nostrâ ope sese in publicum proriperet.* Et puis il prend occasion de son Auteur, pour dire des injures à ses Adversaires, aux Sacramentaires, aux Anabaptistes, & à quelques autres, & ensuite aux Catholiques. Dans son Epilogue ; *Hìc stolidi Sacra-*

mentarii, hinc bis cerebrosi Anabaptistæ .... illinc deterrimi sacrificuli Baal, &c. contre lesquels il veut que son Imprimé soit un grand coup de foudre & de tonnerre, s'ils osent aprés cela alleguer l'autorité des Peres: *Quibus equidem præsens iste Libellus undique fulminat & tonitruat, si adhuc Patrum hac de re sententiam expæscunt, ut simpliciter, ita animosissimè.* On lui répond & à son Imprimeur, qu'ils sont convaincus de fausseté & d'imposture ; & c'est le Cardinal du Perron qui parle, pages 569. & 573. pour lui dire, qu'il a fait imprimer Paschase *avec de si énormes, monstrueuses & prodigieuses corruptions, mutilations, additions & transpositions ; qu'il ne se peut rien voir de plus horrible & abominable en matiere de fraude & d'imposture, étant cet Auteur sorti de ses mains tellement déchiré, dévisagé & défiguré, qu'il n'est pas presque reconnoissable : qu'il corrompt si impudemment, si effrontément, & si horriblement le Texte de son Auteur, que l'impudence même ne sçauroit rien inventer de plus impudent.*

Ce ne sont pas seulement les Maîtres, qui ont fait de semblables impostures ; leurs Compagnons & Ouvriers ont aussi trompé quelquefois à leur insçû, & ont été les auteurs de beaucoup de mal. Tel accident arriva au fameux René Benoist, Docteur en Theologie & Curé de S. Eustache, s'il est vrai ce qu'il en a dit lui-même. Il est peu de personnes sçavantes qui ne sçachent, qu'il fit publier sous son nom une Version Françoise de la sainte Bible. Elle fut imprimée pour la premiere fois *in fol.* l'année 1566. par trois Libraires de Paris associez, Sebastien Nivelle, Gabriel Büon, & Nicolas Chesneau. Elle n'eût pas plûtôt vû le jour, qu'incontinent elle trouva un grand nombre d'Adversaires ; & les Catholiques la desapprouverent aussi-tôt, comme un Ouvrage plein d'erreurs & d'héresies ; & dirent, ce qui étoit vrai, que ce n'étoit autre chose que la Version des Ministres de Geneve legerement retouchée, qu'on vouloit faire passer pour Version Orthodoxe. La Faculté de Théologie de Paris s'éleva si fort contre cette Traduction, qu'après plusieurs Assemblées particulieres de Docteurs, elle en fit une Censure & une Condamnation publique le 15. Juillet 1567. qui fut encore renouvellée & signée par soixante & treize Docteurs le

3. Septembre 1569. & approuvée de vive voix par prés de six-vingts Docteurs le 15. Janvier 1574. & enfin confirmée par un Bref du Pape Gregoire XIII. adressé à la Faculté en datte du 3. Novembre 1575. en ces termes : *Cognovimus in iisdem (Bibliis) perversas ac perniciosas Annotationes, vestrasque in illud opus accuratas & eruditas Censuras. Laudamus summoperè vestram diligentiam, & sincerum Catholicæ veritatis zelum, cum doctrinâ & charitate conjunctum...... quamobrem vestram Censuram comprobamus, nempè in hujusmodi opere deprehendi errores, hæreses, blasphemias varias atque intolerabiles, aliaque tum in Textu, tum in Annotationibus, Additionibus, & Præfationibus offendicula Catholicorum ex hæreticis Libris, & Interpretationibus sumpta ; ita-ut non ad consolationem Scripturarum, sed ad desolationem potiùs, & ruïnam perversa illa Versio spectare videatur. Ne igitur tantum malum &c.... Biblia suprà dicta omninò prohibemus, & ab Ecclesiâ Catholicâ sub anathemate rejicimus.*

L'opiniâtreté de Benoist, & la resistance qu'il fit pendant un long-tems aux Decrets de la Faculté sa Mere, qui avoit entendu ses raisons dans plusieurs Assemblées ; qui l'avoit averti charitablement de son devoir ; qui l'avoit prié & conjuré plusieurs fois de se soûmettre, obligea cette illustre Compagnie, zélée contre les Nouveautez, à retrancher ce Fils desobéïssant du nombre de ses Enfans. Ce qui fut fait dans l'Assemblée du 1. Octobre 1572. Loüis Dorleans Avocat Général au Parlement de Paris fit un Livre intitulé, *Le Banquet & Aprés-dînée du Comte d'Arete*, qui fut imprimé à Paris *in* 8°. chez Guillaume Bichon l'année 1594. Il étoit alors Ligueur fort outré, de quoi il demanda bien pardon au Roi les années suivantes. Il nous apprend dans ce Livre une circonstance fort singuliere touchant René Benoist. Ce sont ces propres termes à la page 114 : *Puisque on l'a chassé vingt ans y a de la Sorbonne, & que le Tableau de sa proscription est en grosses lettres, écrites sur la Salle de la Dispute, comme si on l'avoit executé en effigie.* Cette affaire alla si loin contre ce Docteur, que le Roi Henri IV. qui le prit pour son Confesseur, l'ayant nommé à l'Evêché de Troyes l'année 1594. le Pape lui refusa des Bulles. Enfin, son âge lui donnant le droit d'être le Doyen de la Faculté, jamais cette sçavante Assemblée ne le voulut admettre à cette premiere Place, qu'il ne se fût soûmis à la Censure de sa Bible, & ne l'eût condamnée lui-même. Ce qu'il fit dans l'Assemblée du second Avril 1598. *Ego Facultatem Theologiæ Parisiensem matrem agnosco. Ego me, meaque opera illius judicio & Censuræ submitto. Sed imprimis Ecclesiæ Catholicæ Apostolicæ & Romanæ ; à cujus Fide & Decretis neque scripto, neque verbo, neque ullo alio quovis pacto velle dissentire profiteor. Unde, si quid à me hactenùs scriptum aut dictum est, quod contrà Ecclesiæ Fidem, Decreta & Leges pugnare videatur, illud nunc & pro omni tempore retracto. Quare & Biblia, quæ meo nomine vulgata, à sanctâ Sede Apostolicâ, & hac ipsâ Facultate damnata sunt, ego pariter damno, & ea falsò mihi adscripta, saltem ex parte, & aliena respuo.*

Voilà une Traduction de la Bible qui a causé de grands troubles, & qui a attiré sur son Auteur des évenemens bien fâcheux. Ecoutons maintenant René Benoist parler sur ce sujet dans un Ecrit qu'il publia peu auparavant sa mort, imprimé *in* 8°. à Paris par Philippes Dupré l'année 1608. intitulé : *Declaration de René Benoist sur la Traduction des Bibles & Annotations d'icelles.* Je l'ai lû dans la Bibliotheque de M. l'Archevêque de Reims. Il est dans le Recüeil 205. *Biblioth. Teller.* Pa. 435. on y voit les plaintes qu'il fait contre la malice de quelques Compagnons Imprimeurs, qui lui firent le dernier trait de perfidie : [* *Fundi nostri calamitas est* la faute & la coulpe des Correcteurs, Compositeurs, & Pressiers, qui ont travaillé à cette Impression de la Bible. La Copie que je leur avois baillée étoit imprimée (c'étoit une Bible de Geneve) & sur icelle j'avois fait mes corrections & ratures, qui n'étoient pas si bien rayées & effacées, qu'il ne fût bien facile de les lire. Parmi ces Ouvriers il y en avoit qui étoient de cette farine Genevoise, lesquels à la premiere & seconde Epreuve n'y mettoient que ce qui étoit dans ma Copie corrigée ; mais quand ce venoit à la troisiéme, que je ne voyois plus, alors ils ôtoient ma correction, & supposoient le mot, ou les mots, ou les Annotations que j'en avois raturées.] *Et aprés avoir marqué quelques passages, il ajoûte,* [Que par méprise

* Declaration, pages 19. & 26.

» & méchanceté, ce Compositeur, & le Pressier de son in-
» telligence, ont falsifiez !.... Ce ne seroit jamais fait, si
» je voulois éplucher par le menu semblables supercheries.
» Tant-y-a que l'évenement est retombé sur ma réputation,
» quelques poursuites que j'aye pû faire en Justice contre ces
» mécaniques Ouvriers. Et les Livres ont eu cours sous mon
» nom, moi reclamant & contredisant, & s'en est ensuivi
» contre moi le Decret de nôtre Faculté, qui condamne
» l'Ouvrage & non l'Ouvrier, qui a été confirmé à Rome.]

Ce que dit ici René Benoist de sa Bible, qui fut par une malice punissable imprimée autrement qu'il n'avoit marqué dans sa Copie, est conforme à ces paroles que nous avons rapportées ci-dessus de sa Retractation : *Et ea falsò mihi adscripta, saltem ex parte, & aliena respuo.* Cependant, quelque noire que fût la trahison des Ouvriers Calvinistes, qui tromperent ainsi ce Docteur, s'il le faut croire, il n'est nullement excusable dans toute cette affaire : au contraire, il est digne de blâme & de repréhension dans cette Traduction, qu'il entreprit peu judicieusement, qu'il soûtint avec opiniâtreté, au grand applaudissement des Huguenots, & au scandale des Catholiques ; entreprise où il succomba à la fin, son Ouvrage étant demeuré flétri par les Censures & regardé comme pernicieux à l'Eglise. Il n'est point de nôtre sujet d'en apporter ici les raisons. On les peut voir dans les Actes que la Faculté de Théologie fit sur cette affaire. C'est cette sage Compagnie, animée de zéle pour la Foi & pour la saine Doctrine, qui soûtint dans cette occasion avec force & courage pendant le cours de plus de trente années. Les Puissances ne manquoient point de bonne volonté pour elle : mais les tems alors tres-fâcheux, leur ôtoient le moyen de l'aider. On fera bien-aise d'entendre parler cette sçavante Assemblée de Théologiens. [Nous avons prié &
» reprié * l'Auteur infinies fois de penser à soi & à son salut,
» & au mal qu'il faisoit de proposer au peuple Catholique, les
» Bibles des plus grands Heretiques de Geneve. D'autant
» plus que nous l'avons supplié, d'autant plus il s'est obsti-
» né, comme verrez par le Discours des Actes faits avec
» lui. Nous sommes allez vers Monsieur de Paris par plu-

* Dans la Lettre de la Faculté de Théologie envoyée à Rome à M. le Cardinal de Pelevé Archevêque de Sens. *In Collect. quorumd. grav. Auct. pag. 44. ad calcem Libri.*

" sieurs fois, qui nous a toûjours promis d'y donner ordre.
" Mais depuis sept ans n'en avons vû aucun. Nous estimons
" que ce n'a pas été faute de bonne volonté en lui. Vous
" sçavez qu'en ceci ni choses semblables n'avons eu il y a
" long-tems le Parlement, ne autre Justice en France
" pour propice. Sur ce ayans pris avis & conseil de plusieurs
" personnes d'honneur, même de Monseigneur le Cardi-
" nal de Lorraine, avons trouvé que ne devions & ne pou-
" vions avoir meilleur recours qu'à nôtre S. Pere, & à vô-
" tre S. College, au jugement desquels comme toutes
" les difficultez de la Religion se doivent rapporter; aussi
" nôtre Maître Benoist doit s'estimer bien-heureux, que
" lui & sa Bible, & nous nos Censures y soient soûmises.
" A cette fin nous envoyons les Bibles de Geneve, dont il
" a quasi tout extrait, les Bibles desquelles il est question,
" tant de la premiere que de la seconde Edition, avec nos
" Censures & Actes.] Le Clergé de France a fait tirer des
Registres de la Faculté, ces Actes touchant cette Bible, &
les a fait imprimer l'année 1661. par son Imprimeur Antoine Vitré dans un Volume en forme d'*in* 4°. intitulé: *Collectio quorumdam gravium Auctorum Scripturæ sacræ translationes
in vulgarem linguam damnantium*. Ceux qui voudront voir
les preuves des faits que nous avons ici avancez, pourront
consulter ce Recueil.

Nous apporterons encore cet Exemple de l'imposture faite
par des Ouvriers Calvinistes. Cajetan dans son Commentaire sur la cent vingt-deuxiéme Question de la Seconde Seconde de Saint Thomas, avoit écrit Article 4, qu'il étoit
permis de porter dans les Processions, la Croix & les Figures d'or & d'argent des Saints, de même qu'on avoit porté
dans l'ancienne Loi l'Arche du Seigneur; & que sonner les
Cloches pour appeller les Fidelles à la Messe & à Vespres,
étoit une chose autant permise & sainte, que l'avoit été
dans le vieux Testament l'Action préparatoire du Sacrifice,
par laquelle on écorchoit & on lavoit les Victimes: *Gestare
Sanctorum Statuas aureas vel argenteas in Processionibus, & de-
ferre Crucem, & hujusmodi; & hæc sunt omninò licita, & amplectenda, quia sunt pars divini cultus . . . . . pulsare Campanas*

ad Missam & Vesperas. Et hæc quoque procul dubio sunt omninò licita & sancta. Ce Passage se lit ainsi dans les anciennes Impressions, comme dans celle de Venise 1518. qui se garde en Sorbonne, au feüillet 234. seconde colonne. En l'année 1567. la Veuve d'un Imprimeur d'Anvers appellé Jean *Stelsius*, & ses héritiers, imprimerent en cette Ville-là la Somme de Saint Thomas, avec les Commentaires de Cajetan. Voici comme le Huguenot Ouvrier de cette Imprimerie, qui présidoit à cette Edition, aidé de ses Complices, abusa honteusement de son ministére, trompa le Public, & fit injure au Cardinal en falsifiant ses paroles. Il le fait parler en Calviniste, & lui fait dire tout le contraire de sa pensée; que porter en Procession la Croix & les Statuës des Saints, sonner les Cloches pour appeller à la Messe & à Vespres, sont des actions illicites & impies, qui font partie d'un culte faux & superstitieux. En la place des termes rapportez ci-dessus, il substituë ceux-ci : *Sed hæc sunt omninò illicita, & non amplectenda, quia sunt pars mali cultus.* Et met encore ensuite : *Sed hæc sunt omninò illicita & impia.* Trois ans aprés en 1570. le Cardinal Vincent Justiniani, & le Maître du sacré Palais Thomas Marriques, firent imprimer à Rome le S. Thomas, & le dédierent au Pape Pie V: indignez d'une si grande fourbe commise par des Ouvriers d'Imprimerie Huguenots, ils se sentirent obligez d'en faire mettre la Remarque à la tête de tous les Ouvrages de ce Saint Docteur. On la voit au premier Tome au bas de la Préface. Et Altamura n'oublie pas aussi d'en avertir en parlant de Cajetan. *Biblioth. Dominic. pa.* 262. de la derniere Edition de Rome.

CHAPITRE IX.

Plainte contre les Imprimeurs, qui donnent le jour à des Livres deshonnêtes & infames. Gerson prêche & écrit contre le Roman de la Rose. On l'attribuë à Jean de Meun. Conte fabuleux qu'on rapporte d'une raillerie qu'il fit au lit de la mort. Ce que causa le Livre du Pastor Fido. *Un Graveur appellé Marc-Antoine, grave des desseins tres-deshonnêtes donnez par Jule Romain, avec des Sonnets de l'Aretin. Le Graveur mis en prison. Il perd tous ses biens à la prise de Rome. Belle action d'un Marchand Graveur de la Ville de Paris. Plainte portée au Concile de Latran contre les Imprimeurs des Livres qui soûtiennent l'Hérésie. Excommunication fulminée contre eux par ce Concile. Ce qu'a fait à ce sujet le Concile de Trente. Liste des Livres pernicieux à la Religion faite par M. l'Archevêque de Paris. Il y a des Imprimeurs qui ont violé le secret à leurs Auteurs. Exemple par le Livre du Roi d'Angleterre Jacques I. où l'on soupçonne le Libraire. Etrange peinture que ce Prince fait de la Secte des Puritains.*

POUR revenir à Paul Maillet, & à son Virgile imprimé par Ulric Gering, le Lecteur portera tel jugement qu'il lui plaira sur les plaintes que fit en son tems contre les Libraires, ce Professeur en Eloquence. Mais avant que de finir les Recherches que nous avons faites à l'occasion de ce Virgile, nous remarquerons qu'on fit peu de tems aprés deux autres plaintes bien plus considerables contre les Imprimeurs; dont l'une fut faite par le Professeur de Droit Vital de Thebes environ l'année 1500; l'autre fut portée en l'année 1515. devant plus de cent Evêques assemblez au Concile de Latran sous Leon X; le premier qui se tint aprés la découverte de l'Imprimerie. Ce sage Jurisconsulte, dans l'Epître qu'il mit au Volume des Decretales, imprimé par Gering & Rembolt, se plaint d'un grand mal que l'Imprimerie faisoit par l'avarice de quelques Libertins; qui cherchant à s'enrichir par toute sorte de moyens bons & mauvais, se servoient de ce bel Art pour mettre au jour des Livres infames, pleins de saletez & d'abominations: *Est enim videre nonnullos, qui turpis lucri gratiâ, non erubescunt imprimere quosdam libellos tantæ spurcitiæ atque obscœnitatis, ut ne quidem in fœdorum Numinum sacris admitterentur ; quorum impudica ingenia odio & execratione digna sunt, quod cœleste Palladiumque imprimendi munus, ad ornatum castarum mentium ab immortali Deo hominibus concessum, ad lusus noxios atque obscœnos, &, quod aurium pace dixerim, ad prostibula transferant.* Il parle de certains Romans, de quelques Livres deshonnêtes, & des Comedies infames qui furent imprimez en ce tems-là.

Il y a plus de deux cens ans que Gerson fit un Traité contre un méchant Livre, qui avoit cours de son tems, appellé le Roman de la Rose, que l'on attribuë à Jean de Meun, autrement Clopinel, qui vivoit l'an 1300. Il prêcha même contre ce Livre, dont il dit dans un Sermon qu'il fit le quatriéme Dimanche de l'Avent; que s'il en avoit la derniere Copie, & qu'on lui en voulût donner mille francs, il aimeroit mieux la brûler que de la vendre ; que s'il sçavoit que l'Auteur n'eût point fait pénitence du peché, qu'il avoit commis en composant ce Roman, il ne voudroit non plus prier Dieu pour lui que pour Judas ; que sa peine dans l'Enfer, s'il y est, augmente à mesure que se multiplient les pechez de ceux qui se perdent par la lecture de ce Livre. *Si esset mihi Liber Romancii de Rosâ, qui esset unicus, & valeret mille pecuniarum libras, comburerem potiùs quàm venderem. etsi scirem ipsum (Joan. Meldun.) non egisse pœnitentiam, non potiùs rogarem pro eo quàm pro Judâ. Et augmentant hi qui in malo eum legunt pœnam suam, si est damnatus, vel in Purgatorio.* Ainsi disoit S. Basile de Marcion & de tous les Hérésiarques, qui sont dans l'Enfer, que la perte des ames, qui perissent par le poison de leur mauvaise doctrine, est cause qu'ils y souffrent dans la suite un plus grand supplice, & qu'ils sont tourmentez de peines plus cuisantes *πικροτέροις κολαστηρίοις* Ce qui doit s'entendre d'un surcroît de quelque peine accidentelle & passagere qu'ils ressentent de nouveau, comme a écrit Guillaume d'Auxerre du fameux Hérésiarque Arius:

* S. Basil. lib. de verâ Virginit. pa. 746. Edit. 1618. tom. I.

Pœna enim accidentalis Arii augmentatur, cum videt descendere ad Inferos illos, qui corrupti sunt per ejus pravam doctrinam. Lib. 4. Sent. Tract. 14. qu. 1. C'est une belle Leçon que fait ce grand Chancelier de l'Université à ceux qui composent, qui impriment, & qui vendent des Livres encore plus abominables que le Roman de la Rose. Il n'y a que trop dans nôtre siécle de ces sortes d'ouvrages de l'Enfer, qui n'ont autre but que d'y précipiter ceux qui les lisent, ainsi que ceux qui travaillent à leur donner le jour. Car si le Livre du *Pastor Fido*, que composa Baptiste Guarini, causa à plusieurs personnes du sexe la perte de leur honneur, comme rapporte *Janus Nicius Erith.* dans son Livre intitulé, *Pinacotheca* page 96. *Virgines nuptæque complures pudicitiæ naufragium fecisse dicuntur*; que ne doit-il point arriver de la lecture de plusieurs Livres beaucoup plus dangereux, que la malice de quelques Auteurs, & de quelques Imprimeurs, fait courir dans le monde?

Le doute que fait paroître Gerson sur la pénitence de l'Auteur du Roman de la Rose, me fait juger que c'est un fait supposé & inventé à plaisir, ce que du Bouchet dit avoir appris à Paris; que Jean de Meun étant prés de mourir, voulut se mocquer des Religieux de Saint Dominique, & leur légua à ce dessein son coffre fermé, à la charge qu'ils donneroient la sepulture à son corps dans leur Cloître; ce qui ayant été executé par les Religieux, on trouva le coffre rempli d'ardoises. [* Son corps gît au Cloître des Freres Prêcheurs à Paris; où, ainsi que j'ai ouï dire audit lieu, fut mis par Arrest de la Cour de Parlement: car lesdits Freres l'avoient desenterré, à raison de ce qu'il s'étoit mocqué d'eux, & leur avoit donné en sa maladie un coffre plein d'ardoises, que lesdits Freres Prêcheurs pensoient être argent monnoyé, & connurent la fraude aprés sa mort, & qu'il fut par eux enterré. Je ne crois pas qu'il soit vrai.] Il me semble que si ce fait eût été certain, Gerson l'eût appris à Paris, & que s'il eût sçû cette action, il n'auroit pas douté de l'impénitence finale d'un homme, qui à l'heure de la mort eût fait une raillerie & une tromperie semblable. Aussi le même Auteur du Bouchet, qui le

* Du Bouchet Annales d'Aquitaine, page 106. Edit. de Poitiers 1557.

rapporte, & à qui on fit ce conte, ne le crut point; puisqu'il ajoûte ces paroles, *je ne crois pas qu'il soit vrai*. Ce que Fauchet * & autres, qui l'ont rapporté aprés lui, ne devoient point dissimuler.

* Fauchet dans l'Origine de la Langue Françoise, Edition de 1581. page 205.
Du Verdier dans sa Bibliotheque, au mot *Jean Clopinel*.

Presque dans le même-tems qu'on faisoit cette plainte contre l'Imprimerie, la Gravûre, qui tâche à la contrefaire en tout, imita celle-ci jusques dans le mal qu'elle fait. Ce fut environ l'année 1525. que Jule Romain, le plus celebre Peintre d'Italie, poussé par l'Ennemi du salut des hommes, inventa des Desseins pour graver vingt Planches. Les sujets en sont si deshonnêtes, qu'on n'ose pas seulement les nommer. Pierre Aretin, diffamé dans le Public, qui le connoît pour un impie & pour un Athée, composa des Sonnets pour chaque dessein. George Vasari, qui rapporte cette Histoire dans son Livre de la Vie des Peintres, dit qu'il ne sçait lequel seroit le plus impur, ou de jetter les yeux sur les Desseins de Jule, ou de s'arrêter à lire les Sonnets d'Aretin: *Io non so qual fusse piu o brutto le spettacolo de i Designi di Giulio all'ochio, o le parole dell'Aretino à gl'orecchi.* 3. Part. pa. 302. Un Graveur appellé Marc-Antoine, osa bien faire servir son burin pour graver sur ces vingt Planches tant d'infamies. Le Pape Clement VII. le fit mettre en prison: mais le Cardinal Medicis lui sauva la vie. Et si grand que fût le merite de Jule dans la Peinture, il auroit été châtié tres-rigoureusement s'il ne se fût retiré à Mantoüe. Il arriva en l'année 1527. que Rome fut pillée par l'Armée de Charles-Quint, le sort de ce Graveur fut, qu'ayant perdu tous ses biens, il fut obligé de quitter la Ville, & mourut quelque-tems aprés.

Nous ne devons point taire la belle action d'un Graveur de Paris. Il sçût où il y avoit de ces Planches infames, qui representoient ces Desseins abominables de Jule, & ces Sonnets impurs de l'Aretin. Il y alla en offrir une somme considerable, & les acheta cent écus; dans le dessein de les détruire entierement, & d'empêcher par ce moyen qu'on n'en tirât plus aucune Estampe: ce qu'il executa, persuadé que c'étoit bien employer son argent, que de le faire servir à ôter de devant les yeux, des objets qui sont des pieges que l'Enfer dresse aux ames. C'est feu

M.

M. Jollain, Marchand de la ruë S. Jacques, homme d'une probité diſtinguée, comme il parut par cette action. Il a toûjours crû que c'étoit les Planches originales gravées par Marc-Antoine, qu'il avoit détruites.

En l'année 1584. Antoine du Verdier renouvella cette plainte contre les Imprimeurs des Livres deshonnêtes. Il remarque dans la Préface de ſa Bibliotheque Françoiſe, page 22, que l'Imprimerie eſt un inſtrument dont on ſe ſert pour faire du bien & du mal. Il décrit comme le mal qu'elle cauſe ne ſe fait ordinairement que par l'ignorance & l'avarice de quelques Libraires, qui abuſent de cet Art. Par la premiere, ils ſe chargent de mettre au jour des Livres qui ne meritent pas d'être lûs ; en quoi ils manquent de jugement. Par la ſeconde, ils impriment & vendent des Livres ſales & deshonnêtes pour faire un plus grand gain ; en quoi ils péchent par malice. Il faut entendre cet Auteur.

" [L'Imprimerie ſe trouve par tout, inſtrument propre pour
" communiquer ſi grands biens au monde ; lequel encore
" qu'il puiſſe apporter grande utilité, ſi voyons-nous néan-
" moins en réüſſir grand dommage. Car les Libraires étant
" multipliez en grand nombre, la pluſpart deſquels idiots
" & groſſiers, ayant le gain & l'argent en plus de recom-
" mendation que la loyauté, de là avient que eux n'enten-
" dant & ne pouvant faire choix de bons Livres, ils ſont
" comme l'Aſne à la Lyre. Et s'il avient que par autruy ils
" en ſoient informez, ne pouvant ou ne voulant entrer en
" dépenſe pour recouvrer Copies, & les faire dreſſer ; crai-
" gnant qu'ils ne ſoient de longue vente, ils n'impriment
" ſeulement que Livres de peu de fruit, petits livrets d'ébat,
" avec mille corruptions, les ornant de magnifiques titres…
" D'abondant y a-t-il choſe qu'ils n'entreprennent à prix
" d'argent? Ils impriment des Livres farcis de toute impu-
" dicité, chanſons, ſornettes, Libelles diffamatoires ; fal-
" ſifient vieux Livres, en ſpecial Livres Eccleſiaſtiques. Si
" n'entens-je pourtant en vouloir à tous : car il y en a en-
" core de bons, qui mettent tout ſoin, faculté & induſtrie
" à imprimer Livres utiles au monde.] Il a grande raiſon d'ajoûter cette clauſe. Il faut toûjours ſous-entendre un

semblable correctif aux Paſſages des Auteurs, qui déclament trop fort contre les Imprimeurs & les Libraires. S'il y en a parmi eux quelques-uns qui ſe rendent indignes d'une Profeſſion ſi honorable, on ne doit point les accuſer tous. Ce bel Art ſe trouve cultivé en tout païs par d'honnêtes gens. On les honore par tout lorſqu'ils ſe diſtinguent par la droiture de leurs actions. Quant à ceux qui en abuſent pour s'enrichir par toute ſorte de mauvais commerce, on ne leur doit faire aucun honneur : étant vrai que tous les déreglemens des hommes ſont cauſez ordinairement, ou fomentez par les méchans Livres qui ſe débitent.

L'autre plainte, qu'on fit au Concile de Latran, eſt dans la Seſſion dixiéme, où l'on repreſenta que l'Imprimerie avoit été inventée par une grace particuliere de Dieu, qui avoit enſeigné aux hommes un moyen facile de multiplier les Livres, où ils pûſſent étudier les Arts & les Sciences, apprendre ſolidement les veritez de la Religion, & s'inſtruire dans la pieté & dans la pratique des vertus pour le ſalut de leurs ames. Que tout au contraire cette belle découverte étoit devenuë par la malice de quelques Libraires, un inſtrument qui ſervoit à détruire la véritable Religion; à renverſer la Morale Chrétienne; & à diffamer le prochain au moyen des Livres pernicieux, pleins d'erreurs, d'Héréſies & de calomnies qu'on imprimoit, & qu'on répandoit dans le monde. Le Concile ſe crut obligé d'y apporter quelque remede, par la Bulle que le Pape publia dans cette Seſſion ; où il prononça Excommunication contre les Imprimeurs de cette ſorte de Livres : & ordonna, qu'auparavant qu'un Ouvrage fût mis ſous la Preſſe, il ſeroit vû & approuvé par les Evêques des lieux, ou par ceux qui ſeroient commis de leur part. Cette Ordonnance fut renouvellée en l'année 1546. pour les Livres de Théologie par le S. Concile de Trente dans la Seſſion quatriéme ; mais il alla plus loin dans les Seſſions ſuivantes. Les Héréſies de Luther & de Calvin avoient alors fait un grand mal, & cauſé de grandes diviſions parmi les Chrétiens de l'Europe ; à quoi contribua beaucoup l'Imprimerie, qui fut un Art duquel les Hérétiques abuſerent pour ſemer la diſcorde dans l'Egliſe, & répandre par tout leur venin. Le nombre des Livres remplis de toute sorte d'erreurs contre la Religion, devint si grand, que l'année 1562. cette sainte Assemblée dans la Session 18. député des Evéques pour en faire une Liste, dont on parla l'année suivante dans la Session 25 ; où les Prélats étant sur le point de se séparer, & n'ayant pas de tems assez pour pouvoir prononcer sur la grande multitude de Livres, dont étoit chargée cette Liste, en laisserent le jugement & la censure au Souverain Pontife, qui par son autorité fit publier l'*Index* des Livres défendus tel qu'on le voit aujourd'hui.

Mais depuis le Concile, ces Livres pernicieux ont de beaucoup augmenté. Il s'en est imprimé dans les Etats, où domine l'Hérésie, un si grand nombre, qu'il ne seroit pas aisé d'en donner la Liste entiere & universelle. On doit cela à la pieté de Loüis LE GRAND, qu'après avoir aboli dans son Royaume l'Exercice de la Religion Protestante, il a aussi donné ses ordres pour en bannir tous les Livres qui en soûtiennent les erreurs. Il fit son Edit du mois d'Aoust de l'année 1685. par lequel il ordonna, que tous les Livres, qui ont été faits contre la Religion Catholique par ceux qui professent la Religion Prétenduë Reformée, seroient supprimez. M. l'Archevêque de Paris aida sa Majesté dans ce religieux dessein : il fit dresser une Liste des Livres qu'il juga devoir condamner & faire supprimer en particulier. Je fus chargé de la préparer : mais j'eus si peu de tems pour y travailler, que si je n'avois point eu la commodité de la grande Bibliotheque de Sorbonne ; où l'on garde quantité de ces Livres de nouvelle Religion, dont j'avois déja fait à loisir le discernement & un Catalogue exact, il m'auroit été impossible d'achever ce travail ; quoique cette Liste ne contienne qu'une partie de cette grande foule de Livres, qui ont été composez en faveur des Protestans. Elle fut faite par ordre Alphabetique, & commence par ces mots : *Roberti Abbotti Exercitationes Oxonienses*, &c. & finit par ces autres : *Joan. Simonii Lutherus Theodotos (à Deo datus) &c. Rostochii*. M. l'Archevêque la lût & l'examina dans plusieurs conferences que nous eûmes ensemble sur ce sujet ; & après m'avoir donné ordre d'y ajoûter quelques Livres particuliers, sur lesquels je l'avois consulté, il y mit ce titre: *Catalogue* * *des Livres condamnez & défendus par nôtre Mandement*. Ce Mandement est à la tête de ce Catalogue datté du 1. Septembre 1685. où ce Prélat si

*Il fut imprimé pour la premiere fois in 4. l'année 1685. par François Muguet, & est intitulé, *Mandement de M. l'Archevêque de Paris sur la condamnation des Livres contenus dans le Catalogue suivant.*

» éclairé parle en ces termes: [L'Eglise, qui dans tous les
» tems a condamné les Hérésies, a toûjours compris dans
» leur condamnation les mauvais Livres qui les soûtien-
» nent: & non-seulement elle a puni par Censures ceux
» qui les liroient, ou qui les retiendroient, mais encore
» elle a eu recours à l'autorité des Princes Chrétiens pour
» en arrêter l'impieté. Constantin ordonna qu'on fît brû-
» ler les Livres des Arriens, Theodose ceux des Nestoriens,
» Marcian ceux des Eutychiens, Honorius les Ouvrages
» des Origenistes, & Justinien ceux de l'Hérétique Severus.
» Les Conciles de Constance & de Trente, veulent qu'on
» poursuive comme Fauteurs d'Hérétiques ceux qui lisent,
» ou qui retiennent leurs Livres. Et la plus sainte sollicitu-
» de des Pasteurs est d'empêcher leur contagion & leur ve-
» nin par la severité de leurs Ordonnances. A ces causes
» Nous en avons fait un Etat le plus exact qui nous a été
» possible parmi cette foule de méchans Livres, composez
» par les Lutheriens, Calvinistes, & autres Sectaires, qui
» ont porté depuis plus d'un siécle la corruption dans le
» Royaume. Pour ces raisons, nous avons condamné les-
» dits Livres, & autres semblables contenus dans le Ca-
» talogue ci-joint, ou renouvellé leur condamnation. Dé-
» fendons tres-expressément, & sous les peines de Droit, à
» tous nos Diocesains de l'un & l'autre sexe, de les lire, de
» les faire lire, & d'en conseiller la lecture à qui que ce soit,
» comme aussi de les retenir dans leurs maisons . . . . . .
» Nous invitons les Magistrats, qui suivent si fidellement
» les intentions de sa Majesté, d'employer son autorité
» pour faire en sorte que les Livres contenus dans cet Etat,
» soient au plûtôt supprimez. Nous reservant dans la suite
» des tems, de faire un nouvel Examen des autres Livres
» de même nature, qui n'ont pas été compris dans ce Ca-
» talogue.] La Cour du Parlement, qui a toûjours été l'ap-
pui de la Religion Catholique, & la terreur des Hérésies,
donna ensuite son Arrest, où elle défend aux Libraires d'im-

primer, vendre & débiter aucun des Livres compris dans le Catalogue, sous peine de quinze cens francs d'amende, & d'être privez pour toûjours de l'exercice de leur Maîtrise; enjoint aux Officiers de Police de faire la visite dans leurs Boutiques;& ordonne que l'Edit du Roi, l'Arrêt de la Cour, & ce Catalogue des Livres, seront enregistrez dans tous les Baillages & Siéges Royaux du Ressort. Voici cet Arrest :

" [Veu par la Cour le Catalogue fait par l'Archevêque
" de Paris, en conséquence de l'Arrêt du 29. Aoust dernier,
" des Livres composez contre la Religion Catholique, qu'il
" a estimé devoir être supprimez en execution de l'Edit du
" Roi donné à Versailles au mois d'Aoust dernier. Con-
" clusions du Procureur Général du Roi : Oüi le Rapport
" de M. René le Mesnier Conseiller. La matiere mise en
" délibération : Ladite Cour a ordonné & ordonne que l'E-
" dit du Roi du mois d'Aoust dernier, sera executé; ce fai-
" sant, que tous les Livres mentionnez audit Catalogue se-
" ront supprimez. Fait défenses à tous Imprimeurs & Li-
" braires de les imprimer, vendre ni débiter, à peine de
" quinze cent livres d'amende, & d'être privez pour toû-
" jours de la faculté d'imprimer, & de tenir boutique ou-
" verte : Enjoint à tous les Officiers du Roi, & autres aus-
" quels la Police appartient, de tenir la main à l'execution
" dudit Edit, & du present Arrêt, de rechercher soigneu-
" sement lesdits Livres, tant chez les Imprimeurs & Librai-
" res que dans les Maisons des Ministres & Anciens, qui
" les retiendront après la publication du present Arrêt, le-
" quel sera lû, publié & enregistré, ensemble ledit Cata-
" logue conjointement avec ledit Edit du Roi, dans tous les
" Bailliages, Senéchaussées, & autres Siéges Royaux du
" Ressort. Enjoint aux Substituts du Procureur Général du
" Roi d'en certifier la Cour au mois. Fait en Parlement le 6.
" Septembre 1685. Signé, Dongois.]

S'il y en a encore quelques-uns parmi eux qui débitent ces sortes de méchans Livres, qu'ils fassent réfléxion qu'on ne se mocque point impunément, ni des saints Decrets de l'Eglise assemblée dans les Conciles, ni des sages Mandemens de son Pasteur, ni des justes Ordonnances de son Prince & des Magiſtrats. Il eſt bien certain que s'ils évitent par quelque moyen en ce monde la ſeverité de toutes ces Loix ſi importantes, ils n'échapperont point dans l'autre à la juſte colere d'un Dieu vangeur. Qu'ils écoutent celui qui a procuré le bien de l'Imprimerie à la Ville de Paris, le Docteur de Sorbonne, le ſçavant Chartreux Jean de Lapierre : il écrivit de ſa Cellule à Baſle contre les Imprimeurs de ces Ouvrages de Sathan ; il s'explique nettement ; il parle ſans aucun doute ; il dit dans la Préface du Saint Ambroiſe de Baſle 1492. addreſſée au Libraire Jean d'Amerbach ; qu'ils ſe rendent coupables d'autant de pechez qu'il y a d'ames qui periſſent par la lecture des Livres corrompus qu'ils ont imprimez ; que leur damnation eſt certaine, à moins que par un effet de la divine miſéricorde ſur eux, ils ne faſſent une pénitence proportionnée à un ſi grand crime, qu'ils ont commis contre la Majeſté de Dieu ; ce qu'il ne croit pas qu'ils puiſſent faire ſi aiſément. Qu'ils peſent bien toutes ces paroles : *Quorum damnatio certa eſt, niſi magnâ miſericordiâ Dei eos reſpiciente de tam gravi ſcelere, tam multiplicato malo, tantoque laſæ divinæ Majeſtatis crimine per dignam pœnitentiam ſatisfecerint ; quod haud facilè crediderim fieri poſſe. Perditionis enim tot animarum rei ſunt, quot pereundi cauſas præſtiterunt.*

A ces plaintes, qui furent faites contre les Imprimeurs dans les deux derniers ſiécles, on peut encore en ajoûter une pour le ſiécle preſent, touchant le ſecret que quelques-uns ont violé avec une grande infidelité. On ſçait qu'il eſt ſouvent de quelque conſequence qu'on ne communique point les feüilles, avant que le Livre ſoit en état de paroître en Public; qu'on fait quelquefois des Cartons, à cauſe des changemens que les Auteurs veulent faire, qui doivent demeurer cachez ; qu'une Réponſe, une Apologie, un Factum, ou autre Ouvrage ne doit point être vû avant ſon tems; que rien ne doit être communiqué aux Parties adverſes ou intereſſées. Cependant, c'eſt ce qu'on ſçait avoir été fait en ce ſiécle par quelques Libraires. Il y a des Exemples de cette infidelité, & des Auteurs qui ont eu ſujet de ſe plaindre de leurs Ouvriers. Je n'en rapporterai qu'une Hiſtoire, mais fort remarquable, où le Libraire n'eſt point tout-à-fait exempt de ſoupçon. C'eſt par où nous finirons cette seconde Partie. Jacques I. Roi de la Grand'Bretagne, grand pere du Roi Jacques II. qui est aujourd'hui le seul legitime Souverain des trois Royaumes d'Angleterre, d'Escosse, & d'Irlande, composa une instruction secrete, pour servir à son Fils quand il seroit en âge & en état de regner, qu'il intitula : Βασιλικὸν δῶρον, *Present Royal.* Il en fit imprimer sept Copies, & les distribua à sept de ses plus Affidez, afin qu'il en tombât un jour quelqu'une entre ses mains. Il prit cette précaution de faire prêter le Serment à l'Imprimeur qu'il garderoit le secret, & n'en tireroit point plus de sept Exemplaires. Mais ce qui étoit secret, fut bien-tôt divulgué. Les Puritains trouvérent moyen d'avoir des Copies du Livre, & firent grand bruit de ce que le Roi donnoit une Instruction à son Fils, qui leur étoit tres-desavantageuse. Car il lui conseilloit de les chasser, s'il le pouvoit, de ses Etats, comme des Sujets infidéles & rebélles, qui ne respiroient que la revolte & la sédition. Il parloit d'eux en ces termes, qu'on lit dans l'Edition de ses Ouvrages qui fut faite *in fol.* à Londres l'année 1619. à la page 148. *Si utramque ames (Ecclesiam & Remp.) ex utráque pestem hanc egere, Puritanos, inquam, quos nec beneficiis devincias, nec jurejurando fidos facias, nec promissis constringas, sine modo ambitiosos, sine causâ maledicos, nec quicquam spirantes nisi seditiones & calumnias : quibus una conscientiæ regula est, non divini Verbi auctoritas, sed commentorum suorum vanitas. Testor illum magnum Deum, nec Testamentum condenti fas est mentiri, nunquam inter montanos sivè limitaneos nostros latrones majorem ingratitudinem aut perfidiam reperiri posse, quàm inter hos Phanaticos nebulones, nec patere, si pacatè vivere decreveris, ut hi eâdem tecum patriâ fruantur, nisi fortè patientiæ experiendæ ergò, ut Socrates vixit cum Xantippe.*

En effet voilà une étrange peinture de la Secte des Puritains. Hé ! qui s'en étonnera aprés les sanglantes Tragédies qui se sont passées en Angleterre, où ils ont eu la premiere part? Il semble que ce sçavant Roi écrivant de la sorte, avoit quelque présentiment de ce qui devoit arriver à la Famille Royale. On ne peut s'en souvenir, moins encore l'écrire, sans fremir d'horreur. Le Roi Charles I. son Fils a été décapité publiquement, comme on sçait, par un parricide execrable de ses Sujets : &

son petit-Fils Jacques II. pour éviter un pareil traitement a été contraint de se refugier en France : Prince qui a donné de nos jours un rare exemple de Religion. Il s'est déclaré Catholique aussi-tôt qu'il a été assis sur le Trône, sçachant bien qu'il risquoit sa Couronne & sa vie par cette action. Ils se plaignoient encore, que le Roi n'oublioit point la mort tragique, qu'on avoit fait souffrir sur un échafaut à la Reine Marie Stüart sa mere, & qu'il inspiroit à son Fils de ne la point laisser impunie. Quand ce Prince vit que son Livre n'étoit plus secret, & les plaintes qu'on en faisoit, il se crût obligé à le rendre public. Il le fit imprimer une seconde fois avec une Préface qu'il y ajoûta; où pour appaiser les Puritains il dit, que ce qu'il avoit écrit d'eux se devoit entendre, non de tous les Puritains généralement; mais de ceux qu'on appelloit Anabaptistes. On voit par cette Histoire de quelle importance il est que les Libraires gardent la fidelité & le secret, & qu'il a fallu qu'un Roi en soit venu à s'expliquer, & s'éclaircir avec ses Sujets, sur un mot qu'il avoit peut-être exprés laissé dans l'équivoque & dans un double sens, pour en avoir trouvé d'infidéles. Je ne voudrois pourtant point accuser l'Imprimeur plûtôt que quelqu'un des sept Confidens : mais le soupçon tombe beaucoup sur lui. Voici les paroles de ce Prince dans sa Préface page 132. *Itaque ut occultior foret, (Libellus) Typographo taciturnitatis jurejurando prius obstricto, non ultrà septem Exemplaria permissa: quæ inter Ministrorum fidissimos ideò volüi distribüi, ut nonnullis injuriâ temporis forte intereüntibus, unum certè vel alterum mihi superstes foret, unde candorem meum, Paternumque affectum & curam Filius olim cognosceret. Nunc cum præter consilium meum, & opinionem meam liber hic è meâ potestate evaserit, jam omnium censuræ factus obnoxius, acerba, benevolæ, ut suus quemque affectus trahit, cogor, &c.* Et à la page 133. il ajoûte : *Ad nomen ipsum Puritanorum quod attinet, non diffiteor tituli Jure infami Anabaptistarum sectæ deberi, quæ familia Amoris vocatur : hi enim se puros arbitrantur & quodammodo vacuos peccato.*

Fin de la Seconde Partie.

L'ORIGINE DE L'IMPRIMERIE DE PARIS.

TROISIE'ME PARTIE.

CHAPITRE PREMIER.

Commencement de l'Impreſſion Grecque en Italie. Les premiers Livres imprimez en Grec. Eloge du ſçavant Imprimeur Grec Alde Manuce. Ce qu'il écrivit ſur la porte de ſon Cabinet. Artifice ſingulier dont il uſa dans quelques Impreſſions. L'origine des deux Colonnes Grecques & Latines. Les Livres Saints ont donné l'idée des deux Colonnes. Elles obligent les Auteurs à rendre leurs Verſions plus châtiées, & ſervent auſſi à faire connoître les fautes d'Impreſſion. Exemples. Elles déplaiſoient à Muret & à Scaliger. Les Livres in fol. qui ne ſont que d'une Langue, doivent être imprimez à deux Colonnes. On les doit préferer aux Editions qui ſont faites à longues lignes. Et pourquoi. Quelles ſont les plus fortes Impreſſions Grecques.

NOUS garderons le même ordre que nous avons tenu dans la premiere Partie de cet Ouvrage. Nous traiterons d'abord de l'Origine de l'Imprimerie Grecque dans l'Europe. Enſuite nous examinerons comment elle a commencé dans la Ville de Paris. Et nous ſuivrons la même méthode pour l'Imprimerie Hébraïque. Les Inventeurs de l'Imprimerie ne firent point d'Editions Grecques. Ils imprimerent ſeulement quelques mots ou quelques lignes en cette Langue, comme on voit par les Offices de Ciceron de Mayence 1466. C'est en Italie où ont paru les premieres Impressions en Grec. On donne ordinairement cet honneur à la Ville de Venise de les avoir faites, & à son illustre Imprimeur Alde Pie Manuce Romain. Je lui donne ici le nom de Pie, qu'il prit depuis l'année 1503. aprés que le Prince de Carpi Albert Pie, (a) dont il avoit été Précepteur, l'eût adopté dans sa Famille, en lui donnant de grands biens, jusqu'à des terres à la campagne. En effet, les belles Editions qu'il a faites en cette Langue, & le grand nombre d'Auteurs Grecs, Grammairiens, Poëtes, Orateurs, Philosophes, Historiens, qu'il mit entre les mains des Sçavans par une tres-grande dépense, à laquelle contribuoit le Prince de Carpi, & par un travail prodigieux prenant jusques sur son sommeil, se privant de tous les plaisirs, ne ménageant aucunement sa santé, meritent bien qu'on luy rende toute sorte d'honneurs, & qu'on immortalise son nom, en lui donnant la qualité de Premier Imprimeur des Ouvrages Grecs; ainsi qu'a fait cet autre sçavant Imprimeur Henri Etienne, qui a écrit de lui, (b)

Qui Graphicis primus tradidit illa Typis.

Et Gesner dans l'onziéme Livre de ses Pandectes dit à Paul Manuce de son pere Alde: *Exemplaria Græca ante patrem tuum aut nulla, ni fallor, aut pauca, nec eâ industriâ Typis publicata sunt.*

Avec tout ce que nous avons dit au Chapitre 2. de la 1. Partie, page 126, nous devons remarquer ce qu'a écrit de ce grand homme, Jacques Zuinger dans le *Theatrum Vitæ humanæ* de Basle 1604. page 3713. où il dit, qu'il étoit si appliqué à son Imprimerie, qu'aprés avoir donné le tems necessaire à ses affaires domestiques, il se renfermoit aussi-tôt pour voir les Manuscrits Grecs & Latins, lire les Lettres que les Sçavans lui écrivoient de tous les Royaumes, & faire les Réponses; que rien ne lui étoit plus à charge que les visites inutiles, qui lui faisoient perdre son tems; que pour s'en délivrer honnêtement il avoit fait écrire sur la porte de son Cabinet ces paroles : *Quisquis es, rogat te Aldus etiam atque*

(a) Aldus in Præf. ad Aristot. Physic. & ad Ammonium Græc.

(b) In Artis Typogr. Querimon. & Epitaph. Aldi.

otiam, ut si quid est quod à se velis, perpaucis agas, deinde actutùm abeas, nisi tamquam Hercules veneris suppositurus humeros: semper enim erit quod & tu agas, & quotquot huc attulerint pedes. Paroles, qu'emprunta de lui cet habile Professeur en langue Grecque, & depuis Imprimeur à Basle, Jean Oporin, pour les mettre aussi sur le sien. Alde dit dans sa Préface sur le *Stephanus de Urbibus Græcè fol.* 1502. qu'il commença à s'appliquer aux Impressions Grecques l'année que commença la Guerre d'Italie, qui fut celle de 1494. en laquelle Charles VIII. Roi de France passa les Alpes pour aller conquerir le Royaume de Naples. Et ce fut par l'Aristote qu'il commença: il l'imprima en quatre Volumes *in fol.* d'une belle lettre & sur un beau papier, dont les Livres de Logique furent achevez au commencement de Novembre 1495. où il dit dans la Préface à Albert Prince de Carpi, à qui il dédia ces Volumes: *Aristoteles igitur Græcorum facilè Princeps, quamquam, ut ait Cicero, Platonem semper excipio, in manus tuas ut doctrinâ primus, ita primo impressus prodit emendatissimus.* Et le Senat de Venise lui accorda un Privilege pour les Impressions Grecques, par la raison qu'il étoit l'Inventeur & l'Auteur des beaux Caractéres Grecs: *Concessum est eidem Aldo Inventori ab Illustr. Senatu Veneto, ne quis imprimere queat, neque uti ejus invento, &c.* Ceux qui seront curieux de sçavoir les Auteurs Grecs & Latins qui sont sortis de l'Imprimerie d'Alde, même après sa mort jusqu'en l'année 1534. n'ont qu'à en lire le Catalogue dans les Pandectes de Gesner au commencement du II Livre; mais on n'y a point marqué l'année, en laquelle chaque Livre a été imprimé.

Cependant, si on s'arrête précisément au premier Livre Grec qui est sorti des Presses, ce ne sera point Venise qui remportera l'honneur de l'avoir imprimé. Je trouve dans la Bibliotheque de Sorbonne l'Isocrate, que Demetrius Chalcondylas avoit fait imprimer auparavant d'un beau Caractére à Milan *in fol.* le 24. Janvier 1493. par Henri Allemand & par Sebastien Ecpontremolo. Il y a dans la Bibliotheque du Roi * un Homere Grec que B. Nerli fit imprimer *in fol.* à Florence l'an 1488. On imprima cette même année à Vicence sur deux colonnes en Grec & en Latin la

* Phil. Labbe in Novæ Biblioth. Mss. Libb. Supplem. pag. 340.

Grammaire de Conſtantin Laſcaris traduïte par Jean de Plaiſance de l'Ordre des Carmes. Elle eſt *in* 4°. au College Mazarin avec cette datte: *Impreſſum Vicentiæ per Leonardum de Baſileâ* 18. *Kal. Julii* 1488. On voit dans la Bibliotheque de M. l'Archevêque de Reims le Pſautier en Grec & en Latin imprimé *in fol.* à Milan l'année 1481. par les ſoins de ce même Jean de Plaiſance. Il eſt inſcrit dans ſon Catalogue, *Biblioth. Teller. pa.* 2. on lit à la fin du Livre ces termes: *Impreſſum Mediolani* 1481. *die* 20. *Septemb.* Ce Religieux dédia ce Pſautier à l'Evêque de Bergame Loüis Donat. Et M. Beughem dans ſa Liſte page 81. cite une Edition de la Grammaire Grecque de Conſtantin Laſcaris, faite *in* 4°. à Milan l'année 1476. Je ne veux rien diminuër pour cela de la gloire qui eſt duë à cette fameuſe Imprimerie Grecque de Veniſe, mere de tant de belles Editions, qui ſe ſoûtint encore long-tems après la mort de ſon Fondateur Alde, que la République des Lettres perdit l'année 1516.

 Ce grand homme imprimoit ordinairement ſes Livres tous Grecs. Il voulut par là rétablir l'étude de la langue Grecque, & accoûtumer les gens de Lettres à ne lire que les Originaux. Il y réüſſit; car juſqu'aux Vieillards, à l'exemple de Caton, chacun apprenoit cette Langue nourrice des Sciences. Et il y avoit de ſon tems preſqu'autant de jeunes gens qui s'appliquoient à l'étude du Grec, comme il y en avoit qui étudioient le Latin. *Noſtris verò temporibus multos licet videre Catones, hoc eſt ſenes in Senectute Græcè diſcere. Nam adoleſcentulorum ac juvenum Græcis incumbentium jam tantus ferè eſt numerus, quantus eorum qui Latinis. Proptereà Græci Li. vehementer ab omnibus inquiruntur, quorum quia mira paucitas eſt, Ego, &c.* * Il remarque dans ſa Préface ſur le *Stephanus de Urbibus*, qu'en Allemagne, en France, en Eſpagne, en Angleterre, & autres Royaumes, on étudioit le Grec autant qu'en Italie. *Nam non in Italiâ ſolùm, ſed etiam in Germaniâ, Galliâ, Pannoniâ, Britanniâ, Hiſpaniâ, & ubique ferè, ubi Romana lingua legitur, non modò ab adoleſcentibus juvenibuſque, ſed à ſenibus quoque ſummâ aviditate ſtudetur literis Græcis.* Il fit pourtant quelques Impreſſions, où il donna premierement tout le texte Grec, & puis après l'In-

* Aldus in Præf. ad Logic. Ariſtot.

terpretation Latine ; comme on voit à la Sphére de Proclus, qu'il imprima *in fol.* 1499. au Philoſtrate & à l'Euſebe contre Hierocles, qu'il donna *in fol.* 1502. & à quelques autres.

Il en fit auſſi quelques-unes d'une maniere toute particuliere, que je n'ai vû pratiquée que de lui. Elles étoient faites de telle ſorte, que chacun ſelon ſon inclination pouvoit faire relier une même Impreſſion ou toute Grecque ou toute Latine ; ou Grecque & Latine enſemble, le Grec dans une partie du Volume, le Latin dans l'autre ; ou le Grec & le Latin mêlé ſi on vouloit en cette façon. Le Livre commençoit par le premier feüillet Grec, ſuivoit le premier feüillet Latin : enſuite le ſecond feüillet Grec, puis le ſecond feüillet Latin : le troiſiéme feüillet Grec, le troiſiéme feüillet Latin ; ainſi alternativement, avec cette précaution, que le Grec du premier feüillet n'étoit imprimé que ſur la ſeconde page, & la verſion de tout ce Grec étoit vis-à-vis, qui rempliſſoit la premiere page du premier feüillet Latin ; toute l'Edition étoit faite de cette maniere : Le Latin de la ſeconde page de ce premier feüillet étoit la verſion du Grec qui étoit vis-à-vis dans la premiere page du ſecond feüillet Grec, & tout le Grec qui étoit dans la ſeconde page de ce ſecond feüillet avoit vis-à-vis toute ſa traduction Latine dans la premiere page du ſecond feüillet Latin. Cela étoit ainſi obſervé par tous les feüillets, chacun ayant ſa ſignature & ſa reclame ſans confuſion. On a dans la Bibliotheque de Sorbonne imprimez de cette façon *Æſopi & Gabrii Fabulæ in fol.* 1505. & la Grammaire de Conſtantin Laſcaris 1512. *in* 4°. Bernard Junta la remit ſous la Preſſe quelques années aprés en Grec & en Latin auſſi, & en même forme *in* 4°. ainſi que Jean Vatel à Paris en 1521. & Theodore Martin à Louvain. Mais ils n'uſérent pas de ce bel artifice dont Alde s'étoit ſervi. Tous les feüillets ſont imprimez le Grec dans une page, le Latin dans l'autre : au-lieu qu'Alde avoit imprimé les ſiens, les uns tous Grecs, les autres tous Latins.

Les Impreſſions Grecques & Latines dans ces premiers tems étoient rares : *Ego certè hactenus pauciſſimos omninò Libros vidi ita tranſlatos in Latinum ſermonem, ut Græca non adjuncta aut ſeorſim excuſa deſiderarem,* dit Geſner dans ſa Préface sur l'Elian Grec-Latin de l'Impression de Zurich *in fol.* 1556. Ce fut ce docte Medecin, qui donna avis aux Imprimeurs d'ajoûter toûjours aux Interpretations Latines l'Original Grec, & qui conseilla aux Auteurs, quand ils voudroient faire imprimer quelque Traduction, de donner aussi le texte Grec. Dans cette même Préface, à l'article où on lit pour titre: *Latinis interpretationibus Græca esse conjungenda, ad Interpretes Librorum Græcorum, & Typographos Admonitio.* Il parle en ces termes: *Moneo, ut quicunque posthac aliquid interpretandum susceperint, vel suæ interpretationi & Apographo Archetypum Græcum adjungant, vel seorsim edi curent &* .... *Si illi modò & eruditis hominibus gratificari velint, & suæ auctoritati fideique consulere. Porrò Typographos quoque moneo, ut Græca libenter suscipiant, & si minùs quæstuosam eorum distractionem sibi futuram putant, exemplaria cudant pauciora, plurisque vendant, &c.* On peut voir plus au long dans cet endroit les raisons qu'il apporte pour appuyer cet avis.

En effet, il executa lui-même ce qu'il conseilloit. Les Auteurs Grecs, qu'il entreprit de donner au Public, furent imprimez en Grec & en Latin: mais il se servit d'une maniere d'Impression differente de celle qui avoit été pratiquée par Alde Manuce. Car au-lieu de mettre le Grec dans un feüillet, ou dans une page, & l'Interpretation Latine dans l'autre, il fit faire deux colonnes à chaque page. Dans la premiere il plaça le Grec, & dans la seconde le Latin. Il commença cette maniere dans le *Stobæus*, qui fut ainsi imprimé *in fol.* à Zurich l'année 1543. & une seconde fois à Basle l'année 1549. & une troisiéme à Zurich en 1559. Il fit aussi imprimer de la même maniere l'an 1552. *in fol.* à Zurich le Volume où sont les Canons des Apôtres, & des Ouvrages de quelques anciens Peres Grecs. Et l'année 1556. au même lieu l'*Ælianus in fol.* & plusieurs autres, dont on voit le Catalogue dans l'Edition de la Bibliotheque de cet Auteur, qui fut faite aprés sa mort à Zurich l'année 1583. au mot *Conradus Gesnerus:* Ce que fit alors Gesner fut aussi-tôt approuvé de quelques hommes doctes, qui suivirent son exemple dans les Editions qu'ils firent. Et l'on vit bientôt paroître plusieurs Auteurs Grecs-Latins, les deux Langues sur deux colomnes. Nicolas Gerbel fit ainsi imprimer *in fol.* l'année 1546. à Basle par Jean Oporin, les diverses Histoires de Jean Tzetzes. Et Marc Hopper l'année 1548. par Henry Pierre le Saint Damascene. Et Hierôme Vvolf par Jean Oporin l'année 1557. le Zonare, & la même année le Nicetas, & l'année 1562. le Nicephore Gregoras. Et Gaspar Stiblin l'année 1560. l'Euripide par le même Oporin. Et Theodore Bibliandre le *Ricardus* contre la Loi de Mahomet, ou *Ricoldus* qu'on lit en Grec & en Latin dans le Recueil des Auteurs, qui ont écrit contre cette Secte, imprimé par Oporin à Basle sous ce titre, *Machumetis Alcoranum*, à la tête duquel fut placé l'Alcoran avec une Apologie pour la premiere Impression qu'on en faisoit. Et plusieurs Auteurs Grecs furent imprimez en cette façon à Basle par Henry Pierre dans les *Orthodoxographa Patrum monumenta*, dont la premiere Edition en deux Volumes *in fol.* fut donnée par Jean Herold l'année 1555. & la seconde en trois Volumes par Jacques Grynée l'année 1569. Le sçavant Imprimeur de Paris Adrian Turnebe donna ainsi l'Aristote *De Moribus in fol.* qu'il imprima l'année 1555.

Ce sont les Livres Saints qui ont donné l'idée des deux colonnes pour l'Impression de toute sorte d'Auteurs Grecs. On avoit l'experience par la Bible Polyglotte de l'utilité des Livres imprimez de cette façon. Et quand Gesner l'introduisit dans les Imprimeries, il avoit vû le Psautier imprimé *in fol.* à Milan l'année 1481. dont nous avons parlé ci-dessus qui est à deux colonnes, l'une Grecque l'autre Latine. Il avoit vû le Psautier en plusieurs Langues d'Augustin Justiniani, qui fut imprimé *in fol.* à Gennes l'année 1516. sur huit colonnes, à l'imitation des Octaples d'Origene. Il avoit vû dans le S. Hierôme des Amerbachs imprimé la même année à Basle, ce même Psautier en Hébreu, en Grec, & en Latin sur quatre colonnes; maniere, qui agrea aussi à Chevalon quand il remit ce Saint Pere sous la Presse à Paris l'année 1533. Il sçavoit que dans la Bible du Cardinal Ximenez le Nouveau Testament fut imprimé Grec-Latin l'année 1514. sur deux colonnes. Il sçavoit qu'Erasme suivit l'exemple de cette Bible, & donna ainsi son Nouveau Teftament Grec-Latin à Basle l'année 1516. & qu'on l'avoit depuis réimprimé plusieurs fois selon cette méthode les années 1519. 1535. 1539. & 1541.

Il est vrai néanmoins qu'avant le tems de Gesner il avoit déja parû quelques Livres differens de ceux de la Bible, où l'on avoit vû les deux colonnes. La Grammaire de Constantin Lascaris, dont nous avons parlé ci-dessus, fut ainsi imprimée à Vicence l'année 1488. Dans le Saint Hierôme des Amerbachs & de Chevalon, le Catalogue *De Scriptoribus Ecclesiasticis* de ce Saint, traduit en Grec par Sophronius, est représenté dans le premier Tome sur deux colonnes. Et Josse Bade en l'année 1519. imprima *in fol.* à Paris les Ouvrages d'Ange Politian, où il donna ainsi les Epigrammes Grecques & Latines de cet Auteur: mais les Editions faites en cette maniere étoient rares & en petit nombre. L'usage n'en est venu commun, & la coûtume n'en a été introduite dans les Imprimeries que depuis le tems de Gesner.

Les deux colonnes obligent ordinairement les Auteurs à rendre leurs Versions plus châtiées, & à les resserrer davantage. Il faut qu'ils y fassent moins de paraphrases, afin que l'Original & la Version soient toûjours paralleles, autant qu'il se peut faire, & que l'un soit placé vis-à-vis de l'autre. Elles ont aussi cela de commode, que l'on voit ensemble, & que l'on compare plus facilement l'Original avec la Version, presque sans peine, & sans être obligé de chercher bien loin.

Je trouve que c'est aussi un moyen aisé & sûr pour se garder des fautes d'Impression qui sont dans les Traductions, & qui arrêtent quelquefois le Lecteur, ou lui donnent une idée que l'Auteur n'a point eûë. Par exemple, le Théologien qui lira la Version des Conciles Généraux dans l'Edition originale qui fut achevée en Grec & en Latin à Rome l'année 1612. trouvera que dans la premiere Action du septiéme Concile, on rapporte un Texte de la premiere Epitre Canonique de Saint Basile, en ces termes, page 389:
Omni ratione forma teneatur, ut eos qui ad illorum (Encratitarum) Baptismum accessisse probantur, à Fidelibus procul dubio primitus

DE PARIS. PART. III. Chap. I. 241

mitùs jungantur, & ita demùm sanctis mysteriis digni efficiantur.
Il s'arrêtera d'abord pour penser au sens de ces paroles : mais n'en trouvant aucun qui le contente, s'il consulte la colonne Grecque, il verra par le mot de χρίεσθαι qu'il est parlé dans ce Passage d'une ceremonie d'onction ; & ainsi que *jungantur* est une faute ; qu'il faut lire *inungantur*. L'Histoire diverse d'Elian dans l'Edition Grecque-Latine que Jean Herold fit faire *in fol.* à Basle par Henri Pierre l'année 1555. & qui se trouve dans son Recueil qu'il a intitulé, *Exempla Virtutum & Vitiorum*, donne une idée des Grecs tres-desavantageuse. Elle dit dans la Version du onziéme Livre, page 431. que les plus grands Personnages de la Grece ont été de tres-grands menteurs. *Omnium Græcorum clarissimi, præstantissimique Viri per totam vitam in extremâ mendacitate versati sunt.* Injure que fait à cette sçavante Nation un Correcteur d'Imprimerie, qui a laissé *mendacitate* au-lieu de *mendicitate*. On la reconnoît par la colonne Grecque où est le mot de πενία. Un Sçavant lisant ce Passage y fut trompé. Il se souvint de ces paroles de S. Paul, *Cretenses mendaces* ; & croyant faire une belle Notte, les écrivit à la marge de son Elian : mais fort mal à propos, comme on voit, & faute d'avoir lû le Texte Grec. Dans plusieurs Editions que j'ai vûës de l'Aristote, même celles de Duval de Paris 1619. & 1629. au Traité de Physionomie, la Traduction fait dire à ce Prince des Philosophes, que les mœurs du pere & de la mere, sont un principe de physionomie, au sentiment de quelques-uns, pour juger de leurs enfans, page 1169. de la derniere : *Quidam autem ex moribus à parentibus, &c.* faute de l'Imprimeur, que l'on découvre aisément par la colonne Grecque, qui ne donne point cette pensée ; mais dit seulement, que quelques-uns établissoient pour regle de physionomie, de juger d'un chacun par les mœurs qu'il faisoit paroître : ἐκ τῶν ἐπιφαινομένων ἠθῶν, *ex moribus apparentibus.*

Ceux qui ont les Auteurs Grecs en Latin seulement, sans avoir l'Original, sont quelquefois beaucoup plus embarrassez par ces sortes de fautes. Si quelqu'un n'avoit le Platon qu'en Latin de la Version de *Janus Cornarus* imprimé à Basle en 1561. quel sens donneroit-il au Dialogue intitulé *Jo-*

Hh

où sont ces trois propositions tout de suite : *Musa minimè afflatos ipsa facit : Per hos minimè afflatos alii afflantur. Boni Poëta non ex arte, sed minimè afflati pulchra Poëmata dicunt.* * Ayant le texte Grec il y trouveroit le mot ἔνθεος, qui signifie, *numine afflatus* ; & sçauroit que le Compositeur avoit dans sa Copie le mot, *numine*, pour lequel il a mis trois fois, *minimè*. Celui qui n'a point le Grec de S. Epiphane, mais seulement la Version Latine imprimée à Basle par Robert Vvinter 1543. ou dans la même Ville par Jean Oporin 1560. ou à Paris par Sebastien Cramoisy 1612. lira dans l'Héresie 48. *Sancta Ecclesia & Virginitatem glorificat, & solitudinem ac castitatem ; & Virginitatem laudat, & nuptias pudicas honorat.* Il s'étonnera que ce Saint Pere repete deux fois inutilement le mot de *Virginitatem* : mais son étonnement cessera, quand il apprendra que dans le Grec il n'y a point de repetition : ϰ̓ χηροσύνων ἐπαινεῖ, & *Viduitatem laudat.* La Version Latine de la 14. Homelie de S. Chrysostome sur la Genese, fait dire à ce Saint une chose directement contraire à la parole de Dieu, que c'est la femme qui est la tête de l'homme, c'est-à-dire, qui le doit gouverner. Dans l'Edition de Basle par Froben 1530. tome 5. page 61. & dans celle de Paris par Chevalon tome 1. page 23. il parle en ces termes : *Manifestans quod unum sunt vir & mulier, sicut Paulus inquit : caput viri mulier.* Le Texte Grec de S. Chrysostome, conformément à celui de Saint Paul, dit κεφαλὴ τῆ γυναικὸς ὁ ἀνήρ, *caput mulieris vir.*

Voilà assez d'exemples pour montrer l'utilité des deux colonnes, & combien il est necessaire, quand on lit les Versions, de consulter aussi l'Original. Et quand nous ajoûterons que la Traduction sert aussi quelquefois à faire connoître les fautes d'Impression qui sont dans le Grec, nous ne dirons rien que nous ne puissions justifier par l'experience. Celui qui lira le Grec de la 74. Lettre que S. Gregoire de Nazianze, écrivit à un Magistrat, qui faisoit representer publiquement des jeux deshonnêtes, trouvera dans la belle Edition faite à Paris par Claude Morel en 1609. ces paroles : παρανομεῖς, ὁ δικαςῆς νηςεύων : aussi-tôt il aura cette pensée ; Est-ce qu'on offense Dieu en gardant la Loi du

---

* *Voyez*, Germano-Græcia. Basileæ 1585. *in fol.* pag. 21.

Jeûne ? S'il regarde la Verſion dans la colonne Latine, elle porte : *Iniquè agis, ô Judex, qui non jejunas* : & ſera perſuadé qu'on doit corriger la faute qui eſt dans la colonne Grecque, en liſant, ο῾ νηϛευον. Euſebe dans ſon Hiſtoire Eccleſiaſtique, parlant des Lettres écrites par les Apôtres, qui étoient univerſellement reçûës dans l'Egliſe, dit dans l'Edition de M. de Valois qu'on a faite à Paris l'année 1659. page 72. que de celles de S. Pierre il n'y en avoit qu'une de reçûë παρὰ τοῖς πάλην πρεσβυτέροις. Celui que ces mots arrêteront, voyant dans la colonne Latine cette Traduction, *ab antiquis Patribus*, ſera auſſi-tôt convaincu, qu'il y a faute dans la colonne Grecque ; & ſans aller chercher l'Errata, jugera auſſi-tôt qu'il faut lire πάλαι, & non point πάλην. Il n'eſt point neceſſaire que nous rapportions d'autres Exemples. De ſçavans hommes dans l'une & dans l'autre Langue, ont averti que leurs Traductions feroient découvrir les fautes à corriger dans l'Original. Caſaubon aprés avoir marqué les plus grandes fautes d'Impreſſion qui ſont dans le Grec de l'*Æneas Tacticus*, imprimé à la fin de ſon Polybe de Paris 1609. dit que l'on connoîtra les fautes de moindre conſéquence par ſa Verſion : *Nos quid ſimus ſecuti verſio palàm faciet*. Et M. Aubert, qui a donné le Saint Cyrille d'Alexandrie en Grec & en Latin l'année 1628. écrit à la fin du 4. Tome, aprés avoir corrigé quelques fautes d'Impreſſion : *Cætera collato Græco textu cum verſione Latina, aut contra, Lector emendabit*. Et Beveregius à la derniere page du *Pandectæ Canonum* d'Oxfort 1672 : *Talia ſunt (Errata) ut à benigno Lectore facillimè corrigantur, ex oppoſitâ nimirum Linguâ, ut ſi in ipſo Græco textu ſint, è Latinâ verſione, ſin in Latinâ verſione, è Græco textu emendentur. exempli gratiâ*. Il en rapporte un exemple. Ainſi on peut dire avec verité que les deux Langues miſes ſur deux colonnes ſervent comme d'un Commentaire l'une à l'autre, qui eſt ce que diſoit Geſner, *ut in proximo alteram interpretis aut Commentarii loco haberet*.

Quelque grand que ſoit l'avantage qu'on a par les deux colonnes. Nous ne diſſimulerons point, que ſi l'on doit quelque loüange à tous ces ſçavans hommes qui ont introduit l'Impreſſion Grecque-Latine à deux colonnes, ce n'eſt pas du conſentement d'Antoine Muret, ni de Joſeph Scaliger, qui ſemblent ne guére approuver cette façon de donner les Auteurs Grecs, dont le dernier parle en ces termes : *Depuis qu'on a mis deux colonnes aux Livres Grecs, perſonne n'étudie plus au Grec. Muret ſe fâchoit de cette invention. Les colonnes auxiliaires Grecs, & tous ces gros Livres de Recueil, ſont cauſe que nous n'avons plus d'hommes doctes*, à la page 76. du *Scaligeriana*.

Je dirai en cet endroit, puiſque nous parlons des deux colonnes, que ſi les Imprimeurs ſuivoient toûjours cette méthode, même dans l'Impreſſion des Livres d'une ſeule Langue, quand ils ſont de la forme d'*in folio*, ils ſoulageroient beaucoup les perſonnes ſtudieuſes. On a par ce moyen une plus grande facilité à les lire ; on trouve auſſi bien plûtôt les paſſages qu'on y cherche. D'ailleurs ces longues lignes qui occupent une grande étenduë dans une page, peinent trop la vûë ; & quand on eſt à la fin de celle qu'on lit, pour revenir au commencement de la ſuivante, on ſe trompe ſouvent, prenant l'une pour l'autre. C'eſt pourquoi ceux qui n'achettent des Livres que pour s'en ſervir, doivent prendre les Editions faites à deux colonnes, quand il y a quelque choix à faire. Ainſi celui qui veut apprendre l'Hiſtoire Eccleſiaſtique, & employer tout ſon tems à cette étude, choiſira les Conciles Grecs-Latins de Cologne, & du P. Labbe, avec le Baronius de Cologne ou de Mayence; laiſſant les Conciles du Louvre, & le Baronius de Rome ou d'Anvers, à ceux qui ne ſe font des Bibliotheques que par magnificence, & que pour poſſeder de grands & riches meubles. Il fera le ſemblable touchant les Editions des SS. Peres & des Hiſtoriens de chaque ſiécle, préferant toûjours les deux colonnes aux longues lignes.

Les plus forts Ouvrages d'Imprimerie Grecque, furent faits d'abord par Alde Manuce, qui imprima, comme nous avons dit, en quatre Volumes *in folio*, d'une groſſe Lettre, l'Ariſtote tout Grec. Il le commença l'année 1495. & l'acheva l'année 1498. Le Galien ſortit auſſi de ſon Imprimerie aprés ſa mort l'année 1525. en cinq Volumes *in folio*, d'une petite Lettre, qui fut depuis remis sous la Presse à Basle par André Cratandre l'année 1538. en autant de Volumes. Aprés ces Impressions, parurent à Rome les quatre Volumes Grecs *in fol.* de l'Eustathe sur Homere, qui furent commencez par Antoine Bladus l'année 1542. & achevez l'année 1550. Antoine Pinelli imprima à Venise devant & aprés l'année 1625. partie *in fol.* partie *in* 4°. les Livres de l'Office Ecclesiastique des Grecs, comme ce qu'on appelle Μηναῖα, l'Ἀνθολόγιον, le Τυπικὸν, le Παρακλητικὴ, & autres. On en a de la seule forme *in fol.* huit Volumes dans la Bibliotheque de Sorbonne. Jean Pierre Pinelli, aprés la mort d'Antoine, ajoûta encore quelques autres Livres à ces Impressions. Mais on fit en Angleterre au commencement du siécle present un Ouvrage tout Grec plus fort encore que tous ceux dont nous venons de parler. Henri Savilius, apres avoir assemblé tous les Traitez qu'il pût trouver de S. Jean Chrysostome, les fit imprimer dans le College Royal d'Etone par Jean Norton. Ils furent achevez l'année 1612. en huit gros Volumes *in fol.* & sont d'un tres-beau Caractére. C'est un chef-d'œuvre d'Imprimerie Grecque.

CHAPITRE II.

François Tiſſard Profeſſeur dans l'Univerſité, établit l'Impreſſion Grecque à Paris. Abregé de ſa vie. Premiers Livres Grecs qu'il fit imprimer. Gilles Gourmont eſt le premier Imprimeur de Paris en Grec. Hierôme Aleandre Recteur de l'Univerſité, ſoûtient l'Imprimerie Grecque. Son Eloge. Il devint Bibliothequaire du Pape & Cardinal. Proverbes d'Eraſme, premier Livre d'Humanité neceſſaire à un Orateur. Eſt regardé comme un miracle d'érudition. Aleandre contribue à l'augmentation de ce Livre. Liſte des anciens Imprimeurs de Paris en Grec. L'Eloge des Etiennes. Le Roi François fait fabriquer des Matrices Grecques. Elles furent engagées à la Seigneurie de Geneve, & dégagées par Loüis XIII. à la ſollicitation du Clergé. Robert Etienne & ſon fils Henri, ſe montrent Calviniſtes outrez. Epigramme faite ſur les deux Dictionnaires des Etiennes. Louange de Robert portée trop loin par M. de Thou. Fortune peu favorable aux Etiennes. Le dernier de la famille meurt à l'Hôtel-Dieu. L'Imprimerie Grecque de Paris s'eſt toûjours maintenuë dans ſon éclat. M. Aniſſon imprime le Gloſſaire Grec de M. du Cange, qui publie ſa généroſité. Ce que les Libraires ont répondu au reproche qu'on leur a fait touchant ce Gloſſaire.

VENONS maintenant à ce qui s'eſt fait dans la Ville de Paris. Il eſt conſtant qu'Ulric Gerin, qui y apporta le premier l'Imprimerie, n'avoit point de Caractéres Grecs dans le commencement. Et s'il en a eu dans la ſuite, ce n'a été qu'autant qu'il a été neceſſaire pour mêler quelques mots ſeulement, ou quelques lignes dans ſes Editions; ainſi qu'on voit par le Virgile, & le Nicolas Perrot de la troiſiéme Liſte. Et nous pouvons dire qu'en l'année 1505. en laquelle Joſſe Bade imprima *in fol.* les Nottes de Laurens Valle ſur le Nouveau Teſtament, il y avoit à Paris peu de Caractéres Grecs, puiſque ce docte Imprimeur demande excuſe dans cette Edition, ſi quelques accens ne ſe trouvent point placez comme ils devroient être, par la raiſon qu'il n'avoit pas tous les Caractéres qui lui étoient necessaires. *Chalcographorum Erratis præsertim in accentibus Græcanicis ob penuriam Characterum humaniter ignosces.* On commença à graver des poinçons, à frapper des matrices & à fondre des lettres Grecques à Paris, autant qu'il en falloit pour avoir des Editions entieres en cette Langue, l'année 1507. Ce fut François Tissard qui en prit le soin, & qui sollicita Gilles Gourmont d'établir l'Imprimerie Grecque à Paris; ce qu'il fit: & les premiers Livres tout Grecs parûrent cette année-là dans cette fameuse Université.

François Tissard * étoit de la Ville d'Amboise: il vint tout jeune à Paris, où ayant étudié les Humanitez & la Philosophie, on le fit aller à Orleans pour y apprendre le Droit. Mais la débauche étant alors grande dans cette Ville-là parmi les Ecoliers, on l'en tira promptement pour le faire passer en Italie; où il étudia le Latin, le Grec, l'Hébreu, le Droit Civil & Canonique pendant trois années, sous les meilleurs Maîtres qu'il y eût alors; sous Guarin de Verone à Ferrare; sous Philippe Beraud à Boulogne; sous Calphurnius à Padoüe. Il apprit l'Hébreu du Prêtre de la Synagogue de Ferrare: Le Grec de Demetrius Spartiata: le Droit Civil de Jean Campeïus; & le Droit Canonique d'Antoine de Burgos, deux Professeurs célébres de l'Université de Boulogne, où il prit le degré de Docteur és Droits. Il y eut pour Compagnons de ses Etudes le Docteur Antoine Solerre, qui enseigna depuis le Droit Canonique à Paris, Augustin Grimaldi, qui fut Evêque de Grace, & Mathurin de Pledran, qui devint Evêque de Dole. Etant ainsi plein de bonnes Etudes, il revint dans l'Université de Paris, où il avoit pris la premiere teinture des Lettres. Ce qu'il se proposa d'abord fut d'y établir une Etude solide de la Langue Grecque, d'y former des Ecoliers dans une parfaite connoissance de cette Langue, & d'y rendre communs les Livres Grecs, qui y étoient rares & tres-chers, à cause qu'il falloit les faire venir de Venise.

Il avoit oüi le reproche qu'on faisoit contre l'Université en Italie, où l'on disoit, qu'avec toute sa grande réputation, elle manquoit d'une Ecole pour la Lan-

* L'Histoire qu'on fait ici de Tissard est tirée du Dialogue qui est dans sa Grammaire Hébraïque, & des Préfaces qu'il a mises aux Ouvrages Grecs qu'il a fait imprimer.

gue Grecque. *Norunt ne quàm Parisiorum Universitas sit in Literis Florentissima? Quod & plerique ipsorummet Italorum prudentes planè ac doctrinâ experientiâque præditi haud inficiandum putavere. Nobis tamen literas Græcas deesse audenter asseverant, &c.* Il sçavoit que les Italiens se vantoient d'être fort habiles dans les Humanitez, particulierement dans l'étude des Lettres Grecques, & d'emporter sur ce point la gloire au-dessus des François, *Ecce in hoc duntaxat Gallos gloriantur superare,* qu'ils appelloient Barbares, incultes, fiers, & accusoient de vouloir donner la Loi à l'Italie, & dominer sur une Nation sçavante, polie, cultivée par les belles Lettres : il est vrai que l'aigreur avoit la plus grande part à ce reproche. Les Italiens avoient sur le cœur, que les François étoient venus troubler le repos des Muses, & les avoient obligez de quitter ces beaux Livres Grecs & Latins que le nouvel Art de l'Imprimerie avoit mis au jour, pour prendre le fer & la poudre à canon. Tissard voulut donc exciter les Ecoliers de Paris à l'étude du Grec. Dans ce petit Discours qu'il leur adresse, & que nous venons de citer, il les exhorte à soûtenir la reputation de la Nation Françoise, en s'appliquant aux Lettres Grecques ; afin que les ayant familieres & amies, ils se mettent à couvert contre les reproches des Etrangers. Il dit qu'il a pris soin de faire imprimer des Livres Grecs, qui coûteront peu, & les aideront beaucoup à se perfectionner dans cette Langue ; que c'est un moyen qu'il leur donne de se distinguer en toutes maniéres au-dessus des Italiens : *Ut & Literis Latinis, & Græcis Itali facilè succumbant, & Gallis denique cedant.* Son merite fut bien-tôt connu à la Cour. Le Duc de Valois & Comte d'Angoulesme, qui fut depuis François I. Roi de France, le mit au nombre de ceux qui composoient sa Maison en qualité d'Hommes de Lettres. Il eut particulierement pour amis dans la Cour de ce Prince Jean Callüel un de ses Conseillers, & François Mollin son Précepteur.

Le premier Livre qu'il fit mettre sous la Presse fut un *in quarto*, appellé Βίβλος ἢ γνωμαγυρικὴ, qui contient les Sentences des sept Sages de la Grece, les Vers d'or de Pythagore, le Poëme Moral de Phocylide, les Vers de la Sibille d'Erithrée

*In Paraclesi ad Scholasticos Parisienses ; ad calcem primi operis Græcè editi pridie Idus Augusti 1507.

d'Erithrée touchant le Jugement dernier, avec l'Alphabet Grec, & quelques autres petits Opuscules. Voici le titre, ou plûtôt ce qui est écrit à la premiere page: *In hoc Volumine contenta. Alphabetum Græcum. Regula pronunciandi Græcum. Sententiæ septem sapientum. Opusculum de invidiâ. Aurea Carmina Pythagoræ. Phocylidæ Poëtæ admonitorium. Carmina Sibyllæ Erythreæ de Judicio Christi venturo. Differentiæ vocum succinctâ traditio.* Ce premier Ouvrage Grec de Paris fut imprimé l'année 1507. *pridie Idus Augusti*; c'est-à-dire, le 12. jour d'Aoust, sous les auspices du Prince de Valois, & d'un grand Prélat de France Jean d'Orleans, Archevêque de Toulouse, qui fut depuis le Cardinal de Longueville. Il mit à la fin une Epigramme de huit Vers Grecs en leur honneur, dont il fit lui-même la traduction Latine. En voici quatre:

Tu tamen ante alios salve, ô meus inclyte Princeps,
   Angolisme, chori signifer Aonii, &c.
Sisque Tolosanus fautor, qui numina servas
   Musarum, & votis ambo favete meis.

Il y a une Préface à ce premier Livre imprimé, & à la fin une Exhortation aux Ecoliers de l'Université, intitulée *Paraclesis*, où il les porte à s'appliquer à l'étude de la langue Grecque.

Le second Livre qu'il fit imprimer fut le Combat des Grenoüilles & des Souris, Βατραχομυομαχία, composé par Homere. Il fut achevé *in* 4°. la même année le 18. Septembre. Il le dédia à l'Archevêque de Toulouse. Pierre Tissard son frere mit à la fin cette Epigramme:

En Tibi summus honos, sublimis gloria, laudes
   immensæ, & patrium te petit omne decus,
Te duce, si Gallis palam opuscula Græca legantur,
   perdita ne patria littera sit Danaæ.

François répond,
   Frater es, & fratris non parva suasio; sed quid,
     Meque Tolosanus suscitat, & patria.

Il dédia le troisiéme, qui fut le Livre d'Hesiode, ἔργα, καὶ ἡμέραι, à son ami Jean Morelet, Secretaire du Roi Loüis XII. Il fut imprimé *in* 4°. la même année le 28. Octobre; & le 25. Novembre suivant le quatriéme fut achevé, qu'il dédia encore à l'Archevêque de Toulouse. Ce fut la Grammaire Grecque de Chrysoloras intitulée Ἐρωτήματα Χρυσολορᾶ, où Charles Rousseau mit un Quadrain pour faire souvenir la Postérité, que François Tissard d'Amboise étoit l'Auteur des premieres Impressions Grecques de Paris.

Primus Parrhisiâ Graiæ nova gloria linguæ
   Ambacus Argivum concinit Urbe melos.
Quo duce morales Sophiæ amplexabere leges.
   Hoc igitur stabili pectore fige memor.

Il n'est pas besoin aprés cela d'un plus grand discours pour prouver que ce font-là les premiers Livres Grecs imprimez à Paris. La seule Epître dédicatoire à Jean Morelet, qui est à la tête de l'Hesiode, en rend la preuve certaine, où Tissard parle en cette maniere : *Tum quòd Parrhisiis primis Græcis Galliarum Characteribus impressum est, &c.* Et ce qu'il dit dans sa Grammaire Hébraïque au Prince de Valois, n'est pas moins convainquant : *Deinde Græcas jamdudum Literas, quarum primitias nostras habes, me primùm apud Gallos palàm impressioni tradidisse :* d'où il est évident que non-seulement ce sont là les premieres Impressions Grecques de Paris : mais même que ce sont les premieres de tout le Royaume de France ; & qu'il est vrai que l'Université de Paris a cet honneur d'avoir commencé l'Impression non-seulement des Livres Latins, mais encore des Livres Grecs. Tissard ajoûte dans sa Préface au premier Livre imprimé, qu'il se trouva fort en peine pour l'execution de son dessein par la difficuté que faisoient les Imprimeurs. Ils s'excusoient sur le defaut des caractéres Grecs. Ils disoient qu'il n'y avoit point assez de matrices, ni par conséquent de lettres ; que les Imprimeurs ignoroient cette Langue, & ne la sçavoient pas même lire ; qu'il y auroit grande dépense à faire pour commencer cette sorte d'Imprimerie ; beaucoup de risque & de hasard pour eux de perdre leur peine & leur argent : *Cum Incussorum sibi hoc munus, hanc Provinciam assumere vellet nemo, nullus non id laboris subterfugeret, ... characteres prætereà Græcos nobis hactenùs defuisse vidi ; ad eorum quoque aliquot scalpendos, & postmodum liquefaciendos, & denique ad eos Impressioni aptandos tradendosque magnis, ut aiebant, sumptibus . . . . opus esse : ad hæc ea non intelligere, ne legere quidem, ejusque insolentes fateri.* Toutes ces excuses des Imprimeurs font voir que personne avant ce tems, n'avoit tracé ce chemin, ni mis sous la Presse à Paris aucun Livre tout Grec.

Il faut rendre cet honneur à Gilles Gourmont, que c'est lui qui voulut bien surmonter toutes ces difficultez, & entreprendre les premieres Impressions Grecques. Ce fut lui qui imprima ces quatre Ouvrages que Tissard donna, & qui merita par ce service qu'il rendit au Public, la qualité de premier Imprimeur des Livres Grecs dans la Ville de Paris, qui lui est donnée avec justice dans ces Editions : *Operoso huic Opusculo extremam imposuit manum Ægidius Gourmontius, integerrimus ac fidelissimus primus, duce Francisco Tissardo Ambaceo, Græcarum Literarum Parisiis Impressor.* Gilles Gourmont demeuroit en ce tems-là dans la Place de Cambray vis-à-vis le College de ce nom. Il imprima ensuite d'autres Ouvrages Grecs, que l'on garde dans la Bibliotheque de Sorbonne de la même forme *in* 4°. comme les Idylles de Theocrite ; quelques Opuscules de Lucian ; la Grammaire de Chrysoloras une seconde fois en 1511. *Gnomologia*, où sont les Sentences de Theognis, & autres petits Ouvrages Grecs en 1512. pour Mathieu Bolsec. La Grammaire de Theodore Gaza en 1516. Il imprima aussi *in fol.* pour Bolsec un Lexicon Grec-Latin l'année 1512. & quelques autres. Comme je ne trouve plus rien de Tissard après l'année 1508. j'ai quelque soupçon qu'il ne pût point porter l'Impression Grecque plus loin, ni la perfectionner davantage, & qu'il mourut environ ce tems-là.

Mais l'Imprimerie, ni l'étude de la Langue Grecque, ne tomberent point avec lui. Hierôme Aleandre la soûtint, & lui donna de la vigueur & de l'éclat. *C'étoit un homme de grande érudition, sçavant en Hébreu, en Grec, & en Latin. Il parloit & écrivoit ces Langues, comme si elles lui eussent été maternelles. Le Roi Loüis XII. le fit venir d'Italie à Paris, où il enseignoit le matin les Lettres Grecques, expliquant le Platon, la Grammaire de Theodore Gaza, & autres Livres Grecs : & l'aprés-midi il donnoit des Leçons du Ciceron ; suivi d'un grand nombre d'Ecoliers de

* Ce que nous disons ici d'Aleandre est tiré pour la plus grande partie des Préfaces qui sont aux Livres qu'on voit ici citez.

toutes Nations; écouté même des Sçavans & des personnes de qualité, que son éloquence attiroit à ses Harangues. Voici comme en parle Josse Bade dans l'Epître dédicatoire du Plutarque Latin qu'il lui dédia l'année 1514. *Tu magni nominis & magnæ dignationis, & cujuslibet professionis viros innumero numero ad Subsellia tua, Orpheiâ quadam, & Amphionicâ felicitate & gloriâ, devocasti; totamque ferè quamvis populosissimam Parisinam Academiam ex tuo narrantis ore suspensam detinuisti.*

On venoit d'Allemagne pour l'entendre, & l'Electeur Palatin lui envoya son frere Volfang de Baviere, qui ne manquoit pas une de ses Leçons, non-plus que Jacques Simler Précepteur de ce Prince. Ce fut à cet illustre Ecolier qu'Aleandre dédia le Lexicon de 1512. dont nous avons parlé ci-dessus, que six de ses Disciples firent imprimer, le Maître voyant seulement les dernieres Epreuves. Il dit dans l'Epître dédicatoire, que ce Prince lui faisoit l'honneur de le visiter souvent, & qu'il prenoit bien la peine de frapper lui-même à sa porte. Le célebre Vatable étoit aussi de ses Ecoliers. Il aida son Maître dans la seconde Edition qu'il entreprit de la Grammaire de Chrysoloras. Car étant tombé malade en 1511, Vatable prit soin de l'Impression, & mit une Préface au Livre; où il dit, que les Lettres Grecques, qui avoient demeuré dans l'obscurité à Paris, y étoient devenuës en honneur par les Leçons d'Aleandre. *Cum Hieron. Aleander, vir quidem omnibus doctrina numeris & morum integritate cumulatissimus, & Præceptor mihi semper observandus, quem nemo satis unquam laudaverit, in Galliam sese contulit; quam nunc suis doctissimis, cum privatis tum publicis, utriusque Linguæ prælectionibus reddere curat illustriorem, hoc vel anno maximè studiosos, quibus splendida non arridet fortuna, juvare voluit; quod libellos Græcos, quorum maxima nos aliqui urgeret penuria, typis excudendos tentaverit, tali profectò in his usus sedulitate, ut posthac possit Gallia nostra bonas Literas Italiæ non invidere.* Cette même année un Sçavant nommé Michel Humelberge entreprit de travailler sur l'Ausone, qu'il fit imprimer *in* 4°. par Josse Bade, après l'avoir revû & corrigé sur plusieurs Manuscrits, il avoüa qu'il restoit encore dans ce

Poëte plusieurs endroits obscurs, qui avoient bien besoin d'être éclaircis & expliquez par quelque habile homme. Aleandre promit de le faire publiquement dans ses Leçons : *Non inficiamur non pauca in omnibus Ausonii Codicibus menda inveniri magno digna vindice : quæ Hieron. Aleander vir omni laudum Præfatione major, dum hæc imprimerentur alibi occupatus, sibi in publico reservat auditorio discutienda.* Christophe de Brillac Évêque d'Orleans, & ensuite Archevêque de Tours, lui donna son neveu Claude de Brillac pour l'instruire dans les Sciences & dans les Langues. Il y avoit déja deux ans qu'il étoit son Précepteur, quand il fit imprimer le *Gnomologia* de 1512. Il dédia cette Edition à cet Ecolier. On peut voir dans l'Epître dédicatoire l'Eloge qu'il y fit de cette Famille.

Aleandre avoit une pension du Roi de cinq cens écus d'or. Il étoit Principal du College des Lombards, & fut élû Recteur de l'Université l'année 1512. de toutes les voix sans aucune difficulté, & avec une acclamation publique ; quoiqu'il n'y eût pas encore un an qu'il eût été reçû Docteur és Arts. *Mox contra legem Annariam*, dit Bade, *in hac Urbe observatam, quod paucis concessum videmus, nullâ ambitione, nullo dissidio, nullâ armorum vi, ut plerùmque aliàs accidit, sed summis votis, omnibus punctis, plenis suffragiis, plausibilibusque acclamationibus, ad illustrissimam Parisiensis Academiæ Recturam sis accitus, summum & maximè expetitum, maximeque venerandum Magistratum.* La peste faisant de grands ravages à Paris, il s'en alla à Orleans continüer ses Leçons Grecques. Alors un de ses Amis, avec qui il avoit demeuré à Padouë, lui dédia l'Impression des Idylles de Theocrite dont nous avons parlé, avec ce titre : *Hieronymo Aleandro Mottensi, trium Linguarum doctissimo, Græcas Aureliæ Literas profitenti, Celsus Hugo Dissutus Cavillonus Celta, earumdem, nec-non Hebraïcarum apud Parrhisios interpres S.* Son merite l'éleva à une plus grande fortune : car il devint Bibliothecaire du Pape ; il fut fait Archevêque de Brindes dans le Royaume de Naples ; on l'envoya Nonce en Allemagne contre Luther, & en France auprés de François I. avec qui il fut pris en la Bataille de Pavie. Et enfin Clement VII. le fit Cardinal du Titre de S. Chrysogon.

Aleandre avoit été de l'Academie de ces sçavans Hommes, qui s'assembloient à Venise chez Alde Manuce, & à qui Erasme témoigne de la reconnoissance pour avoir contribué à une grande augmentation de son Livre des Proverbes.

En effet, Erasme, [a] (qui n'avoit donné qu'un essai de ce fameux Ouvrage dans la premiere Edition qu'il en fit faire à Paris par Jean Philippe Allemand l'année 1500. où il n'y avoit guére que huit cens Proverbes des cinq mille & plus, dont on l'a vû enrichi dans la suite;) étant arrivé chez Alde l'année 1508. songea à augmenter son Livre. On lui prêta pour l'execution de son dessein des Manuscrits d'un bon nombre d'Auteurs Grecs qu'il n'avoit point encore vûs. Et Hierôme Aleandre lui donna les Centuries manuscrites des Proverbes Grecs de Michel Apostolius. Par ce moyen on vit cette même année-là, sortir de l'Imprimerie d'Alde ce célébre Ouvrage, tant de fois imprimé, retouché tant de fois; le premier Livre d'Humanité, necessaire à celui qui fait profession d'Eloquence, au jugement de Jacques Ravisius Textor. [b] *Ut in totâ Librorum Humanitatis, & veterum & nostri ævi hominum turbâ, fortassis eruditissimus quisque dubitare possit, quodnam paranda Facultatis Oratoriæ monimentum huic præferat;* & que le sçavant Henri Etienne, lorsqu'il le remit sous la Presse, regardoit comme un miracle d'érudition. (c) *Tanto in pretio illud apud me esse profiteor, ut vel hoc uno seu miraculo, Erasmum posteris se venerabilem reddidisse persuasissimum sit.* Erasme disoit lui-même de cette Edition faite chez Alde: *Certè inæstimabilibus mihi constitit vigiliis,* dans l'Epître à Servatius. (d) Ouvrage néanmoins qui n'étoit point sans tache; puisque les Peres du Concile de Trente, ordonnerent à Paul Manuce de le corriger, comme on apprend par le Bref du Pape Gregoire XIII. qui est dans l'Edition de Florence faite en l'année 1575. sous ce Titre: *Adagia Pauli Manucii studio emendata, &c.* Aleandre étoit alors ami d'Erasme, parce que celui-ci n'avoit point encore commencé à publier des Nouveautez dans l'Eglise. Il devint pour cette raison les années suivantes un de ses plus grands Adversaires. Erasme le fait assez connoître par ses Lettres, & particulierement par celle qu'il écrivit à Loüis Berquin l'année 1528. qui est au Tome 3. page 761.

(a) *Voyez A-dagia Erasf. ex Edit. Basil. 1551. in Epist. ad Lect. & Chil. 2. Centur. 1. pag. 355.*

(b) *In Epist. dedicat. ad Lud. Lasseré præfixâ Edit. 1524. in fol. Epithet. Joan. Ravis. Textor.*

(c) *Hen. Steph. Præf. ad Edit. 1558. Adag. Erasm.*

(d) Elle est rapportée dans *Vita Erasmi.* Leyden 1607. in 4. page 20.

Ce sont-là les deux sçavans Hommes, Tissard & Aleandre, qui ont établi l'Imprimerie Grecque à Paris, & qui se sont servis de Gilles Gourmont pour y faire les premieres Impressions en cette Langue. Il est vrai que les premieres productions des Arts nouvellement inventez, n'ont pas d'abord toute leur perfection ; c'est pour cette raison que ces premieres Editions sont beaucoup défectueuses, dont les Caractéres n'ont aucune beauté. Les poinçons avoient été mal taillez, les matrices étoient fort mal frappées ; il n'y avoit pas même l'abondance necessaire de Lettres, en sorte que l'on étoit obligé de cesser les Ouvrages quelques jours, pour attendre à reprendre celles qui étoient dans les Formes & sous les Presses. Il faut écouter ce qu'en dit Aleandre lui-même au Lecteur de son Lexicon : *Si quàm misera sit in hac Urbe Græcæ Impressionis conditio cognosceres, quando præter impolitiam tam parvo etiam numero characteres invenias, ut quod mercatorum vel negligentia vel avaritia facit, non solùm unam aut alteram literam inter cudendum aliquando omittere ; sed & totum opus plusculos dies intermittere necesse fuerit. Quid de voculationibus dicamus, aut furtivis notis, quas abbreviaturas vocant ? Quarum hæ prorsus nullæ erant, illæ vero deformes, &c.* Il ajoûte néanmoins qu'on a tâché de reparer ces defauts ; que même les Accens qui étoient auparavant seuls & separez, ont été marquez & gravez sur les Lettres : *Sed hæc omnia jam in melius redigunt. Nam & accentus, non ut antea temporarii, literis perpetuò adhærent, & furtivæ notæ quotidie exscalpuntur, & favente Deo nihil posthac fiet in aliis libris non ad amussim.*

Aprés Gilles Gourmont, les Libraires de Paris, excitez par les gens de Lettres de l'Université, se piquerent d'honneur, & enrichirent leurs Imprimeries de Caractéres Grecs, pour ne ceder en rien aux Imprimeurs Etrangers. Voici une Liste de ceux dont j'ai vû dans la Bibliotheque de Sorbonne quelques Editions Grecques, faites avant l'année 1560. Josse Bade imprima l'année 1519. les Epigrammes Grecques d'Ange Politien *in fol.* & en 1520. les Epîtres Grecques de Guillaume Budé *in* 4°. Pierre Vidove en 1521. le Lexicon Grec de Nicolas Beraud *in fol.* Simon de Colines en 1528.

le Sophocle *in 8°.* en 1534. le Nouveau Testament *in 8°. Biblioth. Teller. pa.* 4. en 1536. les six premiers Livres des Elemens d'Euclide *in fol.* & plusieurs autres. Simon du Bois en 1529. la Grammaire de Theodore Gaza *in 8°.* Gerard Morrhy dans le College de Sorbonne en 1530. le Lexicon Grec, comme nous avons remarqué dans la premiere Partie, page 48. Michel Vascosan en 1532. les Opuscules de *Thomas Magister,* de *Daniel Moschopolus,* de *Phrynichus,* d'*Orbicius, &c. in* 8°. Claude Chevalon imprima l'année 1533. dans le premier Tome de Saint Hierôme, le Catalogue de ce Saint *De Scriptoribus Ecclesiasticis,* tourné en Grec par Sophronius, & à la fin du septiéme Tome le Psautier Grec. Jean Loüis Tiletan les dix Livres d'Aristote *De Moribus* en 1538. *in* 4°. Chrétien Vvechel en cette même année *in* 16. les Heures Grecques qu'Alde avoit imprimées avant lui à Venise ; & en 1540. l'Aristophane *in* 4°. & toutes les Epîtres Grecques de Guillaume Budé *in* 4°. & en 1542. les Topiques d'Aristote *in fol.* avec plusieurs autres, dont on trouvera la Liste au commencement du 13. Livre des Pandectes de Gesner. Conrar Neobaire, à qui le Roi François I. donna une pension de cent écus d'or, en le nommant pour son Imprimeur Grec, imprima en 1539. un Commentaire Grec *in fol.* sur la Rhetorique d'Aristote; & en 1540. les Canons des Apôtres & des anciens Conciles de l'Eglise *in* 4°. Il ne dura guére dans cet exercice ; le travail de l'Imprimerie lui causa la mort, comme rapporte Henri Etienne dans les Epitaphes qu'il a faites des Sçavans Imprimeurs. Guillaume Rouland & Hierôme Gourmont imprimerent en 1543. le *Lexicon Etymologicon* de Jean Chæredamus *in fol.* Charlotte Guillard veuve de Rembolt, & puis de Chevalon, en 1552. le Lexicon de *Tusanus in fol.* & autres encore. Adrian Turnebe Imprimeur & Professeur Royal en 1552. *Æschylus in* 8°. & les Ouvrages de Philon Juif *in fol.* En 1553. le *Synesius in fol.* en 1555. l'Aristote *De Moribus in fol.* & beaucoup d'autres. Jacques Dupuis en 1558. les Questions choisies de Theodoret sur l'Ecriture sainte *in* 4°. Guillaume Morel Imprimeur & Professeur du Roi en 1557 *Nicandri Theriaca in* 4°. en 1558. les Epîtres de Saint Ignace *in* 8°, en 1559. l'*Aratus in* 4°. &

plusieurs

plusieurs autres. Charles Perier en 1555. l'*Hipparchus* de Xenophon en 1561. la Paraphrase *de Nonnus*, sur Saint Jean *in* 4°.

Nous mettons hors de rang les Etiennes, qui se sont signalez dans ce genre d'Impression, où ils ont, à mon avis, remporté la gloire, non-seulement au-dessus des Maîtres de Paris, mais même au-dessus des plus habiles qui ont parû avant eux dans les Païs étrangers ; tant par la richesse & la beauté des Caractéres qu'ils ont employez, que par la bonne Manufacture du papier & la Correction exacte de leurs Impressions. Robert est le premier de cette famille à qui il faut rendre cet honneur, d'avoir porté l'Impression Grecque jusqu'au point de sa perfection : l'Eusebe, le Socrate, le Sosomene, le Theodoret, l'Evagrius qu'il imprima en deux Volumes *in fol.* l'année 1544. & le Nouveau Testament *in* 16. en differentes années, & *in fol.* en 1550. & le Saint Justin Martyr *in fol.* en 1551. sont des Ouvrages de l'Art achevez.

Nous avons parlé de ce fameux Imprimeur dans le troisiéme Chapitre de la seconde Partie page 141. Jean d'Aurat, Professeur du Roi en Langüe Grecque, (à qui on donna le titre de *Poëta Regius, Auratus, & Laureatus*, aprés qu'il eut prononcé en Vers Latins dans un Ballet dansé aux Tuilleries * le Panegyrique du Duc d'Anjou élû Roi de Pologne) écrivit une Lettre en Vers Iambes à la loüange de Robert Etienne : elle est la 53. dans *Centuria una Epistolarum Philologicarum*, que Melchior Goldast fit imprimer avec le Philobiblion de Richard de Bury à Francfort *in* 8°. l'année 1610. Il y décrit élegamment la beauté des Impressions Grecques & Latines de cet habile Imprimeur ; la netteté des Caractéres ; la juste proportion & symmetrie des Lignes ; l'excellente correction, & leurs autres perfections. Voici comme il commence sa Lettre, page 235.

* Catalogue des Professeurs Royaux, page 20.

Inter tot, hac ætate bellè qui typis
    Cudunt minutulis libros,
Primas Roberte Stephane tu partes tenes,
    Reclamitante nemine.

Seu quis requirat literæ elegantiam,
Cæsis in as.è formulis
In plumbeas abire jussam tesseras,
Vulcaniâ juvante vi.
Seu linearum nobilem symmetriam,
Oculos quod acres plurimùm
Juvet legentum, haud indecenter omnibus
Suum tenentibus locum.
Versus spatiolis ritè distinguentibus,
Parvis perindè ut areis,
Quas hinc & inde, susque deque continent,
Cohibentque certi margines.
Seu quis (quod ad rem pertinet vel maximè,
Quam quærimus) solertiam,
Ac diligentiam sagacem postulet
In eluendis omnium
Nævis Librorum. ne qua labes sordium
Doctorum operibus insidens
Obstaculo sit imperitioribus,
Doctisque bilem conciat.
Inusitatam ô hominis erga literas,
Humaniores quas vocant,
Propensionem mentis! ô animum viri
Nullo silendum tempore!
Seu sit superstes, seu fuisse Dii velint:
Solerte qui curâ libros
Excudit expolitque tantâ. nec sinit
Circumsideri erroribus
Aut occupari.

& le reste, qui va jusqu'à 124. Vers, dans lesquels Junius Rabirius, homme docte, qui avoit demeuré chez Robert Etienne, confirme ce que nous avons remarqué à la page 146. que la femme de ce sçavant Libraire, ses enfans, ses serviteurs & servantes, parloient la langue Latine dans sa maison:

Nempè uxor, ancilla, clientes, liberi,
Non segnis examen domûs,

*Quo Plautus ore, quo Terentius, solent
  Quotidianè colloqui.*

 Charles Etienne frere de Robert, Docteur en Medecine de la Faculté de Paris, connu par plusieurs Ouvrages qu'il a composez, particulierement par le *Dictionarium Poëticum, &c.* & par le Livre de *la Maison Rustique*, étoit aussi fort habile Imprimeur. Il fit la belle Edition Grecque de l'Appian *in fol.* l'année 1551. celle du Nouveau Testament *in* 8°. que cite Jansson d'Almeloüe de l'année 1553.

 Et combien Henri fils de Robert, n'a-t-il point fait de rares Impressions ? L'Anacreon in 4°. en 1554. l'*Æschylus in* 4°. en 1557. le *Diodorus Siculus in fol.* en 1559. sont de ses premieres Editions ; il continua dans les années suivantes par toutes celles qui sont gardées si précieusement dans les Bibliotheques. C'étoit un des plus habiles hommes de son tems en Grec. Le Thrésor de la Langue Grecque qu'il composa & imprima l'année 1572. avec les deux anciens Glossaires en 1573. qui font cinq Volumes *in fol.* sont des Ouvrages d'une profonde érudition. Les Etiennes se servirent pour leurs Editions de ces belles Lettres, qui furent fonduës dans les Matrices que le Roi François I. avoit fait frapper par une magnificence Royale. Robert Etienne son Imprimeur, avoit ces Matrices ; & des mains de son fils Henri, elles passerent dans celles de son petit-fils Paul Etienne. Celui-ci les vendit ou engagea à la Seigneurie de Geneve pour une somme de mille écus. Le Clergé de France, ayant entrepris de faire imprimer les Ouvrages des Saints Peres Grecs, presenta sa Requeste au Roi Loüis XIII. & demanda que ces Matrices fussent retirées, & apportées dans l'Université de Paris. *Auquel effet*, disent les Agens du Clergé dans cette Requeste, *quelques Etrangers ont depuis peu acheté de Paul Etienne pour le prix & somme de trois mille liv. les Matrices Grecques, que le feu Roi François I. avoit fait tailler pour ornement de ses Universitez & commodité des Lettres avec tant de frais, &c.* Sur cette Requeste le Roi rendit son Arrest datté du 17. May 1619. qui est rapporté à la page 131. du 2. Tome des Actes du Clergé de France recueillis par M. Gentil ; où il ordonne, qu'on payera de ses deniers la somme de trois mille livres, pour dégager ces Matrices Grecques. *Le Roi a ordonné & ordonne que... il sera pris & employé la somme de trois mille livres pour retirer lesdites Matrices des mains de la Seigneurie de Geneve, ou dudit Etienne, &c.* Cette piece fait voir que Janſſon d'Almeloüe a travaillé inutilement, quand il a voulu prouver que Robert Etienne n'avoit point emporté avec lui à Geneve les Matrices Grecques de l'Imprimerie Royale. (*a*) *Nihil enim ego crediderim abſurdius, magiſque abſonum, &c.* Le Roi auroit donc été trompé, & ſon argent auroit été porté à Geneve pour retirer des Matrices, qui n'étoient point ſorties de Paris.

Nous donnerions aux Etiennes Robert & Henri ſon fils, la loüange entiere & ſans aucune reſerve, ſi avec leur grande capacité, & tout l'honneur qu'ils ont acquis dans l'Art d'Imprimerie, ils n'avoient point quitté la Religion Catholique pour ſuivre les Nouveautez de Calvin. La Réponſe que fit Robert aux Cenſures portées contre ſes Bibles, juſtifia que la Faculté de Théologie ne s'étoit point trompée, d'avoir reconnu un eſprit d'erreur & d'héréſie dans les Nottes, dans les Sommaires, dans les Index qu'il mit aux Livres Sacrez : au contraire, ce Libelle fit voir qu'il avoit trompé deux Rois, qui avoient crû choiſir en ſa perſonne un Catholique pour leur Imprimeur, au-lieu qu'ils n'avoient pris qu'un Calviniſte outré. Car que peut-on dire autre choſe d'un homme qui écrit, ce qu'on ne peut lire ſans horreur? (C'eſt dans cette Réponſe aux Cenſures de la Faculté Edition de 1552. *in* 8°. feüillet 153.) *Qu'eſt-ce que la Meſſe, ſinon un enchantement diabolique, qui ôte le ſens aux plus ſages ? Qui plus eſt, autant vaut envers les Enfans de Dieu la célébration de la Meſſe, comme ſi quelqu'un diſoit que Megera & ſes deux Sœurs, c'eſt-à-dire, les Furies d'Enfer, ont épandu leur venin mortel.* Je ne parle point de ſes Livres ſur l'expoſition des Quatre Evangeliſtes, que la Faculté dans ſon Catalogue des Livres Cenſurez, appelle, *Libros impios & nefandiſſimos.* Je laiſſe-là auſſi ſes injures, ſes calomnies, ſes fauſſes Hiſtoires, ſes contes (*b*) ridicules ſur les Docteurs, qu'il appelle feüillet 14. de ſa Réponſe : *ô beaux Theologiens, ou plûtôt Loups détruiſans le Troupeau du Seigneur!* Et l'Introduction à l'Apologie pour Herodote, n'eſt-ce pas un

(*a*) In Diſſert. de Vitis Stephanorum, page 19.
(*b*) Tel eſt celui qu'il fait au feüillet 5. d'un Docteur qui a l'âge de 50. ans ne ſçavoit point encore ce que c'étoit que le Nouveau Teſtament. On reconnoît que c'eſt une fable en liſant les Statuts de la Faculté de Théologie, renouvellez par le Cardinal de Touteville ; où l'on apprend que perſonne n'étoit élevé au degré de Docteur qu'il n'eût pris auparavant des Leçons de l'Ecriture ſainte pendant 4. ans, & n'eût porté ſa Bible pendant tout ce tems dans les Ecoles publiques. Voyez le 5. Tome de l'Hiſtoire de l'Univerſité à la page 164. & ce que nous avons dit dans la 1. Part. pages 93. & 95.

DE PARIS. PART. III. Chap. II. 261

Livre qui publie l'horrible emportement de Henri, ses blasphêmes, ses impietez, & ses railleries sacrileges sur la Religion?

Nous voulons bien pourtant avec cette exception, leur rendre la gloire qui leur est dûë sur le Parnasse. Et nous rapporterons volontiers l'Epigramme, qui fut faite à leur loüange au sujet des deux Dictionnaires pour les deux Langues, dont Robert fit le premier pour la langue Latine, & Henri le second pour la langue Grecque. Elle fut mise au premier Tome du *Thesaurus Linguæ Græcæ* page 8. avec ces lettres initiales T. B. V. qui signifient que c'est Theodore Beze de Vesselay qui en est l'Auteur: nom que nous ne devions point developper, mais laisser dans l'oubli; puisqu'il remet devant les yeux celui qui alluma en France le flambeau de la Guerre; & qu'on vit dans la Bataille de Dreux à la tête des Troupes Protestantes, *armé de toutes pieces comme un autre Zuingle*, dit Florimond de Raimond, Livre 8. chap. 16. pour y détruire la Religion de ses ancêtres.

Ausonias quondam Musas Robertus egentes
 Excepit grato providus hospitio.
Et nunc Henricus patris vestigia sectans
 Errantes Graias excipit hospitio.
Illæ autem memores accepti muneris, Ecce
 Æternas Stephanis constituere domos.
Vos æternùm igitur Stephani nunc vivite. namque
 Æternùm præstant vivere Pierides.
Et vos cum Stephanis æterno fœdere pactæ
 Et Graiæ & Latiæ vivite Pierides.
Tu quoque Musarum cultrix Musis Stephanisque
 Communes colito sedula turba domos.

Nous bornons la loüange dûë à ces Imprimeurs par celle de cette Epigramme. Et nous n'osons pas la porter au point où M. de Thou l'a portée dans son Histoire, quand il dit, que la France, & tout autre Etat Chrétien, a plus d'obligation à Robert Etienne, qu'à celui de tous ses Géneraux d'Armées, qui a fait le plus de Conquêtes, & poussé ses frontieres le plus loin: *Cui ob id non solùm Gallia, sed universus orbis Christianus plus debet, quàm cuiquam fortissimorum*

belli ducum ob propagatos fines patria unquam debuit. Lib. 23.
Si la France lui a obligation d'avoir porté l'Imprimerie jusqu'au plus haut degré de sa perfection, elle ne lui en a guére d'avoir abusé de ce bel Art, de s'en être servi pour imprimer les Livres de Calvin, (*a*) de Beze, de Viret, de Bucer, & d'autres Sectaires; dont la lecture empoisonna les esprits, leur inspira de la fureur, & les porta aux extrémitez où ils sont venus, de faire une guerre cruelle à leur Patrie d'y jetter par terre les plus beaux monumens de la pieté Françoise; enfin d'y faire tout le mal que l'Hérésie est capable de faire, & dont nous ressentirions encore aujourd'hui toute la cruauté, si Dieu ne nous avoit donné un Roi, qui sçait défendre son Royaume contre tous les efforts des Protestans liguez & armez pour l'aissaillir.

La Fortune ne fut pas aussi favorable aux Etiennes que les Muses. Robert, qui mourut à Geneve en l'année 1559. fut fils de Henri Imprimeur, qui étoit Catholique, & pere de Henri, qui mourut à l'Hôtel-Dieu de Lyon l'année 1598. s'il est vrai ce que rapportent quelques (*b*) Auteurs. Isaac Casaubon étoit gendre de ce dernier, & Paul Etienne étoit son fils. Antoine fils de Paul, le dernier des Etiennes, se fit Catholique: il imprima les Ouvrages du Cardinal du Perron, & la Bible Grecque-Latine des Septante du Pere Morin, quelques Volumes Grecs-Latins du S. Chrysostome de Fronton du Duc, le Xenophon, le Plutarque Grec-Latin, l'Aristote de Duval, & plusieurs autres Ouvrages. On dit qu'il mourut (*c*) à l'Hôtel-Dieu de Paris. Il avoit eu un fils nommé Henri, qui mourut avant son pere. Il reste de cet Henri une fille.

Depuis les Etiennes on sçait que l'Impression Grecque s'est toûjours maintenuë à Paris dans son éclat. Il n'en faut point d'autres témoins que les belles Editions qui ont été faites en grand nombre dans ce siécle; soit au Louvre par la magnificence du Roi; soit ailleurs par les Libraires de cette Ville, dont les Ouvrages sont recherchez, parce qu'ils sont d'une grande perfection. Et on se persuade que dans ces derniers tems, les Maîtres de Paris ne laisseront point tomber cette grande reputation de leur Imprimerie; mais

(*a*) Voyez le Catalogue des Livres imprimez par tous les Etiennes fait par Theod. Jansson d'Almeloüe. *De Vitis Stephanor.* pa. 23.

(*b*) Tollius de infelicitate Literatorum pag. 87. Georg. Konig. Biblioth. Vet. no. pa. 776.

(*c*) Jansson d'Almeloüe, *in Vitis Stephan.* pa. 122.

qu'ils en soûtiendront la gloire, & la laisseront comme un héritage à leurs enfans; ainsi qu'ils l'ont reçuë de leurs peres. Il est vrai que le Sçavant M. Du Cange s'est plaint qu'ils n'ont point voulu entreprendre l'Impression de son Glossaire Grec, à cause que les Livres de cette Langue sont presentement peu debitez. Et on ne peut dissimuler ce qu'il a écrit dans la Préface de ce Glossaire, que son Ouvrage seroit demeuré dans son Cabinet, si M. Anisson Libraire de Lyon ne s'étoit bien voulu charger de l'imprimer. *A quo edendo*, dit-il nombre 26, *lingua minùs publici hodie saporis ratio, Parisienses Typographos deterruit. Jamque dixeram cum Terentiano Mauro, hoc domi clausum manebit; cum ecce vir rei literariæ perquàm studiosus Joannes Anissonius Lugdunensis, qui Artis Typographicæ, quæ sub Gryphiis, Tornæsiis, Roüilliis, aliisque pridem eâ in Urbe floruit, reparandæ gloria, dùm paternis insistit vestigiis, sedulus incumbit, Glossarii nostri Græcanici typis suis elegantissimis edendi Provinciam in se ultrò recepit.* Mais il est vrai aussi que les Libraires de Paris ont fait paroître un Ecrit de deux feüillets *in fol.* intitulé, *Les Imprimeurs & Libraires de Paris à Messieurs les Gens de Lettres*, où ils prétendent se justifier de ce reproche, & assûrent le Public qu'ils n'ont jamais refusé d'entreprendre l'impression de ce Livre. Ce sont
" leurs termes : [Le Glossaire Grec de M. Du Cange, dont
" on nous fait une pierre d'achopement, n'a jamais été pre-
" senté à aucun de nous. Ce fut Bilaine, qui aprés avoir
" imprimé le Latin, exhorta son Auteur à lui donner celui-
" là; & André Cramoisy & Gabriel Martin avoient ordre
" de faire fondre des Caractéres pour en imprimer chacun
" un Volume, lors que Bilaine mourut. Mais Anisson s'étant
" trouvé dans le même tems à Paris, nous enleva cet Ou-
" vrage, &c.]

Laissons la discussion de ce fait qui seroit ici inutile; & finissons ce Chapitre en disant avec verité, que l'Impression Grecque, qui fut établie à Paris par le soin des Professeurs de l'Université, est devenuë sous le Regne de LOUIS LE GRAND la premiere & la plus considerable de l'Europe.

CHAPITRE III.

Premiers Livres Hébreux imprimez à Soncino en Italie. Les Rabbins Josué & Moyse descendus d'un Juif de Spire, sont les premiers Imprimeurs en Hébreu. Daniel Bombergue Imprimeur de Venise est le premier des Chrétiens qui a imprimé des Livres Hébreux. Le grand nombre qu'il en a imprimé. Le Talmud est le plus fort Ouvrage d'Imprimerie Hébraïque. S'il est vrai qu'il n'a été imprimé que cinq fois ? C'est Venise qui a le plus fourni de Livres Hébreux. Bibles Hébraïques imprimées par les Juifs, préferées à celles qui sont imprimées par les Chrétiens, & pourquoi. Il n'y a que les Chrétiens & les Juifs qui se servent de l'Imprimerie. Les Juifs l'ont portée à Constantinople, à Salonique, & dans quelques autres Villes de l'Empire Ottoman. Bajazet fait défense sous peine de la vie de s'en servir pour imprimer des Livres en langue Turque, & qui traitent de la Religion. Les Armeniens viennent en Europe faire imprimer leur Bible. Les Moscovites brûlent les Caractéres d'Imprimerie. Les Chrétiens pratiquent l'Imprimerie dans les Indes & dans l'Amerique. Le Roi des Abissins prie le Roi de Portugal de faire passer des Imprimeurs en Ethiopie. Imprimeries dans le Royaume de Maroc. Question si la premiere découverte de l'Imprimerie fut faite au Royaume de la Chine. Qui a pratiqué le premier en Europe l'Impression par Tables gravées ? Si c'est Laurens Coster à Harlem ? L'Impression par Tables n'est point l'Art de l'Imprimerie. Auteur Hollandois qui impose mal-à-propos silence aux François sur la question de la découverte de l'Imprimerie.

LEs premieres Impressions en Langue & Caractére Hébraïques, ont été faites par les Juifs d'Italie à Soncino, petite Ville du Duché de Milan ; & les premiers Imprimeurs furent le Rabbin Josué ; & le Rabbin Moyse fils du Rabbin Israël Nathan de Soncino, qui descendoit d'un Juif Allemand de la Ville de Spire. Cette famille se multiplia, & porta l'Imprimerie dans quelques Villes d'Italie, comme à Brescia, à Boulogne, à Rimini, à Fano, à Pesaro, où ont
été

été faites des Impressions Hébraïques, avec l'inscription, que c'étoit par des Imprimeurs de Soncino, ou de la famille de Soncino. Aprés ce premier tems les Juifs & les Chrétiens firent des Impressions en Hébreu dans plusieurs autres Villes de l'Europe, à Venise, à Cremone, à Mantouë, à Sabionetta, à Verone, à Ferrare, à Padouë, à Livourne, à Naples, à Riva, à Isna, à Basle, à Cologne, à Hanau, à Francfort sur l'Oder, à Prague, à Lublin, à Cracovie, & autres lieux, & dans quelques-unes de la France, de l'Espagne, de l'Angleterre & de la Hollande. Le Rabbin Ghedalia dans son Livre intitulé *Scialscheleth Hakkabala* marque le tems que commença l'Impression des Livres Hébreux, & dit que ce fut l'an du Monde 5240, qui revient à l'année Chrétienne 1480. le Pere Jules Bartolocci * qui a fait la recherche des premieres Impressions de ces Livres, rapporte ses paroles, que voici en François : *En ce tems les Imprimeurs de Soncino étoient en reputation. Ils exercerent l'Art de l'Imprimerie plusieurs années, & mirent sous la Presse un grand nombre de Livres Hébreux, au grand avantage de la Nation Juifve.*

* Jul. Bartoloc. Tom. 1. Bibliot. Rabbin. pa. 432.

De cette Imprimerie de Soncino sont sortis, le Livre intitulé *Miuchar Happeninim*, qui fut imprimé *in quarto* l'an du Monde 5244. c'est-à-dire, l'année Chrétienne 1484. Le Livre intitulé *Bechinath Olam* l'année suivante 1485. Le Livre intitulé *Ikkarim* du Rabbin Joseph Albo en 1486. Deux Traitez du Talmud, intitulez *Berachot* & *Beitza* l'année 1489. La sainte Bible *in fol.* l'année du Monde 5248. c'est-à-dire nôtre année 1488. On garde dans la Bibliotheque de Sorbonne le *Jad Hasaka* de Rambam, c'est-à-dire, du Rabbin Moyse fils de Maimon, imprimé en ce même lieu de Soncino *in fol.* l'année du Monde 5250. c'est-à-dire, l'année Chrétienne 1490. Le Rabbin Gherson fils d'un de ces premiers Imprimeurs de Soncino, se signala dans l'Art d'Immeric Hébraïque en plusieurs Villes. Il fit à Brescia une Edition du Livre intitulé *Mechaberith* du Rabbin Immanuel l'année 1492. & un autre du Livre intitulé *Col-bo* à Rimini, où l'année n'est point marquée.

Ce fut ce R. Gherson qui porta l'Imprimerie à Constantinople, où il fit plusieurs Impressions jusqu'en l'année 1530.

en laquelle fut imprimé le Livre intitulé *Michlol*. Les Juifs l'établirent aussi à Salonique, & dans quelques autres Villes de l'Empire Ottoman. Mais ce font ces deux Villes-là où ils ont le plus imprimé de Livres Hébreux. On en voit d'imprimez (*a*) à Salonique en l'année 1493. & à Constantinople en l'année 1506. dans le siécle précedent : & dans le present siécle l'année 1652. M. Simon s'est servi du *Jad Hasaka* de Constantinople *fol.* 1509. & du *Josippus ben Gorion fol.* 1510. comme on voit par son Histoire Critique du Vieux Testament, Edition de 1685. pages 540, & 543. Il y a dans la Bibliotheque de Sorbonne le Livre intitulé *Bereschit Rabba* du R. Bar Nachman de l'Impression de Constantinople *in fol.* 1512. Sebastien Tengnagel, Bibliothecaire de la Bibliotheque Imperiale de Vienne, faisoit estime d'un Pentateuque qu'il avoit acheté treize Ducats, ou quarante Florins & demi, imprimé en langüe Hébraïque, Chaldeene, Arabe, & Persane, à Constantinople *in fol.* 1545. *Codex*, dit-il, *rarus, pretiosus, & paucis Judæorum Occidentalium visus.* (*b*) Je ne sçai si ce n'est point cette même Edition que Valton cite dans ses Prolegomenes de la Bible Polyglotte d'Angleterre page 33. où il dit, que ce Pentateuque est imprimé à Constantinople en 1551. on le voit ainsi écrit dans le Catalogue de la Bibliotheque d'Oxfort page 44. de la seconde Partie, & dans celui de la Bibliotheque de Leyden parmi les Livres en Langues Orientales que Joseph Scaliger legua à cette Bibliotheque, à la page 253.

Avec toutes ces recherches de l'origine de l'Impression Hébraïque, s'il est vrai ce que Buxtorfe écrivoit l'année 1613. que Joseph Scaliger avoit une Grammaire Hébraïque du Rabbin Moyse Kimhi intitulée *Mahala Scevile Haddas*, qui avoit été imprimée en Sicile il y avoit plus de 152. ans : *Habuit Josephus Scaliger impressum in Siciliâ ante annos* 152. (*c*) (Paroles que Buxtorfe son fils n'a point changées dans la seconde Edition qu'il a fait faire du Livre de son pere l'année 1640. *in* 8°. à Basle;) on pourroit dire que l'Impression Hébraïque a commencé bien plûtôt que ne dit le Rabbin Ghedalia, & avec lui le P. Bartolocci ; qu'elle a paru en Sicile avant les Imprimeurs de Soncino environ l'année 1461.

(*a*) Beughem Incunab. Typogr. pa. 2. Catal. Biblioth. Lugduno-Batav. pa. 255.

(*b*) Petr. Lambec. Lib. 1. Biblioth. Vindobon. pa. 114.

(*c*) Buxtorf. Biblioth. Rabbin. pa. 302. Edit. de Basle 1613. in octavo.

& que c'est cette Grammaire de Moyſe Kimhi, qui est le plus ancien Livre imprimé en Hébreu. Il est bien certain qu'on a de tres-anciennes Impreſſions de cette Grammaire. Il y en a une dans la Bibliotheque de Sorbonne, qui est faite à Ortona dans l'Abruzzo au Royaume de Naples, la ſeconde année de Charles Roi de Sicile & de Jeruſalem, c'est-à-dire, de Charles VIII. Roi de France, qui est celle de 1496. où il est marqué que c'est la troiſiéme Impreſſion de cette Grammaire. Ce qui est un témoignage qu'il y en avoit encore deux autres Editions plus anciennes. Corneille Beughem dans ſa Liste intitulée *Incunabula Typographiæ*, parle d'une ancienne Edition Hébraïque qui fut faite à Boulogne en Italie l'année 1471. page 126. *R. Obadia Sephorno, Lux populorum. Liber Hebraïcus Sic dictus. Bononiæ* 1741. Mais pour aſſûrer la verité de ces anciennes Impreſſions, & faire ceſſer tout le doute qu'on peut en avoir, il faut attendre qu'on marque les Bibliotheques où elles ſont gardées, & que quelqu'un en donne plus de lumiere.

Alde Manuce à eu quelques Caractéres Hébreux dans ſon Imprimerie : mais il ne s'en eſt pas beaucoup ſervi. On n'a de lui dans la Bibliotheque de Sorbonne que l'Alphabet Hébreu. Juſtin Decadyus Grec de Veniſe, qui fit imprimer par Alde le Pſautier Grec *in* 4°. flatte ceux de ſa Nation, à qui il dédie ce Livre, de la promeſſe que ce docte Imprimeur avoit faite de donner une Edition de la Bible en Hébreu, en Grec, & en Latin : ἰϐραϊστί. ἑλληνιστί. ῥωμαϊστί. Mais je ne ſçai point qu'il l'ait jamais executée pour l'Hébreu. Ainſi c'eſt un Flamand d'Anvers, appellé Daniel Bombergue, à qui eſt dûë la gloire d'avoir mis le premier des Chrétiens les Livres Hébreux ſous la Preſſe. Ce fut luy qui établit l'Imprimerie Hébraïque à Veniſe, où il imprima le Texte de la ſainte Bible in 4°. l'année 1511. On a dans la Bibliotheque de Sorbonne la troiſiéme Edition qu'il fit de ce même Texte Hébraïque de la Bible en la forme d'*in* 4°. en deux Volumes l'année 1525. Il en fit dans la ſuite beaucoup d'autres Impreſſions *in fol. in* 4°. & *in* 8°. Il avoit appris l'Hébreu de *Felix Pratenſis* Italien, qui lui fit entreprendre une Edition de la Bible Rabbinique, c'eſt-à-dire, avec les Com-

Ll ij

mentaires des Rabbins, que Bombergue imprima *in fol.* en 1517. & qui fut dédiée au Pape Leon X. mais les Juifs n'estimerent point cette Edition: & le Rabbin Jacob Haiim en fit imprimer une autre par le même Bombergue en 4. Volumes *in fol.* l'année 1525. qui fut remise sous la Presse une seconde fois l'année 1548. en autant de Volumes. Ces deux Editions se gardent dans la Bibliotheque de Sorbonne. On peut voir le jugement qu'en fait M. Simon dans son Histoire Critique citée ci-dessus page 512. & des autres Editions des Bibles Rabbiniques, qui furent faites dans les années suivantes.

L'Imprimerie de Bombergue a été sans doute une des plus illustres pour les Livres Hébreux ; tant par le grand nombre d'Editions de Bibles & de Livres de Rabbins qu'elle a donné au Public, que par la Correction exacte, la beauté des Caractéres & du papier, qu'on remarque dans les Impressions que cet Imprimeur a faites pendant prés de quarante années. Joseph Scaliger en parle de cette maniere : *Bombergue . . . . . a si bien imprimé les Livres Hébreux. Les Juifs corrigeoient & présidoient à l'Imprimerie. Il a imprimé des Livres pour plus de quatre millions d'or. Il a imprimé tant de belles Bibles, avec les Rabbins trois fois. Scaligeriana, page* 174. Et Bartolocci dans le premier Tome de sa Bibliotheque Rabbinique, page 34. *Daniel Bombergus Antuerpiensis de Literis Hebraïcis optimè meritus, qui Venetiis, ex Ganz, omnium primus in eâ Urbe cæpit Libros Hebraïcos cudere, magnâ & ferè incredibili diligentiâ, tam in correctionibus, quàm in qualitate characterum & chartæ : ita-ut post illum semper in deterius Hebraïca Typographia abierit.* Et dans le même Tome à la page 434. *Is sub Felice Pratensi in Hebraïcis benè instructus, Chalcographicam pro Libris Hebraïcis imprimendis multis sumptibus & incredibili labore officinam aperuit, & anno mundi minoris supputationis* 271. *Christi* 1511. *primum Codicem Sacrorum Bibliorum cudere cæpit in* 4. *posteà subsecuti sunt infiniti propemodum Libri Hebraici ab eo impressi summâ diligentiâ, ita-ut nullus alius eum vicerit.* C'est lui qui commença l'Impression du Talmud l'année 1520, qu'il n'acheva que quelques années aprés. Elle est dans la Bibliotheque de Sorbonne en onze Volumes *in fol.* c'est le plus grand Ouvrage en Hébreu qui ait paru. Il a été depuis remis sous la

DE PARIS. PART. III. Chap. III. 269

Presse à Venise par M. Antoine Justiniani ; à Basle, à Cracovie, & à Amsterdam.

Le Pere Jules Bartolocci soûtient à la page 760. du troisiéme Tome de sa Bibliotheque Rabbinique, qu'il n'y a que ces cinq Impressions du Talmud. *Quærimus quoties & quibus in locis Talmud Babylonicum sit excusum ?* ℞. *Quinquies. Bis Venetiis.* 1. *Apud Dan. Bomberg. sed non eodem anno.* 2. *Apud Justinianos.* 3. *Basileæ apud Ambr. Froben, anno* .... *Christi 1579. in fol. turpiter resectum à M. Marino Brixiano. Unde hæc editio non magni fit à Judæis.* 4. *Cracoviæ anno* .... *Christi 1602. apud Rab. Isaac Ben-Aaron. in fol. 12. Tomis.* 5. *Amstelodami anno* .... *Christi 1644. in quarto magno, apud Immanuel. Ben-Banasti* .... *Interim monitum te volo præter duas Venetas, Basileensem, Cracovianam & Amstelod. nullam aliam Tamuldis Editionem ex integro excusam reperiri. pa. 761.* Mais il est certain que les Juifs en ont encore fait une, qui n'est point le seul Volume du Mischna, ni la même que celle de Cracovie : c'est l'Edition de Lublin ; elle est à Paris. On en voit douze Volumes *in fol.* dans la Bibliotheque Mazarine. M. Picques Docteur sçavant dans les Langues, qui en est le Bibliothecaire, m'a envoyé les dates de tous les Traitez que chaque Volume contient, par lesquelles il paroît que l'Impression de ce Talmud dura dix années depuis 1617. jusqu'en 1627. Un Juif de Mets appellé M. Leon, étant dans la Bibliotheque de Sorbonne, me dit qu'il avoit aussi cette Edition de Lublin complete ; qu'il avoit encore vû à Mets une septiéme Impression du Talmud faite dans la Ville de Hanau, & differente de celle de Basle. Il y a dans la Bibliotheque Mazarine deux Volumes de cette Edition de Hanau, dont les Traitez sont datez des années 1618. 1621. & 1622. C'est Ambroise Froben qui fit l'Edition de Basle en 1579. & c'est Josué fils d'Israël de la Ville de Lublin qui a travaillé à celle de Hanau.

Aprés Bombergue les plus célébres Imprimeurs de Venise en Hébreu, sont les Justiniani, Zanetti, de Gara, de Bragadinis, & autres. C'est Venise où on a le plus imprimé de Livres Hébreux. De tous ceux qui paroissent dans les Bibliotheques de Paris, prés de la moitié se trouvent imprimez dans cette Ville-là : qui possedoit en même-tems deux grandes Imprimeries, celle d'Alde pour les Livres Grecs, & celle de Bombergue pour les Livres Hébreux, les plus belles sans doute qui furent alors dans l'Europe. M. Simon dans son Histoire Critique du Vieux Testament, remarque la différence qu'il y a entre les Imprimeurs Juifs & les Imprimeurs Chrétiens. Il parle des Bibles Hébraïques, page 512. *On doit préférer celles qui ont été imprimées par les Juifs, à celles qui ont été imprimées par les Chrétiens. Il y a tant de minuties à observer, soit pour les points voyelles, soit pour les accens dans l'impression des Bibles Hébraïques, qu'il est difficile que les Chrétiens puissent réüssir dans ces sortes d'Ouvrages.* Et Joseph Scaliger avoit dit, parlant des Livres Hébreux : *Debent corrigi à Judæis, alioquin semper erunt menda*, page 49. du Livre *Scaligeriana*.

Nous ferons ici remarquer qu'il n'y a que les Chrétiens & les Juifs qui se servent de l'Imprimerie. Si elle a paru dans l'Empire Ottoman, si elle a été portée à Constantinople, & dans quelques autres Villes de la Domination Turque, ce sont les Juifs qui ont dressé les Presses, pour y mettre au jour les Livres de leurs Rabbins ; ou les Chrétiens, qui y ont fait imprimer ceux qui traitent de leur Religion. Cet Art admirable inventé en Europe, n'a guére été en usage hors de l'Europe ; & nous dirons sur la foi de quelques Voyageurs, que les Turcs, Arabes, Persans, Indiens, Tartares, & autres Nations voisines de celles-ci, n'ont point l'usage de l'Impression. Pierre de la Vallée Gentilhomme Romain, qui fit un Voyage au Levant, dans une Lettre qu'il écrivit l'année 1628. au Bibliothecaire de l'Empereur, de qui il avoit été consulté sur les Livres rares & curieux qu'il avoit vûs, assûre que les Orientaux n'ont point l'Art de l'Imprimerie ; qu'ils ont aussi peu de bons Manuscrits, par la raison que leurs Ecrivains ne les transcrivent qu'en beaucoup de tems, & qu'ordinairement ils ne réüssissent point dans leurs copies, à cause qu'ils sont ignorans, négligens ; & que pour gagner plûtôt leur recompense, ils écrivent avec trop de précipitation : *Libri præthereà in Oriente, ut nullus est Typographiæ usus, non multi reperiuntur. Eorum transcriptio longo temporis intervallo indiget, & parùm felix evenire solet, Amanuensium* *infcitiâ, incuriâ, & ob lucri aviditatem celeritate in fcribendo.* * Mais quant à ce dernier fait, tous les Bibliothecaires ne font pas d'accord avec lui. Ils prétendent qu'il n'avoit pas tout vû, & qu'il y a de tres-beaux Manufcrits & bien corrects apportez d'Orient, qu'on garde dans les Bibliotheques du Roi, de M. Colbert, & quelques autres de cette Ville.

* Epift. ad Tengnagel. Lib. 1. Biblioth. Vindob. pa. 114.

Le Cofmographe d'Henri III. André Thevet, grand Voyageur, avoit dit avant Pierre de la Vallée dans fon fixiéme Livre des Vies des Hommes Illuftres, chapitre 97. " [Que les Grecs, Armeniens, Mingrelians, Abyffins, Turcs, " Perfiens, Mores, Arabes & Tartares, n'écrivent leurs " Livres qu'à la main. Ce qu'entr'autres les Turcs ont pra" tiqué par l'Ordonnance de Bajafeth Second du nom " leur Empereur, publiée l'an 1483. portant défenfe fur " peine de la vie, de n'ufer de Livres imprimez; laquelle Or" donnance fut confirmée par Selim Premier du nom fon " fils l'an 1515.]

Ce qu'il dit des Grecs & des Armeniens fi abfolument, *qu'ils n'écrivent leurs Livres qu'à la main,* a befoin aujourd'hui de quelque adouciffement: car on voit dans les Bibliotheques, plufieurs Livres de l'Office de l'Eglife Grecque, que les Grecs Schifmatiques ont fait imprimer à Venife par differens Imprimeurs, & particulierement par les Pinelli. Nous en avons cité quelques-uns dans le premier Chapitre de cette 3. Partie, page 245. Et l'Evêque Ofcan envoyé du Patriarche des Armeniens vint en Europe; où aidé de fon Diacre Salomon de Leon, il fit imprimer, tant à Amfterdam qu'à Marfeille, plufieurs Livres en langue Armeniene, comme la fainte Bible, l'Imitation de Jefus-Chrift, & quelques autres, dont prefque toutes les Copies ont été portées en Orient. J'ai vû cette Bible parmi les Livres de M. Picques, Docteur de la Societé de Sorbonne; elle eft imprimée à Amfterdam *in* 4°. l'année 1666. Un Sçavant dans les Langues Orientales, m'a dit qu'un Armenien lui montra à Paris un Livre qu'il avoit apporté de Perfe, où il prétendoit que ceux de fa Nation l'avoient imprimé en leur Langue: quoiqu'il en foit, j'ai appris que les RR. PP. Carmes Déchauffez Miffionnaires en Perfe, voulurent y avoir une Imprimerie pour l'utilité de leurs Missions, & qu'elle ne leur réüssit point à cause de la trop grande chaleur du Païs, qui seichoit l'encre aussi-tôt qu'elle étoit faite.

Ces Ordonnances des Sultans contre l'Imprimerie en langue Turque, & qui traitent de la Religion, étoient fondées apparemment sur la même raison pour laquelle les Moscovites firent brûler les Caractéres d'Imprimerie, qui avoient été apportez dans leurs Etats, dont le même Thevet Liv. 5. chap. 56. parle en cette maniere sur le récit d'un Gentilhomme Anglois, qui avoit demeuré sept ans Ambassadeur en Moscovie : [Quant à l'Imprimerie ils n'en ont l'usage
" que depuis l'an 1560. qu'elle leur fut découverte par un
" Marchand Russien qui fit emplette de Caractéres, dont
" ils ont aprés mis en lumiere de fort beaux Livres. Toutefois comme ils sont scrupuleux, & font des difficultez où
" n'y a aucune apparence, à l'exemple de leurs Sectateurs
" Grecs, aucuns d'entr'eux par subtiles ruses & personnes
" interposées, trouverent moyen de faire brûler leurs Caractéres, de peur qu'ils avoient que l'Impression n'apportât quelque changement, ou brouillis en leur opinion
" & Religion, & si pour cela, n'en fut faite aucune recherche ou poursuite par le Prince ou ses Sujets.] Mais les Moscovites de ce siécle n'ont rien apprehendé de mal de l'Imprimerie, puisqu'ils l'ont admise à Moscou, où on l'y exerce, au rapport d'Olearius dans son Voyage page 136. de
" l'Edition de Paris. [Ils ont aussi des Livres en langue vulgaire, & leur Imprimerie à Moscou. Mais d'autant que le
" debit est rare, ils en impriment peu, & les vendent bien
" cher.]

Il est vrai néanmoins que l'Imprimerie est sortie hors des limites de l'Europe, & s'est fait voir dans quelques Villes de l'Asie & de l'Amerique : mais ce n'est point que ces Peuples l'ayent reçûë ; ce sont les Chrétiens Européans qui ont été habiter ces parties du Monde, & qui y ont porté des instrumens d'Imprimerie & des Presses, dont ils se sont servis pour mettre entre les mains des Idolâtres, les Livres de la Religion Chrétienne imprimez en langues de ces Païs. On peut consulter la Bibliotheque des Ecrivains de la Compagnie

gnie de Jesus, revûë & augmentée par Nathanael Sotuello, Edition de Rome 1676. on y trouvera des Livres imprimez dans les Indes; comme à Goa, pages 173, 611, 749: à Rachol dans le Païs de Salsette, pages 84, 486, 768. Scaliger en avoit un imprimé à Goa dés l'année 1577. il est parmi ceux qu'il a leguez à la Bibliotheque de Leyden, au Catalogue imprimé de cette Bibliotheque, page 258. *Doctrina Christiana linguâ Malabaricâ Tamul, & literis Malabaricis in Collegio Goano* 1577. Une partie du Confucius est dans la Bibliotheque Imperiale de Vienne imprimée à Goa 1669. dont le Bibliothecaire Pierre Lambec a fait imprimer la Version Latine à la page 749. du septiéme Livre *Biblioth. Vindob.* On en voit aussi d'imprimez à Menille dans les Isles Philippines, page 147. de Sotuello. Nicolas Antoine fit imprimer à Rome l'année 1672 *Bibliotheca Hispana.* On y voit dans les pages 84, 177, 180, 211, quelques Livres imprimez dans l'Amerique à Lima Ville Capitale du Perou: & aux pages 123, 146, 487, 590, des Impressions faites à Mexique dans la Nouvelle Espagne.

Je ne suis point assez instruit pour assûrer quelque chose touchant les Royaumes de l'Afrique, qui sont les plus éloignez de l'Europe. L'Empereur d'Ethiopie, & des Chrétiens qu'on appelle Abissins, nommé faussement le Prêtre Jean dans quelques Histoires, se mit en peine au siécle passé d'établir l'Imprimerie dans ses Etats. David, un des Souverains de ce Païs, écrivit en l'année 1521. une Lettre au Roi de Portugal Dom Manuel; & une seconde en l'année 1524. au Roi Jean III. qui sont rapportées dans *Hispania Illustrata*, au Tome 2. pages 1293, & 1297, traduites en Latin par Paul Jove; & traduites en François dans le 3. Tome de l'Afrique de Marmol, pages 231, & 235. Il prie ces Princes dans ces deux Lettres, d'envoyer en Ethiopie quelques Ouvriers habiles dans les beaux Arts de l'Europe. Entre ceux qu'il demande, il marque des Imprimeurs. Il dit au Roi Jean: *Ce que je desire de vous, Seigneur & Frere, c'est que vous m'envoyiez des Ouvriers pour faire des Images, des Livres en moule, des épées, & de toute sorte d'armes; des Maçons, des Charpentiers, des Medecins, des Chirurgiens, des Apoticaires, des faiseurs de Monoye d'or & d'argent, des gens qui s'entendent à tirer l'or & l'argent & le cuivre des mines, à couvrir les toits de plomb, à faire des cuirasses & des mousquets,* enfin de toute sorte d'Ouvriers qui sont necessaires en un *Royaume.* Je ne puis dire si le Roi Jean fit passer en Afrique tous les Ouvriers qu'on lui demandoit. Mais je voi par le second Tome de l'Histoire des Abissins écrite par Job Ludolfe, ou plûtôt par le Commentaire sur cette Histoire qu'il fit imprimer à Francfort *in fol.* l'année 1691. que le nommé Abba Gregoire Abissin, voyant la belle Bibliotheque du Pere Alfonse Mendez Jesuite Portugais, que le Pape envoya au Royaume d'Ethiopie avec la qualité de Patriarche l'année 1623. loüa l'Art d'Imprimerie, qui avoit mis au jour tous ces Livres, & regarda cette belle découverte comme quelque chose de sacré, & digne de la curiosité des grands Princes: *Existimavisse Typographiam, seu sacrum quoddam Inventum, inter regalia principum haberi. pag. 34.*

On a plus de lumiere touchant quelques Royaumes d'Afrique qui approchent plus prés de l'Europe. On sçait qu'il y a eu des Imprimeries dans les Etats de Maroc en Barbarie, elles y ont été premierement établies, sans doute, par les Portugais & les Espagnols, qui en sont Voisins. Mais on lit dans le Livre de M. de Saint-Olon Ambassadeur du Roi à Maroc, qui a été imprimé *in* 12. cette année, sous ce titre: *Etat present de l'Empire de Maroc,* qu'il n'y en a presque plus presentement. Il dit que les Maures se font un point de Religion, de ne point laisser sortir leurs chevaux, leurs bleds, & leurs Livres, page 79. *Ils ont encore ce même entêtement pour les Livres, qui y sont d'autant plus curieux & rares, qu'il n'y a presque plus d'Imprimeries dans leurs Païs.*

Nous avons reservé à part la question des Chinois, qui habitent l'extrémité de l'Asie; Peuples bien differens des autres Nations, sur laquelle tous les Auteurs ne s'accordent pas. André Thevet au Chap. 97. allegué ci-dessus, en parle
" en ces termes: [Aucuns ont écrit que l'Invention d'im-
" primer est premierement procedée de la Chine & Cathai.
" Ce qui a été mal consideré par eux, vû que le Royaume
" de Cathai & Indes Orientales, n'ont été découvertes par

" les Portugais que depuis 65 ans. Or l'Art d'imprimer a
" été inventé & pratiqué en nôtre Europe en l'an 1442.
" Il est bien vrai qu'il y a 400 ans ou environ, que Paul
" Venitien a décrit le premier la situation de ce Païs : mais
" quant à l'Imprimerie, il ne fait mention qu'elle fut en
" usage. Ce qui m'en rend plus assûré, c'est que les Greçs,
" Mingreliens, Abissins, Turcs, Persiens, Mores, Arabes
" & Tartares, n'écrivent leurs Livres qu'à la main.] Martin
Martini au contraire dans la Préface de son *Atlas Sinensis*,
imprimé à Amsterdam 1655. dit page 5 : *On peut même prouver par diverses raisons que l'invention des Canons, de l'Aimant,
& de l'Imprimerie, ne nous ont été connuës que par leur moyen* (*des
Chinois.*) Et Gonzalez de Mendoça, qui a écrit en Espagnol
l'Histoire des choses remarquables dans le Royaume de la
Chine, au Livre 3. chapitre 16. page 136. de la Version Latine imprimée *in* 4°. à Anvers 1655. parle de cette maniere
de l'Imprimerie : *Chinenses vero tam egregiæ Inventionis gloriam sibi vendicant, ejus originem viro, quem pro sancto vene-
rantur, attribuentes, estimantesque hinc ejus usum in Germaniam
per Russiam ac Moscoviam, quò ex China terrestri itinere perve-
niri potest, per mare item rubrum, ac Arabiam Felicem, à Mer-
catoribus delatum. Unde Joannes ille Gutenbergius sumpsit imi-
tandi exemplum. Quâ veritate, quam illi ex indubitatis asserunt
monumentis, positâ, manifestum evadit, ad nos ex Chinâ transla-
tam imprimendi inventionem.*

Il y a quelque chose de vrai dans l'un & dans l'autre de
ces differens sentimens. Il est bien certain qu'il y a une maniere d'Impression que l'on pratique à la Chine depuis long-
tems. Ange Roccha dans son Livre de la Bibliotheque Vaticane, page 419. écrit que plusieurs de ceux qui ont demeuré dans ce Royaume-là, lui ont assûré qu'elle y étoit
en usage plus de trois cens ans avant la venuë de Nôtre-
Seigneur Jesus-Christ Le Pere Philippe Couplet Procureur
des RR. PP. Jesuites Missionnaires à la Chine, où il a fort
étudié les Livres de cette Nation, a dit quelque chose de
plus vrai dans sa Table Chronologique de la Monarchie
Chinoise, qu'il a donnée à la fin du *Confucius* imprimé *in
fol.* à Paris 1687. il rapporte page 65, que l'Impression est en

usage dans la Chine depuis le Regne de l'Empereur Mim-cum, c'est-à-dire, environ depuis nôtre année Chrétienne 930. On apprend de cet Auteur, que les premiers Missionnaires qui entrerent dans ce vaste Empire pour y prêcher la Foi, se servirent de l'Impression pour répandre parmi le Peuple, des Catechismes & des Livres sur la Religion Chrétienne ; & que le Pere Matthieu Ricci fit imprimer *in* 8°. à Pekin son Livre intitulé *Tien hio Xey*, l'année 31 du regne de l'Empereur Van-Lié, c'est-à-dire, nôtre année 1603. qui fit tout le bon effet, dont il parle à la page 109. de sa Préface au *Confucius*. Le Pere Kircher dans *China Illustrata*, d'Amsterdam 1667. *in fol.* page 121, dit, que l'année 1636. les Missionnaires avoient déja imprimé en langue Chinoise 340 Volumes differens, tant sur les matieres de la Foy, que sur la Morale, les Sciences naturelles, & les Mathematiques.

Il y a dans la Bibliotheque Imperiale à Vienne, un Livre en Caractére & langue Chinoise, avec la Traduction Latine, imprimé *in fol.* l'année 1671. dans la Ville de Quam-Cheu Capitale de la Province de Quam-Tum : il est intitulé en la langue Latine ; *Innocentia Victrix* : *seu, Sententia Conciliorum Imperii Sinici pro innocentiâ Christianâ Religionis, lata Juridicè per annum* 1669 ; c'est une piece curieuse : Pierre Lambec l'a rapportée tout au long dans son septiéme Livre *Biblioth. Vindobon*, page 375. Elle contient la Requête des Missionnaires en faveur de la Religion Chrétienne : la Réponse de la Congregation des Rites Chinois : l'Ordonnance de l'Empereur de la Chine, qui renvoye la Cause devant les Etats du Royaume : le jugement des Etats après six Assemblées : & enfin, l'Arrêt définitif de l'Empereur sur le Jugement des Etats ; & autres Actes semblables, avec de petites Nottes du Pere Antoine de Gouvea, Vice-Provincial des Jesuites, qui fit imprimer cette piece dans la Ville que nous avons dite.

Qui voudra voir une Liste de Livres Chinois composez par des Auteurs naturels du Païs sur differentes matieres, tant de leur Histoire, que de leur Science, Politique, & Religion, imprimez pour la plus grande partie dans la Province d'Ochiam, où se fait le plus grand nombre d'Impressions, il en trouvera une en Latin dans l'Ouvrage que nous avons cité ci-deſſus de Gonſalez de Mendoſa, chapitre 17. page 138. le Pere Martin Herrada, & les autres Miſſionnaires de l'Ordre de S. Auguſtin, les acheterent dans la Ville d'Aucheo, & les apporterent aux Iſles Philippines. Ils avoient deſſein d'en acheter encore d'autres, s'ils n'en euſſent été empêchez par une fineſſe du Viceroi ; qui craignant que les Européans ne priſſent trop de connoiſſance des Secrets & de la Politique du Royaume, par le tranſport des Livres du Païs, leur dit ſous pretexte de civilité, qu'ils demandaſſent ceux qu'ils voudroient, & qu'on leur en feroit preſent.

Enfin, pour terminer la queſtion, on voit à Paris de ces Livres imprimez à la Chine : le Roi en a dans ſa Bibliotheque ; il y en a même d'imprimez au Japon. Scaliger en avoit deux, dont on rapporte les titres au Catalogue de la Bibliotheque de Leyden, page 250. *Racuyoxu. Linguâ & Charact. Japon. in Kollegio Japonico Soc. J.* 1598. *in fol.* & page 258. *Luis de Granada fides. no do to xite, edita â Patr. Soc. J. in Collegio Amacuſano in Japoniâ* 1582. *Linguâ Japanicâ ſed Lit. Europ. in* 8°.

Mais s'il doit paſſer pour conſtant par tous ces faits, qui ſont hors de conteſtation, qu'il y a une maniere d'Impreſſion à la Chine ; il n'eſt pas moins certain, que cette maniere d'imprimer inventée par ces Nations ſi éloignées de nous, n'eſt point celle qui ſe pratique en Europe. Le Pere Kircher page 222. a bien diſtingué ces deux façons differentes ; où il dit, qu'on n'imprime dans la Chine que par le moyen de Tables de bois gravées & taillées ; qu'il en faut autant qu'il y a de pages au Livre qu'on veut imprimer ; qu'aprés avoir ſervi à l'impreſſion d'une page, elles ſont inutiles pour tout autre Ouvrage ; qu'il faut de grandes chambres pour garder toutes ces Tables. En un mot, que l'Invention des Chinois n'eſt autre choſe que celle dont les Européans ſe ſervent pour imprimer des Images. *Sinenſes non ſecùs ac apud nos Imagines Libros ſuos imprimunt* : au-lieu que dans l'Europe l'Invention en eſt bien plus belle & plus ingenieuſe, l'Impreſſion ſe faiſant par des Lettres de métal fonduës dans des Matrices, par des Caractéres mobiles ſeparez les uns des autres, & qu'on fait ſervir à pluſieurs Edi-

tions, comme tout le monde sçait. *De hoc itaque Invento*, dit ce même Auteur, *uti Sinis olim nihil unquàm innotuit, ita quoque Typographia Inventum Europæ primò, eo quo dixi modo, competit.* Alvarez Semedo Jesuite Missionnaire, dans son Histoire de la Chine traduite de l'Italien en François par Loüis Coulon, & imprimée en 1645. à Paris *in* 4°. explique fort nettement ce que c'est que cette maniere d'imprimer prati-
» quée à la Chine. Voici ce qu'il dit page 51 : [Elle n'est
» pas semblable à celle de l'Europe, puisque leurs Lettres
» sont gravées sur des tables de bois, & non pas jettées en
» fonte comme les nôtres. Quand un Auteur desire mettre
» un Livre en lumiere, il s'en va trouver le Graveur, &
» lui declare de quelles Lettres il veut qu'il soit, grandes,
» petites, ou médiocres ; ou pour mieux dire, il donne sa
» Copie à l'Ouvrier, qui prépare ses tables de la même
» grandeur des feüilles de papier, puis il colle les feüilles
» à l'envers sur ces tables : de façon que pour graver ses Let-
» tres, il n'a qu'à suivre l'écriture, sans qu'il y ait danger
» de rien percer à l'opposite, puisqu'ils n'écrivent que d'un
» côté, quoiqu'il semble à voir leurs Livres qu'ils soient
» écrits de tous les deux, à cause que les feüilles de papier
» sont pliées, & que le côté blanc est caché dans le pli....
» Pour les tables de bois, ils se servent ordinairement de
» poirier. La plus grande commodité que je trouve en l'u-
» sage de ces tables ainsi gravées est, que quelqu'Ouvrage
» qu'on imprime, les Formes demeurent toûjours entieres
» pour en tirer de nouveaux Exemplaires toutesfois & quan-
» tes qu'on voudra, sans qu'il soit besoin de nouvelles dé-
» penses pour une seconde Impression, comme il nous faut
» necessairement faire...... Cela se fait encore à si peu
» de frais, qu'on fera graver plus de cent lettres, telles que
» je les ai décrites, formées de plusieurs traits pour moins
» de cinq sols.]

Il est évident que les Chinois n'impriment point leurs Livres par le véritable Art d'Imprimerie, c'est-à-dire, par des Caractéres mobiles & separez ; mais seulement par des tables gravées & burinées ; & que c'est un usage qu'ils ont depuis plusieurs siécles long-tems auparavant qu'il ait été connu en Europe. D'où il s'enſuit, que ſi cette maniere de multiplier les Copies d'un Livre doit porter le nom d'Imprimerie, elle doit être appellée *l'Imprimerie Chinoiſe*, parce qu'elle a pris naiſſance dans ce Royaume-là.

La reſolution de cette queſtion nous en fait naître une autre, comment l'Impreſſion par tables gravées a été inventée en Europe. Nous nous arrêterons plus long-tems ſur cette queſtion à cauſe de la conſéquence qu'on en tire. Quoique diſent quelques Auteurs, les Européans n'ont point été inſtruits par les Chinois : Si ces derniers ne ſont point venus enſeigner leurs ſecrets en Europe, auſſi les premiers n'ont point été les apprendre à la Chine. Le Commerce avec les Nations les plus éloignées, n'a pas toûjours été ſi commun qu'il eſt ; les Voyages n'ont pas toûjours été ſi frequens ; & on n'étoit pas dans les ſiécles paſſez ſi curieux, qu'on eſt aujourd'hui, de ſçavoir ce qui ſe paſſoit dans les autres parties du Monde. Ce qu'on peut dire de certain touchant cette queſtion, c'eſt qu'auparavant l'année 1450. Jean Guttenberg, Jean Fauſt, & Pierre Schoëffer les trois Inventeurs du ſeul Art qui merite le nom d'Imprimerie, avoient pratiqué à Mayence cette maniere d'imprimer Chinoiſe, de laquelle ils mirent au jour un Dictionnaire appellé *Catholicon*. On en a la preuve par la Chronique de Tritheme, à qui Pierre Schoëffer conta lui-même ce qu'ils avoient fait. Nous en avons rapporté le paſſage dans la premiere Partie, chap. 1. page 4.

Mais quelques Auteurs Hollandois diſent, que c'eſt à Harlem où Laurens Coſter commença l'Impreſſion par tables gravées vers l'année 1440. & citent le Livre appellé *Speculum noſtræ Salutis*, & une Grammaire intitulée *Donatus*, comme étant les premiers Ouvrages imprimez par ces tables burinées. La preuve qu'ils apportent pour ce *Speculum*, c'eſt le Livre même. Adrian Junius dans le Chapitre 17. de ſon Hiſtoire d'Hollande, aſſûre qu'il l'a vû ; qu'il eſt en langue Flamande : *Vidi . . . . is liber erat vernaculo ſermone* ; que les feüillets n'y ſont imprimez que d'un côté, & ſont collez les uns contre les autres, en ſorte qu'il n'y paroît aucune page blanche. Pierre Scriverius a eu ce Livre : il le montra à

Bertius. *Ostendit nobis nupèr humanissimus & antiquitatum Hollandicarum peritissimus P. Scriverius citatum à nobis alibi Speculum Salutis, non Belgicè sed Latinè editum, primum magnæ Artis rudimentum : cujus paginæ glutine commissæ fuerant, ut videri possent opistographa. Lib. 3. Comment. rer. Germanic. pa.* 613.
Celui-ci le considera attentivement, & aprés l'avoir bien examiné, il remarqua qu'il n'est point imprimé par des Caractéres mobiles, mais par des tables de bois gravées, faisant entendre qu'il est aussi orné d'Estampes ou d'Images. *Sed attentiùs consideranti facilè apparuit non collectas fuisse literas singulas digestasque in voces, voces in versum, versus plures in paginam : sed paginas singulas singulis tabellis ligneis expressas fuisse, imaginibus literisque extantibus & prominentibus, &c.*
Boxhornius dans sa Dissertation de la Découverte de l'Imprimerie page 42. soûtient que Bertius s'est trompé dans une chose ; que ce *Speculum*, qu'il avoit vû chez Scriverius, n'est point en langue Latine, mais en langue Flamande, *Belgicum est illud Scriverii exemplar*. M. le Doyen de Munster a remarqué de la contradiction sur ce fait dans ces Auteurs Hollandois. Il y répond, qu'on a pû donner ce Livre de deux manieres, en Flamand & en Latin. *Videtur-ne tibi aliquid obstare, quominùs utrâque linguâ id opus potuerit vulgari ?* En effet, il ajoûte qu'il en a un Exemplaire Latin, & invite les Curieux, tant ceux de Hollande, que ceux des Païs Etrangers, & aussi M. le Doyen à le venir voir. *Extat Latinum in Bibliothecâ etiam meâ similis Speculi monumentum, ad cujus spectaculum totius Academiæ nostræ, & exterorum omnium, ac tuos oculos nunc invito.* Je crois que M. Beughem, qui a fait imprimer sa Liste en Hollande, n'avoit vû ni celui qui est en Flamand, ni celui qui est en Latin ; car il auroit parlé autrement qu'il ne fait par ces termes de la page 165. *Quidam id Belgicè, alii Latinè scriptum fuisse perhibent.* Ils appuient encore ce qu'ils disent de ce Livre par l'autorité des Bourgeois de Harlem qui montrent le lieu où Coster l'imprima.

Voici les preuves qu'ils ont pour le Donat. La premiere est tirée d'une Chronique manuscrite de la Ville de Cologne, que nous avons déja citée à la page 8. L'Auteur aprés avoir dit que l'Imprimerie avoit été inventée à Mayence, &

quo

que le premier Livre imprimé fut la sainte Bible, ajoûta aussi-tôt ces paroles : *Quamvis autem, ut præmittitur, Moguntiæ Ars hæc inventa fuerit, eo modo qui nunc temporis communiter usurpatur ; prima tamen ejus præfiguratio, seu simulacrum, ex Donatis Hollandiæ reperta & desumpta fuit, qui ibi ante id tempus excusi fuerunt ; èque illis principium prædictæ Artis depromptum est : ac posterior hæc inventio priori, quoad artificium & subtilitatem, longè præstantior fuit.* Il écrit ceci en l'année 1499, comme un récit que lui avoit fait Ulric Zel Libraire de Cologne, de qui il avoit été instruit. La seconde est fondée sur le témoignage de Mariange Accurse, homme de Lettres, qui vivoit en Italie au commencement du siécle précedent. Il écrivit sur la premiere page d'un Donat, imprimé à Mayence par Jean Faust, ce qui suit : *Joannes Faust, Civis Moguntinus, avus maternus Joannis Schoëffer, primus excogitavit imprimendi Artem Typis æreis : quos deinde plumbeos invenit, multaque ad poliendam artem addidit ejus filius Petrus Schoëffer. Impressus est autem hic Donatus, & Confessionalia primò omnium anno* 1450. *Admonitus certè fuit ex Donato Hollandiæ priùs impresso in tabulâ incisâ.* Nous avons dit 1. Part. chap. 1. page 21. de quel Livre est tiré ce passage.

Nous examinerons succinctement toutes ces preuves. Le *Speculum Salutis* est, dit-on, en deux manieres, en Flamand & en Latin. Les François peuvent se dispenser d'aller en Hollande voir dans la Bibliotheque de Boxhornius celui qui est Latin. Il y en a un Exemplaire dans la Bibliotheque des RR. PP. Celestins de Paris. J'en ai aussi un* qui m'appartient. C'est un petit *in fol.* de 63. feüillets marquez & imprimez d'un côté seulement, où sont representez les Mystéres de nôtre sainte Foi par 58 Estampes ; sous chacune on voit deux colonnes de Latin rimé en Lettre Gothique : le tout fort mal taillé & fabriqué, sans aucun nom d'Auteur ni d'Imprimeur, sans aucune marque ni de Ville, ni d'année d'Impression. Il y a une Préface de cinq feüillets qui commence ainsi :

Præmium cujusdam incipit novæ compilationis,
Cujus nomen & titulus est, Speculum humanæ Salvationis.

Les Allemands en gardent aussi une Copie dans la Bibliotheque de Nuremberg. Jean Saubert à la page 116. de son

* Il étoit dans la Biblioth. de feu M. de Balesdens, amateur connu des antiquitez. Les Libraires ne sçûrent point que ce fût un Livre rare & curieux : ils le mirent dans un pacquet coté 99. & prisé 4 l. passant un jour par le Quay de la Tournelle, je le trouvai ouvert sur une table, qui servoit de montre à une boutique, & l'achetai aussi-tôt.

Histoire de cette Bibliothèque, cite trois anciens Ouvrages qu'on y voit, d'Impression faite par l'Art de gravûre, c'est-à-dire, à la maniere Chinoise. *Quæ ligno incisa sunt huc non refero, v. g. Libellum fabularum & similitudinum, qualis est D. Hartliebii libellus Germanicus. Itemque Speculum morientium. Speculum Salutis, & id genus alia.*

Tout est incertain de ce Livre. On ne peut point assûrer qu'il soit imprimé en Hollande plûtôt qu'en Allemagne, à Harlem plûtôt qu'à Mayence, par Laurens Coster plûtôt que par Jean Faust. C'est deviner que de dire qu'il a été imprimé vers l'année 1440. on n'a pas moins de raison pour le fixer à celles de 1450, 1460, & 1470. Il n'est pas même certain qu'il soit imprimé par tables gravées. Je l'ai dit dans la premiere Partie, pages 20, & 23, après quelques personnes qui le croyent, & un Libraire qui l'a écrit. * Mais depuis j'ai fait voir les deux Exemplaires ensemble, celui qui est aux Celestins, & celui que j'ai, à un Imprimeur, à un Fondeur, & à un Graveur, qui estiment que l'Impression en a été faite par des Lettres de metal, fondües & mobiles. Si on dit que celui qui est en Flamand n'a pû être imprimé qu'en Hollande, Jean Saubert rapporte aussi un Livre ancien imprimé en langue Allemande par tables gravées, comme on a vû ci-dessus; il faudra donc dire par la même raison qu'il n'a pû être imprimé qu'en Allemagne. Ce sont deux Imprimeries à la maniere Chinoise dans deux differens Païs. Quelle raison a-t-on par le *Speculum* pour assûrer que celle d'Hollande est plus ancienne que celle d'Allemagne? On voit qu'on ne peut rien établir par ce Livre. Les bruits de Harlem ne doivent pas être beaucoup écoutez: ils sont meslez de Fables. Par exemple: Il n'est pas vrai ce qu'en a rapporté Junius, que ce même Laurens Jean, ou Coster, avoit inventé aussi l'Imprimerie par Lettres de metail, mobiles & separées ; mais qu'il fut volé par Jean Faust, qui emporta tous ses Caractéres, & vint à Mayence en Imprimer des Livres. Ce récit qui n'est appuyé d'aucun ancien Auteur, est convaincu de faux par le passage de Tritheme cité ci-dessus page 4. Nous l'avons aussi refuté en partie à la page 22.

* Histoire de l'Imprimerie & de la Librairie, page 8.

Pour venir au Donat : Je ne fçai fi on en voit encore quelque Copie ; car M. Beughem dans fa Lifte page 54, ne le cite que fur le témoignage de Scriverius. Je penfe que ce n'étoit qu'un fort petit Ouvrage, de la qualité de ceux qu'on donne aux petits enfans pour leur apprendre à lire. Au moins les premiers Imprimeurs de Rome le font ainfi entendre dans le paffage cité chapitre 7. de la feconde Partie page 200. où ils difent qu'ils en tirerent trois cens copies. *Donati pro pueru-lis..... numero trecenti.* On doit faire attention à ce qu'Ulric Zel & Mariange Accurfe difent, & auffi à ce qu'ils ne difent point. Je fuppofe que c'eft effectivement Mariange Accurfe qui avoit écrit fur le Donat, ce qui n'eft pas tout-à-fait certain. Ce qu'ils difent précifément, c'eft qu'un Donat fut imprimé en Hollande par table gravée avant l'année 1450. c'eft que Jean Fauft prit exemple fur ce Donat pour inventer l'Imprimerie par lettres mobiles ; c'eft que l'Art d'Imprimerie par lettres mobiles a commencé par ce Donat. Mais ce qu'ils ne difent point, c'eft que le Donat ait été imprimé à Harlem par Laurens Cofter. Et comment l'auroient-ils dit, puifqu'on ne fçavoit pas encore dans cette Ville-là l'année 1575. en laquelle mourut Adrian Junius, qu'on y eût imprimé un fi ancien Donat ? Car cet Auteur, qui a recueilli tous les bruits que la jaloufie contre Mayence faifoit courir à Harlem, n'auroit pas manqué d'en parler dans fon Hiftoire. Et Jofeph Scaliger, qui fe déclare pour Harlem dans le Livre *Confutatio Fabulæ Burdonum*, * qu'il mit fous le nom de fon ami J. R. c'eft-à-dire, Janus Rutgerfius, n'a pas toûjours été de ce fentiment. On lit à la page 93. du Livre *Scaligeriana* ce qu'on lui a entendu dire quelquefois à Leyden, en ces termes : *A Dordrec l'Imprimerie s'inventa, on gravoit fur des tables, les lettres étoient liées enfemble. Ma grand'mere avoit un Pfautier de cette Impreffion, &c.* Ce qu'ils ne difent point encore, c'eft que ce Donat d'Hollande ait été imprimé avant le *Catholicon* de Mayence : c'eft pourtant-là le point de la difficulté. Ils difent bien que l'Impreffion du Donat a été faite auparavant que Fauft eût commencé l'Imprimerie par lettres mobiles : mais ils ne difent point qu'elle a été faite auffi auparavant qu'il eût commencé d'imprimer par tables gra-

* Inter Opufcula Scaligeri Edit. Francof. 1612. *in* 8. pa. 10.

vées. Ainſi on ne peut tirer de ces témoignages aucune preuve, pour décider que l'Impreſſion à la maniere Chinoiſe ait été trouvée en Hollande, plûtôt qu'en Allemagne.

Tritheme aſſûre que Guttenberg & Fauſt inventerent les tables gravées, deſquelles ils imprimerent le Dictionnaire *Catholicon*. Il ſe ſert de ce mot *Inventis*; & ajoûte qu'ils découvrirent enſuite la véritable Imprimerie, qui ſe fait par lettres fonduës dans des Matrices : *Poſthæc Inventis ſucceſſerunt ſubtiliora, inveneruntque modum fundendi formas omnium Latini Alphabeti literarum.* Si Fauſt avoit déja vû quelque Ouvrage imprimé par tables gravées, comment auroit-on pû dire qu'il les avoit inventées? Mais s'il les avoit inventées, doit-on croire ce que Mariange Accurſe a écrit de Fauſt, *admonitus certè fuit ex Donato Hollandiæ prius impreſſo in tabulâ inciſâ?* Il eſt vrai que les Ouvrages de l'Art d'Imprimerie, n'ont été faits qu'après quelques-uns de l'Art de gravûre : & c'eſt en ce ſens que ce témoignage d'Ulric Zel, ſe trouve conforme à la verité, *èque illis Principium prædictæ Artis depromptum eſt.* Mais s'il a prétendu que c'eſt préciſément ce Donat d'Hollande gravé ſur tables, qui fut le commencement de l'Imprimerie, il s'eſt trompé; puiſqu'on voit clairement que ce fut le Vocabulaire *Catholicon* par où commença Fauſt; & que la découverte de l'Imprimerie par lettres ſeparées, ſe fit immediatement après l'impreſſion de ce Dictionnaire. Il n'eſt pas difficile de juger qui l'on doit plûtôt croire ou d'Ulric Zel & de Mariange Accurſe, ou de l'Abbé Tritheme. Ulric Zel habitant de Cologne, y contoit ce qui s'étoit fait à Mayence il y avoit prés de cinquante ans. Mariange Accurſe écrivoit en Italie ce qui s'étoit paſſé dans un Païs bien éloigné de lui il y avoit encore un plus long-tems : ni l'un ni l'autre n'ont ſçû exactement toutes les circonſtances de la découverte de l'Imprimerie, par exemple, celle du Vocabulaire *Catholicon*. L'Abbé Tritheme avoit été inſtruit par Pierre Schoëffer : *Ex ore Petri Opilionis audivi* ; qui ne lui avoit dit que ce qu'il avoit vû à Mayence, que ce qu'il avoit fait lui-même travaillant à découvrir l'Imprimerie avec Jean Fauſt ſon Maître, & qui ſçavoit bien par quels moyens ils avoient réüſſi. Sans doute on doit plûtôt ajoûter foi au récit de Tritheme.

Mais que ce soit la Ville de Mayence où l'Impression par tables gravées ait été inventée ; que ce soit la Ville de Harlem ; que ce soit, si on veut, Dordrec, ou quelqu'autre Ville ; il sera toûjours vrai, que cette maniere d'imprimer, inventée premierement à la Chine, & ensuite dans l'Europe, ne merite point de porter le beau nom d'Imprimerie, c'est-à-dire, de cet Art précieux, qui se fait admirer par tout ; de cet Art divin, qui a tant apporté de commoditez aux hommes, comme parle le Concile de Latran sous Leon X. en la Session 10. Elle doit être appellée plûtôt un effet de gravûre & de sculpture, que de l'Art d'Imprimerie. *Cum tantùm sculptura sit, Typographiæ appellatione indigna est*, dit M. Mentel page 26. de son Livre de la véritable Origine de l'Imprimerie. Et le Pere Kircher a tres-grande raison de continuer par ces paroles dans la page 222. citée ci-dessus. *Imaginum enim imprimendarum ratio, uti Inventionis nomen non meretur, ita quoque Sinica Typographia*. L'Auteur de la Chronique de Cologne, ou plûtôt le Libraire Ulric Zel dans le passage que nous venons de rapporter, appelle cette façon d'imprimer, l'Image de l'Imprimerie, *Simulacrum*; & Joseph Scaliger, dans la refutation du Livre que Gaspar Scioppius fit contre lui, intitulé *Fabula Burdonum*, parlant du Donat d'Hollande, dit page 109. qu'il avoit été imprimé *non ex Typis, sed ex tabulâ incisâ*. Ainsi, selon cet Auteur, l'Impression Chinoise par tables gravées, ne doit point être nommée *Typographia*, mais seulement *Pinacographia*.

Les Auteurs Hollandois se servent de deux moyens pour persuader que c'est la Ville de Harlem, où l'Imprimerie a été découverte. Le premier est, que Laurens Coster inventa dans cette Ville-là, les Caractéres mobiles, & les Lettres de métail, qui lui furent enlevées par Jean Faust, & portées à Mayence. Ils n'ont point d'autres preuves à donner de ce fait, que le bruit des Bourgeois de Harlem, rapporté par Adrian Junius, qui a été examiné & refuté par M. le Doyen de Munster dans le Chapitre 6. de sa Dissertation *De Ortu Artis Typogr*. Ils ont bien vû que les Sçavans n'auroient pas grand égard aux contes de ces Bourgeois, qui ont cherché à se donner de l'encens, & à relever la gloire de leur Ville par des vols supposez; c'est pourquoi ils ont eu recours à un second moyen. Ils disent, que ce Laurens Coster inventa le premier les tables gravées, avec lesquelles il mit au jour le *Speculum Salutis*, & le Donat. Ce fondement posé, ils font ce raisonnement : L'Imprimerie par lettres mobiles n'est autre chose que la perfection de l'Impression par tables : l'Art de graver les tables étoit déja inventé à Harlem, quand Mayence le perfectionna par la découverte des Lettres mobiles. C'est donc Laurens Coster à qui est dûë la premiere gloire d'avoir inventé l'Imprimerie; & Mayence ne doit avoir que la seconde de l'avoir renduë plus facile. *Alibi enim Ars, alibi ornamenta Artis inventa; illa inter Hollandos, hæc inter Germaniæ Moguntinos*, dit Boxhornius dans sa Dissertation *De Art. Typograph. Invent.* page 38. où il ajoûte page 39 : *Harlemum Typographiæ velut matrem, Moguntiam autem nutricem fuisse & alumnam; ibi superatum quidquid in nova rei exordiis impeditum, hic additam majorem Arti speciem & facilitatem.* Ce dernier moyen est détruit par les deux questions que nous venons de traiter : on voit dans l'une, que ce sont les Chinois qui ont inventé l'Impression par tables gravées, il y a plus de six cens ans, long-tems auparavant que Laurens Coster vint au monde : On voit dans l'autre, qu'il n'est point certain que le premier qui s'est servi en Europe de ces tables burinées, soit ce Laurens Coster de Harlem, plûtôt que Jean Faust de Mayence. Ainsi le fondement des Hollandois étant ruïné, il leur importe peu qu'on examine s'il est vrai que l'invention des lettres mobiles n'est que la perfection d'un Art, & qu'une plus grande facilité qu'on y a ajoûtée. On vient d'entendre des Auteurs qui estiment si peu l'Impression par tables, qu'ils ne veulent pas même lui donner le nom d'Imprimerie, & le reservent uniquement pour les Poinçons, les Matrices & les Caractéres de métail, qu'ils regardent comme une admirable découverte du quinziéme siécle, dans laquelle seule consiste la véritable Imprimerie, & qui en est effectivement tout le grand Art; les tables burinées n'étant qu'une production de l'Art de sculpture & de gravûre. Nous avons appuyé cette pensée dans le 1. Chap. de la 1. Partie, pages 6, 7, & 10.

En effet, il y a une grande différence entre l'un & l'autre de ces Arts, qui n'ont rien de commun que l'encre & la Presse. Il faut pour l'un employer le fer, le feu, & le métail, tailler des Poinçons, frapper des Matrices, mêler à propos les métaux, fondre des Caractéres de toute grandeur, de differentes figures, les polir & les approprier: il faut des Casses & des Cassetins pour y distribuer les Lettres ; il faut des Formes & des Chassis pour les mettre en œuvre ; il faut differens Ouvriers, des Fondeurs, des Compositeurs, des Correcteurs ; enfin, un grand attirail de divers Instrumens. Faut-il tant de façons & tant de choses pour l'autre ? Il ne faut qu'une table de bois ou de cuivre, un Graveur avec un Burin. En un mot, quand on demande qui a découvert l'Imprimerie, ce n'est point celui qui a commencé à graver des Lettres sur le bois ou sur l'airain qu'on cherche : c'est celui qui a inventé les Poinçons, les Matrices & les Lettres separées. Voilà celui qu'on cherche, & celui à qui seul on doit l'honneur d'avoir inventé un des plus beaux Arts que Dieu ait fait connoître aux hommes.

Cependant Boxhornius croit avoir soûtenu la cause de Harlem, & justifié les bruits qui courent dans cette Ville-là, par des démonstrations si convaincantes, qu'il se donne le droit d'imposer silence aux François, & de faire taire Nicolas Serrarius & M. Naudé, qui ont écrit en faveur de Mayence.

Serrarii Libelli,
Streperi tacete Galli,
Taceat sonorus Autor.
Solus ovantem Batavus
Emeditatus Artem.
Hæc vox æthereis insonet axibus,
Hæc vox per populos per mare transeat.
Harlemus Typicam prodidit Artifex.

C'est ainsi qu'il parle, en se servant du style de Claudian, dans son *Theatrum Hollandiæ,* page 142. où il met encore une Inscription pour immortaliser la memoire de Laurens Coster. C'est comme un Char de Triomphe dans lequel il place ce Victorieux, qui traîne aprés lui les François & les

Allemands vaincus.

QUEM
Flos Urbium
HARLEMUM
Patritia familia edidit
LAURENTIO COSTERO
Qui incredibili & prope inhumana
ingenii felicitate
MOGUNTINIS nequidquam negantibus
&
Gallis frustra obstrepentibus
ARTEM TYPOGRAPHICAM
Primus invenit
MONUMENTUM
hoc
L. M. P. Q.
Typis
posuimus.

Les François n'ont point d'autre interêt dans toute cette Histoire que celui de la vérité & de la justice : ils veulent rendre l'honneur à qui il appartient, & ne prétendent point l'ôter à la Ville de Harlem pour le donner injustement à celle de Mayence. Quand donc les Auteurs Hollandois auront apporté en faveur de Harlem, des preuves plus certaines & plus évidentes que celles qui favorisent Mayence, alors les François garderont le silence ; ou s'ils parlent, ce sera pour Harlem : mais que le Lecteur desinteressé juge, si celles, qu'ils ont apportées jusqu'à present, sont d'une égale force avec celles, qui persuadent qu'il y a un Dieu Créateur du Ciel & de la Terre ; & si ce n'est pas un Quadrain outré celui que Scriverius a fait pour être mis au bas de la Statuë de Laurens Coster, qui est rapporté par Boxhornius page 156. de son Théatre de la Hollande, en ces termes :

Vana quid Archetypos & præla Moguntia jactas ?
Harlemi Archetypos prælaque nata scias ?
Extulit hic monstrante Deo Laurentius Artem.
Dissimulare virum hunc, dissimulare Deum est.

CHAP. IV.

CHAPITRE IV.

Quand on a commencé d'imprimer en Hébreu à Paris. Tissard, le même qui commença l'Impression Grecque, fait faire le premier essai de l'Impression Hébraïque. Gilles Gourmont est le premier Imprimeur de Paris en Hébreu. Augustin Justiniani Evêque de Nebbio appellé de Rome par François I. pour enseigner l'Hébreu & l'Arabe dans l'Université de Paris. C'étoit dans le College de Reims qu'il donnoit ses Leçons de la Langue Sainte. Il fit frapper des Matrices & fondre des Caractéres Hébreux, & établit l'Impression Hébraïque dans l'Université. Les Livres qu'il fit imprimer à Paris. Il fut noyé passant à son Evêché dans l'Isle de Corse. Imprimeurs de Paris en Hébreu, aprés Gilles Gourmont. Les Bibles de Robert Etienne imprimées en Hébreu. Personne ne l'a surpassé en ce genre d'Imprimerie. Vitré l'a suivi de bien prés. M. de Breves apporta de Constantinople des Matrices pour la langue Syriaque, Arabe & Persane. Comme elles ont péri entre les mains de Vitré. Traduction de la Bible en Arabe met la division parmi les Chrétiens d'Orient. Le Roi la fait cesser, en faisant déposer Cyrille Patriarche de Constantinople, Calviniste.

IL n'y avoit point de Caractéres Hébreux dans les Imprimeries de Paris avant l'année 1508. en laquelle on vit en cette Ville-là un petit commencement d'Impression Hébraïque. Ce fut Gilles Gourmont qui en fit les premiers essais, sous la conduite de François Tissard. Et ces deux mêmes, qui établirent l'Imprimerie Grecque dans cette premiere Ville, y commencerent aussi l'Impression en Hébreu. Tissard avoit appris la Langue Sainte en Italie, où il avoit eu trois Maîtres; mais particulierement un Juif tres-habile, qui étoit, comme nous avons dit, le Prêtre de la Synagogue de Ferrare. Le Prince de Valois, pere des Gens de Lettres, (comme il parut par l'établissement du College Royal qu'il fit étant parvenu à la Couronne) excita ce sçavant Hébreu à établir dans l'Université une Ecole pour l'étude de la Langue Hébraïque, qui n'étoit point connuë à Paris, non plus que dans les autres Villes du Royaume. C'est ce qu'il a écrit à ce Prince: *Hac tempestate his Gallicanis oris inauditum.* Et dans un autre endroit: *Literæ Hebraicæ quoque mentem subiere, quibus neminem hactenùs gentium manum apposuisse in his saltem Gallicanis oris habeo exploratum.* Il composa dans ce dessein une Grammaire Hébraïque, où l'on voit l'Alphabet, l'Oraison Dominicale, le *Trisagion*, la Généalogie de Jesus-Christ imprimez en Caractéres Hébreux, qui sont à la vérité fort imparfaits, & tres-mal formez: mais c'étoit une nouveauté qui ne laissoit pas d'être agréable, autant qu'elle étoit utile, ainsi qu'il dit: *Aliquid, quod cum novitate, tum utilitate, sit studioso Parisiorum cœtui non minùs quàm aliorum placiturum, depromere excogitavi.*

Il dédia cet Ouvrage à son Mécénas, c'est-à-dire, au Prince de Valois; dans lequel, après l'Epître dédicatoire, il mit encore un petit Abregé des Rites & Céremonies des Juifs, comme il les avoit remarquées dans leurs Synagogues d'Italie, avec cette Inscription: *Ad Illustriss. ac Sereniss. Principem Franc. Valesium, Valesiorum Ducem & Angolismorum Comitem, Francisci Tissardi Ambacæi de Judæarum Ritibus compendium.* (Ce sont ces endroits d'où nous tirons les passages que nous citons ici) & puis il se flatte d'avoir relevé la gloire de son Prince, ayant commencé sous son nom & par ses conseils, deux Ecoles dans l'Université, l'une pour l'étude du Grec, l'autre pour l'étude de l'Hébreu, & ayant fait voir des Impressions en ces deux Langues. *Et ita demùm, sicuti ad Græcam, & cætera id genus Græca Volumina tramites in divinum tuum honorem, & gloriam perpetuam atque immortalem hactenùs in hac inclytâ Parrhisiorum Academiâ demonstravimus, nunc verò itidem ad Hebraica pateant necessum est.* Et encore aprés: *Qui mihi stimulus, qui calcar fuisti.* Gilles Gourmont imprima cette Grammaire l'année 1508. elle est dans la Bibliotheque de Sorbonne *in 4°.* où ce Libraire n'oublie pas de se dire le premier Imprimeur en Grec & en Hébreu dans la Ville de Paris, en ces termes: *Operoso huic opusculo extremam imposuit manum Ægidius Gourmontius integerrimus ac fidelissimus primus, duce Francisco Tissardo Ambacæo, Græcarum*

& *Hebraïcarum Literarum Parisiis Impressor an.* 1508. *quarto Calend. Februar.*

Il est vrai qu'avant lui personne n'avoit imprimé d'Hébreu à Paris, & on n'y avoit point encore fondu de Lettres pour la Langue Sainte. Au moins Tissard le dit dans un Dialogue qu'il a mis au commencement de sa Grammaire, où on lui propose l'impossibilité de faire des Impressions Hébraïques à Paris, en cette maniere : *Qui potest fieri ? cum non qui tradat solùm, verùm etiam qui edat desit. Non sunt Characteres, non sunt Literæ, neque Literati : quamobrem mihi videris, quod non sis consecuturus, desiderare.* Depuis ce premier Essai je ne vois rien d'Hébreu imprimé à Paris avant l'année 1520. que quelques lignes par Josse Bade dans son *Annotationes Doctorum Virorum* sur les Orateurs, Poëtes & Grammairiens imprimées *in fol.* 1511. Tissard s'étoit proposé de faire imprimer la sainte Bible en Hébreu, dont il avoit trouvé un Manuscrit tres-ancien, d'y joindre le Grec & le Latin, & de la dédier à son Prince de Valois : *Usque adeò ut illas tres Linguas, ut-potè vel Latina cum Græcis, vel Græca cum Hebraïcis, conjungere, vel illa omnia in unum liceat convenire.* Mais il n'a point executé ce dessein par la raison, comme je crois, que la mort trop précipitée enleva ce Sçavant en trois Langues, avec une grande perte pour l'Université.

Elle fut reparée quelques années aprés par les soins d'Etienne Poncher Archevêque de Sens, & du Confesseur du Roi Guillaume Petit, Jacobin, Docteur de la Faculté, & Evêque de Troyes. Ces deux Prélats persuadérent à François I. de faire venir de Rome Augustin Justiniani, Noble Genois de l'Ordre de S. Dominique, & Evêque de Nebbio dans l'Isle de Corse, homme tres-habile dans les Langues Orientales, connu des Sçavans par le Psautier qu'il avoit donné en Hébreu, Grec, Chaldeen, Arabe, avec trois Versions Latines & des Nottes, & qui fut imprimé *in fol.* sur huit Colonnes, à l'imitation des Octaples d'Origene, dans la Ville de Genes, par Pierre Porrus : *Præsidente Reipub. Genuensi, pro Serenissimo Francorum Rege, præstanti viro Octaviano Fulgoso ann.* 1516. *mense Novembri* ; ainsi qu'on lit à la derniere page du Livre. Il vint à Paris environ l'année 1519. par les ordres du Roi, pour y enseigner l'Hébreu & l'Arabe : ce qu'il executa. Et il établit une Ecole pour ces Langues dans le College de Reims, où il fit plusieurs habiles Ecoliers, entre lesquels je trouve nommez, Pierre Soulfour & Nicaise Cuneau. Le Roi lui donna une Pension, & le fit son Aumônier. Comme il vit qu'on manquoit à Paris de Livres Hébreux, & qu'on n'en pouvoit tirer d'Italie qu'à grands frais, il prit la résolution de faire tailler des Poinçons, frapper des Matrices, & fondre des Lettres à ses dépens, pour avoir des Impressions Hébraïques qu'on pût donner à bon marché. Gilles Gourmont avoit fait l'Impression de la Grammaire de Tissard, & gardoit le peu de Caractéres Hébreux qu'on y avoit employez. Justiniani le choisit, comme ayant quelque experience dans ce genre d'Imprimerie, pour travailler aux Editions qu'il avoit resolu de faire.

Le premier Ouvrage qu'il mit sous la Presse, fut la Grammaire du Rabbin Moyse Kimhi en la forme d'*in* 4°. celle dont nous avons parlé au Chapitre précedent, qui a été traduite en Latin par Sebastien Munster, & imprimée *in* 8°. à Basle l'année 1531. & cent ans après réimprimée à Leyden, avec des Nottes de Constantin l'Empereur. L'Evêque de Nebbio la dédia aux deux Prélats François, qui avoient conseillé au Roi de le faire venir en France. Voici une partie de l'Epître dédicatoire qui est au second feüillet du Livre :

Augustinus Justinianus Episcopus Nebiensis Steph. Poncherio Senonensi; & Guillelmo Parvo Episcopo Trecensi, S.

Secundus jam annus agitur, Patres cum primis venerandi, ex quo Christianissimus Rex vestro consilio vestrâque persuasione me Româ ascitum Parrhisios jussit accedere, gratiâ edocendæ varietatem Linguarum Juventutis, quæ ex toto orbe huc certatim confluit. Cepimus, ut par erat, ab Hebraïca: nam Chaldæa & Arabica ita ab Hebraïcâ pendent, ut si quis illas discere tentet, non priùs hac degustatâ, Sisyphi Lapidem volvere credatur....... verùm ut sunt omnium rerum illustrium ardua principia, laboraverunt ha-

etenùs Auditores nostri Librorum penuriâ . . . . . itaque enisi sumus Characteres Hebraïcos hic scalpi, librosque formari: quod numquàm anteà factum invenimus, & vix post decimum octavum mensem obtinuimus, ut Codices typis his nostris excuderentur. Tantæ nimirum molis fuit in solo non assueto, tametsi bonarum omnium Artium fœcundissimo, divinam plantare vineam. Atqui habebunt deinceps Regis nostri beneficio omnis generis Scholastici Libros, non Hebræos modò, sed Arabicos & Chaldæos, non minùs exactè formatos, quàm parvâ impensâ. Libuit verò initium facere à Qimahi nostri Grammaticâ . . . . . At vos, ô colendi Patroni! qui primi, quæ vestra fuit sapientia, excogitastis illustrare Parisiense Gymnasium pulcherrimâ hac Linguarum varietate, accipite primi consilii vestri primos fructus, quos Clientuli vestri sterilis & infœcundus hortus protulit, &c. Valete. Parrhisiis, pridie Calend. Martias 1520. On voit par cette Epître que l'impression de ce Livre fut achevée le dernier jour de Février de l'année 1520; qu'il y avoit plus d'un an & demi que Justiniani s'appliquoit à tirer des Ouvriers une Fonte de Lettres, pour établir l'Imprimerie Hébraïque à Paris; & que ce fut là le premier Livre tout Hébreu qui y parut: *Librosque formari, quod nunquàm anteà factum meminimus:* paroles qui ne sont point contre la vérité, parce que la Grammaire de Tissard, qui avoit été imprimée l'année 1508. n'étoit point un Livre purement Hébreu; mais un Ouvrage Latin, où il y avoit seulement des mots, des lignes, & de fort petits Opuscules Hébreux mêlez.

Au mois de Juin suivant, il fit paroître le second Ouvrage Hébreu *in* 4°. qui fut le Livre de Ruth & les Lamentions de Jeremie, avec un petit Opuscule *De Numeris.* Ce fut un de ses Ecoliers qui eut le soin de la correction de cet Ouvrage, ainsi que du premier, & qui le dédia à son illustre Maître. *Rever. in Christo Patri & Domino D. Aug. Justiniano Nebien. Episcopo, Petrus de Soulfour cum omni observantiâ. S.* Ce Disciple felicite son Evêque d'avoir fait revivre dans l'Université de Paris la langue Hébraïque, & d'y avoir formé de sçavans Hommes, tant par ses Leçons publiques, que par les soins qu'il prenoit de faire imprimer des Livres en la Langue Sainte. *Quantò arctiùs nos adstrinxisti,*

Præsulum Doctissime, qui Hebraïci sermonis studium suffocatum ac deperditum prorsus, à morte nedum ab exilio revocatum usque adeo excitasti, ut complures partim tuis Lectionibus, partim tuâ in subministrandis Libris diligentiâ haud vulgariter eruditos passim offendas. Nempe tu tuorum laborum prodigus, Parrhisianis Characteribus sedulitate tuâ exaratis Libros, quos sibi quisque parvo ære mercari poterit, primus formandos curasti. Siquidem aureus Rabbi Mosse Kimhi Libellus, cujus emaculationi me præfeceras, ab Impressoribus tuo beneficio absolutus nuper in lucem prodiit..... Accipe igitur, Pater Amplissime, castigationem hanc: Sitque meæ in te observantiæ Mnemosynon. Vale. Parrhisiis ex nostro Rhemorum Lyceo. Pridie Nonas Junii 1520. Ce que j'ai dit de l'Ecole Hébraïque de Justiniani, qu'elle étoit dans le College de Reims, je le fonde sur ces derniers mots de cette Epître, que l'Ecolier écrit à son Maître : *ex nostro Rhemorum Lyceo.* Ce n'est pourtant qu'une conjecture, dont le Lecteur décidera. Ces autres paroles de cette Epître, *Parrhisianis Characteribus sedulitate tuâ exaratis Libros primus formandos curasti*, se trouvent véritables par la raison que nous avons dite ci-dessus. Un autre Ecolier, Nicaise Cuneau, fit ces Vers, qui sont imprimez au second feüillet.

*Si tantùm cupis sacros liquores
Mente haurire avidâ, & viam polorum
Pernotam facere adsonante linguâ,
Confestim virides petas recessus
Agri Justinii, legesque abunde
Sanctarum documenta Litterarum,
Quæ hic brevis congesta tenet Libellus.*

Des Livres, que l'Evêque de Nebbio fit imprimer à Paris, je n'ai vû que ces deux *in* 4°. Hébreux, & un troisiéme Latin, imprimé au mois d'Avril 1520. par Josse Badé, qu'il dédia au Grand Maître de France René de Savoye. Ce sont les Ouvrages de Jacques Bracelleus de Genes. Et trois autres *in fol.* Latins, dont l'Impression fut achevée au mois de Juillet 1520. sçavoir le *Chalcidius in Timæum Platonis*, qu'il dédia au Cardinal de Lorraine ; le *Director dubitantium* du Rabbin Moyse fils de Maimon, qu'il dédia à l'Archevêque de Sens Etienne Poncher ; & le *Porcheti Victoria adversus Hebræos,* qu'il dédia au Confesseur du Roi Guill. Petit Evêque de Troyes. Il n'y a que ces six Ouvrages de lui dans la Bibliotheque de Sorbonne. Il dit pourtant dans sa Vie, qu'il en fit imprimer douze à Paris : * *Ho fatto imprimere in Parigi dodici opere in utilita de gli studiosi.* On voit dans la Bibliotheque de M. l'Archevêque de Reims le Livre de Job, qu'il fit imprimer en Latin *in* 4°. à Paris l'année 1510. par Gilles Gourmont, après l'avoir traduit sur l'Hébreu. Et Lipenius dans sa Bibliotheque Philosophique page 741. fait mention du Livre *De Inventoribus rerum Matthai Lunensis de Sarzana*, qu'il fit aussi imprimer en cette même Ville l'année 1520. Je ne sçai s'il y fit imprimer quelque chose en Arabe, & s'il acheva l'Impression des autres Livres de la Bible, ainsi qu'il promettoit dans l'Epître dédicatoire de la Grammaire de Kimhi. *Subindè,* dit-il, *curaturi ut formentur Libri omnes sacri cum Commentariis Patrum Hebraeorum.* Ce sçavant Evêque, à qui Paris a l'obligation d'y avoir enseigné les Langues Orientales, & d'y avoir établi l'Imprimerie Hébraïque, méritoit de finir sa vie d'une maniere plus heureuse : il fut noyé l'année 1536, le Navire qui le passoit à son Evêché dans l'Isle de Corse ayant fait naufrage.

* *Altamura* in Biblioth. Dominic. pa. 170.

Depuis le tems de Justiniani, il y a toûjours eu dans les Imprimeries de Paris des Caractéres Hébreux, dont les Maîtres se sont servis pour faire quelques Editions. Il est vrai qu'elles sont en petit nombre ; par la raison que les Juifs, qui sont ordinairement les Auteurs & les Correcteurs de ces Impressions, n'ont pas la liberté générale d'établir leur domicile en France. Mais les Imprimeurs de cette Ville n'ont pas laissé de faire paroître de tems en tems quelques Ouvrages en cette Langue. Nous donnerons ici les noms de ceux qui ont imprimé à Paris quelque chose en Langue Orientale, jusqu'en l'année 1560, dont on voit quelques Impressions dans la Bibliotheque de Sorbonne. Gilles Gourmont, le premier Imprimeur en Grec & en Hébreu de la Ville de Paris, après les Ouvrages dont nous avons parlé ci-dessus, imprima encore l'année 1529. *in* 4°. la Grammaire Hébraïque d'*Agathias Guidacerius*, Professeur Royal de la Langue Sainte. Gerard Morrhy, qui avoit son Imprimerie dans la Maison de Sorbonne, au même lieu ou Ulric Gering avoit posé les premieres Presses de Paris, aprés avoir fait des Editions en Latin & en Grec, imprima en Hébreu dans cette même Maison l'année 1531. *in* 4°. le Cantique des Cantiques, avec une Traduction Latine, & des Commentaires du même Guidacerius. Ainsi l'on a vû sortir du College de Sorbonne des Impressions dans les trois Langues, Latine, Grecque & Hébraïque. L'année suivante 1532. François Gryphe imprima *in* 4°. dans le College des Lombards cinq Pseaumes Hébreux, avec la Traduction & les Nottes du même Professeur. Claude Chevalon imprima en l'année 1533. dans l'*Appendix* du 7. Tome de Saint Hierôme, le Psautier en Hébreu & en Latin. Chrétien Vvechel imprima l'année 1535. *in* 4°. la Genese & l'Exode, avec quelques-uns des petits Prophetes.

Le fameux Guillaume Postel, qui fut envoyé au Levant par François I. pour y chercher des Manuscrits, apporta en France les Caractéres & les Alphabets de plusieurs Langues, comme de la Chaldéene, Samaritaine, Arabe, Armeniene, Indienne, Sclavoniene, & autres. Il mit au jour les Alphabets de toutes ces Langues dans un Livre qui fut imprimé à Paris *in* 4°. par Pierre Vidove l'année 1538. sous ce titre : *Linguarum duodecim Characteribus differentium Alphabeta, Introductio, & legendi modus.* On voit dans ce Livre l'Oraison Dominicale, & quelqu'autre petite Priere semblable, en Caractéres de plusieurs de ces Langues. Manque de Matrices & de Lettres, il fut obligé de faire graver sur des tables ces Caractéres. Il le dit dans l'Epître dédicatoire à Pierre Palmier Archevêque de Vienne. *Necesse enim fuit Characterum formatorum penuriâ tabulis exaratis sculptisve omnia edere.* Ce que nous faisons observer, afin qu'on n'ait point la pensée, que ce soit-là le premier Livre imprimé en Langue Orientale, ainsi qu'on a dit dans l'Histoire de l'Imprimerie & de la Librairie, page 90. en ces termes : *Ce Livre est le premier que l'on ait imprimé à Paris en Caractéres de Langue Orientale, qui fut suivi par Robert Etienne, mais en Caractéres plus parfaits & plus beaux.* Tout cela est détruit par les remarques que nous avons faites jusqu'ici dans ce Chapitre,

pitre. Gilles Gourmont, & ceux que nous venons de nommer, avoient commencé bien du tems avant Pierre Vidove; & leurs Livres avoient été imprimez, non point par des tables gravées; mais par le véritable Art d'Imprimerie, c'est-à-dire, par des Lettres tirées des Matrices. Comme Postel vit que ses Alphabets avoient été fort mal formez par les Graveurs, il voulut reparer en quelque maniere cette faute par une Grammaire Arabe, pour laquelle il fit fondre des Lettres. Ce fut Pierre Gromors qui l'imprima à Paris *in* 4°. l'année 1539, ou 1540. *Cum Characterum difficultate*, dit Postel au premier feüillet de cette Grammaire, *in sculptis tabulis multos esse perterritos viderem, quòd essent difficiles, & malè formati, volüi loco illorum quaternionum hic inserere Grammaticam Typis excussam.*

Suit Robert Etienne, qui commença l'Impression de la Bible en Hébreu in 4°. l'année 1539, & l'acheva l'année 1544. On n'a rien fait jusqu'ici qui surpasse en beauté cet Ouvrage. Il commença une autre Impression de la même Bible Hébraïque *in* 16. l'année 1544, & l'acheva l'année 1545. Je n'ai vû dans aucune Bibliotheque, ni dans aucun Catalogue, la Bible Hébraïque *in fol.* que Theodore Janson d'Almeloüe cite dans sa Liste des Livres imprimez par tous les Etiennes, page 19. *Biblia Hebraïca in fol.* 1545. Robert écrivant en l'année 1548. sa Préface au Thrésor de la Langue Sainte composé par Pagnin, qu'il imprima *in* 4°. cette année-là, dit: *Cum Biblia Hebraïca duplici formâ excudissemus*. Ces paroles font connoître, qu'il n'avoit point imprimé de Bible Hébraïque en la forme *d'in fol.* l'année 1545. car étant vrai, qu'outre l'Edition d'*in* 4°. & celle d'*in* 16. il en eût encore fait une d'une troisiéme forme *in fol.* il auroit écrit dans cette Préface *Triplici formâ*. Il ne faut pas s'étonner si ces Bibles sont d'une si grande beauté. Les Caractéres en furent fabriquez aux dépens de François I. qui n'épargnoit rien pour la perfection des Arts & des Sciences. En l'année 1546. Charlotte Guillard imprima le Psautier en Hébreu & en Latin. On le voit dans le septiéme Tome de son Edition du S. Hierôme. Et Charles Etienne se signala dans ce genre d'Impression aussi-bien que son frere Robert.

Il imprima le Pentateuque *in* 4°. l'année 1546. & quelques autres Ouvrages. Nous n'oublierons pas qu'Henri Etienne s'eſt auſſi mêlé de l'Impreſſion Hébraïque. On voit de lui le Nouveau Teſtament Syriaque, qu'il imprima en beaux Caractéres Hébreux *in fol.* & la Grammaire Chaldéene & Syriaque de Tremellius, qu'il imprima en mêmes Caractéres *in* 4°. l'année 1569. Martin le Jeune a imprimé en Hébreu *in* 8°. l'année 1551. l'Evangile de Saint Mathieu, & quelques autres Livres. Guillaume Morel imprima l'année 1560. *in* 4°. en mêmes Caractéres la Grammaire Chaldéene de Jean le Mercier Profeſſeur Royal de la Langue Sainte, & l'année 1561. la Paraphraſe Chaldaïque ſur les Proverbes, avec la Traduction Latine de ce Profeſſeur.

Voilà comme l'Imprimerie en Langues Orientales a été établie à Paris : & ce ſont-là les Maîtres qui l'ont pratiquée les premiers. Si Robert Etienne dans le dernier ſiécle, porta l'Impreſſion Hébraïque tout d'un coup juſqu'à ſa perfection, le célèbre Imprimeur du Clergé Antoine Vitré dans le ſiécle preſent, l'a ſuivi de bien près, & s'eſt diſtingué d'une maniere dans l'Impreſſion de pluſieurs Langues Orientales, qu'il eſt difficile d'emporter la gloire au-deſſus de lui. Sans parler de ſes autres Ouvrages, chacun connoît la Bible en pluſieurs Langues qu'il imprima en neuf Volumes *in fol.* l'année 1644. aux dépens de M. le Jay. C'eſt un chef-d'œuvre d'Imprimerie pour la beauté des Caractéres & du papier, qui donnera toûjours de la jalouſie aux Imprimeurs Etrangers, & relevera beaucoup au-deſſus d'eux les Maîtres de Paris, à qui on ne peut ſans injuſtice, refuſer l'honneur qui leur eſt dû, d'avoir pratiqué l'Imprimerie dans le dernier degré de perfection.

Antoine Vitré avoit dans ſon Imprimerie des Caractéres en Langue Syriaque, Arabe, & Perſanne, dont il avoit eu les Matrices par cette maniere : Meſſire François Savary Seigneur de Breves, étant Ambaſſadeur du Roi au Levant, fit graver des Poinçons à Conſtantinople, frapper & juſtifier des Matrices, pour y faire fondre des Lettres Syriaques, Perſannes & Arabes. Les Perſannes étoient de deux ſortes, & les Arabes de trois, groſſes, moyennes & petites. Il revint en France avec ce précieux meuble d'Imprimerie, & plus de cent Manuscrits choisis en ces Langues. Aprés sa mort & celle de sa Veuve, en l'année 1632 Vitré acheta le tout pour une somme de 4300 liv. M. de Noyers en avoit autrefois offert jusqu'à 27000 livres : * c'étoit pour le Roi qu'il les acheta. Il en eut ordre secret, à ce qu'il dit, du Cardinal de Richelieu, qui le donna, par ce motif. Les Hollandois firent tourner en Arabe une partie de la Bible, conformément aux Erreurs des Protestans, & l'imprimérent en cette Langue, avec quelques Ouvrages des Auteurs Calvinistes, au moyen des Matrices d'un petit Arabe, qu'avoit le Duc de Boukinchen. Ils envoyerent tous les Exemplaires qu'ils tirerent à leur Ambassadeur de Constantinople. Celui-ci les ayant donnez au Patriarche Cyrille, qui s'étoit déclaré Calviniste par leurs intrigues, ils furent aussi-tôt distribuez gratuitement aux Chrétiens Orientaux. Ces Livres causerent une grande division parmi eux. Le Roi Tres-Chrétien pour la faire cesser, solicita par son Ambassadeur à la Porte, la déposition de Cyrille. Par ce moyen la Paix fut renduë aux Eglises d'Orient. M. le Cardinal craignoit que si ces Matrices de M. de Breves tomboient entre les mains des Protestans Etrangers, qui les marchandoient, ils ne s'en servissent pour allumer encore le feu de la Division qui étoit éteint. Les Poinçons & les Matrices demeurerent entre les mains de Vitré, qui eut ordre de faire aussi tailler des Poinçons, & de faire frapper des Matrices en Langue Armenienne & Ethiopiene. Ce qui fut executé par Jacques de Sanlecque, pour les Armenienes.

Quant aux Manuscrits, ils furent mis entre les mains de M. le Cardinal par ordre du Roi : mais ce fut aprés une formalité de Justice qu'il falut faire. M. de Breves les avoit prêtez à Gabriel Sionita, Maronite, Professeur Royal en Langue Arabe & Syriaque, esperant qu'à ses heures perduës, il donneroit la Version de quelqu'un au Public ; & il les avoit encore lorsqu'ils furent ajugez à Vitré, qui signa le Procés verbal de Vente, comme s'ils lui eussent été délivrez. Sionita travailloit à l'impression des Textes Arabe & Syriaque, & à leurs Versions Latines, pour la grande Bible Polyglotte

* Voyez le Factum, que Vitré fit imprimer, dans le Volume cotté 11865. de la Bibliotheque Mazarine.

P p ij

de M. le Jay. Il arriva qu'au mois de Janvier 1640. le Roi fit conduire le Maronite prisonnier au Bois-de-Vincennes, sur les plaintes que M. le Jay fit à la Cour contre lui. Vitré, craignant que les Manuscrits ne fussent divertis & perdus pendant la prison de Sionita, presenta sa Requeste à M. le Lieutenant Civil. Un Commissaire fit ouvrir sa chambre & son cabinet par un Serrurier en presence d'un Substitut du Procureur du Roi, & de deux Sergens du Châtelet ; on trouva cent dix Manuscrits, qui furent à l'instant délivrez à Vitré. M. le Cardinal les envoya demander, qui les fit relier par du Bois en maroquin de Levant, avec ses Armes, & transporter ensuite dans sa Bibliotheque.

Vitré fut poursuivi pour le payement par les Créanciers de M. de Breves. Le Procés fut évoqué au Conseil d'Etat, en vertu d'un Arrest qui y fut donné en faveur de Vitré, le 20. Juin 1633. Ce Procés demeura là accroché pendant plusieurs années, & jusques à la mort de M. le Cardinal; aprés laquelle les Héritiers de M. de Breves reprirent l'Instance, & firent renvoyer la Cause au Parlement par un autre Arrest du Conseil d'Etat, en datte du 31. May 1645. qui condamna Vitré aux dépens. Je ne sçai point les raisons de toutes les Parties interessées dans cette affaire ; c'est pourquoi je n'en veux point juger, ni blâmer l'une pour décider en faveur de l'autre : je ne sçai point aussi comment elle fut terminée ; mais on dit, & un Libraire de Paris l'a écrit *, qu'un jour Vitré fit fondre & détruire en sa presence tous les Poinçons, les Matrices, & les Caractéres qu'il avoit de ces Langues. Ce fut une grande perte pour l'Université, où le Roi a établi des Professeurs, qui enseignent les Langues Orientales ; & on peut dire aussi que ce ne fut pas une moindre perte pour la gloire & la reputation de l'Imprimerie de Paris.

* Histoire de l'Imprimerie & de la Librairie, page 241.

Fin de la Troisiéme Partie.

L'ORIGINE DE L'IMPRIMERIE DE PARIS.

QUATRIÉME PARTIE.

CHAPITRE PREMIER.

Droits de l'Univerſité ſur la Librairie avant la découverte de l'Imprimerie. La Librairie entierement dépendante de l'Univerſité. Statuts faits par l'Univerſité, que les Libraires étoient obligez de garder. C'étoit l'Univerſité qui inſtituoit un Libraire. Lettres de Charles VI. qui confirment le droit de l'Univerſité. Le Recteur donnoit des Lettres. Copie d'une Lettre de Libraire. Il devoit donner Caution. Acte de Cautionnement donné à l'Univerſité. Elle faiſoit mettre le prix aux Livres. Liſte de quelques Livres, avec la taxe impoſée.

OUS ajoûtons une quatriéme Partie à cette Diſſertation, par la raiſon que nous avons dite dans la Préface. Nous y parlerons des droits que l'Univerſité a eûs ſur la Librairie de Paris devant & aprés la découverte de l'Imprimerie. Auparavant que ce grand Art eût été découvert, la Librairie de Paris, qui conſiſtoit dans les Ecrivains, qu'on appelloit *Stationarii* ; dans les Libraires, qui vendoient les Livres ; dans les Relieurs, Enlumineurs, & Parcheminiers, étoit entierement dans la dépendance

de l'Université. C'étoit un corps qui lui étoit soûmis, & sur qui elle exerçoit toute jurisdiction. On ne peut douter de cette verité : elle est si claire par un grand nombre de Titres anciens qui sont dans ses Archives, qu'il faudroit être aveugle pour ne la point voir. En l'année 1623. & la suivante 1624. sous le Rectorat de M. Jean Aubert, on mit dans un bon ordre les Titres de l'Université de Paris, qui sont gardez dans le College de Navarre : & on en fit l'Inventaire qui fut divisé en quatre Parties par les quatre premieres lettres de l'Alphabet. Dans la quatriéme sous la lettre D. 18, il y a un chapitre intitulé : *Des Libraires, Appretiateurs Jurez, & Enlumineurs.* On a rapporté dans ce chapitre autant de Pieces ou Titres, & même plus, qu'il n'y a de lettres à l'Alphabet repeté deux fois. La cote D. 18. OO. contient seule quarante cinq pieces. Et en l'année 1652 l'Université fit imprimer *in quarto* un Recueil intitulé : *Actes concernants le pouvoir & la direction de l'Université de Paris, sur les Ecrivains de Livres, & les Imprimeurs qui leurs ont succedé, comme aussi sur les Libraires, Relieurs & Enlumineurs.* On garde ce Recueil dans la Bibliotheque de Sorbonne. Je l'ai vû aussi dans celle de M. l'Archevêque de Reims ; il est rapporté dans son Catalogue, sous ce titre : * *Pouvoir & direction de l'Université sur les Livres.* Les Copies en sont rares ; il contient 44. pages, sans y comprendre les Ecrits qui y sont joints. On voit dans ce Recueil plusieurs de ces pieces qui sont dans les Archives, & plusieurs conclusions anciennes tirées du Livre du Recteur : Le tout collationné aux Originaux par M. Quintaine autrefois Greffier de l'Université, le 26. jour de Janvier de la même année.

* Biblioth. Teller. pa. 428. num. 132.

Par la lecture de ces Titres, on sera persuadé des Articles suivans : 1. Que c'étoit un droit accordé par les Rois à l'Université, qu'elle seule pouvoit instituer & créer les Libraires de Paris. 2. Que les Libraires étoient Officiers & Suppôts de l'Unversité, jouïssant des mêmes Privileges, Franchises & Exemptions que les Maîtres & Ecoliers. 3. Qu'ils prêtoient le serment à l'Université, & le renouvelloient quand elle le jugeoit à propos. 4. Que c'étoit à elle à leur donner des Reglemens & des Statuts, qu'ils étoient obligez de garder. 5. Qu'ils devoient prendre d'elle leurs Lettres de Libraire. 6. Qu'on ne les recevoit qu'à la charge de donner caution. 7. Qu'ils devoient avoir attestation de vie & de mœurs, & de capacité suffisante pour exercer la Librairie. 8. Qu'ils étoient soûmis à la Correction de l'Université, qui les pouvoit punir par amande, & même les déposer quand il y avoit cause. 9. Qu'ils étoient tenus de comparoître dans l'Assemblée de l'Université quand ils y étoient citez, & d'assister à ses Processions générales. 10. Que personne ne pouvoit se mêler de vendre des Livres à Paris, sans en avoir eu auparavant la permission de l'Université. 11. Qu'il n'étoit point permis aux Libraires de mettre tel prix qu'ils vouloient à leurs Livres; que c'étoit à l'Université à le faire, & à quatre Libraires qu'elle choisissoit. 12. Qu'ils ne pouvoient point vendre les Livres plus que la taxe, ni les acheter moins que la prisée qui en avoit été faite. 13. Qu'ils ne devoient exposer en vente aucun Livre, qu'il n'eût été auparavant communiqué à l'Université, pour être approuvé d'elle & corrigé, s'il y avoit quelques erreurs. 14. Qu'ils étoient obligez de loüer leurs Livres à ceux qui le desiroient, en leur payant la taxe imposée pour cela. 15. Qu'ils étoient tenus de prêter leurs Exemplaires à ceux qui en vouloient tirer copie, & qui leurs offroient le prix taxé pour ce sujet. 16. Qu'ils ne devoient avoir que des Exemplaires fort corrects, sinon ils étoient dénoncez à l'Université & punis. 17. Qu'ils ne pouvoient acheter aucun Livre des Ecoliers, que par permission du Recteur. 18. Que leur gain ne devoit être que de quatre deniers pour livre dans la vente de leurs Exemplaires aux Maîtres & Ecoliers, & de six deniers pour les autres. 19. Qu'ils ne pouvoient prendre aucun pot de vin, ni faire aucun Contract simulé dans la vente & achat des Livres. 20. Qu'aucun Libraire ne devoit se défaire de son fonds de Livres, ni l'aliener, sans le consentement de l'Université. 21. Que chaque Libraire devoit afficher dans sa boutique le Catalogue de ses Livres, avec le prix taxé. 22. Que ceux qui n'avoient point prêté le serment, ne pouvoient vendre des Livres d'un plus grand prix que de dix sols, & devoient donner des gages à l'Université, pour servir à reparer le dommage, en cas qu'il en arrivât quelqu'un par leur faute.

Tous ces faits font certains. On en voit les preuves dans les Reglemens & Statuts que l'Université a fait de tems en tems sur le sujet des Libraires. Il y en a un de l'année 1275. sous la cote D.18. *qq*. Il y en a un autre de l'année 1316. sous la cote D.18.*TT*. Il y en a encore un de l'année 1323. sous la cote D. 18. *SS*. Il y en a encore un autre de l'année 1342. sous la cote D. 18. *VV*. Et un autre de 1403. sous la cote D. 18..... L'Université dans le Recueil de 1652. dont nous avons parlé, a fait imprimer le Statut de 1275. page 1. celui de 1323. page 3. celui de 1342. page 7. Nous rapporterons ici ce dernier.

Statut fait par l'Université pour les Libraires.

" [UNIVERSIS præsentes Literas inspecturis Uni-
" versitas Magistrorum & Scholarium Parisiùs studentium,
" Salutem in Domino. Gravi querimoniâ aures nostras sæ-
" piùs propulsante super eo quòd per fraudem & dolum
" Stationariorum & Librariorum, quamvis contra eorum
" juramenta, contingebat Magistros & Scholares quam
" plurimùm defraudari, præfatos Librarios & Stationarios,
" prout ad nos pertinet, coram Deputatis à nobis fecimus
" convocari: ut juxtâ verbum Salvatoris sic dicentis, des-
" cendam & videbo utrùm clamorem qui venit ad me
" opere compleverint, viderent si prædicta veritate nite-
" rentur. Coram quibus deputatis comparentes, & eis di-
" ligenter expositis articulis eorum officia tangentibus,
" super quibus aliàs præstiterant juramenta, reperti fue-
" runt quidam eorum errasse, & peccasse tam ex Statuto-
" rum ignorantiâ, ut dicebant, quàm interpretatione
" quorumdam Statutorum per eos factâ contra mentem
" & conscientiam Statuentis. Et quia anno quolibet, vel
" quoties nobis placuerit, tenentur, ut ipsis recens sit me-
" moria, revocare juramenta, quatuorque Principales per
" nos eligi debent, vel aliàs electi confirmari ad taxandum
" Libros; ita quod nulli alii liceat Libros taxare Parisiùs,

nisi

" nisi talibus quatuor duntaxat, secundùm quòd hoc in
" Statutis aliàs per nos super hoc factis latiùs continetur.
" Hinc est quod nos super prædictis salubre remedium ad-
" hibere cupientes, prædictos Librarios & Stationarios ad
" nostram Congregationem generalem celebratam more
" solito apud S. Mathurinum anno Domini 1342. die 6.
" Octobris fecimus convocari, & cuilibet ipsorum, prout
" suo incumbit officio, tactis Sacrosanctis Evangeliis, fe-
" cimus jurare juramenta quæ sequuntur: Primò videlicet
" quòd fideliter & legitimè habebunt Libros vænales, re-
" cipiendo, custodiendo, exponendo, & vendendo eos-
" dem. Item quod Libros vænales non suppriment neque
" celabunt, sed ipsos semper loco & tempore exponent
" quando petentur. Item quod si à venditoribus vel ven-
" ditore super venditione Libri vel Librorum vocati fue-
" rint, vel requisiti æstimabunt, & dicent bonâ fide, me-
" diante salario, quantùm credunt Librum vel Libros ad
" vendendum oblatum vel oblatos justo & legitimo pre-
" tio posse vendi, ut pro eis emere vellent si facultas se
" offerret. Item quòd pretium Libri vænalis, & nomen
" illius, cujus est Liber, in aliquâ parte Libri patente intuen-
" ti ponent, si velit venditor. Item quòd cum Libros
" vendiderint, eos non assignabunt ex toto, nec transferent
" in emptores, nec pretium recipient pro eisdem, donec
" denunciaverint venditori, vel mandato suo quòd pre-
" tium veniat recepturus si velit, & ejus copia commodè
" possit haberi. Item quòd de pretio pro Libro vel Libris
" oblato puram & simplicem sine fraude & mendacio di-
" cent veritatem. Item quòd nullus Librarius Librum væ-
" nalem expositum ab alio Librario, Magistro, vel Scho-
" lari Parisiensi emat, nisi primitùs fuerit portatus publicè
" per quatuor dies in Sermonibus apud Fratres (Prædi-
" catores) & venditioni expositus, & ostensus petentibus,
" omni fraude amotâ; ita tamen quòd si Scholaris vel
" Magister compulsus necessitate propter recessum, vel
" aliàs non possent tantùm expectare, de consensu Recto-
" ris Universitatis, qui pro tempore erit, Magister vel Scho-
" laris poterunt vendere Libros, factâ fide de consensu

" Rectoris per signetum, Librarii poterunt emere Libros sine
" hoc quòd in sermonibus asportentur. Item quòd nullus
" intromittet se de taxatione Librorum quoquomodo, nisi
" vocatus per aliquem de principalibus juratis. Item quòd
" ratione Libri vel Librorum à venditore Magistro vel Scho-
" lari nihil exigent, nec ab emptore actu studente Pari-
" siùs, ultrà quatuor denarios de librâ, & ab extraneis sex
" denarios. Item quòd nullum pactum facient per se vel
" per alium, directè vel indirectè de vino recipiendo,
" ultrà illud quod ab Universitate est taxatum, nec occa-
" sione majoris vel minoris pretii pro eorum Librorum vino
" venditio differatur quoquomodo. Item de Stationariis,
" quòd exempla quæ habent sunt vera & correcta pro
" posse. Item quod pro exemplaribus ultrà id quòd ab Uni-
" versitate taxatum est non exigent à Magistris vel Schola-
" ribus. Item quòd pro exemplaribus ab Universitate non
" taxatis ultrà justum & moderatum salarium non exi-
" gent. Item quòd non attentabunt aliquid doli vel frau-
" dis circa officium suum, unde possit Studentibus aliquod
" detrimentum evenire. Item quòd quilibet habeat tabu-
" lam de pergameno, scriptam in bonâ literâ & patente
" positâ ad fenestram, in quâ scripta sint omnia exempla-
" ria quibus utitur, & quæ ipse habet cum pretio taxatio-
" nis eorum. Item si habeant aliqua exemplaria non taxa-
" ta, ea non communicabunt, donec dictæ Universitati
" oblata fuerint, seu taxata. Item quod ipsi Librorum
" utilium pro studio cujuscunque facultatis exemplaria,
" prout meliùs & citiùs poterunt, procurabunt ad com-
" modum studentium, & Stationariorum utilitatem. Item
" quòd si contingat quod habeant exemplaria nova, ea
" non communicabunt nec pro seipsis, nec pro aliis, do-
" nec fuerint approbata per Universitatem, correcta, &
" taxata. Item quòd non vendent seu alienabunt exem-
" plaria sua sine consensu Universitatis. Si vero Stationarii
" contra prænominatos articulos, vel aliquem eorum ali-
" quid attentare præsumpserint, seu contravenerint, à suo
" officio sit ille, qui hoc fecerit alienus penitùs, & priva-
" tus usque ad satisfactionem condignam, & revocationem

» Universitatis. Nomina vero Librariorum & Stationariorum
» qui juraverunt sunt hæc, (*suivent les noms de vingt-huit Li-*
» *braires*) & pro isto anno præsenti eligimus in quatuor prin-
» cipales Librarios taxatores Librorum Joan. De Fonte. Jvo-
» nem dictum Greal. Joan. Vachet & Alanum Britonem.
» Ita quòd istis quatuor duntaxàt liceat Libros taxare,
» vel saltèm duobus ipsorum præsentibus, & taxantibus,
» &c. Et etiam isti quatuor deputati inquirant, si aliquis
» non Juratus utatur officio Librarii, vel Stationarii, &
» habeant potestatem capiendi pignora non Juratorum uten-
» tium officiis prædictis, & ea præsentare in prima Con-
» gregatione generali coram Universitate, &c. Et non li-
» ceat aliis Librariis non Principalibus taxare Libros quo-
» quomodo, nobis potestatem reservantes de aliis quatuor
» pro anno futuro eligendis si nobis placuerit. Quibus
» sic actis, nos omnes & singulos Juratos nostros benignè
» admisimus ad officia prædicta exercenda, volentes ip-
» sos, & eorum quemlibet tamquam fideles nostros no-
» stris gaudere privilegiis, libertatibus & immunitatibus,
» sic & prout decet, ipsos in futurum sub protectione no-
» strâ per Præsentes reponendo. In cujus rei testimonium
» his præsentibus Literis sigillum Universitatis est appen-
» sum. Datum an. Domini 1342. die 6. Octobris.]

Dans le Statut de l'année 1323. rapporté à la page 4. du Recueil, il y a encore quelques autres Articles, comme

» [Item nullus Stationarius denegabit exemplaria ali-
» cui etiam volenti per illud aliud exemplar facere, dum
» tamen pro eo pignus sufficiens exponat, & satisfaciat se-
» cundum ordinationem Universitatis. Item nullus Statio-
» narius alicui cariùs locet exemplaria quàm taxata fuerint
» per Universitatem, nec conditionibus gravioribus, quàm
» per Universitatem fuerit ordinatum. Item nullus Statio-
» narius exemplar locet antequàm corrigatur & taxetur
» per Universitatem. Item ordinavit Universitas quod qui-
» libet Rector faciet proclamari per Scholas, si quis inve-
» niat exemplaria corrupta illa offerat publicè coram Re-
» ctore & Procuratoribus, ut exemplaria corrigantur, &

» Stationarii qui talia locant judicio Univerſitatis punian-
» tur, & Scholaribus emendare cogantur. Item nullus admit-
» tatur ad officium Librarii niſi habito teſtimonio De-
» putatorum ſuæ fidelitatis, & data cautione centum li-
» brarum pariſ. de reſpondendo fideliter de ſibi commiſ-
» ſis, &c. Niſi vir bonæ famæ, ſufficientis Literaturæ quo-
» ad Librorum notitiam in valore, &c. Item nullus non
» Juratus habeat aliquem Librum vænalem ultrà valorem
» decem ſolidorum. Nec ſub tecto ſedeat, &c.

Nous avons dit que c'étoit un droit que les Rois avoient accordé à l'Univerſité, qu'elle ſeule pouvoit créer & inſtituer les Libraires de Paris. On en voit la preuve dans les Lettres de Charles VI. qui lui avoit confirmé ce Privilege à l'exemple de ſes Prédeceſſeurs, ainſi que porte expreſſément la Requeſte qu'elle lui preſenta, ſur laquelle il ordonna, que perſonne ne ſe mêleroit de la Librairie ſans être approuvé de l'Univerſité, mais en termes de menaces contre ceux qui la troubleroient dans ſa poſſeſſion. Car il ſe ſert de ſon autorité Royale & de ces paroles : *Que nul ne ſoit ſi oſé ni ſi hardi.* Parce que ces Lettres font voir avec quelle ardeur ce Prince favoriſoit l'Univerſité, nous les rapporterons tout au long : elles ſont ſous la cote D. 18. DDD, imprimées au Recueil page 21. & dattées du 20. Juin 1411.

Lettres de Charles VI. qui confirment le droit de l'Univerſité de créer les Libraires.

» [Charles par la grace de Dieu Roi de France,
» au Prevoſt de Paris, ou à ſon Lieutenant, Salut. De la
» partie de nôtre tres-chere & tres-amée Fille l'Univerſité
» de Paris, nous a été expoſé en complaignant, que ja-
» çoit que par les Privileges par nos Prédeceſſeurs & Nous
» à nôtredite Fille donnez & octroyez, & autrement duë-
» ment à icelle nôtredite Fille, & non à autre, compete
» & appartient de mettre & inſtituer tous les Libraires
» vendans & achetans Livres, ſoient en François ou en La-
» tin, en nôtredite Ville de Paris, & d'iceux Libraires re-

» cevoir le serment en tel cas accoûtumé, & aprés ledit
» serment ainsi reçû, iceux Libraires ainsi jurez, exami-
» nez, & approuvez, & non autres, peuvent acheter tous
» Livres tant en François qu'en Latin, & les vendre, &
» sont tenus de les mettre avant, & porter par trois jours
» de Fête en trois Sermons publics de nôtredite Fille, afin
» que chacun les puisse voir & aviser, pour obvier à plusieurs
» inconveniens qui y sont avenus au tems passé, & advien-
» nent de jour en jour par le fait & coulpe de plusieurs mau-
» vaises personnes, qui en plusieurs Eglises & autres lieux
» de nôtre Royaume, ou autre part, ont plusieurs fois au-
» trement que duëment, pris & emporté plusieurs Livres,
» desquels les aucuns qui sont venus és mains desdits Li-
» braires Jurez, & par eux mis en vente publiquement par
» la forme & maniere dessus déclarée, ont été trouvez &
» recouvrez par ceux qui perdus les avoient ; & les mal-
» faicteurs qui les avoient emblez ou induëment pris, ont
» été punis. Et les autres Livres qui par aventure ont été
» vendus clandestinement, & ne sont point venus és mains
» desdits Libraires Jurez, ont été & sont perdus à ceux de
» qui ils étoient, & est en aventure que jamais ne viennent à
» leur connoissance. Pour lesquels & plusieurs autres incon-
» veniens eschiver, & que si autres personnes que lesdits Li-
» braires Jurez, avoient loi d'acheter Livres, & les revendre
» à leur plaisir, plusieurs en acheteroient, sans enquerir
» ne sçavoir de quel lieu ils viendroient, ne s'ils seroient
» bien ou mal pris, & les revendroient clandestinement &
» en tapinage, que jamais ne viendroient à la connoissance
» de ceux qui perdus les auroient, dont plusieurs grands
» inconveniens s'en pouroient ensuir, & si seroit contre le
» bien de la chose publique, fut ja pieça ordonné & ad-
» visé, que nuls autres que ceux qui par nôtredite Fille, au-
» roient été & seroient examinez, approuvez & jurez par
» la maniere que dit est, peussent ne deussent acheter Li-
» vres aucuns, fussent en François ou en Latin pour les re-
» vendre. Et néanmoins il est venu à la connoissance de
» nôtredite fille, que plusieurs personnes de la Ville de Pa-
» ris, ou d'ailleurs, non Jurez ne approuvez par icelle,

» ne connoiſſans audit fait de Libraires, les aucuns Frip-
» piers, les autres Ferrons, Merciers, Pelletiers, & auſſi
» pluſieurs jeunes Vendereſſes de pluſieurs denrées, & ve-
» nans formellement contre leſdits Privileges, & atten-
» tants folement contre iceux, ſe ſont efforcez & effor-
» cent de jour en jour d'acheter & revendre pluſieurs Li-
» vres tant en François qu'en Latin; & de eux meſler dudit
» fait de Libraires, & iceux Livres, dont ils ont ſouvente-
» fois grand marché, pource que ceux qui leurs ven-
» dent, les peuvent avoir ſouſtraits, emblez, ou induë-
» ment pris, comme il eſt advenu & advient ſouvent, ils
» vendent clandeſtinement, ſans les porter ne mettre à
» vente eſdits Sermons, ne és autres places & lieux publics
» & ordonnez en nôtredite Ville de Paris, dont pluſieurs
» perſonnes ont été déçûs & grandement endommagez,
» & pluſieurs grandes plaintes en ſont venuës à nôtredite
» Fille, & leſdits Libraires Jurez en ont pluſieurs fois été
» mécrus de avoir eu la connoiſſance deſdits Livres ainſi
» perdus & adirez, jaçoit ce qu'il n'en fût rien. Leſquel-
» les choſes ont été & ſont faites contre raiſon, la forme
» & teneur deſdits Privileges octroyez à nôtredite Fille, &
» autrement en ſon tres-grand préjudice & dommage &
» de la choſe publique, & ſeroient encore plus, ſe par
» Nous n'y étoit pourveu de remede convenable, ſi com-
» me nôtredite Fille dit requerant humblement icelui.
» Pource eſt-il que Nous, les choſes deſſus-dites, atten-
» duës & conſiderées, voulant à nôtre pouvoir obſer-
» ver & garder les privileges, franchiſes & libertez par noſ-
» dits Prédeceſſeurs & Nous octroyez à nôtre-dite Fille,
» & obvier au deſſuſdits inconveniens & autres ſembla-
» bles, Vous mandons & étroitement enjoignons, & pour-
» ce que vous êtes député Conſervateur de par Nous deſ-
» dits Privileges, franchiſes & libertez octroyez à nôtre-
» dite Fille & aux Suppôts d'icelle, & ſi êtes nôtre plus pro-
» chain Juge deſdites Parties, commettons, ſi mêtier eſt,
» que vous faites, ou faites faire tantôt & ſans délai, in-
» hibitions & défenſes de par Nous publiquement & ſolen-
» nellement par les lieux & Places publiques de nôtredite

» Ville de Paris, & par tout ailleurs où il appartiendra,
» sur certaines & grosses peines à appliquer à Nous, aus-
» dits Frippiers, Merciers, Ferrons, Pelletiers, Vendeurs
» & Venderesses de quelconques autres denrées, & gene-
» ralement à tous autres à qui il appartiendra, & dont par
» nôtre Fille vous serez requis, *Que nul ne soit si osé ni si*
» *hardi*, que dudit fait de Libraire, ne de vendre, ne ache-
» ter pour revendre Livres aucuns, soient en François ou
» en Latin; ils ne aucun d'eux se entremettent ou entre-
» mette aucunement doresnavant, sur peine d'amende vo-
» lontaire à Nous, & de perdre lesdits Livres, qui trou-
» vez seront en leur puissance, senon premierement &
» avant toute œuvre, ils ayent été ou soient duëment
» examinez & approuvez par nôtredite Fille l'Université
» de Paris & Jurez en icelle, & que de ce faire ils ayent
» de nôtredite Fille Lettres de congé & licence. Ne
» vous souffrez ces choses être autrement faites; mais se
» aucuns sont trouvez faisant le contraire, corrigez-les &
» punissez selon l'exigence des cas, si & par telle maniere,
» que ce soit exemple à tous autres. Car ainsi le voulons
» & nous plaist être fait, & à nôtredite Fille l'avons octroyé
» & octroyons de grace speciale par ces Presentes, non-
» obstant quelconques Lettres subrepticement impetrées
» ou à impetrer au contraire. Mandons & commandons à
» tous nos Justiciers, Officiers & Sujets, que à vous & à vos
» Commis & Députez en ce faisant, obeïssent & enten-
» dent diligemment. Donné à Paris le 20. jour de Juin
» l'an de grace 1411. & de nôtre Regne le 31. Par le Roi en
» son Conseil, & plus bas, Jebunel, avec paraphe, & scel-
» lée de cire jaune.]

Une partie de ces Reglemens a été aussi en usage chez les Libraires de la Ville de Vienne en Autriche. L'Archiduc Albert III. qui fonda l'Université de cette Ville-là, environ l'an 1384. fit copier les Statuts de tous les Corps qui composent l'Université de Paris, sur lesquels il fit dresser ceux de son Université. *Juxtà* * *ordinationes & consuetudines Venerabilis Studii Parisiensis voluimus in Villâ nostrâ Viennensi disponi & esse studium generale Literarum nobis à*

* Biblioth. Vindobon. Lib.2.pa.104.

Sanctâ Sede Apostolicâ indultum; quatenùs rivulum aliquem doctrinæ fontem pariturum in nostrâ regione suscipiamus de præclaro sapientiæ fonte, qui olim apud Græcos Athenis erupit, post auctus Romæ scaturiit, & demùm Parisiis receptus excrevit in stagnum abundantium aquarum fluentis doctrinæ, orbem irrigantium universum. M. Lambec dans son second Livre de la Bibliotheque Imperiale, rapporte à la page 252. le Reglement que l'Université de Paris fit l'an 1275. pour les Libraires en mêmes termes qu'il l'a trouvé dans un ancien Manuscrit de cette Bibliotheque ; & conformément à ce Reglement, on mit au Titre 4. des Statuts généraux de l'Université de Vienne cet article page 101. *Item Librarii jurent in manus Rectoris in præsentiâ Universitatis, quod in emendis aut taxandis Libris justè & legaliter se habeant erga supposita Universitatis, omni dolo & fraude exclusis, secundùm tenorem Privilegiorum Universitatis.* Et à la page 112. dans les Privileges : *Quod nemo Libros emat, vel impignoret nisi de Rectoris licentiâ speciali, &c.*

Aprés qu'un Libraire de Paris avoit été reçû par l'Université, le Recteur lui donnoit des Lettres, par lesquelles il avoit pouvoir d'exercer cette Charge selon les Regles & Statuts; & il étoit alors reconnu pour Officier & Suppost de l'Université, faisant l'office de Libraire sous sa protection, & jouïssant des mêmes Privileges & franchises, que les Docteurs, Regens, Maîtres & Ecoliers. Voici la Lettre de Libraire que donna le Recteur à Nicolas Martel de Zelande, & à Marguerite sa femme, qui est sous la cote D.18. 00. imprimée au Recueil d'Actes, page 11.

Lettre de Libraire donnée par le Recteur.

" [UNIVERSIS præsentes Literas inspecturis Joannes
" Diaconi de Rhemis, Rector Universitatis Magistrorum
" & Scholarium Parisiùs Studentium, Salutem. Noveritis
" quod in nostrâ præsentiâ personaliter constituti Nicolaus de Zelandiâ aliàs Martel, & Margareta ejus uxor
" Parisiùs commorantes, cupientes & desiderantes sub
" protectione Universitatis matris nostræ vivere, & officium Librariæ & Stationariæ ibidem fideliter exercere,
nobis

" nobis humiliter supplicarunt quatenùs vellemus eosdem
" ad Juramenta, quæ Juraverunt alii Librarii & Stationarii,
" Officium prædictum Parisiùs exercentes admittere. Nos
" eorum supplicationi favorabiliter annuentes, eisdem ex-
" posuimus & Jurare fecimus omnia juramenta aliàs per
" Universitatem matrem nostram antedictam ordinata,
" quoad Officium Librariæ & Stationariæ Parisiùs exercen-
" dum. Quibus factis & Juratis nos quantùm in nobis est
" eisdem concessimus, damus & dedimus licentiam emen-
" di & vendendi Libros Parisiùs & alibi, secundùm ordi-
" nationes & modificationes Universitatis matris nostræ
" sæpè dictæ : ponentes eosdem tempore præsentium in
" protectione ejusdem Universitatis ; volentes eosdem tam-
" quam Juratos nostros gaudere Privilegiis, libertatibus,
" franchisiis, quibus alii Librarii & Stationarii prædictum
" Officium Parisiùs exercentes gaudere hactenùs consueve-
" runt. In cujus rei testimonium sigillum Rectoriæ dictæ
" Universitatis præsentibus Literis duximus apponendum.
" Datum anno Domini 1351. die 8. mensis Junii. Signatum
" P. C. De Duran, cum syngraphâ.]

On remarquera dans cette Lettre, que le Recteur donne pouvoir au Libraire par ces paroles, *Parisiùs & alibi*, d'acheter & vendre des Livres non-seulement à Paris, mais aussi dans les autres Villes. Il y a dans les Archives de l'Université plusieurs Lettres semblables de création de Libraire. Celui qui étoit ainsi pourvû devoit donner Caution. Pour cela on s'addressoit au commencement à l'Official; mais dans la suite ces Cautions ont été données pardevant les Notaires du Châtelet, & reçûës par le Prevôt de Paris, Garde & Conservateur des Privileges de l'Université. On voit dans les Titres plusieurs de ces Cautions données à l'Université depuis l'année 1316. jusqu'en l'année 1448. Voici l'Acte par lequel Gaucher Beliart donne Caution pour sa Charge de Libraire. Cette piece est sous la cote *D. 18. I.* imprimée au Recueil d'Actes, page 16.

Caution pour un Libraire donnée à l'Université.

« [A tous ceux qui ces presentes Lettres verront : Hugue
» Aubriot Chevalier, Garde de la Prevôté de Paris, Salut.
» Sçavoir faisons, que pardevant Etienne de Mirabel &
» Nicaise le Musnier Notaires du Roi au Châtelet de Pa-
» ris; fut present Gaucher Beliart Libraire demeurant à
» Paris, lequel Gaucher afferma en bonne verité parde-
» vant lesdits Notaires, comme en droit pardevant Nous,
» que comme le Recteur à present de l'Université de Paris,
» le ait fait, creé, & ordonné Libraire pour ladite Uni-
» versité, pour faire bien & loyaument, sans aucune dé-
» ception ou fraude, tout ce qui en tel cas est accoûtumé
» à faire & appartient, & qu'un Libraire de ladite Univer-
» sité peut & doit faire... ..Ce que icelui Gaucher a pro-
» mis & juré, & encore par la teneur de ces presentes
» Lettres, promet & jure par son serment, & par la foi
» de son corps, pour ce baillée corporellement és mains
» desdits Notaires comme en la nôtre, de icelui Office de
» Libraire de ladite Université, & toutes les appartenances
» d'icelui Office, faire & exercer bien & loyaument, sans
» y faire ou souffrir être fait à son pouvoir, aucune dé-
» ception & fraude, ou mauvaistié, qui soit ou puisse être
» au dommage, préjudice, lésion, ou villennie de ladite
» Université, des Ecoliers, ou frequentans icelle ; à & sur
» peine de 50 liv. par. qu'il engagea és mains desdits No-
» taires comme en la nôtre, & promit dés maintenant
» pour lors, & deslors comme maintenant, payer & ren-
» dre au Recteur de l'Université, qui est à present, & qui
» sera pour le tems advenir, ou au Porteur de ces Lettres
» pour ladite Université, au cas que defaut y auroit, de
» bien & loyaument exercer icelui Office comme dit est.
» A ce vint & fut present pardevant lesdits Notaires, Gi-
» raut Julien, Courtier de Vin demeurant à Paris, si com-
» me il dit, lequel pleigea ledit Gaucher de toute loyau-
» té; & à la premiere requeste d'icelui Gaucher se con-
» stitua & constituë principal Payeur de ladite somme de
» 50 liv. par. au cas dessus-dit. Promettent lesdits Gaucher

" & Pleige, par leurs fermens & par la foi de leurs corps,
" & chacun pourtant comme il lui touche, à avoir & tenu
" faire tout ce que dit eſt: & à non venir ne faire ou ſouf-
" frir aller ou venir au contraire comment que ce ſoit,
" & rendre & payer tous couſts, dépens, dommages &
" intereſts, qui faits ſeroient par defaut de ce que deſſus
" non accompli, ſur l'obligation de tous leurs biens, meu-
" bles & immeubles, preſens & advenir, qu'il en a ſoû-
" mis quant à ce à Juſtice. Renonçants, &c. En témoin de
" ce, Nous, à la Relation deſdits Notaires, avons mis à
" ces Lettres le Seel de la Prevôté de Paris l'an 1378. le
" Mardy dernier jour d'Aouſt. Signé N. Le Muſnier. Mi-
" rabel, avec paraphes.]

Dans le Reglement donné aux Libraires par l'Univer-ſité l'année 1342, qu'on a lû ci-deſſus, on a vû qu'il ne leur étoit pas libre d'impoſer tel prix qu'ils vouloient aux Livres; mais que c'étoit l'Univerſité qui faiſoit cette Taxe. Elle impoſoit quelquefois ce prix elle-même par des Dé-putez qu'elle choiſiſſoit dans les Facultez. Mais ordinaire-ment c'étoit quatre des Libraires Jurez qu'elle éliſoit tous les ans, qui faiſoient cette fonction. Il y a une preuve bien authentique de cet uſage dans le Regiſtre qu'on appelle le Livre du Recteur, où ſont pluſieurs feuïllets remplis de cette Taxe, impoſée à un grand nombre de Livres par ces deux ſortes de Députez. Nous rapporterons ici un Abregé de cette piece. Voici comme cela eſt écrit dans le Livre Rectoral, au feuïllet 75. & aux ſuivans.

Taxe des Livres faite par l'Univerſité.

" Tabula Originalium, & pretium quod debent habere
"   Librarii pro Exemplari conceſſo Scholaribus.
" ORIGINALIA B. Gregorii. Super Job. Comment.
"   100. p. 8. ſol. *c'eſt-à-dire, contenant cent pages, & priſé huit ſols.*
" Item Liber Homiliarum B. Gregorii. 28. p. 18. den. *c'eſt-à-dire, priſé dix-huit deniers.*

" Item Liber de Sacramentis Hugonis de Sancto Victore.
" 240. p. 3. fol.
" Item Liber Isidori de summo bono, &c. 14. p. 12. den.
" Item Liber Radulphi de S. Victore super Leviticum. 70.
" p. 8. fol.
" Item Originalia S. Bernardi. Et Libri de Consideratione,
" &c. 17. p. 2. fol.
" Item Liber de Diligendo Deo, &c. 14. p. 12. den.
" Item Originalia Anselmi. De Veritate, de Libertate Ar-
" bitrii, &c. 40. p. 2. fol.
" Item De Incarnatione Verbi, &c. 12. p. 6. den.
" Item Summa M. Lombardi. 3. fol.
" Item pro Historiis Scholasticis. 3. fol. &c.

"   *Ista sunt Exemplaria super Theologia.*
" Originalia B. Augustini. Liber Enchiridion. 6. p. 4. den.
" Item Liber de Trinitate Augustini. 18. p. 3. fol.
" Item Liber Confessionum Augustini. 21. p. 4. den.
" Item Liber Retractationum Augustini. 6. p. 6. den.
" Item super Genesim ad Litteram Augustini, &c. 31. p.
" 18. den.
" Item Liber Augustini de Libero Arbitrio. Et contra Fau-
" stum, &c. 28. p. 18. den.
" Item de Consensu Evangelistarum, &c. 25. p. 2. fol.
" Item Libri Augustini de Bono Conjugali, & de Sanctâ
" Virginitate, &c. 10. p. 12. den.
" Item Liber Homiliarum Augustini de Pœnitentiâ. 9. p.
" 6. den.
" Item Liber Epistolarum Augustini. 42. p. 2. fol. &c.

"   *Hæc sunt scripta Fratris Thomæ de Aquino*
"   *super Textum Sententiarum.*
" Super primum Librum. 28. p. 2. f.
" Super secundum. 47. p. 2. fol.
" Super tertium. 50. p. 4. fol.
" Item Mathæus Glossatus per Fratrem Thomam de Aqui-
" no. 57. p. 3. fol.
" Item Marcus. 20. p. 2. fol.

DE PARIS. Part. IV. Chap. I. 317

" Item Lucas. 40. p. 2. fol.
" Summa Fratris Thomæ de Aquino super Theologiam in
"   primo Libro. 56. p. 3. fol.
" Item in primâ parte secundi Libri prædictæ Summæ. 40.
"   p. 3. fol.
" Item in secundâ parte secundi Libri. 8. p. 4. fol.
" Summa F. Thomæ contra Gentiles. 59. p. 3. fol. &c.

"   *Hæc sunt scripta Fratris Bonafortunæ de Ordine*
"   *FF. Minorum. (c'est S. Bonaventure.)*
" Postilla super Lucam. 73. p. 3. fol.
" Postilla super Canticum Canticorum. 15. p. 8. den.
" Postilla super Librum Sapientiæ. 10. p. 6. den.
" Item Postilla super Epistolas Canonicas. 15. p. 8. den.
" Item super Sententias pro primo. 2. fol. pro secundo.
"   4. fol. pro tertio. 2. fol. pro quarto. 2. fol.
" Item Sermones Fr. Guillelmi Lugdunensis de Dominicis.
"   66. p. 2. fol. 6. den.
" Item Sermones ejus de Sanctis. 69. p. 2. fol. 6. den.
" Sermones Fratris Thomæ Britonis de Dominicis. 61. p.
"   2. fol.
" Item Distinctiones Mauricii. 84. p. 3. fol. &c.

"   *Hæc est taxatio Exemplarium.*
" Pro Apparatu Decretorum. 6. fol.
" Pro Summâ Goffredi. 2. fol.
" Pro Summâ Hugonis. 8. fol.
" Pro Apparatu Innocentii. 10. fol.
" Pro Apparatu Hostiensis. 3. fol.
" Pro Textu ff. Veteris. 6. fol.
" Pro Apparatu ff. novi. 5. fol.
" Pro Textu Infortiati. 4. fol.
" Pro Apparatu. 4. fol. &c.

» *Anno Domini* 1303. *die Martis in Festo B. Math. Apostoli*
» *taxata fuerunt Exemplaria quæ sequuntur Andreæ dicti de*
» *Zenonis, per Magistros Universitatis ad hoc Deputatos, vi-*
» *delicet M. Henricum Amandi, & M. Andream de Monte*
» *S. Eligii Magistros in Theologiâ, M. Guillelmum de Com-*
» *mit Regentem in Medicinâ, M. Guill. Britonem, cum Pro-*
» *curatoribus.*
» Bruno in Mathæ. 57. p. 1. fol.
» Item in Marc. 20. p. 17. den.
» Item in Luc. 47. p. 3. fol. 6. den.
» Item in Joann. 40. p. 2. fol. 10. den.
» Item in Commentario Alexandri super Lib. Mathæ. 14.
»   p. 10. den.
» Item pro secundo Sentent. 18. p. 32. den.
» Item pro tertio Sentent. 50. p. 54. den.
» Item super quartum Sentent. 24. & 13. p. 5. & 10. den. &c.

»   *Opera Fratris Richardi.*
» In primo Sententiarum. 39. p. 32. den.
» Item in secundo Sentent. 61. p. 4. fol.
» Item in tertio. 57. p. 3. fol. & 10. den.
» Item in quarto. 24. & 5. p. 5. & 4. den.
» Item Quodlibet Magni Henrici de Gandavo.... p. 12. fol.
» Item Quodlibet Magni Godefridi. 91. p. 5. fol.
» Item in Textu Biblico VI^{xx}.... 10. fol.
» Item in Concordantiis Bibliorum..... 9. fol.
» Item in Legendâ Sanctorum..... 4. fol. &c.

»   *Opera in Jure Canonico.*
» Item in Textu Decreti. 104. p. 7. fol.
» Item in Apparatu Decreti. 120. p. 7. fol.
» Item in Textu Decretalium. 72. p. 4. fol.
» Item in Apparatu in Decretalium. 136. p. 8. fol. 6. den.
» Item in Textu Sexti Decretalium. 27. p. 18. den.
» Item in Apparatu Sexti Decretalium. 64. p. 4. fol.
» Item in Repertorio Durandi. 37. p. 18. den.
» Item in Summâ de Casibus Remundi cum Apparatu. 57.
»   p. 4. fol.

" Item in Casibus Bernardi super Decretales. 82. 4. sol.
" &c.

  Hæc est Taxatio Librorum Philosophiæ.

" S^us. Tho. super Metaphysicam. 53. p. 3. sol.
" Item Summa Tho. super Physicam. 40. p. 25. den.
" Item de Cœlo & Mundo Tho. 18. p. 13. den.
" Item super Lib. de Animâ. 19. p. 13. den.
" Item Thomas de Sensu & Sensato. 10. p. 8. den.
" Item Summa de Causis. 6. p. 5. den.
" Item Summa Ethicorum. 38. p. 1. sol. cumque dimidio.
" Item Tabula Ethicorum. 8. p. 5. den.
" Item Politicorum. 12. p. 9. den. &c.

 Ce n'est-là qu'une partie des Livres qui sont dans cet ancien Registre du Recteur. Je crois qu'il y a prés de 300 Ouvrages nommez & taxez. On a vû encore dans ce Reglement de 1342, que l'Université faisoit prêter Serment aux Libraires sur plusieurs Articles. La Formule de ce Serment est écrite dans ce même Livre Rectoral en deux endroits, au feüillet 87. & au feüillet 133. en cette maniere :

  Sequuntur Juramenta Librariorum.

 Vos jurabitis, quod fideliter & legitimè habebitis Libros venales, recipiendo, custodiendo, exponendo, & vendendo eosdem. Item jurabitis, &c. Il y a dix Articles de Serment sur lesquels on les faisoit jurer. Nous ne les rapporterons pas ici pour ne rien repeter. Ils sont en propres termes dans le Statut de 1342. où l'on apprend que les Libraires de cette année-là prêterent ce Serment, en mettant la main sur les Saints Evangiles. *Et cuilibet ipsorum, prout suo incumbit Officio, tactis Sacrosanctis Evangeliis fecimus jurare juramenta quæ sequuntur.* Dans le Statut qui leur fut donné l'année 1323, on les fit jurer la main élevée devant le Crucifix.

 Le Corps des Libraires a été soûmis à ces Regles tant qu'il n'y a point eu d'autres Livres que ceux qui étoient écrits à la main. Et on peut dire qu'il est clair comme le jour, que l'Université avoit alors une pleine autorité sur la Librairie de Paris, qui lui avoit été laiſſée par les Rois Tres-Chrétiens; que les Libraires étoient ſes Officiers dépendans d'elle entierement, & ſur qui elle exerçoit toute ſuperiorité & juriſdiction. Nous allons examiner dans les Chapitres ſuivans ce qui s'eſt pratiqué depuis la découverte de l'Imprimerie.

CHAPITRE II.

Droits que l'Univerſité a eus ſur la Librairie depuis la découverte de l'Imprimerie. La Librairie ſoûmiſe à l'Univerſité. Les anciens Maîtres prenoient la qualité de Libraires, Imprimeurs, & Relieurs de l'Univerſité. Mettoient ſes Armes à leurs Impreſſions. Marquoient qu'elles avoient été faites dans l'Univerſité. A Oxfort l'Univerſité avoit ſeule le droit d'exercer l'Imprimerie. Et pourquoi. Les Libraires de Paris ſont Suppôts & Officiers de l'Univerſité, qui s'eſt miſe en peine de les faire joüir de ſes Privileges. A Louvain & à Doüay les Libraires ſont du Corps de l'Univerſité.

IL eſt certain que c'eſt à l'Univerſité de Paris à qui l'on doit l'établiſſement de l'Imprimerie dans cette premiere Ville du Royaume. Nous avons montré que la Societé de Sorbonne, qui forme le principal College de cette ſçavante Ecole, eſt celle qui a appellé d'Allemagne les premiers Maîtres de l'Art, qui les a reçûs dans ſa Maiſon, où elle fit dreſſer les premieres Preſſes & imprimer les premiers Livres, que l'on a vû naître & ſortir du centre de l'Univerſité comme du ſein de leur mere. On vient de voir dans la troiſiéme Partie de cet Ouvrage, que ce ſont des Regens & des Profeſſeurs en langue Grecque & Hébraïque dans cette même Univerſité, qui ont ſoûtenu l'Imprimerie de Paris, & qui l'ont perfectionnée; les uns l'ayant enrichie de Caractéres Grecs, les autres ayant fait fondre des Caractéres Hebreux, pour y faire les premieres Impreſſions en ces Langues; d'où il eſt aiſé de conclure, que le Corps des Imprimeurs étant le propre Ouvrage de l'Univerſité, c'eſt-à-dire, le fruit de ſes ſoins, & de l'application qu'elle a continuellement à procurer la perfection des Arts & des Sciences, elle doit être reconnuë sans difficulté pour la mere qui lui a donné l'être, & qui lui a acquis toute sa réputation. Les anciens Maîtres ont été si persuadez de leur dépendance de l'Université, si convaincus qu'ils relevoient d'elle comme de leur origine, qu'ils en ont fait un Titre de leur Noblesse; prenans son nom pour se faire honneur, & arborans ses Armes dans leurs Editions. J'ai remarqué sur un grand nombre de Livres anciens, 1. Qu'ils y ont pris la qualité de Libraires, Imprimeurs, Relieurs de l'Université de Paris. 2. Qu'ils ont placé ses Armes à la tête de leurs Impressions, comme l'étendart du Capitaine sous qui elles avoient été faites. 3. Que pour les rendre plus recommendables aux Etrangers, ils ont affecté de marquer qu'elles étoient sorties de l'Université de Paris, & qu'elles avoient été fabriquées dans cette fameuse Ecole. Ce sont trois faits sur lesquels nous donnerons d'abord quelque petit détail.

Nous dirons sur le premier, que le Fondateur de l'Imprimerie de cette grande Ville, Ulric Gering, se disoit *Imprimeur de Livres, & Ecolier étudiant en l'Université de Paris*; ainsi qu'on voit dans les Lettres d'Hospitalité que la Société de Sorbonne lui accorda pardevant les Notaires, le 11. May 1494. Nous les avons rapportées dans la premiere Partie, chap. 6. page 87. & Berth. Rembolt son principal associé, dans le Privilege qu'il prend en 1508. pour l'Impression de S. Bruno sur les Epîtres de S. Paul, se fait appeller *Maître Libraire de l'Université de Paris*. Pierre Cæsaris, qui travailla d'Imprimerie aprés Ulric Gering, fut un des Libraires Jurez de l'Université, & étoit *Magister in Artibus*. (a) Il a cette qualité au *Manipulus Curatorum* de 1473. ainsi qu'Antoine Denidel (b) au Livre *Consequentiæ Martini Magistri* de l'année 1501. qui est *in* 4°. au College Mazarin. M. Naudé parle de ces deux Editions dans son Addition à l'Histoire de Louïs XI. page 293, & 311. Pasquier Bonhomme, un des premiers aprés Cæsaris, se fit recevoir Libraire Juré, & fut un des quatre nommez par l'Université pour taxer le prix des Livres. Il y en a une conclusion dans le Livre du Recteur en datte du 6. Avril 1475. rapportée dans le Recueil d'Actes,

(a) *Per venerabilem Virum Petrum Cæsaris in Artibus Magistrum, ac hujus Artis industriosum artificem.*

(b) *Ant. Denidel in Artibus Magister, nec-non Civis Parisiensis in Monte S. Hilarii in intersignio CornuCervi primâ concurrente causâ miro charactere exaravit.*

page 16. Nous citerions ici, si cela ne nous menoit point trop loin, un grand nombre d'Editions anciennes, où les Maîtres se font honneur de se dire, les uns en François, *Libraire de l'Université de Paris. Imprimeur de l'Université de Paris. Libraire Juré en l'Université de Paris*. Les autres en Latin : *Librarius Universitatis Parisiensis. Bibliopola in alma in Universitate Parisiensi. Academiæ Parif. Librarius Juratus. In præclara Parisiorum Universitate Bibliopola adscriptitius. In florentissimo Parisiensi Gymnasio Chalcographus adscriptitius*. Et nous en rapporterions plusieurs de Guillaume le Caron, de Jean Belin, de Jean Dupré, de Simon Vostre, de Jean Petit, de François Regnaut, de Conrar Resch, de Josse Bade, d'Henri Pacquot, de Guillaume Merlin, de Jean Barbier, de Thielman Kerver, de Claude Chevalon, de Jean Granjon, de Poncet le Preux, de Galiot Dupré, de Simon de Colines, de Pierre Vidove, d'Ambroise Girault, de Jacques Dupuis, de Jean de Roigny, d'Abel l'Angelier, de Vivant Gaulterot, de Michel Sonnius, & de beaucoup d'autres. Guillaume Thiboust prend en particulier la qualité seule d'*Imprimeur en l'Université de Paris* au Privilege pour l'Impression de *Viguerii Institutiones ad Theologiam*, 1554. fol. comme a fait aussi quelquefois Josse Bade, qui est appellé *Imprimeur en ladite Université* dans son Privilege du 11. Mars 1511. pour l'Impression du Gregoire de Tours, & comme ont fait aussi quelques autres. Guillaume Eustace prend la qualité de *Relieur de l'Université de Paris* dans les grandes Chroniques de France, imprimées *in fol*. l'année 1514. où il se dit, *Libraire du Roi, & Relieur de l'Université de Paris*; au contraire de Nicolas Eve, qui a la qualité de *Libraire de l'Université de Paris, & Relieur du Roi*, au Privilege qu'il obtint pour imprimer le Traité *Des Mesaventures des Personnages signalez*, traduit du Latin de Bocace par Claude Vitart, & imprimé en 1578. *in* 8°. Et Philippe le Noir prend cette double qualité, *Libraire & Relieur Juré de l'Université* sur l'Orose traduit en François, qu'on voit dans la Bibliotheque des Peres Celestins, imprimé *in fol*. en 1516. Jean Canivet est appellé dans la Conclusion de l'Université du 23. Juillet 1566. *Religator Universitatis*.

Sur le second fait, nous dirons que Volfang Hopyl imprima en societé avec Henri Etienne, chef de la famille de ce nom l'*Astronomicon* de Jacques Fabry d'Etaples *in fol.* l'année 1503. où les Armes de l'Université sont gravées au premier feüillet entre plusieurs petits Anges & Festons. Jean Petit, associé avec le même Etienne, fit imprimer l'année 1510. *in fol.* les Ouvrages de Charles Boville, ornez des mêmes Armes à la premiere page; ainsi que fit Guillaume le Rouge au Livre de Galien *De Sanitate tuenda*, 1517. *fol.* & Henri Etienne imprimant pour lui seul, mit à la tête de plusieurs de ses Impressions ces mêmes Armes; qui ne sont, comme on sçait, que l'Ecu de France chargé d'une main qui sort d'une nuée, & presente un Livre fermé. On le voit à l'Abregé de l'Arithmetique de Boëce imprimée *in fol.* 1510. avec les Commentaires de Jacques Fabry d'Etaples. On le voit à la Sphére de Jean de Sacrobosco imprimée *in fol.* 1511. On le voit au Livre de Guillaume de la Mare Chanoine de Coutances intitulé, *De tribus fugiendis, Ventre, Pluma & Venere*, imprimé 1512. *in* 4°. On le voit au *Psalterium quincuplex* du même Fabry 1509. *fol.* & dans la seconde Édition de 1513. On le voit au Traité de Josse Clictou *De Regis Officio.* 1519. *in* 4°. & à plusieurs autres Livres. Simon de Colines a été un des premiers Libraires de son tems. Il mettoit aussi quelquefois les Armes de l'Université à ses Editions. Elles sont au *Promptuarium Juris* de Jean de Montholon. 1520. *fol.* Elles sont aux Morales d'Aristote imprimées avec les Commentaires de Clictou. 1522. *fol.* Elles sont à l'Introduction de Jacques Fabry d'Etaples, à la Politique d'Aristote imprimée *in fol.* 1535. Elles sont aux Commentaires d'Alexandre Aphrodiseus sur les Livres d'Aristote, *De prima Philosophia.* 1536. *fol.* Et à l'Introduction du même Fabry à la Morale d'Aristote. 1545. *fol.*

Ces Libraires mirent à leurs Impressions les Armes seules de l'Université, d'autres joignirent celles de l'Université avec celles du Roi. Comme fit Antoine Caillaut aux Méditations de S. Bernard imprimées en Latin *in* 4°. environ l'année 1485. & au Traité de Bernard Basin *De Artibus Magicis* imprimé aussi *in* 4°. en ce même tems; comme firent Galiot Dupré & Jean *Cornicularius*, qui imprimerent en deux Volumes *in fol.* l'année 1520. la premiere Edition des Conciles faite par les soins de Jacques Merlin Docteur de la Maison de Navarre. Le premier feüillet est une Estampe où sont les Armes de France à droit, & celles de l'Université à gauche, avec ces mots : *Sicut lilium inter spinas sic amica mea inter filias* ; & comme firent aussi Josse Bade & Jean de Couvlance au Gregoire de Tours. 1522. *fol.*

D'autres ont fait graver dans leurs Editions les Armes de France au milieu du premier feüillet, accompagnées de celles de l'Université & de celles de la Ville de Paris. Ainsi fit André Bocard au *Figura Bibliæ*, d'Antoine de Rampegolis imprimées l'année 1497. *in* 8°. Ainsi fit David Gerlier aux Opuscules de Robert Gaguin qu'il imprima en Société avec ce même Bocard en 1498. *in* 4°. & à l'Histoire de France du même Auteur imprimée *in fol.* 1497. où les trois Ecussons se voyent en rouge avec ces Vers,

Honneur au Roi & à la Cour,
Salut à l'Université,
Dont nôtre bonheur procede & sourt,
Dieu garde de Paris la Cité.

Ainsi fit Jean Petit dans son Edition du S. Chrysostome Latin sur la Genese imprimé *in fol.* 1523. & dans l'Edition du *Postillæ in Bibliam*, par le Cardinal Hugues. *in fol.* 1537. Ainsi fit Pierre Vidove dans le Traité *De Tralatione Bibliæ*, de Pierre le Couturier, autrement *Sutor*, qu'il imprima *in fol.* 1525. Et dans le *Joannes Monachus*, Fondateur du College du Cardinal le Moyne, sur le Sexte des Decretales, qu'on garde dans ce College, imprimé *in fol.* 1535. Ainsi fit François Regnaut dans les grandes Postilles Françoises sur les Epîtres & Evangiles, qu'il imprima *in fol.* l'année 1530. Ainsi fit Gilles Gourmont dans le Commentaire de Jacques Fabry d'Etaples sur les Epîtres de S. Paul *in fol.* 1531. Ainsi fit Antoine Caillaut dans les Annales de Bretagne de Jean Bouchart. *in fol.* 1531. Ainsi fit Ambroise Giraut dans sa Bible Françoise, qu'on voit aux Celestins de Paris, imprimée *in fol.* 1541.

Les deux premieres Compagnies de Libraires, qui se formerent dans l'Université de Paris, pour ne faire que de belles & de bonnes Impressions, prirent pour marque le Grand Navire, que l'on voit à la tête de leurs Editions, chargé des Armes de France & de celles de l'Université. Les premieres lettres des noms des Associez sont gravées au haut des mâts. Jacques Dupuis, Sebastien Nivelle, Michel Sonnius, & Baptiste Dupuis étoient de la premiere Compagnie. Elle fut établie par les soins de M. le Chancelier Chiverny, qui sçavoit qu'à Venise il y avoit de semblables Associations, comme celle qui prit pour sa marque l'Aigle, c'étoit la grande Societé ; & celle qui mettoit à ses Editions une Colombe, tenant à son bec une branche d'Olivier, c'étoit la petite Societé. La Compagnie de Paris, appellée du Grand Navire, s'acquit tant de reputation dans les Païs Etrangers, qu'on n'y visitoit point les Livres où l'on voyoit cette marque, & quand on reconnoissoit qu'ils étoient sortis des Presses de cette grande Societé de Paris, ainsi que rapporte Laurens Bouchel. * C'est de cette Compagnie que l'on a ces belles Editions *in fol.* si fort estimées, qu'on appelle *Du Grand Navire* 1586. Le S. Ambroise deux Volumes, le S. Augustin six Volumes, le S. Gregoire deux Volumes, le S. Bernard deux Volumes, le Texte du Droit Canonique 1587. La Bibliotheque des Peres par Marguerin de la Bigne Docteur de la Societé de Sorbonne, seconde edition de 1589. en neuf Tomes, & plusieurs autres. Ceux qui composoient la seconde Compagnie sont Barthelemy Macé, Ambroise Droüart, & les trois Freres Michel, Laurens, & Jean Sonnius. C'est cette derniere qui a imprimé *in fol.* le S. Damascene. 1603. l'Origene. 1604. le S. Cyrille. 1605. le S. Hilaire. 1605. le S. Gregoire. 1605. le Gerson en deux Volumes 1606. la Bibliotheque des Peres troisiéme Edition en neuf Tomes 1610. le Corps du Droit Canonique avec la Glose, en trois Volumes 1612. le S. Chrysostome de Fronton du Duc, en quatre Volumes 1614. le Tertullien de Pamelius 1616. & autres. On peut voir toutes ces Impressions dans la Bibliotheque de Sorbonne. La difference entre ces deux Societez, est que la derniere retrancha de sa marque les Armes du Gouverneur de Paris, que

* Tome 1. de la Bibliotheque du droit François, edition de 1667. pa. 714. au mot, *Marque.*

la premiere avoit ajoûtée à celles de France & de l'Université.

Sur le troisième fait, on lit souvent à la fin des vieilles Editions, qu'elles ont été faites dans l'Université de Paris. * *Absolutum est hoc opus in florentissimâ Parisiorum Universitate. In Almâ Parisiorum Scholâ. Prelo expressum apud florentissimum Parisiorum Gymnasium. Apud celeberrimam Parisiens. Academiam. Impressum in almo Parisiensium Studio. In celeberrimo totius orbis terrarum Parisiensi Gymnasio.* On trouve dans les Bibliotheques beaucoup d'Impressions où on lit de semblables termes, que les anciens Maîtres, pleins de reconnoissance & de respect pour leur Mere, ont voulu mettre à leurs Ouvrages. L'Auteur de l'Imprimerie de Paris Ulric Gering & Bertholde Rembolt son associé, n'oublierent point à les mettre dans quelques-unes de leurs Editions, comme on a vû ci-dessus pages 100. & 101. *finem accepit in almâ Parisiens. Academiâ, &c.* non-plus que Thielman Kerver au Corps du Droit Canonique imprimé 1507. *in* 4°. ni Jean Higman, ni Volfang Hopyl, ni Conrard Resch, ni Henri le premier des Etiennes, ni Simon de Colines, ni plusieurs autres, dont nous pourions nommer les Ouvrages. Le sçavant Imprimeur Josse Bade Libraire Juré, mit sur le *Navis Stultifera*, qu'il imprima *in* 4°. l'année 1507. *Ex Officinâ nostrâ in Academia Parisiorum nobilissima.* Et sur le Commentaire qu'il fit à la Rhetorique de Ciceron imprimé *in fol.* 1508. *Ex ædibus nostris in Parisiorum Academia ad Idus Junias.* Il dattoit souvent de cette même maniere les Epîtres dédicatoires qu'il mettoit à ses Impressions. Sa Lettre au Confesseur du Roi Guillaume Petit, qui est au Sabellicus *in fol.* 1509. est dattée: *Ex Officinâ nostra Literaria in Academia Parisiensi.* On voit encore sur celle qu'il lui écrivit l'année 1512. par maniere d'Apologie pour Origene, & qui est à sa belle Edition des Ouvrages de cet ancien Auteur, achevée en 1519. *Vale è Chalcographia nostra in Academia Parisiorum Kalend. Nov.* On lit la même chose à la fin de celle qu'il adressa à François Haluin Evêque d'Amiens le 13. Novembre 1517. qui est au Livre intitulé *Epistola Illustrium* d'Ange Politien, imprimé avec des Nottes de François Dubois *in* 4°. la même an-

*Voyez, SS. Dionysii & Ignatii opera. fol. 1498. Missale Parisiense fol. 1511. Biblia fol. 1511. Psalter. Quincuplex fol. 1509. & 1513. Joan. Major in 2. Sentent. fol. 1519. Judoc. Clictovei propugnacul. contra Lutheran. fol. 1520. Jo. Ravis. Textor de claris mulier. fol. 1521. Moralia Aristotelis cùm Comment. Jac. Fabri Stapul. fol. 1542.

née. Son Epître dédicatoire à l'Abbé de Cîteaux, imprimée avec le *Thomas Cisterciensis*, sur les Cantiques. 1521. *fol.* finit, *Vale è Chalcographia nostra in inclyta Parisiorum Academia.*

Toutes ces recherches que nous faisons ici, & que nous porterions plus loin s'il étoit necessaire, ne servent qu'à faire voir, que l'Université de Paris a été reconnuë par les Maîtres même, pour le premier mobile qui a donné tout le mouvement à leur grand Corps; que c'est l'Etoile Polaire qu'ils n'ont jamais perduë de vûë ; & que s'ils ont exercé le noble Art d'Imprimerie, ce n'a été qu'avec dépendance de l'Université. C'est ce que nous allons montrer plus en particulier par sept propositions.

La premiere, que les Libraires de Paris, après l'établissement de l'Imprimerie, sont toûjours demeurez dans leur premier état de Suppôts & Officiers de l'Université.

La seconde, qu'ils ont prêté le Serment à M. le Recteur.

La troisiéme, qu'ils n'ont été reçûs Libraires, qu'après que l'Université les a jugez capables d'exercer la Librairie.

La quatriéme, que l'Université exerçoit sa Jurisdiction sur les Libraires, en les citant pour comparoître devant elle, & les punissant ou par l'amende, ou par la déposition, quand ils en avoient donné sujet.

La cinquiéme, que les Ordonnances des Rois & les Arrests du Parlement, ont donné le droit à l'Université de faire visite dans les Imprimeries & Boutiques des Libraires.

La sixiéme, que l'Université prenoit soin que les Libraires ne vendissent point les Livres trop cher.

La septiéme, qu'ils ne doivent exposer en vente aucun Livre touchant les mœurs & la Religion, qu'après avoir été vû & approuvé de l'Université, ou du moins de la Faculté de Théologie.

Ce sont autant de faits que nous justifierons dans cette quatriéme Partie, desquels il resultera, que l'Université a eu droit d'inspection, & de direction sur le Corps des Libraires & Imprimeurs de cette Ville.

Il y a eu un tems en Angleterre où l'Université d'Oxfort avoit seule le droit d'exercer, ou de faire exercer l'Imprimerie, & où aucune autre Ville de ce Royaume-là ne le pouvoit faire fans fa permiffion. Cela fut ainfi obfervé jufqu'au tems de la Reine Elifabeth. On l'apprend de celui qui a écrit l'Hiftoire de cette même Univerfité. * *Notatu dignum eft quod ars illa, ni fallor, ad fereniſſimæ ufque Eliſabethæ tempora, (quippe tum Joſephum quemdam Barnes Libros ex Licentia Academica imprimentem reperies) apud exteros penitùs hæſit; quibus permiſſa eſt ab Univerſitate poteſtas, Jus & Privilegium Artem Typographicam exercendi, vel apud ſe retinendi, vel aliis communicandi.* On peut dire que ce fut la recompenſe des ſoins que prit le Chancelier de cette Ecole, de faire établir la premiere Imprimerie du Royaume à Oxfort; car ce fut lui qui ſollicita le Roi de la Grand'Bretagne de faire venir des Imprimeurs, & qui joignit une ſomme de trois cens Marcs d'argent à celle que ce Prince donna pour ce ſujet. Nous avons touché ce fait dans la premiere Partie, chap. 1. page 24. Il ſemble auſſi que les Rois de France ayent bien voulu laiſſer jouir l'Univerſité des droits dont nous venons de parler ſur la Librairie de cette premiere Ville, comme pour la récompenſer en quelque maniere des ſoins qu'elle a pris d'appeller les Imprimeurs dans le Royaume, de fonder l'Imprimerie dans la Capitale de cette puiſſante Monarchie, & de l'avoir perfectionnée, & munie de Caractéres Grecs & Hébreux, que ſes Regens & Profeſſeurs y ont fait fabriquer.

La premiere propoſition, qu'ils ont toûjours été Suppôts & Officiers de l'Univerſité, eſt ſi conſtante & ſi certaine, qu'encore aujourd'hui, par une coûtume immemoriale, à toutes les Proceſſions générales que fait le Recteur, on appelle à haute voix dans l'Egliſe des Mathurins les Libraires à leur rang pour aſſiſter à la Cérémonie, ainſi que tous les autres Ordres qui ſont du Corps de l'Univerſité. Louis XII. dans ſon Edit donné à Blois le 9. Aouſt 1513. que l'on voit au Tome 4. des Ordonnances recueillies par Fontanon, page 421. de l'Edition de Paris 1611. parle en ces termes : *Pourquoi Nous, ces choſes conſiderées, voulons nôtredite Fille l'Univerſité de Paris, & Suppôts d'icelle, mêmement les Libraires, Relieurs, Enlumineurs, Ecrivains*, qui ſont les vrais Suppôts

* Antonius Vvood Hiſtor. Univerſ.Oxon. pag. 228.

pôts & Officiers *élûs par tout le corps de ladite Université, être entretenus en leurs Privileges . . . . . pour la consideration du grand bien qui est advenu en nôtre Royaume au moyen de l'Art & Science d'Impression, l'invention de laquelle semble plus divine qu'humaine, laquelle, graces à Dieu, a été inventée & trouvée de nôtre tems.* Le Roi François I. leur donne la même qualité de vrais Suppôts & Officiers de l'Université, dans ses Lettres Patentes dattées du 10. Octobre 1516. rapportées au Code Henri feüillet 353. c'est pourquoi le Docteur Suger, Doyen de la Faculté de Droit, opina dans l'Assemblée du 27. Janvier 1571. qu'on devoit soûtenir les Libraires contre les prétentions du Prevost des Marchands, qui les vouloit taxer pour quelques dépenses faites par les Officiers de la Ville ; qu'il en falloit porter sa plainte au Roi, & qu'on ne devoit point souffrir qu'ils fussent comme tirez du sein de leur mere, & separez d'avec le corps de l'Université. * *Res est magni momenti. Officium est Universitatis eos vindicare, ne distrahantur à gremio Universitatis, quando procedemus ad Regiam majestatem.*

* Au Recueil d'Actes. pa. 35.

Nous rapporterons ce qui est écrit dans la Declaration d'Henri III. du 30 Avril 1583, page 478. des mêmes Ordonnances ; où les Libraires, pour s'exempter d'une taxe imposée sur les Arts mécaniques, disent que succedant aux Ecrivains de Livres, qui étoient du Corps de l'Université, par cette raison ils ne doivent point être compris dans l'Edit de création de Métiers. [Nos chers & bien-
» amez les Imprimeurs de nôtre Ville de Paris, nous ont
» par leur Requeste fait dire & remontrer, qu'auparavant
» que l'Art d'Imprimerie eût été inventé, il y avoit grand
» nombre d'Ecrivains, qui étoient censez & reputez du
» Corps de l'Université de Paris ; & depuis que ledit Art
» d'Imprimerie a été mis en lumiere, les Imprimeurs ont
» succedé au lieu desdits Ecrivains, & ont toûjours été au-
» tant ou plus qualifiez que lesdits Ecrivains, n'ayant jamais
» ledit Art d'Imprimerie été mis au nombre des Métiers
» mécaniques, ains tenu en tel honneur & réputation, que
» plusieurs Personnages grandement experimentez au fait
» des Lettres, & de grande érudition, ont bien voulu eux-

» mêmes prendre qualité d'Imprimeurs. Toutefois depuis
» quelques jours ayant été par Nous fait un Edit de Création
» de Métiers, ceux qui ont charge de l'exécution dudit
» Edit, auroient voulu comprendre les Supplians entre
» les Artisans mécaniques, chose du tout contraire à l'hon-
» neur de tout tems attribué à l'Art d'Imprimerie.] Conformément à cette Declaration, il fut donné un Arrest au Conseil d'Etat d'Henri IV. à la requeste du Recteur le 17. Decembre 1594. qui décharge les Libraires de payer aucune Taxe pour le droit de confirmation de leurs Privileges, & du nouvel avenement du Roi à la Couronne, par la rairaison qu'ils sont du Corps de l'Université. On lit dans les
» Ordonnances de Fontanon, page 479. [Pour les consi-
» derations contenuës en la Requeste presentée par les Re-
» cteur, Docteurs, Maîtres, Suppôts, Libraires, Impri-
» meurs & Relieurs de l'Université de Paris, & en consé-
» quence des Privileges à eux accordez, & des Arrests ob-
» tenus pour la jouissance d'iceux ; joint que lesdits Librai-
» res, Imprimeurs & Relieurs, ne sont qu'un Corps, non
» d'Artisans, mais de ladite Université, ils demeureront
» dechargez des sommes qu'on leur demande pour le droit
» de Confirmation de leurs Privileges, à cause du nouvel
» avenement du Roi à la Couronne.]

Mais la proposition est en termes formels dans les Statuts des Libraires. Elle fait le premier Article de leur Reglement, qui fut vérifié au Parlement le 9. Juillet 1618. rapporté dans la Conference des Ordonnances, liv. 10. Tit. 14.
» page 1109. de l'Edition de 1679. [Les Imprimeurs, Li-
» braires, & Relieurs, seront toûjours censez & reputez
» du Corps & des Suppôts de nôtre Fille aînée l'Univer-
» sité de Paris, du tout distinguez & separez des Arts mé-
» caniques, & seront maintenus & gardez en la jouïssance
» de tous les droits, franchises & prérogatives à eux at-
» tribuez par Nous ou par les Rois nos Prédecesseurs.]
Elle est encore en mêmes termes au 1. Article d'un autre Reglement, qui leur fut donné en 1649. verifié en Parlement le 7. Septembre 1650.

Et si les Libraires n'ont été ni Suppôts, ni Officiers de

l'Université, & ne relevoient d'elle en aucune maniere, pourquoi donc cette fameuse Ecole se mettoit-elle en peine de les faire joüir de tous ses Privileges ? Pourquoi supplia-t-elle Charles VIII. de nommer en particulier les Libraires au nombre des Membres de l'Université, que l'Edit de Charles VI. du 3. Janvier 1383. avoit exempté de toutes Impositions, & Aides pour entrée de Vins, & autres biens provenant de leurs héritages ? Grace que ce Prince accorda par ses Lettres données à Chinon au mois de Mars 1488. rapportées page 417. des Ordonnances de Fontanon, & qui lui avoit été octroyée auparavant par Charles V. *(a)* le 26. Septemb. 1369. Pourquoi alla-t-elle solliciter Louis XII. de les décharger de leur part d'une Taxe de 30000 liv. imposée sur la Ville de Paris pour les frais de la Guerre ; ce que le Roi fit par sa Declaration du 9. Avril 1513. qui se voit au Code Henri feuillet 352 ? Pourquoi eut-elle recours à François I. qui donna à sa priere des Lettres en datte du 5. Juin 1543. rapportées au même Code feuillet 354. par lesquelles il exempte les Libraires de faire le Guet, de garder les Portes de la Ville, & de payer aucune contribution pour cet effet ; ce qui fut une confirmation du Privilege que Charles V. accorda en faveur de l'Université par son Ordonnance *(b)* en datte du 5. Novembre 1368 ? Pourquoi presenta-t-elle sa Requeste au Parlement, demandant que les Frippiers & Merciers ne pussent acheter ni vendre aucuns vieux Livres ni parchemins, ce qui leur fut défendu, & permis aux seuls Libraires par Arrest du 27. Juin 1577. rapporté par Fontanon, page 478. qui commence : *Veu par la Cour la Requeste à elle presentée par les Recteur, Docteurs, Regens, & les vingt-quatre Libraires Jurez & Suppôts de l'Université de Paris, &c* ? Pourquoi fit-elle sa Remonstrance au Roi Henri III. après laquelle ce Prince par sa Declaration du 16. Novembre 1582. imprimée au Code Henri, feuillet 360. fit cesser les troubles & les vexations que des Fermiers de la Doüane faisoient aux Libraires de l'Université touchant le transport de leurs Livres ? Et pourquoi entreprit-elle un Procés pour eux contre René Droüart, Fermier des cinq grandes Fermes, qui prétendoit des Droits sur les Li-

(a) Au Recueil des Privileges de l'Université imprimé *in* 4. l'année 1674. page 83.

(b) Au même Recueil, page 81.

vres, que les Libraires de Paris faisoient entrer dans le Royaume, sur lequel intervint en leur faveur un Arrest du Conseil d'Etat, en datte du 22. Septembre 1587. inseré au même Code Henri, feüillet 361. qui commence : *Entre les Recteur, Docteurs, Maîtres, Suppôts, Libraires de l'Université de Paris, Demandeurs contre René Droüart, Fermier, &c ?* Pourquoi enfin, aprés les Guerres Civiles, s'employa-t-elle auprés du Roi Henri IV. pour obtenir la confirmation des Privileges dont les Libraires jouïssoient, de ne payer pour leur commerce de Livres aucun impôt, taxe, subside, péage ; ce qui lui fut accordé par les Lettres Patentes qu'on voit au même Code, feüillet 362. en datte du 20. Fevrier 1595 ?

Toutes ces démarches de l'Université pour les Libraires, tous ces empressemens, toutes ces Requestes qu'elle presente pour les faire joüir de ses Privileges, toutes ces Causes où elle intervient, & donne son nom, sont autant de preuves qu'elle les a toûjours regardez comme ses Suppôts & ses Officiers ; & que les Rois & la Cour du Parlement, ne leur ont été favorables, que parce qu'ils portoient cette qualité. Mais s'ils ont été en tout tems du Corps de l'Université, comme il est indubitable, peut-on dire qu'ils n'ont pas été soûmis à la Loi commune aux autres Compagnies, qui sont dans sa dépendance, & qui reconnoissent son autorité ? Autrement, s'ils prétendent en avoir été affranchis, & s'il est vrai qu'ils ont été soustraits de la direction de leur mere, ne sont-ils pas déchûs du plus beau titre de leur Noblesse ? Et la Librairie separée de l'Université, & desunie d'avec cet illustre Corps, ne sera-t-elle pas en danger de n'être pas plus considerée que tout autre Métier de la Ville ? A qui on demandera des sommes dans les tems de Guerre, sur qui on imposera des Taxes selon les besoins pressans de l'Etat, comme on tenta de faire en 1513. du tems de Louis XII. & en 1583. du tems d'Henri III. Si jusqu'ici elle n'a pas été traitée de cette maniere, n'est-ce pas à cause qu'elle étoit à couvert sous l'ombre de l'Université ? Et à qui en a-t-elle obligation sinon à la seule affection que les Rois Tres-Chrétiens ont toûjours portée à l'Ecole de Paris ? C'est son nom qui a affranchi les Libraires, & ils ont joüi des graces & des faveurs du Prince sous la protection que la Majesté des Rois a donnée à cette florissante Academie, & generalement à tous les membres qui en dépendent.

A Loüvain les Libraires sont du Corps de l'Université, & ils n'y exercent leur Art que selon les Reglemens qu'elle leur a donnez. Voici ce qu'en a écrit son Historien : * *Quarto ordine comprehenduntur Typographi omnes, Bibliopolæ, Librarii, & quorum Ars cira Libros tantùm, si ab Academia admissi probatique sunt. His omnibus Sanctione Academicâ prohibitum est hæreticorum Libros, aut Typis excudere, aut alibi excusos vendere, ne adolescentum Libros sine Gymnasiarchæ consensu emant, &c.* d'où vient qu'on lit sur les anciens Imprimez de Louvain les noms des Imprimeurs, avec cette qualité : *Librarius Juratus Universitatis Lovaniensis*, comme sur le *Jacobus Latomus* ; sur le *Joannes Driedo*, & autres.

* Nicol Vernulæus de Academia Lovan. cap. 13.

A Doüay les Libraires sont dans une si grande dépendance de l'Université, qu'une fois chaque année, ils sont obligez de remettre leurs Lettres entre les mains du Recteur, qui les prend & leur rend aprés, si il veut. Et un Censeur fait tous les ans sa Visite dans les Boutiques, pour saisir les Livres défendus, s'il en trouve quelquesuns. J'ai appris ces particularitez de feu M. Despalungue Professeur Royal en Théologie à Doüay, Président du Seminaire du Roi dans l'Université de cette Ville-là, qui étoit aussi Docteur de la Societé de Sorbonne. Il me dit dans un Voyage qu'il fit à Paris il y a deux ans, que les Libraires de Doüay observoient exactement cet usage, & qu'aucun d'eux ne faisoit difficulté de s'y soûmettre.

CHAPITRE III.

Les Libraires prêtoient le Serment au Recteur. L'Antiquité des Libraires Jurez. Il y en a eu pendant plus de quatre cens ans. Quand on a tenté de les supprimer. L'origine des Libraires non Jurez. Etallages de Livres fort anciens. Les Libraires Privilegiez réduits au nombre de vingt-quatre. Les Jurez avoient seuls le droit de faire les Inventaires & les Prisées des Livres. Quatre des Libraires Jurez choisis par l'Université gouvernoient la Librairie. Les non-Jurez se multiplierent, eurent part au gouvernement, & enfin gouvernerent seuls. L'Origine du Syndic & des Ajoints. Avocat du Roi au Parlement pourvû d'une Charge de Libraire Juré. L'Université examinoit la capacité des Libraires. Aucun n'est reçû Maître s'il n'a le Certificat du Recteur.

LA seconde proposition est, que les Libraires ont prêté le Serment à M. le Recteur. Nous distinguerons deux sortes de Libraires, les uns qu'on a appellé Jurez, les autres non-Jurez : *Jurati & non Jurati*. Il s'agit de bien établir les premiers. C'est un des plus beaux Droits que l'Université ait eûs sur la Librairie. Il est d'autant moins contestable, qu'il paroît le plus solidement appuyé. Il en reste une suite de preuves qui fait voir clairement, qu'elle jouïssoit de ce droit dans le treiziéme siécle il y a plus de quatre cens ans, & qu'elle en a conservé la possession depuis ce tems-là jusqu'au Regne de LOUIS LE GRAND, pendant lequel les Libraires ont fait faire de nouveaux Statuts, où l'on passe sous silence les Libraires Jurez de l'Université, comme si jamais elle n'en avoit eu aucun. C'est une chose si connuë que les Libraires Jurez, qu'il est peu de personnes Lettrées, qui n'en ait lû quelque chose. Et pour dire ce que je pense, l'usage où se trouvent certains Métiers & Professions d'avoir des Jurez, s'est introduit, ou beaucoup étendu par l'exemple de l'Université, qui faisoit prêter Serment à ses Libraires, & les appelloit de ce nom. La Libraitie de Paris n'est pas moins ancienne que l'Université. Elle a commencé à former une Communauté de Maîtres, aussitôt qu'on a vû dans cette Ville une Ecole générale pour toute sorte d'étude, par l'établissement des quatre Facultez. Les Rois voulurent que ce Corps de Libraires leur fût soûmis, parce que ce sont des Officiers absolument necessaires à ceux qui font profession des Lettres. Il seroit difficile de recueillir toutes les preuves qu'on peut avoir du fait que nous voulons traiter. Nous laissons celle qui se tire de tous les Volumes imprimez, où on lit les noms des Libraires avec cette qualité de Jurez. Elle a été touchée dans le second chapitre de cette quatriéme Partie, page 324. Nous en choisissons seulement quelques-unes que nous rapporterons par l'ordre des années.

1275. L'Université jusques-là avoit gouverné la Librairie sans lui donner aucune Regle par écrit. Elle fit un Statut en cette année le 8. Decembre, où elle ordonne que les Libraires jureront sur plusieurs Articles qui y sont exprimez : *Statuimus ordinando ut Stationarii, qui vulgo Librarii appellantur, annis singulis, vel de biennio in biennium, aut alias quando ab Universitate fuerint requisiti, corporale præbeant Juramentum quòd Libros recipiendo venales, custodiendo, exponendo, vendendo..... fideliter & legitimè se habebunt, &c.* Au Recueil d'Actes, page 1.

1323. On fit cette année un autre Statut plus étendu que le premier. Il est datté du Lundy auparavant la Fête de Saint Michel. *Præsenti Statuto sancimus, in primis ut nullus ad præfata Officia exercenda deinceps admittatur..... nisi sit per Universitatem ad hoc primitùs admissus & Juratus.* On y voit les noms de 26. Libraires, & de deux Femmes qui prêtent le Serment à l'Université, *Manibus omnium & singulorum ad Crucifixum elevatis.* Au Recueil, page 3.

1342. C'est encore un autre Statut que fit l'Université. Nous l'avons transcrit tout au long au chapitre 1. page 304. à l'exception des noms des Libraires Jurez que voici au nombre de 28. *Nomina vero Librariorum & Stationariorum qui Juraverunt sunt hæc. Thomas de Senonis, Nicolaus de Branchiis, Joannes Vachet, Joannes Parvi Anglicus, Guillelmus de Au-*

relianis, *Robertus Scoti*, *Joannes*, *dictus* Prestre Jean, *Joannes Poniton*, *Nicolaus Tuel*, *Gauffridus le Cauchois*, *Henricus de Cornubiâ*, *Henricus de Nevanne*, *Joannes Magni*, *Conrardus Alemannus*, *Gilbertus de Hollandia*, *Joannes de Fonte*, *Thomas Anglicus*, *Ricardus de Montbaston*, *Ebertus*, *dictus* Du Martray, *Ivo Greal*, *Guillelmus*, *dictus* Le Bourguignon, *Mattheus le Vavassor*, *Guillelmus de Caprosia*, *Ivo*, *dictus* Le Breton, *Simon*, *dictus* l'Escholier, *Joannes*, *dictus* Le Normant, *Michael de Vaqueria*, *& Guillelmus Herberti. Et pro isto anno præsenti elegimus*, *&c.* On dit ensuite de tous ces Libraires : *Nos omnes & singulos Juratos nostros benignè admisimus ad officia prædicta exercenda.* Nous avons rapporté au même chapitre la Formule du Serment qu'on faisoit prêter aux Libraires, tirée du Registre du Recteur.

1388. Acte du 3. Septembre, où le Recteur reçoit Simon Millon, & declare qu'il est *verus Librarius & Librorum ligator Juratus*, *& de numero Juratorum Universitatis Paris.* Au Recueil, page 10.

1411. On a vû au chap. 1. page 308. les Lettres de Charles VI. du 20. Juin, où les Libraires Jurez sont nommez en plusieurs endroits : *Iceux Libraires ainsi Jurez, examinez & approuvez, & non autres, peuvent acheter tous Livres tant en François qu'en Latin, & les vendre.*

1448. L'Acte du 18. Avril, commence ainsi : *Jean Pocquet l'aîné Libraire Juré en l'Université, du nombre des vingt-quatre*, *&c.* Au Recueil, page 24.

1465. La Conclusion du 24. Janvier ordonne, que les Libraires viendront jurer sur les Statuts que M. le Recteur a tourné en François ; *Venient in primâ Congregatione præstitum Juramenta.* Au Recueil, page 25.

1488. Charles VIII. dans ses Lettres Patentes données à Chinon au mois de Mars, fit une reduction des Officiers Jurez de l'Université, qui joüiroient de tous ses Privileges. Il y nomme les vingt-quatre Libraires : *Declarons le nombre des Officiers & Serviteurs d'icelle Université, que nous voulons être compris esdits Privileges, & demeurer quittes & francs de toutes choses quelconques comme vrais Ecoliers d'icelle : premierement . . . . . vingt-quatre Libraires . . . . . deux Enlumineurs, deux Relieurs*

Relieurs, deux Ecrivains de Livres, &c. Aux Ordonnances de Fontanon, page 417. Tom. 4.

1513. Louis XII. dans sa Declaration du 9. Avril : *Declarons qu'iceux Libraires, Relieurs, Enlumineurs & Ecrivains Jurez de ladite Université, lesquels, comme dit est, ne sont en nombre que trente, soient & demeurent francs & quittes de la contribution dudit Octroy & Impost de trente mille livres*, page 422. des mêmes Ordonnances.

1516. Les Lettres que François I. donna le 20. Octobre pour confirmer la précedente Declaration de Louis XII. portent : *Sur la Supplication de nôtre cher & bien-aimé Jean Petit l'un des vingt-quatre Libraires Jurez de nôtre Fille l'Université de Paris, tant en son nom, que de ses Consorts Libraires, Relieurs, & Ecrivains Jurez de ladite Université.* Au Code Henri feüillet 353.

1543. Le même François I. dans ses Lettres Patentes du 5. Juin, exempte les Officiers de l'Université de la contribution du Guet & garde des Portes. *Plusieurs autres Officiers, Suppôts & Serviteurs de nôtredite Fille l'Université, comme Libraires, Relieurs, Enlumineurs, Ecrivains Jurez, qui sont en nombre de trente.* Fontanon, page 423.

1564. L'Arrest de la Cour du 17. Janvier touchant l'opposition que fit l'Université à l'Impôt sur le papier. *La Cour a ordonné que le Recteur & Suppôts de l'Université, les vingt-quatre Libraires Jurez .... bailleront leur Remontrance par écrit dedans trois jours, pour icelle vûë avec les Conclusions du Procureur Général du Roi, ordonner ce qu'il appartiendra.* Rapporté dans le Recueil des Privileges de l'Université, page 217.

1571. Charles IX. fit un Reglement pour l'Imprimerie datté de Gaillon au mois de May, où il parle en quatre endroits des Libraires Jurez. Il établit dans l'Article 23. ceux qui gouverneront la Librairie. *Les Maîtres Imprimeurs éliront par chacun an deux d'entr'eux, avec deux des vingt-quatre Libraires Jurez pour ladite année, l'Office desquels sera, &c.* Aux Ordonn. de Fontanon, page 475.

1582. Henri III. declare dans son Edit du 16. Novembre, que les Libraires sont exempts de payer l'Impôt mis sur les Marchandises de chaque Métier : *N'entendons les-*

dits *Libraires ci-dit Jurez, que non Jurez*, demeurant en nôtre Ville de Paris, *y estre compris*. Au Code Henri, page 360.

1610. Acte du 30. Janvier, par lequel l'Université confere à Sebastien Cramoisy, *Officium unius viginti quatuor Librariorum Juratorum ejusdem Universitatis*. Au Recueil, page 42.

1615. L'Arrest de la Cour du 26. May ordonne, *que les Apprentis ne pourront avoir Boutique ni Imprimerie, ni travailler en chambre en qualité de Maîtres, qu'ils n'ayent été certifiez capables par deux Marchands Libraires Jurez, deux Maîtres Imprimeurs, deux non Jurez, & deux Relieurs*. Dans la Conference des Ordonnances, To. 2. pa. 1080.

1617. Le Lieutenant Civil Henri de Mesmes, dit dans sa Sentence du 24. May : *Nous ordonnons que lesdits Syndic & Gardes, pourront nommer & élire dix-huit des plus capables du Corps de la Librairie & Imprimerie, pour eux déliberer & resoudre des affaires qui les concernent en tel lieu qu'il sera avisé, sçavoir six Libraires Jurez, six non Jurez, & six Imprimeurs*. Elle est rapportée dans le Livre intitulé, *Lettres Patentes du Roy pour le Reglement des Libraires, Imprimeurs & Relieurs de cette Ville de Paris. Verifiées en Parlement le 9. Juillet 1618.* imprimé *in* 4°. cette même année par P. Mettayer.

1618. Louis XIII. approuva cette année 38. articles de Statut pour les Libraires. On n'y oublie point les Libraires Jurez. L'Article 6. porte que le Compagnon *pourra se faire recevoir en qualité de Libraire, Imprimeur, ou Relieur, soi faisant certifier capable par deux Libraires Jurez, deux non Jurez, deux Maîtres Imprimeurs, & deux Relieurs*. Dans la Conference des Ordonnances, page 1109.

* *Voyez l'E- crit imprimé & intitulé :* Memoire pour l'Univer- sité de Paris, contre certains prétendus Re- glemens de l'année 1686. touchant les Imprimeurs & Libraires, page 4.

1620. Il y a un Arrest dans les Registres de la Cour des Aydes datté du 14. Juillet, qui ordonne, que l'Université mettra au Greffe un état de tous ses Officiers Privilegiez. * On y voit les noms des vingt-quatre Libraires & de deux Relieurs.

1649. Les Libraires dresserent cette année trente-six Articles de Reglement, pour lequel le Roi donna ses Lettres au mois de Decembre. Ils y supprimerent les Libraires Jurez ; ainsi que dans les dix Articles de l'année suivante. L'Université s'opposa à l'Enregistrement : le Procés fut distribué à M. Doujat Conseiller de la Cour : *Mais les Guerres Ci-viles & Etrangeres, & la mort de M. Doujat, empescherent l'Université de le poursuivre, & il est demeuré indécis*, comme porte l'Ecrit imprimé & intitulé : *Remarques sur les Reglemens faits par les Libraires és années 1618. 1649. 1683. & 1686. à la page 1.* produit par le Recteur devant Messieurs les Commissaires.

1687. On a imprimé cette année-là un *in 4°.* de soixante feüillets, intitulé : *Edit du Roi pour le Reglement des Imprimeurs & Libraires de Paris, Regiftré en Parlement le 21. Aoust 1686. avec les authoritez des anciennes Ordonnances, Statuts, Arrests & Reglemens. A Paris de l'Imprimerie de Denys Thierry, aux dépens de la Communauté 1687.* Ce sont soixante & neuf Articles que le Roi approuve par ses Lettres données à Versailles au mois d'Aoust 1686. On y a joint quatre feüillets, qui contiennent d'autres Lettres du Roi données à Versailles au mois d'Aoust de la même année, avec dix-sept Articles de Reglement pour les Relieurs & Doreurs qu'on desunit d'avec la Librairie, sous ce titre : *Edit du Roi pour le Reglement des Relieurs & Doreurs, regiftré en Parlement le 7. Septembre 1686.* Dans tous ces Articles on ne lit pas seulement une fois le nom de Libraire Juré. Le Recteur s'alla plaindre au Roi, qui donna l'Arrest que nous avons rapporté dans la Préface de ce Livre. L'Université l'a fait imprimer avec un Mémoire qu'elle a produit dans le Procès; où elle assure que Sa Majesté accordant au Recteur des Commissaires pour lui rendre justice sur sa plainte, lui donna * *un ordre verbal de revendiquer tous les droits & toutes les prérogatives de cette sçavante Ecole, & de faire faire de bons Reglemens qui puissent y rétablir & entretenir la Concorde.* C'est à l'Université à voir si elle veut revendiquer ses Libraires Jurez. Tout ce que je puis dire est, que s'il faloit citer tous les Actes qui font mention des Libraires Jurez dans l'espace de quatre cens ans, sans doute on ennuieroit le Lecteur.

* Au Memoire cité ci-dessus, page 1.

Les Libraires non-Jurez, c'est-à-dire, qui n'avoient point été reçûs par le Recteur, ni prêté le serment, étoient pour la plûspart de pauvres Ecrivains, qui ne pouvant plus écrire, se mettoient à acheter & vendre des Livres. L'Université les toleroit sous trois conditions : La premiere, qu'ils n'auroient point de Livres d'un plus grand prix que de dix sols, (ce seroit à present plus de deux écus.) La seconde, qu'ils donneroient des gages à l'Université, pour servir à reparer le dommage en cas qu'il en arrivât quelqu'un par leur faute. La troisiéme étoit celle-ci : Les Libraires avoient des Boutiques portatives en la maniere qu'on voit aujourd'hui dans la Place de Sorbonne, & étalloient leurs Livres devant les Ecoles publiques, dans les places, & grandes ruës, devant les Eglises, où les Maîtres & Ecoliers s'assembloient le plus souvent, & venoient pour entendre les Leçons, les Actes, les Harangues & les Prédications. C'est pourquoi on lit dans le Statut de 1342. *Nullus Librarius Librum vanalem expositum ab alio Librario, Magistro, vel Scholari emat, nisi primitùs fuerit portatus publicè per quatuor dies in Sermonibus apud Fratres, & venditioni expositus & ostensus petentibus, &c.* Et dans les Lettres de Charles VI. de l'année 1411. rapportées au premier Chapitre. *Iceux Livres vendent clandestinement, sans les porter, ne mettre à vente esdits Sermons, ne és autres places & lieux publics ordonnez en nôtredite Ville de Paris.* Il étoit défendu aux Libraires non-Jurez, d'y venir étaler avec eux, & on les obligeoit de se renfermer dans leurs Boutiques. Voici ce que porte le Statut de 1323. *Item nullus non Juratus habeat aliquem Librum vanalem ultra valorem decem solidorum : nec sub tecto sedeat.* Et celui de l'année 1342. *Et etiam isti quatuor Deputati inquirant, si aliquis non-Juratus utatur Officio Librarii, vel Stationarii, & habeant potestatem capiendi pignora non Juratorum utentium Officiis prædictis, & ea præsentare in primâ Congregatione generali coram Universitate.* On apprend par-là de quelle antiquité sont les Etallages de Livres, qu'on voit en plusieurs endroits dans l'Université de Paris. L'Université faisoit observer en ces tems-là une Police qui avoit ces deux qualitez : Elle étoit exacte, & charitable tout ensemble. Exacte, par l'application qu'elle avoit à faire de bons Reglemens, & à les faire observer. Charitable, tant pour les pauvres Libraires, à qui elle laissoit un moyen de faire subsister leurs familles, que pour les pauvres Ecoliers, qui n'ayant point assez d'argent pour acheter chez les Libraires Jurez, les beaux Livres bien écrits & bien reliez, en trouvoient ailleurs de moindre prix.

Les Libraires non-Jurez n'ont guéré été autre chose avant l'année 1488. ou environ; depuis lequel tems ils se multiplierent beaucoup par cette raison : Tous les Officiers & Membres de l'Université étoient exempts des Taxes & des Impôts. Les Fermiers qui recevoient les deniers publics, se plaignirent qu'il y en avoit un trop grand nombre : on en fit la reduction, & les Rois ordonnerent qu'il n'y auroit plus que vingt-quatre Libraires, deux Relieurs, deux Enlumineurs & deux Ecrivains, c'est-à-dire, trente personnes, qui jouïroient des Privileges de l'Université. Nous avons cité ci-dessus l'Edit de Charles VIII. donné à Chinon au mois de Mars 1488. où cela est ainsi reglé. Alors, comme il n'y avoit plus que ces vingt-quatre qui fussent privilegiez, les fils de ceux qui étoient exclus des Privileges, negligerent de prêter le Serment, lequel aussi on n'exigea point d'eux. Ces vingt-quatre Jurez ont été longtems les principaux Maîtres de la Librairie, qu'ils gouvernoient sous la direction de l'Université, les autres leur étant soûmis & sujets à leur visite. Mais enfin le nombre des non-Jurez devint si grand, qu'il fallut leur donner part au gouvernement, & puis ils ont attiré à eux seuls toute l'autorité, par le moyen qu'ils ont trouvé de faire ensorte qu'il n'y eût plus de Libraires Jurez, & qu'il n'en fût plus parlé dans la Librairie. Ces vingt-quatre n'étoient pas seulement exempts de tous Impôts, ils jouïssoient encore d'un beau droit au-dessus des autres. C'étoit eux à l'exclusion des non-Jurez, qui pouvoient faire la description des Inventaires, & les prisées des Livres. L'Arrest du Parlement en datte du 27. Juin 1557. rapporté par Fontanon, page 478. ordonne : *Pareilles défenses sont faites ausdites personnes faire aucune prisée, ou inventaire, d'aucuns Livres blancs ou reliez, neufs ou frippez, sinon ausdits vingt-quatre Jurez.* Ce qui fut depuis reglé par la Declaration d'Henri III. du 12. Octobre de l'année 1586. au moins comme on lit à la page 349. du Code Henri ; *Défendons à toutes personnes faire aucune prisée, ou Inventaire, d'aucuns Livres blancs ou reliez, neufs ou frippez, sinon aux vingt-quatre Libraires Jurez de l'Université.*

De ces vingt-quatre Jurez l'Université en choisissoit quatre, & quelquefois deux, pour faire la visite chez les autres Libraires, pour voir si les Livres étoient bien imprimez, en bon Caractére, en bon papier, & bien corrigez, & pour faire observer les Reglemens. On les appelloit *Magni Librarii*, ou comme porte la Conclusion du 31. May 1559. page 31. du Recueil, *Quatuor Majores Librarii*. Ils ont été établis bien du tems avant l'Imprimerie. Car dans le Statut de l'année 1323. on lit ces paroles : *De quo quidem numero Juratorum quatuor Deputatos pro anno presenti eligimus, Joannem de Guyvendale, Joannem de S. Paulo, Joannem Britonem, & Petrum dictum de Perona pro taxandis Libris & cæteris supradictis, prout eis competit faciendum* .... Au Recueil, page 6. Leur principale fonction dans les premiers tems étoit de fixer le prix des Livres. Dans l'Acte du 18. Octobre 1408. il est parlé d'un de ces quatre principaux Libraires, en ces termes, page 21. *M. Michel du Riez, Maître en Arts, Licentié en Loix, & Bachelier en Decret, a été fait & créé un des quatre Libraires principaux de l'Université de Paris. Et pour ce qu'il est accoûtumé qu'iceux Jurez à leur création baillent caution de deux cens livres parisis, &c.* On voit dans la page 26. & les suivantes, que Pasquier Bonhomme, après l'établissement de l'Imprimerie, est nommé un des quatre Grands Jurez, par l'Acte du 6. Avril de l'année 1475. & Pierre Noagenar par celui du 18. Mars de la même année. Une des Nations choisit pour cet Office Jacques Morart dans l'Acte du 4. Janvier 1486. en la place du nommé Guymer, qui le laissa vacquant par sa mort. Jean Neossert est élû à cette charge par l'Acte du mois de Janvier 1522. L'Arrest de la Cour de Parlement datté du 15. Juin 1541. qui est au Commentaire de Pierre Lombard sur les Pseaumes *in fol.* marque, qu'en cette année-là Poncet le Preux étoit un de ces quatre, & en prenoit la qualité ; *Sur la Requeste presentée à la Cour par Poncet le Preux, un des quatre*

Grands Libraires de l'Université de Paris, &c. & la Conclusion dattée du 31. May 1559. du Recueil, dit : *Comparuerunt quatuor Majores Librarii ejusdem Universitatis, & eis injunctum, ut observent Statuta Universitatis.*

A l'égard des vingt autres Libraires, ils étoient appellez, *Parvi Librarii*, & tant les uns que les autres étoient Suppôts & Officiers de l'Université. Voilà pourquoi on lit dans les Conclusions contenuës dans le Recueil, qu'elle a conferé, *Officium Magni Librariatus : Officium parvi Librariatus, pag.* 26. Il n'y avoit point d'autres Directeurs de la Librairie que ces quatre Grands Jurez, qui l'ont gouvernée sous la superiorité de l'Université de Paris, au moins pendant trois cens ans ; & c'est de ces quatre dont parle l'Arrest du Parlement rendu le 1. jour de Juillet de l'année 1542. rapporté aux Ordonnances de Rebuffe, edition de Lyon 1559. page 304. *Les Libraires, ou autres Marchands qui voudront exposer en vente aucuns Livres, qui leur seront venus de nouveau, avant que ouvrir leurs balles, seront tenus appeller quatre Libraires Jurez pour assister à ladite ouverture.*

Enfin ces quatre Jurez faisoient tout ce que font aujourd'hui le Syndic & les Ajoints, dont voici l'origine. Charles IX. donna son Edit à Gaillon au mois de May 1571. regiftré en Parlement le 7. Septembre de la même année, sur la Reformation de l'Imprimerie, & pour regler les differens des Compagnons & Apprentis Imprimeurs avec leurs Maîtres. Une partie des uns & des autres refusant de se soûmettre, & ayant excité quelque tumulte, le Procureur Général s'en plaignit dans la Chambre des Vacations, & demanda que les Libraires fissent élection d'un Procureur Syndic, qui veillât à l'execution de l'Ordonnance du Roi, & informa contre ceux qui refuseroient d'obéïr. L'Arrest en fut donné le 1. Octobre 1571. que l'on peut voir aux Ordonnances de Fontanon, page 476. Ce Syndic n'étoit qu'un Sollicteur d'affaires sous les quatre Jurez; car on voit plusieurs Arrests depuis son établissement, où il n'est fait aucune mention de lui. Ce fut environ l'an 1610. qu'il commença à entrer dans le gouvernement, & alors on tenta d'ôter à ces quatre le nom de *Jurez*, & on leur donna celui de *Gardes*. Ce mot signifioit, qu'ils étoient Gardes de la Librairie & de l'Imprimerie, au nom & par dépendance de l'Université de Paris.

En effet, ils sont appellez en termes formels, *Gardes de l'Université* dans le Reglement de 1618. article 16. la Requeste des Libraires au Roi contenant ces paroles dans la Conference des Ordonnances, Edition de 1679. livre 10, page 1110. ce sont eux qui parlent : *Sera défendu ausdits Syndic & Gardes de vôtre Université, de ne plus recevoir qu'un Libraire, &c.* Laurens Bouchel, celebre Avocat, connu par la Bibliotheque du Droit François, par la Somme Beneficiale, & autres Livres d'érudition, travailla en l'année 1620. à reduire par Matiere & par Titres, les Statuts & Reglemens des Libraires, & les appuya sur l'autorité des Ordonnances Royaux, des Arrests, & des Sentences des Magistrats. Il fit imprimer son Ouvrage in 4°. l'année 1620. par François Julliot, sous ce titre : *Recueil des Statuts & Reglemens des Marchands Libraires, Imprimeurs & Relieurs de la Ville de Paris, divisez par titres, conferez & confirmez par les Ordonnances, &c.* & le distingua en 84. Articles. Dans le 53. on lit page 44: *Il est défendu au Syndic & Gardes de l'Université, de ne plus recevoir par chacun an, qu'un Libraire*, & cotte l'Article 16. des Statuts de 1618. Cet Ouvrage de Bouchel se trouve aussi dans la Conference citée des Ordonnances, page 1091. On voulut encore leur ôter ce nom de *Gardes*, comme trop favorable à l'Université, & on les appella Ajoints. Dans les vingt-quatre Articles du Reglement donné aux Libraires par le Lieutenant Civil, le 20. Novembre 1610. qui fut cassé par Arrest de la Cour le 15. Février 1611. ainsi que rapporte M. Bouchel, * on les appelle *Gardes*;

* Laurens Bouchel page 53. de l'Imprimé de Julliot, & page 1103. de la Confer. des Ordonnances : *Le 20. Novembre 1610. le Prevost de Paris, ou son Lieutenant Civil, fit un certain nouveau Reglement, duquel la Communauté des Libraires interjetta appel. Par Arrest du 15. Février 1611. la Cour mit l'appellation, & ce dont a été appellé au néant ; & en emendant ordonna, que les Ordonnances & Arrests de la Cour, servans de Reglemens pour le fait de la Librairie, seroient gardez & observez par les Appellans ; & en cas de contravention, ou que pour nouvelles occurences il échûs de faire quelque nouveau Reglement, défenses de se pourvoir ailleurs qu'en ladite Cour.* Après cela il est étonnant que les Libraires qui ont autrefois appellé de ce Reglement du Châtelet, le fasse aujourd'hui servir d'autorité aux Articles de l'Edit de 1686. duquel l'Université se plaint.

& dans le Statut de 1618. tantôt ils font appellez *Gardes*, tantôt on les nomme *Adjoints*, comme dans les Articles 6, 9, 15, 19, 21, 23, 27, 28, 36. Enfin dans les Statuts de l'année 1649. auſquels l'Univerſité fit ſon oppoſition, ils portent ſeulement le nom d'*Adjoints*.

Aprés tout ce que nous venons de dire, on demeure aſſez perſuadé de nôtre ſeconde propoſition, que les Libraires ont prêté le Serment à l'Univerſité, puiſque les vingt-quatre Jurez, qui compoſoient la Librairie de Paris, comme les premiers Maîtres de l'Art, joüiſſant de tous les Droits & Privileges de la Maîtriſe, n'étoient appellez Jurez, que parce qu'ils prêtoient ce Serment en qualité de ſes Officiers, dépendans d'elle, & choiſis par elle-même. On voit dans le Recueil pluſieurs Actes, où elle conſére cet Office de Libraire Juré. Le nommé Renaut & Paſquier Bonhomme furent pourvûs de cette Charge par l'Acte du 6. Avril 1475. Pierre Noagenar par celui du 18. Mars de la même année. Alain Spinefort avoit auſſi cet Office, comme il paroît par l'Acte du 4. Janvier 1486. & on voit par celui du 21. Juin 1488. qu'un Avocat du Roi dans le Parlement, étoit pourvû d'un Office de Petit Libraire, c'eſt-à-dire, de ſimple Libraire Juré. *Fuit alma mater Vniverſitas in S. Mathurino horâ 7. matutinâ ſolemniter Congregata ſuper collatione, ſeu proviſione cujuſdam Officii Parvi Librariatus, vacantis per deceſſum M. Michaëlis de Pons, dum viveret Advocati Regii in Curia Parlamenti, &c.* Recueil, page 27. Un nommé Jean fut pourvû d'une Charge de Libraire en la place de Reginal du Hamel, par l'Acte du 19. Mars 1504. Jean Barbier par celui du 28. Février 1507. Jean Neoſſert & Pierre Viart, par celui de l'année 1522. Il y a au Livre Bleu, page 11. une Concluſion de l'Aſſemblée générale tenuë aux Mathurins le 5. Novembre 1534. qui permet à un Libraire de reſigner ſon Office au fils de ſa femme. Guillaume Merlin, & Kerver le jeune, furent revêtus de cet Office par les Actes des mois Octobre & Décembre 1538. Jean Février, Jean Houſſe, Pierre Bertoul & Etienne Valet, par celui du 20. Juin 1594. la Concluſion eſt en ces termes: *Vniverſitas unanimi voto & conſenſu cenſuit admittendos*

& *sufficiendos ad Officia Librariorum Juratorum Universitatis,*
&c. On les élit pour succeffeurs des défunts Libraires, Jean
Dupuis, Nicolas Nivelle, Baptiste Dupuis, & Felix le Mangnier.
Ce renommé Libraire Sebastien Cramoisy, qui a fait en son
tems de si belles Impressions, est pourvû du même Office
aprés la mort d'Abel l'Angelier, par l'Acte du 30. Janvier
1610. L'Université dans ses Repliques, qui sont imprimées
avec le Recueil d'Actes, cite encore page 24. quelques autres Actes, où l'on reçoit des Libraires Jurez, comme celui
du 18. Juin 1614. celui du 30. Juin 1616. celui du 16. May
1626. & celui du 13. Février 1644.

 Quelquefois l'Université les obligeoit à renouveller leur
Serment. Il y a au Recueil page 14. un Acte de l'Assemblée
du 23. Novembre 1370. où l'on délibera d'un Article qui
regardoit les Libraires. *Ad renovationem audiendam Juramen-*
torum super obligationibus suis fidejussoriis exhibendis, à quibus-
cunque Libros aliquos vendendos receperint. On apprend par
la Conclusion de l'Assemblée du 31. May 1559. que cela avoit
été ordonné dans l'Assemblée précedente, où l'on avoit
encore reglé, qu'à l'avenir ils donneroient aussi Caution,
comme il se pratiquoit anciennement, page 31. *Exposuit*
D. Rector causam Congregationis his verbis : Scitis Statutum fuisse
Superioribus Comitiis, ut renovarentur Juramenta Librariorum &
darent fidejussores. Et on exige cette Caution particulierement des quatre Grands Libraires Jurez. *Deinde comparue-*
runt quatuor Majores Librarii ejusdem Universitatis, & eisdem
injunctum ut observent Statuta Universitatis, & maximè Joan-
nes le Preux, ut secundum ordinationem & decretum Universi-
tatis det fidejussorem 100. libellarum Parif. qui vero ante recepti
sunt, non cogantur dare fidejussores, sed hi tantùm qui recipiendi
sunt. En l'année 1566. le 23. Juillet, les Députez de l'Université s'assemblerent pour recevoir le Serment des Libraires, & on les fit jurer qu'ils assisteroient aux Processions
de l'Université. Voici ce que porte la Conclusion au Recueil, page 31. *Congregati fuerunt D. D. Deputati Universita-*
tis ad recipiendum Juramenta à Librariis de adeundis Processioni-
bus. Ibidem comparuerunt Michaël Vascosan, Joannes de Roigny,
Guill. Merlin, Hieron. de Marnef, Joan. Foucher, Sebast. Nivelle,

Guillel. Cavellat, Dionyſius Pauger, Ægidius Gourbin, Thomas Bremon, Stephanus Petit, Guillelm. Guillart, Petrus Droüart, Guillelm. Merlin junior, Michaël Sonnius, Galliotus du Pré, Gabriel Buon, Joannes Ricoüart Librarii Jurati, & Joannes Canivel Religator præedictæ Vniverſitatis, qui Juramentum præſtiterunt.

Nous dirons ſur la troiſiéme propoſition, que quand l'Univerſité donnoit à quelqu'un l'Office de Libraire, c'étoit aprés avoir pris des aſſurances de ſa capacité, & l'avoir fait examiner. Les quatre Grands Jurez avoient ordinairement cette charge; ils devoient en répondre, & lui en rendre témoignage. Cela s'eſt ainſi pratiqué long-tems avant & aprés la découverte de l'Imprimerie. L'Acte de 1367. fait connoître qu'Etienne de Fontaine avoit été reçû Libraire, *priùs ad hoc ſufficiens, & idoneus repertus ex relatione Juratorum in tali Officio.* Au Recueil, page 11. Et le Recteur en recevant Etienne Angevin l'année 1378. dit à la page 16. *Nos ſuper bonâ famâ, bonâque vitâ & converſatione, ac ſufficienti Literaturâ ipſius primitùs, ut decet, informati, &c.* Les Lettres de Charles VI. de l'année 1411. qu'on a vûës au premier Chapitre, ſont en termes bien forts: [Que nul ne ſoit ſi oſé ne ſi hardi que dudit fait de Libraire, ne de vendre ne acheter pour revendre Livres aucuns, ſoient en François, ſoient en Latin, ils ne aucun d'eux ſe entremettent..... ſenon premierement & avant tout œuvre, ils ayent été, ou ſoient dûëment examinez & approuvez par nôtredite Fille l'Univerſité de Paris, & Jurez à icelle, & que de ce faire ils ayent de nôtredite Fille, Lettres de congé & licence.] Comme il arriva en l'année 1465. que les quatre Grands Libraires avoient preſenté des Maîtres qui avoient été reçûs ſur leur témoignage, quoiqu'ils fuſſent ignorans & ineptes à ce noble emploi de la Librairie, l'Univerſité fit un Decret le 24. Janvier, par lequel elle ordonnoit, que les Libraires ſeroient obligez de comparoître à la premiere Aſſemblée, pour prêter le Serment de nouveau; où l'on interdiroit ceux qu'on trouveroit manquer de capacité pour faire cet exercice. *Venient in primâ Congregatione præſtitum Juramenta, & qui non fuerint capaces privabuntur.* Au Recueil, page 26. Pierre Noagenar fut nommé par une des Nations à l'Office de Libraire. L'Acte du 18. Mars 1475. est en la même page, en ces termes : *Placuit Nationi hoc Officium alicui viro ad hoc exercendum idoneo conferre, deditque Venerabili & Scientifico Viro Petro Noagenar.* Et on lit encore à la même page dans l'Acte du 4. Janvier 1486. de Jacques Morart, *quod quidem Officium Natio dedit dicto Morart, quem reputavit idoneum ad illud exercendum.* La Conclusion de 1534. que nous avons citée du Livre bleu, ne permet à ce Libraire de resigner son Office au fils de sa femme, qu'avec ces clauses, *Solutis solvendis, probatis probandis*, l'une desquelles étoit, comme on voit par ces paroles, *probatis probandis*, qu'il donneroit des preuves de sa capacité. En l'année 1594. comme on se défioit de quelques Libraires, & qu'on sçavoit qu'il y en avoit parmi eux qui n'étoient pas ennemis du parti de Calvin, le Procureur Syndic de l'Université fit sa Requisition, qu'à l'avenir ils fussent obligez de donner des témoignages de leur Religion, & des assûrances qu'ils étoient Catholiques. On voit par la Conclusion du 20. Juin de cette même année, que Jean Février, Jean Houssé, Pierre Bertaut & Etienne Valet, sont reçûs Libraires *eâ conditione ut producant testes suæ Religionis*, page 40. du Recueil. Sebastien Cramoisy ne fut reçû Libraire de l'Université qu'aprés avoir été jugé capable de bien s'acquitter de cet Office. On en lit la Conclusion au Recueil, page 42. *Die 30. mensis Januarii 1610. Alma Universitas Paris. . . . . contulit Officium unius viginti-quatuor Librariorum Juratorum ejusdem Univers. liberum nunc & vacans per mortem providi Abelis l'Angelier, illius ultimi & immediati possessoris pacifici, provido viro & honesto Sebastiano Cramoisy Mercatori Librario, & Civi Parisiensi præsenti & acceptanti, tanquam sufficienti, capaci, & idoneo, qui solita Juramenta præstitit.*

En l'année 1614. l'Université donna son Avis par ordre du Parlement, sur quelques Articles que les Libraires vouloient y faire regler. Sur le dixiéme de ces Articles touchant la Reception des fils de Maîtres elle répondit, qu'elle trouvoit à propos qu'on les reçût, sans les obliger à faire aucune dépense ; mais qu'ils ne devoient point être

dispensez de donner des preuves de leur capacité & suffisance, ni d'être examinez sur ce point ; qui étoit une Loi à laquelle tous les Libraires devoient être assujettis. *Eximantur quidem ab omni sumptu, sed non examine, cui omnes subditi esse debent.* page 43. du Recueil. Et on a trouvé dans la suite cet usage ancien si utile & si necessaire, que le Roi, confirmant le Droit de l'Université, en a fait mettre plusieurs Articles dans le Reglement de l'année 1649. où on
" lit en l'Article 5. [Enjoignons à l'avenir de prendre seu-
" lement un Apprenti, jeune, de bonne vie & mœurs,
" Catholique, originaire François, capable de servir le
" Public, congru en la langue Latine, qui sçache lire le
" Grec, dont il aura Certificat du Recteur de l'Université,
" à peine de 300 liv. & de nullité du Brevet. *En l'Article 7.*
" Qu'ils n'ayent (les Notaires) à l'avenir à passer aucun
" Brevet d'apprentissage de Librairie, ou Imprimeur, qu'il
" ne leur soit apparu comme celui qui se presente pour
" Apprenti, est capable, & qu'il en a le Certificat du Re-
" cteur, que lesdits Notaires qui passeront lesdits Brevets,
" seront tenus d'y inserer, à peine de nullité, & d'en ré-
" pondre en leurs noms. *En l'Article 8. le Roi défend qu'on*
" *reçoive aucun Imprimeur,* qu'il n'ait Certificat du Recteur
" comme il est congru en langue Latine, & qu'il sçait lire
" le Grec, même les fils de Maîtres. *Et en l'Article 10. Du-*
" quel nous ne voulons personne être dispensé pour quel-
" que cause que ce soit.] Et comme on s'étoit si fort relâché sur ce sujet, qu'on voyoit des Libraires qui étoient dans le même point d'ignorance, que remarqua autrefois Henri Etienne, dont toute la capacité consistoit à pouvoir dire si une feüille étoit imprimée ou non : *Alba pagina, aut nigra ;* ainsi que nous avons dit dans la seconde Partie, page 188. le Roi fit donner un Arrest dans son Conseil d'Etat le 17 Février 1667. où il fut défendu au Syndic & aux Adjoints de recevoir aucuns Maîtres, qu'ils n'eussent les qualitez marquées dans les Réglemens ; ce sont les termes :
" [Et qu'ils ne soient congrus en langue Latine, & ne sça-
" chent lire le Grec, dont ils rapporteront le Certificat du
" Recteur de l'Université, à peine de nullité des Receptions

" & à l'égard du Syndic & des Adjoints de 500 liv. d'a-
" mende, & d'interdiction de leurs Maîtrises.] Cet Arrest
s'execute encore aujourd'hui; & M. le Recteur examine la
capacité de celui qui veut être reçû Maître: il en donne
son Attestation, & aucun n'est reçû Libraire qu'il n'ait été
approuvé de l'Université, selon l'ancienne coûtume, pratiquée même avant la découverte de l'Imprimerie.

CHAPITRE IV.

L'Université citoit les Libraires de comparoître à ses Assemblées, les punissoit par amende, ou par déposition. Elle fait jetter au feu des Ecrits imprimez par quelques Libraires. Le Recteur ordonne à Josse Bade d'imprimer la Censure contre Luther, & défend à tout autre de le faire. L'Université oblige les Librai-res sous peine d'amende, d'assister à ses Processions. Défense d'Imprimer le Concordat affichée par les carrefours de Paris. Abus reprimé par François I. Les Edits & les Arrests ont donné le droit à l'Université de faire Visite dans les Imprimeries & Boutiques. Les quatre Jurez faisoient cette Visite au nom de l'Université. Permission donnée aux Docteurs en Théologie de la faire. Certaines conditions apposées par la Cour de Parle-ment. A Toulouse les Libraires qui vont en visite, doivent faire leur rapport au Recteur. Demeure des Libraires fixée au quartier de l'Université, & du Palais.

LA quatriéme proposition, que l'Université exerçoit sa Jurisdiction sur les Libraires, en les citant de compa-roître devant elle, & les punissant ou par l'amende, ou par la déposition, quand il y en avoit sujet, paroîtra claire par quelques faits que nous rapporterons. Dés l'année 1342. devant l'établissement de l'Imprimerie, il avoit été ordon-né, *Si verò Stationarii contra prænominatos Articulos, vel ali-quem eorum aliquid attentare præsumpserint, seu contravenerint, à suo Officio sit ille, qui hoc fecerit, alienus penitus & privatus, us-que ad satisfactionem condignam & revocationem Universitatis.* Et en l'année 1370. on s'assembla le 23. Novembre, pour délibérer sur la punition qu'on feroit de quelques Libraires qui avoient abusé de leur Office. *Rector duos Articulos proposuit determinandos. Primus fuit super punitione Librariorum delinquentium in suis Officiis injustè gubernatis*, &c. pag. 14. du Recueil. Et par l'Acte du 19. Juin 1456. à la page 25. il paroît que l'Université fit une Assemblée pour reformer les Libraires, où il fut ordonné, qu'on les citeroit, pour leur défendre de faire d'autres Métiers peu convenables avec le noble Exercice de la Librairie: *Congregata fuit Universitas apud S. Mathurinum ad reformandum Librarios......placet quod alii Librarii, qui non debitè exercent Officia sua citentur & moneantur, maximè illi qui se immiscent ministeriis vilibus.* Aprés l'établissement de l'Imprimerie, on voit que l'Université continuë d'exercer sa Jurisdiction sur le Corps de la Librairie.

Aprés la mort du Roi Charles VIII. qui arriva en l'année 1498. Louïs XII. ordonna à l'Université d'assister au Convoi qui se devoit faire à S. Denys le dernier jour d'Avril. L'Université y tint la gauche, & le Recteur marchoit le dernier sur cette ligne, à côté des Evêques qui avoient la droite, ainsi que Robert Gaguin, qui avoit vû la cerémonie, rapporte dans le onziéme Livre de son Histoire de France. Quelques Libraires s'aviserent d'imprimer l'ordre, & la marche de cette Pompe funebre, où l'on faisoit un récit tout-à-fait contraire à la verité, & qui portoit préjudice à l'Université. Ces Imprimeurs furent citez devant des Députez, qui les ayant oüis, ordonnerent en leur presence, qu'à la premiere Procession du Recteur, les Ecrits qu'ils avoient imprimez, seroient jettez au feu. La Conclusion tirée des Registres est au cinquiéme Tome de l'Histoire de l'Université, page 822. *Anno Domini 1498. die 15. Maii fuerunt convocati Deputati ipsius Universitatis super duobus Articulis. Primus fuit super Impressione certarum scripturarum concernentium funeralia defuncti D. Caroli Regis super modo incedendi, &c. Quantùm ad primum visis ipsis scriptis & impressionibus; in præsentiâ nonnullorum Impressorum ad hoc vocatorum, & attento quod veritatem super modo incedendi non impresserunt, ordinaverunt quod eadem scripta in Processionibus Universitatis comburerentur.*

En l'année 1521. la Faculté de Théologie, aprés plusieurs

Assemblées tenuës en Sorbonne, fit la Censure des Hérésies de Luther, qui fut publiée solennellement aux Mathurins dans une Assemblée générale le 15. Avril, où le Recteur ordonna à Josse Bade Libraire Juré, en vertu du Serment d'obéïssance qu'il avoit fait, de l'imprimer fidellement, & défendit à tous autres Libraires de le faire, sous peine de perdre leur Office. La Censure fut imprimée *in* 4°. cette même année-là par Josse Bade. On lit à la fin de son Imprimé ce qui suit : *Nos præfati Decanus & Facultas, præmissa hæc omnia tempore multo examinavimus......... Acta fuerunt hæc anno ab Incarnat. Domini 1521. die 15. Aprilis. In quorum testimonium iis instrumentis, quæ in Archivis & scriniis nostris ad perpetuam rei memoriam reservamus, Sigillum nostrum duximus apponendum. Ad quorum exemplar de mandato nostro Præsentes fuisse fideliter Impressas testamur.* C'est la Faculté de Théologie qui parle. Voici comme parle le Recteur ensuite. *Nosque Joannes le Coincte Rector Universitatis Parisiens. Mandavimus Jodoco Badio Ascensio Librario nostro Jurato, in virtute fidei nobis præstitæ, ut hanc definitionem sedulò imprimat, prohibemusque cæteris omnibus tam Juratis, quàm non Juratis, sub pœnâ amittendi Officii, si quod à nobis habent, & sub præjudicio numquam habendi, si nullum habent, & summæ indignationis Universitatis, ne biennio proximo sine nostrâ auctoritate imprimant, aut alibi impressam vendant, hancque cautionem nominis nostri subscriptione, quod Sigilli instar esse volumus, duximus muniendam.* Aussi-tôt que le Parti Lutherien eut lû cette Censure dans quelques Copies, qui furent envoyées promptement en Allemagne, on vit paroître plusieurs Libelles, & sur tout un, qui étoit fort emporté contre la Faculté de Théologie. Philippe Melancton en étoit l'auteur. Il est imprimé avec son nom dans le second Tome des Ouvrages de Luther, immediatement après la Censure de la Faculté, & l'Ordonnance du Recteur que nous venons de rapporter, sous ce titre, *Adversùs furiosum Parisiensium Theologastrorum Decretum.* On débita à Paris ces Libelles. L'Univerfité en ayant eu avis, cita les Libraires pour venir rendre raison de l'Impression, & du débit qu'on en faisoit. La Conclusion du 8. Octobre 1521. est à la page 8. du Recueil. *Compareant Librarii in in Vniverſitate.* Elle cita auſſi le nommé Couraud, ſur qui le ſoupçon tomboit le plus. Il vint rendre raiſon de ſa conduite, & dit, qu'il arrivoit de la campagne, où il avoit demeuré trois mois; qu'il étoit vrai qu'un Libraire de Lyon, pere de ſa femme, en avoit vendu quelques Exemplaires. *Comparuit Coraldus Librarius qui allegavit, &c.*

Le Procureur Syndic de l'Univerſité, appellé Monart, donna ſes Concluſions le 25. Juin de la même année contre un Livre de nouvelle Doctrine, qui ſe débitoit ſecretement à Paris, & demanda que l'Univerſité punît de quelque peine ceux qui l'avoient imprimé. L'Acte eſt rapporté au Livre bleu page 3. *Auditus fuit Procurator Vniverſitatis ... de pœna ſumendâ contra Librum & Impreſſores.* En l'année 1527. on diſtribuoit un autre Livre ſéditieux contre la Religion Catholique. Le Procureur Syndic de l'Univerſité en fit ſes plaintes dans l'Aſſemblée, & demanda qu'un certain Libraire fût cité. La Concluſion en fut faite le 4. Juin : & on renvoya l'affaire à la Faculté de Théologie pour l'examiner. Page 29. du Recueil d'Actes. *Supplicavit D. Procurator Fiſcalis, ut quidam Librarius vocaretur, qui priùs citatus fuerat nomine Vniverſitatis. Fuit Concluſum quòd Theologi viderent de illo Libro, cum Theologiam tractaret.* Chrétien Vvechel vendoit l'Ecrit d'Eraſme intitulé, *De Interdicto Eſu Carnium*; la Faculté l'avoit cenſuré, & l'Univerſité le regardoit comme un Livre ſuſpect, qu'elle mettoit au nombre des Livres défendus. Le Procureur Syndic porta ſa plainte l'année 1534. contre ce Libraire; & requit dans l'Aſſemblée tenuë aux Mathurins le 5. Novembre, qu'il fût puni de quelque amende. On députa des Docteurs en Théologie pour terminer cette affaire. *Supplicavit ut, cum Libellum Eraſmi De eſu carnium, ab Academiâ Pariſienſi tanquam ſuſpectum reprobatum, Chriſtianus Vvechelus vendendum expoſuiſſet .... pœnâ quâ videbatur dignus mulctaretur, &c.* Au Livre bleu page 11. L'Univerſité condamnoit les Libraires à une amende, quand ils s'étoient abſentez de la Proceſſion du Recteur. La Concluſion du 12. Janvier 1567. page 31. du Recueil d'Actes, porte: *Illos & alios Officiarios mulctandos, qui non adfuerunt publicis Supplicationibus. Et ita per D. Rectorem fuit concluſum.*

Jean Ricoüart fut accusé en l'année 1568. de deshonorer sa Profession de Libraire, en exerçant le Métier de Charbonnier. Il fut cité le 17. Septembre pour comparoître en Sorbonne dans l'Assemblée de M. le Recteur & des Députez de l'Université ; où il fut ordonné, qu'il quitteroit dans trois mois l'exercice de Charbonnier, & reprendroit sa Boutique de Libraire, sous peine de perdre cet Office, page 34. *Apud Collegium Sorbonæ in Sacello ejusdem Collegii Congregati fuerunt D. Rector & Deputati almæ Universitatis Parif........ Mutuis deliberationibus præhabitis interipsos, iidem D D. Deputati injunxerunt Joanni Ricoüart Librario, ut desisteret intra tres menses ab arte Carbonariâ, quam exercet; & die S. Remigii proximâ Librariatus Officium exerceat, & Officinam habeat sub pœnâ privationis.* En l'année 1575. on tint une Assemblée le 12. Juillet dans le College de Bourgogne ; où le Doyen de la Faculté de Medecine, se plaignit qu'on imprimoit les Livres de Chirurgie d'Ambroise Paré premier Chirurgien du Roi, quoiqu'ils fussent remplis, comme il disoit, d'une doctrine pernicieuse, & contraire aux bonnes-mœurs, *quæ bonis moribus & Reipub. nocent, quæ sunt nefanda* : & supplia l'Université de donner sa Requeste au Parlement, pour obliger cet Auteur à faire examiner ses Ouvrages par les Docteurs en Medecine : sur-quoi le Procureur Syndic fit aussi-tôt sa Requisition, que les Libraires qui impriment ces sortes de Livres, fussent mis à l'amende, *ut mulcta indicatur Librariis qui eos Libros typis excudunt.* Page 12. du Livre bleu.

David Douceur Libraire Juré, fut cité le 31. Decembre 1603. pardevant M. le Recteur, pour rendre raison d'un Livre, qu'il vouloit imprimer sans observer les Reglemens. Charles Maheu, Bedeau de la Nation d'Allemagne, lui signifia cet Acte, qui est à la page 41. du Recueil. [De
» l'Ordonnance de Nous Recteur de l'Université de Paris,
» il est enjoint à David Douceur Libraire Juré en ladite
» Université, de comparoître ce jourd'hui à une heure de
» relevée en nôtre Hôtel au College de Boncour, pour ré-
» pondre sur certaines plaintes à Nous faites, touchant
» l'impression d'un certain Livre intitulé, *La Sagesse*, composé
» par défunt M. Pierre de Charron, lequel Livre ledit Douceur

» se veut ingerer d'imprimer, sans avoir été vû & approu-
» vé des Docteurs en Théologie, lequel même n'a été re-
» vû par ledit défunt Charron ; & à faute de comparoître
» par ledit Douceur, & où il voudroit passer outre à l'im-
» pression dudit Livre, sera procedé à l'encontre de lui
» ainsi que de raison : & soit signifié. Du Mercredy 31.
» Decembre 1603. Signé Lætus, Recteur. Duval, Par
» commandement dudit sieur Recteur. *Il comparut, & le
» même jour le Bedeau lui signifia cet autre Acte.* Aujourd'hui
» Messieurs les Recteur & Députez de l'Université de Paris
» assemblez au College de Boncour en la chambre de M.
» Jacque Leheu, Recteur ; aprés que David Douceur Li-
» braire en ladite Université, pour ce mandé & ouï, il a
» été ordonné, que défenses lui sont faites d'imprimer le
» Livre prétendu intitulé, *La Sagesse*, fait par défunt M.
» Pierre Charron, jusqu'à ce que ledit Livre ait été dili-
» gemment vû & approuvé par Messieurs de la Faculté de
» Théologie de Paris, & les Députez d'icelle. Fait les an
» & jour que dessus. Signé Duval.]

Il est vrai qu'on s'est plaint quelquefois que l'Université avoit abusé de son autorité sur l'Imprimerie, & avoit passé les bornes de son pouvoir, ayant voulu empêcher qu'on imprimât ce qui étoit de l'interêt du Roi. Nous ne pouvons point dissimuler le fait, puisque l'Historien même de l'Université l'a publié dans son sixiéme Tome page 101. C'est à l'occasion du Concordat fait entre Leon X. & François I. Quelques Députez de l'Université allerent jusqu'à ce point, que de faire afficher dans les carrefours & places publiques de la Ville, des défenses à tous Libraires de l'imprimer, sous peine d'être privez des franchises, exemptions & immunitez de l'Université. Le Roi en fut averti à Amboise; d'où il donna sa Lettre de Cachet en datte du 4. Avril 1518. addressée à Messieurs du Parlement Jacques Olivier & Charles Guillart Présidens, Jean Brachet & Pierre Preud'homme Conseillers ; qui est dans les Regîtres de
» la Cour, en ces termes : [De par le Roi. Nos amez.
» Nous avons été avertis que par les carrefours de nôtre
» Ville de Paris, ont été affichez Ecriteaux sous le nom

» du Recteur & Université de Paris, par lesquels est inhibé
» à tous Imprimeurs, ne imprimer le Concordat sous pei-
» ne de privation des Privileges d'icelle Université, qui est
» une entreprise de dangereuse & pernicieuse consequen-
» ce......... Nous vous mandons & expressément enjoi-
» gnons que sçachiez par qui, & de quelle autorité, ju-
» risdiction & pouvoir, iceux Ecriteaux ont été faits &
» affichez. Declarez abusifs & nuls, & procedez à la pu-
» nition de ceux que trouverez coupables selon l'exigence
» du cas. Et au premier jour baillez ledit Concordat à
» quelques bons & diligens Imprimeurs, pour icelui im-
» primer le plûtôt que commodément faire se pourra.]

Enfin, il reste encore des vestiges dans les Registres de l'Université, qui font connoître qu'elle avoit soin de l'Imprimerie, & qu'elle veilloit sur les Libraires, prenant garde de quelle maniere ils s'acquittoient de leur devoir. La Conclusion du 18. Juin 1603. est à la page 40. du Recueil. *Universitas ipsa censet curam habendam de Librariis in excudendis Libris, & ita per D. Rectorem fuit Conclusum.*

La cinquiéme proposition est, que les Ordonnances des Rois & les Arrests de la Cour, ont donné droit à l'Université de faire Visite dans les Imprimeries & Boutiques des Libraires. Elle faisoit faire cette Visite ordinairement par ses quatre Grands Libraires à qui elle laissoit cette fonction. Quand ils découvroient quelque desordre considerable, ils étoient obligez de l'en avertir, & sur-tout de lui dénoncer ceux qui débitoient des Livres de mauvaise doctrine. Il arriva un jour que quelques Libraires refuserent de recevoir la Visite de ces quatre Grands Jurez: ils s'en plaignirent à l'Université; & sur leur plainte on fit cette Conclusion le 2. Février 1531. qu'on presenteroit Requeste à la Cour pour obtenir Arrest contre ceux qui ne voudroient point obéïr, page 9. du Recueil. *Postulantibus Librariis Juratis ut suo solito Jure, quo nunc planè defraudantur, gaudeant: annuerunt omnes, volueruntque, ut quia hæreseos notis contaminati Libri huc deferri alibi impressi solent, non priùs divendantur quàm ab ipsis, de novis loquor, visitentur, & à Theologorum Collegio fuerint judicati, alienum à sanâ doctrinâ nihil continere,*

Quod ut commodiùs fiat, peti voluit Universitatis nomine, Senatus auctoritate id licere & sanciri. On apprend de cette Conclusion ces deux choses ; l'une, que c'étoit une coûtume établie, que les quatre Grands Libraires fissent la Visite, *ut suo solito Jure gaudeant* : l'autre, que ces Officiers rapportoient à l'Université le mal qu'ils avoient reconnu, puisqu'on voit qu'ils l'avoient avertie que quelques Libraires recevoient des Païs Etrangers de nouveaux Livres pleins d'Hérésies : *Hereseos contaminati Libri hùc deferri alibi impressi solent.* Cette coûtume étoit tres-ancienne. Il est clair par le Statut de 1323. & celui de 1342. que ces Visiteurs faisoient leur rapport sur plusieurs points ; comme, si quelqu'un exerçoit la Librairie sans avoir prêté le Serment, si ceux qui ne l'avoint point prêté avoient donné des gages à l'Université ; ainsi qu'ils devoient faire en ce cas. *Isti quatuor Deputati inquirant si aliquis non Juratus utatur Officio Librarii, & habeant potestatem accipiendi pignora non Juratorum utentium Officiis prædictis, & ea præsentare coram Universitate.*

Ce fut pour satisfaire aux plaintes de l'Université que la Cour ordonna ce qui est écrit dans ses Registres ; au Vendredy 17. May de l'année suivante 1532. [Ce jour la
» Cour a commis M. Nicole Brachet & M. Martin Fumée
» pour se transporter és Logis & Boutiques des Librai-
» res de cette Ville de Paris, & appellez un ou deux Do-
» cteurs en Théologie de l'Université, pour visiter les Li-
» vres reprouvez & de mauvaise doctrine concernant la Foi,
» que l'on dit que lesdits Libraires ont & vendent, & leur
» a donné pouvoir de saisir & arrêter lesdits Livres.]
Il y a dans les Ordonnances de Rebuffe page 304. du 2.
Tome un Reglement fait par le Parlement en datte du 1.
» Juillet 1542. où est porté cet Article : [Seront aussi fai-
» tes défenses, sur peine de confiscation de la Marchandise
» & autres peines arbitraires à la discretion de ladite Cour,
» à tous Libraires, de quelque qualité qu'ils soient, d'ex-
» poser en vente aucun Livre en cette Ville, ou autres de
» ce Ressort, s'ils n'ont été visitez quant à la Ville de Pa-
» ris, en la maniere qui s'ensuit ; c'est-à-dire, que les Li-
» braires, ou autres Marchands, qui voudront exposer en

» vente aucuns Livres qui leur feront venus de nouveau,
» avant que ouvrir leurs balles, feront tenus d'appeller qua-
» tre Libraires Jurez pour affifter à ladite ouverture, & voir
» les Livres qui y font, & felon la fcience & qualité dont
» lefdits Livres feront, lefdits quatre Libraires Jurez aver-
» tiront le Recteur & Doyens des trois hautes Facultez d'i-
» celle, pour voir & vifiter lefdits Livres : & à cette fin fera
» tenu le Recteur commettre pour la Vifitation des Livres
» de Grammaire, Logique, Rhetorique, Philofophie, Let-
» tres humaines, deux Maîtres és Arts, bons perfonnages,
» fçavans & non fufpects : & quant aux Livres concernant
» la Théologie & Religion Chrétienne, la Faculté d'icelle
» commettra auffi deux notables Docteurs, vacants de tou-
» te fufpicion, pour voir & vifiter lefdits Livres : & la Fa-
» culté de Droit Canon en commettra auffi deux autres
» non fufpects, pour la Vifitation des Livres en droit Ca-
» non & Civil : & pour femblable, la Faculté de Medecine.
» Lefquels Députez, s'ils trouvent aucun Livre où il y ait
» quelqu'apparence, ou fufpicion notable de quelque Do-
» ctrine fufpecte en la Foi, laquelle bien fouvent on a ac-
» coûtumé de mêler parmi les Livres de Grammaire, Logi-
» que, Rhetorique, & Lettres humaines; ordonne ladite
» Cour, que lefdits Commis & Députez pour vifiter, fe-
» ront tenus les communiquer aux Députez de la Faculté
» de Théologie, qui en parleront à ladite Faculté, s'ils
» voyent que befoin foit. Et pour l'approbation de tous lef-
» dits Livres, afin de les pouvoir expofer en vente, fera
» mis par lefdits Députez quelque marque ou paraphe à la fin
» de l'un defdits Livres, qu'ils retiendront par devers eux.]

Quatre mois aprés que ce Reglement fut fait, deux des Grands Libraires Jurez, Jacques Nymerd & Jean André, voulurent faire Vifite chez François Etienne, celui-ci la refufa : de quoi ils porterent leur plainte auffi-tôt au Parlement, qui donna fon Arrêt le 30. Octobre, conformément aux Conclufions du Procureur Général, où il eft ordonné à ce Libraire, *de reprefenter, exhiber, & mettre entre les mains defdits Demandeurs tous & chacuns les Livres qui feront par eux demandez, pour être vifitez fuivant ladite Ordonnance*;

& cela sur peine de prison : & est condamné aux dépens, ainsi qu'on lit au Recueil page 21. dans les Repliques.

Henri II. dans son Edit donné à Châteaubriant le 27. Juin 1551. & verifié à la Cour, parle en ces termes dans les mêmes Ordonnances de Rebuffe, page 293. *Art.* 15. [Il est aussi défendu à tous Libraires, Imprimeurs, vendeurs de Livres, qu'ils n'ayent à ouvrir aucune balle de Livres, qui leur seront apportez de dehors, sinon en presence de deux bons personnages qui seront commis par les Facultez de Théologie és Villes où il y aura Faculté, &c. *Article* 16. Ordonnons que deux fois l'an pour le moins esdites Villes où il y a Université & Faculté de Théologie, soient visitées les Officines & Boutiques des Imprimeurs, Libraires & vendeurs de Livres...... ausquels Députez lesdits Imprimeurs & Libraires seront tenus & contraints par toutes voyes, faire ouverture de leurs Boutiques & Officines, pour saisir & mettre en nôtre main tous les Livres qu'ils trouveront censurez & suspects de vice, & ce sans aucun salaire.] Je ne fais point de difficulté de dire, que cet Edit fut executé, & que les Docteurs allerent en Visite chez les Libraires un mois après qu'il fut publié : car il est ainsi ordonné dans l'*Article* 19. [Tous lesdits Députez procederont à la premiere Visitation dedans un mois après la publication de ce present Edit, & continuëront au tems & selon & ainsi que dessus est dit & déclaré.] On voit même que les Libraires sont obligez de communiquer aux Docteurs le Catalogue des Livres qu'ils ont dans leur Boutique. *Art.* 20. [Tous Imprimeurs, Libraires, vendeurs de Livres..... seront tenus & contraints d'avoir un Catalogue, & le tenir en leur Boutique affiché en lieu évident, de tous les Livres reprouvez par la Faculté de Théologie ; & un autre Catalogue de tous ceux qu'ils auront en leurs Boutiques, lesquels seront tenus communiquer ausdits Visiteurs.]

Afin que ce dernier Article pût s'executer plus facilement, Jean Dallier Libraire, imprima *in* 8°. le Catalogue des Livres examinez & censurez par la Faculté. Le Roi lui en accorda le Privilege le 13. Octobre 1551. Il est à la fin de cet

Imprimé, qu'on garde en la Bibliotheque de Sorbonne, sous ce titre : *Le Catalogue des Livres examinez & censurez par la Faculté de Théologie de l'Université de Paris, depuis l'an* 1544. *jusques en l'an* 1551. *suivant l'Edit du Roi donné à Châteaubriant ; auquel ont été ajoûtez ceux qui ont été visitez & censurez depuis la premiere Impression. A Paris par Jean Dallier demeurant sur le Pont S. Michel, à la Rose Blanche* 1556. Il étoit défendu aux Libraires, comme on voit, de retenir & de vendre aucun des Livres censurez & compris dans ce Catalogue ; cela leur fit un peu de peine. Il y en eut parmi eux à qui l'esperance du gain fit prendre la resolution de presenter une Requeste au Roy, & demander qu'il leur fût permis d'en vendre quelques-uns de la Liste, en ajoûtant seulement par maniere d'Errata aux premiers feüillets, les Erreurs qui y étoient contenus. Mais la Faculté s'y opposa fortement pour plusieurs raisons, qu'elle apporte dans son avis contre cette Requeste, qui est imprimé dans *Collectio gravium Auctorum versiones vulgatas damnantium. Parisiis* 1661. *in* 4°.

" page 14. En voici quelques-unes : [Semblable matiere a
" été traitée à Fontainebleau au Privé Conseil du Roy
" pour les Bibles & Nouveaux Testamens de Robert Etien-
" ne, suppliant que les Erreurs inserez esdites Bibles &
" Nouveaux Testamens, fussent mis au commencement.
" Finalement, par le commandement du Roi, furent mis
" au Catalogue des Livres défendus, & non au commence-
" ment desdites Bibles & Nouveaux Testamens, ce que de-
" mandent lesdits Supplians. Que ne doit être fait ; car
" lesdits Supplians en pourroient vouloir faire autant de
" tous livres, quelques méchans qu'ils fussent, préterits,
" presens, & futurs, qui seroit la ruïne de l'Eglise & de la
" Foi. . . . . Item ne profiteroit de rien de mettre les Errata
" au commencement des Livres ; car lesdits Erreurs de-
" meureroient toûjours ausdits Livres, qui seroit cause de
" confirmer les mauvais en leurs erreurs, & aux bons oc-
" casion d'être séduits. . . . . . Item Erasme & Fabry ne vien-
" nent à comparer aux anciens & SS. Docteurs, n'en do-
" ctrine, n'en mœurs, ne en apparence d'excuse ; car les
" anciens SS. Docteurs ont toûjours entendu défendre la
" verité

» verité Catholique : & ce qu'ils ont erré a été avant la
» détermination de l'Eglife. Mais Erafme & Fabry ont fou-
» ventefois tâché d'impugner la verité, & écrire contre la
« commune reception de l'Eglife Univerfelle, & combien
» qu'ils fuffent admoneftez leur amander, n'en ont rien
» fait : mais ont foûtenu leurs erreurs, où ils euffent dû
» imiter S. Auguftin, qui volontairement a fait Livre de
» Retractations. Item, felon la doctrine de S. Hierôme,
» *adverfus Rufinum*, les Livres où il y a quelque peu d'erreurs,
» doivent être purgez d'iceux, en forte qu'il n'y demeure
» aucun Article difcrepant à nôtre Foy. Item, eft tout mani-
» fefte que la plûpart des Héréfies pullulantes en ce Royau-
» me, font provenuës à caufe des Livres pernicieux ap-
» portez des lieux notoirement fufpects. Pourquoi femble
» être expedient, s'il plaît au Roi, défenfes être faites à
» toutes perfonnes de quelque qualité qu'elles foient, de
» n'apporter en ce Royaume tels Livres, & à tous fes Su-
» jets de n'en acheter ni vendre. Item, fi fe trouvoient
» quelques Livres reprouvez par ladite Faculté, efquels n'y
« eût grand nombre d'erreurs, ainfi que difent lefdits Sup-
» plians, feroit aifé iceux corriger, en réimprimant les
» feüillets ou cahiers où feroient lefdits erreurs; & fi fe
» trouvoit que n'y eût que les Proëmes ou Epîtres Liminai-
» res condamnées, ne faudroit que les ôter defdits Livres.]
Sur cet Avis donné par la Faculté, la Requefte des Libraires fut rejettée, le Catalogue des Livres qu'elle avoit cen-
furez demeura en fon entier, & il fut publié & executé
comme il avoit été fait, fans aucune diminution.

En l'année 1570. Charles IX. donna au mois d'Aouft fon Edit
de Pacification, où étoit l'Art. X. qui permettoit aux Huguenots de faire Exercice public de leur Religion, même d'enfeigner publiquement les Enfans en certains lieux marquez par
l'Edit. Auffi-tôt que l'Univerfité eut entendu publier cet E-
dit, & qu'elle eut reconnu que plufieurs Regens, Maîtres &
Pedagogues Huguenots s'étoient retirez dans l'Univerfité
pour y enfeigner aux Enfans la Religion Proteftante, elle pre-
fenta fa Requefte au Roy, qui donna fa Declaration le 4.
Octobre de la même année en ces termes, aux Ordonnances

" de Fontanon, page 305. [Voulons & nous plaît, que dé-
" fenses soient faites à toutes personnes de tenir petites Eco-
" les, Principautez, & Colleges, ni lire en quelqu'Art & Scien-
" ce que ce soit, en public ou en privé, ou chambre, s'ils
" ne sont connus & approuvez Catholiques, tenant la Re-
" ligion Catholique, Apostolique & Romaine : n'enten-
" dons aussi qu'aucun Officier, ou Suppôt de ladite Uni-
" versité, soit d'autre Religion que de la Catholique : fai-
" sant pareillement défenses à tous Libraires & Impri-
" meurs, d'imprimer ou faire imprimer, ni mettre en ven-
" te aucuns Livres censurez par la Faculté de Théologie.
" Permettant aux Docteurs qui seront par elle élûs de faire
" la recherche & visite és maisons des Libraires.] Cette
Declaration fut regiſtrée en Parlement le 18. Novembre
suivant. Mais la Cour mit dans son Arreſt d'omologation
quelques clauses touchant la Visite qui se feroit par les
Docteurs dans les Boutiques des Libraires, en cette maniere :
" [Ladite Cour entend que les Docteurs qui seront dé-
" putez par la Faculté pour la Visitation & recherche és
" maisons des Libraires & Imprimeurs, & vendans Livres
" censurez, de Doctrine & Leçon reprouvée, quand bon
" leur semblera procederont à ladite Visitation & recher-
" che, le Commiſſaire ou Commiſſaires du quartier ap-
" pellez : qui seront tenus d'y aſsiſter à la premiere dé-
" nonciation qui leur en sera faite, sur peine de privation
" de leur état, Roolle Catholique & procés verbal préa-
" lablement faits desdits Livres censurez & reprouvez :
" desquels sera fait transport & sequeſtre par ledit Commiſ-
" saire; pour par le Prevôt de Paris, ses Lieutenans, ou l'un
" d'eux, en être ordonné contre l'Imprimeur, Marchand
" ou Vendeur comme de raison.] Cet Arreſt eſt au sixiéme Tome de l'Hiſtoire de l'Univerſité, page 713.

L'Edit d'Henri II. donné à Châteaubriant, a été renouvellé par la Confirmation qu'en a faite cent ans aprés LOUIS
LE GRAND, dans son Edit du mois de Septembre donné
à Paris en l'année 1651. & verifié au Parlement, qui eſt rapporté page 65. du Recueil des Privileges de l'Univerſité que
" nous avons déja cité. [Voulons & ordonnons que l'Edit

" fait à Fontainebleau le 11. Decembre 1547. & celui de
" Châteaubriant du 27. Juin 1551. verifiez, soient executez
" selon leur forme & teneur . . . . . . Semblablement défen-
" dons tres-expressément à tous Imprimeurs & Libraires
" d'imprimer, vendre, ou avoir en leur possession aucuns Li-
" vres, lesquels par Censure ou Jugement de ladite Facul-
" té, ont été & seront ci-après reprouvez. Ensemble, d'ou-
" vrir aucune Balle de Livres qui leur seront apportez du
" dehors, sinon en presence de deux bons personnages qui
" seront commis par ladite Faculté de Théologie. Voulons
" & nous plaît, que deux fois l'an pour le moins, les Offi-
" cines & Boutiques des Imprimeurs, Libraires, ou ven-
" deurs de Livres, soient visitées par les Députez de ladite
" Faculté. Et qu'iceux Imprimeurs & Libraires soient te-
" nus de tenir deux Catalogues, l'un des Livres censurez
" & reprouvez, l'autre de tous ceux qu'ils auront en leurs
" Boutiques, qu'ils seront tenus de communiquer toutes &
" quantesfois qu'ils en seront requis par lesdits Visiteurs.
" Le tout conformément aux Edits ci-dessus mentionnez,
" & sous les peines y contenuës.]

Quand l'Université de Toulouse voulut dresser les Statuts des Libraires de cette même Ville, elle consulta les
Usages & les Coûtumes reçûës dans l'Université de Paris,
& les exprima dans les Articles qu'elle donna à ses Libraires,
qui furent omologuez au Parlement de Toulouse, le 28.
Avril 1622. Voici ce que porte l'Article 18. *Sera pareillement enjoint ausdits Syndic, Libraires, & Imprimeurs Jurez, aller
en Visite suivant les Edits & Reglemens ci-devant donnez ; &
feront leur rapport des malversations qui se commettent, au Recteur de l'Université.* On voit par l'Article 26. combien la
Librairie de cette Ville-là est soûmise à l'Université ; puisque les Libraires ne peuvent pas même établir un Colpor-
teur, que du consentement de l'Université, *lequel sera presenté par lesdits Syndic, Libraires, & Imprimeurs Jurez, au Recteur de l'Université.* Cela se lit ainsi aux pages 22 & 27,
d'un Livre *in* 8°. imprimé à Toulouse l'année 1623. par Jean
Boude, intitulé : *Lettres Patentes du Roy pour l'Erection du
Corps des Marchands Libraires, Imprimeurs, & Relieurs de la*

Ville de Toulouse, aux mêmes droits, privileges & franchises que ceux de l'Université de Paris.

Pour rendre la Visite plus facile, la demeure des Libraires, Imprimeurs, & Relieurs a été fixée au quartier de l'Université, & à celui du Palais ; & jamais il ne leur a été permis par les Statuts, de tenir leurs Boutiques dans les autres quartiers de la Ville qui en étoient trop éloignez : cela s'est ainsi pratiqué de tout tems, avant & après la découverte de l'Imprimerie. Ulric Gering le premier Imprimeur de Paris, & Bertholde Rembolt son associé, ont marqué exprés dans quelques-unes de leurs Impressions, qu'ils demeuroient dans l'Université : *In Regali Parisiensi Academiâ commorantium;* ainsi qu'on lit sur le Sexte des Decretales qu'ils imprimerent l'année 1500. Quelques autres Imprimeurs ont fait la même chose, comme Josse Bade, qui mit à plusieurs de ses Editions ce qu'on voit sur la Rhetorique de Ciceron qu'il imprima *in fol.* l'année 1508. *Ex Ædibus nostris in Academiâ Parisiensi.* Et tous ont marqué l'Enseigne & la ruë où étoient leurs Boutiques. On voit que c'est toûjours le quartier de l'Université ou du Palais. Il y a encore quelqu'autre raison de l'ancien Usage outre celle de la Visite. La Librairie étant sous la Direction de l'Université, il n'étoit pas à propos qu'elle en fût beaucoup éloignée. Elle devoit en être proche, & comme sous ses yeux. De plus, les Ecoliers & les Gens d'étude, qui ont souvent affaire aux Libraires, avoient l'accés chez eux plus facile. Comme il n'y a point de Coûtumes non-plus que de Loix, si anciennes & si sages qu'elles puissent être, qui ne se trouvent souvent violées par des gens, que l'interest ou le caprice conduisent plûtôt que la raison, il s'est trouvé des Libraires, qui pour se cacher aux yeux de leur Mere, & pour n'être point trop examinez de leurs Confreres, sont sortis hors des limites de leurs quartiers. Il a falu pour empêcher ce desordre que les Magistrats ayent rendu des Sentences, & donné des Arrests pour les faire rentrer en leur devoir. On en peut voir plusieurs dans la Conference des Ordonnances citée ci-dessus au Tome 2. page 1092. & on a été obligé d'en faire un Reglement général. Dans le Statut de 1618. l'Article 30. porte:

Il est défendu à tous Imprimeurs, Libraires, & Relieurs, de tenir & avoir plus d'une Boutique & Imprimerie, laquelle ils tiendront en l'Université au-dessus de S. Yves, ou au dedans du Palais, & non ailleurs, sinon ceux qui voudront se restraindre à ne vendre que des Usages. C'étoit trop resserrer la Librairie que de lui poser une barriere devant S. Yves, & les quartiers de l'Université & du Palais, ont leurs limites portées plus loin. On a vû anciennement des Libraires demeurer sur le Pont Nôtre-Dame, sur le Pont au Change, sur le Pont S. Michel, devant S. Denys de la Chartre, devant la Magdelene, & même à l'entrée des Fauxbourgs de S. Marcel & de S. Germain. Antoine Verard grand Imprimeur de Livres François & de Romans, alla de la ruë Neuve Nôtre-Dame demeurer sur le Pont Nôtre-Dame, où il avoit l'Enseigne de S. Jean l'Evangeliste. On lit sur son Edition *in fol.* des Morales d'Aristote traduites par Nicolas Oresme, *imprimé à Paris le 8. Septembre* 1488. *sur le Pont Nôtre-Dame à l'Image S. Jean l'Evangeliste, ou au Palais au 1. Pillier auprés de la Chapelle, &c.* Et sur les Politiques de ce même Philosophe traduites par le même Auteur : *Ce present Livre fut achevé le 8. Aoust* 1489. *par Antoine Verard demeurant à Paris sur le Pont Nôtre-Dame à l'Image S. Jean l'Evangeliste : ou au Palais à la grande Salle, &c.* Michel le Noir imprima *in* 4°. le Jeu des Echecs moralisé. Il se dit dans ce Livre, *Libraire Juré en l'Université de Paris, demeurant devant S. Denys de la Chartre, à l'Image Nôtre-Dame.* Geofroy Tory avoit sa Boutique vis-à-vis la Magdelene. Il y a à la fin de l'Histoire Ecclesiastique d'Eusebe, traduite en François par Claude Seyssel, & imprimée *in fol.* 1532. *On les vend à Paris devant l'Eglise de la Magdelene, à l'Enseigne du Pot cassé, par Maître Geofroy Tory de Bourges Marchand Libraire & Imprimeur du Roy.* Guillaume Merlin tenoit la sienne sur le Pont au Change vis-à-vis l'horloge du Palais ; ainsi qu'on lit sur le Messel Parisien de Jean Du Bellay Cardinal & Evêque de Paris. *Vaneunt Parisiis in Teloneorum Ponte apud Guill. Merlin Bibliopolam Almæ Parif. Academiæ Juratum, ad insigne Hominis sylvestris è regione horologii Palatini.* Et aussi sur le Corps du Droit Canonique qu'il imprima avec les Gloses en 3. Volumes *in fol.* l'année

1561. Jean Carcain, en Latin *Carcagni*, avoit sa Boutique sur le Pont S. Michel, & y vendoit la Dialectique de Buridan qu'il avoit imprimée avec les Commentaires de Jean Dorp *in fol.* l'année 1487. comme on apprend par quelques Vers qui sont dans cette Edition.

Parisii Sancti Pons est Michaëlis in Urbe.
Multa illic Ædes: Notior una tamen.
Hanc cano quæ sacri Baptistæ fronte notata est:
Hic respondebit Bibliopola tibi.
Vis Impressoris nomen quoque nosse, Joannis
Carcain nomen ei est. ne pete plura. Vale.

Etienne Roffet avoit aussi sa maison sur le même Pont, & y distribuoit le Lactance traduit en François, & imprimé *in fol.* en 1543. Jean David, qui imprimoit pour Hierôme Marnef, avoit son Imprimerie au Fauxbourg S. Marcel dans la ruë Neuve Sainte Geneviéve, où il imprima *in 8°.* en Latin l'année 1547. L'OEcumenius sur S. Paul. *Excudebat Joannes. David in viâ novâ Divæ Genovefæ sitâ in Suburbiis B. Marcelli.* Et le Commentaire de S. Thomas sur les Epîtres de S. Paul pour Jean de Roigny *in fol.* 1549. où se lisent les mêmes termes. Toutes ces Impressions se gardent en Sorbonne ; & avant l'année 1500. Pierre Levet avoit une Imprimerie au Fauxbourg S. Germain, où il imprima *in 8°.* en Latin, La maniere de bien vivre dans la Religion Chrétienne, que S. Bernard écrivit pour sa sœur. On lit à la fin de l'Exemplaire que j'ai vû dans la Bibliotheque des Celestins de Paris: *Impressum suburbii S. Germani de Pratis per Petrum Levet.* Aussi cet Article 30. du Statut de 1618. ne fut pas fort observé, quelques Libraires s'étant logez plus bas que S. Yves, & les autres voulant les obliger à remonter plus haut, l'Université se joignit à la Cause de ceux qui étoient descendus. La Conclusion est au Recueil d'Actes page 44. en datte du 16. Février 1630. *Placuit Universitati in quorumdam Bibliopolarum causam descendere, qui à cæteris in jus vocati sunt, uti supra ædem S. Yvonis domicilium sibi eligerent.* Ce qui fut cause que dans le Statut de 1649. on leur donna une plus grande étenduë pour leur demeure, quoique ce ne soit pas encore toute celle de l'Université. L'Article 21. porte:

Et pour couper la racine à toutes leurs divisions, & à tous leurs procés qu'ils ont entr'eux jusqu'ici pour raison desdites Limites, nous voulons qu'ils puissent se loger depuis la ruë de la Bucherie, ruë de la Huchette, ruë de la Vieille Bouclerie, en montant jusques aux Portes S. Michel, S. Jacques, S. Marcel, S. Victor.

CHAPITRE V.

L'Université faisoit mettre la taxe aux Livres par quatre de ses Libraires Jurez. Grande diminution du prix des Livres par le moyen de l'Imprimerie. L'Université obligeoit les Libraires d'exposer le Catalogue de leurs Livres avec le prix marqué à chacun. Quelques Catalogues imprimez où on le voit imposé à chaque Livre. Les anciens Maîtres invitoient les gens de Lettres à venir acheter leurs Editions par le bon marché qu'ils en faisoient. Exemples que l'Université apporte du prix excessif de quelques Livres. C'est ordinairement le Marchand qui tire tout le gain de l'Art. Sort infortuné du Relieur. Plainte de l'Imprimeur contre le Marchand en Vers élegans. En Espagne & en Portugal la Police regle ce que doit coûter un Livre. Richard de Bury vouloit qu'on achetât les Livres, si chers qu'ils fussent. Il approuve néanmoins qu'on differe quelquefois l'achat. Ceux qui ont pratiqué ce conseil ont acheté les Conciles deux cens Livres moins que les autres. C'est quelquefois l'Auteur, qui pour avoir tiré de l'argent du Libraire, est cause que le Livre est cher. Les Libraires ne doivent exposer en vente aucun Livre sur la Religion qu'il n'ait été auparavant examiné & approuvé par l'Université, ou la Faculté de Théologie. Edits, & Arrests sur ce sujet. Livres de basse Classe, comme Grammaires, Despautaires, Dictionnaires, doivent être imprimez avec le Certificat du Recteur.

LA sixième proposition regarde le prix des Livres. C'étoit une Police que l'Université faisoit observer exactement avant la découverte de l'Imprimerie, que les Libraires ne pouvoient exposer en vente aucun Livre, qu'on n'eût auparavant reglé, à quel prix ils le devoient vendre.

Elle faisoit estimer chaque Volume d'une maniere que le Libraire profitoit raisonnablement, & le Livre n'étoit point trop vendu. La taxe étant imposée, il ne lui étoit pas libre de le vendre à un prix plus haut. Cette discipline fut établie par plusieurs Reglemens qu'elle fit en differens tems. Dans le Statut de 1275. au Recueil d'Actes page 2. elle ordonne, *quod pro Exemplaribus aliquid ultra moderatum salarium vel mercedem, seu ultra id quod ab Universitate vel deputatis ab ea taxatum fuerit, non exigent à quocunque.* Et dans celui de 1323. à la page 4. *Item quatuor erunt deputati per Universitatem annuatim ad taxandum Libros, &c.* Nous avons rapporté au premier Chapitre le Statut de 1342. où l'on peut remarquer ces paroles : *Item si habeant Exemplaria aliqua non taxata, ea non communicabunt donec dictæ Universitati oblata fuerint seu taxata. Item quod pro Exemplaribus ultra id, quod ab Universitate taxatum est, non exigent à Magistris & Scholaribus, &c.*

Elle se servoit ordinairement pour cette fonction de ses quatre Officiers, qu'on appelloit les quatre Grands Libraires, à qui elle donnoit cette Commission pour un an ; & qui prêtoient Serment qu'ils s'en acquitteroient fidellement & en conscience. Pour cette raison ils portoient aussi le nom de *Taxatores Librorum*. L'Université en fait le choix & la nomination dans le Statut de 1323. à la page 6. du Recueil; & dans celui de 1342. à la page 9. *Et pro isto anno præsenti eligimus in quatuor principales Librarios, Taxatores Librorum, Joannem de Fonte, Jvonem dictum Greal, Joann. Vachet, & Alanum Britonem......ita quod istis duntaxat Libros taxare liceat, &c.* L'Acte du 10. Mars 1370. passé pardevant le Prevost de Paris, est en ces termes à la page 13. [Sçavoir faisons, " que pardevant Nous vint en Jugement Henri Luillier Li- " braire demeurant à Paris, Juré de l'Université, & afferma " en bonne verité pardevant Nous, que de nouvel ladite Uni- " versité de Paris l'avoit ordonné, & institué un des quatre " principaux Libraires Jurez de ladite Université, pour pri- " ser & taxer Livres en ladite Ville de Paris, de l'autorité de " ladite Université de Paris, & pour ce ledit Luillier, &c. Et à la page 14. est un autre Acte en datte du 21. Octobre 1377.

1377. où on lit : *M. Guidomarus Senis Magister in Artibus in vico Nucum citra Pontem Parif. commorans, Stationarius Juratus, & unus de quatuor Librariis superioribus Juratis, ab Universitate Parisiensi quo ad taxandum, cognoscendum, & appretiandum Libros Magistrorum & Scholarium cujuslibet Facultatis, quotiescunque à dicta Universitate, vel aliquo ab eadem, seu quocunque alio requisiti fuerint, deputatis, volens & cupiens, &c.*

Nous avons mis dans le premier Chapitre l'Abbregé d'une Piece originale tirée du Livre du Recteur, où le prix est taxé à chaque Livre. Ce prix est aussi écrit sur la plûpart des Manuscrits leguez à la Maison de Sorbonne peu de tems après sa Fondation. J'ai entre mes mains le Catalogue qui en fut achevé l'année 1292. Il contient plus de mille Volumes cottez; on y voit le prix que chacun a été estimé. Et à la fin de cet Inventaire on lit la somme totale de la valeur de ces Livres, en ces termes : *Summa valoris omnium Librorum hujus Domus propter Libros intitulatos anno Domini 1292. tria millia, octingenta duodecim libræ, decem solidi, octo denarii.*

On cessa d'imposer cette Taxe aussi-tôt que la belle invention de l'Imprimerie parut, pour deux raisons. La premiere, à cause du grand nombre de Volumes qui se multiplierent tout d'un coup. La seconde, parce qu'il étoit inutile de le faire, les Imprimez se donnant alors à tres-grand marché. Quelque prix qu'on les achetât, ils coûtoient beaucoup moins que n'auroient été vendus les Manuscrits, & personne ne se plaignoit plus. Il faut écouter ce que dit Jean André Evêque d'Aleria au Pape Paul II. dans la premiere Edition des Epîtres de S. Hierôme faite à Rome l'année 1468. par les deux Allemands Conrard Svveynheim & Arnoul Pannarts : on la voit dans la Bibliotheque du Roi : *Tuis certe temporibus ad reliquas Dei gratias hoc etiam felicitatis orbi Christiano accessit munus, ut pauperrimi quique parvâ pecuniâ Bibliothecas possint redimere. An parva tuæ sanctitatis gloria, ut quæ volumina vix centum aureis emi poterant aliis temporibus, viginti hodie ac minoris benè exarata, & non mendosissimè scripta redimantur ? Quæ vix viginti aureis Lectori mercabantur quatuor & viliùs nunc emantur ?* Dans le tems qu'Ulric Gering commençoit à Paris l'Imprimerie, un particulier y vouloit vendre une Concordance de la Bible écrite à la main cent écus. C'étoit pour le Cardinal Dataire, qui avoit prié Guillaume Fichet à Rome de lui en faire acheter une à Paris, comme on apprend de deux Lettres de Robert Gaguin. De la 19. & de la 21. il écrit dans cette derniere à Fichet, *Concordantias in hunc diem nullas omnino inveni, nisi quod Pascasius Bibliopola hodie nobis pretiosissimas unas se scire venales dixit ; sed Dominum abesse, easque liceri aureis centum, reversum conveniam venditorem, & Librum scrutabor. Si talis erit, qualem eum facit Librarius, Patri optimo referemus.* Il est certain qu'une Concordance imprimée n'auroit pas été venduë dix francs du tems de Robert Gaguin : & quelques années auparavant la découverte de l'Imprimerie, Pierre Plaoul Evêque de Senlis, légua à la Maison de Sorbonne une Bible écrite sur velin : elle est de la forme d'un grand *in quarto*, mediocrement peinte. On a écrit sur le dernier feuillet ces lignes : *Hic Liber est pauperum Magistrorum de Sorbona, ex legato Rever. in Christo Patris D. Petri Plaoul Episcopi Sylvanectensis quondam, & in sacra pagina Professoris eximii, dictæque Domus socii, qui obiit anno Domini* 1415. xi. *Aprilis, inhumati cum egregio atque memorandæ recordationis viro Magistro Petro Lombardi Parisiorum Antistite, apud S. Marcellum Parisi. In via quæ ducit ad Arborem Bridani, cujus pretium est quinquaginta Librarum Parisiensium. Anima ejus requiescat in pace.* Une semblable Bible imprimée n'auroit pas coûté six francs.

Ainsi il n'y eut point de necessité de faire taxer les Imprimez, & ces quatre Priseurs de Livres cesserent de faire cette fonction pendant le premier tems de l'Imprimerie. Mais dans la suite, comme les Libraires commencerent à les survendre, l'Université crût qu'elle devoit prendre quelque soin pour empêcher ce desordre. Ce qu'elle fit, fut de les obliger à faire le Catalogue de leurs Livres, & à l'attacher dans leurs Boutiques avec le prix à côté de chaque Volume, afin qu'ils ne pussent les vendre plus cher que cette taxe, qui devoit être mise du consentement des quatre Grands Libraires Jurez. Voici ce que porte la Conclusion de l'année 1567. le 12. Janvier, au Recueil page 31. *Universitas unanimi consensu Librarios & Impressores censet mittendos ut in Officinis suis tabellas ponant, quibus pretium suorum Librorum appareat. Juxta Universitatis antiquum Decretum.* Or cet ancien Decret de l'Université se lit dans le Statut de 1342. où il avoit été reglé qu'ils mettroient prés de la Fenêtre, ou de la porte de leurs Boutiques, le memoire de la taxe que les quatre Priseurs de Livres auroient imposée. *Item quod quilibet habeat tabulam de pergameno scriptam in bona litera & patente positam ad fenestram, in qua scripta sint omnia exemplaria quibus utitur, & quæ ipse habet cum pretio taxationis eorum.*

Et même on voit quelques Catalogues imprimez, où par le soin de ces quatre Officiers, le prix avoit été mis à tous les Volumes. Dans le Procés que l'Université eût avec les Libraires en l'année 1652. elle fit une Production de ceux de Louis * Tiletan, de Renaud Chaudiere & de Chrétien Vvechel, imprimez les années 1546. 1552. & 1562. Celui de Simon de Colines, où est aussi le prix à chaque Livre, se garde dans la Bibliotheque de Sorbonne. Son Nouveau Testament en Grec n'y est taxé qu'à douze sols; en Latin six sols. Ce Concile de la Province de Sens si bien imprimé *in fol.* 1529. trois sols: le Dictionnaire de Montholon intitulé. *Promptuarum Juris* 1520. en deux Volumes *in fol.* 50. sols. On y garde aussi celui de Robert Etienne Imprimeur du Roi. Il ne vendoit un Psautier Hébreu que sept sols; un Virgile en grosses Lettres y est taxé cinq sols, en petites Lettres deux sols six deniers. Le Breviaire de Sens huit sols, de Senlis dix sols, de Chartres douze sols; le Messel de Cambray dix-huit sols, de Chartres trente-cinq sols, de Meaux quinze sols, de Nevers trente sols, de Poitiers quinze sols. Les Livres du Digeste, ou les Pandectes quarante sols. Sa Bible *in fol.* de l'année 1532. (qu'il imprima sur les Manuscrits des Abbayes de S. Germain des Prez & de S. Denys, & sur ceux de la Bibliotheque de Sorbonne) n'y est taxée qu'à cent sols; la même qui a été venduë en nos jours plus de dix écus.

Celui qui a les Pandectes de Gesner, y verra au treiziéme

* Voyez le Recueil d'Actes: dans les Repliques, page 31. dans la Réponse, page 11. dans le Sommaire, page 8.

Livre, page 165. de l'Edition de Zurich 1548. le Catalogue des Livres imprimez par Chrétien Vvechel avec le prix qui y fut taxé. La Genese en Hébreu y est prisée quatre sols: l'Exode quatre sols : la Liturgie de S. Chryfostome en Grec & en Latin, un sol six deniers : la Poëtique d'Ariftote en Grec, un sol. Les Harangues de Demofthenes & d'Efchynes en Grec, cinq sols : la Grammaire Grecque de Nicolas Clenard, deux sols. Ce même Auteur Gesner dit à la page 96. de sa Bibliotheque, impreffion de Zurich 1583. que le Volume des Epîtres de S. Augustin imprimé à Paris ne s'y vendoit de son tems que huit sols. L'Univerfité prit foin particulierement de faire mettre le prix aux feuilles imprimées, qui fervoient aux Ecoliers dans les Claffes. Quand Charles IX. fit son Edit de Gaillon l'année 1571. elle y fit regler & fixer une certaine taxe, laquelle même feroit diminuée selon l'Avis de l'Univerfité & des vingt-quatre Jurez,
„ lors qu'il y auroit lieu de le faire. [Ne pourront lefdits
„ Libraires vendre la feuille des Livres de Claffe en Latin
„ de groffe lettre, fans Commentaire ni Grec, plus de
„ trois deniers : le Grec, plus de six ; & autres Livres de
„ menuës lettres, ou de plus grand papier que celui de
„ Claffe, au prorata. En forte, que advenant que lefdits
„ Libraires ayent meilleur marché des journées & falaire
„ des Compagnons, feront tenus de diminuër le prix des
„ Livres, felon l'Avis du Recteur, Doyens, Maîtres & vingt-
„ quatre Libraires Jurez de l'Univerfité.] Aux Ordonnances de Fontanon, page 475.

Si on vouloit remettre l'Univerfité en poffeffion du droit dont elle a joüi autrefois : Si on lui permettoit de reprendre le foin qu'elle avoit de faire taxer chaque Livre à un prix raifonnable par quatre de ses Libraires Jurez : ou bien si les fages Magiftrats, qui font des Reglemens si utiles & si avantageux fur plufieurs points de Police, en vouloient eux-mêmes faire quelques-uns pour le prix des Livres, les gens de Lettres, qui épuifent leur efprit par l'étude, ne fe verroient pas obligez d'épuifer encore leur bourfe, & d'acheter les Livres à un prix exceffif. Le Correcteur de l'Imprimerie de Plantin Corneille Kilian nous reprefente le Libraire étant à son Bureau, ou sur le pas de sa porte, qui voit de loin les hommes de Lettres venir dans sa Boutique : alors il lui fait tenir un discours qui n'est point une fiction, mais une verité que l'on n'apprend que trop par l'experience ; & lui fait dire, qu'ils seront bien reçûs pourvû que leur bourse soit pleine, & qu'ils veulent acheter ses Livres cherement. Le sçavant Lecteur ne sera point fâché de voir ici son Epigramme entiere qui est dans le *Theatrum Vitæ humanæ* de Laurens Beyerlinch. au Tome 7. page 328.

BIBLIOPOLA.

Ille ego signatis qui Libros distraho numis
  Nomine non Latio Bibliopola vocor.
Ad me concurrit morosa caterva Sophorum ;
  Et coëmit sectæ dogmata quisque suæ.
Seu sit Aristotelis sectator, sive Epicuri,
  Seu sit Pythagoræ, sive Platonis amans :
Nemo horum invisus nostræ intrat limina portæ :
  Nulli horum Libros nostra Taberna negat ;
Si mercem carè caram sibi comparat emptor,
  Et largus pretium munificè numeret.
Hùc properate quibus distenditur ære crumena,
  Et cerebrum variis atteritur studiis.
Vobis res dabitur tenui mandata papyro :
  Vos nobis perà promite quam geritis.
Quid sciolo prodest Librorum multa supellex,
  Si neget auspicium Dia Minerva suum ?
Bibliopola quidem non mentis acumina vendit ;
  Sed vendit Cotes. his acue ingenium.

Aujourd'hui la seule regle de la valeur d'un Livre, c'est la volonté du Libraire : selon qu'il est d'humeur, il vaut plus ou il vaut moins. Et on ne voit plus presentement sur les nouvelles Editions ces petits jeux de Vers, que les anciens mettoient à leurs Impressions, pour inviter les personnes studieuses & sçavantes à les venir acheter à bon marché. En l'année 1487. Jean Carcain fit imprimer *in fol.* la Dialectique de Buridan, avec les Commentaires de Jean Dorp. Il fit mettre sur cette Edition, & sur la seconde qu'il fit en 1493.

Eia age, & exiguis eme docta Volumina nummis.
Atque cupita brevi culmina calle pete.

Le premier des Imprimeurs de Paris Ulric Gering, qui donna en trois Volumes *in fol.* le Corps de Droit Canonique avec les Gloses, mit sur le Sexte de l'année 1500.

Ne fugite ob pretium dives pauperque, venite.
Hoc opus excellens venditur are brevi.

Thielman Kerver mit aussi ces deux Vers au Sexte, ou troisiéme Tome de ce même Ouvrage, qu'il réduisit à la forme d'*in quarto* l'année 1505. Ces Livres, comme on sçait, imprimez rouge & noir, sont d'une tres-grande dépense. Bertholde Rembolt imprima l'année 1509. *in fol.* l'Ouvrage de S. Bruno sur les Pseaumes, avec ce Distique:

Istas Bertholdus merces non claudit avarus;
Exiguis nummis has studiose geres.

Il imprima les Livres de Droit Civil *in fol.* rouge & noir. Ce qui ne se peut faire qu'avec grande peine, & avec grands frais. Cela ne l'empêcha point d'avertir qu'ils coûteroient peu d'argent; ainsi qu'on apprend par ces deux Vers qui sont sur l'*Infortiatum* de l'année 1515.

Hoc tibi praeclarum modico patet are volumen,
Abstersum mendis non sine Marte suis.

Jean Petit un des Libraires qui fit mettre le plus de Livres sous la Presse en son tems, imprima environ cette même année *Theorica Planetarum* de George Purbach, avec les Commentaires de Sylvestre *De Prierio*, & l'Astronomique de Jacques Fabry d'Etaples; où on lit:

Nunc igitur clarum, polles qui mente, volumen
Exiguo volvas quod datur are. Vale.

Et sur le Livre des Ecrivains Ecclesiastiques composé par l'Abbé Tritheme, Edition que fit ce Libraire l'année 1512. *in 4°.* étant associé avec Rembolt.

Hoc igitur modico, sed justo quare volumen
Ære, dabit gratis cætera Chalcographus.

Chevalon associé avec Gilles Gourmont, le premier Imprimeur de Paris en Lettres Grecques & Hébraïques, imprima l'année 1518. *in fol.* les Opuscules du Docteur Almain. Un autre Docteur nommé Olivier de Lyon, qui fut Grand Maître du College de Navarre, voyoit & corrigeoit les feuilles. Il avertit les Lecteurs de remercier ces genereux Libraires de la belle Impreſſion du Livre, & du grand marché qu'ils en faiſoient. *Gratias agant Claudio Chevalon & Ægydio Gourmont, qui pulchris Typis & Characteribus Impreſſum opus vili dant pretio.* François Tiſſard, qui fit imprimer les premiers Livres Grecs de Paris, excita les gens d'Etude à les acheter par le bon marché qu'en faiſoit Gilles Gourmont. Il dit dans la Préface qu'on voit au premier Livre Grec imprimé, dont nous avons parlé dans la 3. Part. ch. 2. pa. 248. *Comparate itaque vobis, comparate.... ſed pretio tantillo, adeout marſupia veſtra ne pauxillùm quidem depragnaſcant, adeout ne etiam minimùm detumeſcant.* Et un des Ecoliers de ce ſçavant Evêque Auguſtin Juſtiniani, Profeſſeur de la Langue ſainte dans le College de Reims, qui fit établir la premiere Imprimerie Hébraïque dans l'Univerſité de Paris, nous apprend que les Livres Hébreux, qui furent imprimez par Gilles Gourmont, ne ſe vendoient pas cher. Il dit à ſon illuſtre Maître dans l'Epître dédicatoire qui eſt au Livre de Ruth imprimé en Hébreu *in* 4°. l'année 1520. *Libros quos ſibi quiſque parvo ære mercari poterit, primus formandos curaſti.* Galiot Dupré imprima *in fol.* l'année 1520. les neuf Livres de la Republique compoſez par François Patrice Evêque de Caiette ; on y lit :

Pande gravem modico bona pubes aſſe crumenam.
Optimus exili venditur ære Liber.

Robert Etienne imprima une Epigramme ſur la ſeconde Edition de ſon Dictionnaire Latin, en deux Volumes *in fol.* l'année 1543. dont voici les derniers Vers :

Immenſum modico venumdatur ære volumen.
Uberior fructus. Conſule quæque boni.

Et c'eſt une loüange qu'on a donnée à ce grand Imprimeur, qu'il n'étoit point avare ni ſordide : mais que les pauvres Ecoliers trouvoient chez lui de bons Livres bien imprimez & à bon marché. C'eſt Jean d'Aurat qui parle dans cette même Epître que nous avons citée dans le 2. chap. de la 3. Partie, page 257.

non enim tu Arti tuæ

Statuis avarè & sordidè
Pretium: leves quod sacculos exhauriat
Scholasticorum pauperum:
Tuam frequentant qui tabernam plurimi
Plenam bonarum mercium:
Emptos ut illinc quàm licet parvo Libros,
Quibus opus ipsis, auferant.

Enfin pour ne point ennuyer par trop de Citations, Hierôme de Marnef dit dans son Edition de Titelman sur le Livre de Job faite à Paris l'année 1550. *in* 8°. *pretio quidem vili constat.*

Qui est le Libraire qui oseroit aujourd'hui mettre de semblables Distiques sur les Livres qu'il fait imprimer? En voiton qui donnent ainsi leur parole publiquement, qu'ils vendront leurs Editions à un prix modique? Quand le Prevost de Paris Gabriel Biron Seigneur d'Allegre, donna permission à Bernard Aubry, d'imprimer un Traité de Logique intitulé: In prædicabilia Porphyrii, composé par Jean Dullaert, ce grand Magistrat, l'ami des Ecoliers & des gens d'Etude, mit dans sa Permission cette clause, qu'il accordoit l'Impression du Livre pour trois ans, *pourvû que ledit Aubry vende ledit Livre à prix raisonnable & non excessif.* Cela est ainsi marqué sur l'Imprimé *in fol.* de l'année 1521. qui se garde dans la Bibliotheque de Sorbonne. Et dans l'Article 28. du Statut de 1649. le Roi veut que les gens de Lettres,
" [ayent les Livres bien imprimez & bien corrects, & à
" prix raisonnable. Pour cet effet, nous défendons aux Li-
" braires de vendre plus cherement les vieux Auteurs qu'-
" ils réimprimeront sous prétexte de la grace & Privilege
" qu'ils obtiendront de nous. Ains leur enjoignons de les
" bailler selon le prix des autres Livres.]

Je ne ferai ici que copier ce que l'Université de Paris a produit au Procés devant un des Juges & Commissaires nommez par le Roy, M. de Harlay Conseiller d'Etat, sur la supputation faite par des Imprimeurs sinceres, c'est dans son Mémoire imprimé avec une Addition aux Griefs signée, *Le Sourd Recteur*, à present Curé de S. Paul, & contresignée de son Avocat *Varenne*. On lit dans le troisième
Grief

» Grief ces paroles, page 3. [Un Dictionnaire Historique
» de Morery, dont l'Impression & le papier ne peuvent re-
» venir qu'à douze francs pour le plus, se vend quarante-
» cinq livres en méchant papier, & soixante & quinze liv.
» en papier un peu plus blanc, quoiqu'il n'y ait que la dif-
» ference du papier qui le rende plus cher. Les Religieux
» & Religieuses de S. François, sont contraints d'acheter
» leur Breviaire quinze livres ; le papier & l'impression n'en
» reviennent qu'à quatre livres. S'il est *in folio*, il coûte
» cinquante livres, & il ne revient pas en tous frais à dix
» Livres. On peut juger des autres Livres à proportion.]

Il est vrai que les plaintes qui se font aujourd'hui universellement du prix excessif des Livres, ne doivent point tomber sur l'Imprimeur, ni sur les Ouvriers de la Librairie. Mais
il est arrivé de ce grand Art comme de plusieurs autres, où
il faut beaucoup de travail & d'industrie, que ce ne sont
point ceux qui en ont le secret & toute la peine qui en rem-
portent le gain. La loüange de cette belle Invention & si
commode, qui fournit les Bibliotheques de toute sorte de
Livres bien imprimez & bien reliez, est dûë sans doute à
l'Imprimeur & au Relieur. Cependant ce n'est ni l'un ni
l'autre que l'Art enrichit ; c'est quelquefois celui qui ne sçait
pas seulement assembler un mot, ni dresser une ligne d'Imprimerie, moins encore couvrir un Livre : c'est ordinairement le Marchand qui tire tout le profit. Si diligent que
soit l'Imprimeur & si éclairé, si laborieux que soient ses
Ouvriers, ils ne gaignent à peine que pour vivre. Quant
au Relieur, on prend garde de si prés à sa récompense,
qu'on le réduit à un tres-petit gain : & on sçait qu'il y a des
gens si injustes, qu'aprés être convenus du prix pour chaque Volume, quand on leur en a rendu un nombre, ils di-
minuënt encore de la somme totale. L'injustice qu'on fait
à cet Ouvrier, est cause que les Livres sont legerement façonnez ; parce qu'il ne peut fournir à toute la dépense necessaire pour faire un ouvrage solide & de durée. Si l'Université étoit rétablie dans ses anciens droits, elle empêche-
roit bien ce desordre : c'est une sage Mere qui obligeroit
bien ses enfans à vivre les uns avec les autres dans les ro-

gles de l'équité. Corneille Kilian, qui servoit de Correcteur chez Plantin, ne s'est point avisé de faire d'Epigramme sur le sort infortuné du Relieur ; c'est que de son tems on agissoit plus legalement avec lui ; mais il en a faite une de seize Vers sur celui de l'Imprimeur, que le Marchand réduit à être son Mercenaire, & à lui ceder le profit qui vient de son Art. Nous la tirons de la page 317. du Livre cité ci-dessus de Beyerlinch.

TYPOGRAPHUS MERCENARIUS.
Arte meâ varias excudo Typographus Artes,
Ars tamen hac tenues Artifici addit opes.
Rite characteres ad justam dirigo normam,
Constet ut ex aquis pagina versiculis.
Incisas nigrâ fuligine tingo figuras:
Callosâ prelum volvo trahoque manu.
Ecce iterum hesternus mihi adest labor actus in orbem:
Quas struxi formas destruo, & inde struo :
Diruo & ædifico : Vigilatas transfigo noctes,
Sollicitum cruciat cura, premitque labor.
Verùm quid prosunt cura durique labores,
Cum misero pateat semita nulla lucri ?
Noster alit sudor numatos & locupletes,
Qui nostras redimunt, quique locant operas :
Noster alit sudor te Bibliopola tuique
Consimiles, quibus est vile laboris opus.

On a ouï quelquesfois des Libraires répondre sur ce sujet de l'Imprimeur, que s'ils ont tout le gain de l'Art, c'est avec juste raison; que ce sont eux qui forment le Corps de la Librairie; qu'ils sont établis auparavant les Imprimeurs, & que ceux-ci ne sont que les derniers venus. On tombe d'accord qu'il y avoit des Libraires avant qu'on eût inventé les Poinçons, les Matrices, & les Lettres de métal : mais il n'y en avoit point auparavant les Ecrivains de Livres, qui étoient appellez *Stationarii*, comme on a vû dans le Statut de 1342. page 304. Ces Ecrivains, sans doute, étoient dans les siécles passez la base & le fondement de toute la Librairie, ainsi que sont aujourd'hui les Imprimeurs. Or qui ce qui ignore que les Imprimeurs ont succedé aux Ecrivains, & qu'ils ne font aujourd'hui avec leurs Presses, que ce qu'ont fait dans les premiers tems les Ecrivains avec leurs plumes ? Il ne faut que lire l'Edit d'Henry III. du 30. Avril 1583. à la page 478. des Ordonnances de Fontanon. *Auparavant que l'Art d'Imprimerie eût été inventé il y avoit grand nombre d'Ecrivains qui étoient censez & reputez du Corps de l'Université de Paris : & depuis que ledit Art d'Imprimerie a été mis en lumiere, les Imprimeurs ont succedé au lieu des Ecrivains, & ont toûjours été autant ou plus qualifiez que lesdits Ecrivains, &c.*

Nous ne prétendons point par toutes ces choses que nous venons de dire, toucher aux honnêtes Marchands qui font le trafic des Livres avec honneur & avec conscience, qui se font aimer des Ouvriers, & honorer des gens de Lettres par leur bonne conduite ; nous ne parlons que de ceux qui sont déraisonnables, avares, & insatiables dans le gain.

Il n'est pas libre en Espagne, ni en Portugal à aucun Libraire, de vendre le Livre qu'il a fait imprimer, à tel prix qu'il veut. Il faut le porter à la Police au Conseil du Roi, où l'on regle le prix qu'il doit valoir ; & il est obligé de mettre ce prix taxé au commencement du Volume. Voilà pourquoi on voit presque toûjours au second ou troisiéme feüillet en titre *Tassa*. C'est cette Ordonnance de la Police qui marque combien chaque feüille coûte de Maravedis, & combien le Livre contient de feüilles : d'où il resulte la somme totale que doit coûter le Livre en feüilles. Par exemple, sur les Conciles d'Espagne de Garsias Loaysa imprimez à Madrid *in fol.* l'an 1593. on voit en titre au second feüillet
» *Tassa*, & puis ces mots au-dessous. [Yo Pedro Zapata
» del Marmol, Escrivano de la Camera de su Magestad doy
» fée que per los Señores del Conseio fue tassado el Libro
» que el Doctor Garcia de Loaysa Escrivio de los Concilios de España à quatro maravedis y medio cada pliego,
» y a este pretio, y no mas mandaron se venda y que esta
» tassa se imprima en el pliego primero de cada Libro,&c.]
La taxe se lit quelquefois en abregé seulement de cette maniere sur les Ouvrages en Espagnol de Ribadeneira, impres-

» sion de Madrid *in fol.* 1605. [Tiene este Tomo de las obras
» del Padre Pedro de Ribadeneyra 362. pliegos, losquales
» conforme à su tassa en papel monta mil y ciento y qua-
» renta y siete maravedis, que son treinta y quatro reales
» menos nueve maravedis.]

Richard de Bury Evêque de Durham écrivoit il y a plus de trois cens ans dans le troisiéme chapitre de son *Philobiblion*, qu'à quelque prix qu'on vende les Livres, il faut les acheter, par la raison que la science & la sagesse qu'ils renferment étant d'une valeur infinie, quelqu'argent qu'on donne, ce n'est point acheter cherement. *Qualiter probabitur carum esse commercium ubi bonum emitur infinitum?* La passion qu'il avoit de faire une Bibliotheque le portoit à les acheter à tout prix, & à ne jámais les revendre. Ce qu'il croyoit fondé sur l'Ecriture, alleguant ce passage du 23. Chap. des Proverbes contre son veritable sens : *Veritatem eme & noli vendere sapientiam.* Si la doctrine de ce sçavant Evêque flatte d'un côté la cupidité des Libraires, elle ouvre de l'autre un chemin pour échapper aux prix outrez qu'ils imposent aux Livres, quand il y apporte ce temperament ; qu'on peut quelquefois differer l'achat pour se parer contre l'injustice du Vendeur, & pour attendre le tems où il sera réduit à se contenter d'un plus petit gain. *Nullam videlicet debere caristiam hominem impedire ab emptione Librorum cum sibi suppetat quod petitur pro eisdem, nisi ut obsistatur malitiæ Venditoris, vel tempus emendi opportunius expectetur.* Si les gens de Lettres pouvoient s'accorder ensemble sur ce point, ce seroit un conseil à suivre dans ce tems, où l'on voit le prix arbitraire dominer sur les Livres. Car on a l'experience par la derniere Edition des Conciles qui se fit à Paris l'année 1671. que ceux qui attendirent quelque tems, acheterent cette Impression plus de deux cens livres moins que les autres, qui donnerent d'abord leur argent, & à qui elle fut venduë quatre cens livres.

La verité néanmoins nous oblige de dire que ce n'est point toûjours le Libraire qu'on doit accuser quand on achete un Livre cherement. Et ce n'est pas le seul Marchand qui se laisse aller à un esprit d'avarice. C'est aussi quelque fois celui qui a le mieux écrit contre ce vice ; je veux dire, que c'est quelquefois un Auteur trop interessé à qui on doit s'en prendre ; & qui pour avoir tiré une somme considerable du Libraire, est cause qu'on ne peut avoir un Livre à un prix raisonnable ; conduite, à mon avis, peu digne d'un homme de Lettres, qui ne doit être animé quand il compose, que de la vûë d'un bien public. Le commerce qu'il fait de sa plume, & dans lequel il ne se propose que le gain, rabbaisse sa qualité à celle d'un Negotiant, & ce n'est plus qu'une ame commune, agitée d'une basse idée de gagner de l'argent. On sçait des preuves de ce que je dis. Il est vrai que les Libraires doivent agir honnêtement avec les Auteurs qui leur ont mis en main de bonnes Copies, & qu'il est de leur devoir de donner des témoignages de gratitude à ceux qui les ont enrichis par leur travail. Mais aussi les Auteurs ne doivent point par leurs exactions sordides rendre les Libraires odieux, ni faire declamer contr'eux dans le public.

Il y a encore une chose que nous devons faire remarquer à la décharge des Libraires. Il faut avoir égard si leurs Editions ont cours & se débitent ; autrement il n'y a point lieu de les accuser, & alors ils perdent plûtôt que de gagner. On en a un exemple dans les deux premiers Imprimeurs de Rome Arnoul Pannarts & Conrard Svveynhem, qui furent ruïnez par cette raison ; comme on a vû dans le Chap. 7. de la seconde Partie, page 199.

Il nous reste la septiéme proposition, que les Libraires ne doivent exposer en vente aucuns Livres touchant les mœurs & la Religion, qu'aprés avoir été vûs & approuvez de l'Université, ou au moins de la Faculté de Théologie. On en sera persuadé par les Edits & les Arrests que nous allons citer. En l'année 1521. François I. fit une Ordonnance, qui fut apportée dans l'Assemblée de l'Université tenuë le 13. Juin ; par laquelle il défendoit aux Libraires d'imprimer, de vendre & débiter aucun Livre qui n'eût été auparavant visité & approuvé par l'Université & la Faculté de Théologie. Le Registre porte : *Lectum est quoddam Regis mandatum prohibitorium ne Librarii aut Typographi venderent, aut ederent aliquid nisi auctoritate Universitatis & Facultatis Theologiæ, & Vi-*

sitatione facta. *La Faculté fait mention des Edits de François I. sur ce sujet, dans l'Avis qu'elle donna du tems de Henri II. contre une Requeste presentée au Roi par quelques Libraires. [Lesdits Supplians ont imprimé les Li-
„ vres sparsez d'Hérésies, contenus audit Catalogue, con-
„ tre & au contempt des Edits du Roi François, que Dieu
„ absolve, & des Arrests de la Cour, par lesquels leur é-
„ toit défendu, sur peine de confiscation de corps & de
„ biens, de ne imprimer Livres concernant la sainte Ecri-
„ ture, commentez, ou scoliez, qu'ils ne fussent visitez
„ & approuvez par la Faculté.] Nous avons parlé de cet Avis ci-dessus.

* Histor. Universit. Paris. To. 6. pa. 118.

Au Recueil d'Actes que nous avons cité tant de fois, sont joints ordinairement quelques Ecrits que l'Université fit imprimer en l'année 1652. sur le different qu'elle eût avec les Libraires; l'un est intitulé, *Repliques de l'Université*; l'autre, *Réponse aux moyens d'Opposition*. Un autre *Sommaire, &c.* On trouve dans les Repliques pages 8 & 9. deux Arrests de la Cour: le premier rendu le 18. Mars 1521. *Curia prælibatis Impressoribus sub pœnâ 500 librarum ac bannimenti (inhibet) ne Libros in vulgari aut Latino fidem Christianam continentes, aut interpretationem Scripturæ sacræ imprimant, quin prius illi per Facultatem Theologiæ, aut illius Deputatos visi fuerint ... nec aliquid pro illorum visitatione capiendo.* Le second, semblable au premier, rendu à la Chambre des Vacations le 4. Novembre de la même année. *Mandamus suprà dictis Impressoribus sub pœna 500 librarum .... ne Libros in vulgari aut Latino fidem Christianam, & interpretationem sacræ Scripturæ continentes imprimant, quin prius illi per Facultatem Theologiæ, aut illius Deputatos visi fuerint.*

Ce fut conformément à ces Arrests, que ce sage Tribunal, avant que de permettre l'Impression des Paraphrases d'Erasme sur S. Marc & S. Luc, ordonna le 7. Janvier 1523. à Conrard Resch Libraire Juré, qui demandoit cette Permission, *que ledit Livre sera montré & communiqué aux Recteur, Doyen, & Faculté de Théologie de ladite Université de Paris; pour eux ouïs en ordonner comme de raison.* La Faculté fit si bien son devoir, qu'elle censura enfin ces Paraphrases, comme on sçait. Voilà pourquoi quand Claude Chevallon voulut faire-paroître en public l'Impression qu'il avoit faite *in 8°.* aux dépens de Jean Petit l'année 1528. du Commentaire Latin sur la Genese de Guillaume Pepin, il mit cet avertissement au second feüillet, Que le Livre étoit approuvé par la Faculté de Théologie, & qu'il avoit eu sa permission pour l'imprimer. *Quoniam cautum est nuper, ne quid novum Typis invulgetur, præsertim ad sacras Literas attinens, quod non prius sacra Theologiæ Facultas approbaverit, Censuræ Theologorum Libellum hunc subjecimus, quem illi nobis imprimendum, quippe ut Catholicum ac quàm maxime frugiferum, permiserunt.* Et quand le Roi François I. donna des Lettres d'Imprimeur Royal en Grec à Conrard Neobaire, ce fut à certaines conditions, dont l'une étoit; Que ce qu'il imprimeroit des Lettres humaines, seroit vû par les Professeurs Royaux de ces Sciences; ce qu'il imprimeroit sur la Religion, seroit approuvé des Docteurs. *Sic enim fiet ut tam sacrosanctæ Religionis sinceritas à superstitione & hæresi, & morum candor ac integritas à labe & vitiorum contagione vindicetur,* dit ce Prince dans ses Lettres en datte du 17. Janvier 1538. au Volume 11865. de la Bibliotheque du College Mazarin.

Henri II. a fait deux Edits regiftrez au Parlement, touchant cette Approbation des Livres qui traitent de la Religion. L'un donné à Fontainebleau le onziéme jour de Decembre 1547. rapporté dans les Ordonnances de Rebuffe,
" page 302. [Disons, ordonnons & défendons, que par
" ci-après aucuns Libraires ni Imprimeurs, n'ayent sous
" peine de confiscation de corps & de biens, à imprimer
" ni vendre & publier, ou faire vendre aucuns Livres con-
" cernant la sainte Ecriture, & mêmement ceux qui sont
" apportez de Geneve, Allemagne, & autres lieux Etran-
" gers, que premierement ils n'ayent été vûs, visitez &
" examinez de la Faculté de Théologie de Paris.] L'autre donné à Châteaubriant le 27. Juin 1551. rapporté au même
" endroit, page 293. Il dit *Article* 10. [Semblablement est
" défendu ausdits Imprimeurs d'imprimer ni vendre au-
" cuns Livres nouvellement translatez du Viel & Nouveau
" Testament, & aussi des anciens Docteurs de l'Eglise,

» fans que premierement ils n'ayent été vûs par ladite Fa-
» culté de Théologie de Paris. *Article* 11. Ne fera imprimé
» ni vendu aucuns Livres, comme Scolies, Annotations,
» Tables, Indices, Epitômes & Sommaires concernant la
» fainte Ecriture, & Religion Chrétienne, faits & com-
» pofez depuis quarante ans en ça, en Latin, Grec, Hé-
» brieu, & autres Langues, même Françoife, que premie-
» rement ils n'ayent été vûs & vifitez : c'eſt à ſçavoir ceux
» qui font imprimez és Villes de Paris, Lyon, & autres
» circonvoifins dudit Paris, par la Faculté de Théologie
» dudit Paris, &c. *Article* 12. En défendant tres-expreffé-
» ment à toutes nos Cours de Parlement, Maîtres des
» Requeſtes, & autres gardans les Sceaux de Chancel-
» lerie, Juges Préfidiaux, & autres nos Officiers & Magi-
« ſtrats, quels qu'ils foient, de donner par ci-après aucu-
» ne permiſſion d'imprimer Livres, que premierement
» ceux qui demandent ladite permiſſion, n'ayent Certifi-
» cation defdites Facultez de Théologie, que leſdits Livres
» ont été vûs & approuvez defdites Facultez.'. . . . . .
» icelles Facultez certifieront que lefdirs Livres font bons,
» legitimes, & fans vice, & comme tels les approuveront;
» laquelle Certification fera enregiſtrée au commencement
» defdits Livres avec ladite permiſſion.] Ce Prince en
execution de ces Edits, accorda le 11. Janvier 1553. à Michel Vafcofan un Privilege général pour les Livres qu'il imprimeroit dans la fuite, où il fit mettre cette clauſe: *A l'Impreſſion defquels ne pourra ledit Vafcofan aucunement proceder,
que préalablement n'ayent été vûs & viſitez par la Faculté de
Théologie de Paris, ou ceux qui feront députez par icelle, fuivant
nos Ordonnances;* ainſi qu'on lit fur le S. Juſtin traduit en
François par Jean de Maumont, imprimé *in fol.* 1559. &
fur l'Hiſtoire de Zonare traduite par le même Auteur, &
imprimée *in fol.* 1561.

Charles IX. donna fon Edit, datté de Paris le 16. Avril
1571. verifié en Parlement le 7. Septembre fuivant, rapporté aux Ordonnances de Neron, page 513. de l'Edition
de Paris 1666. où eſt l'Article 10. *Défendons auſſi l'Impreſſion
en nôtre Royaume de tous nouveaux Livres, fans nôtre permiffion*

ſion par Lettres de nôtre grand Seel, auſquelles ſera attachée la Certification de ceux qui auront vû & viſité le Livre ; c'eſt-à-dire, des Docteurs en Théologie ; ainſi que ce Prince avoit déja ordonné dans un Arreſt de ſon Conſeil d'Etat tenu à Paris le 17. Septembre 1569. qui eſt dans les Regiſtres de la Faculté, & qu'on trouve imprimé à la page 32. du Livre cité ci-deſſus, *Collectio gravium Auctorum, &c.* [Défend auſſi ſur les mêmes peines (de punition corporelle & amende arbitraire) auſdits Imprimeurs & Libraires, tant de cette Ville de Paris, qu'autres, quelque Privilege ou Permiſſion qu'ils puiſſent avoir, d'imprimer d'oreſnavant aucun Livre nouvellement compoſé, ou traduit en quelque langue que ce ſoit, concernant la Foi ou Religion, que préalablement ledit Livre n'ait été vû & viſité par quatre Docteurs en la Faculté de Théologie de Paris, à ce par elle commis, & par eux certifié n'y avoir rien en icelui contraire à la doctrine de l'Egliſe Catholique : laquelle Certification ſera inſerée au commencement du Livre.] Le Roi Henri III. faiſoit obſerver les Edits de ſes Prédeceſſeurs. Et quand il accordoit un Privilege d'Impreſſion pour un Livre de Théologie, c'étoit après avoir vû l'Approbation des Docteurs, comme on apprend par l'Edition du Catechiſme de Pierre Caniſius, faite à Paris *in fol.* 1579. avec le Privilege accordé à Thomas Brumen Libraire, où on lit, *Nous a expoſé qu'il a recouvert une copie d'un Livre intitulé,* Opus Catechiſticum, *laquelle copie auroit été vûë par Docteurs de la Faculté de Théologie, leſquels auroient trouvé icelui digne d'impreſſion, & profitable au bien public.* Et quand Henri IV. fit à Nantes ſon Edit de Pacification au mois d'Avril 1598. il y mit l'Article 21. qui défend l'impreſſion & la vente des Livres concernant la Religion prétenduë Réformée en d'autres lieux que dans ceux où l'Exercice public en étoit permis. Et ajoûte: *Et pour les autres Livres qui ſeront imprimez ès autres Villes, ſeront vûs & viſitez tant par nos Officiers, que Théologiens ; ainſi qu'il eſt porté par nos Ordonnances.* Sur lequel Article de ſçavans Juriſconſultes François, entr'autres Louïs Charondas & Jean Tourner, ont fait cette Notte, qu'on lit dans le Code Henri, feuillet 50.

D'autant que les Livres de la Religion sont de plus grande importance pour l'Eglise & pour l'Etat, ils doivent tant plus religieusement & exactement être examinez, & censurez par les Théologiens, qui en sont les vrais Juges, avant qu'être publiez & imprimez, comme le Senat Romain ordonna des Livres de Numa. Et le Conseiller du Présidial de Besiers M. Bernard, qui a fait une Explication de cet Edit de Nantes, imprimé *in* 8°. par Vitré l'année 1666. dit sur cet Article 21. *Le reste de nôtre Article regarde une obligation génerale qu'ont tous les Sujets de sa Majesté d'avoir l'Approbation des Docteurs, & consentement des Officiers, pour faire imprimer & vendre des Livres. Ce qui est conforme aux Ordonnances Royaux, & ne doit pas être expliqué davantage.*

Enfin LOUIS LE GRAND, a crû devoir approuver tant d'Edits, d'Ordonnances & d'Arrests. Il les confirma dans son Edit donné à Paris au mois de Septembre 1651. cité ci-dessus. [Et parce qu'il n'y a point de plus prompt moyen d'empêcher le cours des erreurs & doctrines contraires à la Religion & bonnes-mœurs, qu'en executant les Edits & Reglemens faits sur ce sujet, voulons & ordonnons que l'Edit fait à Fontainebleau le 11. Decembre 1547. & celui de Châteaubriant du 27. Juin 1551. verifiez, soient executez selon leur forme & teneur. Faisons tres-expresses inhibitions & défenses à tous Imprimeurs & Libraires d'imprimer, ou faire imprimer, vendre, ou publier aucun Livre concernant la Religion, ou les mœurs, mêmement exposer en vente, ou débiter ceux qui sont apportez des Païs étrangers, que premierement ils n'ayent été vûs, visitez & examinez de la Faculté de Théologie; & ce sous les peines portées par icelui Edit du 11. Decembre 1547.]

Aprés toutes les choses que nous avons dites jusques ici, nous croyons avoir assez établi la verité de nos sept propositions. Il reste quelques Remarques que nous ajoûterons, d'où il paroîtra encore que la Librairie n'étoit pas indépendante de l'Université. Charles IX. étoit si persuadé que l'Université de Paris avoit superiorité & direction sur la Librairie, qu'il ne voulut point faire son Ordonnance pour la Reformation de l'Imprimerie, qu'il n'en eût communiqué les Articles au Recteur, & que le Recteur ne les eût jugez utiles & necessaires, ainsi que porte en termes exprés l'Edit de Gaillon cité de l'année 1571. *Ayant été vûs par les Recteur, Regens, & principaux Suppôts de nôtre Université de Paris, & par eux trouvez utiles & necessaires*, dit ce Prince aux Ordonnances de Fontanon, page 473. & la Cour de Parlement en l'année 1614. ne voulut point aussi juger d'une affaire qui regardoit la Direction de la Librairie, qu'aprés en avoir donné connoissance à l'Université, & avoir pris son avis sur certains Reglemens qu'on proposoit de faire, page 43. du Recueil d'Actes. *Rector & Universitas Parif. amplissimi Senatus Decreto obsequentes examinaverunt Articulos in supplice libello ipsi Senatui à Bibliopolis, Typographis, & Compactoribus oblato comprehensos, censueruntque imprimis gratias esse agendas amplissimo ipsi Senatui quòd rem eam Rectori & Academiæ Parisiensi statuerit exhiberi, & super propositis Articulis suam ab iis dari opinionem. Deinde, &c.* Ce fut un de ses conseils qu'elle donna alors, Que les fils de Maîtres fussent reçûs sans être obligez à faire aucune dépense pour leur Reception; mais qu'ils seroient tenus de subir l'examen de capacité & suffisance; ainsi que nous avons remarqué ci-dessus.

Le même Edit de Charles IX. dans l'Article 8. défend aux Compagnons de faire aucun travail d'Imprimerie les Fêtes, sinon pour faire chose legere & préparatoire pour le travail du jour suivant: avec cette condition néanmoins, qu'ils ne se feront que *par permission du Recteur ou Doyen de la Faculté, selon la qualité du Livre.* Et dans le Statut de 1649. Article 26. le Roi ordonne que le Recteur aura toute l'inspection sur les Impressions des Despautaires, Dictionnaires, Grammaires, & autres Livres semblables; qu'ils ne seront point vendus qu'aprés que le Recteur aura donné son Certificat, qu'ils sont bien & correctement imprimez.
„ [Les anciens Despautaires, les Dictionnaires, les Gram-
„ maires, & les autres petits Livres de basse Classe, pour-
„ ront être imprimez par tous les Libraires & Imprimeurs,
„ pourvû que le Recteur de l'Université, ou quelqu'un des
„ Regens par lui commis, donne Certificat que lesdits Li-

» vres sont bien correctement imprimez : faute de laquelle
» Approbation pour les uns, & de Certificat pour les au-
» tres, inserez dans lesdits Livres, nous les avons dés-à-pre-
» sent declarez confisquez au profit des Pauvres de leur
» Communauté.]

Le Lecteur décidera de tous les faits que nous avons rapportez dans les Chapitres précedens de cette quatriéme Partie. Chacun s'en formera telle idée, ou en tirera telle conséquence qu'il jugera à propos. Mais nous nous persuadons que ceux qui les auront bien examinez, avouëront de bonne-foi, qu'il est vrai que l'Université a joüi dans les siécles passez, de grands droits sur la Librairie de Paris; qu'il est vrai que les Rois & les Magistrats lui ont laissé pendant plusieurs années la direction & l'autorité sur le Corps des Libraires & des Imprimeurs, par la raison, qu'étant *comme les Instrumens necessaires à la conservation des Lettres & des Sciences, sans laquelle la societé humaine ne peut être entretenuë*; ainsi que parle Charles IX. dans son Édit de 1571. il étoit à propos qu'ils fussent soûmis à cette fameuse Assemblée de Maîtres & de Professeurs, établis pour enseigner publiquement les Lettres & les Sciences.

CHAPITRE VI.

La Faculté de Théologie approuvoit les Livres en deux manieres. Exemples. L'Université jouïssoit du droit d'approuver les Livres long-tems avant l'Hérésie de Luther. Privileges d'Impression donnez par le Roi, par le Parlement, par le Prevost de Paris. Nouvel établissement de Censeurs d'Office pour lire les Livres de Théologie. Lettres Patentes expediées pour ce sujet. La Faculté s'oppose à l'enregistrement. Ses raisons. Censeurs nommez renoncent à leur nomination. Censeurs sont enfin établis. La Faculté se tient dans un silence respectueux. L'Ordonnance de Louis XIII. donne pouvoir au Chancelier de France de commettre telle personne qu'il verra être à faire, pour examiner les Livres. Un Auteur doit donner deux Copies de son Manuscrit. M. le Chancelier peut dispenser de cette loy les Auteurs de merite, & de quelque dignité. L'Université n'a point été dépouillée de son droit par cette Ordonnance. Et quand cela seroit, il a été rétabli par Louis le Grand, *& confirmé par Arrest de la Cour. Un Livre sur la Religion doit être lû par deux sortes de Censeurs. Un au moins des Approbateurs doit être Docteur Seculier. Droit de la Faculté de donner son Avis doctrinal confirmé par le Parlement. Les Docteurs supplient dans une Assemblée avant que d'approuver un Livre. La Supplique est quelquefois rejettée. Exemple. Regle de la Faculté de n'approuver aucune Version Françoise de la Bible ni de l'Office divin.*

PAR la lecture des Edits & des Arrests citez au Chapitre précedent, on voit bien nettement la confirmation du droit acquis à l'Université, & à sa premiere Faculté de Théologie, d'approuver les Livres qui traitent des mœurs & de la Religion. Elle donnoit cette Approbation en ces deux manieres. La premiere, Le Syndic de la Faculté proposoit qu'on députât quelques Docteurs pour examiner un Livre qu'on vouloit faire imprimer. Ces Députez ayant fait leur rapport dans l'Assemblée, & assûré qu'il n'y avoit rien dans le Livre que d'Orthodoxe, la Faculté en faisoit expedier un Acte signé de son Greffier. C'est ainsi que fut approuvé le Livre de *Thomas Vvaldensis* de l'Ordre des Carmes, intitulé *Sacramentalia*, imprimé *in fol.* aux dépens de François Regnault l'année 1523. Ainsi fut approuvé le Livre du Docteur Noël Beda, écrit contre les Commentaires sur S. Paul de Jacques Fabry d'Etaples, & les Paraphrases d'Erasme, qui fut imprimé *in fol.* par Josse Bade l'année 1526. Ainsi fut donnée l'Approbation, au Commentaire sur les Evangiles du Docteur Jean Major qu'imprima *in fol.* le même Bade l'an 1529. En voici la forme qu'on voit sur cet imprimé : *Extractum è Regesto Conclusionum Facultatis sacræ Theologiæ in Universitate Parisiensi. Anno Domini* 1529. *die Sabbathi* 19. *Junii Congregatâ per juramentum Facultate Theologiæ apud Ædem B. Mathurini, auditâque relatione quatuor Magistrorum ejusdem Facultatis per ipsam anteà Deputatorum ad Visitandum Commentarios in quatuor Evangelistas per M. Joann. Majorem ejusdem Facultatis Doctorem recenter factos, post maturam Deliberationem conclusum fuit, quòd ipsa Facultas consentiebat, sicut consensit, ut hujusmodi expositiones prædicti Doctoris earum completâ impressione edantur, & venditioni exponantur. De Mandato D. Decani; ex Ordinatione Facultatis. Jo. Tauvel Bedellus, & Scriba Facultatis Theologiæ.* En ces mêmes termes la Faculté donna son Approbation au Livre du Docteur Hierôme de Hangest, intitulé *Propugnaculum Mariæ in Anti-Marianos*, qui fut imprimé *in* 4°. la même année 1529. par le même Imprimeur. Ainsi elle approuva le Livre d'un Jacobin Espagnol, intitulé *Joan. Viguerii Institutiones ad Theologiam, &c.* imprimé par Guillaume Thiboust *in fol.* 1554. Ce fut aussi en cette forme que la Faculté approuva la premiere Edition de la Bibliotheque des Peres, de Marguerin de la Bigne, Docteur de la Maison & Societé de Sorbonne, faite en 1575. aprés avoir ouï le rapport de six Docteurs, Nicolas Mulot, Pierre Guerin, Gervais Milon, Jean Prevost, Jean Paradis, & Jean Boucher. Et encore la seconde Edition faite en 1589. sur le témoignage de trois Docteurs, Gilbert Genebrard, François Feuardent, & Jean Dadré.

La seconde, les Docteurs choisis par les Auteurs, ou par

les Libraires, supplioient dans l'Assemblée, qu'il leur fût permis d'approuver un tel Livre. La Faculté leur en accordoit la Permission. Ils l'examinoient, signoient leur Approbation, qu'on mettoit au commencement ou à la fin du Livre, & demeuroient garants au Public & à la Faculté, de la doctrine qu'ils avoient approuvée. C'est en cette seconde maniere que fut approuvé le Livre de George Venitien, intitulé *De l'Harmonie du Monde*, traduit de Latin en François par Guy le Févre, & imprimé *in fol.* à Paris par Pierre le Voirrier. En voici la forme comme elle est sur ce Livre : *Nos subsignati Doctores in sacratissima Facultate Parisiensi, Certificamus legisse Librum cui titulus est: Franc. Georgii Veneti Harmonia Mundi, in quo nihil reperimus contra Fidem Catholicam, Apostolicam & Romanam ; in cujus rei Fidem præsentes Literas subsignavimus ultimâ Junii ann. Domini* 1578. *G. Genebrard. P. Huart.* Le Catechisme Latin de Pierre Canisius imprimé *in fol.* à Paris l'année 1579. fut aussi approuvé de cette maniere par les Docteurs Dadré & Perier. Et c'est en cette forme que fut approuvée la troisiéme Edition de la Bibliotheque des Peres du Docteur de la Bigne, faite en 1610. par la signature de quatre Docteurs, A. Duval, M. Auberi, C. Henriot, & M. Girard; & la quatriéme Edition faite en 1624. par la signature des mêmes Docteurs. C'est cette seconde maniere qui se pratique aujourd'hui. De mon avis particulier, j'aimerois mieux qu'on pratiquât la premiere, pour des raisons que chacun voit aussi-bien que moi.

Aprés l'Approbation donnée par la Faculté, le Roi, ou la Cour de Parlement, accordoit son Privilege pour l'Impression; comme on voit sur l'*Anti-Lutherus* de Josse Clictou Docteur de la Maison & Societé de Sorbonne * imprimé *in fol.* par Simon de Colines l'année 1524. où est l'extrait de l'Arrest du Parlement, en ces termes : *Veu par la Cour l'Acte contenant la Declaration faite par la Faculté de Theologie de ladite Université, que lesdits Livres sont utiles & peuvent être imprimez & exposez en vente, &c.* Et sur les Sermons du même Auteur imprimez *in fol.* par Iolande Bonhomme veuve de Thielman Kerver, où est le Privilege de la même Cour en datte du 22. Avril 1534. qui porte : *Lesquels ont été visitez*

* Nous dirons dans le Chapitre suivant les raisons pourquoi nous appellons ici Clictou Docteur de la Maison & Societé de Sorbonne.

par les Deputez de la Faculté de Théologie, & approuvez par icelle. Et sur le Livre de Pierre *Sutor*, ou Le Coûturier, aussi Docteur de la Maison & Societé de Sorbonne, qui se fit Chartreux, imprimé *in fol.* par Pierre Vidove l'an 1525. sous ce titre, *De Tralatione Bibliæ*, où est l'Arrest, *Vû par la Cour la Certification de la Faculté de Theologie, &c.* Et sur le S. Anselme, ou plûtôt le Moyne Hervé *in Epistolas Pauli*, imprimé *in fol.* par Poncet le Preux l'année 1533. où est le Privilege de François I. *lequel Livre qui a été vû & visité par la Faculté de Théologie, &c.* Et sur le Pierre Lombard *in Psalmos*, imprimé *in fol.* par le même en 1541. où est l'Arrest du Parlement qui porte les mêmes termes. Et aux Commentaires de Jean de l'Abre (*Arboreus*) Docteur de la Societé de Sorbonne, sur les Epîtres de S. Paul imprimez *in fol.* par Jean de Roigny l'an 1553. où est le Privilege d'Henri II. *lesquels Commentaires ont été vûs & visitez par plusieurs Docteurs en Théologie députez par ladite Faculté, qu'ils ont referé à ladite Faculté être bons, Catholiques, & utiles à la Republique.* Et sur le Livre de Jean Viguier imprimé *in fol.* l'année 1554. aux dépens de Jean Fremy, sous ce titre, *Institutiones ad Theologium*, où est le Privilege du même Prince, en ces termes : *lequel Livre a été vû & visité par la Faculté de Théologie de nôtredite Université de Paris, qui ont trouvé & certifié n'y avoir chose contrevenante à nôtre sainte foi, ni aux Constitutions de nôtre Mere Sainte Eglise.* Et sur l'Origene *in Joannem* imprimé *in fol.* par Charlotte Guillard l'année 1555. avec le Privilege de ce Prince, *lequel Livre a été vû & visité par les Docteurs de la Faculté de Théologie, &c.* Et sur la Somme des Conciles de François Jouer Docteur de la Maison & Hospitalité de Sorbonne imprimé *in fol.* par Oudin Petit, la même année 1555. sous ce titre *Sanctiones Ecclesiasticæ* ; avec le Privilege du Roi, qui dit : *attendu qu'il nous est apparu par Acte datté du 17. Avril 1554. signé J. Fournier, la Faculté de Théologie de nôtredite Université de Paris, avoir vû & lû par les Docteurs d'icelle, qui auroient consenti ne vouloir empescher ledit Livre estre imprimé.* Et aux Commentaires sur Saint Matthieu de Claude Guillaud Docteur de la Maison & Societé de Sorbonne imprimé *in fol.* en 1562. par Jean de Roigny avec

DE PARIS. Part. IV. Chap. VI. 393

le Privilege de Charles IX. où on lit : *Iceux fait voir par ladite Faculté, qui auroit certifié par certains Docteurs d'icelle, n'y avoir été rien délaissé qui empeschât qu'ils ne fussent mis en lumiere.* Et sur l'Explication des Evangiles de Carême, faite par le Docteur Gabriel Dupuy Herbaut de l'Ordre de Fontevraud, imprimée *in* 8°. à Paris par Jean de Roigny l'an 1564. avec le Privilege de ce même Prince, qui parle en cette maniere : *Et icelle fait voir par la Faculté de Théologie, qui auroit certifié par certains Docteurs d'icelle n'y avoir rien trouvé qui ne soit bon, Catholique, & digne d'être imprimé, comme appert par leurs Certifications ci-attachées sous le contre-seel de nôtre Chancellerie.* Et sur la sainte Bible Latine avec les Nottes du Docteur Jean Benedicti imprimée *in fol.* par Jean Macé, la même année 1564. où est le Privilege de Charles IX. qui contient ces paroles : *Et approuvé par les Docteurs de Sorbonne.* Et sur plusieurs autres Livres, que nous pourrions encore citer, s'il étoit necessaire.

Quelqu'un pourra dire, qu'il paroît que ce n'est qu'à l'occasion des Hérésies de Luther, que l'Université a joui de ce droit d'approuver les Livres. Mais ceux qui auront lû dans le Statut donné aux Libraires l'année 1323. rapporté au Recueil d'Actes page 4. ces paroles, qui marquent que les Ecrivains de Livres n'en pouvoient communiquer aucun, soit par vente, soit par loüage, qu'il n'eût été auparavant examiné, approuvé, & corrigé par l'Université. *Item nullus Stationarius exemplar locet, antequam corrigatur, & taxetur per Universitatem..... Item si quis inveniat Exemplaria corrupta illa offerat publicè coram Rectore & Procuratoribus, ut Exemplaria corrigantur, & Stationarii qui talia locant judicio Universitatis puniantur.* Et ce qui est écrit dans le Statut de l'année 1342. rapporté ci-dessus page 306. *Si contingat quod habeant Exemplaria nova, ea non communicabunt nec pro seipsis, nec pro aliis, donec fuerint approbata per Universitatem, correcta, & taxata.* Et ce qui est ordonné dans le Reglement du 12. Decembre 1403. * *Item si contingat eum (Librarium Juratum) scire aliquem extraneum attulisse Libros venales Parisiùs, illud statim, vel quam citius poterit, denunciabit Rectori, ut ad communem Magistrorum & Scholarium utilitatem possit de illis ordinari juxta*

* Page 15. des Repliques de l'Université, imprimées ensuite du Recueil d'Actes.

Ddd

ipsius Rectoris bonam discretionem. Ceux, dis-je, qui auront lû ces Articles de Statuts, seront assez persuadez que l'Université jouïssoit de ce droit long-tems avant que Luther fût né. Et même depuis que l'Imprimerie est établie à Paris, avant que le Parti Lutherien fût formé, Bertholde Rembolt présenta sa Requeste au Parlement, pour avoir un Privilege d'imprimer le S. Bruno sur les Epîtres de Saint Paul, qui lui fut accordé par l'Arrest du 12. Janvier 1508. après

„ qu'il eut fait paroître l'Approbation des Docteurs. [Veu
„ par la Cour la Requeste à elle baillée par Maître Berthol-
„ de Rembolt Libraire de l'Université de Paris, par la-
„ quelle..... le Livre vû & corrigé par plusieurs Docteurs
„ en Théologie à ce commis par ladite Faculté.........
„ Vûs aussi certains Arrests de ladite Cour donnez en pa-
„ reil cas. Tout consideré : La Cour a ordonné & ordonne,
„ &c.] Et Poncet le Preux obtint de la même Cour une Permission d'imprimer le *Dionysius Cisterciensis* sur les Sentences, qui porte ces termes dans l'Arrest datté du 4. Juil-
„ let 1511. [Veu par la Cour l'Attestation faite par Jean
„ Maziere Religieux, Docteur Regent en la Faculté de
„ Théologie...... pardevant deux Notaires du Châtelet
„ de Paris, contenant qu'il a affirmé & attesté avoir vû
„ ledit Livre, icelui corrigé à son pouvoir, & que en icelui
„ n'est contenu sinon bonne doctrine, & digne de promul-
„ gation, & profitable à tous Etudians en Théologie,&c.]
Et Josse Bade eut un Privilege de la même Cour l'année 1517. pour imprimer le *Guillelmus de Rubione* sur les Sentences, où on lit : *Ouï le rapport de certain Commissaire, commis à voir & visiter ledit Livre, appellez avec lui aucuns Théologiens, & ouï leur rapport, &c.* Tous ces Docteurs commis pour voir & examiner ces Livres, sont une grande preuve que l'Université, & sa premiere Faculté de Théologie, étoit alors en possession de ce droit depuis long-tems.

Le changement que Luther & Calvin voulurent faire dans la Religion, en renouvellant les erreurs des anciens Hérétiques, alluma la Guerre & la division par tout en peu de tems, par le moyen de l'Imprimerie, de laquelle ces Hérésiarques & leurs Sectateurs abuserent, pour semer dans toute l'Europe leurs Livres séditieux. La pieté de nos Rois Tres-Chrétiens, s'appliqua à arrêter en France l'impreſſion & le débit de leurs pernicieux Ouvrages. Entre pluſieurs ſages Reglemens qu'ils firent pour cet effet, ils ordonnerent deux choſes. L'une, qu'il ne s'imprimeroit aucun Livre ſans Privilege du Roi. L'autre, en confirmant le droit ancien de l'Univerſité, qu'on ne pourroit imprimer aucun Livre ſur la matiere de la Religion, qu'il n'eût été approuvé auparavant par la Faculté de Théologie. On n'avoit pas fait obſerver ces deux Articles dans la derniere rigueur avant que ce grand mal parût, particulierement le premier touchant les Privileges. Si les Libraires en prenoient quelques-uns, c'étoit rarement: car on en voit peu avant l'année 1500. Les plus anciens, que j'ai remarquez ſur les Livres de la Bibliotheque de Sorbonne, ſont celui de Louis XII. accordé l'année 1507. à Antoine Verard pour l'impreſſion des Epîtres de S. Paul, gloſées en François par un Docteur de la Faculté de Théologie, duquel ſe ſervit Abel l'Angelier, pour réimprimer ce Livre *in* 8°. l'année 1544. Celui du Parlement, dont nous venons de parler, donné à Rembolt pour ſon Saint Bruno le 12. Janvier 1508. La Cour en avoit déja accordé quelques autres auparavant, puiſqu'elle dit: *Veu auſſi aucuns Arrests de ladite Cour donnez en pareil cas.* Celui que la même Cour accorda à Jean Granjon & Poncet le Preux le 8. May 1509. pour l'Impreſſion du Jean Major ſur le Quatriéme des Sentences: & celui de Louis XII. donné à Jean Petit le 12. Mars 1511. pour l'Impreſſion de l'Adam Goddam ſur les Sentences; & de la Chronique de Sigebert de Gemblours. Le Prevoſt de Paris en a auſſi donné qui ſont anciens. J'en ai vû un de lui en datte du 25. Juin 1517. accordé à un Regent de Philoſophie au College de Sainte Barbe nommé Jean de Celaya pour ſon Livre *Inſolubilia* imprimé par Edme le Févre. J'en ai vû encore un autre en datte du 15. Février 1518. donné à Joſſe Bade pour l'Impreſſion des Ouvrages d'Ange Politian.

Ceux d'entre les Libraires de France qui ſuivoient le parti Proteſtant, refuſerent de ſe ſoûmettre à la loi des Privileges, & ne laiſſerent point d'imprimer toute ſorte de Livres contre la Religion Catholique. Le desordre devint si grand dans la suite des années, que le Roy Charles IX. fut obligé de faire un Edit le 10. Septembre 1563. qui porte, que celui qui aura imprimé un Livre sans avoir obtenu Privilege, scellé au grand Sceau de la Chancellerie, *sera pendu & étranglé.* Cet Edit se voit aux Ordonnances de Fontanon, page 375. le Roi Louis XIII. l'a renouvellé en l'année 1626. sous les mêmes peines. Il est dans la Conference des Ordonnances, Tome 2. page 1113.

L'execution du second Article touchant l'Approbation étoit facile ; parce qu'on n'accordoit aucun Privilege d'Impression au Sceau de la Chancellerie, qu'aprés avoir vû la signature des Docteurs, ainsi qu'ordonna expressément Charles IX. dans l'Article 10. de son Edit du 16. Avril 1571. cité page 384. *Défendons l'impression de tous nouveaux Livres en nôtre Royaume sans nôtre permission par Lettres de nôtre grand Seel, ausquelles sera attachée la Certification de ceux qui auront vû & visité le Livre.* Or ceux qui voyoient & visitoient les Livres étoient des Docteurs députez par la Faculté, en la premiere maniere ci-devant rapportée, ou choisis par les Auteurs mêmes & par les Libraires en la seconde, qui a été le plus en usage dans ce dernier siécle. Cela s'est ainsi pratiqué ordinairement jusqu'en l'année 1624. Nous allons faire ici simplement le narré de ce qui arriva en ce tems-là dans la Faculté, à l'occasion d'un nouvel établissement qui s'est fait de Censeurs d'Office, ou Lecteurs de Livres. Tous les faits que nous rapporterons sont tirez d'un Ecrit de 19. pages, que firent les Députez de la Faculté de Théologie en l'année 1626. qui contient plusieurs Actes. Il fut imprimé *in* 4°. sous ce titre : *Depromptum è tabulis Facultatis circa Librorum approbationem, & Acta adversùs Librorum Censores.* On le garde dans la Bibliotheque de Sorbonne.

Quoiqu'il eût été reglé par l'Edit de 1563. qu'on n'imprimeroit aucun Livre sur la Religion, sans permission, scellée du grand Sceau, & sans avoir obtenu auparavant l'Approbation des Docteurs : néanmoins on se dispensoit quelquefois de garder ce Reglement. Et même les Officiers de la Chancellerie n'avoient pas toûjours été bien exacts à le faire observer, principalement dans les tems de Guerre. Les Auteurs & les Libraires supposoient aussi quelquefois des Approbations de Docteurs, sous des noms inconnus, pour avoir le Privilege d'Impression ; ou en surprenoient quelques-unes, soit de leurs amis, soit de ceux qu'ils sçavoient fort faciles à les donner, & qu'ils alloient solliciter exprés. Il arriva du desordre pour ces raisons ; & on porta des plaintes contre l'Imprimerie au Conseil d'Etat du Roi, où l'on representa la facilité qu'il y avoit en France de mettre au jour des Livres contre l'Etat, & de nouvelle Doctrine. Le Cardinal de la Rochefoucault, le Cardinal de Richelieu, & les Conseillers d'Etat, furent d'avis que le Roi fit un nouvel établissement de quatre Censeurs d'Office pour lire les Livres. Cet avis fut suivi, & le Roi par provision donna son Brevet en datte du 22. Mars 1623. adressé aux Docteurs, André Duval, Pierre Quedarne, Jacques Messier, & François de Saintpere, par lequel il leur donnoit cette Charge. La Faculté ayant sçû les raisons qui avoient porté le Conseil d'Etat à donner cet avis au Roi, voulut d'elle-même empêcher le desordre dont on se plaignoit, & prévenir tout le mal qu'on pouvoit craindre pour l'avenir, en établissant une bonne discipline pour l'Approbation des Livres. Dans l'Assemblée du premier Decembre 1623. elle fit un nouveau Reglement, qui consistoit en quelques Articles, & ordonna que les Docteurs seroient tenus de s'y soûmettre. Elle le fit imprimer, & l'envoya par toutes les Maisons & Communautez de Docteurs Seculiers & Reguliers : mais cela n'empêcha point l'execution du dessein que le Roi avoit pris ; & l'année suivante 1624. au mois d'Aoust, sa Majesté donna ses Lettres en forme d'Edit, qu'elle envoya à la Cour de Parlement, à la Chambre des Comptes, & à la Cour des Aydes, pour y être enregistrées. Par ces Lettres elle instituoit quatre Docteurs, Lecteurs d'Office, & Examinateurs des Livres de Théologie, pour lesquels on auroit demandé un Privilege d'Impression, & leur assignoit pour pension une somme de deux mille livres sur la Recepte générale de Paris. Elle nommoit pour la premiere fois ceux qu'elle avoit déja désignez par son Brevet ; & ordonnoit, qu'une des places devenant vacante, les Docteurs de la Société de Sorbonne, avec deux de la Maison de Navarre, feroient élection par Scrutin d'une personne, qui seroit du Corps de la Faculté de Théologie de Paris ; que l'élection seroit confirmée par le Proviseur de Sorbonne; & que le Docteur élû prendroit des Lettres scellées du grand Sceau de la Chancellerie. Voici ces Lettres comme elles sont imprimées dans l'Ecrit de 19. pages cité ci-dessus.

LETTRES EN FORME D'EDIT DE CREATION de quatre Censeurs de Livres.

„ Louis par la grace de Dieu, Roi de France & de
„ Navarre: A tous presens & à venir, Salut. Le feu Roi
„ Charles IX. nôtre Prédecesseur, que Dieu absolve, par
„ Edit de l'année (1563.) auroit fait défenses à tous Librai-
„ res, Imprimeurs, & autres, d'imprimer, ou faire impri-
„ mer aucun Livre sans permission scellée en nôtre grande
„ Chancellerie. Mais icelui Reglement n'ayant été exa-
„ ctement gardé, à cause que les Gardes des Sceaux, &
„ Officiers de Chancellerie de nos Cours Souveraines, se
„ sont dispensez durant les Troubles, de donner icelles
„ permissions, pendant lesquelles plusieurs ont pris liberté
„ de faire imprimer ce que bon leur a semblé, tant pour
„ la doctrine & mœurs, que affaires de nôtre Etat, avec
„ un tel débordement, que nous avons jugé necessaire d'y
„ remedier, & empêcher tels desordres & confusions. Ce
„ qui ne se peut que par des personnes capables pour les
„ voir, corriger, & y prendre soigneusement garde. Et pour
„ cet effet, avons de grace speciale, pleine puissance, &
„ autorité royale, par ces Presentes pour ce signées de nô-
„ tre main, creé & érigé, & établi, créons & érigeons, &
„ établissons quatre Censeurs & Examinateurs, qui seront
„ pris du Corps & Faculté de la Théologie de nôtre Univer-
„ sité de Paris, pour doresnavant voir, lire, & examiner toute
„ sorte de Livres nouveaux concernant la Théologie, dé-
„ votion, & bonnes-mœurs, qui dorénavant s'imprimeront
„ en ce Royaume. Et en cas qu'ils les trouvent dignes d'ê-
„ tre mis en lumiere & donnez au Public, seront tenus d'en

» bailler leur Attestation & Approbation ; seront expediées
» en nôtre grande Chancellerie, & non ailleurs, permis-
» sions de les imprimer : Faisant tres-expresses inhibitions
» & défenses aux Officiers des Chancelleries d'icelles Cours
» Souveraines, d'accorder iceux Privileges, & à tous Im-
» primeurs d'imprimer aucuns Livres en conséquence d'i-
» celles, & aux Libraires de les exposer en vente, à peine
» de confiscation & de trois mille livres d'amende pour
» chacun contrevenant. Et afin qu'en iceux Livres ap-
» prouvez par lesdits Examinateurs il ne se puisse rien al-
» terer ni falsifier, Voulons que ceux qui presenteront des
» Livres pour examiner, soient obligez d'en bailler deux
» Copies, l'une desquelles demeurera pardevers lesdits
» Examinateurs, signée de l'Auteur, & paraphée de lui en
» tous les feüillets, & l'autre lui sera renduë, signée & para-
» phée de cesdits Examinateurs. Les deux plus anciens des-
» quels quatre Examinateurs par nous nommez, feront l'un
» en l'absence de l'autre, la distribution des Livres nouveaux
» qui leur seront presentez. Et aprés que celui qui aura
» été chargé d'un Livre, l'aura vû & examiné, il en confe-
» rera avec les autres, pour le moins avec l'un des deux
» anciens, afin qu'ils en donnent ensemble leur avis. Et
» sera l'Approbation d'iceux Livres signée de celui qui les
» aura vûs, & par l'un de ces deux anciens, si lui-même n'en
» est l'un. Et afin de décorer cesdits Examinateurs de quel-
» qu'honneur & profit, ensemble en consideration de leurs
» peines & travaux és choses tant importantes à nôtre
» service & au Public, Voulons & nous plaît, que lesdits
» quatre Docteurs par nous nommez, & leurs Successeurs
» esdites Charges, jouïssent des mêmes honneurs, privi-
» leges, immunitez, franchises, exemptions, & préroga-
» tives, dont jouïssent nos Aumôniers ordinaires, & autres
» nos Domestiques & Commensaux, ainsi que s'ils étoient
» ici par le menu specifiez. Ausquels quatre Censeurs nous
» avons attribué par chacun an, à compter du premier jour
» de Janvier dernier, deux mille livres de gages & pensions,
» pour être distribuées entr'eux, à sçavoir à chacun des deux
» plus anciens six cens livres, & aux deux autres chacun

» quatre cens livres. Le payement de laquelle somme de
» deux mille livres nous leur avons par ces Presentes, assignée
» & constituée, assignons & constituons sur les plus clairs
» deniers ordinaires de nôtre Recepte générale de Paris.
» Voulons & nous plaît qu'elle leur soit payée de quartier
» en quartier par les Receveurs d'icelle, chacun en l'année
» de leur Exercice ; & qu'à cet effet nos amez & féaux les
» Présidens & Thrésoriers Généraux de France en ladite
» Généralité, employent ci-aprés icelle somme és Etats
» qu'ils feront annuellement, pour être payée & acquittée
» comme Charge ordinaire, & tout ainsi que les gages des
» Professeurs & Lecteurs en Théologie, établis en l'Uni-
» versité de Paris par le feu Roi nôtre tres-honoré Seigneur
» & Pere, que Dieu absolve, & comme les gages du troi-
» siéme Professeur & Lecteur en Théologie par nous établi,
» & autres gages, fiefs, aumônes, & frais necessaires, les-
» quels ont accoûtumé d'être employez esdits Etats, sans
» aucun retranchement ni diminution, pour quelque cause
» & prétexte que ce soit. Lesquels payemens seront pas-
» sez & allouëz sans difficulté és Comptes desdits Rece-
» veurs & Payeurs, qui les auront faits, en vertu de sim-
» ples Quittances desdits Censeurs & Examinateurs, par
» nos amez & féaux Conseillers les Gens de nos Comptes.
» Et dautant qu'il est necessaire de faire le plus prompte-
» ment qu'il nous sera possible icelui Etablissement, sur le
» bon témoignage qui nous a été rendu de la probité,
» pieté, doctrine, expérience & affection à nôtre service
» & au bien public, de nos chers & bien-amez Maîtres
» André Duval, Pierre Quedarne, Jacques Messier, & Fran-
» çois de Saint-Pere, Docteurs en Théologie de la Facul-
» té de Paris, Nous les avons pour cette premiere fois
» choisis & nommez par ces Presentes, pour tenir lesdites
» quatre places de Censeurs & Examinateurs desdits Livres
» nouveaux, esquels il sera traité de la Théologie, Reli-
» gion, pieté, & bonnes-mœurs ; & avenant vacation de
» l'une desdites quatre places, par mort, ou démission vo-
» lontaire, celui des quatre qui sera le plus proche en l'or-
» dre & grade de Docteur, succedera & occupera ladite

place,

» place, & jouïra des gages affectez à icelle ; & ainsi de
» degré en degré, sans que pour cela il soit besoin d'au-
» cunes Lettres, ou Declaration de nous, ni pour être
» payez desdits gages affectez à ladite place, sinon de l'Acte
» de Certification des autres ses Collegues. Et quant à la
» quatriéme & derniere place, laquelle sera vacante en
» toutes les mutations & changemens, nous voulons que
» les Docteurs de la Societé de Sorbonne, étant lors en la
» Maison & College de Sorbonne, & en nôtredite Ville de
» Paris, s'assemblent audit College, ayant appellé avec
» eux deux des Docteurs en Théologie de nôtre College
» de Navarre, procedent sincerement & sans brigue à l'é-
» lection d'un Docteur de ladite Faculté, qu'ils jugeront en
» leur loyauté & conscience capable de remplir ladite pla-
» ce ; & ladite élection faite par voix & suffrages secrets,
» sera par le Greffier, ou Bedeau de l'Assemblée, délivré
» un Acte en bonne forme, à celui qui aura été élû, sur le-
» quel, & sur les Lettres de confirmation de l'élection,
» qu'il sera obligé d'obtenir du Proviseur de ladite Societé
» & Maison de Sorbonne, au cas qu'il n'eût été present à
» l'élection, seront audit Docteur élû octroyées Lettres
» de confirmation, scellées en nôtre grande Chancellerie,
» nonobstant tous Brevets, ou Lettres que nous pourrions
» avoir accordées à autres par importunité, surprise, ou
» autrement. Lesquelles dés-à-present comme pour lors,
» nous avons déclaré nulles, & de nul effet & valeur. Si
» donnons en mandement à nos amez & féaux Conseil-
» lers les Gens tenant nôtre Cour de Parlement, Chambre
» des Comptes, Cour des Aydes, & Thrésoriers Généraux
» de France à Paris ; que ces Presentes ils fassent lire, pu-
» blier & enregistrer, garder & observer selon leur forme
» & teneur ; & du contenu en icelles jouïr & user lesdits
» Docteurs pleinement & paisiblement, sans souffrir ni
» permettre qu'ils soient, ou puissent être troublez, ou em-
» pêchez en aucune sorte, ou pour quelque cause ou oc-
» casion que ce soit, nonobstant tous Edits, Reglemens,
» & autres choses à ce contraires, ausquelles pour cet effet
» nous avons par ces Presentes signées de nôtre main, dé-

» rogé & dérogeons. Car tel est nôtre plaisir. Et afin que
» ce soit chose ferme & stable à toûjours, nous avons
» fait mettre nôtre Scel à cesdites Presentes. Donné à
» S. Germain en Laye au mois d'Aoust l'an de grace 1624.
» & de nôtre Regne le quinziéme. Ainsi signé L O U I S :
» Et sur le repli, De Lomenie. Et à côté, *Visa.* Et scellé
» du grand Sceau de cire verte sur lacqs de soye.]

Pierre de Besse, Syndic de la Faculté, ayant eu copies de ces Lettres, les fit lire dans l'Assemblée des Docteurs, où il fut resolu qu'on s'opposeroit à l'Enregistrement, que l'Acte en seroit dressé selon les moyens desquels on conviendroit avec un habile Avocat : *Censuit Facultas intercedendum esse, ne Literæ circa Approbationem Librorum eâ formulâ quâ conceptæ sunt in Senatu verificentur. Et ut melius intercessio concipiatur, assumendum esse Patronum præstantissimum, qui cum aliquot à sapientissimis Magistris nostris conveniant in Ædes Facultatis ad illam conficiendam.* Ces Moyens furent expliquez dans un Ecrit qui fut imprimé avec ce titre : *Moyens d'opposition, & Remontrances tres-humbles des Doyen, Syndic & Docteurs de la Faculté de Théologie de Paris, sur les Lettres en forme d'Edit de Création de quatre Examinateurs & Censeurs de Livres nouveaux, qui doresnavant s'imprimeront en ce Royaume.* La Faculté, dit dans cet Imprimé, que par le Decret du 1. Decembre 1623. elle a établi un si bon ordre pour l'Approbation des Livres, qu'il n'y a plus aucun danger à craindre pour l'avenir : que la nomination des quatre Censeurs d'Office, blesse le droit de tous les autres Docteurs, dont la reputation est diminuée en quelque maniere ; dautant que ce discernement fait connoître qu'il leur manque de la science & des lumieres assez grandes pour juger de la bonne ou mauvaise doctrine d'un Livre : que l'une des plus belles prerogatives des Docteurs, un des premiers fruits qu'ils recueillent de leurs longues & penibles études, est le droit qu'ils ont acquis par ce degré, de pouvoir lire, examiner, approuver, censurer par un jugement doctrinal, les Livres qui traitent des mœurs & de la Religion : qu'ils sont dans une possession immemoriale de ce droit, confirmé par les Edits & Ordonnances des Rois, & par les Arrests du Parlement : que dans un grand Etat, comme la France, rempli d'un grand nombre d'hommes Sçavans, il seroit impossible que tous les Livres nouveaux pussent être lûs & examinez par quatre Docteurs seulement, à l'exclusion de tous les autres. Elle apporte encore quelqu'autres raisons, sur la maniere de l'Election de ces Censeurs, & sur le droit de les choisir, qui devroit plûtôt être donné à tout le Corps de la Faculté, qu'à la seule Maison de Sorbonne & à son Proviseur. Elle ajoûte, que la plûpart de ceux qui avoient été nommez, étoient pourvûs de Benefices, où étant obligez de résider, ils ne pouvoient vacquer aux fonctions d'une Charge, qui demande un homme attaché uniquement à cet emploi.

M. le Garde des Sceaux, qui avoit scellé les Lettres, ayant sçû le trouble qui s'étoit élevé dans la Faculté, dit aux Députez : Que le Roi n'avoit point eu intention de toucher au droit d'aucun Docteur, qu'il avoit seulement prétendu trouver un moyen certain contre les suppositions & les fraudes, & un remede sûr pour empêcher qu'il ne se débitât dans les Livres nouveaux des maximes pernicieuses à la Religion & à l'Etat, sous prétexte de quelques Approbations surprises, ou supposées : Que sa Majesté avoit crû faire plaisir à la Faculté, & qu'elle écouteroit volontiers ses raisons & ses plaintes, si elle se croyoit lesée. Les Députez dresserent plusieurs Articles pour être mis dans de nouvelles Lettres Patentes, qu'ils esperoient pouvoir obtenir. Mais tous les Docteurs n'en purent point convenir dans leur Assemblée générale, où ils furent lûs & rejettez après une longue délibération. L'affaire demeura en suspens quelque tems. Enfin les Lettres ne furent point portées au Parlement, & les quatre Docteurs nommez voyant une si grande division, renoncerent à leur nomination publiquement en pleine Assemblée. *Anno Domini* 16.. *die* I. *mensis Decembris sacra Theologiæ Facultas post Missam de S. Spiritu ex more celebratam, ordinaria habuit Comitia in aula Collegii Sorbonæ ..... secundo H. M. N. Petrus de Besse dixit persequendam esse intercessionem contra quatuor Librorum Censores, quos res-*

civerat pecuniam ex parte Regis titulo Cenforum accepiſſe. Cujus audita expoſtulatione H. M. N. Duval proteſtatus eſt ſe & alios prædicto Juri penitus renunciaſſe, & renunciare.

Mais ce qui n'eut point de lieu alors, à cauſe de l'oppoſition & des difficultez que fit la Faculté, fut établi dans les années ſuivantes d'une autre maniere. En l'année 1629. le Roi fit ſon Edit datté de Paris le quinziéme Janvier, à l'occaſion des plaintes faites par les Députez des Etats, où eſt porté l'Article 52. touchant l'Imprimerie, par lequel ſa Majeſté, ſans autres formalitez, donne pouvoir à M. le Chancelier, ou Garde des Sceaux, de commettre telle perſonne qu'il verra être à faire ſelon le ſujet & la matiere des Livres, pour les lire, examiner, & approuver s'il eſt neceſſaire. Voici cet Article page 35. de l'Edition qui fut faite *in* 8°. de cette Ordonnance par Antoine Etienne la même année, qui eſt auſſi rapporté au ſecond Tome de la Conference des Ordonnances page 1087. [Les grands deſordres & inconveniens que nous voyons naître tous les jours de la facilité & liberté des Impreſſions, au mépris de nos Ordonnances, & au grand préjudice de nos Sujets, de la Paix & repos de cet Etat, corruption des mœurs, & introduction de mauvaiſes doctrines, nous obligent d'y apporter un remede plus puiſſant qu'il n'a été fait par les précedentes Ordonnances...... c'eſt pourquoi, ſuivant le 78. Article des Ordonnances faites à Moulins, nous défendons à tous Imprimeurs.... d'imprimer, à tous Libraires, ou autres, de vendre & débiter aucuns Livres, ni Ecrits, qui ne portent le nom de l'Auteur & de l'Imprimeur, & ſans nôtre permiſſion par Lettres de nôtre grand Sceau, leſquelles ne pourront être expediées qu'il n'ait été preſenté une copie du Livre manuſcrit à nôtre Chancelier, ou Garde des Sceaux, ſur laquelle ils commettront telles perſonnes qu'ils verront être à faire, ſelon le ſujet & la matiere du Livre, pour le voir & examiner, & bailler ſur icelui leur Atteſtation, ſi faire ſe doit, en la forme requiſe, ſur laquelle ſera expedié le Privilege.]

Il eſt auſſi ordonné par cet Article, que les Auteurs auront deux copies de leurs Livres : l'une, qui restera entre les mains de M. le Chancelier; l'autre, qui servira à l'Imprimeur. Le Roi néanmoins laisse à la prudence de M. le Chancelier, de dispenser d'une de ces copies les Auteurs, à qui il croira devoir faire cette grace, soit à cause de leur dignité, soit à cause de leur merite particulier. [Duquel Manuscrit à cette fin, seront faites deux copies, dont l'une portant l'original de ladite Attestation, sera laissée és mains de nosdits Chancelier & Garde des Sceaux : & l'autre, collationnée sur icelle, és mains du Libraire ou Imprimeur, au nom duquel sera délivré ledit Privilege; remettant néanmoins à la discretion & prudence de nosdits Chancelier & Garde des Sceaux, de dispenser de cette observation ceux qu'ils verront devoir faire, tant par le merite & dignité des Auteurs, & autres considerations.]

En vertu de cet Edit M. le Garde des Sceaux se mit en possession de choisir lui-même pour Lecteurs de Livres ceux qu'il vouloit. Quand on lui alloit demander un Privilege d'Impression, il renvoyoit le Livre tantôt à un Docteur, tantôt à un autre. Il y eut un tems où M. de Launoy fut un de ceux à qui il renvoyoit le plus souvent. Enfin environ l'année 1648. M. le Chancelier Seguier nomma trois Lecteurs fixes par une Commission verbale; sçavoir, M. Cornet, alors Syndic de la Faculté, M. Morel, & M. Grandin; & n'expedioit aucun Privilege d'Impression, qu'après avoir vû la signature de quelqu'un de ces trois Docteurs; ausquels il fit une pension annuelle sur le revenu du Sceau de la Chancellerie, dont ils ont joüi tant qu'ils ont été Censeurs. Aprés la mort de ces trois premiers, d'autres ont été choisis, qui ont fait cette même fonction jusqu'à la presente année. Je ne sçai point certainement si la Faculté renouvella ses plaintes. J'ai bien vû un Memoire écrit à la main sur ce sujet, qui est dans la Bibliotheque de Sorbonne; où l'on répond aux raisons qu'alleguoit M. Cornet, pour se justifier des reproches que quelques Docteurs lui avoient fait, d'avoir accepté cette Commission. Mais ce Memoire est demeuré secret; & je n'ai rien vû d'imprimé depuis l'Ecrit de

1626. Il y a apparence que la Faculté, pour obéir au Roi, se tint dans un silence respectueux.

Cet Edit de Louis XIII. nous laisse une difficulté à résoudre. On dira qu'il paroît que l'Université y a été dépouillée de son droit. Car si M. le Chancelier, ou Garde des Sceaux, peut nommer qui il jugera à propos pour lire les Livres, ainsi qu'il a la puissance par l'Edit, il pourra commettre telle personne qui ne sera ni Docteur, ni du Corps de l'Université ; & donnera sur son Attestation un Privilege, avec lequel le Libraire imprimera un Livre de Théologie, & le vendra publiquement. Que deviendra par ce moyen le droit de l'Université, & qu'aura-t-on affaire davantage de la Faculté de Théologie ? Ce grand Génie le Cardinal de Richelieu, ami & protecteur de l'Université, avoit bien prévû cette difficulté. Pour la prévenir il avoit procuré les Lettres Patentes du mois d'Aoust 1624. Si elles avoient été enregistrées & mises en execution, cette difficulté ne seroit rien. Je réponds néanmoins, que le Roi par son Edit, a voulu seulement ajoûter de nouveaux Lecteurs, aux anciens de l'Université. Et sans examiner d'où ils doivent être pris, ni que signifient ces mots de l'Edit, *Commettront telles personnes qu'ils verront être à faire selon le sujet & la matiere du Livre*, je dis qu'un Auteur, qui a composé un Livre sur la Religion, ou un Libraire qui le veut imprimer, doit le faire voir à deux sortes de Censeurs ; premierement à ceux que M. le Chancelier a droit de nommer, c'est-à-dire, à celui qu'il aura choisi en particulier pour lire cet Ouvrage. C'est l'Approbation donnée par ce Censeur, qui lui sert de motif pour sceller le Privilege d'Impression. En second lieu à ceux de l'Université, c'est-à-dire, aux Docteurs en Théologie, pour avoir un témoignage (qui doit être imprimé dans le Livre) par lequel celui qui le lira soit encore plus assûré, qu'on n'y enseigne point de mauvaise doctrine, comme étant donné par personnes qualifiées dans l'Eglise, & d'une capacité reconnuë, qui demeurent garants de leur Approbation, & doivent en répondre à l'Université en leur propre & privé nom, s'ils ont approuvé des Erreurs & des Hérésies. Cela se pratique ainſi ordinairement. Et quant aux Lecteurs de l'Univerſité, l'établiſſement en eſt ſi ancien, qu'on en a des titres depuis prés de quatre cens ans; on les a vûs ci-deſſus, & nous venons de citer dans ce Chapitre page 39 le Statut donné aux Libraires en 1323. celui de 1342. & celui de 1403. & dans le Chapitre précedent ce que François I. ordonna l'année 1521. & les Edits de Henri II. des années 1547. & 1551. de Charles IX. & d'Henri IV. avec pluſieurs Arreſts & Reglemens de la Cour de Parlement.

Et quand même il ſeroit vrai, ce qui pourtant eſt inſoûtenable, que le Roi Louis XIII. eût voulu priver l'Univerſité de ſon droit, & déroger à toutes les Ordonnances de ſes Prédeceſſeurs; je dirois que LOUIS LE GRAND a rétabli ce droit, & que par ſon Edit cité ci-deſſus du mois de Septembre 1651. il a remis en vigueur les premieres Ordon-
» nances, & particulierement celles de Henri II. [Ordon-
» nons que l'Edit fait à Fontainebleau le 11. Decembre
» 1547. & celui de Châteaubriant du 27. Juin 1551. veri-
» fiez, ſeront executez ſelon leur forme & teneur. Faiſant
» tres-expreſſes inhibitions & défenſes à tous Imprimeurs
» & Libraires d'imprimer, vendre, ou publier aucun Livre
» concernant la Religion ou les mœurs, mêmement ex-
» poſer en vente, publier, ou débiter ceux qui ſont ap-
» portez des païs Etrangers, que premierement ils n'ayent
» été vûs, viſitez, & examinez de la Faculté de Théolo-
» gie, & ce ſous les peines portées par celui du 11. De-
» cembre 1547.]

Conformément à cet Edit, la Cour de Parlement a jugé qu'il étoit ſi important au bien public, que les Livres qui s'impriment nouvellement, ſoient examinez par les Docteurs, qu'elle a crû pour certaines raiſons, être obligée de faire un Reglement plus particulier ſur ce ſujet. Dans ſon Arreſt, qui ſupprime le Livre d'*Amadœus Guimenius*, rendu le 25. Février 1665. elle ordonne, 1. Que les Libraires ne pourront imprimer aucun Livre concernant la Théologie, l'Egliſe & l'Etat, qu'il n'ait été approuvé par des Docteurs François. 2. Qu'un au moins de ces Docteurs, ſera du Corps de la Faculté de Théologie de Paris. 3. Qu'il ſera pris du

nombre des Docteurs Seculiers. 4. Qu'il aura sa demeure fixe dans la Ville où il aura délivré son Approbation, afin qu'on puisse s'en prendre à lui, ainsi qu'aux autres, s'ils ont approuvé quelque mauvaise doctrine. Voici les termes:
» [Ladite Cour.... fait défense à toutes personnes d'im-
» primer, ou faire imprimer aucun Livre, qui regarde dire-
» ctement ou indirectement les Droits du Roi, Justice
» Royale, Libertez de l'Eglise Gallicane, & qui traitent
» de Théologie Scholastique, Positive, Morale, Cas de
» conscience, sans Approbations de Docteurs de Théo-
» logie de France, entre lesquels soit du moins un Secu-
» lier de la Faculté de Théologie de Paris, résidant en la
» Ville où l'Approbation aura été donnée ; tous lesquels
» demeureront responsables de leur Approbation.]

Il est clair que cet Arrest, & l'Edit de Louis XIV. confirment le droit ancien, dont jouït la Faculté de Théologie de Paris, de lire les Livres qui traitent de la Religion. Et quoique fassent les Libraires, à quelques Lecteurs qu'ils portent ces Livres, il faut toûjours qu'ils s'addressent à cette sçavante Compagnie, & que ce soit quelqu'un de cet illustre Corps qui les approuve. Ainsi l'établissement de ces nouveaux Censeurs d'Office, n'empêche point que les Docteurs ne lisent toûjours les Livres, par le droit qu'ils ont acquis en vertu de leur degré. Et il est vrai de dire, que l'Université de Paris demeure en possession d'examiner la doctrine, qu'on enseigne dans les Livres nouveaux, non-pas à la verité pour en porter un jugement définitif & d'autorité (il appartient aux Evêques) mais pour en donner un Avis doctrinal, qui est appellé, *Determinatio Doctrinalis & Scholastica*, par le Cardinal Pierre d'Ailly dans le Traité Manuscrit, qu'il composa par ordre de la Faculté contre Jean de Monteson, il y a plus de trois cens ans ; dont l'Abbregé est imprimé à la fin du Maître des Sentences. Cet Avis se nomme *Approbation*, quand on le voit sur un Livre où il n'y a rien que d'Orthodoxe. On l'appelle *Censure*, quand il est donné contre un ouvrage rempli d'Erreurs & d'Hérésies.

Cette possession où est l'Université, & sa premiere Faculté

culté depuis une si longue suite d'années, luy a été confirmée encore il n'y a pas quinze ans, par un Arrest du Parlement rendu le 31. Juillet 1682. *La Cour a ordonné & ordonne, que la Faculté de Théologie continuëra ses Assemblées ordinaires les premiers jours de chaque mois, & autres jours necessaires, pour donner son Avis Doctrinal, & déliberer sur les matieres qui ont accoûtumé d'y être traitées.* Or une des matieres qui s'y traitent, est souvent l'Approbation de quelque Livre, pour laquelle un des Docteurs supplie qu'il lui soit permis de le lire & de l'approuver, en cette maniere : *Supplico ut mihi liceat legere & approbare Librum, cui titulus est .... Autore, &c.* La Faculté accorde la permission, quand elle juge le devoir faire. Et il arrive quelquefois qu'un Livre est rejetté, & qu'elle ne permet pas qu'aucun Docteur l'approuve, aprés avoir entendu seulement le titre, la matiere, & le nom de l'Auteur, lorsqu'il y a quelque chose de contraire à ses Reglemens ; comme il arriva de la Supplique de M. de la Morliere, qui demanda dans l'Assemblée du 1. Juillet 1655. permission d'approuver la Traduction Françoise du Breviaire Romain. *Cum M. N. Joannes de la Morliere petivisset licentiam approbandæ versionis Breviarii Romani in Gallicum, rejecit Facultas ejusmodi supplicationem.* La Supplique ne fut point écoûtée, parce que cette Compagnie s'est fait une Regle, * de ne point donner son Certificat ni son Approbation, pour aucune Version des Livres de l'Ecriture sainte, ni de l'Office divin en langue vulgaire.

Il faut pourtant tomber d'accord, que l'ancien pouvoir de l'Université sur les Livres est beaucoup diminué, si on le considere tel qu'il a été dans les siécles passez. Et je ne sçai si on souffriroit aujourd'hui, qu'on mît à la premiere page d'un Imprimé ces termes, qui se lisent dans l'Edition de Paris *in fol.* 1529. du Commentaire de Jean Major sur les

---

* Dans la Declaration que fit la Faculté le 4. Janvier 1661. sur les Approbations des Versions Françoises. *Censuit etiam omnibus declarandum, declaratque, se numquam intendisse cuiquam suorum dare licentiam approbandi ullam Versionem sacrorum Bibliorum, Breviariorum, Ritualium, Missalium, sive Librorum quorumcunque de Officio Ecclesiastico, aut Precibus arbitrariis, sine Episcopi auctoritate in lucem emissis : quorum omnium Approbationem annis potissimum* 1548. 1567. 1607. 1620. 1641. *aliisque respectivè prohibuit.*

Evangiles. *Cum gratia & Privilegio, & Facultatis Theologiæ permissu*; comme on souffre bien qu'on se serve de ceux-ci: *Cum Privilegio, & Approbatione Doctorum.*

CHAPITRE VII.

M. de Launoy a prétendu que Josse Clictou étoit Docteur de la Maison de Navarre. Les raisons sur lesquelles il s'est fondé. Raisons au contraire, pour montrer qu'il étoit Docteur de la Société de Sorbonne. Clictou est un des premiers Docteurs de Paris, qui ont écrit contre Luther. C'est lui qui excita la Faculté à censurer les Erreurs de cet Hérésiarque, & qui travailla à en dresser la Censure. Il assista au Concile de la Province de Sens tenu à Paris. Ce Concile pourroit être appellé en un sens le Concile de la Faculté de Théologie. Il fit imprimer les Actes de ce Concile, & en mesme tems un Livre qu'il composa pour lui servir d'Apologie. Il le dédia à François I. Il loüa la piété de ce Prince, qui remit une Image d'argent de la sainte Vierge au coin de la ruë des Rosiers à Paris, en la place de celle qui fut défigurée par les Hérétiques. Bref du Pape au Roi pour le congratuler de cette action, qui fut loüée aussi par la Faculté. On répond à ce que M. de Launoy a avancé contre la Maison de Sorbonne. M. le Chancelier de l'Université le retrancha de la Harangue d'un Paranymphe de Navarre.

NOus ajoûtons ce dernier Chapitre, & nous le mettons comme hors d'œuvre, pour traiter une question Critique, & dire les raisons qui nous ont porté à donner la qualité de Docteur de la Maison & Societé de Sorbonne à Josse Clictou, comme nous avons fait dans le Chapitre précedent à la page 391. Cette difficulté ne touche que les deux premieres Maisons de la Faculté de Théologie, Sorbonne & Navarre, & il n'y a que ceux qui sont du Corps de l'une ou de l'autre, qui y doivent prendre quelque part. Toutes les fois que M^{rs} les Bacheliers de Navarre dans la solennité des Paranymphes, font l'Eloge des Docteurs de leur maison, on y entend presque toûjours celui de Clictou. Mais

DE PARIS. Part. IV. Chap. VII. 411

auſſi toutes les fois que feu M. Bouvot Greffier de la Faculté, qui ſçavoit beaucoup de particularitez touchant cette Compagnie, dont il gardoit les Regiſtres, ſe trouvoit à cette Ceremonie, il ne manquoit point de reclamer, & de dire aſſez haut, que Clictou n'étoit point de la Maiſon de Navarre, mais de celle de Sorbonne ; qu'en cette qualité il étoit peint à ⬛ vître, qu'il avoit vûë dans l'ancienne Egliſe de cette maiſon. Le celebre Critique feu M. de Launoy Docteur de la Maiſon de Navarre, ſe trouvant un jour à ces Paranymphes, entra en quelque conteſtation avec lui ſur ce ſujet. Et ç'a été un des motifs qui l'ont porté à écrire ſon Livre intitulé : *Hiſtoria Regii Navarræ Gymnaſii*, imprimé *in* 4°. l'année 1677. où il parle en trois differens endroits de Joſſe Clictou. Dans l'un deſquels il employe cinq pages pour prouver qu'il étoit de la Societé royale de Navarre. M. Bouvot étoit mort quand il fit imprimer ſon Livre. Voilà pourquoi il dit à la page 229. *Anno* 1505. *deſignatus eſt cum pluribus aliis Magiſter in Theologia Judocus Clictoveus ; de quo an Communitati Theologorum Regiæ Domus nomen dederat, injecta eſt à nonnullis, qui pridem vivere deſierunt, difficultas.*

Avant que de rapporter ſes raiſons, on remarquera que Clictou a demeuré au College de Navarre chez Louis de Laſſeré Proviſeur, c'eſt-à-dire Procureur du College ; à qui il dit dans l'Epître dédicatoire de ſes Sermons, qui furent imprimez en Latin *in fol.* l'année 1534. *Cum verſarer in celebri Collegio Cardinalis Monachi, & poſtea in Regali Domo Navarrica in Ædibus tuis hoſpes & incola, interdum ſermones exhortatorios habui ad Magiſtros & Scholaſticos illorum Gymnaſiorum.* Il étoit Précepteur des neveux de Jacques, & de George d'Amboiſe, l'un Evêque de Clermont, & Abbé de Cluny ; l'autre Cardinal, & Archevêque de Rouën. M. de Launoy écrit, qu'ayant reçû le bonnet de Docteur l'année 1506. il quitta Navarre, & y revint en 1513. pour être Précepteur de Louis Guillart, qui fut Evêque de Tournay, & enſuite de Chartres ; qu'il ſuivit ce Prélat en 1517. à Tournay, & aprés à Chartres, où il fut Chanoine Théologal de la Cathedrale.

Voici ſur quoi M. de Launoy a fondé ſa prétenſion. On

Fff ij

connoît qu'un Bachelier est de Navarre, quand on voit que son Grand Maître est celui-là même qui a le titre de Grand Maître des Bacheliers de cette Maison. Or Pierre de la Vallée, Grand Maître de Navarre, qui donna le bonnet à Josse Clictou le 4. Decembre 1506. en qualité de Soûchancelier, étoit aussi son Grand Maître. On l'apprend par les Registres de la Faculté, qui marquent que ce fut lui qui présida à sa Vesperie le 17. Novembre 1506. on l'apprend de Clictou même, qui dans plusieurs Harangues parle de Pierre de la Vallée en ces termes : dans l'une, *qui me in Theologica desudantem palæstra singulari benignitate pervigilique curâ direxit, suoque moderamine ad optatum usque finem perduxit.* Dans l'autre : *Tuum munus est quod ad optatam Theologici studii metam sine offendiculo pervenerim, tuâ facillimâ & rectissimâ moderatione ad id plurimum adjutus.* Dans une troisiéme : *Qui nostram inter fluctus & procellas cymbam sedulò gubernavit, & ad optatum stationis tuta portum perduxit.* Dans son Sermon de S. Louis : *Quia ex hujusce Vallis fœcunditate literariam accepi educationem, non potui oblatam detrectare provinciam.* Il falloit donc que Clictou fût du nombre des Bacheliers de la Maison de Navarre. L'année 1507. il fit à Navarre le Sermon de S. Louis, qui est le Patron du College. Or il n'y a que les Docteurs de la Maison qu'on prie de faire cette Harangue. Il ajoûte néanmoins cette reserve, *nisi aliter Theologiæ Facultas statuerit.* Clictou a fait de grands biens au College de Navarre. Il loüa en l'année 1517. une chambre dans le College par un bail à vie, pour y loger quand il viendroit à Paris. Il donna pour quelques reparations une somme de cent vingt-quatre livres dix sols, qui fut un sujet au Procureur de lui faire cet Eloge dans son Journal : *Probitas, Religio, & Doctrina viri sunt ornamento & decori Collegio.* Il donna encore une autre somme de cent livres pour le pavé de l'Eglise, à la charge de quelques prieres, & pour avoir sa sepulture dans la nef, s'il mouroit à Paris. Il légua par son Testament à la Bibliotheque de Navarre dix Volumes, & six francs pour faire son Service solennel. Enfin il fit recevoir de la Societé de Navarre l'année 1518. Hierôme Clictou son neveu. Et concluid de toutes ces raisons : *Atqui hæc sunt quibus Judocus Clictoveus Navarræ Collegio ut affluenter, ita splendidè vindicatur.*

Il apporte aussi quelques raisons contre Sorbonne. Il dit que Clictou remercie dans une de ses Harangues tous ceux à qui il a obligation : il remercie le Doyen de la Faculté : il remercie les Docteurs & Professeurs : il remercie le Soûchancelier & Grand Maître de Navarre Pierre de la Vallée : il remercie l'Evêque de Clermont Jacques d'Amboise, & l'Evêque de Lodeve Guillaume Briçonnet : il remercie son Maître de Philosophie Jacques Fabry d'Etaples, sa Nation de Picardie, ses Compagnons d'Etude & de Licence : d'où il tire cette conclusion : *Hinc efficitur ut quorum in tot tantisque Gratiarum actionibus non meminit, ab iis beneficii nihil unquam acceperit.* Il dit encore que Clictou n'a point demeuré en Sorbonne : que si son nom se trouve écrit sur le Necrologe parmi les Docteurs de cette Maison-là, c'est qu'il lui a fait tant de bien, qu'il a merité d'être mis au nombre de ses Bien-faicteurs : *Qui & quamvis non manserit in Sorbonæ Collegio, ei tamen sic benignè fecit, ut inter beneficos locum in Necrologio quondam adeptus fuerit.* Ce sont-là apparemment les raisons par lesquelles M. de Launoy persuada au Pere Hilarion de la Coste Minime, à qui il donna des Mémoires pour écrire la Vie du Docteur François Picart, de mettre dans l'Eloge qu'il y fait de Josse Clictou page 321. *Docteur de la Maison royale de Navarre.*

On a entendu les raisons de M. de Launoy. Voici les nôtres. La premiere est fondée sur ce qui est écrit dans le Regître des Procureurs de la Maison de Sorbonne, où est rapporté le Compte que rendit Thomas Faverel de la recepte, & de la dépense qu'il avoit faite depuis le 1. Octobre 1499. jusqu'au 1. Octobre de l'année 1500. Dans la premiere partie de la recepte, il dit feuillet 111. du Regître : *A Magistro Nicolao Clerico recepto in Socium in Capella, sexdecim asses par. A Magistro Judoco Clichtoveo pro eadem causa, sexdecim asses par. A Magistro Joanne Gueffier pro simili causa, sexdecim asses par.* On voit dans ces paroles que Josse Clictou fut reçû de la Societé de Sorbonne, de même que Nicolas le Clerc, *pro eadem causa*. On voit le lieu où se fit la Déliberation pour le recevoir, *in Capella* : on voit l'année qu'il fut reçû par celle du Compte en 1499. ou en 1500. on voit ce qu'il paya pour le droit de reception, *sexdecim asses par*. Enfin, on voit qu'il ne paye ni plus, ni moins que les autres qui sont reçûs comme lui.

La seconde est tirée du Livre des Bibliothequaires de Sorbonne, que je garde presentement ; où ils ont écrit les noms des Docteurs & Bacheliers de la Maison, à qui ils avoient donné la clef de la petite Bibliotheque, & celle du coffre, qui renfermoit d'autres clefs, pour aller à la grande ; où est marqué s'ils avoient payé les droits reglez à quatre blancs pour les clefs, & à six blancs pour les Bibliothequaires ; s'ils avoient laissé ces clefs lorsqu'ils sortoient de Paris ; quels Livres ils avoient tirez des Bibliotheques, & s'ils les avoient rendus. C'est un vieux Registre en parchemin, dont les Bibliothequaires se sont servis long-tems depuis 1402. jusque par-delà l'année 1530. Il y est fait mention de Josse Clictou en trois endroits differens. Dans l'un on lit fol. 105. *Anno Domini 1504. die 23. Aprilis Magister Judocus Clichtove habuit clavem Librariæ, & solvit pro ea. Item 23. Octobris habuit idem Magister Judocus clavem Arcæ, & solvit pro ea. Et aprés : Restituit ambas claves.* Dans l'autre fol. 103. *Anno Domini 1505. die sexta Novembris Magister Judocus Clichtoveus Socius Domus habuit clavem Librariæ, & satisfecit pro ea.* Il y a à la marge, *restituit*. Dans le troisiéme fol. 129. *Anno Domini 1505. sextâ Novembris, nos Thomas Faverel, & Judocus Clichtove parvi Librarii, computavimus pecuniam inventam in arcula, in qua reponuntur claves Librariæ, applicandam ad confectionem clavium, prima vice qua hanc Librariam intramus ; & invenimus in bona moneta Franciæ, atque ibi reliquimus summam unius & quinquaginta solidorum, & quatuor denariorum Turonensium.* On lit encore sur ce Registre l'année 1510. ces paroles fol. 105. *Magistro nostro Judoco redditæ sunt ambæ claves ultimâ Octobris anni 1510. Et aprés : Et has ambas claves iterum restituit Librariæ.* On apprend par tous ces extraits, que Josse Clictou étoit de la Société de Sorbonne, *Socius Domus* ; qu'il jouïssoit des droits de cette Maifon, qu'il en obfervoit les Regles, qu'il avoit la clef de la petite Bibliotheque & du coffre, qu'il avoit payé la fomme reglée par la Société. De plus, que fur la fin de fa Licence au mois de Novembre 1505. il fut élû un des deux Bibliothequaires de la Maifon, appellez *Parvi Librarii*; qu'en cette qualité il ouvrit avec Thomas Faverel le petit coffre, où l'on gardoit l'argent deftiné pour faire faire des clefs, qu'il le compta, qu'il y trouva une fomme de cinquante fols quatre deniers, & qu'il écrivit comme Bibliothecaire fur le Livre, ou Thomas Faverel de fon confentement. *Nos Thomas Faverel, & Judocus Clichtove parvi Librarii, &c.*

La troifiéme. Il fut paffé Contract le 10. May 1510. pardevant les Notaires Jean Crozon & Guy Rigaudeau, par lequel Joffe Clictou donna à la Société de Sorbonne la fomme de 120 livres, à la charge que tous les ans le 25. Juillet, on chanteroit folemnellement la Meffe de S. Joffe avec les Vêpres la Veille; & de même le 22. Novembre la Meffe de Sainte Cecile avec les Vêpres; qu'aprés fa mort, au-lieu des Vêpres, on chanteroit les Vigiles des Morts. On garde en Sorbonne ce Contract en bonne forme. Voici les qualitez que prennent les Parties: [Furent prefens Venerables & difcretes Perfonnes Maître Philippe de Noziers Prieur, Charles Guerin, Jean Boyeim, Claude Felix, Jacques Barthelemy, & Pierre le Coufturier, tous Docteurs en Théologie, Nicolas Lamy Licentié en Théologie, Louis Ber, & Pierre de Salamanca, tous Compagnons & Bourfiers du College de Sorbonne fondé à Paris, faifant & reprefentant la plus grande & faine partie des Maîtres, Compagnons, & Bourfiers dudit College, d'une part. Et venerable & difcrete Perfonne Maître Joffe Clichtove auffi Docteur Regent à Paris en ladite Faculté de Théologie, auffi Compagnon dudit College.] Selon le langage dont on parle aujourd'hui, Clictou auroit pris fa qualité en ces termes: *Auffi de la Société dudit College*; car le mot de *Compagnon* n'eft plus en ufage dans l'Univerfité, pour exprimer en François celui de *Socius*. On remarquera que c'eft en prefence du Prieur, des Docteurs, & Bacheliers de la Maifon qu'il fe dit *Compagnon*, ou *de la So-*

cieté de *Sorbonne* , & que toutes ces personnes ont signé dans le Contract cette qualité. Qui pourroit dire apres cela qu'il ne l'avoit point?

La quatriéme est prise des Livres de la Chapelle de Sorbonne. On a encore l'ancien Messel, dont on se servoit pour chanter les Messes. Il est notté, & écrit sur velin. On voit au commencement un Calendrier, ou le Procureur de la Chapelle a écrit dans les marges les Offices qu'on étoit obligé de chanter chaque mois. Aussi-tôt que Clictou eut fait en 1510. la Fondation, dont nous venons de parler, le Procureur écrivit dans le Calendrier au 25. Juillet ce qui suit. *Colendissimus Magister noster Judocus Clichtove Neoportuensis, Socius Sorbonæ, fundavit duos obitus perpetuò in sacello Sorbonico à Sociis Sorbonæ cantandos,* (*alterum*) *Festo die SS. Jacobi & Christophori, alterum die Festo Divæ Cæciliæ Virginis & Martyris. In Vigilia igitur SS. Jacobi & Christophori celebrabuntur Vesperæ de S. Judoco* (*confessore non*) *Episcopo per quinque Antiphonas more unius Confessoris non Pontificis, & in die Sanctorum* (*Jacobi & Christophori*) *Missa de eodem S. Judoco, cum memoria dictorum Sanctorum, & memoria pro Sacerdote vivente,* (*quamdiu*) *dictus Judocus vivet in humanis. Postquam autem fuerit vita functus, commutabuntur Vesperæ* (*in Vigilias*) *Defunctorum, &c.* Et au 22. Novembre. *In Vigilia S. Cæciliæ dicuntur Vesperæ solemnes de S. Cæcilia, ut in duplo unius Virginis* (*& Martyr. Et in die Sanctæ*) *Cæciliæ dicitur Missa solemnis de eadem, cum memoria pro Sacerdote vivente* (*Magistro nostro Judoco Clichtoveo*) *hujus obitus fundatore, Socio Sorbonico. Postquam vero fuerit vita functus* (*mutabuntur Vesperæ in*) *Vigilias novem Lectionum pro Defunctis, Missa eâdem manente, &c.* Tous les mots qui sont ici en parenthese sont d'une encre si usée, que je ne les ai pû lire qu'aprés avoir presenté le Livre aux rayons du Soleil.

L'ancien Necrologe exposé dans la Sacristie, étoit écrit sur une longue feüille de parchemin, qui se rouloit autour d'une colonne de bois, & representoit chaque mois l'un aprés l'autre. Il n'y a pas plus de trente ans qu'il étoit encore exposé au même lieu. La fondation de Clictou y étoit marquée aux mêmes jours que dans le Messel. M. de Launoy

DE PARIS. Part. IV. Chap. VII. 417

noy l'avoit vû : il en parle à la page 234. mais il a oublié de dire que Clictou y étoit appellé *Socius hujus Domus*. Dans le nouveau qu'on a fait de nos jours, on a laissé à ce Docteur sa qualité de *Socius* qu'il avoit dans l'ancien.

La cinquiéme. Josse Clictou fit son Testament en pleine santé, & l'écrivit en Latin. Etant tombé malade, il appella Jean Godard Notaire Apostolique de Chartres, qui vint avec trois témoins le recevoir. L'Acte en fut expedié en bonne forme au nom de l'Official, en datte du 17. Septembre 1543. dont on a une copie dans les Archives de Sorbonne, signée de Jacques Pastey Secretaire du Chapitre de Chartres, & collationnée de lui sur celle qui est parmi les Titres de cet illustre Chapitre. Aprés avoir demandé des Prieres dans plusieurs Eglises de Chartres, Clictou en demande aussi à Paris dans les Communautez qui lui étoient les plus cheres, & où il étoit le plus connu, à Navarre & en Sorbonne. C'est ici où il parle exprés des deux Maisons. C'est ici où il doit faire paroître de laquelle des deux il étoit. Il dit, *In Regali etiam Collegio Navarræ apud Parisios à Magistris & Bursariis ejusdem domûs peto pro me celebrandas esse Vigilias Mortuorum, cum commendationibus animarum & Missa solemni de Defunctis. Ad quod ritè exequendum ordino tradendas illis esse etiam sex Libras Turonenses, distribuendas illis Magistris & Bursariis, qui interfuerint illi Officio. Denique in celebratissimo Collegio Sorbonæ apud Parisios, CUJUS SUM JAMPRIDEM SOCIUS, postulo etiam celebrari die aliquo conveniente Sociis & Bursariis prædictæ domus Vigilias Mortuorum, commendationes animarum, & Missam solemnem de Defunctis. Ad quam celebrationem faciendam ordino etiam sex libras esse tradendas, quæ secundum morem illius domûs distribuantur Sociis ejus & Bursariis, qui fuerint præsentes illis Officiis, solutis solvendis.*

Il y a encore un autre endroit dans ce Testament, où il parle de Navarre. Aprés avoir ordonné qu'on vendra ses Livres, à l'exception de ceux qu'il a composez, dont il fait donation au Chapitre de Chartres, il ajoûte : *Præterea ordino & constituo quod decem Volumina ex Libris meis, alia à supradictis in hoc testamento, reserventur & tradantur Regali*

Ggg

Collegio Navarræ * *apud Parisios ex dono meo, ad reponendum illa in ejusdem Collegii Bibliotheca & non ad alium usum, & ea quidem ac alia Volumina, quæ & qualia Vener. Dominus Magister Ludovicus Lasseré sedulus & fidelis Provisor ejusdem domus Navarræ, voluerit deligere atque secernere ex toto Librorum meorum acervo & numero, & quæ judicaverit digna reponi in eadem Bibliotheca Navarrica, ut illic semper affixa maneant, ad usum Studentium & Literatorum.*

<small>* C'est un Docteur de la Société de Sorbonne, qui par reconnoissance legue quelque chose à celle de Navarre. Voici pareillement un Docteur de la Société de Navarre, qui par un semblable motif, donne à celle de Sorbonne. Dans le Testament de Claude Despense rapporté à la page 345. du Livre de M. de Launoy, on lit: Item, a ledit Sieur Testateur en memoire & reconnoissance des lieux, où dés sa jeunesse il a étudié & a été instruit en cette Ville de Paris, donné, legué, donne & legue la somme de cent liv. tournois pour une fois à Messieurs de Sorbonne, pour être employez aux affaires plus necessaires de leur College de Calvy, dit la petite Sorbonne, où premierement venu à Paris icelui sieur Testateur fut mis, & institué en Grammaire.</small>

Ceux qui auront lû ces Extraits, remarqueront aussi-tôt, que quand Josse Clictou parle de Navarre, il fait connoître qu'il en est seulement l'ami & le bien-faicteur; que comme il avoit demeuré quelque-temps dans ce College, il vouloit y vivre encore par ses Livres après sa mort; mais qu'il parle autrement de Sorbonne, qu'il se fait connoître pour enfant de la Maison, qu'il se dit de la Famille, & prend la qualité, de *Socius*, par ces paroles, *Cujus sum jampridem Socius*. Il avoit raison de dire qu'il étoit de la Société de Sorbonne depuis long-tems, puisqu'il en avoit été reçû dés le commencement du siécle, il y avoit plus de quarante ans. Que peut-on dire contre un témoignage si formel ? M. de Launoy veut que ce soit Clictou qui resoude lui-même la difficulté, s'il est de Sorbonne ou de Navarre. *Hanc non ego, sed ipsemet Clichtoveus solvet pluribus in locis.* Le voilà qui parle; & dans son Testament, où le mensonge n'oseroit paroître; étant en bonne santé, avec pleine connoissance de ce qu'il faisoit, après y avoir bien pensé, après avoir tout examiné. *Hæc autem omnia, ut præmissa sunt, præmeditato animo, & exacta discussione, mente incolumi, & sano adhuc corpore, à me Judoco Clichtove sunt constituta.* Que dit-il avec tant de précautions ? Il assûre qu'il est de la Société de Sorbonne, *Cujus sum jampridem Socius*. Il n'y a donc plus lieu d'en douter, & la question demeure décidée.

Je ne crois pas qu'il soit beaucoup necessaire que je réponde en détail à toutes les raisons de M. de Launoy. Chacun voit bien qu'il n'appuye sa cause que sur de simples conjectures, & qu'il n'a rapporté aucune preuve convainquante. Je dirai seulement que j'ai quelque soupçon, que Pierre de la Vallée ne fut point le Grand Maître de Clictou, mais Gilles Delf Docteur de la Societé de Sorbonne. Que le premier ne présida à son Acte de Vesperie, que parce que le second étoit absent, & étoit allé faire un long voyage. Je fonde ce soupçon sur une Lettre, que Jacques Fabry d'Estaples écrivit de Bourges à Delf son ami, le 13. Février 1506. deux mois & huit jours aprés que Clictou eut pris le Bonnet; dans laquelle on apprend ces deux choses: l'une, que c'est ce Docteur Delf qui avoit aidé Clictou à parvenir au Doctorat: l'autre, que ce même Docteur étoit nouvellement revenu à Paris d'un grand voyage. Voici ses paroles: *Jacobus Faber Egidio Delfo Doctori Theologo Salutem. Parisiorum Academiam communem studiorum nostrorum parentem cum fido rumore repetiisse te cognovi, &c. Verum quia ego unus inter plurimos veteris consuetudinis amicos, te festivè quasi ex longissima peregrinatione revertentem suscipientes, esse non potui, hoc ad te munusculo meam testor absens benevolentiam; opusculo, inquam, B. Joannis Damasceni, quod superioribus diebus inter aulicos tumultus è Græco-Latinum feci, &c. tuæ igitur partes erunt & Clichtovei, qui te adjutore, pauci fluxerunt dies, sacro Doctorum cœtui insertus est, agnoscere an opus fortè tale sit, quod usui celeberrimo illi Studio esse possit. &c.* Cette Lettre sert comme d'Epître dédicatoire à la Traduction Latine du Traité de la Foi Orthodoxe, composé par S. Jean Damascene, dont il est parlé dans ce Passage. Cette Traduction fut imprimée *in* 4°. par Henry Etienne l'année 1507. de laquelle on a un exemplaire en Sorbonne. J'aurois autant de droit de fonder quelque jugement certain sur ces paroles, *Te adjutore Doctorum cætui insertus est*, que M. de Launoy, qui tire des conclusions sur de semblables termes: mais je ne forme qu'un simple soupçon, & je ne prétens point rien conclure de-là; non-plus que de la remarque que je pourrois faire, que Clictou répondit de son Acte de grande Ordinaire dans la Maison de Sorbonne, comme avouë M. de Launoy.

Voilà les raisons pour lesquelles, lorsque j'ai cité au Chapitre précedent l'*Anti-Lutherus* de Clictou, je l'ai appellé *Docteur de la Maison & Société de Sorbonne*. Hierôme de Hangest, & Josse Clictou furent les premiers Docteurs de

Paris qui écrivirent contre Luther. Ce fut Clictou qui excita la Faculté à faire la Censure des Hérésies Lutheriennes; & c'est lui qui travailla à la dresser en la forme où on la voit, conformément aux avis des Docteurs, & aux termes dont ils tomberent d'accord sur chaque proposition; au moins il y a eu la meilleure part. On l'apprend de M. Filesac Docteur fort éclairé sur l'Histoire de la Faculté, & qui en fut le Doyen, il dit dans son Livre intitulé, *Statutorum Sacræ Facultatis Parif. origo prisca*, qu'il fit imprimer en l'année 1620. *Quis Censuram Theologorum Parisiensium adversus Lutherum, Melanctonem, &c. nescit? Quam auctore præsertim Judoco Clichtovæo Doctore Sorbonico editam novimus: is est Clichtovæus, qui post Ekium Germanum primus de locis controversis fidei adversus Lutherum accuratè scripsit.*

Ce fut encore Clictou qui excita les Evêques de France à condamner aussi les Hérésies de Luther. Le Cardinal Antoine du Prat Archevêque de Sens, assembla ceux de sa Province à Paris; où fut tenu ce sçavant Concile, le premier de France qui examina en détail, & condamna en particulier la doctrine pernicieuse de cet Hérésiarque. Clictou y fut appellé avec les plus habiles Docteurs de la Faculté de Théologie, qui discuterent les matieres en presence du Concile, & dresserent les Decrets de foi & des mœurs, que l'on y voit, selon la décision qu'en faisoient les Evêques. * *Hisce discussionibus, cum agerentur, interfui unà cum aliis Theologicæ professionis viris insignibus, ad idem Concilium vocatus*, dit ce Docteur.

* Clictovæi Compendium Veritatum Fidei, &c. In Epist.dedicat. ad Francisc. I.

Il ne faut donc pas s'étonner si on lit de si beaux Decrets dans ce Concile, si on y trouve des décisions si conformes à la Tradition, si appuyées des Textes de l'Ecriture, & un si grand détail contre les nouvelles Hérésies. Les Théologiens de l'Université de Paris, ont eu grande part à tout ce qui s'y est fait; & on le pourroit appeller en un sens le Concile de la Faculté de Théologie; c'est-à-dire, des Evêques, qui se servirent de son jugement Doctrinal, qu'elle avoit donné contre les Erreurs Lutheriennes les années 1521 & 1523; c'est-à-dire, des Evêques, qui formerent leurs définitions de Foi, aprés avoir consulté les plus éclairez Docteurs de cet illustre Corps, aprés avoir ouï leurs profonds discours, & leurs solides raisonnemens ; c'est-à-dire enfin des Evêques, qui les employerent pour coucher par écrit les resolutions de leur Assemblée Synodale, & en dresser tous les Actes. Raynaldus en parle dans ses Annales Ecclesiastiques comme d'un Synode illustre, qui s'est distingué dans l'Eglise. Il en rapporte même presque tous les Decrets de foi; il dit aux nombres 82. 84. & 100. de l'année 1528. *Celebrata est hoc tempore insignis Synodus Provincialis Parisiis pro asserenda incorrupta fidei Orthodoxæ puritate, cui præerat Antonius à Pratis, &c. à quo plura sanctissima Decreta promulgata sunt..... annexa est egregia præfatio..... damnati in eodem Concilio plures alii errores gravissimi, qui partim à Luthero, partim ab Hutto, partim ab Erasmo, partim à Balthasare disseminati fuerant.* Et au nombre 95. de son année précédente : *Addita sunt plura Decreta Ecclesiastica, sacræ Scripturæ Oraculis contexta, pro asserenda fide Orthodoxa, atque Hæreticorum versutiis divinæ auctoritatis clypeo repellendis.*

Ce Concile dura plus de huit mois, depuis le 3. Février jusqu'au 9. Octobre. Clictou en recueillit les Actes, & les fit imprimer *in fol.* l'année 1529. par son Imprimeur Simon de Colines. Il y joignit le *Compendium Veritatum ad fidem pertinentium adversus erroneas Lutheranorum assertiones, ex dictis & Actis in Concilio Provinciali Senonensi*; qu'il composa comme l'Abregé de tout ce qui avoit été dit dans le Concile, pour servir d'Eclaircissement à ses Decrets, & de réponse aux Lutheriens. Il dédia ce Livre à François I. & fit l'Eloge de ce Prince sur une action qui avoit édifié tout Paris. Nous la rapporterons en peu de mots.

La nouvelle Hérésie commença à faire éclater sa fureur dans cette grande Ville, l'année que se tenoit le Concile, dont nous venons de parler, en 1528. La nuit du Dimanche 31. May, quelques Lutheriens, par une impieté execrable, firent insulte à nôtre Seigneur, & à sa sainte Mere. La figure de la sainte Vierge, qui tenoit le petit Jesus entre ses bras, étoit exposée au coin de la ruë des Rosiers derriere le petit S. Antoine. Ils deshonorerent cette figure, & en couperent les têtes. Le Roi promit mille écus d'or à celui qui découvriroit les auteurs de ce crime. Et on fit une Procession générale, où fut portée l'Image d'argent de cette tres-sainte Mere de Dieu, qu'il avoit fait faire de vermeil doré. *(a)* Sa Majesté y assista un cierge à la main, accompagnée des plus grands Seigneurs du Royaume, & des Cours Souveraines. La Procession étant arrivée sur le lieu, on chanta l'Antienne, *Ave Regina Cœlorum*. Le Roi, aprés avoir prié quelque-tems à genoux, posa l'Image dans la même place, où étoit celle que les Hérétiques avoient défigurée, & laissa son cierge allumé, qui brûla le reste du jour & toute la nuit, devant cette Image. Action pour laquelle il merita que le Pape Clement VII. lui écrivit un Bref le 5. Juillet de la même année. *Est ut tibi nobisque de tam Orthodoxo Rege gratulemur;* (*b*) & que la Faculté de Théologie de Paris lui donnât des loüanges encore aprés sa mort dans son Catalogue des Livres censurez. *Quando ante annos aliquot indictis adversus Iconomachos, qui contumeliam divæ Virginis Imagini irrogarant, supplicationibus, argenteam illæ piè religiosèque, non sine totius populi congratulatione, in locum mutilatæ ab impiis, detruncatæque restituit.*

Clictou mourut à Chartres en 1543. le 22. Septembre, & fut enterré dans le Chœur de l'Eglise Collegiale de Saint André. Son Epitaphe y étoit attachée contre le mur: on l'a volée il y a déja plusieurs années. Elle contenoit son Eloge en 68. Vers de vieux François. J'en ai une copie. On trouvera le Catalogue de ses Ouvrages dans *Bibliotheca Belgica* de Valere André, & à la page 672. de l'Histoire du College de Navarre citée ci-dessus.

Aprés avoir revendiqué Clictou à la Société de Sorbonne, nous tâcherons aussi de mettre à couvert & défendre cette fameuse Compagnie, contre un coup que lui a porté M. de Launoy dans cette même Histoire. C'est par où nous finirons ce Chapitre, & toute cette Dissertation. On peut avec juste raison faire l'Eloge d'une Assemblée de Théologiens qui a de grands merites : mais ce doit être sans toucher à la reputation de celles, qui en ont peut-être autant. Et quand on fait le Panegyrique de quelque Capitaine, qui a rendu de grands services à l'Etat, la regle est de ne rien diminuer du me-

(a) L'ordre de la Procession extrait des Registres du Parlement est dans les Antiquitez de Paris par Malingre, page 606. de l'Edition de 1640.

(b) Odoric. Raynald. ad ann. 1528.

rite des autres. M. de Launoy a crû devoir agir autrement. Il n'a point fait difficulté de donner des loüanges à cette sçavante & illustre Société de Navarre, à qui dans la verité il en est dû de grandes ; mais aux dépens de celle de Sorbonne. Nous poserons le fait.

Dans le siécle passé Pierre Lerma, Noël Galliot, Joseph Bazot, & Claude Becquet, aprés avoir fait leurs Etudes dans le College de Navarre, prirent le degré de Bachelier en Théologie. Il a toûjours été libre aux Bacheliers de supplier pour être de l'une ou de l'autre Maison, de celle de Sorbonne, ou de celle de Navarre. La coûtume est de les y recevoir, en quelque College de l'Université qu'ils ayent étudié ; pourvû que ce soit sous des Professeurs qui soient du Corps de la Faculté : & c'est-là l'unique moyen par où ces deux Compagnies de Théologiens se conservent. Ils se presenterent à celle de Sorbonne, où ils furent reçûs selon les formes particulieres à ce College ; & chacun d'eux fut élû en son tems Prieur de cette Maison, & par conséquent de toute la Licence. C'est-là un sujet à M. de Launoy pour raisonner contre Sorbonne en cette maniere : *Navarra ab anno* 1500. *usque ad annum* 1574. *Sorbonæ Collegio suppeditat Priores quatuor*, *Petrum Lermam*, *Natalem Galiotum*, *Josephum Bazotum*, *Claudium Becquetum* : *primus ad Theologiæ Magisterium anno* 1503. *Secundus anno* 1517. *Tertius anno* 1559. *Quartus anno* 1574. *designatus est. Tunc Sorbona carebat Baccalaureis, qui Prioris munus sustinerent, vel sustinere possent.* * Il a eu tant de complaisance pour cette pensée, & le tour qu'il lui donne lui a parû si beau, qu'on la voit encore en trois autres endroits de son Livre ; à la page 1013. à celle de 344. & à celle de 666. où il dit de Pierre Lerma : *Sed anno circiter* 1502. *cum in Sorbonæ Collegio non esset qui prioris Officio fungi dignè posset, Vir doctus illuc transiit, ut fungeretur.*

* Histor. Reg. Navarr. Gymnas. pa. 451.

Pour montrer en bref combien son raisonnement est gauche, & de quelle solidité il est, j'en proposerai un tout semblable. [Depuis l'année 1600. jusqu'à celle de 1680. plusieurs Ecoliers, aprés avoir étudié en Théologie dans le College de Sorbonne sous les Professeurs de cette Maison, ont pris le degré de Bachelier ; ensuite ils ont supplié

» pour être de la Societé de Navarre, de laquelle ils ont été
» reçûs, & font devenus Docteurs en Théologie de cette
» Maifon-là.] *On raifonne ainfi fur ce fait ; & on tire cette
» conféquence :* [En ces tems-là il y avoit fi peu de Bacheliers
» à Navarre, qui euffent la capacité fuffifante pour être Do-
» cteurs, qu'il a fallu que la Maifon de Sorbonne lui en ait
» fourni plufieurs pour l'être, ou pour l'être avec honneur.]
Qui voudroit m'écouter, fi je tenois ferieufement un femblable difcours ? Voilà pourtant comme M. de Launoy auroit fait l'Eloge de la Maifon de Sorbonne aux dépens de
celle de Navarre, s'il en eût été choifi l'Hiftorien. Sans entrer dans une plus grande difcuffion ; je veux qu'il foit vrai
que ces quatre Bacheliers, étant incorporez à la Societé de
Navarre, pafferent néanmoins à celle de Sorbonne. Tant s'en
faut que cette conduite faffe quelqu'ombre fur cette Maifon, ou qu'on en doive tirer quelque conféquence à fon def-
avantage, comme fait M. de Launoy ; au contraire, elle fert
à en relever la gloire. Car elle nous apprend qu'ils ont quitté
facilement la Societé de Navarre, auffi-tôt qu'ils ont vû
jour à pouvoir être reçûs de celle de Sorbonne ; & qu'ils ont
eftimé, que c'étoit pour eux le comble de l'honneur de porter la qualité de *Socius Sorbonicus* toute leur vie.

Si j'ai relevé ce fait, je m'y fuis fenti obligé par cette
raifon. Il s'eft trouvé un Paranymphe des Bacheliers de
Navarre, qui penfant avoir une forte preuve pour perfua-
der fes Auditeurs, avoit tiré du Livre de M. de Launoy ce
beau trait d'Hiftoire. Sa Harangue ayant été portée à M. le
Chancelier de l'Eglife & de l'Univerfité de Paris, au nom
de qui elle fe devoit faire, pour être approuvée de lui, il
paffa la plume fur cet endroit. L'Orateur fit voir qu'il n'a-
voit pas moins de docilité que d'éloquence. Il fe rendit aux
raifons de M. le Chancelier, & ne declama rien en public
de ce qu'on lui avoit retranché en fecret.

FIN.

A PARIS, De l'Imprimerie de CLAUDE MAZUEL, Imprimeur & Libraire, ruë Saint Jacques, proche la ruë de la Parcheminerie, au Bien-Aimé. 1694.

TABLE

TABLE ALPHABETIQUE

Des choses qui sont les plus remarquables dans la Dissertation de l'Origine de l'Imprimerie de Paris.

Les chiffres marquent les Pages.

Abbreviations.

Exemple d'Abbreviations trop frequentes dans l'Imprimerie. On fit un Livre pour enseigner à les lire, page 110.

Abissins.

L'Empereur des Abissins ou d'Ethiopie demande au Roi de Portugal des Imprimeurs, 273.

Accurse.

Ce qu'a écrit Mariange Accurse touchant le premier Livre imprimé, 21, 281, 283, 284.

Agesilas Roi de Sparte.

Il se servit d'une façon d'Imprimerie, qui fut une finesse, pour animer ses Soldats au combat, 7.

Aleandre.

Hierôme Aleandre Recteur de l'Université soûtient l'Imprimerie Grecque à Paris. Son Eloge. Devient Bibliothequaire du Pape, & Cardinal, 251, & 253.

Alstedius.

Ce que dit Henri Alstedius de la capacité que doit avoir le Correcteur, le Compositeur, & l'Imprimeur, 188.

Amerbach.

Jean d'Amerbach, Imprimeur à Basle, correct. Entreprend d'imprimer les Saints Peres. Fait apprendre l'Hébreu à trois de ses fils, exprés pour pouvoir donner le S. Hierôme, 128, & 129.

Amrique.

L'Imprimerie pratiquée par les Chrétiens dans quelques Villes de l'Amerique, 273.

André.

Jean André Evêque d'Aleria Bibliothequaire du Pape, travailla le premier sur le Pline. Ce qu'il dit de l'Edition de cet Auteur, 190. Il n'a point été Correcteur d'Imprimerie, comme quelques-uns assûrent. C'est lui qui est Auteur des premieres Impressions de Rome, 198, & 199.

Anisson.

M. Anisson loüé par M. Du Cange. Imprime le Glossaire Grec de cet Auteur. Ce que les Libraires de Paris ont répondu au reproche qui leur a été fait touchant ce Glossaire, 163.

Approbations.

On les doit prendre des Docteurs pour les Livres de Théologie, 381, 386, 392, 393, 394. On ne doit point 'accorder de

Hhh

Privilege d'Impreſſion qu'elles n'ayent été données, 384. Approbations par deux ſortes de Cenſeurs neceſſaires, & pourquoi, 406. Approbations doivent être données par des Docteurs, dont un au moins ſoit Docteur Seculier de la Faculté de Paris, 407, 408, & 409.

Archevêque.

L'Archevêque de Cantorberi Chancelier de l'Univerſité d'Oxfort, donne trois cens marcs d'argent, pour faire venir des Imprimeurs à Oxfort, & établir l'Imprimerie en Angleterre, 14. Privilege qui fut accordé à cette Univerſité pour cette raiſon. 328.

M. l'Archevêque de Paris fait dreſſer une Liſte des Livres de nouvelle doctrine, & les condamne par ſon Mandement, 227, 228. Arreſt de la Cour qui les ſupprime, 229.

Aretin.

Pierre Aretin, connu & diffamé dans le Public comme un Athée. Fait graver des Sonnets tres-impurs ſur des Planches tres-deshonnêtes, 224.

Armeniens.

Les Armeniens viennent en Europe faire imprimer la Bible, & quelques autres Livres en leur langue, 171.

Avocat du Roi.

Michel de Pons Avocat du Roi en Parlement, étoit pourvû d'une Charge de Libraire Juré de l'Univerſité, 345.

d'Aurat.

Pourquoi Jean d'Aurat fut appellé, *Poëta Regius, Auratus, & Laureatus,* 257. Vers qu'il a faits à la loüange de l'Imprimerie de Robert Etienne, 257. & 375.

Auteurs.

Plainte contre les Auteurs d'une érudition fort legere, qui font imprimer les anciens Livres, & y font des Nottes, 182, 204, 205. Auteurs ſont la cauſe quelquefois des fautes d'Impreſſion, 203, 204. & qu'on achete les Livres cherement, 381. Pour obtenir Privilege d'Impreſſion les Auteurs doivent avoir deux copies de leurs Livres. M. le Chancelier peut en diſpenſer les Auteurs de merite, 404, 405. Auteurs doivent faire approuver leurs Livres ſur la Religion par deux ſortes de Cenſeurs, 406, & 407.

Bacheliers en Théologie.

Ce que c'étoit que *Baccalaurei Biblici & Sententiarii,* 93. On ordonne qu'ils montreront des témoignages d'Etude ſous les Profeſſeurs de la ſainte Ecriture, 95.

Bade.

Eloge de Joſſe Bade. A été Correcteur dans l'Imprimerie de J. Trechſel à Lyon. Vint exercer l'Imprimerie à Paris vers l'an 1500. & y mourut en 1534. 137, & 138. A imprimé long-tems en Gothique, 108, & 109. Ce n'eſt point lui qui a introduit la Lettre Romaine dans les Imprimeries de Paris, 53, & 54. Se plaint qu'on lui ſuppoſoit des Editions qu'il n'avoit point faites, 208. Etoit Libraire Juré, & marquoit dans ſes Editions, qu'elles étoient faites dans l'Univerſité, 316. Commandement qui lui fut fait d'imprimer la Cenſure contre Luther, 352.

Baillet.

M. Baillet a traité des Libraires qui ont été celebres dans la Librairie, 153. A fait une Liſte des Marques ou Enſeignes des principaux Imprimeurs & Libraires, 108.

Bartolocci.

Le P. Jules Bartolocci a fait la recherche des premieres Impreſſions Hebraïques, 265. Soûtient qu'il n'y a que cinq Editions de Talmud. Si cela eſt vrai, 269.

DES MATIERES.

Bellarmin.

Le Cardinal Bellarmin est trompé par son Imprimeur. Fait un *Correctorium* des fautes laissées dans une Edition de ses Controverses. Ce qu'il dit de l'Edition d'Ingolstad, 162.

de Berquin.

Louis de Berquin, Lutherien caché, grand ennemi de la Faculté de Theologie, se declare publiquement son accusateur, 175. Histoire de ce qui lui arriva, 176. fut brûlé en Gréve, 178.

Benoist.

René Benoist Docteur de la Faculté est trompé par des Compagnons Imprimeurs Calvinistes. Recit de ce qui arriva à l'occasion de l'Impression de sa Bible Françoise, 215, & 218.

Beughem.

M. Beughem a fait une Liste des anciennes Impressions faites avant l'année 1500. 9, 22, 76. On examine quelques dattes anciennes de certains Imprimez, & quelques Editions qu'il cite, 19, 61. Anciennes Impressions Grecques & Hébraïques qu'il rapporte, 236, & 267.

Bible.

La sainte Bible est le premier Livre imprimé aprés quelques essais, 8. En quelle année fut imprimée, 9. Ce qui arriva à Paris à Jean Faust touchant sa Bible de 1461. 16. Cette Edition n'est point le premier Livre imprimé, 17. Quand la Bible fut imprimée en France la premiere fois, 74. Bibles de fausses dattes, 76. Liste des plus anciennes Bibles imprimées avec dattes certaines, 77. Quand la Bible fut imprimée la premiere fois en Hébreu, 80. & en Grec, 81. Concordance de la Bible par qui a été faite, 131, & 132. Chiffres mis aux Versets de la Bible, 143, & 145. Une partie de la Bible traduite en Arabe conformément aux Erreurs des Protestans met la division dans l'Orient, 299. Version Françoise de la Bible faite par René Benoist, censurée, 215, & 216. La Faculté de Théologie declare qu'elle ne prétend point donner permission à ses Docteurs d'approuver les Versions de la Bible & de l'Office divin, 409.

Biblia.

Biblia pauperum, ou *Bibla aurea*. Ce que c'est. Qui en est l'Auteur, 109.

Bocard.

André Bocard étoit Libraire Juré. Vers François qu'il mit à une de ses Editions en l'honneur de l'Université, 324.

Bombergue.

Daniel Bombergue est le premier des Chrétiens qui a imprimé les Livres Hébreux. Le grand nombre d'Editions Hébraïques qu'il a faites. Imprima le Talmud en onze Volumes *in fol.* 267, & 268.

Boxhornius.

Auteur Hollandois, fait une Dissertation en faveur de Harlem, 3, 280, & 286. Prétend imposer silence aux François sur le sujet de l'Imprimerie, 287.

de Breves.

M. de Breves fait tailler à Constantinople des Poinçons & frapper des Matrices pour les Langues Syriaque, Arabe, & Persanne. Il les apporte en France avec plus de 100 Manuscrits en ces Langues. Ce qui arriva de tout cela aprés sa mort, 299, & 300.

Breviaire.

Anciens Breviaires à l'Usage de Rome & de Paris, 112, & 113. Les Rubriques y doivent être imprimées en couleur rouge, 111. Psautier & Diurnal de Paris anciens, 98, & 99. Breviaire de Cambray imprimé par Gering, 99. Ancien Bre-

Hhh ij

viaire de Bourges imprimé à Venise, 112.
V. *Messel.*

de Bury.

Richard de Bury Evêque Anglois étoit grand Amateur de Livres, 138. Il fit son Philobiblion il y a plus de trois cens ans, où il veut qu'on achete les Livres si chers qu'ils soient. Il est pourtant d'avis qu'on en suspende quelquefois l'achat, 380.

Cæsaris.

Pierre Cæsaris & Jean Stol, apprentis de Gering, dresserent une seconde Imprimerie à Paris l'année 1473. Liste de quelques Impressions qu'ils ont faites. Cæsaris étoit Maître és Arts de l'Université de Paris, 55. & 311.

Caietan.

Notable falsification d'un passage du Cardinal Caietan par des Compagnons Imprimeurs Calvinistes, 220.

de la Caille.

M. de la Caille Libraire a fait un Livre qui contient la Liste de tous les Maîtres de Paris depuis l'établissement de l'Imprimerie, 58.

Campanus.

Si Antoine Campanus Evêque de Teramo a été Correcteur d'Imprimerie à Rome. Epigramme qu'il a faite sur la découverte de l'Imprimerie, recueillie par un Turc amateur de l'Eloquence, 198, 201, & 202.

Catholicon.

Livre qui fut imprimé par Tables & par l'Art de Gravûre, avant que l'Imprimerie eût été découverte, 6, 179. Si le Donat fut imprimé auparavant, 283, & 284. Ce Livre fut aussi imprimé en 1460. par la veritable Imprimerie, 14.

Ce que c'est que ce Livre, & qui en est l'Auteur, 15.

Censeurs de Livres.

La Faculté de Théologie s'oppose à l'établissement de ces Censeurs ; & pourquoi, 402. sont enfin établis, 405. Deux sortes de Censeurs de Livres, 406.

Chappuis.

Jean Chappuis Jurisconsulte fait imprimer par Gering le Corps du Droit Canonique avec la Glose. Vers qu'il fit pour vanter son Ouvrage, 116, & 117. Voyez aussi 110. fut Correcteur chez Gering & Rembolt, 195.

Charles VI. Roi de France.

Ses Lettres en faveur de l'Université, où l'on voit avec quelle ardeur ce Prince la favorisoit, 308.

Chartier.

M. Chartier Docteur en Medecine fait imprimer l'Hippocrate & le Galien en Grec & en Latin. Se plaint qu'il n'a pû trouver de Correcteurs pour corriger le Grec. Loix qu'il auroit souhaité qu'on eût fait touchant l'Imprimerie, 192.

Chef-d'œuvre d'Imprimerie.

A été fait à Paris au Soleil d'or ruë S. Jacques, & par qui, 60. Chef-d'œuvre d'Imprimerie Grecque, 245. D'Imprimerie Hébraique, 59, & 298.

Chevalon.

Claude Chevalon Imprimeur correct. Epousa la Veuve de Rembolt, l'associé de Gering. Imprime le S. Augustin revû sur quelques Manuscrits de S. Victor. A fait en son tems les plus forts Ouvrages d'Imprimerie, 118, 139, & 140. On loüa le beau rouge & le beau noir de son Imprimerie, 107.

DES MATIERES.

Chiffres & Titres.

Quand les premiers Imprimeurs de Paris les ont mis à leurs Editions. Doivent être mis au haut des pages, & non au bas, 38. Chiffres mis aux Versets de la Bible, 143, 145.

Chinois.

S'ils ont été les premiers Inventeurs de l'Imprimerie, 175. Quelques Livres imprimez à la Chine & au Japon, 276, & 277. Ce n'est point la veritable Imprimerie qu'on pratique à la Chine; mais l'Impression, par Tables gravées, 177. Comment ils font cette Impression, 278.

Clictou.

Josse Clictou, si vigilant qu'il fût, ne put éviter les fautes d'Imprimerie, 122. Preuves qu'il étoit Docteur de la Maison & Societé de Sorbonne, 413, 414, &c. Fut bienfaicteur du College de Navarre, 412, & 417. Est un des premiers Docteurs qui ont écrit contre Luther. A dressé la Censure de la Faculté contre cet Hérésiarque, 419. Excita les Evêques de France à condamner en détail ses Hérésies, & fut un des principaux Docteurs qui furent appellez au Concile de Sens, 420. En fit imprimer les Actes avec un éclaircissement de la doctrine de ce Concile, qu'il y joignit, 421.

Coberger.

Antoine Coberger Imprimeur de Nuremberg loüé comme un Imprimeur correct, 129.

Colines.

Simon de Colines imprimoit en tresbelles Lettres & correctement. On lui donna pour cette raison à imprimer les Actes du Concile de la Province de Sens. Etoit beau-pere de Robert Etienne, & demeuroit ruë S. Jean de Beauvais, 141. Son ingenuité, 164. Imprima vingt-quatre mille copies des Colloques d'Erasme, 177. Arboroit les Armes de l'Université à ses Editions, 323.

Colonnes.

Les deux Colonnes pour l'impression des Livres Grecs-Latins, sont devenuës plus communes depuis le tems de Gesner, 238, 240. Elles obligent les Auteurs à faire moins de paraphrase dans leurs Versions, & servent à faire connoître les fautes d'Impression qui sont dans la Version, & dans l'Original, 140, 141, 143. Ce que disoient Muret & Scaliger des deux Colonnes. On doit préferer dans le choix des Livres ceux qui sont à deux Colonnes, 144.

Concordance de la Bible.

Par qui a été faite, & où. S'il est vrai que cinq cens Religieux y ont travaillé. Par qui la Concordance des mots indeclinables a été faite, & à quelle occasion, 131, & 134.

Concordat.

L'Université fit défense aux Libraires d'imprimer le Concordat. Abus que réprima François I. Lettre de Cachet qu'il envoya pour cet effet, 355, & 356.

Correcteur.

Quelques Correcteurs d'Imprimerie habiles qui ont mis leurs noms aux Imprimez, 166, 167. Doivent être tres-sçavans, 188. Imprimeurs qui ne se servent point de Correcteurs blâmez, 189. Exemples des fautes laissées par l'ignorance, ou par la négligence des Correcteurs, 189, 190, 191. Noms de quelques Correcteurs d'Imprimerie sçavans, 194, 195. Correcteur qui se vante d'avoir corrigé plus de trois mille Exemplaires, 202. Epigramme, ou Apologie des Correcteurs contre les Auteurs ignorans, 203.

Corselle.

Frederic Corselle, Ouvrier de Guttenberg, établit l'Imprimerie en Angleterre. Par quel moyen il y vint. Critique sur ce fait, 24, & 25.

Coster.

Laurens Coster, ou Laurens Jean, ou Laurens Janßon, est celui que Junius produit pour Inventeur de la véritable Imprimerie, 2, 22, 285. Si c'est lui qui inventa l'Impreßion par tables gravées, 279. Inscription & Epigramme en l'honneur de Laurens Coster, 288.

S. Cyprien.

Ancienne Edition des Epîtres de saint Cyprien faite à Venise. Quelques-uns s'y sont trompez, & ont crû qu'elle avoit été faite à Spire, 61.

Dausquius.

Claude Dausquius a écrit de l'Orthographe. Ce qui est arrivé à son Livre à Paris, 210.

Dialogue.

Un Dialogue curieux entre un Libraire, & celui qui achete son Livre, 130.

Docteurs en Théologie.

Conte à plaisir qu'on fait d'un Docteur. On les appelle Loups, 260. Louis de Berquin grand ennemi des Docteurs, & pourquoi, 175, & 176. Permißion donnée aux Docteurs de faire visite chez les Libraires, 359, & 362. Livres de Théologie doivent être approuvez par les Docteurs, 381, 386, 392, 393, 394. Deux manieres de les approuver, 389. Voyez *Approbations.* Voyez *Faculté de Théologie.*

Donat.

Ce Livre est une Grammaire qu'on cite pour premiere Impreßion. C'étoit un effet de l'Art de Gravûre, & non de l'Art de l'Imprimerie, 10, & 20. Si c'est le premier Livre imprimé par tables gravées, 281, & 283. Autre Donat imprimé par J. Faust, qui ne portoit aucune datte, 21.

Ducange.

M. Ducange fait imprimer son Glossaire Grec à Lyon, & reproche aux Libraires de Paris de ne l'avoir pas voulu imprimer. Ce que les Libraires ont répondu, 263.

Durand.

Le *Rationale divin. Offic.* de Guillaume Durand est une des plus anciennes Impreßions qui se voyent avec une datte certaine, 13. N'est point le premier Livre imprimé, 14. Quelques-uns le prennent mal-à-propos pour Etienne Duranti qui a fait *De Ritibus Ecclesiæ*, 15, & d'autres ont pris son Livre pour une Bible, 76.

Echellensis.

Abraham Echellensis Maronite, vient de Rome pour travailler à la Bible de M. le Jay. Dispute qu'il eut avec M. de Flavigny. Releve mal-à-propos, & exagere une faute d'Impreßion qui avoit été faite par hazard, 169, & 171.

Ecrits.

Ecrits imprimez par les Libraires de Paris touchant les droits honorifiques de l'Université, condamnez à être jettez au feu par ordre de l'Université, 351.

Ecriture Sainte.

Lecture de l'Ecriture Sainte rétablie dans la Chaire de Gering, 91. Sorbonne a deux Chaires où on donne des Leçons de l'Ecriture sainte. Se conforme en cela aux Arrests de la Cour, 93. Aspirans au degré de Bachelier doivent avoir des Attestations d'études faites sous les Professeurs publics de l'Ecriture sainte, 95. Voyez außi *Bible.*

Epigrammes & Vers.

Epigrammes miſes aux premiers Livres imprimez à Paris, 41, 44. Epigramme falſifiée en faveur de Straſbourg, 51. Epigramme de Laurens Valle ſur l'Imprimerie, 53. Sur l'habileté de Robert Etienne dans l'Imprimerie, 60. Vers ſur le même ſujet, 157, & 375. Epigramme de Campanus ſur l'Imprimerie recueillie par un Turc, 101. Sur le Correcteur d'Imprimerie, 103. Sur les deux Dictionnaires Latin & Grec des deux Etiennes, 161. Epigrammes miſes aux premiers Livres Grecs & Hébreux imprimez à Paris, 149, 150, 194. Quatrain outré en faveur de Laurens Coſter de Harlem, 288. Epigramme ſur le Marchand Libraire, 373. Sur l'Imprimeur mercenaire, 381.

Eraſme.

Il entretenoit ſeul trois Preſſes, 122. Ce qu'il dit de quelques Editions d'Alde Manuce, 117. Loüé les Amerbachs, 129, & Froben, 135, 207. Approuve qu'on laiſſe quelques petites Nottes dans les marges des Livres, 155. Une faute d'Impreſſion eſt cauſe qu'une de ſes propoſitions fut cenſurée, 173. Pourquoi la Faculté differa de publier la Cenſure de ſes Ouvrages, 174. Simon de Colines imprime vingt-quatre mille copies des Colloques d'Eraſme. L'Univerſité défend de les lire dans les Claſſes, 177. Eraſme ſe plaint de l'ignorance des Imprimeurs & des abus de l'Imprimerie, 184. Ce qu'il dit du Pline de Sigiſmond Gelenius, 191. Scaliger le pere dit des injures à Eraſme, & lui reproche d'avoir été Correcteur d'Imprimerie, 197. Eraſme s'en défend. Fait acheter & brûler toutes les copies de l'Oraiſon de Scaliger, 198. Son Livre des Proverbes intitulé, *Adagia*, regardé comme un miracle d'érudition, 154. Voyez auſſi 197. Jugement qu'on fait d'Eraſme, 180, & 181.

Errata.

Comment a commencé, 155. Un des plus anciens, 156. Un des plus forts, 158. Un des plus petits, 141. Errata fait malicieuſement pour inſulter à un Docteur, 164. Errata ſe met auſſi pour faire connoître ſi l'Imprimeur a été diligent, 164. eſt ſupprimé par quelques-uns à cauſe du trop grand nombre de fautes qui ſont dans leurs Editions, 165.

Eſpagne & Portugal.

Police de ces Royaumes pour la correction des Imprimez, 166. La Taxe eſt miſe aux Livres par la Police en Eſpagne & en Portugal, 379.

Etallages.

Etallages de Livres fort anciens. Où ils ſe faiſoient. Qui avoient la permiſſion de les faire, 340.

Etienne.

Henri le pere des Etiennes. Avoué qu'il a fait quelques fautes d'Impreſſion. Il en corrige une agréablement, 163. Etoit Libraire Juré de l'Univerſité, & arboroit ſes Armes à ſes Impreſſions, 323.

Etienne.

Robert Etienne conduiſoit toute l'Imprimerie à l'âge de dix-huit ans. Corrigo juſqu'à un iota fouſcrit qui manquoit. Imprime un Nouveau Teſtament Grec, où l'on dit qu'il n'y a pas une ſeule faute, 142. Met des chiffres à chaque Verſet de la Bible, 143. Faiſoit afficher les Tierces de ſon Imprimerie dans les places publiques, 145. Avoit toûjours de ſçavans Etrangers à ſa table, qui lui ſervoient de Correcteurs. Sa femme, ſes enfans, & ſes domeſtiques, parloient Latin, 146, & 158. Epigramme ſur Robert Etiène, & Vers à la loüange de ſes Impreſſions, 60, 157, & 375. Emporte à Geneve les Matrices Grecques de l'Imprimerie Royale, qui ont été retirées pour une ſomme de trois mille liv. 159. Se montre Calviniſte outré par ſon horrible emportement contre la ſainte Meſſe. Fait un conte à plaiſir ſur les Docteurs qu'il appelle Loups, 160. Imprime de tres-belles Bibles Hébraïques *in* 4°. &

in 16. N'en a point imprimé *in fol.* 197. Meurt à Geneve, 262.

Etienne.

Charles Etienne frere de Robert étoit Docteur en Medecine de la Faculté de Paris. A parfaitement bien imprimé en Grec, 159.

Etienne.

Henri Etienne second étoit fils de Robert. Ce qu'il dit sur la correction des Imprimez, 124. Et sur l'ignorance des Imprimeurs, 187. & des Correcteurs, 189. Etoit un des plus habiles hommes de son tems en Grec. Fit le grand Dictionnaire appellé, Thrésor de la Langue Grecque, 159. Etoit Calviniste horriblement emporté, 161. Mourut à l'Hôtel-Dieu de Lyon, 262.

Etienne.

Antoine Etienne petit-fils de Henri, se fit Catholique. A fait de belles Impressions. Est le dernier de cette famille. Mourut à l'Hôtel-Dieu de Paris, 262.

Exemplaires.

Quelques anciennes Editions dont on tira peu d'exemplaires, 73. Autres dont on tira un plus grand nombre, & qui ruinerent les Imprimeurs, 199.

Faculté.

La Faculté de Théologie de Paris censure un Livre de Reuchlin, 67. Censure les Ouvrages d'Erasme. Raisons pourquoi elle differa la publication de cette Censure, 174. Est accusée par Louis de Berquin, qui veut l'obliger à retracter douze propositions, 175. Ce qu'Erasme dit en l'honneur de la Faculté, 181. Censure la Traduction Françoise de la Bible de René Benoist. Histoire de cette Censure, 215. A droit d'approuver les Livres de Théologie. Voyez *Approbations*. Declare qu'elle ne prétend point donner permission aux Docteurs d'approuver les Versions de la Bible & de l'Office divin, 409. S'oppose à l'établissement de quatre Censeurs de Livres & Lecteurs d'Office, 402. Fait imprimer le Catalogue des Livres censurez & défendus, 359. Les Libraires presenterent une Requeste au Roi touchant ce Catalogue: Réponse de la Faculté à cette Requeste, 360, & 381.

Faussetez & Faussaires.

On a accusé quelques Imprimeurs d'être Faussaires, & pourquoi, 207. Faussetez que font quelquefois les Libraires pour le tems & le lieu des Impressions, 109. Faussetez commises par des Imprimeurs & leurs Ouvriers sur le Paschase, 212. Sur la Bible Françoise de René Benoist, 217. Sur le Caietan, 119.

Faust.

Jean Fust, ou Faust, est un des trois Inventeurs de l'Art d'Imprimerie, 4. On le charge du crime d'infidelité & de vol, 2, 22, & 281. Anciennes Impressions de Jean Faust, 13, 14. 16, 17. Ce qui lui arriva à Paris touchant sa Bible imprimée en 1462. 16. Si c'est lui qui a aussi inventé en Europe l'Impression par tables gravées, 279, & 184.

Faute d'Impression.

Si un Livre peut être sans aucune faute d'Impression, 121, 123, 143. Censeur établi en Espagne pour marquer les fautes d'Impression. 166. Ce qu'une faute d'Impression causa à M. de Flavigny, 169. Fut cause qu'une proposition d'Erasme a été censurée, 173. Raisons pourquoi il y a tant de fautes d'Impression dans les Livres, 181, 188, 203. On fit un Livre exprés pour marquer les fautes d'Impression dans la Somme de S. Thomas; & Bellarmin fut obligé de faire un *Correctorium*, pour ses Controverses, 161, & 163.

Fernus.

Fernus.

Michel Fernus fait imprimer les Ouvrages d'Antoine Campanus. Son chagrin sur les fautes qu'on fit en l'impression de ce Livre, 156. Apprend d'un Turc l'Epigramme de Campanus sur l'Imprimerie, 201.

Fichet.

Guillaume Fichet Docteur de la Societé de Sorbonne, & Jean de Lapierre Prieur de cette Maison, concertent le dessein d'établir l'Imprimerie à Paris, 26. L'abregé de la Vie de Fichet. Enseignoit en Sorbonne l'Ecriture sainte, la Philosophie, & la Rhetorique tout ensemble, 27. Ce qu'il fit étant Recteur, 28. Le Pape l'appelle à Rome, le fait Grand Pénitentier, & son Camerier, 29. Fichet fit imprimer par Gering une Rhetorique, dont il fit present aux plus grands Seigneurs, 30. Vers de Gaguin à la loüange de Fichet, 31.

Flavigny.

Valerian de Flavigny Professeur Royal en Hébreu, écrivit contre Abraam Echellensis. Etrange faute d'Impression, qui lui donna bien du chagrin, 169, & 172.

Fontaine.

Ce que Jacques Fontaine Jurisconsulte a dit d'un Livre plein de fautes d'Impression, 165. & de l'ignorance des Imprimeurs, 183, & 184.

France & François.

Le premier Imprimeur de France n'est point Nicolas Jenson, 43. Mais Ulric Gering avec ses Associez, 27. & 44. Les François ont la gloire d'avoir porté l'Imprimerie jusqu'à sa derniere perfection. Ce sont eux qui ont fait les plus beaux Ouvrages de l'Art. Quelques exemples, 58, & 60. Se sont signalez dans cet Art en Italie, 62, 65, Auteur Hollandois, qui impose silence aux François touchant la découverte de l'Imprimerie, 187.

François I.

Prévenu par Erasme. Irrité contre la Faculté de Théologie, & pourquoi. Ce qu'il fit contre elle, 174, 175. reconnut son innocence. Permit l'Impression de sa Censure contre Erasme, 180. Fit frapper des Matrices Grecques qui furent portées à Geneve par Robert Etienne. Furent dégagées pour une somme de mille écus, 159. Etablit une Bibliotheque à Fontaine-bleau, & fonda le College des Professeurs Royaux, 194. Fit venir à Paris Aug. Justiniani pour y enseigner l'Hébreu & l'Arabe, & y établir l'Imprimerie Hébraïque, 191. Envoia Guillaume Postel en Orient y chercher des Manuscrits, 196. Lettre de Cachet qu'il envoia pour reprimer certain abus, 355. Action de Religion du Roi François, loüée par la Faculté de Théologie, 422.

Froben.

Jean Froben Imprimeur à Basle. Le soin qu'il prenoit pour être correct, 111. Dialogue curieux qu'il mit dans une de ses Editions, 130. Imprime la Concordance de la Bible avec les particules indeclinables, 131. Blâme ceux qui achetent des Livres peu corrects, sous pretexte de bon marché. Son grand desir d'imprimer le S. Augustin. Mourut avant qu'il fut imprimé, 135. Ce qu'Erasme a dit de l'Imprimerie de Froben, 107.

Gaguin.

Robert Gaguin, Disciple de Guillaume Fichet, loüe son Maître, 27, 31. Il remarqua que les ignorans emportoient les Benefices de l'Eglise plûtôt que les habiles gens, 29. Se plaignit des Imprimeurs, & du grand nombre de fautes qu'ils laisserent dans son Histoire de France, 157.

Galatin.

Pierre Galatin parle contre les Imprimeurs. A pris la matiere de son Livre de *Arcanis* du Livre *Pugio Fidei* de Raimond Martin, sans le nommer, 158.

Gardes de la Librairie.

Ce mot de Garde, signifioit Surveillant, pour & au nom de l'Université. On a tacitement supprimé ce nom, & on a substitué le nom d'Adjoint, 344.

Gelenius.

Ce qu'Erasme dit du Pline de Sigismond Gelenius, 191.

Gering.

Ulric Gering, Martin Crants, & Michel Friburger sont les premiers Imprimeurs de Paris & de France. Dressent leurs premieres Presses dans le College de Sorbonne, 16, 34. Les preuves, 40, 42, 43. Leurs secondes Presses dans la ruë S. Jacques, 67. Voyez 72. Troisiémes Presses de Gering ruë de Sorbonne au Soleil d'or, 83. Trois Listes des Livres imprimez par Gering, 34, 68, & 98. Grands biens qu'il a faits à la Societé de Sorbonne, 84, & 90. Et au College de Montaigu. Ce qu'on y fit de son Legs, 89. Actes qui lui donnent le droit de l'Hospitalité de la Maison de Sorbonne, 85, & 86. Bourses augmentées, & deux Chaires de Théologie fondées en Sorbonne du legs de Gering, 90. A fait de tres-belles Impressions en Lettres Romaines, 54, 71. & en couleur rouge, 111. Ce n'est pas lui qui a introduit le Gothique, 104. Prenoit la qualité d'Imprimeur & d'Ecolier de l'Université de Paris, 321, 356. Mort de Gering, 95. Où enterré, 96. Service qu'on lui fait tous les ans en Sorbonne, 97. Sorbonne rétablit la lecture de l'Ecriture Sainte dans la Chaire de Gering, 91. Ne permet point qu'on diminuë rien du droit de cette Chaire, 93. Loüange qu'on donne à Gering, 127.

Gesner.

Conrar Gesner dédie ses Livres des Pandectes à des Imprimeurs. Ce qu'il dit des Allemands, & de la Correction d'un Imprimé, 160. Rend plus commune la maniere d'imprimer à deux colonnes le Grec & la Version, 238. Ce qu'il dit des deux colonnes, 243.

Gothique.

Quelques anciennes Impressions en lettre Gothique de Paris, de Venise, de Lyon, 104, & 105. Les plus fortes Impressions Gothiques, 106. Le Gothique a été long-tems en usage, & a été beaucoup loüé par quelques-uns, 106. Mélange fait mal-à-propos de Lettre Gothique & Romaine, 107, Qui a arrêté le cours de la Lettre Gothique à Paris, & si c'est Josse Bade, 108, & 109.

Gourmont.

Gilles Gourmont est le premier Imprimeur en Grec de la Ville de Paris & du Royaume de France, 250, & 251. Est aussi le premier Imprimeur de France en Hébreu, 290, 291.

Gravûre.

La Gravûre des Lettres sur le cuivre est tres-ancienne, 6. Ne doit point être appellée une nouvelle découverte, 7. N'est que l'Image de la véritable Imprimerie, & doit plûtôt être appellée, *Pinacographia*, que *Typographia*, 285, 286, & 287. La Gravûre imite l'Imprimerie jusque dans le mal. Infamies que la Gravûre a mises au jour, 214 Impression des Livres par l'Art de Gravûre a été inventée à la Chine, 177, & 178. Quand & par qui a été pratiquée en Europe pour la premiere fois, 279, & 284.

Grec.

Premieres Impressions en Grec, 236. Editons Grecques-Latines faites d'une maniere toute particuliere, 137. Editions Grecques-Latines à deux colonnes, quand ont commencé, 238, & 240. Les plus forts Ouvrages d'Imprimerie Grecque, 244. Quand l'Imprimerie Grecque fut établie à Paris, & par qui. Qui sont les premiers Livres Grecs qu'on y imprima, 247, 248, 251, & 255. Les Grecs font imprimer leurs Livres Ecclesiastiques à Venise, 271.

Gryphe.

Sebastien Gryphe Allemand, Imprimeur de Lyon, correct. Fait imprimer une Bible du plus gros Caractére qui eût parû. Est loüé par Scaliger, qui lui dédie un Livre, 151.

Guarini.

Baptiste Guarini a fait le *Pastor Fido*. Ce que causa ce Livre, 123.

Guillard.

Charlotte Guillard veuve de Rembolt, l'associé de Gering, & ensuite veuve de Chevalon, illustre dans l'Imprimerie. Son Eloge, 148. Imprime les SS. Peres de l'Eglise. Un Evêque vint du Concile de Trente lui apporter son Ouvrage, 149. Federic Morel étoit Correcteur dans son Imprimerie, 150.

Guttenberg.

Jean Guttenberg Bourgeois de Mayence, est celui qui imagina le premier le grand dessein de l'Imprimerie, 4.

Han.

Ulric Han n'établit à Rome que la seconde Imprimerie, 100, & 102. Antoine Campanus Evêque de Teramo suppose qu'il étoit François, pour faire la pointe à une Epigramme. Cet Evêque n'a point été Correcteur dans cette Imprimerie, comme quelques-uns ont avancé, 101, & 102.

Harlem.

Les Hollandois écrivent que l'Imprimerie a été découverte à Harlem, 2, & 285. Livres qu'on cite comme imprimez à Harlem, 20. Si l'Impression par Tables gravées y a été inventée, 279, 281,

283, 286. Vers, Inscription, & Quatrain outré en faveur de Harlem, 287, 288.

Hébreu.

Premiers Imprimeurs en Hébreu, 264. Premieres Impressions Hébraïques, ou, par qui, & quand ont été faites, 265, & 266. Impressions en Hébreu faites par les Juifs doivent être préferées à celles des Chrétiens, & pourquoi, 270. Commencement de l'Impression en Hébreu à Paris, 289. Premier Imprimeur en Hébreu à Paris, & premiers Livres imprimez en cette langue, 290, & 292. Imprimeurs des Langues Orientales à Paris, 296, 297, 298.

Henry.

Henry VI. Roi de la Grand' Bretagne, envoie le Maître de sa Garde-robe, avec une grande somme d'argent, pour emmener en Angleterre un Imprimeur, 24.

Hollandois.

Auteurs Hollandois qui donnent l'honneur à la Ville de Harlem d'avoir inventé la veritable Imprimerie, & celle qui se fait par Tables gravées, 2, 22, 279, 285, 287. Font traduire en Arabe une partie de la Bible, conformément aux Erreurs des Protestans. Ce que cela causa dans l'Orient, 299.

Hottinger.

Henry Hottinger dit qu'il a vû une Bible Allemande imprimée en 1448. Si cela est vrai, 75. Voyez 79.

Hugues de S. Cher.

Il a fait la Concordance de la Bible. Nouvelle preuve de ce fait. S'il s'est servi de cinq cens Religieux, 132, & 134.

Jacob.

Le P. Jacob de l'Ordre des Carmes fait un Traité des Bibliotheques, où il se declare pour Strasbourg. Se trompe sur le *Rationale* de Durand, 15. Liste des anciennes Bibles imprimées qui a peri par sa mort, 80.

Jacques.

Jacques I. Roi de la Grand' Bretagne fait imprimer un Livre secret pour servir d'instruction à son fils. On lui viola le secret. Ce qu'il dit des Puritains, 231. Jacques II. son petit-fils donne un rare exemple de Religion, 232.

Janſſon.

Theodore Janſſon d'Almeloué a écrit de la Vie de tous les Etiennes, 143. A fait le Catalogue de leurs Impreſſions, 262, S'il est vrai ce qu'il prétend que Robert Etienne n'emporta point à Geneve les Matrices Grecques de l'Imprimerie Royale, 260. Et qu'il imprima une Bible Hébraïque *in fol.* 297.

Japon.

Livres imprimez au Japon & à la Chine, 176, & 177.

Le Jay.

Bible Polyglotte que fit imprimer M. le Jay à Paris, emporte le prix au-deſſus des autres par la richeſſe de l'Impreſſion, 59. C'eſt un chef-d'œuvre d'Imprimerie, 298. M. le Jay ſollicita à la Cour l'empriſonnement de Sionita Maronite, qui travailloit à cette Bible, 300.

Jenſon.

Nicolas Jenſon François de Nation, n'a point établi l'Imprimerie à Paris, & n'a jamais imprimé dans le Royaume de France, 43. S'eſt ſignalé dans l'Art d'Imprimerie à Veniſe, 61. Eloge de Jenſon fait par de ſçavans Auteurs, & la Liſte d'une partie de ſes Impreſſions, 63. A auſſi fait quelques Editions en Gothique, 64. On n'oublie point le merite de Jenſon à Veniſe, 64.

Ignorance.

Les fautes qui ſont dans les Imprimez, viennent ſouvent de l'ignorance des Imprimeurs, 182. Exemple de l'ignorance d'un Imprimeur, 184. Auteurs qui ſe plaignent de l'ignorance des Imprimeurs, 181, 188. Un Imprimeur imprime des injures contre lui ſans le ſçavoir, 187. Ignorance des Correcteurs eſt auſſi la cauſe des fautes, 188. Exemple de l'ignorance de quelques Correcteurs rapportez par Henry Etienne, 189. Auteurs par ignorance laiſſent des fautes dans les Imprimez. Exemples, 204.

Impreſſion.

Si l'Impreſſion Chinoiſe, ou par Tables gravées, eſt une veritable Imprimerie, 285, 286. & 287. L'Impreſſion par Tables gravées, a été inventée à la Chine, 11, 179, & 186. Quand & par qui a été pratiquée en Europe la premiere fois, 279, & 284.

Imprimerie.

Par qui inventée, en quelle ville, en quel tems, 4, & 8. Comment établie en Angleterre, 24. Comment établie à Paris, 26, 35, 44, & 49. Par qui fut établie à Veniſe, 61. Et à Rome, 198. Imprimerie Grecque pratiquée premierement en Italie, 135, 136. Quand & par qui établie à Paris, 248, & 251. Imprimerie Hébraïque, quand, où, & par qui pratiquée pour la premiere fois. 264, 265. Par qui établie à Paris, 290, 291. Imprimerie n'a guere été pratiquée que par les Chrétiens & les Juifs, 270. Paroît dans l'Aſie & dans l'Amerique, 271, & 272. Si elle a été portée en Afrique & en Éthiopie, 273. Il y a eu des Imprimeries dans l'Empire de Maroc, 274. Ce que c'eſt dans l'Imprimerie que les Signatures, & quand on commença à les mettre, 38. Quand on a commencé à ſe ſervir des Reclames, 38, & 39. Ce que c'étoit le *Registrum Chartarum*. Où a été inventé, & pourquoi ſupprimé, 39. Ce que c'eſt dans l'Imprimerie que les Guillemets, 116.

Imprimeurs.

Les anciens Imprimeurs de Paris aprés Ulric Gering, 57. Imprimeurs de Paris en Grec, 155, 156. En Hébreu, 195, & 196. Imprimeurs de Paris en Gothique, 104. De Lyon, 106. Imprimeurs de Venise en bonnes Lettres, 61, 62. En Gothique, 105. Plainte contre l'ignorance des Imprimeurs. Voyez *Ignorance*. Contre les Imprimeurs qui ne prennent point de Correcteurs, 189. Contre les Imprimeurs de Livres deshonnêtes, 222, 225. Des Livres de nouvelle Doctrine, 226, 230. Compagnons Imprimeurs font des faussetez dans l'impression de quelques Ouvrages, 217, 219. Imprimeurs corrects, 114, 116, 118, 129, 136, 139, 140, 141, 142, 146, 148, 150, 151. Plainte de l'Imprimeur contre le Marchand Libraire en Vers élegans, 378. On répond aux Libraires qui reprochent aux Imprimeurs qu'ils sont les derniers venus, 378, & 379. Voyez *Libraires*.

Jollain.

Feu M. Jollain Marchand Graveur de Paris achete cent écus des Planches gravées, & les détruit, 225.

Italique.

Ce Caractére d'Imprimerie a été inventé par Alde Manuce, & quand, 114. Il obtint des Brefs de trois Papes à ce sujet. Livres qu'il imprima de cette Lettre, 115. A quoi ce Caractére est utile. On l'a reformé dans quelques Imprimez, 115, & 116.

Juifs.

Les Juifs ont fait les premieres Impressions Hébraïques à Soncino en Italie, 264. Ont porté l'Imprimerie à Constantinople, 265. Impression ancienne de la Grammaire du Rabbin Moyse Kimhi, 267. Pourquoi les Impressions Hébraïques faites par les Juifs, doivent être préferées à celles des Chrétiens, 270.

Jule.

Jule Romain, Peintre celebre d'Italie, invente des Desseins tres-infames pour être gravez. Est mis en prison, délivré, & obligé de quitter Rome, 224.

Junius.

Adrian Junius prétend que c'est à Harlem où l'Imprimerie a été découverte pas Laurens Jean, ou Coster, 2. Critique de ce fait, 22, 285. Ce qu'il dit du Livre, *Speculum Salutis*, 279.

Jurez.

Libraires Jurez & non Jurez, 334. Antiquité des Libraires Jurez, 335, 336, 337. Avoient autrefois seuls le droit de faire les Inventaires & les Prisées de Livres, 341. Quatre ou deux d'entre eux choisis par l'Université pour gouverner la Librairie, 342. Réduits au nombre de vingt-quatre, 336, 341. Comment on a tenté de les supprimer, 343, 344. Ce que c'étoit que les non Jurez, 339, 340. Comment ils se sont mutipliez, & ont monté aux Charges de la Librairie, 341.

Justiniani.

Augustin Justiniani Evêque de Nebbio vint à Paris pour y enseigner l'Hébreu & l'Arabe, 291. Y établit l'Imprimerie Hébraïque. Livres qu'il fit imprimer à Paris, & comment il mourut, 194, & 195.

Kilian.

Corneille Kilian fut Correcteur cinquante ans dans l'Imprimerie de Plantin. Est loüé de Pierre Suvertius, 196. Son Epigramme où il fait l'Apologie des Correcteurs contre les Auteurs ignorans, 203. Discours qu'il fait tenir à un Libraire qui vend ses Livres cherement, 173. Fait une Epigramme où il fait parler l'Imprimeur qui se plaint du Marchand Libraire, 378.

Labbe.

Philippe Labbe a fait une Liste des anciens Imprimez qu'il avoit vûs dans la Bibliotheque du Roi. On en cite quelques Livres, 14, 18, 23, 25, 79, 199, 202, 235.

Lapierre.

Jean Heynlin de Lapierre Prieur de la Maison de Sorbonne, fait venir de son Païs d'Allemagne des Imprimeurs qui établissent l'Imprimerie à Paris, 26, 36. L'Abregé de sa Vie. Se fit Chartreux à Basle. Ses Ouvrages, 31, 34. Ce qu'il dit de ceux qui impriment de méchans Livres, 230.

Lascaris.

Jean Lascaris, qui descendoit des Empereurs de Constantinople, a été Correcteur d'Imprimerie. C'est par son conseil que François I. fit une Bibliotheque à Fontainebleau, & fonda le College des Professeurs Royaux, 194. Loüé par Erasme, 195.

Launoy.

M. de Launoy écrit l'Histoire du College de Navarre, 411. Prétend que Josse Clictou n'étoit point de Sorbonne, mais de Navarre. Ses raisons, 412. Preuves qu'il étoit de Sorbonne, 413, 417. On répond à ce qu'il dit, que Sorbonne n'ayant point de Bacheliers qui eussent la capacité d'être Prieurs, Navarre lui en fournit quelques-uns, 422.

Lettre.

Lettre de Fichet à Lapierre d'où on tire l'Origine de l'Imprimerie de Paris, 40. Lettre d'Hospitalité dans la Maison de Sorbonne accordée à Gering, 85, 86. Lettre de Libraire donnée par le Recteur, & de Caution que donnoit le Libraire, 312, & 314. Lettres de Charles VI. en faveur de l'Université, 308. Lettre de Cachet pour reprimer certain abus, 355. Lettres du Roy Louis XIII. qui avoient été données pour l'établissement de quatre Censeurs de Livres, 398.

Libraires.

Comme un Auteur les dépeint, 225. Il ne les faut point accuser tous pour les abus qui se commettent dans la Librairie, 226, 379, & 381. Libraires mettent trop facilement des années fausses aux Editions, 209. Libraires ont été soûmis à l'Université devant la découverte de l'Imprimerie, 302. Et aprés la découverte de l'Imprimerie, 321, & 327. Les Anciens prenoient la qualité de Libraires, Imprimeurs, & Relieurs de l'Université de Paris, 321. Arboroient ses Armes dans leurs Editions, 323. Marquoient qu'elles étoient sorties de l'Université de Paris, 326. Sont vrais Suppôts de l'Université, & sont appellez à ses Processions Générales, 328. Libraires Jurez & non Jurez. Voyez *Jurez*. Libraires ont été citez, & ont comparu devant l'Université pour rendre raison de leur conduite, 350, 351, 353. Decret de l'Université contre certains Libraires, 354, 355. Presentent Requeste au Roi pour imprimer quelques Livres censurez & défendus. Réponse de la Faculté de Théologie à cette Requeste, 360. Visite doit être faite chez les Libraires. Voyez *Visite*. Demeure des Libraires fixée au quartier de l'Université & du Palais, 364. Obligez d'exposer le Catalogue de leurs Livres avec le prix marqué à chacun, 371. Et de faire approuver les Livres qui traitent de la Religion, par les Docteurs, 381, & 386. Epigramme où on fait parler le Marchand Libraire, 373. Voyez *Imprimeurs*.

Liste.

Trois Listes des Livres imprimez par Gering, 36, 68, 98. par Rembolt seul, 101. Liste des plus anciennes Bibles imprimées, 74, 77. Liste des premiers Livres imprimez à Rome, 199, & 200. M. l'Archevêque de Paris fait dresser une Liste des Livres de mauvaise Doctrine. Son Mandement & l'Arrest du Parlement contre ces Livres, 228. Jean Saubert a fait la Liste des anciennes Impressions de la Bibliotheque de Nuremberg. Et le Pere Labbe de celle des la Bibliotheque du Roi. V. *Saubert.* V. *Labbe.*

Livres.

Livres d'airain ; ce que c'étoit chez les Romains, 8. Livres de dattes tres-anciennes, mais fausses, 10. Le premier Livre imprimé n'est point le *Rationale* de Durand, 15. Ni les Offices de Ciceron, 18, Ni le Lactance, ni le saint Augustin, ni le Quintilien, &c. 23. C'est la Sainte Bible, 8. Ce que c'est qu'on appelle le Livre Bleu dans l'Université, 29. Prémier Livre imprimé à Paris, 34. 43, 49. Premiers Livres Grecs imprimez, 135, & 136. Premiers Livres Grecs imprimez à Paris, 144. Premiers Livres Hebreux imprimez, 265, Premiers Livres Hebreux imprimez à Paris, 290, 292, & 293. Quel est le premier Livre imprimé en Europe par Tables gravées & taillées, 4, 6, 23, 279, & 284. Livres imprimez aux Indes & à l'Amerique, 273. A la Chine & au Japon par Tables gravées, 276, 277. Contre les Livres deshonnêtes & impurs, 222, & 225. Et de nouvelle Doctrine, 226, 228, 230. Livres de Theologie doivent être approuvez par les Docteurs, 381, 392, 393, 394.

LOUIS LE GRAND.

S'est plaint autrefois de l'Imprimerie de Paris, 167. Donne ordre verbal au Recteur de revendiquer les Droits de l'Université sur l'Imprimerie, 139. Arrest du Conseil d'Etat sur ce sujet. *Dans la Préface.* Confirme l'Edit d'Henry II. sur la Visite des Docteurs dans les Boutiques des Libraires, 362. Et sur l'approbation qu'on doit prendre d'eux pour les Livres de Theologie, 386.

Lyon.

Imprimeurs de Gothique à Lyon, 106. Ce n'est point un Imprimeur de Lyon qui a rétabli la belle Lettre dans les Imprimeries de Paris, 108. De Sebastien Gryphe Imprimeur de Lyon, 150. Robert Gaguin fait réimprimer son Histoire de France à Lyon, & pourquoi, 157.

Maillet.

Paul Maillet Professeur de l'Université fait imprimer le Virgile par Gering. Comme cette Edition fut loüée, 120. Les plaintes qu'il fit dans ce Livre contre les Imprimeurs de son tems. 206, 207, 211.

Malincrot.

Bernard de Malincrot Doyen de Munster ecrit pour Mayence, 2. Avoit dans sa Bibliotheque un ancien Livre imprimé en 1459. par Faust à Mayence, 13, & 14. Ce qu'il dit de l'Origine de l'Imprimerie en France, 43. & de l'Imprimerie de Plantin, 152, & 153. Met Erasme au nombre des Correcteurs d'Imprimerie, 196. A remarqué de la contradiction dans les Auteurs Hollandois, & a refuté ce que Junius a dit touchant Harlem, 180, & 185.

Manuce.

Alde Manuce imprimoit chaque mois un bon Auteur. Auroit voulu racheter chaque faute d'un écu d'or. On s'est plaint quelquefois de ses Editions, 126, 127. Plainte qu'il fit contre les Imprimeurs ignorans, 182. Marque de son Imprimerie expliquée, 208. Pourquoi fut appellé Alde Pie. A imprimé grand nombre d'Auteurs Grecs, 234. Ce qu'il mit sur la porte de son Cabinet, 235. Rétablit l'étude de la Langue Grecque, 236. Fit des Editions Grecques-Latines d'une maniere toute particuliere, 237. S'il a imprimé en Hébreu, 267. Il n'est point le premier qui imprima le Grec & l'Hébreu, 235, & 256. 264, & 265.

Marc.

Marc-Antoine grave sur vingt Planches des Desseins tres-deshonnêtes donnez par Jule Romain, & des Sonnets tres-impurs de Pierre Aretin. Ce Graveur perdit tout son bien à la prise de Rome, 224.

Maroc.

Il y a eu des Imprimeries dans l'Empire de Maroc. 274.

Marques.

Les Imprimeurs prennent des Marques & des Chiffres, & pourquoi, 207. On contrefit la Marque de quelques Imprimeurs, 108. Ce que signifioit l'Ancre entortillé d'un Dauphin, qui étoit celle de Manuce, 108. Deux Societez de Libraires à Venise, prirent pour Marque l'Aigle & la Colombe. Deux de Paris prirent le Grand Navire, 325.

le Masle.

Michel le Masle Prieur des Roches, donne sa grande Bibliotheque à la Maison de Sorbonne, & fonde un Bibliothequaire. Les Docteurs pour reconnoissance lui accordent le droit d'Hospitalité, ou de Société honoraire, 88. & 89.

Maufer.

Pierre Maufer François de Nation établit une Imprimerie à Padouë, & à Verone. Quelques-unes de ses Editions, 65.

Mayence.

Ville où l'Imprimerie a été découverte. Les circonstances de ce fait, 4. On y imprima d'abord un Vocabulaire par Tables gravées, 6, 279, & 284. Impressions anciennes faites à Mayence, 13, 14, 16, 17, 21, 22, 51, 116. Raisonnement contre Mayence detruit, 286. Vers, Inscription, & Quatrain outré contre Mayence, 288.

Mayron.

François Mayron Auteur du fameux Acte de Sorbonique. Sa Théologie imprimée par un Prêtre, corrigée par un Archevêque, 125.

Mentel.

Jean Mentel estimé par quelques-uns Inventeur de l'Imprimerie à Strasbourg. M. Mentel Medecin de Paris, fait une Dissertation pour défendre cette opinion en faveur de sa famille, 3. Et croit que les Epîtres de Crates y ont été imprimées. Critique de ce fait, 50, & 51. S'il est vrai ce qu'il a écrit, que c'est Ulric Han qui est le premier Imprimeur de Rome, 202. Ce qu'il dit de l'Impression par Tables gravées, 285.

Messel.

Antoine Zarot est le premier Imprimeur des Messels, 112. Anciens Messels de Paris, 99, & 111. Ancien Messel de Paris imprimé en 1487. à Venise, 112. V. Breviaire.

Meun.

Jean de Meun, ou Jean Clopinel, fit le Roman de la Rose. Gerson écrivit & prêcha contre ce Roman. Ce qu'il dit de l'Auteur de ce Livre, 222. Critique sur une raillerie qu'on dit que Jean de Meun fit au lit de la mort, 223.

Missionnaires.

Les Missionnaires se servirent de l'Impression Chinoise pour distribuer dans la Chine leurs Livres. Piece curieuse qu'ils ont fait imprimer, où on lit le Jugement des Etats de la Chine, en faveur de la Religion Chrétienne, 276.

Montaigu.

Legs que Gering fit au College de Montaigu, & ce qu'on en fit. Copie de ce qui est écrit au bas d'un ancien Portrait d'Ulric Gering dans ce College, 89. Ulric Gering n'est point enterré dans la Chapelle de Montaigu, 96.

Morrhy.

Gerard Morrhy établit son Imprimerie

rie dans le College de Sorbonne au même endroit où Gering avoit placé les premieres Presses de Paris, 48. Imprima dans la Maison de Sorbonne en Grec, 256. & en Hebreu, 295.

Moscovites.

Font brûler les Caracteres d'Imprimerie, & pourquoi. Reçoivent enfin l'Imprimerie, 172.

du Moulinet.

Le Pere du Moulinet fait entendre que les premiers Imprimeurs de Paris firent leurs Impressions en Lettres Gothiques. Critique sur ce fait, 50, 53, & 108.

Musurus.

Marc Musurus Grec de Nation qui fut Archevêque de Raguse, avoit été Correcteur d'Imprimerie. Son Eloge, 194, & 195.

Navarre.

Maison illustre de sçavans Théologiens. Livres anciens qui sont dans la Bibliotheque du College de Navarre, 16, 38, 69, 70, 101. Aux Paranymphes de Navarre, on entend souvent l'Eloge de Josse Clictou, comme d'un Docteur de cette maison-là, 411. qui cependant étoit de celle de Sorbonne, 413, 417. Cette Maison n'a point fourni des Prieurs à celle de Sorbonne, 422.

Naudé.

M. Naudé a parlé de l'Imprimerie. Il avoit vû plus de quinze mille vieux Livres, 11, & 17. A montré que Junius s'est contredit touchant Jean Faust, 21. De trois Imprimeurs qui ont établi l'Imprimerie à Paris, n'en a fait que deux, 42. dit que le *Rodericus Zamorensis* est le premier Livre imprimé à Paris, 49. Ce qu'il a écrit de Nicolas Jenson François, Imprimeur de Venise, 63. & de Pierre Maufer, 65. S'il est vrai ce qu'il a dit d'Ulric Han, que c'est le premier Imprimeur de Rome, 102.

Navire.

Deux Societez de Libraires prennent pour Marque le grand Navire. Comment elles furent formées dans l'Université. Elles arborerent ses Armes. On ne visitoit point dans les Païs Etrangers les Livres qui avoient la marque du grand Navire, 325.

Nouveau Testament.

Premieres Editions qui ont été faites separément du Nouveau Testament Grec, 82. Nouveau Testament Grec de Robert Etienne appellé ô *Mirificam*, & pourquoi. Estimé sans faute. Il y en a de deux Editions. Il faut prendre garde de n'y être pas trompé, 142.

Offices.

Le Livre des Offices de Ciceron est une ancienne Impression faite par les premiers Imprimeurs, 17. Erreur de quelques-uns qui croient que c'est le premier Livre imprimé, 18.

Olearius.

Godefroy Olearius parle d'un Livre imprimé en 1446. Doute proposé sur ce fait, 11, & 12.

Palmeran.

Thomas Palmeran, ou *Thomas Hibernicus*, qui a fait le *Manipulus Florum*, Livre de Lieux Communs, n'étoit point de l'Ordre de S. Dominique, ni de S. François; mais Docteur Séculier de la Maison & Societé de Sorbonne, 62.

Paris.

C'est la premiere Ville de France où l'Imprimerie a été pratiquée, 27, & 44. Quand, & par qui elle y a été apportée, 26, 34. 44. Qui en sont les seconds Imprimeurs, 55. Qui sont ceux qui leur ont succedé, 57.

K k k

Paschase.

Le Livre de l'Abbé Paschase *De Corpore & Sanguine Domini*, a été corrompu, falsifié, & mutilé par un Imprimeur, & un Ministre Lutherien. Détail de quelques-unes de ces falsifications, 212. & 214.

Paulina de Paschate.

Ce Livre donna lieu à la Reformation du Calendrier. Pourquoi il fut imprimé, 186.

Peine.

Surcroît de peine dans l'Enfer à ceux qui ont donné le jour à des Livres deshonnêtes, & de mauvaise doctrine. Et comment cela se doit entendre, 222. Peine d'excommunication contre les Libraires qui impriment & vendent des Livres de mauvaise doctrine, 226, 228.

Perron.

Le Cardinal du Perron se plaint de l'Imprimerie, 168. Et du peu de capacité de quelques Auteurs, 205. Ce qu'il dit de l'Imprimeur & du Ministre qui firent imprimer le Paschase, 213, & 215.

Plantin.

Christophe Plantin Imprimeur correct, étoit François. Imprima la Bible Polyglotte, que quelqu'un appella la huitiéme merveille du Monde. Dix-sept Presses rouloient tout à la fois dans son Imprimerie, 58. Etoit premier Imprimeur du Roi d'Espagne, 152. On a dit qu'il se servoit de Caractéres d'argent, & qu'il affichoit à la porte de son Imprimerie les dernieres Epreuves, 153. A eu d'habiles Correcteurs, 195.

Pline.

Livre où on a laissé le plus de fautes. Ce qu'en a dit Jean André Evêque d'Aleria, 190. Hermolaus Barbarus en ôta cinq mille fautes. Et Jean Cæsarius quatre mille. Un Correcteur d'Imprimerie mit mal-à-propos quatre cens mille, 194. Ce qu'a dit Erasme du Pline de Sigismond Gelenius, 191.

Postel.

Guillaume Postel fut envoié au Levant par François I. pour y acheter des Manuscrits. En apporta les Alphabets de plusieurs Langues Orientales. Les fit imprimer. Ce n'est point son Livre qui fut le premier imprimé en Langue Orientale, 296.

Prestres.

Quelques Prestres qui ont été Imprimeurs, 125. Cela ne doit point être, 126.

Privileges d'Impression.

Pourquoi on a commencé d'en demander, 106. A quelle condition on les accorde pour l'impression des Livres de Théologie, 391, 392, 393. Anciens Privileges d'Impression donnez par le Roi, par le Parlement, par le Prévôt de Paris, 393.

Prix des Livres.

Grande diminution du prix des Livres aprés la découverte de l'Imprimerie. Quelques Livres où on voit le prix fixé, 369, 370, 371. Les anciens avertissoient dans leurs Editions qu'ils les donnoient à un prix modique, 374, 375, 376. Voyez *Taxe*.

Professeurs.

Professeurs en Théologie fondez en Sorbonne. Deux fondez pour enseigner l'Ecriture sainte, sont réünis en un seul, & pourquoi. *Lector Domûs Sorbonicæ*, c'est le Professeur fondé du Legs de Gering. Pourquoi est ainsi appellé, 90 & 91.

Psautier.

C'est le plus ancien imprimé qui paroisse aujourd'hui avec datte certaine. Ce que dit S. Chrysostome du Psautier, 23. Le Psautier qu'avoit la grand'mere de Scaliger n'étoit point le premier Livre imprimé, 23. & 283. Psautier de l'Eglise de Paris imprimé par Gering, 98.

Puritains.

Les Puritains en Angleterre font grand bruit d'un Livre que le Roi Jacques I. fit imprimer secretement. Comme le Roi les appaisa, 231, & 232.

de Raguse.

Jean de Raguse fait le Concordance des mots indéclinables de la Bible. Où elle fut faite, & pourquoi on la fit, 131.

Recteur.

Aucun n'est reçû Libraire s'il n'a Certificat de capacité donné par le Recteur de l'Université, 349. Grammaires, Despautaires, & Dictionnaires, ne doivent être imprimez qu'avec Certificat du Recteur, 387. Libraires doivent assister à la Procession du Recteur, 328, & 346. Voyez *Université de Paris*

Relieur.

On réduit presentement le Relieur à un petit gain. L'injustice que quelques-uns lui font, est cause que les Livres sont legerement façonnez, 377. Voyez *Libraires*.

Rembolt.

Bertholde Rembolt fut l'Associé de Gering, 84. Vint demeurer ruë S. Jacques à l'Enseigne du Soleil d'or, 67, & 97. Liste des Livres qu'il imprima avec Gering, 99. Qu'il imprima seul, 101. Mort de Rembolt, 97. Imprimeurs du Soleil d'or, depuis Rembolt jusques aux Martins, 98. Rembolt fut loüé & regretté dans l'Université, 117, 118, & 139.

Reuchlin.

Jean Reuchlin étudia à Paris sous Jean de Lapierre, 32, & 68. Ce ne fut point de lui qu'il apprit l'Hébreu, 35. Demeuroit ruë S. Jacques au lieu où Gering plaça ses secondes Presses. Appella l'Université Marâtre, aprés que son Livre y eut été censuré, 67, & 68.

Richelieu.

Le Cardinal de Richelieu est le plus grand Bienfaiteur de Sorbonne aprés le Fondateur. Les Docteurs & Bacheliers y font souvent son Eloge, 88. Fait acheter pour le Roi des Matrices Arabes, Persannes, & Syriaques, apportées de Constantinople, & pourquoi, 299. Son Avis dans le Conseil du Roi touchant l'Etablissement de quatre Censeurs de Livres, 397. Procura des Lettres Patentes sur ce sujet, 398.

Roccha.

Ange Roccha assûre qu'il est impossible qu'un Imprimé soit sans aucune faute, 113. S'il est vrai ce qu'il dit de l'Imprimerie d'Alde Manuce, 116. Fait mention d'un ancien Donat imprimé à Mayence, 21. & 281.

Rome.

Par qui l'Imprimerie y fut portée, & quand. Liste des Livres que les premiers Imprimeurs y mirent sous la Presse. Ces Livres ne se débiterent point, & les Imprimeurs furent ruinez, 198. & 199. Seconde Imprimerie établie à Rome, 200. & 201.

Rouge.

Les premiers Imprimeurs ont emploié la couleur rouge. Et aussi Ulric Gering à leur exemple. On s'en doit servir dans l'impression des Usages, c'est-à-dire, des Livres de Prieres, 111.

de Rubeis.

Jacques de Rubeis, des Rouges, ou Rossi, François de Nation, se signale dans l'Imprimerie en Italie. Quelques-unes de ses Editions, 65.

Ruſſinger.

Sixte Ruſſinger Prêtre Allemand, porte l'Imprimerie à Naples, & y refuſe des Abbayes & des Evêchez, 115.

Saubert.

Jean Saubert a fait la Liſte des anciennes Impreſſions qui ſe gardent dans la Bibliotheque de Nuremberg, 18. Critique ſur ce qu'il avance des anciens Imprimez, 19. Cite un Quintilien de Paris dont on doute, 40. Et un S. Cyprien de Spire, qui eſt de Veniſe, 61. Anciennes Bibles qu'il rapporte, 77, & 79. Livres imprimez par Tables gravées qu'il cite, 281.

Scaliger.

Ce que dit Jules Cæſar Scaliger de deux habiles Imprimeurs Vaſcoſan & Sebaſtien Gryphe, 147, & 151. Ecrivit pour Ciceron contre Eraſme, à qui il dit des injures, 197. Ce que répondit, & ce que fit Eraſme, 198. Joſeph Scaliger ſon fils dit que ſa grand'mere avoit un Pſautier imprimé par Tables gravées, 23, & 283. Si c'étoit-là le premier Livre imprimé, 23. Ce qu'il dit des Impreſſions de Géneve, & du Lexicon de Robert Conſtantin, 161. N'approuvoir guére les Livres Grecs-Latins, imprimez à deux colonnes, 144. Rares Impreſſions qu'il avoit, 266, & 277. Comme il parle de l'Impreſſion par Tables gravées, 285.

Schoëffer.

Pierre Schoëffer, un des trois Inventeurs de l'Imprimerie, 4. Anciennes Impreſſions faites par Pierre Schoëffer, 13, 14, 16, 17, 51. Si les trois Inventeurs de l'Imprimerie ont auſſi inventé l'Impreſſion par Tables gravées, 179, & 284.

Schurer.

Ingenuité de Mathias Schurer Imprimeur de Strasbourg, 164. Errata de quinze pages in fol. à un Livre qu'il fit imprimer, 158.

Secer.

Jean Secer Imprimeur Allemand & & Job Gaſt Miniſtre Lutherien, corrompent un Manuſcrit de Paſchaſe. C'eſt la plus grande fauſſeté qui ait été faite par l'Imprimerie. Un petit détail de quelques falſifications, 212, & 214.

Secret.

Le ſecret eſt neceſſaire dans l'Imprimerie. A été violé par quelques-uns. Exemple notable où on ſoupçonne le Libraire, 230.

Sens.

Le Concile de la Province de Sens tenu à Paris en 1528. eſt le premier qui condamna en détail les Héréſies Lutheriennes, 420. On le peut appeller en un ſens, Le Concile de la Faculté de Théologie de Paris, 420, & 421. Belle Impreſſion qui fut faite de ce Concile, 141. Eclairciſſement de ſa Doctrine fait par Joſſe Clictou, 421.

Sepulveda.

Jean Genes Sepulveda Eſpagnol, Auteur glorieux. Comment il écrivit à Vaſcoſan, 147.

Sionita.

Gabriel Sionita Maronite, qui travailloit à l'impreſſion de la Bible de M. le Jay, eſt conduit priſonnier au Bois de Vincennes. Le Commiſſaire fait ouvrir ſa chambre pour retirer plus de cent Manuſcrits en Langue Orientale, 300.

Sorbonne.

Premieres Preſſes de Paris dreſſées dans le College de Sorbonne; & Livres qui y ont été imprimez, 26, 36, 47. Preuves du droit qu'a le Prieur de Sorbonne de présider à la Sorbonique, 46. Gerard Morrhy avoit son Imprimerie dans le College de Sorbonne, 48. *Thomas Hibernicus* étoit Docteur de la Société de Sorbonne, 62. Comment la Société de Sorbonne fut appellée par son Fondateur, 84. Voyez aussi 370. Acte par lequel elle donne le droit d'Hospitalité à Ulric Gering, 86. Publie continuellement les obligations qu'elle a au Cardinal de Richelieu, 88. Donne le droit d'Hospitalité à M. des Roches, 89. Biens & grand legs que lui a fait Gering, dont les Bourses ont été augmentées, & deux Professeurs de l'Ecriture Sainte fondez, 84, & 90. Chaires de Théologie fondées en Sorbonne, 91. Sorbonne rétablit la lecture de l'Ecriture sainte dans la Chaire de Gering, 91. Ne souffre point qu'on diminuë rien du droit de cette Chaire, ni qu'on touche à la prérogave des Anciens, 93. Prieres qu'on fait en Sorbonne pour Gering, 97. Si la Maison de Navarre a fourni des Prieurs à celle de Sorbonne, 422. De Josse Clicton, de Guillaume Fichet, de Jean de Lapierre, Docteurs de la Société de Sorbonne. Voyez *Cliston*. Voyez *Fichet*. Voyez *Lapierre*.

Speculum Salutis.

Ce Livre n'est point le premier fruit de l'Imprimerie, 20. Ce que c'est que ce Livre ; & si on en peut dire quelque chose de certain, 279, & 281.

Statut.

Un des Statuts faits par l'Université pour les Libraires, 304.

Strasbourg.

Quelques Auteurs donnent l'honneur à cette Ville d'avoir découvert l'Imprimerie, 3. Epigramme falsifiée en faveur de Strasbourg, 51, 52, & 53.

Suveinhem.

Conrar Suveinhem & Arnoul Panaarts sont les premiers Imprimeurs de Rome. Liste des Livres qu'ils Imprimerent. Ils furent ruïnez. L'Evêque d'Aleria n'étoit point Correcteur chez ces Imprimeurs, 198, 199, & 202.

Syndic.

Syndic & Ajoints des Libraires. Comment ont été établis, 343.

Table.

Table de cuivre dans l'Eglise de Sorbonne où on voit ce qui fut fait du grand legs de Gering, 90. Livres imprimez par Tables gravées à la Chine, 276. En Europe, 4, 6, 10, 23, 279, 282.

Talmud.

C'est le plus fort Ouvrage Hébreu qui ait paru. S'il est vrai qu'il n'a été imprimé que cinq fois, 268, & 269.

Taxe.

La Taxe des Livres faite par l'Université avant la découverte de l'Imprimerie, 315, 368. Aprés la découverte de l'Imprimerie, 370, 371, 372.

Textor.

Jean Ravisi Textor declame contre les Imprimeurs avec trop d'aigreur. Décrit comme ils se comportent avec les Auteurs, 159. On mit son nom à une Edition dont il avoit corrigé les feuilles, 166. Ce que son frere dit du Livre des Proverbes d'Erasme, 154.

Thebes.

Vital de Thebes Jurisconsulte, fut employé par Gering pour l'Edition du Droit Canonique, 116. Se plaint des Imprimeurs qui mettent au jour des Livres deshonnêtes, 221.

Thierry.

Henry Thierry & Olivier de Harsy, ont fait un chef-d'œuvre d'Imprim. 80.

S. Thomas.

On a fait un Livre qui marque les fautes que les Imprimeurs ont laissées dans la Somme de S. Thomas, 162.

Thomas Hibernicus.

Cet Auteur étoit Docteur de la Maison & Société de Sorbonne. Voyez *Palmeran*.

de Thou.

M. de Thou porte trop loin la loüange düe à Robert Etienne, 261.

Tiletan.

Jean Louis Tiletan, ou Tiletain Imprimeur de Paris habile en Grec. Ce qu'il mit à la fin d'une Edition qu'il fit, 138, & 139.

Tissard.

François Tissard Professeur dans l'Université, établit l'Imprimerie Grecque à Paris. Abbregé de sa Vie, 147. Premiers Livres Grecs qu'il fit imprimer, 249. Commença à Paris l'Impression en Hébreu. Composa une Grammaire Hébraïque, où il mit un Abbregé des Cérémonies des Juifs, 289, & 290.

Tostat.

Eloge de cet Evêque dans un seul Vers qu'on mit sous son Portrait. On imprima ses Ouvrages à Lyon. C'est une des plus fortes Editions Gothiques, 106.

Trecius.

Pierre Trecius Jurisconsulte étoit Correcteur d'Imprimerie à Venise, & se vantoit d'avoir corrigé trois mille Exemplaires de Livres de Droit, 202.

Tritheme.

Nouveau passage de Tritheme sur l'imprimerie. Cet Abbé apprit d'un des trois Inventeurs de l'Art, comme il avoit été découvert. Doit être plûtôt crû sur ce sujet que les autres Ecrivains, 4, 6, 8, 14, 279, 284.

Turc.

Le Grand Turc se raille de la division des Chrétiens pour deux particules *et* & *per*, touchant la Procession du S. Esprit, 132. Il est défendu aux Turcs sur peine de la vie, d'imprimer des Livres en Langue Turque, 271. Un Turc amateur de l'Eloquence vient à Rome pour voir le Pape Pie II. & son Orateur Campanus. Recueille ce qu'il peut des Ouvrages de ce dernier, & particulierement l'Epigramme sur la découverte de l'Imprimerie, 201.

Tusanus.

Jacques Tusanus Professeur Royal, fit un Lexicon Grec. Ce qui arriva à l'Impression de ce Livre, 150.

de la Vallée.

Ce que Pierre de la Vallée dit des Manuscrits apportez d'Orient, 170, & 271.

Vascosan.

Michel Vascosan fit de belles Editions. Est loüé par Scaliger comme tres-correct. Henry II. lui donne un Privilege général. Un Auteur Espagnol lui écrit fierement, 147, & 148. Voyez aussi page 384.

Udine.

On doute si les Sermons de Leonard de Udine ont été imprimez en 1446. 22.

Venise.

C'est une des Villes d'Italie où fut portée l'Imprimerie aussi-tôt qu'elle sortit d'Allemagne. Les premiers Imprimeurs de Venise. Ses Impressions étoient au commencement les plus estimées, 60,

&. Imprimeurs de Gothique à Venise. Lyon & Venise ont fourni le plus grand nombre d'Impressions Gothiques, 105. Deux célébres Imprimeries à Venise; l'une pour le Grec, l'autre pour l'Hébreu, 269, 270.

Versets.

Les Versets marquez de chiffres dans les Bibles imprimées. Par qui ont été introduits, & quand on a commencé de les mettre, 143, & 145.

Vincent.

M. Vincent est élû Professeur de la sainte Ecriture dans la Chaire de Gering. Donne de solides Ecrits. Défend son droit d'ancien Professeur, & choisit par cette raison une heure plus commode pour enseigner. Sorbonne favorise à son occasion la Chaire de Gering, 92, & 93.

Vindelin & Jean de Spire.

Ces deux freres Allemands porterent l'Imprimerie à Venise. En quels tems, & quels Livres ils imprimerent, 61.

Virgile.

Gering imprima le Virgile. Ce fut une belle Impression. Epigramme faite pour assûrer qu'il n'y auroit aucune faute, 120. Plainte qu'on fait dans ce Virgile contre les Imprimeurs, 206, 207, 211.

Visite.

Visite des Livres, & dans les Boutiques des Libraires, permise à l'Université, ou aux Docteurs en Théologie; en quelle maniere, & avec quelles conditions, 356, 359, 362, & 363.

Vitré.

Antoine Vitré a excellé dans l'Impression des Langues Orientales. Il avoit des Poinçons & des Matrices pour le Syriaque, l'Arabe, & le Persan. Comment il les avoit eûs, & comment ont péri entre ses mains, 298, & 300.

Université de Paris.

Gens de l'Université ont soin de faire établir à Paris l'Imprimerie, 26, & 35. L'Imprimerie Grecque & Hébraïque établie à Paris par le soin des Professeurs de l'Université, 147, & 251, 189, & 291. Avant la découverte de l'Imprimerie avoit toute l'autorité sur la Librairie de Paris; faisoit des Statuts; créoit des Libraires; mettoit le prix aux Livres, 301, 308, 315. Depuis la découverte de l'Imprimerie a eu Jurisdiction & autorité sur la Librairie, 317. S'est mise en peine de faire joüir les Libraires de ses Privileges, 331. A examiné, ou fait examiner la capacité des Libraires, 347, 348, 349 A cité les Libraires de comparoître devant elle, 350. A eu le droit de Visite chez les Libraires, 356, 359, 262. A fait mettre la taxe & un prix raisonnable aux Livres, 367, 368, 370, 371. Doit approuver les Livres qui traitent de la Religion. 381, 386, 392, 393, 394.

Universitez de Louvain & de Doüay.

A Louvain & à Doüay, les Libraires sont du Corps de l'Université. A Doüay un Censeur fait la Visite dans les Boutiques des Libraires. Le Recteur leur donne des Lettres, & les reprend quand il veut, 333.

Université d'Oxfort.

Comment l'Imprimerie y fut apportée, 24. Avoit seule le droit de faire exercer l'Imprimerie en Angleterre, & pourquoi, 328.

Université de Vienne en Autriche.

Elle fait copier les Statuts de l'Unisité de Paris; établit un Prieur à qui elle donne les mêmes droits qu'avoit celui de Sorbonne, 46. Les Libraires furent soûmis à cette Université, ainsi qu'ils étoient à celle de Paris. 311.

Université de Toulouse.

Combien la Librairie de Toulouse est soûmise à l'Université de cette ville-là, 363.

Vvechel.

Chrétien Vvechel Imprimeur correct, 141, Imprima en Grec, 156. Et en Hébreu, 196. On se plaignit qu'il vendoit un Livre d'Erasme censuré & défendu, 353.

Vvood.

Antoine Vvood décrit comment l'Imprimerie a été établie en Angleterre. Critique sur le récit qu'il fait, 14. Dit que l'Université d'Oxfort avoit autrefois seule le droit d'exercer l'Imprimerie en Angleterre, 328.

Fin de la Table Alphabetique des Matieres.

Errata.

On trouvera à la page 113. ligne 10. quelques fautes qui ont déja été corrigées dans les pages précedentes, & qu'on ne remarque point ici par cette raison. Page 13. à la marge *ίς*. page 14. ligne 38. lisez *je dirai*. p. 30. l. 35. *nostros*. p. 45. l. 14. *parmi les*. p. 51. l. 3. *Cratetis*. p. 58. l. 12. *l'enrichir beaucoup*. p. 84. l. 19. *dés le commencement*. p. 93. l. 19. *deux sortes*. p. 118. l. 12. *deux années*. p. 129. l. 26. *pervigilemque curam*. p. 133. l. 35. *summa*. p. 138. l. 20. *differât*. p. 168 l. 37. *un autre chagrin*. p. 170. l. 26. *rabula*. p. 198. l. 16. πατρότατης. p. 204. l. 38 *otât*. p. 106. l. 16. *labefactantium*. p. 207. l. 12. *minimo*. p. 209. l. 26. *recentes*. p. 210. l. 17. *veneunt*. p. 211. l. 26. *ce qu'on lui a fait*. p. 213. l. 21. *on voit*. p. 217. l. 14. *jugea*. p. 242. l. 26. *ἀνήρ*. p. 243. l. 4. ὑπερέβαν. p. 281. . 35. *proœmium*. p. 313. l. 12. *tenore præsentium*. p. 318. l. 31. *Apparatu Decretalium*. p. 322. l. 6. *Alma Universitate*, p. 325. l. 3. *chargé*. p. 341. l. 5. *guére*. p. 343. l. 31. *informât*. p. 344. l. 40. *fassent*.

Additions.

Page 235. ligne 35. à Florence l'an 1488. *ajoûtez*, par Demetrius de l'Isle de Candie. Cette premiere Edition Grecque de l'Homere est aussi dans la Bibliotheque de Sorbonne.

Page 392. ligne 36. être imprimé. *ajoûtez*, Et sur les Ouvrages de Messire Georges de Selve Evêque de la Vaur imprimez à Paris *in fol.* l'année 1559. par Benoist Prevost, avec le Privilege accordé par la Cour de Parlement en datte du 1. Aoust de la meme année, où sont ces paroles: *Le tout reveu, visité, & approuvé par deux Docteurs en Théologie à ce commis par la Faculté*..... Et encore après: *Veuë aussi la Certification & Approbation faite d'icelui Livre en datte du 15. Juin dernier, signée Heroüet & Chrétien, Docteurs Regens en la Faculté de Théologie.*

www.ingramcontent.com/pod-product-compliance
Lightning Source LLC
Chambersburg PA
CBHW060514230426
43665CB00013B/1511